滴天髓闡微 評註 I

적천수천미 평주 I – 통신론

2016년 11월 20일 초판 인쇄
2016년 11월 29일 초판 발행

지은이 정창근
펴낸이 이찬규
펴낸곳 북코리아
등록번호 제03-01240호 | **전화** 02-704-7840 | **팩스** 02-704-7848
이메일 sunhaksa@korea.com | **홈페이지** www.북코리아.kr
주소 13209 경기도 성남시 중원구 사기막골로 45번길 14
    우림 2차 A동 1007호
ISBN 978-89-6324-523-2(94140)
    978-89-6324-521-8(전 2권)

값 60,000원

滴天髓闡微 評註 I

－通神論－

鄭昌根 著

북코리아

| 머리말 |

필자(筆者)는 어린 시절부터 명리학에 관심(觀心)을 가지고 있었다. 초등학교(初等學校)에 입학(入學)하기 전부터 서당(書堂)에서 천자문(千字文)을 배우기 시작하였고 고등학교(高等學校) 졸업 후 2년 동안 속리산 암자(庵子)에 들어가서 원로(元老) 스님과 인생(人生)과 삶을 논(論)하게 된 것이 명리학(命理學)을 연구(研究)하게 된 직접적(直接的)인 계기(契機)라 말할 수 있다.

그 이후(以後) 국가(國家) 간성(干城)으로 임관(任官)되어서도 명리학(命理學)에 대한 관심(觀心)을 놓은 적이 없다. 26년간의 군(軍) 생활을 하면서도 틈틈이 장병(長兵)들의 인생상담(人生相談)을 통(通)하여 얻은 경험(經驗)과 분석(分析)한 자료(資料)를 낱낱이 기록(記錄) · 존안(存案)하였으며, 지천명(知天命)의 나이에 전역(轉役)을 하고 본격적인 연구(研究)를 하기 위하여 한양대학교(漢陽大學校) 의과대학원(醫科大學院)에서 「중증질환(重症疾患)의 명리학적(命理學的) 분류(分類)에 관한 연구(研究)」로 의학박사(醫學博士) 학위(學位)를 취득(取得)하였다.

그러나 국내(國內) 최초(最初)로 명리학(命理學)을 접목(接木)시킨 박사학위(博士學位)였기 때문에 주위의 관심(觀心)과 더불어 의구심(疑懼心)도 많았다. 그래서 방송사(放送社)와 신문(新聞) 등에서 명리학(命理學)에 대한 검증(檢證)을 수차례 받기도 하였다.

모든 학문(學問)은 그 나름대로의 역사(歷史)가 있다. 논리체계(論理體系)의 발전단계(發展段階)가 있으며 실전(實戰)과 경험(經驗)을 통(通)한 검증기간(檢證期間)이 필요(必要)하고 생활(生活)에 적용(適用)하여 실효성(實效性) 있는 성과(成果)가 있어야 그 학문(學問)을 인정(認定)하는 것이 일반적(一般的)인 통례(通例)이다.

필자(筆者)도 명리학(命理學)에 본격적(本格的)인 뜻을 세운 지는 40년이 넘었으나 아직도 심오(深奧)한 경지(境地)에 근접(近接)하지 못하고 있다.

우선 이 학문(學問)을 제도권(制度權)에 접목(接木)시키는 데 심혈(心血)을 기울여야 겠다는 마음으로 1997년도에 한양대학교(漢陽大學校) 사회교육원(社會教育院)에서 초급(初級), 전문자격증(專門資格證) 과정(過程)을 신설(新設)하여『명리학통론(命理學通論)』을 강의교재(講義教財)로 후학(後學)을 양성(養成)하여 왔으나, 후학(後學)들의 좀 더 깊은 학문적(學問的)인 체계 정립(體系定立)을 위하여 명리학(命理學)의 필독(必讀) 도서(圖書)가 될 수 있도록『적천수천미 평주(滴天髓闡微 評註)』(Ⅰ) 통신론(通神論), (Ⅱ) 육친론(六親論)을 발간(發刊)하게 되었다.

20년간 대학(大學)에서 강의(講義)한 경험(經驗)과 실제상담(實題相談)을 통(通)하여 검증(檢證)된 연구(研究)를 바탕으로 하여 천미(闡微)와 보주(補註)를 합본(合本)으로 하고, 한자사전(漢字辭典)에 의하여 그동안 의문(疑問)을 풀어 알게 된 것을, 명확(明確)하고 쉽게 이해(理解)하여 스스로 터득(攄得)할 수 있도록 집필(執筆)하였으니 명리학(命理學)을 연구(研究)하는 후학(後學)들에게 조금이나마 도움이 되기를 기원(祈願)하는 바이다.

집필(執筆)을 하기까지는 많은 학문적(學問的) 지식(知識)을 차근차근하게 수적석천(水滴石穿)하도록 기초(基礎)를 쌓게 한 선현(先賢)들의 저술(著述)이 큰 도움이 되었다. 뿐만 아니라 자강(自彊) 이석영(李錫英) 선생의『사주첩경(四柱捷經)』과 도계(陶溪) 박재완(朴在玩)선생의『명리요결(命理要決)』또한 아주 많은 참고가 되었다.

『적천수천미(滴天髓闡微)』를 해석(解釋)한 서적(書籍)들은 많지만 특히 예광해(芮光海) 선생의『적천수천미(滴天髓闡微)』, 이선종(李先鐘) 선생의『적천수천미 해설강의(滴天髓闡微 解說講義)』, 김주성(金周成) 선생의『적천수 집주강해(滴天髓 集註講解)』, 임정환(任正桓) 선생의『제대로 보는 적천수천미(滴天髓闡微)』, 김동규(金東奎) 선생의『완역 적천수천미(完譯 滴天髓闡微)』등을 참고(參考)하였다.

마지막으로 본서(本書)가 나오기까지 오랜 세월(歲月) 연구에 동참(同參)하여 온 명리상담학 회원(강신덕, 강윤나, 강현일, 고경수, 고성숙, 고충달, 고태현, 공도연, 공성자, 공영우, 권혜순, 김건일, 김경호, 김근종, 김금선, 김승연, 김만석, 김명애, 김덕주, 김서윤, 김승만, 김승연, 김영례, 김영수, 김영순, 김영혜, 김응서, 김은정, 김은주, 김인순, 김정숙, 김현주, 김호진, 김효진, 김화선, 나윤희, 노경신, 노재경, 문옥영, 동나겸, 박도은, 박상호, 박소현, 박성희, 박용현, 박정원, 박찬규, 박창보, 배진희, 상하스님, 서

지원, 설영자, 소병두, 소영희, 손동용, 송범수, 성익재, 성현스님, 신재덕, 신종우, 심상효, 심영수, 안근화, 안상호, 안도영, 연두석, 오세정, 오태규, 우정스님, 원산스님, 유경태, 유근향, 유명숙, 유상범, 유성, 유수현, 윤소현, 윤천용, 이덕문, 이동파, 이랑구, 이보경, 이송자, 이수미, 이운영, 이영기, 이임순, 이자휘, 이재모, 이정우, 이종태, 이홍규, 임성길, 임정원, 자공스님, 장영희, 전광훈, 전선용, 전현숙, 정덕미, 정의록, 정재헌, 정준범, 정진덕, 정지윤, 정행석, 조동구, 조영직, 조혜숙, 주승락, 진각스님, 채점식, 청혜스님, 최창호, 허노겸, 현중스님, 홍대균, 홍순호, 홍연수, 황덕규) 등 여러분의 노고(勞苦)에 깊은 감사의 뜻을 전한다.

2016년 10월 30일
한양대학교 명리상담학 연구실 범초 정 창 근

1

성인(聖人) 공자(孔子)는 "천명(天命)을 모르는 사람은 군자(君子)가 될 수 없다(不知命無以君子也)"라고 말씀하였으며, 맹자(孟子)도 "인간(人間)의 삶은 명(命)이 아님이 없으며 순리(順理)로 바르게 받아들어야 한다(莫非命也 順受其正). 또한 하지 않아도 저절로 그렇게 되는 것은 하늘의 뜻이며, 하고자 함이 아닌데도 이르러 오는 것은 명(命)이다(莫之爲而爲者天地 莫之致而至者命也)"라고 말씀하였다.

그러나 천명(天命)을 인식(認識)하고 자기 자신을 안다는 것은 결코 쉬운 일이 아니므로 순리(順理)를 알고 나에게 주어진 명운(命運)을 받아들이는 노력(努力)이 필요(必要)하다.

명리학(命理學)은 역(易)의 원리(原理)를 바탕으로 하여 자신(自身)에게 주어진 천명(天命)을 얻고자 하는 '위기지학(爲己之學)'이라고 할 수 있으며 나아가서는 인간적(人間的) 욕구(慾求)에 따라 타인(他人)의 인생(人生)을 인식(認識)하고자 할 때에는 '위인지학(爲人之學)'이라 하여 한마디로 '지명상도(知命上道)'라고 정의(定義)할 수 있다.

우리가 살고 있는 우주자연계(宇宙自然界)에는 천지만물(天地萬物)을 생성(生成)하고 변역(變易)시키는 일정불변(一定不變)의 원리(原理)와 법칙(法則)이 존재(存在)하고 있으니 이것을 자연역(自然易)이라고 한다.

이 자연역(自然易)을 그대로 괘(卦)와 효(爻)로써 상징(象徵)하고 그 뜻을 글로 옮긴 것을 역서(易書)라고 하는데 이를 곧 주역(周易)이라고 하는 것이다.

이를 다시 천지(天地)를 상징(象徵)하는 십천간(十天干)과 십이지지(十二地支)를 문자(文字)로 상형화(象形化)하여 배합(配合)하면 육십갑자(六十甲子)가 되는데 이것을 기본(基本)으로 하여 사람이 출생(出生)한 년월일시(年月日時)를 간지(干支)에 적용(適用)하고 그 일생(一生)의 영고성쇠(榮枯盛衰)와 인사제반(人事諸般)의 길흉화복(吉凶禍福)을 헤아릴 수 있도록 척도화(尺度化)한 것이 명리학(命理學)의 기본원리(基本原理)이다.

그러나 명리(命理)라 하는 것은 사람이 하늘로부터 부여받은 천명(天命)의 원리(原理)를 말하는 것이니 그 심오(深奧)한 이치(理致)는 천지만물(天地萬物)의 생성(生成)과 변화(變化)를 주재(主宰)하는 태극(太極)의 원리(原理)와 상통(上通)하고 있으므로 그 현묘(玄妙)함을 말이나 글로는 다 옮길 수 없으며 다만 감이수통(感而遂通)하는 경지(境地)가 있을 뿐이다.

태극(太極)은 음양(陰陽)과 오행(五行)의 변화(變化)를 주재(主宰)하는 본체(本體)를 뜻하므로 명리학(命理學)은 육십갑자(六十甲子)를 기본척도(基本尺度)로 하고 이 육십갑자(六十甲子)에 함축(含蓄)되어 있는 음양오행(陰陽五行)의 원리(原理)를 법칙(法則)으로 하여 천명(天命)을 밝히는 학문(學問)이라고 할 수 있다.

2

먼저 명리학(命理學)의 기원(起源)을 살펴보면 명서(命書)를 집대성(集大成)한『삼명통회(三命通會)』에 녹명학(祿命學)의 조(祖)는 중국 전국시대(戰國時代: BC 403~221)의 '낙록자(珞琭子)와 귀곡자(鬼谷子)'라고 하였으니 그 연원(淵源)이 유구(悠久)함을 알 수 있다.

3

그동안 명리학(命理學)의 변천과정(變遷過程)을 살펴보면 초창기(初創期)에는 년(年)의 간지(干支)를 녹명(祿命)이라고 하고 이를 위주로 하여 신살(神殺)로써 명(命)을 논(論)하였는데 이러한 간법(看法)은 진한시대(秦漢時代)를 거쳐 당(唐)나라 때까지 이어져 내려오다가 오대시대(五代時代: BC 907~959)에 서자평(徐子平) 선생이 구법(舊法)을 과감(果敢)하게 혁파(革罷)하여 큰 전환점(轉換點)을 이루었으니, 곧 년(年)을 뿌리로 하여 일(日)을 주로 하는 논명법(論命法)이다.

4

송(宋)나라 이후(以後) 명저(名著)인『연해자평(淵海子平)』,『명리정종(命理精宗)』,『명리약언(命理約言)』,『자평진전(子平眞詮)』,『삼명통회(三命通會)』,『궁통보감(窮通寶鑑)』,『적천수(滴天髓)』에 이르기까지 모두가 정격(政格)을 가지고 운명(運命)을 감정(鑑定)하다가 임철초(任鐵樵) 선생이 처음으로 정격(政格) 외에 종왕(從旺), 종강(從强), 종기(從氣), 종세(從勢)의 이론(理論)을 세우고 증험(證驗)하여 정확성(正確性)을 놀라울 정도로 발전(發展)시켰다.

임철초(任鐵樵) 선생의 기록(記錄)을 보면 학설(學說)에 더욱 확신(確信)을 갖게 된다.

任氏曰 常有從旺 從强 從氣 從勢之理 比從財官 更難推算 尤當審察
임씨왈　상유종왕　종강　종기　종세지리　비종재관　경난추산　우당심찰

此四從 諸書所未載 予之立設 試驗確實 非虛言也.
차사종　제서소미재　여지입설　시험확실　비허언야

임씨(任氏)가 이르기를, 오히려 종왕(從旺), 종강(從强), 종기(從氣), 종세(從勢)의 이치(理致)는 기존(旣存)의 종재관(從財官)과 비교하여 보면 추산(推算)하여 고치기가 어려우니 더욱 세심(細心)하게 살펴야 한다.

이 네 종격(從格)은 모든 책에 기록(記錄)돼 있지 않으며, 내가 세운 설(設)이다. 누차 시험(試驗)한바, 확실(確實)하며 빈말이 아니다.

5

우리나라에『적천수(滴天髓)』가 들어온 것은 중국의 민국 22년(1933)에 근세(近世) 중국(中國)의 명학가(命學家)인 원수산(袁樹珊) 선생이 전래(傳來)되는 임주(任註)의 고본(古本)을 찬집(撰集)하여 발간(發刊)한『적천수천미(滴天髓闡微)』가 나온 이후일 것으로 추정(推定)한다. 그 이후 민국 26년(1937)에는 역시 중국(中國)의 명학가(命學家)인

서락오(徐樂吾) 선생이 『적천수(滴天髓)』의 원주(原註)와 임주(任註)의 해석(解釋)에 미진한 점을 보해(補解)한 『적천수보주(滴天髓補註)』가 출간(出刊)되었다.

이 양서(兩書)가 나온 이후 우리나라에서도 『적천수(滴天髓)』에 대한 연구(硏究)가 활발하게 진전(進前)되었으나 원서(原書)가 모두 한문(漢文)으로 이루어진 서책(書冊)이므로 이해(理解)하는 데 어려움이 있기 때문에 명리학(命理學)에 뜻을 둔 사람은 있으나 그 진수(眞髓)에 근접(近接)한 사람은 보기 드물다.

| 일러두기 |

1. 필자(筆者)는 『천수천미(滴天髓闡微)』의 원문(原文), 원주(原註)의 원본(原本)을 완전(完全) 한 글로 표기(表記)하였고 끝에는 평주(評註)를 논(論)하여 현대(現代) 사회환경(社會環境)에 맞게 해석(解釋)하였고, 용신(用神)과 격국(格局)을 쉽게 연구(研究)·검토분석(檢討分析)하여 후학(後學)들에게 도움이 될 수 있도록 정성(精誠)을 다하였다.

2. 『적천수평주(滴天髓評註)』는 유백온(劉伯溫) 선생의 『적천수(滴天髓)』, 임철초(任鐵樵) 선생의 『적천수천미(滴天髓闡微)』, 서락오(徐樂吾) 선생의 『적천수보주(滴天髓補註)』를 근본(根本) 바탕으로 하였다.

3. 평주(評註)는 각각(各各)의 명조(命造) 하나하나에 대하여 왕쇠강약(旺衰强弱)과 격국용신(格局用神)을 명확(明確)하게 분석(分析)하려고 노력(努力)하였으며 특히 대운(大運)과 세운(歲運)을 유추(惟推)하여 길흉(吉凶)을 명확(明確)하게 분별(分別)할 수 있도록 유의(有意)하였다. 난해(難解)한 한자(漢字)나 단어(單語)는 원전(原典)을 그대로 해석(解釋)하되 보충(補充) 설명(說明)이 필요한 것은 주석(註釋)을 표기(表記)하였으며 「찾아보기」를 활용(活用)하면 더욱 효과적(效果的)으로 이해(理解)할 수 있을 것이다.

4. 한자(漢字)는 원문(原文), 원주(原註), 임주(任註)를 토대로 한 자(字)라도 진의(眞意)가 왜곡(歪曲)되지 않도록 노력하였다. 그러나 부득이 혼동(混同)하여 쓰이는 한자(漢字)는 아래와 같이 표기(表記)한다.
    ① 겁(刦=劫) ② 극(克=剋) ③ 고(苦=枯) ④ 기(機=氣) ⑤ 기(炁=氣) ⑥ 녕(寗=寧) ⑦ 방(幇=幫) ⑧ 무(无=無) ⑨ 살(煞=殺) ⑩ 상(傷=喪) ⑪ 설(洩=泄) ⑫ 습(湿=濕) ⑬ 신(申=伸) ⑭ 양인(陽刃=羊刃) ⑮ 절(截=絶) ⑯ 주(注=註) ⑰ 창(創=刱) ⑱ 창(窓=窗) ⑲ 창업(創業=刱業) ⑳ 충(冲=沖) ㉑ 항(亘=恆) ㉒ 회(廻=回).

색인인물索引人物

경도(京圖)

『적천수(滴天髓)』의 원문(原文)을 지었고 유백온(劉伯溫) 선생이 원주(原註)를 지었으며 나중에 임철초(任鐵樵) 선생이 보주(補註)를 달았다고 하는데 경도(京圖) 선생은 연대 미상의 인물(人物)이다.

서락오(徐樂吾) 선생은『적천수보주(滴天髓補註)』의 서문(序文)에서,

見於年譜 原著京圖撰 劉基註然細察之 文註出於 一人之手
　　견어년보　　원저경도찬　　유기주연세찰지　　문주출어　일인지수

"연보(年譜)에 보면 경도(京圖)가 찬(撰)하고 유기(劉基: 伯溫)가 주해(註解)한 것으로 되어 있으니 글을 자세하게 살펴보니 본문(本文)과 주해(註解)가 한 사람의 손에서 나온 것이 틀림없다"라고 하였다.

유백온(劉伯溫)

원말(元末) 명초(明初: 1311~1575)의 유학자(儒學者)이며 정치가(政治家)로서 경륜(經綸)과 지략(智略)을 겸비한 현인군자(賢人君子)이다. 이름은 유기(劉基)이며 자(字)는 백온(伯溫)으로, 명(明)나라를 창업(創業)한 태조(太祖) 주원장(朱元璋)을 도와 천하(天下)를 통일(統一)하는 데 크게 공헌(貢獻)하여 개국공신(開國功臣)으로서 성의백(誠意伯)의 작위(爵位)를 받았다. 예지(叡智)와 총명(聰明)을 겸(兼)하여 천문(天文), 지리(地理), 역학(易學), 병략(兵略) 등의 분야(分野)에 정통(精通)하였으며 저서(著書)로는『성의백 문집(誠意伯 文集)』이 있다.

『적천수(滴天髓)』가 3백 년 동안 비전(秘傳)되어 세상에 알려지지 않은 것은 명(明) 태조(太祖)가 천하(天下)를 통일(統一)하고 성정(性情)이 각박(刻薄)하게 변(變)하여 공신(功臣)들을 의심(疑心)하는 지라, 유백온(劉伯溫) 선생은 은퇴(隱退)하여 그동안 저술(著述)하였던 역학서(易學書) 등을 석실(石室)에 밀봉하고 자손(子孫)들에게 "후인(後人)에게 전(傳)하거나 배우게 하지 마라"라는 유언(遺言)을 남기고 그다음 해에 서세(逝世)하였기 때문이다. 이러한 연유로 명(明)나라 때에는 세상에 널리 알려질 수가 없었다.

임철초(任鐵樵)

청(淸)나라 중기(中期)의 학자(學者)로서 역학(易學)에 정통(精通)한 명학(命學)의 대가(大家)이다. 임철초(任鐵樵: 1773~1848) 선생은 진소암(陳素菴) 선생의 『명리약언(命理約言)』과 심효첨(沈孝瞻) 선생의 『자평진전(子平眞詮)』을 바탕으로 하여 『적천수(滴天髓)』를 증주(增註)하였다. 선생은 적천수(滴天髓)를 주해(註解)하면서 관살편(官殺篇)에 자신(自身)의 사주(四柱)를 해석(解釋)하여 전(傳)한 것 이외에는 기록(記錄)이 없으므로 적천수(滴天髓)를 증주(增註)한 경위(經緯)와 행적(行績)에 대해서는 자료(資料)가 없다.

선생의 사주(四柱) 해문(解文)을 살펴보면 대대로 벼슬을 하고 학문(學問)을 하던 사대부(士大夫) 가문(家門)의 출신(出身)이나 가문(家門)이 몰락(沒落)한 이후 호구지책(糊口之策)으로 명학(命學)에 잠심(潛心)한 것으로 보인다. 그 끝 구절(句節)에는 "이렇게 된 것이 모두 나의 명(命)이 아니겠는가, 순리(順理)를 바르게 받아들일 뿐"이라고 탄식(歎息)하였다.

특이한 것은 생극제화(生剋制化)의 이치(理致)에 치중(置重)하여 신살(神殺)이나 십이운생(十二運生)을 과감하게 배척(排斥)하였으며 종왕(從旺), 종강(從强), 종기(從氣), 종세(從勢) 등의 학설(學說)을 창시(創始)하였다는 점이다.

관복거사(觀復居士)

『적천수천미(滴天髓闡微)』를 해령(海寧) 진소암(陳素菴) 선생이 원본(原本)을 소장(所藏)하던 것을 잠시 빌려서 손수 기록(記錄)하였고 말뜻을 잘 풀어서 목판(木版)에 새겨 전(傳)하게 하였다. 관복거사(觀復居士)에 대한 시대(時代)와 성씨(姓氏)는 알 수 없으나 명학(命學)에 대한 이치(理致)에 도달(到達)하려 했고 술수(術數)를 좋아했으며 학문(學問)이 깊었는데 은둔(隱遁)하여 사는 숨은 군자(君子)와 같은 사람이었다.

서락오(徐樂吾)

중국의 민국 초기(初期)의 학자(學者)로서 명리학(命理學)의 대가(大家)이다. 『적천수보주(滴天髓補註)』, 『자평진전평주(子平眞詮評註)』, 『자평수언(子平粹言)』, 『자평일득(子平一得)』, 『고금명인명감(古今名人命鑑)』, 『조화원약평주(造化元鑰評註)』 등 많은 저술(著述)을 남겼다. 특히 『적천수보주(滴天髓補註)』는 원주(原註)와 임주(任註)의 미진(未盡)한 부분(部分)을 보완(補完)하여 주해(註解)한 명저(名著)이다. 선생이 태어난 해는 1866년이고 『고금명인명감(古今名人命鑑)』에 자신(自身)의 사주(四柱)를 해석(解釋)하여 전(傳)하고 있다.

원수산(袁樹珊)

　　중국(中國)의 민국 22(1933)년에『적천수천미(滴天髓闡微)』를 찬집(撰集)한 명리학(命理學)의 대가(大家)이며 형원(蘅園)의 주인(主人) 손씨(孫氏)와 그의 아들 보재(簠齋)가 간직하고 있던『적천수천미(滴天髓闡微)』정초본(精鈔本)을 얻어 여러 번 정독(精讀)하였고 영인본(影印本) 네 권을 기탁(寄託)받아 출판(出版)하였다. 진소암(陳素菴)의『명리약언(命理約言)』과 심효첨(沈孝瞻)의『자평진전(子平眞詮)』의 학설(學說)을 채록(採錄)하여『명리탐원(命理探原)』을 저술(著述)하였는데 임철초(任鐵樵) 선생의『적천수천미(滴天髓闡微)』는 비교할 수 없을 만큼 내용(內容)이 훌륭하다고 극찬(極讚)하였다.

Ⅱ 육친론(六親論)

1
천 도
天 道

原文

慾識三元萬法宗先 觀帝載與神功
욕식삼원만법종선   관제재여신공

　삼원(三元)¹이 모든 만법(萬法)²의 근본임을 알고자 하면 먼저 제재(帝載)³와 신공(神功)⁴을 살펴라.

1　삼원(三元): 천원(天元), 지원(地元), 인원(人元)을 말함. 천원과 지원은 60갑자(甲子)의 천간(天干)과 지지(地支)이며, 인원은 지장간(地藏干)을 말함. 만법(萬法)의 근본임.
2　만법(萬法): 모든 법도의 근본을 말함. 천지인(天地人) 삼재(三才)의 원리는 만물이 존재하는 법칙의 근원임.
3　제재(帝載): 음양오행의 순환을 주제(主帝)하는 자연의 주체인 태극(太極)을 뜻함. 천도(天道)의 운행(運行)에 의하여 나타나는 만물의 현상에는 모두가 하늘의 뜻이 실려 있다는 뜻임.
4　신공(神功): 음양오행이 사시(四時)를 순환하며 만물의 생성과 변화를 주제하는 무형의 작용을 말함. 보이지 않는 신(神)의 작용에 의하여 형성된만물을 말함.

天有陰陽 故春木 夏火 秋金 冬水 季土 隨時顯基神功 命中天地人 三
천유음양　고춘목　하화　추금　동수　계토　수시현기신공　　명중천지인　삼

元之理 悉本于此.
원지리　실본우치

하늘에는 음양이 있으니, 봄은 木, 여름은 火, 가을은 金, 겨울은 水가 주제하고, 계월(季月: 辰戌丑未)은 土가 주제하여 사시(四時)에 따라 그 신공(神功)을 나타내니, 명(命) 중에 천지인 삼원의 이치는 모두 이를 근본으로 삼는 것이다.

任註

任氏曰 干爲天元 地爲地元 支中所藏爲人元 人之稟命 萬有不齊 總不
임씨왈　간위천원　지위지원　　지중소장위인원　　인지품명　만유부제　총불

越 此三元之理 所謂萬法宗也.
월　차삼원지리　　소위만법종야

陰陽本乎太極 是謂帝載 五行播于四時 是謂神功 乃三才之系統 萬法
음양본호태극　시위제재　오행파우사시　　시위신공　　내삼재지계통　만법

之本原 滴天髓首明天道如此.
지본원　적천수수명천도여차

임씨(任氏)가 말하길, 간(干)은 천원(天元)이고, 지(地)는 지원(地元)이며 지(支)에 소장(所藏)된 것은 인원(人元)이다.

인간이 명(命)을 받을 때 모든 것이 일정하지 않아 다르지만, 이 천지인 삼원의 이치를 벗어날 수 없는 것이므로 이른바 이것을 만법의 근본이라고 하는 것이다.

---

5 태극(太極): 우주만물이 있기 전에 공허하고 혼돈스러웠을 때의 상태를 말함. 공간적으로는 '클 태, 덩어리 극'으로 '큰 덩어리'라는 뜻으로, 공간적으로나 시간적으로 끝이 없기 때문에 '무극(無極)'이라고 함.

음양의 근본은 태극(太極)[5]으로서 이를 제재(帝載)라고 하며, 오행은 사계절에서 파생된 것으로서 이를 신공(神功)이라 한다. 이것이 삼재(三才)[6]의 계통이요, 만법(萬法)의 근본이기 때문에 적천수(滴天髓)의 글머리에 천도(天道)를 밝힌 것이다.

評註

삼원(三元)은 천원(天元), 지원(地元), 인원(人元)이다.

천원은 천간(天干)이며 지원은 지지(地支)이며 인원은 지장간(地藏干)이다. 삼원은 천지인 삼재가 만법의 근본으로 인간의 명(命)이 이것을 벗어날 수 없다는 말이다.

음양의 근본은 태극인데 이를 제재라고 하고 오행은 사시에서 파생되어, 봄 여름 가을 겨울의 사계절로 변화시키는 것은 신(神)의 공(功)이라 할 수 있다.

---

6 삼재(三才): 천재(天才)·지재(地才)·인재(人才)를 말함. 위로는 하늘이 바탕이 되고, 아래로는 땅이 바탕이 되고, 중간에는 사람이 바탕이 된다는 뜻임. 공자는 주역(周易)에서 '천도(天道)에는 음양(陰陽) 있고, 지도(地道)에는 강유(剛柔)가 있고, 인도(人道)에는 인의(仁義)가 있다'라고 함.

2
지 도
地 道

坤元合德 機緘通 五氣偏全定吉凶
곤원합덕　기함통　오기편전정길흉

　　곤원(坤元: 地元)이 건원(乾元: 天元)과 덕(德)을 합함으로서 하늘과 땅이 열리고 감추어진 기함(機緘)[7]이 서로 통하게 되고 오기(五氣)가 한쪽으로 치우치거나 온전한가에 따라 길흉(吉凶)이 정하여지는 것이다.

原註

地有剛柔 故五行生于 東南西北中 與天合德 而感其機緘之妙 賦于人
지유강유　고오행생우　동남서북중　여천합덕　이감기기함지묘　부우인

者 有偏全之不一 故吉凶定于此.
자　유편전지불일　고길흉정우차

7　기함(機緘): 만물을 생성하고 변화시키는 대자연의 힘과 조화를 뜻함. 곤원(坤元)은 건원(建元)과 합덕(合德)하여 생명의 기(氣)를 받아들일 때는 자연적으로 열려 서로 상통하고 받아들인 다음에는 자연적으로 닫혀 생육하는 것이 자동화된 기틀의 묘리(妙理)와 같음.

땅에는 굳셈과 부드러움이 있다. 즉 강유(剛柔)의 이치가 있는 것이다.

오행은 동서남북과 중앙에 생기는데 하늘의 덕과 부합하면 기함의 묘(妙)를 다하여 서로 통한다.

사람의 운명은 오행의 기운이 일정하지 않으므로 치우치거나 온전함에 따라 길흉이 정하여진다.

任氏曰 大哉乾元 萬物資始 至哉坤元 萬物資生 乾主健 坤主順 順承天
임씨왈　대재건원　만물자시　지재곤원　만물자생　건주건　곤주순　순승천

德與天合 煦嫗覆育 機緘流通 特五行之氣有偏全 故萬物之命有吉凶.
덕여천합　후구부육　기함유통　특오행지기유편전　　고만물지명유길흉

임씨(任氏)가 말하길, 크도다 건원(乾元)이여, 건원은 만물의 시작이요 지극(至極)하도다. 곤원(坤元)이여 만물을 생성하는 것이니, 하늘은 강건하고 땅은 온순하여서 하늘을 받들고 순종하여 하늘과 함께 덕을 합하여 후구(煦嫗)[8] 부육(覆育)하면서 기함이 서로 유통(流通)하고 있다. 특히 오행의 기는 치우치거나 온전함에 따라서 만물의 명(命)은 길흉이 정해지는 것이다.

8　후구(煦嫗): 입김을 불어 따뜻하게 하고 몸에 품어 체온을 따뜻하게 하는 것으로 정성들여 양육함을 뜻함.

原文

戴天履地人爲貴 順則吉兮凶則悖
　대천리지인위귀　　순즉길혜흉즉패

위로 하늘을 받들고 아래로는 땅을 밟고 존재하는 것 중에서 인간이 가장 존귀

하다. 순리에 따르면 길(吉)하고 순리에 어긋나면 흉(凶)하게 된다.

原註

萬物莫不得五行載天履地 惟人五行之全 故爲貴 其有吉凶之不一者
　만물막부득오행재천리지　　유인오행지전　고위귀　기유길흉지불일자

以其得于 五行順與悖.
　이기득우　오행순여패

만물은 모두 오행을 갖고 있지 않는 것이 없으며, 모두가 하늘을 받들고 땅을

밟고 있지만 그중에서 오직 인간만이 오행을 모두 다 갖추고 있으므로 존귀한 것

이다. 그런데 길흉(吉凶)이 일정하지 않는 것은 오행의 순응과 어그러짐(悖)에 달려

있다.

任氏曰 人居覆載之中 戴天履地 八字貴乎天干地支順而不悖也 順者
임씨왈　　인거부재지중　　대천리지　　　팔자귀호천간지지순이불패야　　순자

接屬相生 悖者反剋爲害 故吉凶判然 如天干氣弱 地支生也 地支神衰
접속상생　　패자반극위해　　고길흉판연　　여천간기약　　지지생야　　지지신쇠

天干補之 皆爲有情而順則吉 如天干衰弱支抑之 地支氣弱 天干剋之
천간보지　　개위유정이순즉길　　여천간쇠약지억지　　지지기약　　천간극지

皆爲無情而悖則凶也.
개위무정이패즉흉야

假如干是木 畏金之剋 地支有亥子生之 支無亥子 天干有壬癸以化之
가여간시목　　외금지극　　지지유해자생지　　지무해자　　천간유임계이화지

干無 壬癸 地支有寅卯以通根 支無寅卯天干有丙丁以制之 木有生機
간무　임계　　지지유인묘이통근　　지무인묘천간유병정　　정이제지　　목유생기

吉可知矣.
길가지의

若天干無壬癸 而反透之以戊己 支無亥子寅卯 而反加之以辰戌丑未申
약천간무임계　　이반투지이무기　　지무해자인묘　　이반가지이진술축미신

酉黨 助庚辛之金 木無生理 凶可知矣. 餘可類推.
유당　　조경신지금　　목무생리　　흉가지의　　여가유추

凡物莫不得 五行戴天履地 則羽毛鱗介 亦各得五行專氣而生 如羽
범물막부득　　오행대천리지　　즉우모린개　　역각득오행전기이생　　여우

蟲屬木 鱗屬金 介屬水 惟人屬土 土居中央 乃木火金水中氣所成
충속목　　린속금　　개속수　　유인속토　　토거중앙　　내목화금수중기소성

獨是五行之全 爲貴 是以人之八字 最宜四柱 流通 五行生化 大
독시오행지전　　위귀　　시이인지팔자　　최의사주　　유통　　오행생화　　대

忌四柱缺陷 五行偏枯 謬書妄言 四戊午者 是聖帝之造 四癸亥者
기사주결함　　오행편고　　류서망언　　사무오자　　시성제지조　　사계해자

是張桓侯之造 究其理 皆後人 訛傳 試思自漢至今二千餘載 周甲循環
시장환후지조　　구기리　　개후인　　와전　　시사자한지금이천여재　　주갑순환

此造不少 謬加知矣.
차조불소　　류가지의

余行道以來 推過 四戊午 四丁未 四癸亥 四乙酉 四辛卯 四庚辰 四甲戌者
여행도이래　　추과　　사무오　사정미　사계해　사을유　사신묘　사경진　사갑술자

甚多 皆作偏枯論 無不應驗.
심다 개작편고론 무불응험

同邑史姓有四壬寅者 寅中火長生 食神祿旺 尙有生化之情 而妻財
동읍사성유사임인자   인중화장생   식신록왕   상유생화지정   이처재

子祿 不能全美 只因寅中火土之氣無從引出 以致幼遭孤苦 中受飢寒
자록 불능전미   지인인중화토지기무종인출   이치유조고고   중수기한

至三旬外 運輸南方 引出寅中火氣 得際遇 經營發財 後更無子 家
지삼순외   운수남방   인출인중화기   득제우   경영발재   후경무자   가

業分奪一空 可知仍作偏枯論也 由此觀之命貴中和 偏枯終于 有損 理
업분탈일공   가지잉작편고론야   유차관지명귀중화   편고종우   유손 이

求平正 奇異 不足爲憑.
구평정 기이   부족위빙

임씨(任氏)가 말하길, 사람은 하늘과 땅 사이에서 하늘을 받들고 땅을 밟고 살아가는데 팔자(八字)가 귀하다는 것은 천간(天干)과 지지(地支)가 순리(順理)가 이어져야 하고 어그러짐이 없어야 한다.

순(順)이란 접속(接續)하여 서로 돕는 것이며 패(悖)란 서로 이기려고 싸우는 것이므로 해로운 것이다. 그러므로 길흉은 순패(順悖)에 따라 상생과 상극이 되어 분명하게 판단할 수 있다.

예를 들면 천간의 기가 약할 때 지지(地支)에서 생(生)하여 주거나 지지의 신(神)이 약할 때 천간에서 지지를 생하여 주면 모두가 유정(有情)하고 순종(順從)하므로 길하게 되는 것이다.

만약에 천간이 쇠약할 때 지지에서 억제하거나 지지의 기가 약할 때 천간에서 억제하면 모두가 무정(無情)하여 순리에 어긋나서 흉하게 된다.

가령 천간의 木이 金의 극(剋)을 두려워하면, 지지의 亥子水로 생(生)해 주어야 하고 지지에 亥子水가 없을 경우에는 천간에 壬癸水로 금기(金氣)를 인화(引化)하거나 천간에 壬癸水가 없으면 지지에 寅卯木이 있어 천간과 통하는 뿌리가 되거나 지지에 寅卯木이 없으면 천간의 丙丁火로 金을 제거해 주어야 한다.

이와 같이 木은 생(生)을 받아 삶의 기능을 갖게 되어 길하게 되는 것이다. 만약

천간에 壬癸水가 없고 오히려 戊己土가 나타나거나 지지에 亥子寅卯가 없고, 오히려 辰戌丑未申酉가 있어서 흉하게 된다. 나머지 오행도 이와 같이 추리하면 되는 것이다. 만물은 모두 다 하늘을 받들고 땅을 밟으며 오행을 가지고 있으니 즉 우모린개(羽毛鱗介)는 각각 오행의 전기(專氣)를 얻어 생(生)하였다.

예를 들어 날개가 있는 우충(羽蟲)은 木에 속하고, 털이 길게 나있는 모충(毛蟲)은 火에 속하며 비늘(鱗)이나 딱정벌레처럼 등딱지를 가진 갑충(甲蟲)은 金에 속하고, 마디가 있고 꿈틀거리는 나충(裸蟲)은 水에 속하고 오직 인간만이 土에 속한다. 土는 중앙에 위치하여 木火金水의 중심에 위치한 기(氣)로 형성된 것으로 홀로 오행이 완전하므로 귀하다. 그래서 사람팔자는 사주(四柱)가 유통(流通)하면서 오행이 생성변화(生成變化)하는 것이 가장 옳은 것이요, 오행이 편고(偏枯)하고 사주에 결함이 있는 것을 가장 꺼리는 것이다.

속서(俗書)에 의하면 년월일시(年月日時)의 네 주(柱)가 모두 다 戊午이면 성제(聖帝)의 명조(命造)요, 네 주가 모두 다 癸亥이면 장환후(張桓侯)의 명조라고 하는 말은 그릇된 내용으로서 그 이치를 잘 궁리해 보니 후세 사람이 잘못 전한 것이다. 지금 한(漢)으로부터 2천여 년을 생각해 보면 육십갑자(甲子)로 순환하면 이런 명조가 적지 않을 것이기 때문에 그릇되었다는 점을 알 수 있다.

내가 역학(易學)에 들어선 이래로 4戊午, 4丁未, 4癸亥, 4乙酉가 매우 많았던 것으로 추정되는데 모두 다 편고한 것으로 논하였으며, 시험해 본 결과 틀리지 않았다.

한 마을에 사(史)씨 성을 가진 사람이 모두 4壬寅으로 구성되었는데, 寅 중에 火土가 서로 장생(長生)[9]이 되고, 식신(食神)은 녹왕(祿旺)[10]하여 오히려 생화(生化)의 정

---

9 장생(長生): 십이운성(十二運星)의 하나로 모체에서 생명이 처음 태어난다는 뜻으로 힘은 약해도 땅을 밀고 나오는 새싹의 상태에 비유되어 부드럽고 유순하지만 생명력이 가장 왕성한 시기를 뜻한다.
10 녹왕(祿旺): 십이운성(十二運星)의 하나로 건록(建祿)과 제왕(帝王)을 합한 용어.
  • 건록(建祿): 만물이 다 자라서 열매를 맺는 것처럼 한 인간이 성장하여 국가의 관리직에 임명되어 국록(國祿)을 받는 것과 같은 시기이므로 부모의 슬하를 떠나서 독립하여 자립하는 과정으로 타인의 지배나 간섭을 거부하며 자신만만하게 살아가는 형상이다.

(情)은 있으나, 처와 재물과 자식의 복은 온전하지 못하였다.

　　다만 寅 중에 火土의 기(氣)가 인출되지 않아서 어려서는 고독하고 고난의 생활을 하였으며 중년에는 추위와 기아에 시달렸는데 삼십이 넘어 운이 남방(南方)으로 바뀌면서 寅 중에 화기(火氣)가 인출되고 나서부터 때를 만나 재물을 얻었다.

　　그러나 노년에 이르러 자식이 없고 가업은 파탄되어 편고하다고 논할 수 있는 것이다. 이러한 것을 보더라도 명(命)의 귀함은 중화(中和)에 있으며 편고하게 되면 끝내 손실을 보게 되니, 명의 이치는 평정에서 찾아낼 수 있는 것이지 기이한 사주에서 이치를 찾는다는 것은 신빙성이 부족하다.

任註

　　　　壬　壬　壬　壬
　　　　寅　寅　寅　寅

　　　　己戊丁丙乙甲癸
　　　　酉申未午巳辰卯

　　壬水 일주(日主)가 천간(天干)에 4壬水, 지지(地支)에 4寅木으로 구성되어 있다. 또한 四壬寅으로 편고(偏枯)한 사주(四柱)이다. 임주(任註)에서 "어린 시절에는 고고(孤苦)하게 살았으며 성년에는 춥고 배고프게 살았으며 삼십을 넘어서는 남방운(南方運)으로 바뀌어 인중화기(寅中火氣)가 인출되어 좋은 기회를 만나 경영에서 재물(財物)이 일어났고, 후에는 결국 자손이 없고 가업이 분탈(分奪)되어 빼앗기게 되니 편고한 사주가 틀림없다"라고 하였다.

　　총체적으로 천간이 4壬水, 지지가 4寅木으로 비견(比肩)과 식신(食神)으로만 구성되어 있고, 재성(財星), 관성(官星)은 인중화토(寅中火土)에 암장(暗藏)되어 있다.

• 제왕(帝旺): 산전수전을 다 겪어 세상물정을 통달하고 인생의 최고 절정에 도달한 시기로서 속이 알차고 여물었지만 주위로부터 인덕이 없고 고독하여 수양의 덕을 쌓으며 살아가는 형상이다.

첫째, 격국용신(格局用神)으로 다시 분석하면 천지(天地)가 유행(流行)되어 水生木으로 순종(順從)되니 종아격(從兒格)으로 희신(喜神)은 비겁(比劫), 식상(食傷), 재성(財星)이고 기신(忌神)은 관성(官星)과 인성(印星)이다. 임주(任註)에서는 "팔자가 귀하게 되는 것은 천간과 지지가 순종하고 어그러짐이 없어야 한다"고 하였다.

순(順者接續相生: 순자접속상생)이란 접속하여 서로 돕는다는 것이고, 패(悖者反剋爲者:패자반극위자)란 서로 이기려고 싸우는 것이기에 해로운 것이므로 원국(原局)은 水木이 서로가 상생되어 종아격(從兒格)을 이루고 있다.

둘째, 원국(原局)에서 희신(喜神)과 기신(忌神)이 판단되면 대운(大運)과 세운(歲運)의 길흉(吉凶)을 분석할 줄 알아야 한다.

자동차를 가지고 예를 들면 제품이 어느 회사 것인지 또는 성능과 특성을 분석해야 하고 목적지까지 안전하고 신속하게 예정된 시간 내에 도달할 수 있는 환경 조건에 대해 판단하는 것으로 사주의 운로(運路)를 판단하는 것과 같은 이치이다. 즉 도로의 선택, 날씨, 휴게소의 위치 등을 종합적으로 정보를 수집해야만 훨씬 더 쉽게 도달할 수 있다는 것이다.

원국에서 더구나 재성(財星)과 관성(官星)이 없으니 부모복이나 자기 자신의 통제능력이 부족하였을 것으로 추정한다. "삼십이 넘어서 화기가 인출되어 때를 만나 재물을 얻었다"라는 것은 대운이 사오미(巳午未)운이 들어오는 동시에 전지지(全地支)의 寅木과 인사형(寅巳刑)으로 사중화기(巳中火氣)가 인출되어 희신(喜神)인 화기가 재성(財星)이 되었기 때문이다.

"말년에는 오히려 처와 재물과 자식의 복은 온전치 못하였다"라는 것은 대운이 목화금(木火金)으로 행하고 있는데 戊申 대운에 戊壬 극으로 자식에 해당되는 戊土 관(官)이 수다토류(水多土流)가 되어 무력하였고 지지의 寅申 충(沖) 작용(作用)은 인중병화(寅中丙火)인 재성(財星) 처가 신중임경(申中壬庚)이 丙庚 충(沖), 丙壬 충(沖)되어 丙火인 처재궁(妻財宮)이 충발(沖拔)되어 무력하게 되었다. 임주(任註)는 "어린 시절에는 곤고(困苦)하였다"라는 것은 그 당시의 환경으로 보아 여러 형제가 같이 모여 살다보니 당연히 외롭고 고독하였을 것이다.

셋째, 고서에서의 사주는 원국과 대운이 고정(固定)이지만 2~3천 년 전의 유목

및 농경사회에서의 환경과 현대문명사회에서의 환경과는 천차만별이라는 것을 명심해야 한다.

　원국에서 격국용신(格局用神)을 먼저 판단하는 것이 최우선이고, 다음에는 대운(大運)과 세운(歲運)과 용신(用神)과의 관계를 합(合)과 충형(沖刑)에 의한 왕쇠강약(旺衰强弱), 생극제화(生剋制化)를 가감승제(加減乘除)하여 최종적으로 세력을 판단해야만 중정(中正)에 가까운 해석을 할 수 있다는 것이다.

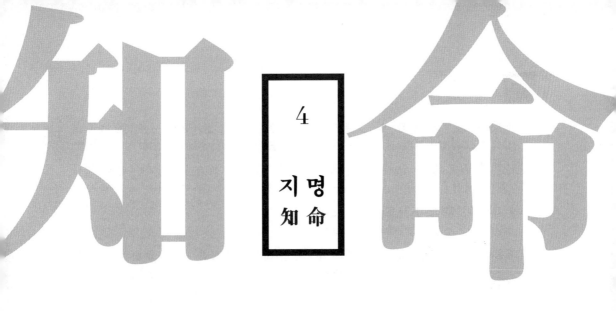

4

지 명
知 命

 原文

　要與人間開聾瞶 順逆之機須理會
　요여인간개농외　　순역지기수리회

　인간의 몽매(蒙昧)함을 열어주는 것이 중요한데, 순역(順逆)의 기능을 알면 모름
지기 이치를 깨닫게 된다.

原註

　不知命者 如聾瞶 知命干順逆之 機而能理會之 庶可以開天下之聾瞶.
　부지명자　여농외　지명간순역지　기이능리회지　　서가이개천하지농외

　명(命)을 모르는 것은 마치 농외(聾瞶)[11]와 같은데, 순역의 기능을 알면 능히 명의
이치를 깨닫게 되어, 가히 천하의 어두운 것을 밝게 볼 것이다.

11　농외(聾瞶): 귀머거리.

任氏曰　此言有至理　惟恐後人學命　不究順悖之機　妄談人命　貽悟不淺
임씨왈　차언유지리　유공후인학명　불구순패지기　망담인명　이오불천

混看奇格異局　一切神殺　荒唐取用　桃花咸池　專論女命邪淫　受責鬼神
혼간기격이국　일체신살　황당취용　도화함지　전론여명사음　수책귀신

金鎖鐵蛇　謬指小兒關殺　憂人父母.
금쇄철사　류지소아관살　우인부모

不論一主之衰旺　總以財官爲喜　傷殺爲憎　定人終身　不管日主之强弱
불론일주지쇠왕　총이재관위희　상살위증　정인종신　불관일주지강약

盡以食印爲福　梟劫爲殃　不知財官等名　乃六親取用而列　竟認作財可養
진이식인위복　효겁위앙　부지재관등명　내육친취용이열　경인작재가양

命　官可榮身　何其愚也.
명　관가영신　하기우야

如財可養命　則財多身弱者　不爲富屋貧人　而成巨富　官可榮身　則身
여재가양명　즉재다신약자　불위부옥빈인　이성거부　관가영신　즉신

衰官重者　不至夭淺　而成顯貴　余詳考古書　子平之法　全在四柱五行
쇠관중자　부지요천　이성현귀　여상고서　자평지법　전재사주오행

察其衰旺究其順悖　審其進退　論其喜忌　是謂理會.
찰기쇠왕구기순패　심기진퇴　론기희기　시위리회

至於奇格異局　神殺納音諸名目　乃好事妄造　非關命理休咎　若據此論
지어기격이국　신살납음제명목　내호사망조　비관명리휴구　약거차론

命　必致以正爲謬　以是爲非　訛以傳訛　遂使吉凶之理　昏昧亂明矣.
명　필치이정위류　이시위비　와이전와　수사길흉지리　혼매난명의

書云　用之爲財不可劫　用之爲官不可傷　用之印綬不可壞　用之食神不
서운　용지위재불가겁　용지위관불가상　용지인수불가괴　용지식신불

可奪　此四句原有至理.
가탈　차사구원유지리

其要在一用字　無如學命者　不究用字根源　專以財官爲重　不知不用財星
기요재일용자　무여학명자　불구용자근원　전이재관위중　부지불용재성

儘可劫不用官星儘可傷　不用印綬儘可壞　不用食神儘可奪　順悖之機
진가겁불용관성진가상　불용인수진가괴　불용식신진가탈　순패지기

不理會　與聾聵何異　豈能論吉凶　辯賢否　而有功於世哉　反誤世惑人
불리회　여농외하이　기능논길흉　변현비　이유공어세재　반오세혹인

者多矣.
자다의

임씨(任氏)가 말하길, 이 말 속에는 지극한 이치가 들어있는데, 오직 두려운 바는 명(命)을 배우는 후인(後人)들이 순패(順悖)의 기능을 하지 않고 사람의 명을 망령되게 말하면서 그릇되게 전하여 온 것이 많다.

기이한 격(格)과 이상한 사주를 가지고 운명을 혼란스럽게 보거나 신살(神殺)들을 허황하게 사용하여 도화(桃花)니, 함지(咸池)니 하면서 여자의 사주를 간사하고 음탕하다고 논하며 그 책임을 귀신의 탓으로 돌린다. 그리고 금쇄철사(金鎖鐵蛇)[12]를 소아(小兒)에 관계된 살(殺)로 그릇되게 지적하여 부모를 근심시키기도 한다.

일주(日主)의 쇠왕(衰旺)은 논하지 않고 총체적으로 재(財)와 관(官)만을 가지고 기뻐하거나 상관(傷官)과 살(殺)을 미워하며 사람의 평생운을 결정하기도 한다.

일주의 강약은 다스리지 않고 식신(食神)과 인수(印綬)는 복이 많다거나 효신(梟神)과 겁재(劫財)는 재앙이라고 한다. 이것은 재(財)와 관(官)의 이름을 알지 못하고 육친(六親)의 용도(用度)만 취하여 늘어놓은 것으로서 마침내 재(財)는 명(命)을 좋게 하고 관(官)은 영달(榮達)하는 것으로 알고 있다. 어찌도 이처럼 어리석단 말인가?

만약에 재(財)는 명(命)을 좋게 하는 것이 옳다면 재다신약(財多身弱)인 사람은 부옥빈인(富屋貧人)이 아니고 거부(巨富)가 되어야 하며 관(官)은 영달(榮達)할 수 있는 명(命)이 맞다면 일주(日主)가 약하고 관(官)이 중하여도 요절하거나 천하지않고 귀하게 된다고 해야 할 것이다.

내가 고서를 살펴보니 자평법(子平法)은 모든 것이 사주오행에 있었다. 그 쇠망을 살피고 그 순패(順悖)를 연구하여 그 진퇴를 살펴서 희기(喜忌)를 논하는 것이니 이것이 사리(事理)를 깨닫는 요체였다. 모든 기격(奇格), 이국(異局)과 모든 신살(神殺), 납음(納音)의 명목들은 망령된 짓을 하기 좋아하는 사람들이 지은 것으로 명리의 좋고 나쁨과는 무관한 것이다.

---

12 금쇄철사(金鎖鐵蛇): 신살(神殺)의 한 종류.

만약에 이것에 근거하여 명(命)을 논한다면 반드시 바른 것이 어긋나고 옳은 것이 잘못되어 그 거짓 이론이 잘못 전해지게 되면, 결국에는 길흉의 이치를 깨닫지 못하고 혼미(昏迷)하여 더욱 알 수 없게 될 것이다.

서(書)에 이르기를 재(財)를 용(用)할 때는 겁재(劫財)가 좋지 않고, 관(官)을 용할 때는 상관(傷官)이 나쁘며, 인수(印綬)를 용할 때는 재성(財星)이 나쁘며, 식신(食神)을 용할 때는 편인(偏印)이 나쁘니, 이 네 가지 글귀는 이치에 이르는 원칙이 되는 것이다.

중요한 것은 하나의 용자(用字)에 있다.

명(命)을 배운다는 것은 용자(用字)의 근원을 연구하는 것이나 다름이 없다. 오로지 재관(財官)만을 중하게 여기다가는 재성(財星)이 아주 소용없을 때 겁재(劫財)도 좋다는 것을 알지 못하게 된다.

관성(官星)을 용하지 않을 때는 상관도 좋고, 인수를 용하지 않을 때는 재성이 인성(印星)을 극(剋)하여도 좋으며 식신을 용하지 않을 때는 편인이 식신을 극하여도 좋다. 이와 같은 순패의 기능을 깨닫지 못한다면 어찌 귀머거리와 다르겠으며 어떻게 길흉을 논할 수 있겠는가?

명리학이 현비(賢否)[13]함을 분별할 수 있도록 하게 되면 어찌 세상에 대한 공이 되지 않겠는가? 도리어 세상을 그릇되게 하고 타인을 현혹하게 하는 것이 더 많을 것이다.

評註

원문(原文)에서 임주(任註)는 "여상고고서 자평지법 전재사주오행 찰기쇠왕 구기 순패 심기진퇴 논기희기 시위리회(余詳考古書 子平之法 全在四柱五行 察其衰旺 究其順悖 審其 進退 論其喜忌 是爲理會)"라고 했다. 고서를 상세히 살펴보니 자평법(子平法)은 전적으로 사주오행에 있다. 그 쇠왕(衰旺)을 살피고 그 순패를 연구하며 그 진퇴를 심사하여

---

13 현비(賢否): 어짊과 악함.

그 희기(喜忌)를 논해야 하는 것이다.

다시 보충한다면 사주오행의 왕쇠강약(旺衰强弱)의 4단계로 분류하는데 태강(太强), 강(强), 약(弱), 태약(太弱)이다. 태강은 유근(有根)인 인수(印綬)와 비겁(比劫)이 전지지(全地支)가 되어 있는 것이고, 강은 인비(印比)가 2~3개이고, 약은 인비가 1개가 되는 것이고, 태약은 인비가 지지(地支)에 전혀 없는 경우이다.

순패(順悖)는 순역(順逆)이라고도 하는데 상생작용과 상극작용의 원리를 말하는 것이다. 순(順)이라고 하는 것은 순리(順理), 순종(順從), 순세(順勢)로도 표현한다.

상생작용으로서 천간지지(天干地支) 관계를 먼저 살피고 천간은 천간끼리, 지지는 지지끼리 좌우관계를 살펴야 한다.

패(悖)는 상극작용으로 상하관계를 말하는데 천간에서 지지를 극(剋)하는 개두(蓋頭)와, 지지에서 천간을 극하는 절각(截脚)이 있으며, 좌우관계에서 충형(冲刑)을 살펴 세력의 변화를 알아야 한다.

진퇴를 이해하여야 한다. 기(氣)가 움직여 앞으로 나아가는 것은 진(進)인데 그 진이 극(極)에 달하면 물러서려는 퇴(退)의 작용을 하게 된다.

예를 들면 辰월의 甲乙木과 같은 것이다. 三월은 木氣의 마지막 달이기 때문이다. 행함이 왕성하면 물러나게 되고, 물러남이 극에 달하면 다시 앞으로 나아가려는 진의 작용을 하게 된다.

예를 들면 戌월의 甲乙木과 같은 것이다. 9월의 甲乙木은 앞으로 亥水 월의 상생이 되는 진의 작용을 하게 되는 것이다.

오행 왕상휴수(旺相休囚)는 사계절을 안배하여 앞으로 다가오는 것이 진(進)인데 이것을 상(相)이라 하고, 나아가서 당령하면 이것은 왕(旺)이라 하고, 공(攻)을 이룬 뒤 물러나는 것은 휴(休)라 하고, 물러나 무기(無氣)하면 수(囚)라고 한다.

희기(喜忌)는 용신(用神), 희신(喜神), 구신(仇神), 구신(救神)을 먼저 구별하여야 하고 또한 대운과 세운의 변화작용을 세심하게 살펴야 한다.

```
丙 庚 丁 辛
子 午 酉 卯
```

```
庚辛壬癸甲乙丙
寅卯辰巳午未申
```

高宗純皇帝御造(건륭제〈乾隆帝: 1711-1795〉 재위기간 60년)
　　고종순황제어조

天干庚辛丙丁　正配火煉秋金　地支子午卯酉　又配坎離震兌　支全四正
천간경신병정　　정배화련추금　　지지자오묘유　　우배감리진태　　지전사정

氣寬八方　然五行無土　雖誕秋令　不作旺論　最喜子午逢冲　水剋火
기관팔방　　연오행무토　　수탄추령　　부작왕론　　최희자오봉충　　수극화

使午火　不破酉金　足以輔主　更妙卯酉逢冲　金克木　則卯木不助午火
사오화　　불파유금　　족이보주　　갱묘묘유봉충　　금극목　　즉묘목부조오화

制伏得宜　卯酉爲震兌　主仁義之眞機　子午爲坎離　宰天地支中氣　且
제복득의　　묘유위진태　　주인의지진기　　자오위감리　　재천지지중기　　차

坎離得日月之　正體　無消無滅　一潤一喧　座下端問　水火旣濟　所以八
감리득일월지　　정체　　무소무멸　　일윤일훤　　좌하단문　　수화기제　　소이팔

方賓服　四海攸同　金馬朱鳶　竝隸版圖之內　白狼元兔　咸歸覆幬之中　天
방빈복　　사회유동　　금마주연　　병례판도지내　　백랑원토　　함귀부도지중　　천

下熙寧也.
하희녕야

　　천간(天干)의 庚辛丙丁은 "火가 추금(秋金)을 단련(鍛鍊)한다"라는 것에 정확하게 배합(配合)되고, 지지(地支)의 子午卯酉는 감리진태(坎離震兌)에 배합되는데 지지에 사정(四正)[14]이 모두 있으니 기(氣)가 팔방에 이어져 있다.

　　그러나 오행에 土가 없으니 비록 가을에 태어났다고 할지라도 왕(旺)하다고 논

---

14 사정(四正): 동서남북(東西南北), 자오묘유(子午卯酉).

할 수 없는데 가장 기쁜 것은 子午가 서로 충(沖)하니 水가 火를 극(剋)하여 午火로 하여금 酉金을 파(破)하지 못하게 되므로 족히 일주(日主)를 돕는다. 더욱 오묘한 것은 卯酉가 서로 충(沖)하여 金이 木을 극(剋)하니 卯木이 午火를 돕지 못하게 되므로 제복(制伏)이 마땅하다.

卯酉는 진태(震兌)로 인의(仁義)의 진기(眞氣)를 주관하고, 자오(子午)는 감리(坎離)로 천지(天地)의 중기(中氣)를 주관한다. 또한 감리(坎離)는 일월(日月)의 정체(正體)를 얻어서 소멸됨이 없고, 子水는 촉촉하게 하고 午火는 따뜻하게 하는데 좌하(坐下)의 단문(端門)[15]이 수화기재(水火旣濟)를 한다. 따라서 팔방이 복종(服從)하고 사해(四海)가 함께하니 금마주연(金馬朱鳶)[16]이 모두 왕권의 판도(版圖) 안에 예속되었고 백랑원토(白狼元兎)[17]가 모두 부도(覆幬)[18]에 귀속하여 천하가 흥성하고 평화스러웠다.

원문에서 "연오행무토 수탄추령 부작왕론(然五行無土 雖誕秋令 不作旺論)"이라, 즉 "명조(命造)에 오행 土가 없으니 비록 庚金이 가을에 태어났다고 할지라도 왕(旺)하다고 논할 수 없다"라고 했다. 신약(身弱)으로 판단한 것이 틀림없으며, 용희신(用喜神)은 인수(印綬)와 비겁(比劫)인 土金이 되고 기신(忌神)은 식상(食傷), 재성(財星), 관살(官殺)인 水木火이다.

건륭제(乾隆帝)[19]는 25세인 乙卯년에 즉위하여 60년 동안 巳午未 火운, 寅卯辰 木운에 태평성대 하였다는 것을 보면 火木 운을 다시 평가해야 하는 것은 아닌지 의문이 생긴다. 사주 전체를 다시 분석해 보면 庚金이 금왕절(金旺節)인 酉월에 당

---

15 단문(端門): 궁궐의 남문(南門), 午방향 정남(正南)쪽에 문.

16 금마주연(金馬朱鳶): 중국 변두리 지역.

17 백랑원토(白狼元兎): 중국 변두리 지역.

18 부도(覆幬): 은혜를 베풀고 보호함.

19 건륭제(乾隆帝): 1771~1799년 25세(乙卯년)에 즉위하여 60년 동안 태평성대하게 재임하고 4년 뒤인 89세(戌子대운 乙未년)에 사망한 것으로 추정.

령(當令)하였고, 辛金 역시 酉에 통근(通根)되어 있으니 오히려 금기(金氣)가 왕성하다.

丙丁火는 午火에 뿌리가 되었으니 역시 힘이 있으나 酉월이라 휴수(休囚)가 되어 子水에 충(冲)이 되니 당령(當令)한 金보다는 火가 약한 것으로 본다. 사주에 土가 없어 金水木火로 구성이 되어 결국 金과 火의 두 세력으로 압축되었다. 비유하면 金이 철광석으로 질량이 우수하고, 火가 용광로 위력이 있지만 金에 비하여 열기가 약간 부족한데 마침 대운이 火木 운으로 진행하면서 보완하여 주니 더욱 아름답게 된 것이다.

그러므로 사주를 왕쇠강약(旺衰强弱), 생극제화(生剋制化), 순패지기(順悖之氣)의 논리로 분석하지 않고 신살(神殺)이나 육친해석(六親解釋) 수준에 얽매어 풀이하면 안된다. 전지지(全地支)가 도화(桃花)로 갖추어져 있고 상하좌우가 충극(冲剋)되어 파격(破格)이라고 하거나 도화살(桃花殺)이 있어 바람기가 많고, 재성(財星)이 충극(冲剋)되니 처궁(妻宮)이 부실하거나, 처가 병약하고, 조실부모하거나 빈곤하게 산다고 하거나, 인수(印綬)가 없어 부모덕이 없다고 하거나, 土가 없으니 위장(胃腸)이나 피부질환이 염려되고 학문과 인연이 없으니 공부하는 데 투자를 하지 말라고 하거나 심지어 수명까지 짧다는 등의 말로 상담자들에게 상처를 주게 되면 자기의 무지를 스스로 드러낼 뿐만 아니라 소리 없는 범죄를 짓는 것이니 세심한 연구가 절실하다.

任註

戊 戊 庚 庚
午 辰 辰 申

丁丙乙甲癸壬辛
亥戌酉申未午巳

董中當造 戊土生于季春 午時 似乎旺相 弟春時虛土 非比六九月之
동중당조　무토생우계춘　오시　사호왕상　제춘시헌토　비비육구월지

實也 且兩辰蓄水爲濕 足以洩火生金 干透兩庚 支會申辰 日主過洩
실야　　차양진축수위습　　족이설화생금　　간투양경　지회신진　일주과설

用神必在午火 喜水木不見 日主印綬不傷 精神旺足 純粹中和 一生
용신필재오화　　희수목불견　　일주인수부상　　정신왕족　순수중화　일생

宦海無波 三十餘年太平相業 直至子運會水局 不祿 壽已八旬矣.
환해무파　　삼십여년태평상업　　직지자운회수국　　불록　수이팔순의

동중당(董中堂)의 명조(命造)로 戊土가 진월오시(辰月午時)에 태어나니 왕상(旺相)한 것 같지만 춘절(春節)의 土는 허(虛)하므로 6月과 7月의 실(實)한 土에는 비교할 수가 없다.

월일(月日)의 辰土는 진중계수(辰中癸水)가 있어 축축한 습토(濕土)이므로 화기(火氣)를 설(洩)하여 金을 돕기 때문에 결과적으로 戊土를 배반하게 되어 있다. 천간(天干)에 양(兩) 庚金이 투출(透出)하였으나 지지(地支)에는 申辰水 회합(會合)하여 水局을 이루어 일주(日主)를 지나치게 설(洩)하니 용신(用神)은 반드시 일주를 생(生)하는 午火에 있고 水木을 보지 않아 기쁘다.

일주(日主)와 인수(印綬)가 상(傷)하지 않아 정신이 왕(旺)하고 원국(原局)이 순수(純粹)하여 중화(中和)를 갖추게 되니 일생 동안 관리(官吏)로서 풍파를 만나지 않고 30여 년을 태평스럽게 지냈다. 子운에 이르러 수국(水局)이 되어 불록지객(不祿之客)이 되었으니 이때 나이는 팔십이었다.

評註

戊土 일주가 진월(辰月)에 득령(得令)하고 일지(日支)에 역시 辰土가 득지(得地)하고 戊午가 득세(得勢)하니 오히려 신강(身强)하다. 午火가 火生土, 土生金으로 기신(忌神)이 도리어 희신(喜神)으로 되었다. 그러므로 희신은 식재관(食財官)인 金水木이고 기신은 인비(印比)인 火土가 된다. 대운 申酉戌 金운 기간 중, 삼십 년간 재상(宰相)의 지위에 있었다는 것은 金운의 용신(用神)을 만났다는 것이다.

亥子丑 水운은 원국(原局)과 申子辰 삼합수국(三合水局)이 되어 전지지(全地支)가

수왕(水旺)하고, 天干의 양경금(兩庚金)까지 金生水로 가세하니 午火마저 수다화몰(水多火沒) 형상으로 자신의 임무를 성실히 마치고 조용하게 떠나는 시기다.

주의해야 할 것은 子운에는 申子辰 수국(水局)이 되므로 子午 충(冲)에서 午火를 촉노(觸怒)하게 만들어 충발(冲拔)시킨 것이다. 만약에 원문대로 신약(身弱)이라면 인비인 火土가 희신이고 식재관(食財官)인 金水木이 기신이 된다. 이러한 경우라면 金水木 운에 재상 지위에 있으면서 태평스럽게 지냈을 리가 없다.

任註

```
庚 甲 壬 壬
午 寅 寅 辰
```

```
己戊丁丙乙甲癸
酉申未午巳辰卯
```

同邑王姓造 俗以身强殺淺論 取庚金爲用 謂春木逢金 必作棟梁之器
동읍왕성조　속이신강살천론　취경금위용　위춘목봉금　필작동량지기

勸其讀書必發 至三旬外 不但讀書未售 而且家業漸消 屬余推之 觀其
권기독서필발　지삼순외　부단독서미수　이차가업점소　속여추지　관 기

支坐兩寅 乘權當令 干透兩壬 生助旺神 年支之辰土 乃水之庫 木之餘
지좌양인　승권당령　간투양임　생조왕신　년지지진토　내수지고　목지여

氣 能畜水養木 不能生金 一點庚金 休囚已極 且午火敵之 壬水洩之
기　능축수양목　불능생금　일점경금　휴수이극　차오화적지　임수설지

不惟無用 反爲生水之病 大凡旺支極者 宜洩而不宜剋 宜順其氣勢
불유무용　반위생수지병　대범왕지극자　의설이불의극　의순기기세

弗悖其性也 以午火爲用 將來運至火地 雖不貴于名 定當富于利 可
불패기성야　이오화위용　장래운지화지　수불귀우명　정당부우리　가

棄名就利 如再守芸窗 終身誤矣 彼卽棄儒就經營 至丙午運 剋盡庚
기명취리　여재수운창　종신오의　피즉기유취경영　지병오운　극진경

金之病 不滿十年 發財十餘萬 則庚金爲 病明矣.
금지병　불만십년　발재십여만　즉경금위　병명의

같은 마을에 왕씨 성을 가진 사람의 명조(命造)인데 항간에서는 이 사주를 신왕(身旺)하고 살약(殺弱)이니 庚金을 용신(用神)으로 삼아야 한다고 한다.

춘목(春木)이 金을 만나서 반드시 동량지재(棟梁之材)를 이루니 독서를 하면 반드시 발(發)한다 하였으나 삼십이 넘도록 독서를 하였지만 과거에 합격하지 못하고 가업까지 점차 기울어지게 되었다.

내가 추론하여 보면 지지(地支)에 있는 양인(兩寅)을 두고 앉아 승권당령(乘權當令)하고 천간(天干)에 양임수(兩壬水)가 왕(旺)한 목기(木氣)를 생조(生助)하고 水의 고장(庫藏)이고 木의 여기(餘氣)인 년지(年支)에 辰土는 축수양목(蓄水養木)할 수 있으나 생금(生金)할 수 없다.

庚金은 휴수(休囚)한 것이 극(極)에 이르렀고, 午火가 庚金을 대적하고 壬水가 설하니 쓸모가 없는 金이 되었다. 오히려 생수(生水)하여 병이 되었다. 왕극(旺極)한 것은 설(洩)함이 마땅하고 극(剋)함은 마땅히 못하다 하였으니 이는 그 기세에 순응하여야 하고 그 성정을 어긋나지 않음이 마땅하다.

午火로 용신(用神)을 삼으면 장차 운이 남방화지(南方火地)에 이르게 되니 비록 그 명성은 귀하다 할 수 없으나 부로써 이로움을 얻으니 명예를 버리고 재물로 부자가 될 것이다. 마땅히 공명을 버리고 재물을 취득하였기 때문이지 만약 운창(芸窗)[20]을 지키고 있었다면 끝내 일신을 그르치게 될 것이다.

학문을 버리고 경영(經營)을 취하였기 때문에 丙午 운에 이르러 庚金을 극진하여 십 년도 못되어 십여만의 재물을 일으켰으니 庚金이 병(病)인 것이 분명하다.

甲木 일주가 寅月에 득령(得令)하고 좌하(坐下)에 寅木으로 득지(得地)하고 양(兩) 壬水가 투출(透出)하여 양(兩) 寅木을 생조(生助)하니 신왕(身旺)하다. 용신정법(用神定法)에서 신왕하면 식재관(食財官)이 희신(喜神)이고 인비(印比)가 기신(忌神)이다.

---

20 운창(芸窗): 서적을 간직하는 집으로 서재를 뜻함.

원국(原局)에서 庚金 용신(用神)은 午火에 의해 절각(截脚)되어 있어 피상(被傷)되어 있고, 재성(財星)인 년지(年支) 辰土는 습토(濕土)이므로 木을 기를 수 있으나 金을 생조할 수 없고 寅월, 庚金은 휴수(休囚)되어 대단히 미약하다.

그러나 午火는 寅午 화국(火局)으로 화기가 왕성하고 대운마저 화지(火地)에 이르니 火生土로 식생재(食生財)가 되어 명예를 버리고 부를 취하였다. 庚金이 용신작용(用神作用)을 하지 못한 것이지, 병은 아니다.

```
辛 癸 甲 癸
酉 亥 子 酉
```

```
丁 戊 己 庚 辛 壬 癸
巳 午 未 申 酉 戌 亥
```

此福建人 不知姓氏 庚午冬余推之 大取金水運 不就火土 彼曰 金水旺
차복건인 부지성씨 경오동여추지 대취금수운 불취화토 피왈 금수왕

極 何以又取金水 則命書不足憑乎 書曰 旺則宜洩宜傷 今滿局金水 反
극 하이우취금수 즉명서부족빙호 서왈 왕즉의설의상 금만국금수 반

取金水 是命書無憑矣 余曰 命書何爲無憑 皆因不能識命中五行之奧
취금수 시명서무빙의 여왈 명서하위무빙 개인불능식명중오행지오

妙耳 此造水旺 逢金 其勢冲奔 一點甲木枯浮 難洩水氣 如止其流 反
묘이 차조수왕 봉금 기세충분 일점갑목고부 난설수기 여지기류 반

成水患 不若順其流爲美 初行癸亥 助其旺神 蔭庇有餘 一交壬戌 水不
성수환 불약순기류위미 초행계해 조기왕신 음비유여 일교임술 수불

通根 逆其氣勢 刑耗竝見 辛酉庚申 丁財竝旺 己未戊午 逆其性 半生
통근 역기기세 형모병견 신유경신 정재병왕 기미무오 역기성 반생

事業 盡付東流 刑妻剋子 孤苦無衣 此所謂崑崙之水 可順而不可逆也
사업 진부동류 형처극자 고고무의 차소위곤륜지수 가순이불가역야

順逆之機 不可不知也.
순역지기 불가부지야

이 명조(命造)는 복건성(福建城) 사람인데, 성씨를 알지 못한다.

庚午년 겨울에 찾아 왔기에 내가 추명(推命)하였는데 "金水 운은 취하나, 火土 운은 취하지 않는다"라고 하니 그가 말하기를 "金水가 왕극(旺極)한데 어찌 金水를 다시 취한다고 합니까? 명서(命書)를 불신합니까? 서(書)에서 왕(旺)하면 마땅히 설(洩)하거나 상(傷)함이 마땅하다 하였는데 원국(原局)이 이미 金水로 충만한데 도리어 金水를 취하니 이는 명서의 이론에 근거하지 않음이 아니겠습니까?"라고 하는 것이었다.

내가 말하기를 "어찌 명서를 근거하지 않았겠는가? 이는 원국 오행의 오묘한 이치를 모르기 때문에 그런 것이다"라고 말하였다.

이 명조는 왕수(旺水)가 金을 만나 그 기세가 충분하니 일점갑목(一點甲木)이 물에 떠서 고부(枯浮)[21]하여 水氣를 설(洩)하기 어렵다.

만약 그 흐름을 멈추게 한다면 오히려 水氣가 더욱 왕(旺)하여 수환(水患)을 이루니 그 흐름에 순응하는 것이 아름답다.

초년 癸亥 대운은 그 왕신(旺神)을 도우니 윗사람의 도움이 있었겠으나 壬戌 대운으로 바뀌자 水가 통근(通根)하지 못하고 그 기세를 거역하게 되어 형상파모(刑傷破耗)[22]하게 되었다.

辛酉 庚申 대운은 재물이 풍부하였으나, 己未 戊午 대운은 그 성질을 거역하게 되니 반평생 사업이 전부 사라지고 처자까지 형극(刑剋)하게 되어 고고(孤苦)하고 의지할 곳이 없는 사람이 되었다.

이것이 소위 곤륜지수(崑崙之水)는 순응함이 마땅하고 거역하여서는 안 된다는 것이다. 그러므로 순역지기(順逆之機)를 알지 아니하면 안 된다.

---

21 고부(枯浮): 생기가 없고 물에 떠서 죽은 나무와 같음.

22 형상파모(刑傷破耗): 집안 식구가 죽고 재물을 파산함.

癸水가 子월에 득령(得令)하고 좌하득지(坐下得地)하고 전지지(全地支)가 金水로서 태왕(太旺)하니 종왕격(從旺格)이 되었다. 고로 용희신(用喜神)은 金水木이고 기신(忌神)은 세력을 거역하는 火土이다. 원국(原局)에서 기신이 되는 火土가 없으니 자연히 장애물이 없어 청수(淸水)인 것은 틀림없다. 또한 甲木은 왕수(旺水)를 설(洩)하기에는 어렵지만 대운에서 왕성한 木氣가 들어오면 충분히 설하여 희신(喜神)으로 작용할 수 있다.

　처음 癸亥 대운은 원국의 왕신(旺神)을 도우니 음덕(蔭德)이 유여(有餘)하였고 壬戌 대운은 戌土가 기신으로 기세(氣勢)를 거역하니 형모(刑耗)를 감수할 수밖에 없다. 辛酉 庚申 운은 물을 불어나게 하듯이 재산이나 명예 등이 다시 불어나는 경사가 있을 것이다.

　己未 戊午 대운은 甲己 합토(合土), 己癸 극충(剋冲) 등 충중봉합(冲中逢合)으로 굴곡이 많았고, 戊癸 합(合), 子午 충(冲) 등 천합지충(天合地冲)으로 왕수를 더욱 거역하게 되니 처자형극(妻子刑剋)은 당연지사라 할 수 있다. 그러므로 신왕(身旺)이냐, 종세(從勢)이냐를 세밀하게 분석하여 꼼꼼하게 따져 보아야 한다.

原文

理承氣行豈有常　進兮退兮宜抑揚
이승기행기유상　　　진혜퇴혜의억양

이(理)는 기(氣)를 이어받아 행하는데 어찌 일정함이 있겠는가? 나아가기도 하고
물러서기도 하는데 억제와 발양(發揚)을 마땅하게 하여야 한다.

原註

闔闢[23]往來皆是氣　而理行乎其間　行之始而進　進之極則爲退之機
합벽　　　왕래개시기　　　이리행호기간　　　행지시이진　　　진지극즉위퇴지기

如三月 之甲木是也　行之盛而退　退之極則爲進之機　如九月之甲木是
여삼월　지갑목시야　　　행지성이퇴　　　퇴지극즉위진지기　　　여구월지갑목시

也 學者宜 抑揚其深淺　斯可以言命也.
야　학자의　억양기심천　　　사가이언명야

23　합벽(闔闢): 닫음과 엶으로 개폐를 뜻함. 원주(原註)에는 합벽(闔壁)으로 되어 있음.

달히기도 하고 열리기도 하며 가기도 하고 오기도 하는 것은 모두 다 기(氣)의 작용인데 이(理)는 그 사이에서 행한다.

기(氣)가 운행을 시작하면 앞으로 나아가고, 나아감이 극(極)에 이르면 퇴(退)하는 기틀이 만들어지니 가령 三월의 甲木이다. 기(氣)의 운행이 왕성하면 쇠퇴하고 쇠퇴가 극에 달하면 나아가는 기틀이 만들어지니 가령 九월의 甲木과 같다. 마땅히 그 진퇴의 억양(抑揚)과 심천(深淺)을 알아야 명(命)을 말할 수 있다.

任氏曰 進退之氣 不可不知也 非長生爲旺 死絶爲衰 必當深明理氣
임씨왈 진퇴지기 불가부지야 비장생위왕 사절위쇠 필당심명리기

之進退 庶得衰旺之眞氣矣 凡五行旺相休囚 按四季而定之 將來者進
지진퇴 서득쇠왕지진기의 범오행왕상휴수 안사계이정지 장래자진

是謂相 進而當令 是謂旺 功成者退 是謂休 退而無氣 是謂囚 須辨氣
시위상 진이당령 시위왕 공성자퇴 시위휴 퇴이무기 시위수 수변기

旺相休囚也 以知其進退之氣.
왕상휴수야 이지기진퇴지기

爲日柱 爲喜神 宜旺相 不宜休囚 爲凶殺 爲忌神 宜休囚 不宜旺相
위일주 위희신 의왕상 불의휴수 위흉살 위기신 의휴수 불의왕상

然相 妙于旺 旺則極盛之物 其退反速 相則方長之氣氣進無涯也 休
연상 묘우왕 왕즉극성지물 기퇴반속 상즉방장지기기진무애야 휴

甚乎囚 囚則旣極之勢 必將漸生 休則方退之氣 未能遽復也 此理氣進
심호수 수즉기극지세 필장점생 휴즉방퇴지기 미능거복야 차리기진

退之正論也 爰擧兩造爲例.
퇴지정론야 원거양조위례

임씨(任氏)가 말하길, 진퇴의 기틀을 몰라서는 아니 된다.

기(氣)는 장생(長生)지에서는 왕성하고 사절(死絶)지에서는 쇠약해지는 것이니 반드시 이기(理氣)의 진퇴를 살피면 기가 쇠약하고 왕성해지는 기틀이 어떤 것인가를 이해할 수 있는 것이다.

무릇 오행의 왕상휴수(旺相休囚)[24]는 사계절을 살펴서 정해지는데 장차 다가오는 것은 진(進)인데 이것을 상(相)이라 하고, 더 나아가 당령(當令)하면 왕(旺)이라고 한다. 왕(旺)한 기세로 공(功)을 다 이루고 난 후 물러나 쇠퇴하는 것은 휴(休)라 하고, 쇠퇴하여 기(氣)가 없는 것을 수(囚)라고 한다. 반드시 기(氣)의 왕상휴수를 분별해야만 진퇴의 기틀과 변화의 시기를 알 수 있다.

　일주(日主)의 희신(喜神)은 왕상함이 좋고, 휴수됨이 좋지 않고, 흉살(凶殺)이나 기신(忌神)은 휴수함이 좋고, 왕상함은 좋지 않은 것이다. 그러나 상(相)은 왕(旺)보다 그 작용이 더 오묘하다. 모든 만물이 다 그러하듯이 왕성하면 곧 극에 이르러 오히려 쇠퇴가 빠르며 상(相)의 상태는 앞으로 기(氣)가 자라날 여지가 있어 나아가는데 아무런 장애가 없기 때문이다.

　휴(休)는 수(囚)보다 극심한 상태이다.

　수(囚)는 이미 극에 이른 형세로 반드시 생(生)하는 기틀을 가지고 있다. 그러나 휴(休)는 쇠퇴하기 시작하는 기(氣)로 재빨리 회복하지 못하므로 상(相)이 왕(旺)보다 그 작용이 오묘하듯 휴(休)보다도 수(囚)가 또한 오묘한 기틀을 가지고 있는 것이다. 이것이 이기와 진퇴의 정론이다. 이에 두 개의 명조(命造)를 통하여 왕상휴수와 쇠퇴의 차이를 살펴보기로 한다.

24　왕상휴수(旺相休囚): 오행의 기세를 논하는데 土를 별도로 분류하여 왕상휴수사(旺相休囚死)로 논하기도 한다. 土는 火를 따라서 寅에서 장생을 하고 巳午에서 녹왕(祿旺)하는 화토동근(火土同根)으로 논하기도 한다. 『명리약언(命理約言)』에는 "土는 마땅히 사계월, 즉 辰戌丑未월에서 왕(旺)하고 나머지 달은 생극(生剋)으로 논하는 것이 옳다(論土當以四季爲旺, 餘月但論生剋爲是)"라고 하였다.

```
壬 甲 庚 丁
申 辰 戌 亥
```

```
癸甲乙丙丁戊己
卯辰巳午未申酉
```

甲木休囚已極 庚金綠旺剋之 一點丁火 難以相對 加之兩財生殺 似
갑목휴수이극　　경금록왕극지　　일점정화　　난이상대　　가지양재생살　사

乎 殺重身輕 不知九月甲木進氣 壬水貼身相生 不傷丁火 丁火雖弱
호　살중신경　　부지구월갑목진기　　임수첩신상생　　부상정화　정화수약

通根身庫 戌乃燥土 火之本根 辰乃濕土 木之餘氣 天干一生一制 地支
통근신고　술내조토　화지본근　진내습토　목지여기　천간일생일제　지지

又遇長生 四柱生化有情 五行不爭不妒 至丁運科甲聯登 用火敵殺明矣
우우장생　사주생화유정　오행부쟁부투　지정운과갑연등　용화적살명의

雖久 任京官 而官資豊厚 皆一路南方運也.
수구　임경관　이관자풍후　개일로남방운야

甲木이 휴수(休囚)되어 이미 극(極)에 이르렀고 庚金은 녹왕(祿旺)하여 甲木을 극(剋)하고 있으니 丁火로서는 庚金을 상대하기 어렵다. 더구나 두 개의 辰戌 재성(財星)이 생살(生殺)을 하니 살중신경(殺重身輕)처럼 보인다.

그러나 九月 甲木은 진기(進氣)이고 壬水가 첩신(貼身)[25]하여 생조(生助)하고 丁火를 상해(傷害)하지 않으며 丁火는 비록 약하지만 戊土에 통근(通根)하고 있다는 것 등을 볼 줄 모르기 때문에 그렇게 보는 것이다. 戌土는 조토(燥土)로서 丁火의 뿌리가 되고, 辰土는 습토(濕土)로서 甲木의 여기(餘氣)로 뿌리가 된다.

천간(天干)에서 壬水는 생(生)하고 丁火는 제(制)하며 지지(地支)에서 亥水로 장생

---

25 첩신(貼身): 가까이에 달라붙어 도와주는 시녀를 말함. 여기서는 시간임수(時干壬水)가 일간갑목(日干甲木)을 생조(生助)하는 신(神).

(長生)을 만났으니 사주가 생화유정(生化有情)하고 오행은 다투지도 않으므로 丁火 대운에 과거에 급제하여 벼슬이 계속 올랐다.

이로 미루어 보아 庚金을 제압하는 丁火가 용신(用神)임이 분명하다.

오직 중앙관청의 관리 자리에서 오랫동안 근무하는 것은 관운(官運)과 재성(財星)이 풍부했던 남방화지(南方火地)로 운행(運行)하였기 때문이다.

評註

甲木 일주가 辰月에 태어나 진중을계(辰中乙癸)로 水木이 암장(暗藏)되어 있고 시지신금(時支申金)이 壬水를 생조(生助)하고 壬水는 다시 水生木하여 甲木은 튼튼하다. 한편 庚金은 申金과 辰戌土의 강한 뿌리가 되어 甲木보다 상대적으로 庚金 관살(官殺)이 강하니 우선 丁火 상관(傷官)으로 제련(製鍊)시켜야 한다.

용신정법(用神定法)에서는 식신제살격(食神制殺格)이 되어 인비식(印比食)인 水木火가 희신(喜神)이고 재관(財官)인 土金이 기신(忌神)이다. 따라서 丁대운에 과거에 급제하고 巳午未火 운에 관운도 좋았고 재운도 풍부했다.

任註

```
壬 甲 庚 乙
申 戌 辰 亥
```

```
癸甲乙丙丁戊己
酉戌亥子丑寅卯
```

此與前大同小異 以俗論之 甲以乙昧妻庚 凶爲吉兆 貪合亡冲 較
차여전대동소이　이속론지　갑이을매처경　흉위길조　탐합망충　교

之 前造更佳 何彼則翰苑 此則寒衿 不知乙庚合而化金 反助其暴 彼
지　전조경가　하피즉한원　차즉한금　부지을경합이화금　반조기폭　피

則甲辰 辰乃濕土能生木 此則甲戌 戌燥土 不能生木 彼則申辰拱化
즉갑진　진내습토능생목　차즉갑술　술조토　불능생목　피즉신진공화

此則申戌生殺 彼則甲木進氣 而庚金退 此則庚金進氣 而甲木退 推此
차즉신술생살　　피즉갑목진기　　이경금퇴　　차즉경금진기　　이갑목퇴　추차

兩造 天淵之隔 進退之機 不可不知也.
양조　천연지격　진퇴지기　불가부지야

이 명조(命造)는 전명조(前命造)와 대동소이하다.

일반적으로 논하면 甲木은 乙木의 매씨(妹氏)가 되고 庚金의 처궁(妻宮)이 되어 합(合)하니 흉이 길로 바뀌었으니 탐합망충(貪合忘沖)[26]되니 전명조와 비교하여 더욱 아름답다고 논할 것이다.

그렇다면 어찌하여 전명조는 한원(翰苑)이 되었고 이 명조는 한유(寒儒)로 가난한 선비가 되었는가?

이러한 오류는 乙庚이 합이화금(合而化金)[27]하여 庚金이 그 기능을 잃는 것이 아니라 오히려 庚金의 난폭함을 도와주어 甲木이 더욱 견디지 못하는 원리를 알지 못하기 때문이다.

전명조는 일주(日主)가 甲辰인데 辰은 습토(濕土)로 생목(生木)할 수 있지만 이 명조는 일주가 甲戌인데 戌은 조토(操土)로 생목할 수 없다. 전명조는 申辰이 수국(水局)으로 생목할 수 있으나 申戌은 금국(金局)으로 생금(生金)할 수 있다.

또한 전명조는 甲木이 진기(進氣)이고 庚金은 퇴기(退氣)이며 이 명조는 甲木이 퇴기이고 庚金이 진기라는 것을 모르기 때문이다. 이상과 같이 두 명조를 비교해 봤을 때, 하늘과 땅의 차이가 있는 것은 진퇴지기(進退之氣)의 이치를 반드시 알지 않으면 아니 된다는 것을 알 수 있다.

26　탐합망충(貪合忘沖): 합(合)을 탐하여 충(沖)을 잃어버림. 운에서 합을 충(沖)하거나 충(沖)을 강구해야 한다.

27　합이화금(合而化金): 합하여 金으로 변화되었음을 말하는데 합이불화(合而不化)되는 경우도 있다. 예를 들어 단적으로 을경합금(乙庚合金)이 되겠지만 지지(地支)에 卯寅이 있어 乙卯와 庚寅이 될 경우에는 을경합거(乙庚合去)가 되니 오히려 庚金이 강한 乙木에 의하여 庚金이 반대로 약해지는 경우이다.

이 명조는 甲木이 辰월이 되어 진중계수(辰中癸水)가 생목할 수 있지만 辰은 습토 (濕土)이므로 庚金을 충분히 생조(生助)할 수 있어 庚金 살(殺)은 더욱 왕성하게 되었다. 전명조와 마찬가지로 식상(食傷)인 火로 제련시켜야 하는데 火氣가 없어 서운하다. 이 명조 역시 용신정법(用神定法)에 의하면, 식신제살격(食神制殺格)으로 水木火가 희신(喜神)이고 土金이 기신(忌神)이다.

전명조는 대운이 木火 운으로 향하여 巳午未 火운에 庚金 살을 제련시켜 벼슬길에 올랐다. 이 명조는 金水 운으로 향하여 亥子丑 水운에 甲木을 키우는 인수(印綬)가 되어 가난한 선비가 틀림없다는 것이다.

6

배합
配合

原文

配合干支仔細詳　定人禍福與災祥
배합간지자세상　　　정인화복여재상

천간(天干)과 지지(地支)의 배합(配合)을 자세히 살펴야만 사람의 화복과 길흉을 판단할 수 있다.

原註

天干地支　相爲配合　仔細推祥其進退之機　則可以斷人之禍福災祥矣.
천간지지　　상위배합　　자세추상기진퇴지기　　　즉가이단인지화복재상의

천간과 지지는 서로 배합되어야 하니 진기인지 퇴기인지 그 짜임을 자세히 살피면 사람의 화복과 재상을 판단할 수 있다.

任註

此章乃闢謬之要領也　配合干支　必須正理　搜尋詳推　與衰旺喜忌之理
차장내벽류지요령야　　배합간지　　필수정리　　수심상추　　여쇠왕희기지리

不可將四柱干支置之弗論 專從奇格異局神殺等類妄譚 以致禍福無憑
불가장사주간지치지불론　전종기격이국신살등류망담　이치화복무빙

吉凶不驗 命中至理 只存用神 不拘財官印綬比刼食傷梟殺 皆可爲用
길흉불험　명중지리　지존용신　불구재관인수비겁식상효살　개가위용

勿以名之美者爲佳 惡者爲憎 果能審日 主之衰旺 用神之喜忌 當抑則
물이명지미자위가　오자위증　과능심일　주지쇠왕　용신지희기　당억즉

抑 當扶則扶 所謂去留舒配 取裁碻當 則運途否泰 顯然明白 禍福災祥
억　당부즉부　소위거류서배　취재확당　즉운도비태　현연명백　화복재상

無不驗矣.
무불험의

이 장(章)은 지금까지 사람들의 명리학적 오류를 바로잡아 주는 중요한 구절이다.

천간(天干)과 지지(地支)의 배합을 볼 때는 반드시 올바른 이론을 바탕으로 쇠왕(衰旺)과 희기(喜忌)의 이치를 좇아야 한다. 사주에서 간지(干支)의 배합이 어떻게 이루어져 있는가를 제쳐놓고 오르지 기이한 격국(格局)이나 신살(神殺) 등으로 사주를 논해서는 안 된다. 그렇게 하면 길흉화복의 증험(證驗)을 얻지 못한다.

명리의 지극한 이치는 단지 용신(用神)에 있으니 재성(財星), 관성(官星), 인수(印綬), 비겁(比劫), 식상(食傷), 효신(梟神)[28], 칠살(七殺)[29] 등 그 명칭에 구애됨 없이 다 용신으로 쓸 수 있으며 용신의 이름이 좋다고 격국이 좋다든지, 이름이 나쁘다고 격국이 나쁘다고 해서는 안 된다.

능히 일주(日主)의 쇠왕과 용신의 희기를 살펴 마땅히 억제할 것은 억제하고 도와야 할 것은 도와야 하는 것이니, 이른바 제거할 것은 제거하고 머물러 있어야 할 것은 머무르게 하며 합해서 보내야 할 것은 합거하는 소위 거류서배(去留舒配)[30]로

---

28 효신(梟神): 편인(偏印)을 뜻함.

29 칠살(七殺): 편관(偏官)을 뜻함.

30 거류서배(去留舒配): 용신(用神)의 취용법(取用法)을 말한다. 예를 들면 일주(日主)가 신왕(身旺)하여 관성(官星)을 용신으로 써야 하나 관살(官殺)이 혼잡되어 있을 경우 관이나 살 중에서 하나를 제거(除)하고 하나를 머무르게 하여야만 명국(命局)이 청(淸)하게 된다. 이러한 경우를 거살유관(去殺留官), 거관유살(去官留殺)이라 한다. 그러나 제거할 수 없는 경우에는 합거하기도 한다.

서 취용(取用)과 제재(制裁)에 확당(確當)함을 얻게 되면 운도(運途)의 비태(否泰)[31]가 명백히 드러날 것이며 길흉화복 또한 맞지 않는 법이 없을 것이다.

壬	庚	戊	甲
午	申	辰	子

乙甲癸壬辛庚己
亥戌酉申未午巳

此造以俗論之 干透三奇之美 支逢拱貴之榮 且又會局不冲 官星得用
차조이속론지 간투삼기지미 지봉공귀지영 차우회국불충 관성득용

主名利雙收 然庚申生于季春 水本休囚 原可用官 嫌其支會水局 則
주명리쌍수 연경신생우계춘 수본휴수 원가용관 혐기지회수국 즉

坎增 其勢 而離失其威 官星必傷 不足爲用 慾以强衆敵寡而用壬水
감증 기세 이리실기위 관성필상 부족위용 욕이강중적과이용임수

更嫌三奇 透戊 根深奪食 亦難作用 甲木之財 本可借用 疎土爲水
갱혐삼기 투무 근심탈식 역난작용 갑목지재 본가차용 소토위수

洩傷生官 似乎有情 不知甲木退氣 戊土當權 難以疏通 縱用甲木 亦
설상생관 사호유정 부지갑목퇴기 무토당권 난이소통 종용갑목 역

是假神 不過庸碌之人況 運主西南 甲木休囚之地 雖有祖業 亦一敗
시가신 불과용록지인황 운주서남 갑목휴수지지 수유조업 역일패

而盡 且不免刑妻剋子 孤苦不堪 以三奇拱貴等格論命 而不看用神者
이진 차불면형처극자 고고불감 이삼기공귀등격론명 이불간용신자

皆虛謬耳.
개허류이

이러한 경우를 합살유관(合殺留官), 합관유살(合官留殺)이라 한다. 이와 같이 제거할 것은 제거하고, 합거할 것은 합거하여 용신 하나만 머무르게 하는 취용법.

31 비태(否泰): 불행과 행복, 배합을 확실하게 헤아려야 길흉화복을 증명할 수 있다고 함.

이 명조를 속론(俗論)으로 보면 "천간(天干)에 甲戊庚 삼기(三奇)가 투출(透出)하여 아름답고 지지(地支)에는 공귀(拱貴)를 만나 영화로우며, 申子辰이 회국(會局)으로 충(冲)을 받지 않고 관성(官星)인 午火를 쓸 수 있으니 명리를 함께 누린다"라고 논할 것이다.

그러나 庚申 일주(日主)가 辰월 계춘(季春)에 태어나서 水가 휴수(休囚)인 때이므로 관성인 午火를 쓸 수 있다고 하겠으나 꺼리는 것은 지지가 申子辰 회국을 이룬 것이 좋지 않고 火가 그 기세를 더욱 보태주고 있어 火가 위력을 잃게 되니 관성은 반드시 상해(傷害)를 받게 되므로 용신(用神)으로 쓰기 어렵다.

강한 무리가 작은 것을 대적하는 이치에 따라 壬水 식신(食神)을 쓰고자 하면 戊土 편인(偏印)의 뿌리가 깊어 탈식(奪食)하게 되므로 역시 용신으로 쓰기 어렵다.

甲木 재성(財星)은 戊土를 억제하고 水氣를 설(洩)하여 관성인 午火를 생조(生助)하니 일단 유정(有情)한 듯 보이지만 甲木은 퇴기(退氣)하는 때에 있고 戊土는 당권(當權)하고 있으니 甲木이 戊土를 억제하고 소통시키기 어렵다. 가령 甲木을 용신으로 쓴다고 하더라도 어디까지나 가신(假神)이니 평범한 사람에 불과하다.

더구나 대운이 甲木의 휴수지(休囚地)인 서남방(西南方)으로 행하는지라. 비록 조상의 음덕이 있었다 해도 한 번의 패운으로 다 없어졌고 또한 처자의 형극(刑剋)을 면치 못하고 외롭고 고통스러움을 감당하지 못할 만큼 몰락하였다.

이로써 삼기격(三奇格)[32]이니, 공귀격(拱貴格)[33] 등으로 기이한 격국(格局)만 논하고 용신을 살피지 않는다면 모두가 거짓된 오류를 범하게 될 뿐이다.

---

32 삼기격(三奇格): 재성(財星), 관성(官星), 인수(印綬)가 갖추어진 명조를 말하지만 천간과 지지가 서로 상부하고 상조해야 귀격(貴格)이 됨.

33 공귀격(拱貴格): 천을귀인(天乙貴人)을 공합(拱合)한다는 뜻함. 예를 들어 庚金 일주(日主)는 未土가 천을귀인인데 午火와 申金 사이에 未土가 들어가면 午未申이 되어 午申이 같이 껴안아 합한다는 뜻으로 귀격(貴格)으로 추론함.

庚金이 辰월 습토(濕土)로 생금(生金)할 수 있어 득령(得令)하고 좌하(坐下)에 申金 녹왕(祿旺)으로 득지(得地)하여 신왕(身旺)하다. 용희신(用喜神)은 식재관(食財官)인 水木火이고 기신(忌神)은 인비(印比)인 土金이다.

土金이 강하니 우선 午火를 써야 하는데 지지(地支)에 申子辰 회국(會局)을 이루어 子午 충(冲)까지 하여 午火는 더욱 약하게 되었다. 壬水는 절지(絶地)에 있어 왕금(旺金)을 설(洩)하기에는 기력이 없다.

甲木은 子水의 생조(生助)를 받아 강하지만 甲戊 극(剋), 甲庚 충(冲)으로 역시 무력하다. 원국(原局)에 쓸모 있는 용신은 없으며 대운도 초년 巳午火운에는 조상의 음덕이 있었을 것이고 申酉金 운에는 기신이 되어 불행하였다고 판단하는 것이다.

壬	乙	己	丙
午	丑	亥	子

丙乙甲癸壬辛庚
午巳辰卯寅丑子

此造初看 一無可取 天干壬丙一剋 地支子午遙冲且寒木喜陽 正遇水
차조초간　일무가취　천간임병일극　지지자오요충차한목희양　정우수

勢泛濫 火氣剋絶 似乎名利無成 余細推之 三水二土二火 水勢雖旺喜
세범람　화기극절　사호명리무성　여세추지　삼수이토이화　수세수왕희

無金 火本休囚 幸有土衛 謂兒能救母 况天干壬水生乙木 丙火生己土
무금　화본휴수　행유토위　위아능구모　황천간임수생을목　병화생기토

各立門戶 相生有情 必無爭剋之意 地支雖北方 然喜己土原神透出
각립문호　상생유정　필무쟁극지의　지지수북방　연희기토원신투출

通根祿旺 互相庇護 其勢足以 止水衛火 正謂有病得藥 且一陽後萬物
통근록왕　호상비호　기세족이　지수위화　정위유병득약　차일양후만물

懷台 木火進氣 以傷官 水氣爲用 中年運走東南 用神生旺 必是甲弟
회태 목화진기 이상관 수기위용 중년운주동남 용신생왕 필시갑제

中人 交寅 火生木旺 連等甲榜 入翰苑 是以靑雲直上 由此兩造觀之
중인 교인 화생목왕 연등갑방 입한원 시이청운직상 유차양조관지

配合 干支之理 其可忽乎.
배합 간지지리 기가홀호

이 명조를 처음 살펴보면 한 가지라도 취할 것이 없어 보인다. 천간에 壬丙이 한 번 극(剋)하고, 지지의 子午가 요충(遙沖)[34]으로 멀지만 충(沖)하며, 또한 겨울의 乙木은 따뜻한 양(陽)이 좋은데 바로 범람하는 水를 만났으며 화기가 극절(剋絶)하였으니 명리를 이룰 수 없는 명조이다. 그러나 자세히 추리해보면 3水 2土 2火로 水의 세력이 왕성하긴 하나 원국에서 金이 없어서 좋고 火는 본래 휴수(休囚)하나 다행하게도 土가 있어서 호위(護衛)하니 자식이 어미를 구하는 아능구모(兒能救母)[35]라 하는 것이다.

천간의 壬水는 乙木을 생(生)하고, 丙火는 己土를 생(生)하여, 상생이 유정(有情)하니 각기 독립적으로 존재하여 절대로 쟁극지의(爭剋之意)[36]하지 않는다.

지지가 비록 亥子丑 북방으로 구성되어 있지만 기토원신(己土原神)[37]이 천간(天干)에 투출(透出)하여 통근록왕(通根祿旺)이 되니 서로 비호(庇護)[38]해 주고 있다. 그러한 기세가 충분히 水를 저지하고 火를 호위하니 이것이 바로 유병득약(有病得藥)[39]이라고 한다. 또한 일양(一陽) 후에는 만물을 품는 木火가 진기(進氣)하니 상관설수(傷官洩水)[40]가 용신(用神)이다.

---

34 요충(遙沖): 멀리서 충(沖)함. 원충(遠沖)이라고도 함.

35 아능구모(兒能救母): 인성(印星)이 많을 때 식상(食傷)의 도움을 받음. 자식이 어미를 구함.

36 쟁극지의(爭剋之意): 투쟁하고 서로 상극(相剋)하고자 하는 의지.

37 기토원신(己土原神): 午火에 암장(暗藏)된 己를 말함.

38 비호(庇護): 서로서로가 보호하여 줌.

39 유병득약(有病得藥): 용신(用神)이 약할 때 암장(暗藏)된 용신의 도움을 받음.

40 상관설수(傷官洩水): 상관이나 설수가 용신이라는 뜻.

6 배합(配合)

57

중년 이후 운이 동남으로 향하여 용신을 생왕(生旺)하여 과거시험에 장원으로 합격하였다. 寅운으로 바뀌어서 火가 생조(生助)를 받고 木이 왕성하니 연달아 과거에 합격하여 한원(翰苑)에 들어가서 청운(青雲)의 꿈이 빠르게 이루어졌다. 따라서 이 두 명조를 보면 간지배합(干支配合)의 이치를 소홀히 보아서는 안 되는 것이다.

評註

亥子丑 방합(方合)으로 목국(水局)을 이루고 있고 천간에 壬水까지 투출되니 세력(勢力)으로는 乙木을 생조하여 신왕(身旺)하다. 신왕하면 용신정법(用神定法)에서 식재관(食財官)이 희신(喜神)이고 인비(印比)가 기신(忌神)이다.

그러나 겨울철인 亥월의 乙木은 火를 필요로 하는데 범람하는 水의 기세로 火氣가 극절(剋絶)되었으니, 명리를 이룰 수 없는 명조로 보는 것은 당연하다.

그러나 자세히 관찰하여 보면 원국(原局)에 金이 없이 왕성한 水의 세력을 더 이상 생조가 어렵고 火의 세력이 약하게 보이지만 丙火가 투출되어 있으며 己土는 丑土에 통근록왕(通根祿旺)하고 극수(剋水)하니 자연히 火를 보호해주어 약신(藥神)이 되었다.

金은 생수(生水)하게 되고 설토(洩土)하며, 화극(火剋)하게 되니 원국에 없는 것이 천만다행이다. 대운에서도 초년인 庚子, 辛丑 운에는 고생이 많아도 木火 운으로 온도가 상승하는 만큼 발복(發福)하게 되었다. 따라서 원국은 간지(干支)가 개두(蓋頭)[41]나 절각(截脚)[42]으로 구성되어 전혀 보잘것없는 명조같이 보이나 배합의 이치를 소홀히 해서는 아니 된다는 좋은 교훈을 주는 명조이다.

---

41 개두(蓋頭): 지지(地支)를 기준으로 천간(天干)을 두고 하는 뜻으로서 천간이 지지를 극제(剋制)하는 경우를 말함. 예를 들어 甲戌, 丙申, 庚寅 등은 木剋土, 火剋金, 金剋木이 되는 경우임.

42 절각(截脚): 천간에서 지지를 두고 하는 뜻으로 지지에서 천간을 극제하는 경우를 말함. 甲申, 丙子, 庚午 등은 지지에서 천간을 金剋木, 水剋火, 火剋金이 되는 경우임.

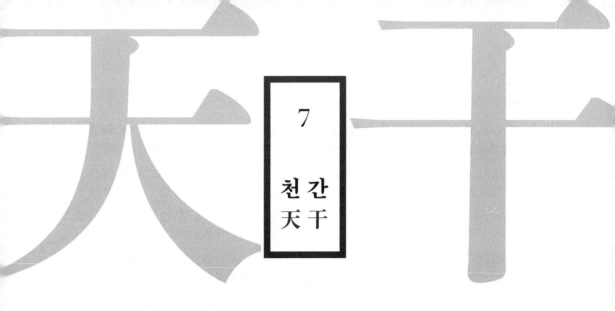

7

천 간
天 干

五陽皆陽丙爲最　五陰皆陰癸爲至
오양개양병위최　　오음개음계위지

오양(五陽)은 모두 양(陽)이니 丙이 최고이고, 오음(五陰)은 모두 음(陰)이니 癸가
가장 지극하다.

原註

甲丙戊庚壬爲陽　獨丙火秉陽之精　而爲陽中之陽　乙丁己辛癸爲陰　獨
갑병무경임위양　　독병화병양지정　　이위양중지양　　을정기신계위음　　독

癸水秉陰之精　而爲陰中之陰.
계수병음지정　　이위음중지음

　　甲丙戊庚壬이 모두 양간(陽干)이지만 유독 丙火는 양의 정기를 가장 많이 가지
고 있으니 양 중의 양이 되고, 乙丁己辛癸는 모두 음간(陰干)이지만 유독 癸水는 음
의 정기를 가장 많이 가지고 있으니 음 중의 음이 되는 것이다.

丙乃純陽之火 萬物莫不由此以發 得此而斂 癸乃純陰之水 萬物莫不
병내순양지화　　만물막불유차이발　　득차이렴　　계내순음지수　　만물막불

由此而生 得此而茂 陽極則陰生 故丙辛化水 陰極則陽生 故戊癸化火
유차이생　　득차이무　　양극즉음생　　고병신화수　　음극즉양생　　고무계화화

陰陽相濟 萬物有生生之妙 夫十干之氣 以先天言之 故一原同出
음양상제　　만물유생생지묘　　부십간지기　　이선천언지　　고일원동출

以後天言之 亦一氣相包 甲乙一木也 丙丁一火也 戊己一土也 庚
이후천언지　　역일기상포　　갑을일목야　　병정일화야　　무기일토야　　경

辛一金也 壬癸一水也 則分別所用 不過陽剛陰柔 陽健陰順而已
신일금야　　임계일수야　　즉분별소용　　불과양강음유　　양건음순이이

竊怪命家作爲歌賦 比擬失論 竟以甲木爲梁棟 乙木爲花果 丙作
절괴명가작위가부　　비의실론　　경이갑목위양동　　을목위화과　　병작

太陽 丁作燈燭 戊作城牆 己作田園 庚爲頑鐵 辛作珠玉 壬爲江河
태양　　정작등촉　　무작성장　　기작전원　　경위완철　　신작주옥　　임위강하

癸爲雨露 相沿已久 牢不可破 用之論命 誠大謬冶 如謂甲爲無根死木
계위우로　　상연이구　　뢰불가파　　용지론명　　성대류야　　여위갑위무근사목

乙爲有根活木 同是木而分生死 豈陽木 獨稟死氣 陰木獨稟生氣乎
을위유근활목　　동시목이분생사　　기양목　　독품사기　　음목독품생기호

又謂活木畏水泛 死木不畏水泛 豈活木遇 水且漂而枯槎遇水反定乎
우위활목외수범　　사목불외수범　　기활목우　　수차표이고차우수반정호

論斷諸干 如此之類 不一而足 當盡闢之 以絕將來之謬.
론단제간　　여차지류　　불일이족　　당진벽지　　이절장래지류

　임씨(任氏)가 말하길, 丙은 순양(純陽)의 火로, 만물은 이로 말미암아 발(發)하고 이를 얻어서 수렴(收斂)[43]하며, 癸는 바로 순음(純陰)인데 만물이 이로 말미암아 생(生)하고 이를 얻어서 무성(茂盛)하게 된다.

　양이 극(極)에 이르면 반드시 음이 생(生)하므로 丙辛이 합하면 水로 변하는 것이며, 음이 극(極)에 이르면 반드시 양이 생(生)하니, 戊癸가 합하면 火로 변하는 것

---

43 수렴(收斂): 씨앗이 되기 위해 필요한 인자들을 거두어 들임.

이니, 음양(陰陽)이 서로 돕는 상제(相濟)[44]의 작용을 거듭함으로써 만물은 끊임없이 생장을 거듭하는 묘리(妙理)가 있는 것이다.

십간지기(十干之氣)는 선천(先天)의 원리로 말하면 하나의 근원에서 함께 나왔고, 후천(後天)으로 말하면 역시 동일한 일기(一氣)를 서로 포함하고 있는 것이니 비록 음양의 구분은 있으나 甲乙은 같은 木, 丙丁은 같은 火, 戊己는 같은 土, 庚辛은 같은 金, 壬癸는 같은 水이다. 이를 음양으로 나누어 쓰임과 작용하는 기능을 분별한다면, 양은 강하고, 음은 유하며, 양은 건(健)하고, 음은 순(順)하다는 것에 불과하다.

그러나 명리를 연구한다는 이들이 엉뚱한 사물에 비유하여 가부(歌賦)[45]를 만들어서 정도를 벗어나게 하고 있다.

> 甲은 동량(棟梁)의 木이고, 乙은 화과(花果)의 木이며,
> 丙은 태양(太陽)의 火이고, 丁은 등촉(燈燭)의 火이며,
> 戊는 성장(城牆)의 土이고, 己는 전원(田園)의 土이며,
> 庚은 완철(頑鐵)의 金이고, 辛은 주옥(珠玉)의 金이며,
> 壬은 강하(江河)의 水이고, 癸는 우로(雨露)의 水이다.

이러한 가결(歌訣)은 오래도록 서로가 따르고 굳어진 것을 타파하지 못하고 명을 논한다면 큰 오류를 범하게 될 것이다.

가령 위의 말처럼 "甲木이 기둥이며 대들보이며, 乙木은 꽃과 과일 나무라면 甲木은 무근(無根)으로 사목(死木)이고, 乙木은 뿌리가 있는 활목(活木)이다"라고 말하여 같은 木을 생목(生木)과 사목(死木)으로 나눈 것이다. 어찌 양목(陽木)은 오직 사기(死氣)만을 받고 음목(陰木)은 오직 생기만 받았다고 할 수 있는가?

또한 "활목은 水의 범람을 두려워하지만 사목은 水의 범람을 두려워하지 않는

---

44 상제(相濟): 서로서로 도와 줌. 서로가 조화를 이룸.
45 가부(歌賦): 노래와 시.

다"라고 하였는데, 어찌 활목은 水를 만나면 표류하고 사목은 물을 만나면 오히려 고정될 수 있겠는가?

모든 천간을 단정하여 말한 것들이 이러한 이론으로는 하나도 만족할 수 없으니, 당연히 그것을 고쳐서 장래에 일어날 수 있는 오류를 막아야 한다.

評註

양이 극에 달하면 음이 생기고, 음이 극에 달하면 양이 생긴다. 丙辛 합수(合水)란 말은 丙이 양에서 시작하여 생수(生數)에서 성수(成數)로 넘어가는 여섯째인 辛과 합하여 음기인 水가 되고, 戊癸 합화(合火)란 癸가 음에서 시작하여 여섯 번째인 戊와 합하여 火가 되는 것이다.

서락오(徐樂吾) 선생이 『적천수보주(補註)』에서 "비유(比喩)는 비록 이속(俚俗)하나 그 이치는 실로 지극히 정미(精微)한 데가 있다"라고 하였다는 것은 임씨의 표현이 너무 과도한 것으로 무조건 배척하지 말고, 십간(十干)의 성정을 좀 더 깊게 이해하라는 뜻으로 본다.

십간을 체용(體用)으로 기준하여 볼 때는 음양의 본질은 상대적이기 때문이다. 서씨는 주역(周易)의 64괘(卦)와 10간(干) 12지지(地支)를 같은 원리로 밝히고 있다.

原文

五陽從氣不從勢　五陰從勢無精義
　오양종기부종세　　오음종세무정의

오양(五陽)은 기(氣)를 따르지만 세(勢)를 따르지 않고,
오음(五陰)은 세(勢)를 따라가니 정(精)과 의리(義理)가 없다.

原註

五陽得陽之氣　則能成乎陽剛之事　不畏財殺之勢　五陰得陰之氣　則能
오양득양지기　즉능성호양강지사　부외재살지세　오음득음지기　즉능

成乎　陰順之義　故木盛則從木　火盛則縱火　土盛則從土　金盛則從金
성호　음순지의　고목성즉종목　화성즉종화　토성즉종토　금성즉종금

水盛則從水　於情義之所在者　見其勢衰　則忌之矣　蓋婦人之情也　如此
수성즉종수　어정의지소재자　견기세쇠　즉기지의　개부인지정야　여차

若得氣順理正者　亦未必從勢而忘義　雖從亦必正矣.
약득기순리정자　역미필종세이망의　수종역필정의

甲丙戊庚壬의 오양간(五陽干)은 모두 양기(陽氣)를 얻어서 양강(陽剛)한 체성(體性)으로 이루어졌으므로 재살(財殺)의 세력(勢力)이라도 두려워하지 않는다. 그러나 乙丁己辛癸의 오음간(五陰干)은 모두 음기(陰氣)를 얻어서 유순(柔順)하기 때문에 아래와 같은 음순지의(陰順之義)를 이룬다.

木이 왕성(旺盛)하면 木을 따르고, 火가 왕성(旺盛)하면 火를 따르고,
土가 왕성(旺盛)하면 土를 따르고, 金이 왕성(旺盛)하면 金을 따르고,
水가 왕성(旺盛)하면 水를 따르나, 그 세력이 쇠퇴함이 보이면 꺼린다.

대체로 음간(陰干)이 이러한 성정(性情)을 가지고 있는 것은 부인지정(婦人之情)에 비유될 수 있다. 만약 기세(氣勢)를 거역(拒逆)하지 않는 기순리정(氣順理正)을 얻으면 세력(勢力)을 따라가도 의리(義理)를 망각하지 않을 것이며, 비록 세력(勢力)을 따라가도 옳음을 잊어버리지 않을 것이다.

 任註

五陽氣闢　光亨之象易觀　五陰氣翕　包含之蘊難測　五陽之性剛健　故
오양기벽　광형지상이관　오음기흡　포함지온난측　오양지성강건　고

不畏 財殺而有測隱之心 氣處世不苟且 五陰之性柔順 故見勢忘義
불외　　재살이유측은지심　　기처세불구차　　오음지성유순　　고견세망의

而有鄙吝之心 其處世多驕諂 是以柔能制剋剛 剛不能制剋柔也 大
이유비인지심　　기처세다교첨　　시이유능제극강　　강불능제극유야　　대

都鄒利忘義之徒 皆陰氣之爲庶也 豪俠慷慨之人 皆陽氣之獨種 然尙
도추리망의지도　　개음기지위려야　　호협강개지인　　개양기지독종　　연상

有陽中之陰 陰中之陽 又有陽外陰內 陰外陽內 亦當辨之 陽中之陰
유양중지음　　음중지양　　우유양외음내　　음외양내　　역당변지　　양중지음

外仁義而內奸詐 陰中之陽 外凶險而內仁慈 陽外陰內者 包藏禍心
외인의이내간사　　음중지양　　외흉험이내인자　　양외음내자　　포장화심

陰外陽內者 秉持直道 此人品 之端邪 固不可以不辨 要在氣勢順正
음외양내자　　병지직도　　차인품　　지단사　　고불가이불변　　요재기세순정

四柱五行停勻 庶不偏倚 自無損人 利己之心 凡持身涉世之道 趨避必
사주오행정균　　서불편의　　자무손인　　이기지심　　범지신섭세지도　　추피필

先知人 故云擇其善者而從之 卽此意也.
선지인　　고운택기선자이종지　　즉차의야

임씨(任氏)가 말하길, 甲丙戊庚壬인 오양간(五陽干)의 기(氣)는 열려 있어서 만사 형통하는 모습이 쉽게 보이지만, 乙丁己辛癸인 오음간(五陰干)의 기(氣)는 닫혀 있으므로 그 안에 포함하고 있는 성정(性情)을 측정하기가 어렵다.

　오양(五陽)의 성정은 강건하므로 재살(財殺)을 두려워하지 않으며 약자에게는 측은지심이 있으며 그 처세가 구차하지 않다.

　오음(五陰)의 성정은 유순하므로 왕성(旺盛)한 세력을 보면 의리(義理) 본성을 잃어 버리고 비인지심(鄙吝之心)[46]이 있으며 그 처세가 교만과 아첨이 많다. 이와 같은 이치로 유한 것은 능히 강한 것을 이길 수 있으나, 강한 것은 유한 것을 이길 수 없다.

　대체로 사람이 이로움을 좇아 의리를 저버리는 것은 모두 음기(陰氣)의 성정(性情)이 그러하기 때문이고, 호걸(豪傑)의 기상(氣象)으로 불의를 보면 참지 못하는 사람은 모두 양기(陽氣)가 독특한 특징이다. 그러나 양중지음(陽中之陰)과 음중지양(陰

46　비인지심(鄙吝之心): 탐욕스럽고 인색한 마음.

中之陽)이 항상 있고, 양외음내(陽外陰內)과 음외양내(陰外陽內)한 것도 있으니, 역시 성정을 정확하게 분별해야 한다.

양간(陽干)은 종기(從氣)하고 부종세(不從勢)하지 않는다는 것은 기(氣)를 따를 뿐 세(勢)를 따르지 않는다는 뜻이다. 양간은 양기를 받아 강하여 재살(財殺)의 세력을 두려워하지 않으며 음간(陰干)은 세(勢)를 따라 변할 수 있어서 정의감이 없다는 뜻이다.

음간은 음기를 받아 소극적이어서 강한 세력을 쫓아가기 때문에 의리가 없다고 하는 것이다. 따라서 양간은 남성과 같으므로 비록 곤궁에 처하여도 안빈낙도(安貧樂道)하면서 스스로 자립하기 위해 노력하여야 한다.

그런데 절대로 종세(從勢)하지 않는다는 것이 아니라, 음간에 비해 상대적으로 종(從)하는 경우가 적다는 뜻이다. 음간은 여성과 같으므로 본성이 유순하여 주위 환경의 세력을 쫓아 자신의 본성을 버리고 스스로 자립할 생각을 하지 않기 때문에 양간에 비해 상대적으로 종(從)하는 경우가 많다는 뜻이다. 서락오(徐樂吾) 선생의 보주(補註)에 있는 주해(註解)를 통하여 연구하면 더욱 도움이 될 것이다.

甲木參天 脫胎要火 春不容金 秋不容土 火熾乘龍 水蕩騎虎 地潤天和
갑목참천　탈태요화　춘불용금　추불용토　화치승룡　수탕기호　지윤천화

植立千古.
식립천고

甲木은 그 기세(氣勢)가 하늘을 찌를 듯 치솟는 木이니 처음 태어나 태(胎)를 벗으려 하면 火가 필요(必要)하며, 봄에는 金을 용납(容納)하지 않으며, 가을에는 土를 용납(容納)하지 않는다. 火가 치열하면 辰을 타고 앉아야 하고, 水가 범람

(泛濫)할 때에는 寅을 타야 한다. 땅이 윤택(潤澤)하고 하늘이 온화하다면, 천년 (千年)을 곧게 서 있을 것이다.

原註

純陽之木 參天雄壯 火者木之子也 旺水得火而愈敷榮 生於春則欺金
순양지목 참천웅장 화자목지자야 왕수득화이유부영 생어춘즉기금

而不能容金也 生於秋則助金 而不能用土也 寅午戌 丙丁多見而坐辰
이불능용금야 생어추즉조금 이불능용토야 인오술 병정다견이좌진

則能歸 申子辰 壬癸多見而坐寅 則能納 使土氣不乾 水氣不消 則能
즉능귀 신자진 임계다견이좌인 즉능납 사토기불건 수기불소 즉능

長生矣.
장생의

甲木은 순양지목(純陽之木)으로 하늘까지 치솟는 웅장한 기세를 띠고 있고, 火는 木의 자식(子息)이니, 왕목(旺木)이 火를 얻으면 더욱 무성하게 된다. 甲木은 봄에 태어나면 金을 업신여기니 金을 용납할 수 없고, 가을에 태어나면 金을 도우니 土를 용납할 수 없다.

만일 寅午戌과 丙丁이 많이 나타났다고 할지라도 辰土를 깔고 있으면 능히 수기(水氣)를 한곳으로 쏠리게 할 수 있으며, 申子辰과 壬癸가 많이 나타났다고 할지라도 寅木을 깔고 있으면 능히 수기를 받아들일 수 있으며, 토기(土氣)가 마르지 않고 水氣가 소멸되지 않는다면 능히 장생(長生)할 수 있는 것이다.

任註

甲爲純陽之木 體本堅固 參天之勢 又極雄壯 生于春初 木嫩氣寒 得火
갑위순양지목 체본견고 참천지세 우극웅장 생우춘초 목눈기한 득화

而發榮 生于於仲春 旺極之勢 宜洩氣菁英 所謂强木得火 方化其頑.
이발영 생우어중춘 왕극지세 의설기청영 소위강목득화 방화기완

剋之者金 然金屬休囚以衰金而剋旺木 木堅金缺 勢所必然 故春不容
극지자금 연금속휴수이쇠금이극왕목 목견금결 세소필연 고춘불용

金也 生于秋 失時就衰 但枝葉雖凋落漸稀 根氣却收斂下達 受剋者土
금야 우추실 실시취쇠 단지엽수조락점희 근기각수렴하달 수극자토

秋土 生金洩氣 最爲虛薄 以虛氣之土 遇下攻之木 不能培木之 根必反
추토 생금설기 최위허박 이허기지토 우하공지목 불능배목지 근필반

遭其 傾陷 故秋不用土也.
조기 경함 고추불용토야

柱中寅午戌全 又透丙丁 不有洩氣太過 而木此被焚 宜坐辰 辰爲水庫
주중인오술전 우투병정 불유설기태과 이목차피분 의좌진 진위수고

其土濕 濕土 能生木洩化 所謂火熾乘龍也 申子辰全 又透壬癸 水泛木
기토습 습토 능생목설화 소위화치승룡야 신자진전 우투임계 수범목

浮 寅坐寅 寅乃火土生地 木之祿旺 能納水氣 不致浮泛 所謂水宕騎虎
부 인자인 인내화토생지 목지록왕 능납수기 불치부범 소위수탕기호

也 如果金不銳 土不燥 火不烈 水不狂 非植立千古而得長生者哉.
야 여과금불예 토부조 화불열 수불광 비식립천고이득장생자호

임씨(任氏)가 말하길, 甲은 순수한 양목(陽木)으로 본래 체(體)가 견고하고 참천(參天)[47]하는 기세가 있고, 또한 웅장하다.

춘초(春初)인 寅월에 태어나면 木은 어리고 기(氣)가 한랭(寒冷)하니 火를 얻어야 발영(發榮)[48]하며, 중춘(仲春)인 卯월에 태어나면 목기(木氣)가 가장 왕성한 기세를 띠고 있으므로 마땅히 그 청영(菁英)을 설(洩)해 주어야 하는데 소위 "강왕(强旺)한 木이 火를 얻어야 비로소 그 완강함을 순화할 수 있다"라고 하는 것이다.

木을 극(剋)하는 것은 金이다.

그러나 봄에는 金이 휴수(休囚)한 때이니 쇠약하며, 쇠약한 金으로 왕성한 木을 극(剋)하면 木이 견고하여 金이 오히려 손상을 당하게 된다. 金과 木의 기세가 그러하므로 '춘불용금(春不容金)'이라 "봄에 생(生)한 甲木은 金을 허용하지 않는다"라고 한 것이다.

甲木이 가을에 생(生)하였다면 시령(時令)을 잃어 쇠약하게 되었으나 단 지엽(枝

---

47 참천(參天): 무성함이 극에 달하여 하늘을 찌를 듯이 공중으로 높이 솟아서 늘어섬.
48 발영(發榮): 싹이 터서 무성하여짐.

葉)은 비록 떨어져 앙상할지라도 근기(根氣)는 오히려 무성하던 기세를 수렴(收斂)하여 뿌리로 내려가므로 이때 극(剋)을 받는 것은 土이다.

가을의 土는 가을의 金을 생(生)하므로 설기(洩氣)가 되어 가장 허박(虛薄)한 상태가 되어 허박한 土가 아래로 내려오는 木의 극(剋)을 만나면 土의 뿌리를 배양(培養)시킬 수 없으니 도리어 함몰(陷沒)을 면(免)할 수 없는지라 "가을의 甲木은 土를 허용(許容)하지 않는다"라고 한 것이다.

만약 寅午戌이 있고 丙丁火가 천간(天干)에 투출(透出)되었다면 설기(洩氣)가 과다(過多)할 뿐 아니라 辰土는 습(濕)하며 木을 생(生)하고 火를 설(洩)할 수 있으므로 "화치승용(火熾乘龍)[49]이라는 것은 火가 치열(熾烈)하면 辰土를 깔고 있어야 한다"라고 한 것이다.

申子辰이 있고 壬癸水가 천간(天干)에 투출(透出)되어 있다면 水가 범람하여 木이 떠서 표류하게 되므로 마땅히 寅木을 깔고 있어야 한다. 寅木은 火土의 생지(生地)이고 木의 녹왕지(祿旺地)이므로 능히 수기(水氣)를 받아들여 木이 물에 뜨는 지경에는 이르지 않게 하니 "수탕기호(水宕騎虎)[50]라는 것은 水가 범람(泛濫)할 때는 寅木을 깔고 있어야 한다"라고 한 것이다.

만약 金이 날카롭지 않고, 土가 건조(乾燥)하지 않으며, 火가 치열(熾熱)하지 않고, 水가 범람(泛濫)하지 않는다면 甲木이 어찌 천년(千年)을 살 수 있는 木을 얻지 못하겠는가?

原文

乙木雖柔　刲羊解牛　懷丁抱丙　跨鳳乘猴　虛濕之地　騎馬亦憂　藤蘿繫甲
을목수유　규양해우　회정포병　과봉승후　허습지지　기마역우　등라계갑

可春可秋.
가춘가추

---

49 화치승룡(火熾乘龍): 火가 치열(熾烈)하여 용(龍=辰土)을 타는 것과 같음.
50 수탕기호(水宕騎虎): 水가 범람(泛濫)하여 범(虎=寅木)을 타는 것과 같음.

乙木은 비록 유약(柔弱)한 음목(陰木)이지만 未土인 양(羊)을 찌르고 丑土인 소(牛)를 잡을 수 있으며, 丁火를 품거나 丙火를 안고 있으면 봉황과 원숭이 위에도 앉을 수 있다. 그러나 허(虛)하고 습(濕)한 땅을 만나면 말(午)을 타고 있어도 근심스럽다. 乙木이 넝쿨과 같은 기질(氣質)이 있으나, 甲木이 같이 있으면 그것을 품고 살아갈 수 있으니, 즉 등라계갑(藤蘿繫甲)[51]이면 봄도 좋고 가을에 태어나도 좋다.

原註

乙木者 生於春如桃李 夏如禾稼 秋如桐桂 冬如奇葩 坐丑未能制柔土
을목자 생어춘여도리 하여화가 추여동계 동여기파 좌축미능제유토

如刲宰羊 解割牛然 只要有一丙丁 則雖生申酉之月 亦不畏之 生於子
여규재양 해할우연 지요유일병정 즉수생신유지월 역불외지 생어자

月 而又 壬癸發透者 則雖坐午 亦亂發生 故益知坐丑未月之爲美 甲與
월 이우 임계발투자 즉수좌오 역난발생 고익지좌축미월지위미 갑여

寅字多見 弟從兄義 譬之藤蘿附喬木 不畏斫伐也.
인자다견 제종형의 비지등라부교목 불외작벌야

乙木은 봄에 태어나면 마치 복숭아나무나 자두나무와 같고, 여름에 태어나면 가꾸는 곡식과 같으며, 가을에 태어나면 오동나무나 계수나무와 같고, 겨울에 태어나면 진귀한 화초(花草)와 같다.

丑土나 未土 위에 앉으면 능히 부드러운 음토(陰土)를 제압(制壓)할 수 있으므로 양을 찌르고 소를 잡는 것과 같다. 하나의 丙火나 丁火가 있으면 비록 金이 왕성(旺盛)한 辛酉 월에 태어나도 두려워하지 않는다. 수기(水氣)가 왕성(旺盛)한 子월에 태어나 천간(天干)에 壬癸水가 투출(透出)되어 있다면 비록 午火를 깔고 있다 하더라도 생기(生氣)를 발영(發榮)하기 어렵다. 그러므로 丑未 월이 좋다는 것을 알 수 있다.

---

51 등라계갑(藤蘿繫甲): 등나무 넝쿨 甲木에 의지(依持)한다는 뜻으로, 乙木이 甲木에 의지(依支)하여 존재(存在)한다는 것.

甲木과 寅木을 많이 보면 동생(同生)이 형(兄)의 뜻을 따르는 우애(友愛) 같은 것이니, 비유하자면 등나무 넝쿨이 큰 나무에 붙어 얽히는 상(象)이므로 金의 충극(冲剋)도 두려워하지 않는다.

任註

乙木者 甲之質 而承甲之生氣也 春如桃李 金剋則凋 如夏如禾稼 水滋
을목자 갑지질 이승갑지생기야 춘여도이 금극즉조 여화여화가 수자

得生 秋如桐桂 金旺火制 冬如奇葩 火濕土培 生於春宜火者 喜其發榮
득생 추여동계 금왕화제 동여기파 화습토배 생어춘의화자 희기발영

也 生于夏宜水者 潤地之燥也 生于秋宜火者 使其剋金也 生于冬 宜火者
야 생우하의수자 윤지지조야 생우추의화자 사기극금야 생우동 의화자

解天之凍也.
해천지동야

刲羊解牛者 生于丑未月 或乙未乙丑日 未乃木庫 得以蟠根 丑乃濕土
규양해우자 생어축미월 혹을미을축일 미내목고 득이반근 축내습토

可以受氣也 懷丁抱丙 跨鳳乘猴者 生于申酉月 或乙酉日 得丙丁透出
가이수기야 회정포병 과봉승후자 생우신유월 혹을유일 득병정투출

天干 有水不相爭剋 制化得宜 不畏金强.
천간 유수불생쟁극 제화득의 불외금강

虛濕之地 騎馬亦憂者 生于亥子月 四柱無丙丁 又無戌未燥土 卽使年
허습지지 기마역우자 생우해자월 사주무병정 우무술미조토 즉사년

支有午 亦難發生也 天干甲透 地支寅藏 此謂蔦羅繫松柏 春固得助 秋
지유오 역난발생야 천간갑투 지지인장 차위조라계송백 춘고득조 추

亦合扶 故曰可春可秋 言四季皆可也.
역합부 고왈가춘가추 언사계개가야

임씨(任氏)가 말하길, 乙木이란 甲木의 질(質)로서 甲의 생기(生氣)를 이은 것이다. 봄에는 복숭아나 자두나무와 같으니 金의 극(剋)을 받으면 시들어 버리고, 여름에는 가꾸는 곡식과 같으므로 水로 자양(滋養)해야 생기(生氣)를 얻을 수 있으며, 가을에는 오동나무와 계수나무와 같으므로 火로써 金을 제압(制壓)해야 하고, 겨울에

는 기이(奇異)한 화초와 같아 火로써 따뜻하게 하고 습토(濕土)로써 배양(培養)해야 한다. 그러므로 봄에 나면 火가 있어야 발영(發榮)하고, 여름에 나면 水가 있어야 건조(乾燥)한 땅을 윤택(潤澤)하게 할 수 있으며, 가을에 나면 火가 있어야 金을 제압(制壓)할 수 있고, 겨울에 나면 火가 추위를 풀어준다.

원문(原文)에 '규양해우(刲羊解牛)'[52]라는 것은 乙木 일주(日主)가 丑월 또는 未월에 출생(出生)했거나, 乙未일 또는 乙丑월에 출생(出生)했다면 未는 木의 묘고(墓庫)이니 비록 건조(乾燥)한 土라도 뿌리를 내릴 수 있고 丑은 습토(濕土)이므로 생기(生氣)를 받을 수 있다는 말이다.

'회정포병(懷丁抱丙), 과봉승후(跨鳳乘猴)'[53]라는 것은 "丁火를 품거나 丙火를 안고 있으면 봉(鳳: 酉金) 위에 앉을 수 있고 후(猴: 申金)를 타고 있어도 괜찮은 것은 乙木 일주(日主)가 申월이나 酉월에 태어나도 천간(天干)에 丙丁火가 투출(透出)되었다면 水가 있어도 火와 서로 쟁극(爭剋)하지 않고 제화(制化)가 적절하게 조화(調和)를 이루어 금(金)의 강(强)함을 두려워하지 않는다"라는 것이다.

'허습지지(虛溼之地), 기마역우(騎馬亦牛)'[54]라는 것은 "허(虛)하고 습(濕)한 땅에는 말(馬: 午)을 타도 근심스럽다"라는 뜻이다. 즉 乙木 일주(日主)가 水氣가 왕성(旺盛)한 亥子월에 태어나 丙丁火가 없거나 또는 허습(虛濕)한 土를 중화(中和)시키는 戌土나 未土가 없으면 설령 년지(年支)에 午火가 있더라도 생기(生氣)를 발영(發榮)하기 어렵다는 것이다.

천간(天干)에 甲木이 투출(透出)하고 지지(地支)에 寅木이 있으면 이는 넝쿨이 송

---

52 규양해우(刲羊解牛): 양(羊)은 未土이고 우(牛)는 丑土를 의미한다, 乙木이 유(柔)하지만 丑未월에 태어나면 未는 木의 묘고(墓庫)이고 丑은 습토(濕土)이므로 乙木의 뿌리를 배양(培養)시킬 수 있다는 뜻.

53 과봉승후(跨鳳乘猴): 봉(鳳)은 酉金이고 후(猴)는 申金이니, 辛酉월에 태어나도 천간(天干)에 丙丁火가 있으면 금왕(金旺)이라도 두려워하지 않음.

54 기마역우(騎馬亦牛): 마(馬)는 午火이니 亥子월에 태어나 수왕(水旺)하면 목부(木浮)가 되므로 丙丁이 없고, 건조(乾燥)한 戌未土가 없는 경우, 지지(地支)에 午火가 있더라도 생기(生氣)가 어렵다는 뜻.

백(松柏)에 의지하여 乙木이 봄에는 당연히 도움이 되고 가을에 태어나도 도움이 되니 '가춘가추(可春可秋)'라고 한 것이다. 이 말은 춘하추동(春夏秋冬) 사계절(四季節)이 다 좋다는 뜻이다.

原文

丙火猛烈 欺霜侮雪 能煅庚金 逢辛反怯 土衆成慈 水猖顯節 虎馬犬鄉
병화맹렬　기상모설　능단경금　봉신반겁　토중성자　수창현절　호마견향

甲木若 來必當焚滅.
갑목약　래필당분멸

丙火는 맹렬(猛烈)하여 서리나 눈을 업신여기며, 능히 庚金을 제련(製鍊)할 수 있으나 辛金을 만나면 도리어 겁을 낸다. 土가 많으면 자비(慈悲)를 베풀고, 水를 만나면 충절(忠節)을 나타낸다. 寅午戌이 모여 있는데 甲木이 나타나면 반드시 모든 것을 태워버린다.

原註

火陽精也 丙火灼陽之至 故猛烈 不畏秋而欺霜 不畏冬而侮雪 庚金雖
화양정야　병화작양지지　고맹렬　불외추이기상　불외동이모설　경금수

頑 力能能之 辛金本柔 合而反弱 土其子也 見戌己多而成慈愛之德 水
완　력능단지　신금본유　합이반약　토기자야　견무기다이성자애지덕　수

其君也 遇壬癸旺而顯忠節之風 至於未遂炎上之性 而遇寅午戌三位者
기군야　우임계왕이현충절지풍　지어미수염상지성　이우인오술삼위자

露甲木則燥而 焚滅也.
로갑목즉조이　분멸야

火는 양(陽)의 정기(精氣)이다. 丙火는 극도로 작열(炸熱)하는 양화(陽火)이므로 그 본성이 맹렬(猛烈)하다. 그러므로 가을을 두려워하지 않고 서릿발이 성성해도 우습게 여기며 겨울도 두려워하지 않고 눈(雪)조차도 업신여긴다. 庚金의 성질(性質)이

비록 완고하나 丙火는 능히 庚金을 단련(鍛鍊)시킬 수 있으며, 辛金은 본래 유약(柔弱)하다고 하나 丙火와 합(合)하여 오히려 丙火가 약(弱)해진다.

土는 火의 자식(子息)이므로 戊己土를 많이 보게 되면 자애로운 덕을 베푼다.

水는 火의 군주(君主)이므로 왕성(旺盛)한 기세(氣勢)의 壬癸水를 만나면 굽히지 않고 충절(忠節)의 기풍(氣風)을 드러낸다. 염상(炎上)하는 성질(性質)을 이루지 못하였다 해도 寅午戌의 화국(火局)이 있고 천간(天干)에 甲木이 투출(透出)되면 조열(燥熱)하여 모든 것을 태워버리게 된다.

任註

丙乃純陽之火 其勢猛烈 欺霜侮雪 有除寒解凍之功 能煅庚金 遇强暴
병내순양지화　기세맹렬　기상모설　유제한해동지공　능단경금　우강폭

而施剋伐也 逢辛反怯 合柔順而寓和平也 土衆成慈 不凌下也 水猖顯
이시극벌야　봉신반겁　합유순이우화평야　토중성자　불능하야　수창현

節 不援上也 虎馬犬鄉者 支坐寅午戌 火勢已過于猛烈 若再見甲木來生
절　불원상야　호마견향자　지좌인오술　화세이과우맹렬　약재견갑목래생

轉 致焚滅也 由此論之 洩其威 須用己土 遏其焰 必要壬水 順其性 還
전　치분멸야　유차론지　설기위　수용기토　알기염　필요임수　순기성　환

須 辛金己土卑溼之體 能收元陽之氣 戊土高燥 見丙火而焦坼矣 壬水
수　신금기토비습지체　능수원양지기　무토고조　견병화이초탁의　임수

剛中之德 能制暴烈之火 癸水陰柔 逢丙火而熯乾矣 辛金柔軟之物 明
강중지덕　능제폭렬지화　계수음유　봉병화이한건의　신금유연지물　명

作合而相親 暗化水而相濟 庚金剛健 剛又逢剛 勢不兩立 此雖擧五行
작합이상친　암화수이상제　경금강건　강우봉강　세불양립　차수거오행

而論 然世事人情 何莫不然.
이론　연세사인정　하막불연

임씨(任氏)가 말하길, 丙火는 순양지화(純陽之火)로서 그 기세(氣勢)가 맹렬(猛烈)하므로 서리나 눈을 업신여기며, 한기(寒氣)를 물리치고 얼음을 녹이는 공덕(功德)이 있다.

능단경금(能?庚金)이라는 것은 완강한 庚金을 단련(鍛鍊)시킬 수 있으며 강폭(强暴)

한 것을 만나면 더욱 용감하게 극벌(剋伐)을 시행하여 다스릴 수 있다.

辛金을 만나면 도리어 겁을 내는 것은 유순(柔順)한 辛金과 합(合)하여 水로 화(化)하기 때문이지만 맹렬한 기세(氣勢)가 유순(柔順)해져 화평(和平)해진다.

토성중자(土成衆慈)라는 것은 土를 무리로 만나면 자애(慈愛)로운 덕성(德性)이 있으니 아랫사람을 능멸(凌滅)하지 않으며, 수창현절(水猖顯節)이라는 것은 범람(泛濫)하여 광분(狂奔)하는 水를 만나면 충절(忠節)의 기상(氣象)을 나타내어 윗사람의 도움을 받지 않는다.

호마견향(虎馬犬鄉)이라 함은 지지(地支)에 寅午戌을 말한 것으로 火의 기세(氣勢)가 지나치게 맹렬(猛烈)한데 만약 甲木이 와서 火를 생(生)하면 완전히 타버리는 상황(狀況)에 이르게 된다는 것이다. 그러므로 그 위세(威勢)를 설기(洩氣)하여 다스림에는 반드시 己土를 써야 하고 타오르는 불길을 잡기 위해서는 壬水가 필요하며 그 성정(性情)을 유순(柔順)하게 하려면 辛金이 필요하다. 己土는 비습지체(卑濕之體)이니 능히 강렬(强烈)한 양화(陽火)의 기(氣)를 수렴(收斂)할 수 있고 戊土는 높고 건조(乾燥)하여 丙火를 보면 말라 터지게 되므로 쓸 수 없다.

水는 강중지덕(剛中之德)이니 강폭(强暴)하고 맹렬(猛烈)한 火를 제압(制壓)할 수 있지만 癸水는 음유(陰柔)하므로 丙火를 보면 말라 버리므로 쓸 수 없다. 그러나 辛金은 유연(柔軟)하므로 丙火와 합(合)하면 친밀해져 안으로는 상제(相濟)의 공(功)을 이룬다. 庚金은 강건(剛健)한데 강(强)한 丙火가 강(强)한 庚金을 만나 그 세력(勢力)이 양립(兩立)할 수 없으니, 이것은 비록 오행(五行)을 들어서 논(論)한 것이지만 세상사(世上事)와 인정도 어찌 그러하지 않겠는가.

丁火柔中　內性昭融　抱乙而孝　合壬而忠　旺而不烈　衰而不窮　如有嫡母
정화유중　내성소융　포을이효　합임이충　왕이불렬　쇠이불궁　여유적모

可秋可冬.
가추가동

丁火는 유화(柔火)로서 부드럽고 중용(中庸)을 얻었으니 내성(內性)이 밝고 융통성(融通性)을 지니고 있다. 乙木을 만나면 효도(孝道)하고 壬水를 만나면 합(合)하여 충성한다.

왕성(旺盛)하여도 치열(熾烈)하지 않고 쇠(衰)하여도 궁색하지 않으며 만약 적모(嫡母)인 甲木이 있으면 가을도 좋고 겨울도 좋다.

原註

丁干屬陰　火性雖陽　柔而得其中矣　外柔順而內文明　內性豈不昭融乎
정간속음　화성수양　유이득기중의　　외유순이내문명　　내성기불소융호

乙非丁之嫡母也　乙畏辛而丁抱之　不若丙抱甲而反能焚甲木也　不若己
을비정지적모야　을외신이정포지　　불약병포갑이반능분갑목야　　불약기

抱丁　而反能晦丁火也　其孝異乎人矣　壬爲丁之正君也　壬畏戊而丁合
포정　이반능회정화야　기효이호인의　　임위정지정군야　　임외무이정합

之　外則撫恤戊土　能使戊土　不欺壬也　內則暗化木神　而使戊土　不敢抗
지　외즉무휼무토　능사무토　불기임야　내즉암화목신　이사무토　불감항

乎壬也　其忠李乎人矣　生於夏令　雖逢丙火　特讓之而不助其焰　不至於
호임야　기충이호인의　　생어하령　수봉병화　특양지이부조기염　부지어

烈矣　生於秋冬　得一甲木　則倚之不滅　而焰至於無窮也　故曰可秋可冬
열의　생어추동　득일갑목　즉의지불멸　이염지어무궁야　　고왈가추가동

皆柔之道也.
개유지도야

丁火는 음(陰)에 속한다. 火의 본성(本性)이 비록 양(陽)이라 해도 丁火의 부드러움은 중용(中庸)의 덕(德)이 있는 것이다. 그러므로 겉은 유순(柔順)하고 안은 문명(文明)하므로 내성(內性)이 어찌 밝고 융화(融化)하지 않겠는가?

乙木은 丁火의 적모(嫡母)는 아니다.

그러나 乙木이 辛金을 두려워할 때 丁火가 보호(保護)한다. 이는 丙火가 능히 甲木을 태워버리는 불효(不孝)와 같지 않다. 己土가 丁火를 안고 있을 때 丁火의 빛을 어둡게 하는 것과 달리 乙木을 보호(保護)해주니 그 효성은 지극하다.

壬水는 丁火의 바른 군주(君主)이다. 壬水가 戊土를 두려워할 때 丁火가 합(合)하여 戊土로 하여금 壬水를 상(傷)하지 못하게 하니, 암암리에 木으로 화(化)하여 戊土로 하여금 壬水를 항거(抗拒)하지 않게 하니 그 충성심은 다른 사람과 다른 것이다.

여름에 태어나면 비록 丙火를 만난다 하더라도 화염(火焰)을 돕지 않으니 치열한 상태에 이르지 않는다. 가을이나 겨울에 태어나도 甲木이 하나 있으면 丁火는 그것에 의지하여 멸(滅)하지 않으므로 화기(火氣)가 무궁한 것이다. 그러므로 가을도 좋고 겨울도 좋은 것은 이 모두가 부드러움의 도리이다.

任註

丁非燈燭之謂 較丙火則柔中耳 內性昭融者 文明之象也 抱乙而孝 明
정비등촉지위　　 교병화즉유중이　　 내성소융자　　 문명지상야　　 포을이효　 명

使辛金不傷乙木也 合壬而忠 暗使戊土不傷壬水也 惟其柔中 故無太過
사신금불상을목야　　 합임이충　 암사무토불상임수야　　 유기유중　 고무태과

不及之弊 雖時當乘旺 而不至赫炎 卽時值就衰 而不至于熄滅 干透甲乙
불급지폐　 수시당승왕　 이불지혁염　 즉시치취쇠　 이부지우식멸　 간투갑을

秋生不畏金 支藏寅卯 冬産不忌水.
추생불외금　 지장인묘　 동산불기수

임씨(任氏)가 말하길, 丁火를 등촉(燈燭)이라 말하는 것은 잘못된 것이다.

丙火와 비교하여 유순(柔順)하고 중용(中庸)을 지킬 줄 안다는 것이다. 내성(內性)이 밝고 윤택(潤澤)한 문명지상(文明之象)을 나타내고 있다. 乙木이 있으면 효성(孝性)이 있다는 말은 辛金이 乙木을 손상(損傷)하지 않는다는 뜻이고 壬水와 합(合)하면 충성(忠誠)스럽다는 것은 戊土가 壬水를 손상(損傷)하지 않는다는 뜻이다.

丁火는 오직 본성(本性)이 유중(柔中)하므로 지나치거나 모자라는 폐단(弊端)이 없다는 것이며 비록 시령(時令)을 얻어 승왕(乘旺)하여 화염(火炎)이 충천(衝天)하더라도 맹렬(猛烈)하지 않고 때를 잃어 쇠약(衰弱)하여도 절멸(絶滅)되지 않는다. 그러므로 천간(天干)에 甲乙木이 투출(透出)되었다면 가을에 태어나도 金을 두려워하지 않고 지지(地支)에 寅卯만 있다면 겨울에 태어나도 水를 꺼리지 않는다.

原文

戊土固重 旣中且正 靜翕冬闢 萬物司命水潤物生 火燥物病 若在艮坤
무토고중　기중차정　정흡동벽　만물사명수윤물생　화조물병　약재간곤

怕冲宜靜.
파충의정

戊土는 견고(堅固)하고 중후(重厚)하다.

이미 오행(五行) 중에 가운데 있으면서 그 덕(德)이 바르다.

정(靜)하면 기(氣)가 모이고 만물(萬物)을 수렴(收斂)하고, 동(動)하면 기(氣)가 열려서 만물(萬物)의 생명(生命)을 주관한다.

水가 윤택(潤澤)하게 하면 만물(萬物)이 생(生)하고 火가 메마르게 하면 만물(萬物)이 병(病)이 든다. 만약에 간곤(艮坤, 寅申)이 있다면 충(冲)하는 것을 두려워하니 정(靜)해야 한다.

原註

戊土非城藏隄岸之謂也 較己特高厚剛燥 乃己土發源之地 得乎中氣而
무토비성장제안지위야　교기특고후강조　내기토발원지지　득호중기이

且正大矣 春夏則氣闢而生萬物 秋冬則氣翕而成萬物 故爲萬物之司命
차정대의　춘하즉기벽이생만물　추동즉기흡이성만물　고위만물지사명

也 其機屬陽 喜潤不喜燥 坐寅怕申 坐申怕寅 蓋冲則根動 非地道之正
야　기기속양　희윤불희조　좌인파신　좌신파인　개충즉근동　비지도지정

也 故宜靜.
야　고의정

戊土는 양토(陽土)로서 속설(俗說)에서 성벽·담장·제방·언덕을 말하는 것이 아니고, 己土와 비교하면 특히 견고(堅固)하고 중후(重厚)하며 강건(剛健)하고 건조(乾燥)한 土로서 己土의 발원지지(發源之地)이다. 또한 중기(中氣)를 얻고 있으므로 지극히 정대(正大)하다.

춘하(春夏)에는 그 기(氣)가 동(動)하면서 열리므로 만물(萬物)이 생(生)하고, 추동(秋冬)에는 그 기(氣)가 안으로 정(靜)하면서 닫히므로 만물(萬物)을 수렴(收斂)하여 만물(萬物)을 완성(完成)시킨다. 그러므로 만물(萬物)을 사명(司命)[55]한다고 하는 것이다. 또한 戊土는 그 기(氣)가 양(陽)에 속하니 습윤(濕潤)한 것을 좋아하고 건조(乾燥)한 것을 좋아하지 않는다. 戊土는 지지(地支)에 寅木을 깔고 앉아 있으면 申金을 꺼리고, 申金을 깔고앉아 있으면 寅木을 두려워한다.

任註

戊爲陽土 氣其固重 居中得正 春夏氣動而闢 則發生 秋冬氣靜而翕 則
무위양토 기기고중 거중득정 춘하기동이벽 즉발생 추동기정이흡 즉

收藏 故爲萬物之司命也 其氣高厚 生於春夏 火旺宜水潤之 則萬物發
수장 고위만물지사명야 기기고후 생어춘하 화왕의수윤지 즉만물발

生 燥則物故 生於秋冬 水多宜火暖之 則萬物化成濕 則物病 艮坤者
생 조즉물고 생어추동 수다의화난지 즉만물화성습 즉물병 간곤자

寅申 之月也 春則受剋 氣虛宜靜 秋則多洩 體薄怕冲 或坐寅申日 亦
인신 지월야 춘즉수극 기허의정 추즉다설 체박파충 혹좌인신일 역

喜靜忌冲 又生四季月者 最喜庚申辛酉之金 秀氣流行 定爲貴格 己土
희정기충 우생사계월자 최희경신신유지금 수기류행 정위귀격 기토

亦然 如柱見木火 或行運遇之 則破矣.
역연 여주견목화 혹행운우지 즉파의

임씨(任氏)가 말하길, 戊土는 양토(陽土)로서 그 기(氣)가 견고(堅固)하고 중후(重厚)하며, 오행(五行)의 중위(中位)에 위치하여 정도(正道)를 얻고 있다.

춘하(春夏)에 태어나면 그 기(氣)가 동(動)하여 만물(萬物)이 생(生)하고 추동(秋冬)에 태어나면 그 기(氣)가 정(靜)하여 닫히므로 만물(萬物)을 수렴(收斂)하고 수장(收藏)하므로 土는 만물(萬物)의 성장(成長)과 수장(收藏)을 관장하는 것이다.

戊土의 기(氣)는 고후(高厚)하여 춘하(春夏)에 태어나면 火가 왕(旺)하니 마땅히 水

---

55 사명(司命): 생살권(生殺權)을 가진 사람. 사람의 생명(生命)을 주관하는 신(神).

로써 촉촉하게 하여야 만물(萬物)이 발생하며, 건조(乾燥)하면 만물(萬物)이 시들게 된다. 추동(秋冬)에 태어나면 水가 많으니 마땅히 火로 따뜻하게 하여야 만물(萬物)이 화성(化成)하고 만약 火가 적고 습기(濕氣)가 지나치면 만물(萬物)이 병(病)들게 된다.

간곤(艮坤)이라는 것은 寅월과 申월을 말한다.

봄의 戊土는 왕(旺)한 木의 극(剋)을 받아 기(氣)가 허(虛)하니 마땅히 극(剋)하는 것이 없이 정(靜)하며, 가을의 戊土는 금기(金氣)가 왕성(旺盛)하여 土의 기운이 설기(洩氣)되니 土의 체성(體性)이 경박(輕薄)해지므로 충(冲)을 두려워한다. 만약 일주(日主)가 戊寅이나 戊申인 경우 정(靜)함을 기뻐하고 충(冲)을 꺼린다. 또한 사계절(四季節)인 辰戌丑未월에 태어나면 庚申, 辛酉 등 金을 가장 기뻐하는데 이는 왕성(旺盛)한 土를 설기(洩氣)하여 수기(秀氣)가 유행(流行)하므로 귀격(貴格)될 수 있기 때문이다. 己土도 마찬가지이다. 그러나 만약에 사주(四柱) 원국(原局)에 木火가 있거나 행운(行運)에서 木火를 만나면 파격(破格)이 된다.

原文

己土卑濕 中正蓄藏 不愁木盛 不畏水狂 火少火晦 金多金光 若要物旺
기토비습　　중정축장　　불수목성　　불외수광　　화소화회　　금다금광　　약요물왕

宜助宜幇.
의조의방

己土는 낮고 습하나 치우치지 않고 바르게 만물(萬物)을 저장(貯藏)할 수 있어서, 木이 왕성해도 근심하지 아니하고, 水가 왕성해도 두려워하지 않는다. 火가 적으면 己土에 의해 어두워지지만 金이 많으면 金을 빛나게 한다. 만물(萬物)이 왕성(旺盛)해지려면 마땅히 火土의 도움이 있어야 한다. 이 의미는 생조(生助)[56]할 것은 생조(生助)하고 방조(幇助)[57]할 것은 방조(幇助)한다는 뜻이다.

---

56 생조(生助): 비견(比肩)과 겁재(劫財)로 도와줌.

己土卑薄軟濕　乃戊土枝葉之地　亦主中正而能蓄藏萬物　柔土能生木
기토비박연습　　　내무토지엽지지　　　역주중정이능축장만물　　　유토능생목

非木所能剋　故不愁木盛　土深而能納水　非水所能蕩　故不畏水狂　無根
비목소능극　고불수목성　토심이능납수　비수소능탕　고불외수광　무근

之火　不能生濕土　故火少而火反晦　濕土能潤金氣　故金多而金光彩　反
지화　불능생습토　고화소이화반회　습토능윤금기　고금다이금광채　반

清瑩可觀　此其無爲而　有爲之妙用　若要萬物充盛長旺　惟土勢固重　又
청형가관　차기무위이　유위지묘용　약요만물충성장왕　유토세고중　우

得火氣暖　和方可.
득화기난　화방가

己土는 낮고 엷고 연약하고 습(濕)하니 戊土의 지엽(枝葉)과 같은 흙이다. 또한 중정(中正)[58]을 주장하니 능히 만물(萬物)을 축장(蓄藏)할 수 있다. 己土는 유토(柔土)로서 능히 생목(生木)하고 木으로부터 극(剋)을 받지 아니하므로 木이 왕성(旺盛)해도 근심하지 않는다.

土가 깊으면 능히 水를 받아들여 저장(貯藏)할 수 있어서 물이 허물어뜨릴 수 없으니 木의 날뜀을 두려워하지 않는다. 또한 뿌리가 없는 火는 습토(濕土)를 생(生)할 수 없으니 火가 적으면 火가 도리어 빛을 잃게 된다. 습토(濕土)는 능히 금기(金氣)를 윤택(潤澤)하게 하므로 金이 많으면 金을 빛나게 하니, 맑고 밝은 광채(光彩)는 가히 볼 만하다. 이것이 무위(無爲)[59]에서 유위(有爲)[60]로 하지 않으면서 행(行)함이 있는 묘(妙)한 작용이다. 만약 만물(萬物)이 충만(充滿)하고 오랫동안 왕성(旺盛)하게 하려면 오직 중후(重厚)한 土의 세력(勢力)을 얻어야 하고 온난(溫暖)하고 따뜻한 火의 생조(生助)를 얻어야 가능한 것이다.

57　방조(幫助): 편인(偏印)과 정인(正印)으로 도와줌.

58　중정(中正): 치우치지 않고 바르고 적당함.

59　무위(無爲): 자연적(自然的)으로 돌아가는 현상.

60　유위(有爲): 인위적(人爲的)으로 돌아가는 현상.

己土爲陰濕之土　中正蓄藏　貫八方而旺四季　有滋生不息之妙用焉　不
기토위음습지토　　중정축장　　관팔방이왕사계　　유자생불식지묘용언　불

愁木盛者　其性柔和　木藉以培養　木不剋也　不畏水狂者　其體端凝　水得
수목성자　　기성유화　　목자이배양　　목불극야　　불외수광자　　기체단응　수득

以納藏　水不冲也　火少火晦者　丁火也　陰土能欲火晦火也　金多金光者
이납장　　수불충야　　화소화회자　　정화야　　음토능감화회화야　　금다금광자

辛金也　濕土能生金潤金也　柱中土氣深固　又得丙火去其陰濕之氣　更足
신금야　　습토능생금윤금야　　주중토기심고　　우득병화거기음습지기　　갱족

以滋生萬物　所謂宜助宜幇者也.
이자생만물　　소위의조의방자야

임씨(任氏)가 말하길, 己土는 음습(陰濕)한 土이다.

중정(中正)한 본성(本性)을 가지고 있어 만물(萬物)을 축장(蓄藏)한다.

그 기(氣)가 팔방(八方)에 두루 관통(貫通)하고 사계(四季)인 辰戌丑未 월에 왕성(旺盛)하게 작용하기 때문에 잠시도 쉬지 않고 만물(萬物)을 끊임없이 자생(滋生)시켜주는 미묘(微妙)한 작용력이 있다.

불수목성(不愁木盛)이란 것은 "木이 왕성(旺盛)해도 근심하지 않는다"라는 것이니, 그 성정(性情)이 유화(柔和)하여 木이 이에 의지(依支)하여 배양(培養)되므로 木이 극(剋)하지 않는다는 것이다.

불외수광(不畏水狂)이란 것은 "水가 넘쳐 광분(狂奔)하여도 두려워하지 않는다"라는 것이니, 그 체성(體性)이 단정(端正)하고 응집력(凝集力)이 있어 水를 받아들여 저장(貯藏)하는 까닭에 水를 충(冲)하지 않는다는 것이다.

화소화회(火少火晦)[61]라는 것은 丁火를 말하는 것이다.

"火가 적으면 火가 어두워진다"라는 것이니, 土는 火가 생(生)하는 것이지만 음토(陰土)는 능히 火의 기(氣)를 설(洩)하여 어둡게 만든다는 것이다.

---

61 화소화회(火少火晦): 丁火를 뜻함.

금다금광(金多金光)62이라는 것은 辛金을 말하는 것이다. "金이 많으면 오히려 빛을 발한다"라는 것이니, 습토(濕土)는 능히 金을 생(生)하고 윤택(潤澤)하게 할 수 있다는 것이다. 사주(四柱)에 토기(土氣)가 깊고 견고(堅固)하며 丙火도 있다면 음습(陰濕)한 기운(氣運)을 제거(除去)하여 더욱 만물(萬物)을 자생(自生)시킬 수 있으므로 이른바 의조의방(宜助宜幇)63이라 한 것이다.

原文

庚金帶殺 剛健爲最 得水而淸 得火而銳 土潤則生 土乾則脆 能嬴甲兄
경금대살　강건위최　득수이청　득화이예　토윤즉생　토건즉취　능영갑형

輸于乙媒
수우을매

庚金은 살(殺)을 가지고 있으며 강건(剛健)함이 최고(最高)인데, 水를 얻으면 맑게 되고 火를 얻으면 예리(銳利)하게 된다. 土가 윤택(潤澤)하면 생금(生金)을 하고 土가 건조(乾燥)하면 金을 취약(脆弱)하게 된다. 甲木 형(兄)은 능(能)히 이기지만 乙木 누이에게는 합(合)이 되기 때문에 진다.

原註

庚金內天上之太白 帶殺而剛健.
경금내천상지태백　대살이강건

健而得水 則氣流而淸 剛而得火 則氣純而銳 有水之土 能全氣生 有火
건이득수　즉기류이청　강이득화　즉기순이예　유수지토　능전기생　유화

之土 能使其脆 甲木雖剛 力足伐之 乙木雖柔 合而反弱.
지토　능사기취　갑목수강　력족벌지　을목수유　합이반약

62　금다금광(金多金光): 辛金을 의미함. 金이 많으면 오히려 빛을 발한다는 뜻.

63　의조의방(宜助宜幇): 인수(印綬)와 비겁(比劫)을 뜻함.

庚金은 하늘의 태백(太白), 즉 금성(金星)으로서 살(殺)을 가지고 있고 강건(剛健)하다. 건왕(健旺)한 庚金이 水를 얻으면 기(氣)가 유통(流通)하여 청(淸)하게 되고, 강강(剛强)한 庚金이 火를 얻으면 기가 순수(純粹)하여 날카롭게 된다.

유수지토(有水之土)인 丑이나 辰을 만나면 온전하게 생금(生金)할 수 있지만 유화지토(有火之土)인 戌이나 未를 만나면 金이 부서지게 되므로 취약하게 된다. 甲木은 비록 강하나 庚金은 능히 벌목(伐木)할 수 있고, 乙木은 비록 유약(柔弱)하여도 합(合)이 되므로 도리어 약(弱)해진다.

任註

庚乃秋天肅殺之氣　剛健爲最　得水而淸者　壬水也　壬水發生　引通剛殺
경내추천숙살지기　강건위최　득수이청자　임수야　임수발생　인통강살

之性　便覺淬厲晶瑩　得火而銳者　丁火也　丁火陰柔　不與庚金爲敵　良冶
지성　편각쉬려정형　득화이예자　정화야　정화음유　불여경금위적　양야

銷鎔　遂成劍戟　洪爐煆煉　時露鋒鋩　生于春夏　其氣稍弱　遇丑辰之濕土
소용　수성검극　홍로단련　시로봉침　생우춘하　기기초약　우축진지습토

則生　逢未戌之燥土則脆　甲木正敵　力能伐之　與乙相合　合轉覺有情　乙
즉생　봉미술지조토즉취　갑목정적　력능벌지　여을상합　합전각유정　을

非盡　合庚而助暴　庚亦非盡合乙　而反弱也　宜詳辨之.
비진　합경이조폭　경역비신합을　이반약야　의상변지

임씨(任氏)가 말하길, 庚金은 가을하늘의 숙살(肅殺)[64]의 기(氣)로서 강건(剛健)함이 최고이다. 水를 얻으면 청(淸)하다는 것은 壬水를 말함이니, 壬水가 생기(生氣)를 발(發)하여 강(强)한 살성(殺性)을 이끌어 유통(流通)하게 하면 金水의 맑음이 수정처럼 깨끗해지고 구슬처럼 빛난다는 것이다.

火를 얻으면 예리(銳利)하게 되는 것은 丁火를 말함이니, 丁火는 음유(陰柔)한 火이므로 庚金을 적(敵)으로 생각하지 않으며, 庚金을 달구고 제련(製鍊)하여 검과 창

---

64 숙살(肅殺): 가을의 찬 기운이 초목(草木)을 시들게 하는 일.

을 만들어 낼 수 있고, 홍로(洪爐)로 잘 녹이고 단련(鍛鍊)하여 때를 얻으면 예리(銳利)한 칼날이 드러나 빛나게 된다. 봄과 여름에 태어나면 그 기세(氣勢)가 조금 약(弱)하므로 습토(濕土)인 丑辰을 만나면 생(生)하게 되고 조토(燥土)인 戌未를 만나면 취약(脆弱)하게 된다.

甲木은 정적(正敵)이므로 능(能)히 벌목(伐木)할 수 있으나, 乙木과는 서로 합(合)하여 도리어 유정(有情)하다. 乙木이 만약 庚金과 완전한 합(合)이 되지 않으면 강폭(强暴)함을 돕게 되고, 庚金도 乙木과 완전(完全)한 합(合)이 되지 않으면 오히려 약(弱)하게 되니, 사주(四柱)에 庚金과 乙木이 있더라도 합(合)이 될 수 있는지 또는 없는지, 합(合)은 되나 화(化)할 수 있는지 또는 없는지, 배합(配合)의 관계(關係)를 상세하게 살펴 합화(合化)의 여부(與否)를 분별(分別)해야 한다.

原文

辛金軟弱 溫潤而清 畏土之疊 樂水之盈 能扶社稷 能救生靈 寒熱喜母
신금연약　온윤이청　외토지첩　요수지영　능부사직　능구생령　열즉희모

則則喜丁
한즉희정

辛金은 연약(軟弱)하니 따뜻하고 윤기(潤氣)가 있으면 맑아지며, 土가 겹치면 두렵고 水가 많으면 좋아한다. 능히 사직(社稷)[65]을 돕고 생령(生靈)을 구원(救援)할 수 있으니, 뜨거울 때는 어머니에 해당하는 土를 좋아하고 차가울 때는 丁火를 좋아한다.

原註

辛乃陰金 非珠玉之謂也 凡溫軟清潤者 皆辛金也 戊己土多而能埋 故
신내음금　비주옥지위야　범온연청윤자　개신금야　무기토다이능매　고

---

65 사직(社稷): 정관(正官)을 뜻하는데, 여기서는 辛金의 정관(正官)이 되는 丙火임.

畏之 壬癸水多而必秀 故樂之 辛爲丙之臣也 合丙化水 使丙火臣服壬水
외지 임계수다이필수 고요지 신위병지신야 합병화수 사병화신복임수

而安扶社稷 辛爲甲之君也 合丙化水 使丙火不焚甲木 而求援生靈 生於
이안부사직 신위갑지군야 합병화수 사병화불분갑목 이구원생영 생어

九夏而得己土 則能晦火而存之 生於隆冬而得丁火 則能敵寒而養之
구하이득기토 즉능회화이존지 생어융동이득정화 즉능적한이양지

故辛金生於冬月 見丙火則男命不貴 雖貴亦不忠 女命剋夫 不剋亦不和
고신금생어동월 견병화즉남명불귀 수귀역불충 여명극부 불극역불화

見丁男女皆貴且順.
견정남여개귀차순

辛金은 음금(陰金)이나 속설(俗說)에서 말하는 주옥(珠玉)은 아니다.

온난(溫暖)하고 부드러우며 맑고 윤기(潤氣)가 나는 것은 모두 辛金이다.

戊土나 己土가 많으면 능히 金을 매몰(埋沒)하므로 土가 중첩(重疊)되는 것을 두려워하고, 壬水나 癸水가 많으면 반드시 수기(秀氣)가 빛나게 되어 水가 많음을 좋아한다.

辛金은 丙火의 신하와 같은데 합(合)하여 水로 화(化)하면 丙火로 하여금 壬水에게 복종(僕從)하게 할 수 있으므로 사직(社稷)인 丁火를 편안하게 돕는다. 辛金은 甲의 군주(君主)이니 丙과 합(合)하여 水가 되므로 丙火로 하여금 甲木을 불사르지 않게 하니 백성(百姓)인 甲木을 구원(救援)한다.

辛金이 만약 한여름에 생(生)하여도 己土를 얻으면 능히 火를 약화(弱化)시켜 金을 생(生)할 수 있어 辛金을 온전하게 하고, 한겨울에 생(生)하였다고 할지라도 火를 얻으면 능(能)히 한기(寒氣)를 물리칠 수 있으므로 자양(滋養)할 수 있다.

그러므로 辛金이 겨울에 생(生)하였을 경우 丙火가 나타나면 남명(男命)은 귀(貴)하지 못하고 충성(忠誠)스럽지 아니하며, 여명(女命)은 남편(男便)을 극(剋)하거나 불화(不和)하게 되지만 丁火를 만나면 남녀(男女)모두가 귀(貴)하고 순조(順調)롭다.

辛金乃人間五金之質　故清潤可觀　畏土之疊者　戊土太重　而洇水埋金
신금내인간오금지질　　고청윤가관　　외토지첩자　　무토태중　　이확수매금

樂水之盈者　壬水有餘　而潤土養金也　辛爲甲之君也　丙火能焚甲木　合
요수지영자　　임수유여　　이윤토양금야　　신위갑지군야　　병화능분갑목　　합

而化水　使丙火不焚甲木　反有相生之象.
이화수　　사병화불분갑목　　반유상생지상

辛爲丙之臣也　丙火能生戊土　合丙化水　使丙火不生戊土反有相助之美
신위병지신야　　병화능생무토　　합병화수　　사병화불생무토반유상조지미

豈非扶社稷救生靈乎　生于夏而火多　有己土則晦火而生金　生冬而水旺
기비부사직구생령호　　생우하이화다　　유기토즉회화이생금　　생동이수왕

有丁火則洇水而養金　所謂熱則喜母　寒則喜丁也.
유정화즉습수이양금　　소위열즉희모　　한즉희정야

임씨(任氏)가 말하길, 辛金은 인간(人間)의 금·은·동·철·주석이니 맑고 윤기(潤氣)가 나니 가히 볼 만하다. '외토지첩(畏土之疊)'이라는 것은 戊土가 지나치게 강(强)하면 水를 마르게 하고, 金을 매몰(埋沒)하는 것을 두려워한다는 뜻이고, '요수지영(樂水之盈)'은 壬水가 여유(餘裕)가 있으면 土를 윤택(潤澤)하게 하고 金을 배양(培養)한다는 말이다.

辛金은 甲木의 군주(君主)인데 丙火가 능(能)히 甲木을 태워버릴 수 있으나 辛金이 丙辛 합수(合水)하여 甲木을 태워 버리지 못하게 하면서 甲木을 상생(相生)하는 뜻이 된다. 辛金은 丙火의 신하(臣下)인데 丙火는 戊土를 생(生)하여 金을 묻히게 할 수 있으나, 辛金은 丙火와 丙辛 합수(合水)하여 丙火가 戊土를 생(生)하지못하게 할 뿐 아니라, 도리어 상조(相助)하는 아름다움을 갖게 되니 어찌 사직(社稷)을 돕고 생령(生靈)[66]을 구함이 아니겠는가?

여름에 태어나서 火가 많아도 己土가 있으면 火를 설기(洩氣)하여 金을 생조(生助)하며 겨울에 태어나서 水가 많아도 丁火가 있으면 水를 적당히 가지고 있으면

---

66 생령(生靈): 정재(正財)를 뜻하며 여기서는 辛金의 정재(正財)가 되는 甲木임.

金을 자양(滋養)하니 이것은 소위 辛金은 더우면 어미 土를 좋아하고, 추우면 丁火를 좋아한다는 것이다.

原文

壬水通河 能洩金氣 剛中之德 周流不滯 通根透癸 冲天奔地 化則有情
임수통하　능설금기　강중지덕　주류불체　통근투계　충천분지　화즉유정

從則相齊.
종즉상제

壬水는 하천과 통(通)하고 금기(金氣)를 설(洩)하며, 강(强)하면서도 덕(德)이 있어서 두루 흘러가니 막힘이 없다. 지지(地支)에 뿌리를 두고 천간(天干)에 癸水가 투출(透出)하면 그 기세(氣勢)가 하늘로 솟구치고 땅에서 날뛰게 된다.

原註

壬水卽癸水之發源 崑崙之水也 癸水卽壬水之歸宿 扶桑之水也 有分
임수즉계수지발원　곤륜지수야　계수즉임수지귀숙　부상지수야　유분

有合 運行不息 所以爲百川者此也 亦爲雨露者此也 是不可踱而二之
유합　운행불식　소이위백천자차야　역위우로자차야　시불가기이이지

申爲天關 乃天河之口 壬水長生於此 能洩西方金氣 周流之性 漸進不滯
신위천관　내천하지구　임수장생어차　능설서방금기　주류지성　점진불체

剛中之德猶然也.
강중지덕유연야

若申子辰全而又透癸 則其勢冲奔 不可遏也 如東海本發端於天河 每成
약신자진전이우투계　즉기세충분　불가알야　여동해본발단어천하　매성

水患 命中遇之 若無財官者 其禍當何如哉 合丁化木 又生丁火 則可謂
수환　명중우지　약무재관자　기화당하여재　합정화목　우생정화　즉가위

有情 能制丙火 不使其奪丁之愛 故爲夫義而爲君仁 生於九夏 則巳午
유정　능제병화　불사기탈정지애　고위부의이위군인　생어구하　즉사오

未中火 土之氣 得壬水薰蒸而成雨露 故雖從火土 未嘗不相濟也.
미중화　토지기　득임수훈증이성우로　고수종화토　미상불상제야

壬水는 癸水의 발원(發源)으로 곤륜지수(崑崙之水)[67]이고, 癸水는 壬水의 귀숙(歸宿)이며 부상지수(扶桑之水)[68]이다.

물줄기는 갈라지기도 하고 합쳐지기도 하며 잠시도 쉬지 않고 운행(運行)이 멈추지 않으니, 소위 온갖 하천(河川)이 되는 것이 이것이고 또한 비와 이슬이 되는 것도 이것이다. 이것은 壬水와 癸水로 분리하여 논(論)할 수 없는 이유이다. 이때는 戊가 와서 癸를 합(合)하면 유정(有情)하고, 강(强)한 水를 따라가도 서로 구제가 된다.

辛金은 천기(天氣)가 통(通)하는 관문(關門)이며 천하(天河)[69]의 입구(入口)이며, 壬水의 장생처(長生處)가 되므로 능히 서방금기(西方金氣)를 설(洩)할 수 있다. 두루 흐르는 壬水의 체성(體性)이 점점 앞으로 나아가 막힘이 없으니 강중지덕(剛中之德)이 바로 이와 같은 것이다.

만약 지지(地支)에 申子辰이 전부(全部) 있고 천간(天干)에 癸水가 투출(透出)되었다면 그 기세(氣勢)가 충분(冲奔)[70]하니 막을 수가 없는 것이다.

동해(東海)는 본래 천하(天河)에서 발원(發源)하고 언제나 수환(水患)을 일으키는 것과 같다. 명(命) 중에 이러한 상황(狀況)을 만났을 경우 만약 재관(財官)이 없다면 그 재앙(災殃)을 어떻게 감당(勘當)할 것인가?

丁火와 합(合)하여 화목(化木)하고 다시 丁火를 생(生)하니 유정(有情)이라고 말할 수 있고, 능(能)히 병화(丙火)를 제압(制壓)할 수 있어 丁火의 사랑을 빼앗아가지 못하게 되므로 의리(義理) 있는 남편(男便), 인자(仁慈)한 임금에 비유(比喩)할 수 있다.

---

67 곤륜지수(崑崙之水): 곤륜산(崑崙山)의 물이라는 뜻으로 중국의 서쪽에 있는 최대의 영산(靈山)으로서 천하(天下)의 모든 물이 발원(發源)되는 곳으로 믿고 있다. 申金에서 발원(發源)한 壬水가 주류불체(周流不滯)하는 것에 비유한 것임.

68 부상지수(扶桑之水): 부상(扶桑)은 동해(東海)에 있는 신령(神靈)한 뽕나무가 물을 지키고 있다는 뜻으로 申金에서 발원(發源)하여 귀숙(歸宿)되는 것으로 辰土에 이르는 이치(理致)를 비유(譬喩)한 것임. 해가 뜨는 곳이라고도 함.

69 천하(天河): 은하수.

70 충분(冲奔): 미치고 날뜀을 뜻하며, 충천분지(冲天奔地)의 줄임말.

壬水가 한여름에 태어나면 巳午未 중에 火土의 기(氣)가 壬水를 증발(蒸發)하여 비와 이슬을 이루는 것이므로 火土에 종(從)한다고 하더라도 서로 돕는 상제(相濟)라고 아니할 수 없다.

任註

壬爲陽水 通河者 則天河也 長生在申 申在天河之口 又在坤方 壬水生
임위양수　통하자　즉천하야　장생재신　신재천하지구　우재곤방　임수생

此 洩西方肅殺之氣 所以爲剛中之德也 百川之源 周流不滯 易進而難
차　설서방숙살지기　소이위강중지덕야　백천지원　주류불체　이진이난

退也 如申子辰全 又透癸水 氣勢泛濫 從有戊己之土 亦不能止其流 若
퇴야　여신자진전　우투계수　기세범람　종유무기지토　역불능지기류　약

强制之 反冲激而成水患 必修用木洩之 順其氣勢 不至于冲奮也 合丁
강제지　반충격이성수환　필수용목설지　순기기세　부지우충분야　합정

化木 又能生火 不息之妙 化則有情也 生於四五六月 柱中火土並旺 別
화목　우능생화　불식지묘　화즉유정야　생어사오육월　주중화토병왕　별

無金水相助 火旺 透干則從火 土旺透干 則從土 調化潤澤 仍有相濟之
무금수상조　화왕　투간즉종화　토왕투간　즉종토　조화윤택　잉유상제지

功也.
공야

임씨(任氏)가 말하길, 壬水는 양수(陽水)이니, 통하(通河)[71]라 함은 천하(天河)와 통(通)한다는 뜻이다. 壬水는 辛을 장생지(長生地)로 하고 辛은 천하(天河)의 하구(河口)에 있으며 곤방(坤方)[72]에 있기에, 능히 숙살지기(肅殺之氣)[73]를 설기(洩氣)할 수 있으니 강중지덕(剛中之德)이라 하는 것이다.

---

71 통하(通河): 亥水는 지지(地支)의 마지막 자리에 위치하고 水의 왕지(旺地)이다. 또한 왕수(旺水)이기 때문에 천하(天河)와 이어져 있다고 하여 은하(銀河)라고도 한다. 천하의 水는 申에서 발원(發源)한 壬水가 흘러서 모인 것으로 壬水를 통하(通河)라고도 한다.

72 곤방(坤方): 서북방(西北方).

73 숙살지기(肅殺之氣): 쌀쌀한 가을의 기운.

水는 백천(百川)[74]의 근원(根源)으로 두루 흘러서 막힘이 없으니 앞으로 나아가기는 쉬워도 물러나기는 어렵다.

만약 지지(地支)에 申子辰 수국(水局)이 온전(穩全)하고 천간(天干)에 癸水가 투출(透出)되어 그 수세(水勢)가 범람(泛濫)하는 상황이라면 戊己土가 있다고 하더라도 역시 그 흐름을 막을 수가 없으며, 억지로 막는다면 오히려 충격하여 재화(災禍)가 일어날 것이니 이때는 반드시 木으로 그 세력(勢力)을 설(洩)하고 그 기세(氣勢)에 순응(順應)해야 충분(冲奮)하는 지경에 이르지 않는다.

丁火와 합(合)하여 木으로 화(化)하면 전부(全部) 생화(生火)하여 불식지묘(不息之妙)[75]가 있으니 유정(有情)하다고 할 수 있다.

巳午未月에 태어나고 사주(四柱)에 火土가 왕성(旺盛)하며 金水의 상조(相助)가 없는 경우에 왕화(旺火)가 투출(透出)되었다면 종화(從火)하고, 왕토(旺土)가 투출(透出)되었다면 종토(從土)해야 한다. 사주(四柱)에 윤택(潤澤)한 기운(氣運)이 조화(調和)를 이루면 상제(相濟)의 공(功)이 있다고 한다.

原文

癸水至弱 達于天津 得龍而運 功化斯神 不愁火土 不論庚辛 合戊見火
계수지약　　달우천진　　득룡이운　　공화사신　　불수화토　　불론경신　　합무견화

化象斯眞.
화상사진

癸水는 체성(體性)이 지극히 약(弱)하지만 천진(天津)[76]에 이르며, 용진(龍辰)[77]을 얻어 운행(運行)하면 그 공덕(功德)은 화신(化神)[78]에게 있다. 火土가 왕성(旺盛)해도 근

---

74 백천(百川): 모든 하천의 근원(根源)으로 壬水를 말함.

75 불식지묘(不息之妙): 생생부식(生生不息)이라고도 하며, 상생(相生)하고 상생하여 그치지 않는 오묘(奧妙)함.

76 천진(天津): 은하(銀河). 하늘의 끝.

77 용진(龍辰): 용(龍)은 辰을 말함. 진중계수(辰中癸水)가 있어 水의 고장(庫藏)이기도 함.

심하지 않으며 庚申金이 많아도 논(論)할 필요가 없다. 戊土와 합(合)하여 火를 본다면 화상(化象)[79]은 참된 것이다.

原註

癸水乃陰之純而至弱 故扶桑有弱水也 達於天津 隨天而運 得龍以 成
계수내음지순이지약　　고부상유약수야　　달어천진　　수천이운　득룡이　성

雲雨 乃能潤澤萬物 功化斯神 凡柱中有甲乙寅卯 皆能運水氣 生木制
운우　내능윤택만물　공화사신　범주중유갑을인묘　　개능운수기　　생목제

火 潤土養金 定爲貴格.
화　윤토양금　정위귀격

火土雖多 不畏 至於庚金 則不賴其生 亦不忌其多 惟合戊土化火何也
화토수다　불외　지어경금　즉불뢰기생　역불기기다　　유합무토화화하야

戊 生寅 癸生卯 皆屬東方 故能生火 此固一說也.
무　생인　계생묘　개속동방　고능생화　차고일설야

不知地不滿東南 戊土 之極處 則癸水之盡處 乃太陽起方也 故化火 凡
부지지불만동남　무토　지극처　즉계수지진처　　내태양기방야　고화화　범

戊癸得丙丁透者 不論 衰旺秋冬皆能化火 最爲眞也.
무계득병정투자　불론　쇠왕추동개능화화　최우진야

癸水는 순음(純陰)으로 지극히 약(弱)하니, 부상(扶桑)의 약수(弱水)이다. 천진(天津)에 이르고 천기(天氣)를 따라 운행(運行)하며, 진(辰)을 얻게 되면 구름과 비를 이루어 만물(萬物)을 윤택(潤澤)하게 할 수 있으니 공덕(功德)은 화신(化神)에 있다.

사주(四柱)에 甲乙寅卯가 있으면 모두 수기(水氣)를 운행(運行)하는데 木을 생(生)하고 火를 제압(制壓)하며 土를 윤택(潤澤)하게 하고 金을 자양(滋養)할 수 있으니 이렇게 오행(五行)이 모두 배합(配合)되면 귀격(貴格)이 될 수 있다.

癸水는 火土가 비록 많아도 두려워하지 않고, 庚金에게도 생(生)을 의뢰(依賴)하

78　화신(化神): 신(神)이 변한다는 뜻.

79　화상(化像): 합화(合化)로 변화(變化)하는 현상. 예를 들면 무계합화(戊癸合化)로 화신(化神)이 되어 있는 상태.

지 않으므로 金이 많아도 역시 꺼리지 않는다. 오직 戊土와 합(合)하면 火로 변(變)하는 것은 무슨 까닭인가?

戊土는 寅木에서 생(生)하고 癸水는 卯木을 생(生)하며, 모두가 동방(東方)에 속하므로 火를 생(生)하는 일설(一說)이 있기는 하나, 땅은 동남(東南)쪽이 가득 차지 않았다는 것을 모른다.

戊土의 극처(極處)[80]가 癸水의 진처(盡處)[81]가 되니 이곳이 바로 태양(太陽)이 뜨는 방위(方位)이므로 火로 화(化)하는 것이다. 戊癸가 합화(合化)하는 것은 丙丁이 투출(透出)되었다면 쇠왕(衰旺)하거나 추동(秋冬)을 막론(莫論)하고 모두 火로 변화(變化)하는 것이니 이는 가장 참된 이치(理致)이다.

任註

癸水非雨露之謂　乃純陰之水　發源雖長　其性極弱　其勢最靜　能潤土養
계수비우로지위　　내순음지수　　발원수장　기성극약　기세최정　능윤토양

金　發育萬物　得龍而運　變化不測　所謂逢龍卽化　龍卽辰也　非眞龍而能
금　발육만물　득룡이운　변화불측　소위봉룡즉화　룡즉진야　비진룡이능

變化也　得辰而化者　化辰之原神發露也　凡十干逢辰位　必干透化神　此
변화야　득진이화자　화진지원신발로야　범십간봉진위　필간투화신　차

一定不易之理也.
일정불역지리야

不愁火土者　至弱之性　見火土多　卽從火矣　不論庚辛者　弱水不能洩金
불수화토자　지약지성　견화토다　즉종화의　불론경신자　약수불능설금

氣　所謂金多反濁　癸水是也.
기　　소위금다반탁　　계수시야

---

80 극처(極處): 마지막에 이르는 곳을 뜻하는 것으로 戊土는 甲에서 시작하여 다섯 번째로 생수(生水)의 끝이 되고, 癸水는 己土에서 시작하여 다섯 번째로 성수(成水)의 끝이 됨. 양(陽)이 극(極)에 이르면 음(陰)이 되는 이치(理致)임.

81 진처(盡處): 다하여 없어짐. 동남(東南)쪽은 癸水가 증발(蒸發)하여 없어진다는 뜻임. 음(陰)이 극(極)에 이르면 양(陽)이 되는 이치(理致)임.

合戊見火者 陰極則陽生戊土燥厚 柱中得丙火透露 引出化神 乃爲眞也
합무견화자　음극즉양생무토조후　주중득병화투로　인출화신　내위진야

若秋冬金水旺地 從使支遇辰龍 干透丙丁 亦難從化 宜細詳之.
약추동금수왕지　종사지우진룡　간투병정　역난종화　의세상지

　임씨(任氏)가 말하길, 癸水는 우로(雨路)를 말하는 것이 아니고, 순수(純粹)한 음기(陰氣)로서의 水이다.

　癸水의 발원지(發源地)는 비록 길고 멀어도 그 체성(體性)은 극히 약(弱)하고 그 기세(氣勢)는 가장 고요하다. 그러나 능(能)히 土를 윤택(潤澤)하게 하고 金을 자양(滋養)하여 만물(萬物)을 발육(發育)시킨다.

　용(龍)을 얻어 운행(運行)하면, 변화(變化)를 예측(豫測)할 수 없으니, 소위 용(龍)을 만나면 즉시 변화(變化)한다는 뜻이다. 용(龍)이라 함은 辰土를 말하는데 辰土를 얻으면 화(化)한다는 것은 癸水가 戊土와 합(合)하고 辰을 만나면 화기(化氣)의 원신(原神)인 丙火가 천간(天干)에 투출(透出)되기 때문이다.

　십간(十干)이 지지(地支)에 辰土를 만나면 반드시 화신(化神)이 천간(天干)에 투출(透出)하는데 이것은 일정(一定)의 불역지리(不易之理)[82]이다. 불수화토(不愁火土)는 火土를 근심하지 않는다는 뜻이다. 지극히 약한 癸水가 火土를 많이 보면 곧 종화(從化)한다는 것이다.

　불론경신(不論庚辛)은 약(弱)한 癸水가 금기(金氣)를 설(洩)할 수 없으니 논(論)하지 않는다는 것이니, 금다반탁(金多反濁)[83] 즉 金이 많으면 오히려 癸水가 탁(濁)해져 癸水로서 역할(役割)을 할 수 없기 때문에 논(論)할 필요(必要)가 없다고 한 것이다.

---

82 불역지리(不易之理): 천간(天干)이 지지(地支)에 辰土를 만나면 반드시 화신(化神)이 천간(天干)에 투출(透出)한다는 뜻이다. 즉 무계합화(戊癸合化)는 壬子時로 시작하여 癸丑, 甲寅, 乙卯, 丙辰으로 辰을 만나면 그 화신(化神)인 丙火가 투출(透出)하니, 이것이 화격(化格)의 진신(眞神)이 되는 것이다. 정임합목(丁壬合木)은 庚子時로 시작하여 辛丑, 壬寅, 癸卯, 甲辰으로 辰을 만나면 그 화신(化神)인 甲木이 투출(透出)되는 이치이다.

83 금다반탁(金多反濁): 金이 많으면 오히려 水가 탁(濁)해짐. 水가 탁(濁)하면 水의 본성(本性)이 희석(稀釋)됨.

합무견화(合戊見火)는 음(陰)이 극(極)에 달하면 양(陽)이 생(生)한다는 말이다. 즉 음(陰)의 극(極)은 癸水이고 양(陽)의 극(極)은 丙火이다.

戊土는 건조(乾燥)하고 두터운데 천간(天干)에 丙火가 투출(透出)하면 화신(化神)을 인출(引出)하여 진화(眞化)가 됨을 말한다. 金水가 왕성(旺盛)한 때에 태어나고, 만약 丙辰을 만난다고 할지라도 역시 종화(從化)가 어려우니 마땅히 자세(仔細)하게 살펴보아야 한다.

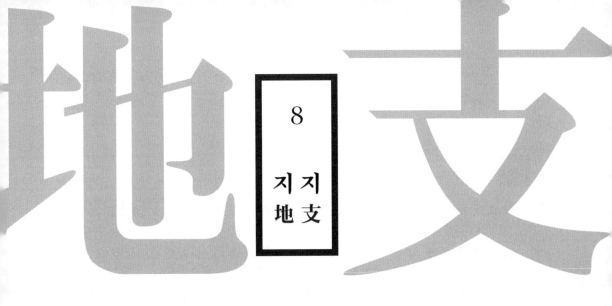

原文

陽支動且强 速達顯災詳 陰支靜且專 否泰每經年
양지동차강　　속달현재상　　음지정차전　　비태매경년

양지(陽支)는 성정(性情)이 동적(動的)이고 또한 양강(陽强)하므로 재앙(災殃)과 길상(吉祥)이 빠르게 나타나고, 음지(陰支)는 성정(性情)이 정적(靜的)이고 오로지 음정(陰靜)하므로 흉(凶)하며 길(吉)함이 항상 오랜 세월(歲月)이 지나서야 나타난다.

原註

子寅辰午申戌陽也 其性動其勢强 其發至速 其災詳至顯 丑卯巳未酉
자인진오신술양야　　기성동기세강　　기발지속　　기재상지현　　축묘사미유

亥陰也 其性靜其氣專 發之不速 而否泰之驗 每至經年而後見.
해음야　　기성정기기전　　발지불속　　이비태지험　　매지경년이후견

子寅辰午申戌은 양지(陽支)이고 그 성정(性情)은 동적(動的)이고 그 기세(氣勢)는 강건(强健)하므로 그 작용(作用)이 대단히 빠르며 그 재앙(災殃)이 빠르게 나타난다. 丑卯巳未酉亥는 음지(陰地)이고 그 성정(性情)은 정적(靜的)이고, 그 기세(氣勢)는 단

순하므로 그 작용(作用)이 빠르지 않으므로 길흉(吉凶)의 결과는 항상 오랜 세월(歲月)이 지난 후(後)에야 나타난다.

任註

地支有以子至巳爲陽 午至亥爲陰者 此從冬至陽生 夏至陰生論也 有
지지유이자지사위양　　오지해위음자　　차후동지양생　　하지음생론야　　유

以寅至未爲陽 申至丑爲陰者 此分木火爲陽 金水爲陰也 命家以子寅
이인지미위양　　신지축위음자　　차분목화위양　　금수위음야　　명가이자인

辰午申戌爲陽 丑卯巳未酉亥爲陰 若子從癸 午從丁 是體陽以用陰也
진오신술위양　　축묘사미유해위음　　약자종계　　오종정　　시체양이용음야

巳從丙 亥從壬 是體陰而用陽也.
사종병　해종임　시체음이용양야

分別取用 亦惟剛柔健順之理 與天干無異 但生剋制化 其理多端.
분별취용　역유강유건순지리　　여천간무이　　단생극제화　　기리다단

蓋一支所藏或二干 或三干故耳 然以本氣爲主 寅必先甲而後及丙申
개일지소장혹이간　　혹삼간고이　　연이본기위주　　인필선갑이후급병신

必先 庚而後及壬 餘支皆然.
필선　경이후급임　여지개연

陽支性動而强吉凶之驗恆速 陰支性靜而弱禍福之 應較遲 在局在運均
양지성동이강길흉지험항속　　음지성정이약화복지　　응교지　　재국재운균

以 此意消息之.
이　차의소식지

임씨(任氏)가 이르기를, 지지(地支)를 음양(陰陽)으로 구분(區分)하는 데는 몇 가지 관점이 있다.

지지(地支)에 子에서 巳까지가 양(陽)이고, 午에서 亥까지가 음(陰)인데 이것은 동지(冬至)에서 양(陽)이 생(生)하고 하지(夏至)에서 음(陰)이 생(生)한다는 이치(理致)를 기준(基準)으로 한 것이다.

寅에서 未까지를 양(陽)으로 하고 申에서 丑까지를 음(陰)으로 하는 것은 木火가 양(陽)이고 金水를 음(陰)으로 한 것이다. 명리학(命理學)에서는 子寅辰午申戌이 양

(陽)이고 丑卯巳未酉亥는 음(陰)이다. 이것은 子는 壬를 따르고 午는 丁을 따르니 체(體)인 亥는 午을 따르니 체(體)는 음(陰)이고 용(用)은 양(陽)이다.

취용(取用)을 나누어서 분별(分別)하면 강유(剛柔)와 건순(健順)의 이치(理致)는 천간(天干)과 다름이 없지만 생극제화(生剋制化)의 이치(理致)는 대단히 다양(多樣)하게 얽혀 있다.

대체로 하나의 지지(地支)에는 두 가지 또는, 세 가지의 천간(天干)이 소장(所藏)되어 있기 때문이다. 그러나 본기(本氣)를 위주로 하는 것이 원칙(原則)이니, 예(例)를 들면 寅에는 甲이 우선이고 나중이 丙이며, 申에는 반드시 庚이 먼저이고 나중이 壬이니, 다른 지지(地支)도 모두 이와 같다.

양지(陽支)는 그 성정(性情)이 동적(動的)이고 그 기세(氣勢)가 강(強)하기 때문에 길흉(吉凶)의 응험(應驗)이 항상 빠르게 나타나지만, 음지(陰支)는 그 성정(性情)이 정적(靜寂)이고 약(弱)하기 때문에 화복(禍福)의 응험(應驗)이 비교적 늦게 나타난다.

이러한 이치(理致)는 사주(四柱) 원국(原局)에 있어서나 행운(行運)에 있어서나 모두 이와 같은 이치(理致)로 자세(仔細)하게 살펴야 한다.

生方怕動庫宜開　敗地逢冲仔細推
　生方怕動庫宜開　　패지봉충자세추

생방(生方)[84]은 충동(冲動)을 두려워하나 고장(庫藏)[85]은 마땅히 충(冲)을 하여 열어 주는 것이 마땅하다. 그러나 패지(敗地)[86]의 충(冲)은 자세하게 추리(推理)해야 한다.

84　생방(生方): 寅申巳亥, 사생지(四生地)라고도 함.
85　고장(庫藏): 辰戌丑未, 사고지(四庫地)라고도 함.
86　패지(敗地): 子午卯酉, 사왕지(四旺地)라고도 함.

原註

寅申巳亥 生方也 忌神動 辰戌丑未 四庫也 宜冲則開 子午卯酉 四敗
인신사해　생방야　기신동　진술축미　사고야　의충즉개　자오묘유　사패

也 有逢合而喜冲者 不若生地必不四冲也 有逢冲而喜合者 不若庫地
야　유봉합이희충자　불약생지필부사충야　유봉충이희합자　불약고지

之必不可 閉也 須仔細詳之.
지필불가　폐야　수자세상지

　　寅申巳亥는 사생방(四生方)으로서 충동(冲動)을 꺼리며, 辰戌丑未는 사묘고(四墓庫)로서 마땅히 충(冲)하여 열어 주어야 한다. 子午卯酉는 사패지(四敗地)로서 합(合)을 만나서 충(冲)하는 것이 좋은 경우도 있으니, 열어주지 않으면 나쁘다고 보는 사고장(四庫藏)과도 다르다. 자세(仔細)히 살펴보아야 한다.

任註

舊設云 金水能冲木火 木火不能冲金水 此論天干則可 論地之則不可
구설운　금수능충목화　목화불능충금수　차론천간즉가　론지지즉불가

蓋地支之氣多不專 有他氣藏在內也 須看他氣乘權得勢 卽木火亦豈
개지지지기다부전　유타기장재내야　수간타기승권득세　즉목화역기

不能冲金水乎 生方怕動者 兩敗俱傷也 假如寅申逢冲 申中庚金 剋寅
불능충금수호　생방파동자　양패구상야　가여인신봉충　신중경금　극인

中甲木 寅中丙火 未嘗不剋申中庚金 申中壬水 剋寅中丙火 寅中戊土
중갑목　인중병화　미상불극신중경금　신중임수　극인중병화　인중무토

未嘗不剋申中壬水 戰剋不靜故也 庫宜開者 然亦有宜不宜 詳在雜氣
미상불극신중임수　전극부정고야　고의개자　연역유의불의　상재잡기

章中 敗地逢冲仔細推者 子午卯酉之專氣也 用金水則可冲 用木火則
장중　패지봉충자세추자　자오묘유지전기야　용금수즉가충　용목화즉

不可冲 然亦須活看 不可執一 倘用春夏之金水 則金水之氣休囚 木火
불가충　연역수활간　불가집일　당용춘하지금수　즉금수지기휴수　목화

之勢旺相 金水豈不反傷乎 宜參究之.
지세왕상　금수기불반상호　의참구지

임씨(任氏)가 이르기를, 구설(舊說)에서는 "金水는 능히 木火를 충(冲) 할 수 있으나 木火는 金水를 충(冲) 할 수 없다"라고 하였다. 이것은 천간(天干)을 논(論)하면 가능(可能)하나 지지(地支)는 그렇게 논(論)해서는 안 된다.

대체로 지지(地支)가 가지고 있는 것이 전일(專一)하지 않고 각기 다른 성질(性質)의 기(氣)가 암장(暗藏)되어 있으므로 반드시 다른 기(氣)가 승권(乘權)하고 득세(得勢)하고 있는지를 살펴보아야 한다. 만약 木火가 득세(得勢)하고 있다면, 어찌 金水를 충(冲) 할 수 없겠는가?

생방파동(生方怕動)이라는 것은 양패구상(兩敗俱傷)[87]한다는 것이다.

즉 생방(生方)인 寅申巳亥는 충동(冲動)을 두려워한다고 함은 양쪽 모두 손상(損傷)을 당하기 때문이다.

가령 寅申이 충(冲)을 하게 되면 申 중의 庚金이 寅 중의 甲木을 극(剋)하는 것이나, 寅 중의 丙火가 申 중의 庚金을 극(剋)하지 않는다고 말할 수 없으며, 申 중의 壬水가 寅 중의 丙火를 극(剋)하지 않는다고 말할 수 없다. 또한 寅 중의 戊土가 申 중의 壬水를 극(剋)하지 않는다고 말할 수 없으니, 전극(戰剋)은 그치지 않은 까닭에 충동(冲動)을 두려워하는 것이다.

고의개(庫宜開)라는 것은 "묘고(墓庫)는 열려주는 것이 마땅하다"는 것이다. 즉 묘고(墓庫)인 辰戌丑未는 역시 충(冲)을 하여 마땅함과 마땅하지 못함이 있는데 자세한 것은 잡기론(雜氣論)에서 논(論)하기로 한다.

패지(敗地)의 충극(冲剋)을 자세히 추리하라고 한 것은 전일(專一)한 子午卯酉는 金水인 酉子를 용신(用神)으로 할 때에는 金水와 상충(相冲)함이 안 된다. 그러나 활간(活看)[88]하여야 하고 집일(執一)[89]하여서는 아니 된다. 만약 봄이나 여름에 金水를

---

87 양패구상(兩敗俱傷): 寅申巳亥는 양쪽 모두 손상(損傷)을 당한다는 뜻이다. 인신충(寅申冲)일 경우, 申 중의 庚金이 寅 중의 申木을 극(剋)하고 申 중의 壬水가 寅 중의 丙火를 극(剋)한다. 또한 寅 중의 戊土가 申 중의 壬水를 극(剋)한다.

88 활간(活看): 융통성(融通性) 있게 살펴봄, 대세관지(大勢觀之)해야 함.

89 집일(執一): 하나를 고집(固執)함. 융통성(融通性)이 없음.

용신(用神)으로 하는 경우, 금수지기(金水之氣)는 휴수(休囚)되고 목화지세(木火之勢)는 왕상(旺相)하므로 金水가 도리어 손상(損傷)되지 않을 것인가? 마땅히 헤아려서 깊게 살펴야 한다.

任註

```
癸 癸 壬 甲
亥 巳 申 寅
```

```
己 戊 丁 丙 乙 甲 癸
卯 寅 丑 子 亥 戌 酉
```

秋水通源 金當令 水重重 木囚逢冲 不足爲用 火雖休 而緊臨日支 況
추수통원 금당령 수중중 목수봉충 부족위용 화수휴 이긴임일지 황

秋初 餘氣未熄 用神必在巳火 巳亥逢冲 群劫紛爭 所以連剋三妻 無子
추초 여기미식 용신필재사화 사해봉충 군겁분쟁 소이연극삼처 무자

兼之運走北方水地 以致破耗異常 至戊寅己卯 運轉東方 喜用合宜 得
겸지운주북방수지 이치파모이상 지무인기묘 운전동방 희용합의 득

其溫飽 庚運制傷生劫 又逢酉年 喜用兩傷 不祿.
기온포 경운제상생겁 우봉유년 희용양상 불록

가을의 癸水가 水의 근원(根源)인 申金에 통원(通源)되었고, 金은 당령(當令)하여 왕(旺)하고, 水도 역시 중중(重重)한데, 水를 설(洩)하는 木이 휴수(休囚)되고, 또 충(冲)까지 만났으니 용신(用神)으로 하기는 어렵다.

火는 비록 휴수(休囚)라도 일지(日支)에 있고, 초추(初秋)에 화기(火氣)가 완전(完全)히 없어지지 않았으니 용신(用神)은 반드시 巳火로 보아야 한다. 그러나 巳火는 亥水의 충(冲)을 만나 군겁(群劫)이 어지럽게 다투니 연달아 삼처(三妻)를 극(剋)하였고 자식(子息)도 없었다.

더군다나 대운(大運)이 亥子丑 북방수지(北方水地)로 향하니 파산(破産)에 이르렀으나 戊寅己卯 20년은 운이 동방(東方)으로 바뀌어서 희용신(喜用神)이 마땅하게 합

치(合致)함을 얻었으니 생활(生活)이 따뜻하게 안정(安定)되었다. 그러나 庚 대운(大運)에 제상생겁(制傷生刧)이 되는데 辛, 酉년을 만나니 희신(喜神)과 용신(用神)이 모두 손상(損傷)되어 세상을 떠났다.

評註

癸水가 申월에 득령(得令)하고 사중경금(巳中庚金)에 득지(得地)하고, 시지(時支) 亥水와 천간(天干)의 壬癸水가 투출(透出)하여 신왕(身旺)하다. 신왕(身旺)하면 식재관(食財官)이 희신(喜神)이고 인비(印比)가 기신(忌神)이다. 원국(原局)에서 水를 설(洩)하는 木은 寅申 충(冲)으로 약(弱)하게 될 것 같지만 巳申 합수(合水)로 寅木이 申金 생임수(生壬水)하고 壬水 생인목(生寅木)하며 甲木이 천부지재(天覆地載)가 되어 오히려 목왕(木旺)이 되었다.

재성(財星) 火는 申월의 火이니 휴수(休囚)이고 巳申 합수(合水)로 약화(弱化)되었고, 또한 巳亥 충(冲)으로 해중임수(亥中壬水)가 사중병화(巳中丙火)로 丙壬 충(冲)되고 壬癸亥水로 군겁쟁재(群刧爭財)되니 연달아 삼처(三妻)가 극(剋)을 당하였다. 관성(官星)인 土는 원국(原局)에 없으니 자식(子息)운도 없어 무자(無子)였음이 분명하다. 더군다나 대운(大運)이 金水 운으로 향(向)하니 파모이상(破毛異常)은 당연하다.

戊寅 대운(大運)은 戊癸 합화(合火)되고 지지(地支)는 寅亥 합목(合木)이 되고 寅巳 형(刑)으로 인중병화(寅中丙火)가 개고(開庫)가 되어 희신(喜神)이 되었고, 己卯 대운(大運)은 甲己 합토(合土), 亥卯 목국(木局), 寅卯 목국(木局)으로 생활(生活)이 윤택(潤澤)하였다. 庚辰 대운(大運)은 甲庚 충(冲)으로 희신(喜神)인 甲木이 극제(剋制)되고 기신(忌神)인 비겁수(比刧水)를 생(生)하고, 또 유년(酉年)을 만나니 지지(地支)가 巳酉 합금(合金)이 되고 申酉 합금(合金)이 되어 희용(喜用)이 모두 손상(損傷)되었다.

```
壬 甲 癸 癸
申 寅 亥 巳
```

```
丙丁戊己庚辛壬
辰巳午未申酉戌
```

甲寅日元 生于孟冬 寒木必須用火 柱中四逢旺水 傷用 無土砥定 似平
갑인일원　생우맹동　한목필수용화　주중사봉왕수　상용　무토지정　사평

不美 妙在寅亥臨合 巳火絕處逢生 此卽興發之機 然初運西方金地 有
불미　묘재인임임합　사화절처봉생　차즉흥발지기　연초운서방금지　유

傷體用 碌碌風霜 奔馳未遇 四旬外 運轉南方 火土之地 助起用神棄
상체용　록록풍상　분치미우　사순외　운전남방　화토지지　조기용신기

印就財 財發數萬 娶妾 連生四子 由是觀之 印綬作用 逢財 爲禍不小
인취재　재발수만　취첩　연생사자　유시관지　인수작용　봉재　위화불소

不用就財 發福最大.
부용취재　발복최대

甲寅 일주(日主)가 맹동(孟冬)에 태어났다.

한목(寒木)이라 반드시 火를 용신(用神)으로 써야 하는데, 주중(柱中)에서 중중(重重)한 왕수(旺水)가 용신(用神)을 손상(損傷)하고 있으나 이를 억제(抑制)할 土가 없으니 아름답지 못한 것 같다.

묘(妙)한 것은 寅亥 합(合)이 되어 巳火가 절처봉생(絕處逢生)하였으니 이것이 곧 흥발지기(興發之機)이다. 그러나 초년(初年)의 운이 서방금지(西方金地)로 행(行)하여 일주(日主)와 용신(用神)을 손상(損傷)하는 까닭에 불우한 풍상(風霜)을 겪었고, 분주(奔走)하였으나 때를 만나지 못하였다.

사십(四十)이 넘어 남방(南方) 火土 운으로 바뀌어서 용신(用神)을 도와 일으키니 일주(日主)는 인수(印綬)에 의지하지 않고 재성(財星)을 취(取)하여 수많은 재물(財物)을 이루었고 첩(妾)을 얻어서 연달아 4형제(兄弟)를 두었다. 이를 미루어 보면 인수

(印綬)를 용신(用神)으로 할 때 재성(財星)을 만나면 재앙(災殃)이 적지 않으니, 인수(印綬)를 쓰지 않고 재성(財星)을 취(取)하는 경우가 발복(發福)이 가장 큰 것이다.

評註

甲木이 천한지동(天寒地冬)인 亥월에 태어나 한목(寒木)이 되니 우선 화용(火用)을 해야 한다. 월지(月支) 亥水에 득령(得令)이 되고 좌하(坐下) 寅木에 득지(得地)하고 천간(天干)에 壬癸水가 투출(透出)하여 신왕(身旺)하니 희신(喜神)은 식재관(食財官)인 火土金이고 기신(忌神)은 인비(印比)인 水木이다.

巳火는 巳亥 충(沖)으로 해중임수(亥中壬水)가 사중병화(巳中丙火)를 丙壬 충(沖)으로 약화(弱化)시켰고, 원국(原局)에서 비겁(比劫)인 壬癸水가 극제(剋制)하여 더욱 약화(弱化)되었으나 寅亥 합목(合木)이 생조(生助)하여 절처(絶處)에서 봉생(逢生)하였다. 재성(財星) 土는 원국(原局)에서 나타나 있지 않으며 관성(官星)은 시지(時支) 申金인데, 寅申 충(沖)이 되어 역시 미약(微弱)한데 기신(忌神)인 인수(印綬)를 생조(生助)하니 더욱더 약화(弱化)되었다.

초운(初運)인 서방금지(西方金地)는 인수(印綬) 기신(忌神)을 생조(生助)하고 있는 가운데 巳酉 합금(合金)으로 巳火가 무력(無力)하게 되었고 또한 甲庚 충(沖)이 되고, 寅巳申 삼형살(三刑殺)로 형액(刑厄)을 암시(暗示)하니 녹록풍상(碌碌風霜)이 당연하다. 이 명조(命造)는 신왕(身旺)하며 비겁(比劫)과 인수(印綬)가 오히려 기신(忌神)이 되었고 金도 역시 기신(忌神)을 도우니 쓸 수 없고 오직 식재(食財)인 火土가 희신(喜神)이다.

任註

戊	戊	丁	辛
午	子	酉	卯

庚	辛	壬	癸	甲	乙	丙
寅	卯	辰	巳	午	未	申

此傷官用印 喜神卽是官星 非俗論 土金傷官 忌官星也 卯酉冲 則印綬
차상관용인　희신즉시관성　비속론　토금상관　기관성야　묘유충　즉인수

無生助之神 子午冲 使傷官得以肆逞 地支金旺水生 木火冲剋已盡 天
무생조지신　자오충　사상관득이사령　지지금왕수생　목화충극이진　천

干火土虛脫 以致讀書未遂 碌碌經營 然喜水不透干 爲人文體風流 精
간화토허탈　이치독서미수　록록경영　연희수불투간　위인문체풍류　정

於書法 更嫌中運天干金水 未免有志難伸 凡傷官佩印 喜用在木火者
어서법　경혐중운천간금수　미면유지난신　범상관패인　희용재목화자

忌見金水也.
기견금수야

이것은 월령(月令)에 인수(印綬)를 용신(用神)으로 하고 희신(喜神)은 관성(官星)이며, 속론(俗論)으로는 土金 상관(傷官)은 관성(官星)을 꺼린다고 하나 인수(印綬)를 용신(用神)으로 할 때에는 관성(官星)을 꺼리지 않는다.

그러나 卯酉가 충(冲)하여 용신(用神)인 인수(印綬) 丁火를 생조(生助)하는 卯木이 없어지고, 子午가 충(冲)으로 인수(印綬) 午火의 뿌리가 손상(損傷)되니 酉金 상관(傷官)이 방자하게 날뛰게 되고 지지(地支)에서 왕금(旺金)이 水를 생(生)하고 木火, 卯午를 충극(冲剋)하여 그 기세(氣勢)가 다 손상(損傷)되었다.

그러므로 천간(天干)의 火土는 허탈(虛脫)하게 되었으니 독서(讀書)를 하였으나 뜻을 이루지 못하였고 경영(經營)을 하면서도 쓸데없이 바쁘기만 하였다. 그러나 기쁘게도 천간(天干)에 水가 없어서 사람됨이 좋고 문체(文體)와 풍류(風流)가 있고 서법(書法)에도 정통하였다. 다시 꺼리는 것은 중년(中年) 이후에 천간(天干)이 金水이니 뜻을 펼치지는 못하였다. 무릇 상관패인(傷官佩印)[90]에 희용(喜用)이 木火인 경우에는 金水를 보는 것을 꺼린다.

---

90 상관패인(傷官佩印): 상관(傷官)이 인수(印綬)를 용신(用神)으로 하는 경우.

戊土 일주가 酉월에 태어나서 상관(傷官)이 왕(旺)한데 辛金이 투출(透出)되어 더욱더 금기(金氣)가 왕성(旺盛)하다. 년지(年支)와 일지(日支)까지도 극제(剋制)를 당하니 신약(身弱)하다. 희신(喜神)은 인비(印比)인 火土이고, 기신(忌神)은 식재관(食財官)인 金水木이다.

丙申 대운은 년간(年干) 辛金과 丙辛 합(合)으로 丙火 희신(喜神)이 합거(合去)되고, 지지(地支) 申金이 辛酉 합금(合金), 申子 합수(合水)로 金水가 날뛰었고, 乙未 대운은 乙辛 충(冲)으로 乙木 관(官)이 충발(冲拔)되니 독서를 했으나 뜻을 이루지 못하였으며 未土 운에는 午未 합화(合火), 卯未 합목(合木)으로 木生火가 되니 火가 곧 인수용신(印綬用神)이 되어 서법(書法)에는 정통하였다.

甲子 대운(大運)에는 木生火 운으로 용신(用神)을 생조(生助)하여 평범한 생활을 하였다. 원국(原局)과 午午 자형(自刑), 子午 충(冲)으로 용신(用神)이 충형(冲刑)으로 역시 곤고(困苦)한 삶을 살았다. 癸巳 대운(大運)에는 천간(天干)은 戊癸 합(合), 丁癸 충(冲)되고 지지(地支)는 巳酉 합(合)으로 충중봉합(冲中逢合)이 중중(重重)되어 더욱 굴곡(屈曲)진 삶을 살았다. 중년운(中年運)인 寅辰, 辛卯 운에는 丁壬 합목(合木), 子辰 합수(合水), 辛金 기신(忌神), 卯酉 충(冲)으로 金水木 운으로 변하여 유지난신(有志難伸)을 면(免)하지 못하였다.

```
壬 戊 辛 辛
戌 辰 丑 未
```

```
甲乙丙丁戊己庚
午未申酉戌亥子
```

此造 非支全四庫之美　所喜者辛金吐秀　丑中元神透出　洩其精英　更妙
차조　비지전사고지미　　소희자신금토수　　축중원신투출　　설기정영　경묘

木火伏而不見 純淸不混 至酉運 辛金得地 中鄕榜 後因運行南方 木火
목화복이불견　순청불혼　지유운　신금득지　중향방　후인운행남방　목화

並旺 用神之辛金受傷 由擧而進 而不能選.
병왕　용신지신금수상　유거이진　이불능선

이 명조(命造)는 지지(地支)에 사고(四庫)가 전부(全部) 있어서 아름답지는 않다. 기쁜 것은 천간(天干)에 辛金이 투출(透出)하여 수기(秀氣)를 토(吐)해내는 것인데 丑 중에 辛金이 천간(天干)에 투출(透出)하여 왕성(旺盛)한 土의 기세(氣勢)를 설(洩)하는 것이다.

더욱 오묘한 것은 木火가 암장(暗藏)되어 나타나지 않았으니, 기세가 청순하여 혼잡하지 않은 것이다. 酉대운에 이르러 辛金이 때를 만나자 향방에 급제하였으나 이후에는 남방운(南方運)으로 행(行)하여 木火가 모두 왕성해져 용신(用神)인 辛金이 상해를 받으니 과거에 응시해 벼슬길에 나가려 했으나 뜻을 이루지 못하였다.

評註

戊土 일주(日主)가 전지지(全地支)에 토국(土局)을 이루었으니 종왕(從旺)하다. 용희신(用喜神)은 토세(土勢)를 따르는 인비(印比)와 설기(洩氣)하는 식상(食傷)이고 기신(忌神)은 재관(財官)이다. 그러므로 火土金이 길(吉)하고 水木이 흉(凶)한 것이다.

庚子 대운은 水氣가 왕(旺)하고 己亥 대운은 己土가 희신(喜神)이지만 개두(蓋頭)가 되어 약(弱)하게 되었고, 戊戌 대운에는 土氣가 왕성하여 길(吉)하다. 丁酉 대운에는 丁壬 합목(合木)으로 丁火 용신이 합거되어 충(沖)하고 酉金은 酉戌 합금, 酉丑 합금으로 辛金이 득지하여 때를 만나서 향시에 합격하게 된 것이다.

丙申 대운에는 丙辛 합수(合水)로 기신이 되고 申辰 합수(合水)로 역시 기신이 되어 辛金 용신이 합거(合去)되었다. 그러므로 과거시험에 응시해 벼슬길에 나가려 했으나 뜻을 이루지 못했다. 乙未 대운은 乙辛 충(沖), 丑未 충(沖)으로 천충지충이 되어 乙木 관(官)이 충발되고 축중신금(丑中辛金), 미중을목(未中乙木)이 乙辛 충(沖)으

로 역시 乙木 관(官)이 충발(冲拔)되었어도 乙木 기신이 충발되어 오히려 발복하게 된다.

己 辛 壬 戊
丑 未 戌 辰

己戊丁丙乙甲癸
巳辰卯寅丑子亥

此滿局印綬　土重金埋　壬水用神傷盡　未辰雖藏乙木　無冲或可借用　以
차만국인수　토중금매　임수용신상진　미진수장을목　무충혹가차용　이

待運來引出　乃被丑戌冲破　藏金暗相砍伐　以至剋妻無子　由此論之　四
대운래인출　내피축술충파　장금암상감벌　이지극처무자　유차론지　사

庫必要冲者　執一之論也　全在天干調劑得宜　更須用神有力　歲運輔助
고필요충자　집일지론야　전재천간조제득의　경수용신유력　세운보조

庶偏枯之病也.
서편고지병야

이 명조(命造)는 지지(地支) 전체가 인수(印綬)이니 土가 중중(重重)하여 金이 묻히는 토중금매(土重金埋)[91]이고 용신(用神)인 壬水는 손상(損傷)되어 극절(剋絶)되었다. 未土와 辰土에 비록 乙木이 소장(所藏)되어 있다고 할지라도 충(冲)이 없거나 혹은 차용(借用)하여 운(運)에서 인출(引出)할 때까지 기다려야 하나 바로 丑戌이 충파(冲破)를 당하여 암장(暗藏)된 金이 木을 잘라버리는 상황(狀況)이므로 처(妻)를 극(剋)하고 자식(子息)도 두지 못하였다.

이러한 것으로 논(論)하면 사고(四庫)는 반드시 충(冲)이 있어야 한다는 것 하나만 고집(固執)하여 말하는 것이다. 그러나 모든 것은 천간(天干)에서 조제(調劑)[92]가 마

91　토중금매(土重金埋): 土가 많아서 金이 매몰(埋沒)되었다는 뜻.

땅함을 얻어야 하며 반드시 용신(用神)이 유력(有力)해야 하고 세운(歲運)에서도 보조해 주어야만 비로소 편고지병(偏枯之病)이 없게 된다.

評註

辛金 일주가 戌월에 태어나서 전지지가 辰戌丑未가 중중하여 인수태왕(印綬太旺)으로 토중금매(土重金埋)가 되었으니 인수 土가 병(病)이다. 희신(喜神)은 土를 극(剋)하는 水木과 금매(金埋)를 분산시키는 비겁(比劫) 金이 되고 기신은 火土이다.

원국(原局)에서 丑未 충(冲), 辰戌 충(冲), 戌未 형(刑)으로 충형(冲刑)이 중중(重重)하니, 丑未 충(冲)은 축중신금(丑中辛金)이 미중을목(未中乙木)을 잘라버리고, 辰戌 충(冲)은 진중을목(辰中乙木)이 술중신금(戌中辛金)으로부터 乙辛 충(冲)으로 乙木이 잘려버리고, 戌未 형(刑)도 마찬가지로 술중신금(戌中辛金)이 미중을목(未中乙木)을 乙辛 충(冲)으로 乙木을 잘라버리는데, 乙木은 처궁(妻宮)을 뜻하니 극처(剋妻)가 되는 것이 당연하다.

또한 丑未 충(冲)에서 축중계수(丑中癸水)가 미중정화(未中丁火)를 丁癸 충(冲)으로 丁火가 꺼져버리고, 辰戌 충(冲)에서 진중계수(辰中癸水)가 술중정화(戌中丁火)를 丁癸 충(冲)으로 丁火가 꺼져버리고, 戌未 형(刑)도 마찬가지로 축중계수(丑中癸水)가 술중정화(戌中丁火)를 丁癸 충(冲)으로 丁火가 꺼져버리니 丁火는 자식궁(子息宮)을 뜻하니 무자(無子)가 되었다. 유년(流年)을 보면 乙丑 대운은 乙辛 충(冲), 丑戌未 삼형살(三刑殺)로 천충지충(天冲地冲)이 되니 乙木 처궁(妻宮)이 충발(冲拔)되어 극처(剋妻)했을 것이고, 丙寅 대운은 丙辛 합수(合水)로 丙火 관살(官殺)이 무력화(無力化)되고 丁卯 대운에는 丁壬 합목(合木)으로 丁火 관살(官殺)이 무력화(無力化)되어 자식궁(子息宮)이 없을 것이다.

---

92 조제(調劑): 조절(調節)하거나 조정(調整)함.

支神只以冲爲重 刑與穿㣲動不動
　　지신지이충위중　　　형여천혜동부동

　지지(地支)는 충(冲)하는 것만을 중(重)하게 여기며 형(刑)이나 천(穿)은 동(動)하여
도 동(動)하지 않는 경우가 있다.

冲者必是相剋 及四庫兄弟之冲 所以必動 至於刑穿之間 又有相生相合
　충자필시상극　　급사고형제지충　소이필동　지어형천지간　우유상생상합

者存 所以有動不動之異.
　자존　소이유동부동지이

　충(冲)이라는 것은 반드시 상극(相剋)하는 것이니, 사고(四庫)의 형제충(兄弟冲)에
이르기까지 반드시 동(動)한다.

　형(刑)과 천(穿)에는 서로 상생(相生)하거나, 상합(相合)하는 경우도 있으니 이에
동(動)하는 것과 동(動)하지 않는 것의 차이가 있다.

地支逢冲 猶天干支相剋也 須視其强弱喜忌而論之 至於四庫之冲 亦
　지지봉충　유천간지상극야　　수시기강약희기이론지　　지어사고지충　역

有宜不宜 如三月之辰 乙木司令 逢戌冲 則戌中辛金 亦能傷乙木 六月
　유의불의　여삼월지진　을목사령　봉술충　즉술중신금　역능상을목　육월

之未 丁火司令 逢丑冲 則丑中癸水 亦能傷丁火 按三月之乙 六月之丁
　지미　정화사령　봉축충　즉축중계수　역능상정화　안삼월지을　육월지정

雖屬退氣 若得司令 竟可爲用 冲則受傷 不足用矣 所謂墓庫逢冲則發者
　수속퇴기　약득사령　경가위용　충즉수상　부족용의　소위묘고봉충즉발자

後人之謬也 墓者 墳墓之意 庫者 木火金水收藏埋根之地 譬如得氣之墳
　후인지류야　묘자　분묘지의　고자　　목화금수수장매근지지　비여득기지분

未有開動而發福者也 如木火金水之天干 地支無寅卯巳午申酉亥子之
미유개동이발복자야　　여목화금수지천간　　　지지무인묘사오신유해자지

祿旺 全賴辰戌丑未之身庫通根 逢冲則微根拔盡 未有冲動而强旺者也.
록왕　전뢰진술축미지신고통근　봉충즉미근발진　미유충동이강왕자야

如不用司令 以土爲喜神 冲之有益無損 蓋土動則發生矣 刑之義無所
여불용사령　이토위희신　충지유익무손　　개토동즉발생의　　형지의무소

取 如亥刑亥 辰刑辰 酉刑酉 午刑午 謂之自刑 本支見本支 自謂同氣
취　여해형해　진형진　유형유　오형오　위지자형　본지견본지　자위동기

何以相刑 子刑卯 卯刑子 何以相生 戌刑未 未刑丑 皆爲本氣 更不當
하이상형　자형묘　묘형자　하이상생　술형미　미형축　개위본기　경부당

刑 寅刑巳 亦是相生 寅申相刑 旣冲何必再刑 又曰子卯一刑也 寅巳申
형　인형사　역시상생　인신상형　기충하필재형　우일자묘일형야　인사신

二刑也 丑戌未 三刑也 又有自刑 此皆俗謬 姑置之 穿卽害也 六害由
이형야　축술미　삼형야　우유자형　차개속류　고치지　천즉해야　육해유

六合而來 冲我合神 故爲之害 如子合丑而未冲丑合子而午冲之類 子
육합이래　충아합신　고위지해　여자합축이미충축합자이오충지류　자

未之害無非相剋 丑午寅亥之害 乃是相生 何以爲害 且刑旣不足爲憑
미지해무비상극　축오인해지해　내시상생　하이위해　차형기부족위빙

而害之義尤爲穿 鑿總以 論其生剋爲是 至于破之義 非害卽刑也 尤屬
이해지의우위천　착총이　론기생극위시　지우파지의　비해즉형야　우속

不經削之可也.
불경삭지가야

지지(地支)의 충(冲)은 천간(天干)의 상극(相剋)과 같으나 반드시 강약(强弱)의 희기(喜忌)를 살펴서 길흉(吉凶)을 논(論)해야 한다. 다만 사고지충(四庫之冲)은 역시 마땅한 경우와 마땅하지 못한 경우가 있다.

가령 3월의 辰土의 경우 乙木이 사령(司令)할 때에는 戌土의 충(冲)을 만나면 술중신금(戌中辛金)이 진중을목(辰中乙木)을 손상(損傷)하며, 6월의 未土 역시 丁火가 사령(司令)할 때에 丑土의 충(冲)을 만나면 축중계수(丑中癸水)가 미중정화(未中丁火)를 손상(損傷)할 수 있다.

辰월의 乙木이나 未월의 丁火는 비록 퇴기(退氣)에 속한다고 할지라도 만약 사령(司令)을 얻었다면 용신(用神)으로 쓸 수 있다. 그러나 충(冲)을 만나 손상(損傷)하게

되면 용신(用神)이 되기에는 부족(不足)하다. 소위 "묘고(墓庫)는 충(冲)을 만나야 발(發)한다"라는 것은 후인(後人)들의 잘못된 학설(學說)이다.

'묘(墓)'라는 것은 무덤이라는 뜻이고, '고(庫)'라는 것은 木火金水가 지지(地支)에 수장(收藏)되어 뿌리가 매몰된 곳이라는 뜻이다. 가령 득기(得氣)한 무덤을 충동(冲動)하여 열어야 발복한다는 이치(理致)는 있을 수 없는 것이다.

만약 천간의 木火金水가 지지의 寅卯, 巳午, 辰子의 녹왕(祿旺)한 뿌리가 없고, 오직 辰戌丑未의 묘고(墓庫)에 통근하여 의지한 경우에 충(冲)을 만나면 미약한 뿌리가 다 뽑힐 것이니 충(冲)을 하면 강왕(强旺)하게 된다는 것은 있을 수 없다.

만약 묘고(墓庫)의 사령(司令)하는 木火金水를 쓰지 않고 土가 희신(喜神)이면 충(冲)을 만나도 유익(有益)하고 손해(損害)가 없는데, 土는 동(動)하여야 생기(生氣)을 발(發)한다.

형(刑)의 뜻은 사실 논(論)할 것이 없다. 가령 亥가 亥를 형(刑)하고, 辰이 辰을, 酉가 酉를, 午가 午를, 형(刑)하는 것을 자형(自刑)이라고 말하나 같은 지지(地支)를 서로 만나면 동기(同氣)라고 말하는데 어찌 서로 형(刑)을 할 수 있는가? 또 子가 卯를 형(刑)하고, 卯가 子를 형(刑)한다고 하나 서로 상생(相生)이 되는데 어찌 서로 형(刑)을 하겠는가?

또 戌이 未를 형(刑)하고, 未가 戌을 형(刑)한다는 것은 다 같은 본기(本氣)이니 형(刑)한다는 것은 더욱 부당(不當)하다. 寅이 巳를 형(刑)하는 것은 역시 상생(相生)이고, 寅이 申을 형(刑)한다는 것은 이미 충(冲)이 되고 있는데 어찌 다시 형(刑)을 논(論)할 필요가 있겠는가?

또한 일설에는 子卯는 일형(一刑)이고, 寅巳申은 이형(二刑)이고, 丑戌未는 삼형(三刑)인 까닭에 삼형(三刑)이라 칭하게 되었으며 또 다시 자형(自刑)이 있다고 하였으나 이것은 잘못된 속설(俗說)이므로 할 바가 없는 것이다.

천(穿)은 곧 해(害)이다. 육해(六害)는 육합(六合)에서 유래(由來)한 것인데 나의 합신(合神)을 충(冲)하니 해(害)라고 하는 것이다. 가령 子가 丑과 합(合)하는데 未가 충(冲)하고, 丑이 子를 합(合)하는데 午가 충(冲)하는 등, 子未의 해(害)는 본래(本來) 상극(相剋)이 되는 것이나 丑午, 寅亥의 해(害)는 모두 상생(相生)인데 어찌 해(害)가 된다고 할 수 있겠는가?

또한 형(刑)도 이미 근거(根據)로 하기 부족(不足)하니, 해(害)의 의미 또한 억지로 깎아 내려서 맞춘 것에 불과하므로 그 명칭(名稱)에 구애(拘碍)할 것 없이 모두 상생상극(相生相剋)으로 논(論)하는 것이 바른 이치(理致)이다. 그리고 파(破)의 의미(意味)는 해(害)가 아니면 형(刑)에 속(屬)하는 것이니 더욱 더 이치(理致)에 맞지 않으므로 없애는 것이 마땅하다.

任註

```
癸 壬 辛 丙
卯 子 卯 子
```

```
戊丁丙乙甲癸壬
戌酉申未午巳辰
```

壬子日元 支逢兩刃 干透癸辛 五行無土 年干丙火 臨絶 合辛化水 最喜
임자일원　지봉양인　간투계신　오행무토　년간병화　임절　합신화수　최희

卯旺堤綱 洩其精英 能化劫刃之頑 秀氣流行 爲人恭而有禮 和而中節
묘왕제강　설기정영　능화겁인지완　수기유행　위인공이유례　화이중절

至甲運 木之元神發露 科甲連登 午運 得卯木 洩水生火 及乙未丙運
지갑운　목지원신발로　과갑연등　오운　득묘목　설수생화　급을미병운

官至郡守 仕途平順 以俗論之 子卯爲無禮之刑 且傷官羊刃逢刑 必至
관지군수　사도평순　이속론지　자묘위무례지형　차상관양인봉형　필지

傲 慢無禮 凶惡多端矣.
오　만무례　흉악다단의

壬子 일원(日元)이 지지(地支)에 두 양인(羊刃)을 만났고 천간(天干)에 癸辛이 투출(透出)하여 水가 왕(旺)하나 오행(五行)에서 土가 없고 년간(年干)의 丙火는 절지(絶地)에 앉아 辛金과 합(合)하여 水가 되었다. 가장 기뻐하는 것은 卯木이 제강(提綱)[93]에

---

93 제강(提綱): 월지(月支), 월령(月令).

서 왕(旺)하여 왕(旺)한 水의 정영(精英)⁹⁴을 설(洩)하는 것이니 능히 겁인(劫刃)⁹⁵의 완강(頑强)함을 인화(引化)하여 수기유행(水氣流行)하니 사람됨이 공손하고 예의(禮儀)가 바르며 품성이 온화하고 행실에 절도가 있었다.

대운(大運)이 甲午에 이르러 木의 원신(元神)이 발로(發路)하니 과갑(科甲)에 연달아 급제(及第)하였으며 午火 운에는 卯木이 설수(洩水)하여 생화(生化)하니 乙未丙 운에 군수(郡守)에 이르렀고 벼슬길이 평탄하였다. 속론(俗論)으로 보면 子卯는 무례지형(無禮之刑)이고 또 상관(傷官)과 양인(羊刃)이 형(刑)을 만났으니 반드시 오만무례(傲慢無禮)하며 흉악(凶惡)함이 많다고 할 것이다.

評註

壬水 일주가 卯월에 태어나 실령(失令)하였지만 년일지(年日支)의 양인(羊刃)에 득지(得地), 득세(得勢)하고 천간(天干)에 金水가 투출(透出)되어 왕(旺)한데 병신(丙辛) 합수(合水)가 더욱 방조(幇助)하니 신왕(身旺)한 것은 틀림없다. 신왕(身旺)하면 식재관(食財官)이 희신(喜神)이고 인비(印比)가 기신(忌神)이다. 원국(原局)에서 재성(財星) 火는 합화(合化) 水가 되었으니 건왕(健旺)한 용신(用神)은 식상(食傷)인 卯木이다.

대운(大運)이 木火로 운행(運行)하여 甲午, 乙未 운에 대발(大發)하였으며 丙申, 丁酉 대운은 申酉가 기신(忌神)이지만 丙丁火가 개두(蓋頭)하였으니 인수(印綬)가 약화(弱化)되어 벼슬길이 평탄(平坦)하게 된 것이다.

임주(任註)에서 子卯 형(刑)은 서로 상생(相生)되어 형(刑)이 되지 않는다고하였으며 子子 자형(自刑)까지 있으니 더욱 무시해 버려도 된다는 이론(理論)이다. 그러나 사주원국(四柱原局)이 신왕(身旺)하고 형충(刑沖)이 혼잡(混雜)되어 있지 않고 청순(淸純)하면 법(法)을 집행(執行)하는 칼로써 죄인을 충분히 다루는 역할(役割)을 할 수 있는 것이다.

---

94 정영(精英): 정기(精氣), 왕성한 기(氣)가 모여 있는 것.

95 겁인(劫刃): 겁재(劫財)와 양인(羊刃).

또한 양인(陽刃)이 중중(重重)하지만 양(羊)은 주역팔괘(周易八卦)에서는 태(兌)에 속하며 연못을 뜻하며 기쁨을 나타내기도 하고, 서방(西方)을 뜻하는 음금(陰金)을 나타내어 예리(銳利)한 칼날을 뜻하기도 한다. 따라서 金水, 木火가 유행(流行)하여 고귀(高貴)한 품성으로 존경받은 인물(人物)이 되었다고 보는 것이다.

```
丁 庚 乙 辛
亥 辰 未 丑
```

```
戊己庚辛壬癸甲
子丑寅卯辰巳午
```

庚辰日元 生于季夏 金進氣 土當權 喜其丁火司令 元神發露而爲用神
경진일원 생우계하 금진기 토당권 희기정화사령   원신발로이위용신

能制辛金之刦 未爲火之餘氣 辰乃木之餘氣 財官皆通根有氣 更妙亥水
능제신금지겁 미위화지여기 진내목지여기 재관개통근유기 경묘해수

潤土養金 而滋木 四柱無缺陷 運走東南 金水虛 木火實 一生無凶無險
윤토양금 이자목 사주무결함 운주동남 금수허 목화실 일생무흉무험

辰運午年 財官印皆有生扶 中鄕榜 由琴堂而遷司馬 壽至丑運.
진운오년 재관인개유생부 중향방 유금당이천사마 수지축운

庚辰 일원(日元)이 계하(季夏)에 태어나서 金의 진기(進氣)이고 土가 당권하였다. 기쁘게도 丁火가 사령(司令)하는 때이고, 원신(元神)인 丁火가 투출(透出)하여 용신(用神)이 되었고, 능히 비겁(比劫)인 辛金을 제압(制壓)한다. 未는 火의 여기(餘氣)이고, 辰은 木의 여기(餘氣)이니 재관(財官)이 모두 통근유기(通根有氣)하였는데 더욱 묘(妙)한 것은 亥水가 윤토(潤土)하여 양금(養金)하고 또한 木을 생조(生助)하고 있으니 사주(四柱)에 결함(缺陷)이 없다.

대운(大運)이 동남(東南)으로 달려서 金水의 기세(氣勢)가 허(虛)하고 木火의 기세(氣勢)는 실(實)하여 용신(用神)이 득지(得地)한 까닭에 일생 동안 흉험(凶險)이 없었다.

辰대운 午년에 재관인(財官印)이 모두 생부(生扶)를 얻어서 향시(鄕試)에 합격(合格)하여 향방(鄕榜)에 올랐으며, 이후 금당(金堂)⁹⁶을 거쳐 사마(司馬)에 올랐고 수명(壽命)은 丑대운에 이르렀다.

評註

庚金 일주가 金의 진기(進氣)인 未월에 태어나고 좌하(坐下)의 辰土에 득지(得地)하고 천간(天干)에 辛金이 투출(投出)하니 앞의 명조(命造)와 같이 신왕(身旺)하다. 식재관(食財官)인 水木火가 희신(喜神)이고 인비(印比)인 土金이 기신(忌神)이다. 원국(原局)에서 식상(食傷)은 亥水이고, 재성(財星)은 乙木이며, 관성(官星)은 丁火이다.

亥水는 금왕(金旺)을 충분(充分)하게 설(洩)하고 乙木은 미중을목(未中乙木), 축중계수(丑中癸水), 진중무토(辰中乙木), 해중갑목(亥中甲木)으로 튼튼하게 통근(通根)되어 있고, 丁火는 해중갑목(亥中甲木), 진중을목(辰中乙木), 미중정화(未中丁火)로 인비(印比)가 튼튼하게 통근(通根)되어 있으니 용희신(用喜神)이 건왕(健旺)하다.

壬辰 대운은 壬水가 진중계수(辰中癸水)에 통근(通根)되어 금왕(金旺)을 설기(洩氣)시키는 가운데 午火 관성(官星)마저 들어와 향시(鄕試)에 합격(合格)하게 된 것이다. 辛卯 대운은 乙辛 충(沖)이 되어 튼튼한 녹왕(祿旺)에 의해 辛金 기신(忌神)이 충발(沖拔)되었고, 卯辰 합목(合木), 亥卯未 합목(合木)으로 용신(用神)이 건왕(健旺)하여 대발(大發)하였다.

庚寅 대운은 乙庚 합(合)으로 庚金 기신(忌神)이 합거(合去)되었으며 寅亥 합목(合木), 寅辰 합목(合木)으로 역시 용신(用神)이 건왕(健旺)하여 승승장구(乘勝長驅)하였다. 己丑 대운은 己土 기신(忌神)이 왕성(旺盛)하게 들어왔고 丑未 충(沖)이 되어 축중계수(丑中癸水)와 미중정화(未中丁火)가 서로 丁癸 충(沖)되고 축중신금(丑中辛金)과 미중을목(未中乙木)이 乙辛 충(沖)으로 용신충발(用神沖拔)이 중중(重重)하여 수명(壽命)을 다하게 된 것이다.

---

96 금당(金堂): 현령(縣令)이 집무를 보는 곳으로 지방수령(地方守令)을 뜻함.

```
丁 庚 乙 辛
丑 辰 未 丑
```

```
戊 己 庚 辛 壬 癸 甲
子 丑 寅 卯 辰 巳 午
```

此與前造大同小異 財官亦通根有氣 前則丁火司令 此則己土司令 更嫌
차여전조대동소이　　재관역통근유기　　전즉정화사령　　차즉기토사령　갱혐

丑時 丁火熄滅 則年干辛金肆逞 冲去未中木火微根 財官雖有若無 初
축시　정화식멸　즉년간신금사령　　충거미중목화미근　　재관수유약무　초

運甲午木火並旺 陰庇有餘 一交癸巳 剋丁拱丑 傷怯並旺 刑喪破耗壬
운갑오목화병왕　음비유여　일고계사　극정공축　상겁병왕　형상파모임

辰運 妻子兩傷 家業蕩然無存 削髮爲僧 以俗論之 丑未冲開財官兩庫
진운　처자양상　가업탕연무존　삭발위승　이속론지　축미충개재관양고

名利兩全也.
명리양전야

이 명조(命造)는 전명조(前命造)와 대동소이(大同小異)하다.

재관(財官)도 역시 통근유기(通根有氣)하였으나, 전조(前造)는 丁火가 사령(肆逞)하였는데 이 명조(命造)는 己土가 사령(肆逞)이다.

더욱 꺼리는 것은 축시(丑時)이므로 丁火가 극설(剋洩)되어 식멸(熄滅)하였으니 년간(年干)의 辛金이 방자(放恣)하여 날뛰고 未 중의 미약(微弱)한 乙木을 천극지충(天剋地冲)하여 뿌리를 충거(冲去)하므로 재관(財官)이 비록 있다고 할지라도 없는 것과 같다.

초운 甲午 대운은 木火가 함께 왕(旺)하므로 부모(父母)의 음덕(蔭德)이 넉넉하였으나 癸巳 대운은 丁火를 극(剋)하고 巳丑이 금국(金局)을 이루어 공합(拱合)하니 상관(傷官)과 겁재(劫財)가 모두 왕성(旺盛)하여 형상파모(刑喪破耗)[97]하였다. 壬辰 대운은 처자(妻子)를 잃고, 가업(家業)이 탕진(蕩盡)되어 남은 것이 없으므로 삭발(削髮)하

고 승려가 되었다. 속론(俗論)으로는 丑未 충(冲)이 되었으니 재관(財官)의 양고(兩庫)를 열어주는 명리(名利)가 양전(兩全)하다고 할 것이다.

庚金 일주가 金의 진기(進氣)인 未월에 태어나고 좌하(坐下)의 辰土에 득지(得地)하고 천간(天干)에 辛金이 투출하니 앞의 명조(命造)와 같이 신왕(身旺)하다. 식재관(食財官)인 水木火가 희신(喜神)이고 인비(印比)인 土金이 기신(忌神)이다.

원국(原局)에서 식상(食傷) 水는 진중계수(辰中癸水)와 축중계수(丑中癸水)로 미약하다. 재성(財星) 木은 미중을목(未中乙木), 축중계수(丑中癸水), 진중무토(辰中戊土)에 통근(通根)되어 있으니 丑未 충(冲)으로 축중계수(丑中癸水)와 미중정화(未中丁火)가 丁癸 충(冲)되고 축중신금(丑中辛金)과 미중을목(未中乙木)이 乙辛 충(冲)으로 水金이 충거(冲去)되었다. 관성(官星) 火는 이미 丑未 충(冲)으로 미중정화(未中丁火)는 충거(冲去)되었고 시상정화(時上丁火)는 축중계수(丑中癸水)와 丁癸 충(冲)으로 천극지충(天剋地冲)되니 丁火가 충거(冲去)되었다.

甲午 대운은 木火가 함께 왕성(旺盛)하니 부모(父母)의 음덕(蔭德)이 있었고, 癸巳 대운 丁癸 충(冲)으로 용신이 충거(冲去)되었고 巳丑으로 공합(拱合)하여 금국비겁(金局比劫)이 되었으니 상관(傷官)과 관성(官星)은 용신(用神)끼리 상충(相冲)하였고, 군겁쟁재(群劫爭財)가 되어 형상(刑傷)과 파모(破耗)는 당연한 것이다.

壬辰 대운은 壬水 식상(食傷)이 丁壬 합거(合去)되었고, 원국(原局)에서 인수토기(印綬土氣)가 기신(忌神)인데 辰土까지 가세(加勢)하니 설상가상(雪上加霜)이 되어 토다목절(土多木折)로 처자(妻子)를 모두 잃고 가업(家業)이 깨어졌다.괴강(魁罡)에 해당되는 乙未, 庚辰, 丁丑이 중중(重重)하니 성품이 남다르고 고집이 강(强)하여 속세(俗世)를 떠났으리라고 추정(推定)할 수 있는 것이다.

---

97 형상파모(刑喪坡耗): 형액(刑厄)을 입거나 상(喪)을 당하며 재물이 깨어짐.

暗冲暗會尤爲喜　彼冲我兮皆冲起
암충암회우위희　　피충아혜개충기

　암충(暗冲)하거나 암회(暗會)는 더욱 기쁜 것인데, 상대방이 나를 충(冲)하면 피아
(彼我)가 모두 충기(冲起)라 한다.

如柱中無所缺之局　取多者暗冲暗會　冲起暗神　而來會合暗神　比明冲
여주중무소결지국　　취다자암충암회　　충기암신　　이래회합암신　　비명충

會尤佳　子來冲午　寅與戌會午是也　是日爲我　提綱爲彼提綱爲我　年時
회우가　자래충오　　인여술회오시야　　시일위아　　제강위피제강위아　　년시

爲彼　四柱爲我　運途爲彼　運途爲我　歲月爲彼如我寅彼申　申能剋寅　是
위피　사주위아　　운도위피　　운도위아　　세월위피여아인피신　　신능극인　시

彼冲我　我子彼午　子能剋午　是我冲彼皆爲冲起.
피충아　아자피오　　자능극오　　시아충피개위충기

　만약 주중(柱中)에 아무 결함(缺陷)이 없다면 암충(暗冲)과 암회(暗會)를 많이 취(取)
해도 된다. 암신(暗神)을 충기(冲起)하여 암신(暗神)과 회합(會合)하는 것은 명충(明冲)
이나 명회(明會)에 비하여 더욱 아름답다. 子가 와서 午를 충(冲)하면 寅과 戌이 午
와 회합(會合)하여 화국(火局)을 이루는 경우가 그것이다.
　그리고 피아(彼我)의 구별(區別)은 다음과 같다.
　일주(日主)가 나라면 제강(提綱)이 상대(相對)이고 제강(提綱)이 나라면 년주(年柱)와
시주(時柱)가 상대이고 사주원국(四柱原局)이 나라면 운로(運路)가 상대(相對)이고 운
로(運路)가 나라면 세월(歲月)이 상대(相對)가 된다. 예(例)를 들어 내가 寅이고 상대가
申이면, 申은 능히 寅을 극(剋)하니 상대(相對)가 나를 충(冲)하는 것이고, 내가 子이
고 상대(相對)가 午이면 子는 午를 능(能)히 극(剋)할 수 있으므로 이는 내가 상대(相
對)를 충(冲)하는 것으로 이런 경우 모두 충기(冲起)하는 것이다.

支中逢冲 固非美事 然八字缺陷者多 停勻者小 木火旺 金水必乏矣 金
지중봉충　　고비미사　　연팔자결함자다　　정균자소　목화왕　금수필핍의　금

水旺 木火必乏矣 若旺而有餘者 冲去之 衰而不足者 會助之爲.
수왕　목화필핍의　약왕이유여자　충거지　쇠이부족자　회조지위

如四柱無冲會之神 得歲運暗來冲會尤爲喜也 蓋有病得良劑以生也 然
여사주무충회지신　　득세운암래충회우위희야　　개유병득양제이생야　　연

冲有彼我之分 會有去來之理 彼我者 不必分年時爲彼 日月爲我 亦不
충유피아지분　회유거래지리　피아자　불필분년시위피　일월위아　역불

必分 四柱爲我 歲運爲彼也 總之喜神是我 忌神爲彼可也 如喜神是午
필분　사주위아　세운위피야　총지희신시아　기신위피가야　여희신시오

逢子冲 是彼冲我 喜與寅戌 會爲吉 喜神是子逢午冲 是我冲彼 忌寅與
봉자충　시피충아　희여인술　회위길　희신시자봉오충　시아충피　기인여

戌會爲凶 如喜神是子有申 得辰會而來之爲吉 喜神是亥 有未 得卯會
술회위흉　여희신시자유신　득진회이래지위길　희신시해　유미　득묘회

而去之則凶 寧可我去冲彼 不可彼來冲我 我去冲彼 謂之冲起 彼來冲
이거지즉흉　녕가아거충피　불가피래충아　아거충피　위지충기　피래충

我謂之不起 水火之冲會如此 餘可例推.
아위지불기　　수화지충회여차　　여가예추

지지(地支)가 충(冲)을 만나는 것은 결코 좋은 일은 아니다.

그러나 팔자(八字)에는 결함(缺陷)이 있는 경우가 많고, 고루 갖추어진 경우는 적은 편이다. 가령 木火가 왕(旺)하면 金水가 반드시 부족(不足)하고 반대로 金水가 왕(旺)하면 木火가 반드시 부족(不足)한 것이다. 만약 왕성(旺盛)하여 남음이 있다면 충거(冲去)하여야 하고, 쇠약(衰弱)하여 부족(不足)하면 회합(會合)하여 도와주어야 아름답다.

가령 원국(原局)에 충(冲)하거나 회합(會合)하는 것이 없을 경우, 세운(歲運)에서 암충(暗冲)하거나 암회(暗會)한다면 더욱 기쁜 것이다. 대체로 병(病)이 있는 경우에 좋은 약(藥)을 얻어야 살 수 있기 때문이다. 그러나 충(冲)에는 피아(彼我)의 구분(區分)이 있고, 회합(會合)에는 합거(合去)하고 합래(合來)하는 이치(理致)가 있다. 피아(彼我)

의 구분은 반드시 "년시(年時)가 피(彼)이고 일월(日月)이 아(我)이고 세운(歲運)이 피(彼)이다"로 나눈 것도 아니다. 총괄(總括)하여 말하면, 희신(喜神)이 아(我)이고, 기신(忌神)이 피(彼)라고 하는 것이 마땅하다.

희신(喜神)이 午이고 子의 충(冲)을 받으면 아충피(我冲彼)인데, 寅戌이 회합(會合)하면 길(吉)하다. 반대로 희신(喜神) 子이고 午의 충(冲)을 받으면 아충피(我冲彼)인데, 寅戌과 회합(會合)하면 흉(凶)하다. 가령 희신(喜神)이 子이고 申辰이 회합(會合)하면 길(吉)하고, 희신(喜神)이 亥이고 未가 회합(會合)하면 木으로 화(化)하여 흉(凶)하다. 그러므로 피아(彼我)의 충(冲)은 차라리 내가 상대를 충(冲)하는 것은 괜찮으나, 상대가 나를 충(冲)하여서는 아니 되는 것이다.

내가 상대(相對)를 충(冲)하는 것을 '충기(冲起)'라고 하고, 상대(相對)가 나를 충(冲)하는 것을 '불기(不起)'라고 한다. 水火의 충회(冲會)가 이와 같으므로 나머지도 이러한 예(例)로 유추(類推)하면 될 것이다.

任註

```
庚 甲 乙 庚
午 寅 酉 戌
```

```
壬辛庚己戊丁丙
辰卯寅丑子亥戌
```

此造 干透兩庚 正當秋令 支會火局 雖制殺有功 而剋洩並見 且庚金銳
차조 간투양경 정당추령 지회화국 수제살유공 이극설병견 차경금예

氣方盛 制之以威 不若化之以德 化之以德者 有益於日主也 制之以威
기방성 제지이위 불약화지이덕 화지이덕자 유익어일주야 제지이위

者 洩日主之氣也 由此推之 不喜會火局也 反以火爲病矣 故子運辰年
자 설일주지기야 유차추지 불희회화국야 반이화위병의 고자운진년

大魁天下 子運沖破火局 去午之旺神也 引通庚金之性 益我日主之氣
대괴천하 자운충파화국 거오지왕신야 인통경금지성 익아일주지기

辰年濕土 能洩火氣 拱我子水 培日主之根源也.
진년습토 능설화기 공아자수 배일주지근원야

이 명조(命造)는 천간(天干)에 두 庚金이 투출(透出)하여 추금(秋金)이 당령(當令)하였다. 지지(地支)에는 寅午戌 화국(火局)이 이루어져 비록 제살(制殺)하는 공(功)이 있으나 극설(剋洩)이 함께 나타났다. 또한 庚金은 예리(銳利)함이 왕성(旺盛)하므로 이를 火로써 억제(抑制)하여 위세(威勢)를 덜어낼 수 있으나, 덕(德)으로 인화(仁化)하는 것만 못하다.

덕(德)으로 인화(仁化)하는 것은 水가 살인상생(殺印相生)이 되어 일주(日主)에 유익(有益)하게 되지만 火로써 제압(制壓)하는 것은 일주(日主)가 설기(洩氣)되는 손상(損傷)이 있다. 이렇게 추리(推理)하여 살펴보면 지지(地支)에 화국(火局)이 이루어짐은 기쁜 일이 아니며 도리어 火가 병(病)이 된다.

그러므로 자운진년(子運辰年)에 장원급제(壯元及第)를 하여 천하(天下)에 이름을 드러냈다. 이는 子水 水가 화국(火局)을 충파(沖破)하여 왕신(旺神) 午火를 제거(除去)하였고 庚金을 인통(引通)하여 일주(日主)를 유익(有益)하게 하였으며, 또한 辰은 습토(濕土)로써 능히 화기(火氣)를 설(洩)하고 子水와 공합(拱合)하여 일주(日主)의 근원(根源)을 배양(培養)하였기 때문이다.

評註

甲木 일주가 酉月에 추금(秋金)이 당령(當令)하였고 천간(天干)에 양경금(兩庚金)이 투출(透出)되었으며 乙庚 합금(合金)으로 금왕(金旺)한데 지지(地支)에서도 酉戌 합금(合金)으로 관살(官殺)이 왕성(旺盛)하다. 다른 한편으로는 지지(地支)에 寅午戌 화국(火局)으로 설기(洩氣)하여 왕성(旺盛)할 것 같지만 년지(年支) 戌土는 월지(月支) 酉金과 酉戌 합금(合金)이 되어 오히려 금기(金氣)가 강(强)하게 되니 火로써 제압(制壓)하여야 한다. 이것을 식신제살격(食神制殺格)이라고 하는데 희신(喜神)은 인비식(印比食)인 水木火가 되고 기신(忌神)은 재관(財官)인 土金이 된다.

대운(大運)이 水木으로 행(行)하는 가운데 戊子 대운에는 금생수(金生水), 수생목(水生木)으로 살인상생(殺印相生)이 되어 길(吉)한데 辰年이 들어와 대운(大運)과 子辰 합수(合水)가 되어 장원급제(壯元及第)가 된 것이다.

임주(任註)에서는 寅午戌 화국(火局)으로 화왕(火旺)하였으니 火를 기신(忌神)으로 하였으나, 평주(評註)에서는 乙庚 합금(合金), 酉戌 합금(合金)으로 금왕(金旺)이 되었으니 金 관살(官殺)이 기신(忌神)으로 보게 된 것이다.

任註

```
丙 丁 癸 丁
午 卯 丑 巳
```

丙丁戊己庚辛壬
午未申酉戌亥子

丁火雖生季冬 此刧重重 癸水退氣 無力制刧 不足爲用 必以丑中辛金
정화수생계동　차겁중중　계수퇴기　무력제겁　부족위용　필이축중신금

爲用 得丑土包藏 洩刧生財 爲輔用之喜神也 所嫌者 卯木生刧奪食爲
위용　득축토포장　설겁생재위　보용지희신야　소혐자　묘목생겁탈식위

病 以致早年妻子刑傷 初運壬子辛亥 暗冲巳午之火 蔭庇有餘 庚戌運
병　이치조년처자형상　초운임자신해　암충사오지화　음비유여　경술운

暗來拱合午火 刑傷破耗 至巳酉會金局 冲去卯木之病 財發十餘萬.
암래공합오화　형상파모　지사유회금국　충거묘목지병　재발십여만

由此觀之 暗冲其忌神 暗會其喜神 發福不淺 暗冲其喜神暗會其忌神
유차관지　암충기기신　암회기희신　발복부천　암충기희신암회기기신

爲禍非輕 暗冲暗會之理 其可忽乎.
위화비경　암충암회지리　기가홀호

丁火가 비록 늦겨울에 생(生)하여 비겁(比劫)이 중중(重重)하고 癸水가 퇴기(退氣)하여 비겁(比劫)을 억제(抑制)할 능력(能力)이 없으니 용신(用神)으로 쓰기에는 부족(不足)하다.

반드시 축중신금(丑中辛金)이 용신(用神)인데, 축중기토(丑中己土)는 辛金을 감싸서 소장(所藏)하고 비겁(比劫)을 설기(洩氣)하며 辛金 재(財)를 생조(生助)하므로 용신(用神)을 돕는 희신(喜神)이다. 다만 꺼리는 것은 卯木이 비겁(比劫)을 생조(生助)하고 식

신(食神) 己土를 극(尅)하므로 편인(偏印) 卯木이 병(病)이니, 초년(初年)에 처자(妻子)를 형상(刑傷)하는 고초(苦草)를 겪었다.

초운(初運) 壬子, 辛亥는 巳午火를 암충(暗冲)하여 기신(忌神)을 억제하므로 부모(父母)의 음덕(蔭德)이 넉넉하였으나 庚戌 운에는 午火와 암회(暗會)하여 화국(火局)을 이룬 까닭에 형상파모(刑傷破耗)를 당하였다.

己酉 대운에는 巳酉丑 금국(金局)을 이루어 卯木을 충거(冲去)하니 대발(大發)하여 십여만(十餘萬)의 재물(財物)을 이루었다. 이로 말미암아 그 기신(忌神)을 암충(暗冲)하거나 그 희신(喜神)을 암회(暗會)하면 발복(發福)이 적지 않으며, 반대로 희신(喜神)을 암충(暗冲)하거나 그 기신(忌神)을 암회(暗會)하면 재앙(災殃)이 가볍지 않으니 암충암회(暗冲暗會)의 이치(理致)를 소홀히 할 수 있겠는가?

評註

丁火 일주가 좌하묘목(坐下卯木)에 득지(得地)하고 비겁(比劫) 火가 중중(重重)하니 신왕(身旺)하다. 식재관(食財官)인 土金水가 희신(喜神)이고 기신(忌神)은 인비(印比)인 木火이다. 원국(原局)에서 축중기토(丑中己土), 축중신금(丑中辛金), 월간(月干) 癸水가 희신(喜神)이 되는 것이다.

대운(大運)이 金水 운으로 행(行)하여 다행인데, 壬子 대운(大運)에는 수왕희신(水旺喜神)으로 子午 암충(暗冲)하여 기신(忌神) 午火를 억제(抑制)하였고, 辛亥 대운(大運)에는 丙辛 합거(合去)로 기신(忌神) 丙火가 기반(羈絆)이 되었고, 지지(地支)는 巳亥 충(冲)으로 역시 巳火가 억제(抑制)되어 부모(父母)의 음덕(蔭德)이 넉넉하였다.

庚戌 대운은 庚金이 희신(喜神)이 卯戌 합화(合火)로 기신(忌神)이 되었는데, 卯戌 합화(合火)하여 기신(忌神)이 더욱 왕(旺)하여졌다. 또한 丑戌 형(刑)이 되어 형상파모(刑傷破耗)가 되었다. 己酉 대운(大運)은 巳酉丑 금국(金局)을 이루어 卯木 기신(忌神)을 충거(冲去)하니 십여만(十餘萬)의 재물(財物)을 모았다.

```
辛 丙 辛 庚
卯 寅 巳 寅
```

```
戊 丁 丙 乙 甲 癸 壬
子 亥 戌 酉 申 未 午
```

丙火生於孟夏　地支兩寅一卯　巳火乘權　引出寅中丙火　天干雖逢庚辛　皆
병화생어맹하　지지양인일묘　사화승권　인출인중병화　천간수봉경신　개

虛浮無根　初運壬午癸未　無根之水　能洩金氣　地支午未南方　又助旺火
허부무근　초운임오계미　무근지수　능설금기　지지오미남방　우조왕화

財之氣　剋洩已盡　祖業雖豊　刑喪早見　甲運臨申　本無大患　困流年木
재지기　극설이진　조업수풍　형상조견　갑운임신　본무대환　곤류년목

火　又刑妻剋子　家計蕭條　一交申字　暗冲寅木之病　天干浮財通根　如枯
화　우형처극자　가계소조　일교신자　암충인목지병　천간부재통근　여고

苗得雨　浡然而興　及乙酉十五年　自刱數倍于祖業　申運驛馬逢財　出外
묘득우　발연이여　급을유십오년　자창수배우조업　신운역마봉재　출외

大利　經營得財十餘萬　丙戌運　丙子年　凶多吉少　得風疾不起　比肩爭財
대리　경영득재십여만　병술운　병자년　흉다길소　득풍질부기　비견쟁재

乃臨絶地子　水不足剋火　反生寅卯之木故也.
내임절지자　수부족극화　반생인묘지목고야

　　丙火가 초여름에 태어나 지지(地支)에 양인(陽刃)과 일묘(一卯)가 있고 巳火가 당령(當令)하여 인중병화(寅中丙火)를 인출(引出)하였으니 木火의 기세(氣勢)가 왕성하여 천간(天干)에 庚辛이 있으나 모두 뿌리가 없으므로 허공(虛空)에 떠 있다.

　　초운(初運) 壬午, 癸未는 무근지수(無根之水)라도 능히 庚申 金을 설기(洩氣)하고 지지(地支)의 午未는 남방(南方)으로서 왕화(旺火)를 도우므로 재성(財星)의 극설(剋洩)로 이미 없어졌으니 조상(祖上)의 유업(遺業)이 비록 풍성(豊盛)하였다고 할지라도 형상(刑喪)이 일찍 있었다. 甲운은 申金이 절지(絶地)에 임하였으니 본래 재앙이 없을 것이나 유년(流年)이 木火와 합세(合勢)한 까닭으로 다시 형처극자(刑妻剋子)하였고 가

계(家計)도 어렵게 되어 뿔뿔이 흩어졌다.

그러다가 申운으로 바뀌자 병(病)인 寅木을 암충(暗沖)하고 천간(天干)에 떠 있는 재성(財星) 庚辛金이 뿌리를 얻게 되니 마른 싹이 단비를 만난 듯 갑자기 발연(浡然)이 일어나 乙酉 운까지 15년간 스스로 창업하여 조업(祖業)의 몇 배를 일으켰다.

특히 申운은 재성(財星)이 역마(驛馬)를 만났으므로 외지(外地)에서 큰 이익(利益)을 얻어 십여만(十餘萬)의 재물(財物)을 얻었다. 丙戌 운에는 丙子 년에 흉다길소(凶多吉少)하니 풍질(風疾)을 얻어 세상을 떠났다.

이는 비겁(比劫)이 쟁재(爭財)하였고, 丙火 일주(日主)가 절지묘고(絶地墓庫)에 임(臨)하였으며, 子水는 왕화(旺火)를 억제(抑制)하지 못하고 도리어 寅卯木을 생조(生助)하였기 때문이다.

評註

丙火 일주가 巳월에 태어나 당령(當令)하였고, 지지(地支)에 寅寅卯木으로 木火가 왕성(旺盛)하니 신왕(身旺)하다. 희신(喜神)은 식재관(食財官)인 土金水이고, 기신(忌神)은 인비(印比)인 木火이다.

대운(大運)은 초운(初運)은 火로, 중말운(中末運)은 金水로 운행(運行)하고 있는데 원국(原局)에 재성(財星) 金이 사중경금(巳中庚金)에 통근(通根)되어 있지만, 천간(天干)은 丙辛 합(合), 丙庚 충(沖)되어 火金이 쟁투(爭鬪)하고, 지지(地支)는 寅巳 형(刑)으로 인중병화(寅中丙火)와 사중경금(巳中庚金)이 丙庚 충(沖)이 되니 庚金이 피상(彼傷)되었다.

대운(大運) 壬午 癸未 운에는 壬癸가 희신(喜神)이 되었으나 午未 화국(火局)으로 왕화(旺火)를 생조(生助)하여 형액(刑厄)이 일찍 일어났다. 申대운에는 천간(天干)이 甲庚 충(沖)되고 寅巳申 삼형(三刑)이 들어오니 寅申 충(沖)은 인중병화(寅中丙火)와 신중임수(申中壬水)가 丙壬 충(沖)으로 재성처(財星妻)와 관성(官星) 자식(子息)이 형상(刑喪)되었다. 또한 寅巳 형(刑)은 인중병화(寅中丙火)와 사중경금(巳中庚金)이 丙庚 충(沖)되어 역시 재성(財星) 庚金이 파모(破耗)되었다.

乙酉 대운에는 천간(天干)의 庚金과 乙木 기신(忌神)이 乙庚 합금(合金)이 되어 희

신(喜神)으로 바뀌었고, 지지(地支)의 酉金은 巳酉 합금(合金)으로 희신(喜神)이 되었으니 조업(祖業)의 몇 배가 되는 큰 재산(財産)을 형성(形成)하였다.

丙戌 대운(大運), 丙子 년에는 丙火 기신(忌神)이 丙辛 합(合), 丙庚 충(冲)으로 庚辛金이 피상(彼傷)되었고, 지지(地支)는 寅戌 화국(火局)이 되어 더욱 염열(炎熱)하게 되었으며, 子水는 火를 극제(剋制)하지 못하고 오히려 화왕수증(火旺水蒸)으로 세상을 떠났다.

서락오(徐樂吾) 선생은 형충파해(刑冲破害)에서 충(冲)이 중요하고, 삼회육합(三會六合)에서는 삼회(三會)가 중요(重要)하다고 하였다.

원국(原局)에서 충회(冲會)가 명(明)이고, 세운(歲運)의 충회(冲會)가 암(暗)이라고 하면 그 오묘(奧妙)함을 다 나타낸다는 것은 미진(未盡)한 면이 있다.

가령 공협(拱夾)[98]이나 포승(包承)[99] 같은 것은 불현지형(不見之形)을 합래(合來)하는 것이 암회(暗會)가 되는 것이다. 만약 천간상동(天干相同)하거나 간지연주(干支聯珠)[100]이거나 길신(吉神)이 암장(暗藏)된 경우는 그 힘이 매우 크다. 이른바 공실(拱實)[101]은 공허(拱虛)[102]하는 것만 못하니, 암회(暗會)를 더욱 기뻐할 것이다. 또한 아충(我冲)과

---

98 공협(拱夾): 없는 것을 합(合)하는 것. '공(拱)'은 "두 팔을 벌려 껴안는다", '협(夾)'은 "벌어진 사이에 끼어 넣는다"라는 뜻으로 가령 원국(原局)에 寅辰이 있는데 유년(流年)에 卯木운이 들어오면 寅卯辰이 되어 공목(拱木)이 되는 경우, 즉 卯가 寅과 辰 사이에 끼어서 寅卯辰 목국(木局)을 완성함을 뜻함.

99 포승(包承): 『삼명통회(三明通會)』에서는 '인종포승(引從包承)'이라고 한 것을 『사주첩경(四柱捷經)』에서는 '전인후종(前引後從)'으로 해석하고 있다. 생년(生年)을 기준으로 전삼위(前三位)와 후삼위(後三位)가 원국(原局)에 있는 것을 말한다. 가령 甲子년생이라면 앞으로 乙丑, 丙寅이고 뒤로 癸亥, 壬戌이 있는 경우로서 앞에는 끌어당기고 뒤에서는 따라준다는 뜻으로 앞뒤로 포승(包承)하여 청귀후복(淸貴後福)하게 된다는 귀성(貴星)을 말함.

100 간지연주(干支聯珠): 꿰어놓은 구슬처럼 순차적으로 상생함. 가령 甲子년, 乙丑월, 丁卯시가 되는 경우를 말함.

101 공실(拱實): 원국(原局)에 있는 것을 공합(拱合)하는 것으로, 가령 寅午戌이 있는데 유년(流年)에서 寅이나 戌이 午를 공합(拱合)하는 경우.

102 공허(拱虛): 원국(原局)에 없는 것을 공합(拱合)하는 것으로, 가령 寅戌이 있는데 유년(流年)에서 午를 공합(拱合)하는 경우.

피충(彼冲)의 구분(區分)은 희신(喜神)은 아(我)이고, 기신(忌神)은 피(彼)로 하는 것을 임주(任註)에서 말하였는데, 실은 피아(彼我)를 논(論)할 필요(必要)가 없다. 무릇 충(冲)하면 반드시 동(動)하고 동(動)하면 희기(喜忌)가 나타나는 것이다.

原文

旺者冲衰衰者拔 衰神冲旺旺神發
왕자충쇠쇠자발　　쇠신충왕왕신발

왕성(旺盛)한 것이 쇠약(衰弱)한 것을 충(冲)하면 쇠약(衰弱)한 것은 뿌리까지 뽑히지만, 쇠약(衰弱)한 것이 왕성(旺盛)한 것에 충(冲)하면 왕성(旺盛)한 것은 도리어 발현(發現)한다.

原註

子旺午衰 冲則午拔不能立 子衰午旺 冲則午發而爲福 餘倣此
자왕오쇠　　충즉오발불능립　　자쇠오왕　　충즉오발이위복　　여방차

子水가 왕성(旺盛)하고 午火가 쇠약(衰弱)할 때 子午가 상충(相冲)하면 午火가 뽑혀 버려 자립(自立)할 수 없게 되며, 子水가 쇠약(衰弱)하고 午火가 왕성(旺盛)할 때 子午가 상충(相冲)하면 午火가 발복(發福)하게 된다. 나머지도 이와 같이 유추(類推)하면 된다.

任註

十二支相冲 各支中所藏 瓦相冲剋 在原局爲明冲 在藏運爲暗冲 得令者
십이지상충　　각지중소장　　와상충극　　재원국위명충　　재장운위암충　　득령자

冲衰則拔 失時者冲旺無傷 冲之者有力 則能去之 去凶神則利 去吉神
충쇠즉발　　실시자충왕무상　　충지자유력　　즉능거지　　거흉신즉리　　거길신

則不利 冲之者無力 則反激之 激凶神則爲禍 激吉神雖不爲禍 亦不能
즉불리　충지자무력　즉반격지　격흉신즉위화　격길신수불위화　역불능

獲福也 如日主是午 或喜神是午 支中有寅卯巳未戌之類 遇子冲謂衰神
획복야　여일주시오　혹희신시오　지중유인묘사미술지류　우자충위쇠신

冲旺 無傷 日主是午 或喜神是午 支中有申酉亥子丑辰之類 遇子冲 謂
충왕　무상　일주시오　혹희신시오　지중유신유해자축진지류　우자충　위

旺者冲衰 則拔 餘支皆然 然以子午卯酉寅申巳亥八支屬重 辰戌丑未
왕자충쇠　즉발　여지개연　연이자오묘유인신사해팔지위중　진술축미

較輕 如子午冲 子中癸水冲午中丁火 如午旺提强 四柱無金而有木 則
교경　여자오충　자중계수충오중정화　여오왕제강　사주무금이유목　즉

午能冲子 卯酉冲 酉中辛金冲卯中乙木 如卯旺提强 四柱有火而無土
오능충자　묘유충　유중신금충묘중을목　여묘왕제강　사주유화이무토

則卯亦能冲酉 寅申冲 寅中甲木丙火 被申中庚金壬水所剋 然寅旺提
즉묘역능충유　인신충　인중갑목병화　피신중경금임수소극　연인왕제

强 四柱有火 則寅亦能 冲申矣 巳亥冲 巳中丙火戌土 被亥中甲木壬水
강　사주유화　즉인역능　충신의　사해충　사중병화무토　피해중갑목임수

所剋 然巳旺提强 四柱有木 則巳亦能冲亥矣 必先察其衰旺 四柱有無
소극　연사왕제강　사주유목　즉사역능충해의　필선찰기쇠왕　사주유무

解救 或抑冲 或助冲 觀其大勢 究其喜忌 則吉凶自驗矣 至于四庫兄弟
해구　혹억충　혹조충　관기대세　구기희기　즉길흉자험의　지우사고형제

之冲 其蓄藏之物 看其四柱干支 有無引出 如四柱之干支 無所引出 及
지충　기축장지물　간기사주간지　유무인출　여사주지간지　무소인출　급

司令之神 又不關切 雖冲無害 合而得 用亦爲喜 原局與歲運 皆同此論.
사령지신　우불관절　수충무해　합이득　용역위희　원국여세운　개동차론

십이(十二) 지지(地支)의 상충(相沖)은 각 지지(地支)에 암장(暗藏)되어 있는 천간(天干)들의 상호(相互) 간에 충극(沖剋)을 일으킨다. 사주(四柱) 원국(原局)에서 지지(地支)가 충(沖)하는 것은 명충(明沖)이라 하고, 세운(歲運)에서 충(沖)하는 것은 암충(暗沖)이라 한다.

시령(時令)을 얻어 쇠약(衰弱)한 지지(地支)를 충(沖)하면 쇠약(衰弱)한 지지(地支)는 뿌리가 뽑히며, 시령(時令)을 잃어 쇠약(衰弱)한 지지(地支)가 왕(旺)한 지지(地支)를 충(沖)하면 왕(旺)한 지지(地支)는 충(沖)을 받았으나 손상(損傷)이 없다. 충(沖)하는 지지

(地支)가 유력(有力)하면 무력(無力)한 지지(地支)를 제거(除去)할 수 있는데, 흉신(凶神)을 제거(除去)하면 유리(有利)하나 길신(吉神)을 제거(除去)하면 불리(不利)하다.

충(冲)하는 지지(地支)가 무력(無力)하면 도리어 유력한 지지(地支)가 격동(激動)하게 되는데 흉신(凶神)을 격동(激動)하면 화(禍)를 당하게 되고, 길신(吉神)을 격동(激動)하게 되면 비록 화(禍)는 되지 않으나 발복할 수 없을 것이다.

가령 일주(日主)가 午火이고 또는 희신(喜神)이 午火라면 지지(地支)에 寅卯巳未戌 등 木이나 火가 있는 경우 子水가 午火를 충(冲)한다면 이는 쇠신(衰神)이 왕신(旺神)을 충(冲)한 것이니 午火는 손상(損傷)이 없다.

일주(日主)가 午火이고 또는 희신(喜神)이 午火라면 지지(地支)에 申酉亥子丑辰 등이 있는 경우에 子水가 午火를 충(冲)하면 이는 왕신(旺神)이 쇠신(衰神)을 충(冲)하여 뿌리까지 뽑힌다고 하는 것이다. 나머지 지지(地支)의 충(冲)도 모두 그러하다. 그러나 지지(地支) 중에서 子午卯酉와 寅申巳亥의 충(冲)은 중(重)하나, 辰戌丑未의 충(冲)은 비교적 경(輕)하기 때문에 중요하게 생각하지 않는다.

가령 子午 충(冲)의 경우는 자중계수(子中癸水)가 오중정화(午中丁火)를 충(冲)하는데 午火가 당령(當令)하여 왕성(旺盛)하고, 원국(原局)에서 金이 없고 木이 있으면 능히 子水를 충(冲)할 수 있다.

또한 卯酉 충(冲)의 경우는 유중신금(酉中辛金)이 묘중을목(卯中乙木)을 충(冲)하는데 卯木이 당령(當令)하여 왕성(旺盛)하고, 원국(原局)에서 土가 없고 火가 있으면 卯木도 능히 酉金을 충(冲)할 수 있다.

寅申 충(冲)의 경우에는 인중갑목(寅中甲木)과 丙火가 신중경금(申中庚金)과 壬水에 충(冲)하게 되는데 寅木이 당령(當令)하여 왕성(旺盛)하고 원국(原局)에서 火가 있으면 寅木도 능히 申金을 충(冲)할 수 있다.

巳亥 충(冲)의 경우는 사중병화(巳中丙火)와 戊土가 해중갑목(亥中甲木)과 壬水에 충극(冲剋)을 당하는 것이니 巳火가 당령(當令)하여 왕성(旺盛)하고 원국(原局)에 木이 있으면 巳火를 충(冲)할 수 있다.

그러므로 반드시 쇠왕(衰旺)을 먼저 살펴보고 사주(四柱)에서 충(冲)을 해결(解決)할 수 있는지를 살피고 나서 충(冲)을 억제(抑制)할 것인지, 충(冲)을 도울 것인지, 그

것의 대세(大勢)를 살펴보고, 그것의 희기(喜忌)를 깊이 연구하면 길흉(吉凶)을 자연히 증험(證驗)하게 될 것이다.

辰戌丑未는 사고(四庫)의 형제지충(兄弟之冲)인데 묘고(墓庫)에 소장(所藏)되어 있는 것이 원국(原局)의 간지(干支)에 인출(引出)되어 있는지의 여부(與否)를 살펴야 한다. 만약 간지(干支)의 인출(引出)이 없고 사령(司令)하는 것이 없다면 비록 충(冲)이라도 해로움이 없고, 합(合)하여 득용(得用)하면 역시 기쁜 것이다. 원국(原局)이나 세운(歲運)도 이와 같이 논(論)한다.

任註

```
癸 丙 辛 戊
巳 午 酉 辰
```

```
戊丁丙乙甲癸壬
辰卯寅丑子亥戌
```

此造 旺財當令 可以年上食神生助 日逢時祿 不爲無根 所以身出富家
차조　왕재당령　가이년상식신생조　일봉시록　불위무근　소이신출부가

時透癸水 巳火失勢 逢酉激而拱金矣 五行無木 全賴午火幫身 則癸水爲
시투계수　사화실세　봉유격이공금의　오행무목　전뢰오화방신　즉계수위

病明矣 一交子運 癸水得祿 子辰拱水 酉金當子冲午 四柱無解救之神
병명의　일교자운　계수득록　자진공수　유금당자충오　사주무해구지신

所謂旺者冲衰衰者拔 破家亡身 若運走東南木火之支 豈不名利兩全乎.
소위왕자충쇠쇠자발　파가망신　약운주동남목화지지　기불명리양전호

이 명조(命造)는 재성(財星)이 당령(當令)하여 왕성(旺盛)하고, 년상(年上)의 식신(食神)이 생조(生助)하므로 더욱 왕성(旺盛)하다. 丙火 일주는 시록(時祿)을 만나서 무근(無根)이 아니니, 부유(富裕)한 집안에 태어났다.

그러나 시상의 癸水가 투출하여 巳火는 실세(失勢)하였고, 월지의 酉金과 巳酉금국(金局)을 이루었는데, 원국에 木이 없어서 전적으로 午火에 의지하므로 癸水

가 병(病)이 되는 것은 분하다. 대운이 子운으로 바뀌어 癸水가 녹(祿)을 얻고 子辰 수국(水局)을 이루고, 酉金의 무리가 子水를 도와 午火를 충(冲)하는데 원국에 해구 (解救)할 신(神)이 없어서, 소위 '왕자충쇠 쇠자발(旺者冲衰 衰者拔)'이 되어 가산(家産)을 탕진하고 세상을 떠났다. 만약 대운이 동남방(東南方)인 목화지지(木火之支)로 운행 (運行)하였다면 어찌 명리(名利)가 양전(兩全)하지 않았겠는가?

丙火 일주가 酉월 재성(財星)이 당령하였는데, 戊辰이 생조하여 더욱 왕성하다. 지지는 辰酉 합금(合金)되어 丙火 일주는 午火에 의지할 수밖에 없으니 재다신약 이 되어 희신은 인비(印比)인 木, 火이고 기신은 식재관(食財官)인 土金水이다.

원국에서 丙火는 巳午 화국에 뿌리가 왕성하다고 볼 수 있으나, 巳火는 巳酉 합 금이 되었고, 시간의 癸水는 사중경금(巳中庚金)에 통근되어 화기(火氣)를 극제하니, 丙火는 더욱 약화되었다. 대운이 壬戌, 癸亥는 丙壬 충(冲), 巳亥 충(冲)이 되어 화기 (火氣)가 피상되어 곤고하였으리라고 추리할 수 있는데, 甲子 대운은 甲戊 극(剋)이 되고 子水는 子辰 합수가 되고, 辰酉 합금이 생조하여 수왕(水旺)으로 丙火가 의지 하고 있는 午火를 子午 충(冲)하니 午火가 충발되었다. 그러므로 子水는 왕자(旺者) 가 되었고 午火는 쇠자(衰者)가 되었으니 午火가 쇠자발(衰者拔)하게 된 것이다.

癸	丁	壬	庚
卯	卯	午	寅

己戊丁丙乙甲癸
丑子亥戌酉申未

此財官虛露無根　梟比當權得勢　以四柱觀之　貧夭之命　前造身財並旺
차재관허로무근　효비당권득세　이사주관지　빈요지명　전조신재병왕

反遭破敗無壽 比則財官休囚 肥業有壽 不知彼則無木 逢水冲則拔 此則
반조파패무수　비즉재관휴수　창업유수　부지피즉무목　봉수충즉발　차즉

有水 遇火刧有救 至甲申乙酉運 庚金祿旺 壬癸逢生 又冲去寅卯之木
유수　우화겁유구　지갑신을유운　경금록왕　임계봉생　우충거인묘지목

所謂衰神冲旺旺神發 驟然發財巨萬 命好不如運好 信斯言也.
소위쇠신충왕왕신발　취연발재거만　명호불여운호　신사언야

이 명조(命造)는 재관(財官)이 투출(透出)하였으나 뿌리가 없어 허약(虛弱)하며 효신(梟神)과 비겁(比劫)이 당권(當權)하여 木火가 득세(得勢)하고 있으므로 사주(四柱)로 살펴보면 빈천(貧賤)하고 요절(夭折)할 명조(命造)라고 하기 쉽다.

전조(前造)는 일주(日主)와 재성(財星)이 병왕(並旺)하였으나 도리어 파패(破敗)하고 요절(夭折)을 면(免)하지 못하였는데, 이 명조(命造)는 재관(財官)이 휴수(休囚)되었으나 창업(肥業)을 하고 장수(長壽)하였다. 앞 명조(命造)는 木이 없으므로 水의 충(冲)을 만나 火의 뿌리가 뽑혔으나 이 명조(命造)는 水가 있으므로 겁재(劫財)를 만났어도 구(求)해줌이 있었기 때문이다.

甲申, 乙酉 운에 이르러 庚金 관성(官星)이 생(生)하였으며, 또한 寅卯木의 병(病)을 충거(冲去)하니, 소위 '쇠신충왕왕신발(衰神冲旺旺神發)'라, 빠르게 재운(財運)이 발(發)하여 수만(數萬)의 재산(財産)을 이루었다.

評註

丁火 일주가 午월에 당령(當令)하였고, 지지(地支)가 寅卯卯木으로 편인(偏印)이 득세(得勢)한데, 寅午 합화(合火)로 비겁(比劫)까지 득세하다. 천간에 庚壬 재관(財官)이 투출(透出)되어 있으나 무근으로 허약하니 종강격(從强格)이 되었다. 희신(喜神)은 인비식(印比食)인 木火土이고 기신(忌神)은 재관(財官)인 金水이다.

"초년(初年)에서는 甲申, 乙酉 운에 庚金 재성(財星)이 목왕(木旺)하고, 壬癸水 관성(官星)이 생(生)을 만났으며, 寅卯木의 병(病)을 충거(冲去)하여 재운(財運)이 대발(大發)하였다"라는 것으로 볼 때 金이 희신(喜神)이고 木이 기신(忌神)이 되는 것으로 해

석(解釋)된다.

또한 "왕자충쇠쇠자발(旺者沖衰衰者拔)이라, 왕성(旺盛)한 것이 쇠약(衰弱)한 것을 충(沖)하면 쇠약한 것은 뿌리까지 뽑힌다"라는 논리에서 申酉金이 寅卯木을 충거(沖去)할 수 있겠는가? 오히려 寅卯木이 申酉金을 충거한 것으로 해석해야 한다. '충지자유력(沖之者有力), 즉능거지(則能去之), 거흉신즉리(去凶神則利), 거길신즉불리(去吉神則不利)'이라 충(沖)하는 지지(地支)가 유력(有力)하여 무력(無力)한 지지(地支)를 제거(除去)할 수 있는데, 흉신(凶神)을 제거(除去)하면 유리(有利)하나 길신(吉神)을 제거(除去)하면 불리(不利)하다는 논리(論理)와 일치한다.

甲申 대운은 천간(天干)에서 甲庚 충(沖)이 되는데 庚金 기신(忌神)이 충발(沖拔)되었고, 지지(地支)에서 寅申 충(沖)으로 申金 기신(忌神)이 되었으니 기신충발(忌神沖拔)로 대발(大發)하였다. 乙酉 대운은 천간(天干)에서 乙庚 합(合)이 되어 庚金 기신(忌神)이 합거(合去)되었고, 지지(地支)에서는 卯酉 충(沖)으로 酉金 기신(忌神)이 기신충발(忌神沖拔)이 되어 대발(大發)하였다.

9 간총干總 지론支論

原文

陰陽順逆之說 洛書流行之用 其理信有之也 其法不可執一
음양순역지설　　락서류행지용　　기리신유지야　　기법불기집일

음양순역지설(陰陽順逆之設)은 낙서(洛書)의 원리(原理)로써 음양오행(陰陽五行)이 유
행(流行)하는 원리(原理)를 밝힌 것이니, 그 이치(理致)는 믿을 만하지만 그 용법(用法)
은 한 가지만을 고집(固執)하는 것은 불가(不可)하다.

原註

陰生陽死 陽順陰逆 此理出於洛書 五行流行之用 固信有之 然甲木死午
음생양사　　양순음역　　차리출어락서　　오행류행지용　　고신유지　　연갑목사오

午爲洩氣之地 理固然也 而乙木死亥 亥中有壬水 乃其嫡母 何爲死哉
오위설지지지　　이고연야　　이을목사해　　해중유임수　　내기적모　　하위사재

凡此皆詳其干支輕重之機 母子相依之勢 陰陽消息之理 而論吉凶可也
범차개상기간지경중지기　　모자상의지세　　음양소식지리　　이론길흉가야

若專執生死敗絶之設 推斷多誤矣.
약전집생사패절지설　　추단다오의

음(陰)이 생(生)하면 양(陽)은 사(死)하고, 양(陽)은 순행(順行)하고 음(陰)은 역행(逆行)한다. 그 이치(理致)는 낙서(洛書)에서 나온 것이므로 오행(五行)의 유행(流行)하는 작용(作用)과 이치(理致)는 진실로 믿을 수 있는 것이다.

그러나 甲木이 午에서 사(死)한다고 하는 것은 午는 甲木이 설기(洩氣)하는 곳이므로 이치(理致)에 맞다 해도 乙木은 亥에서 사(死)한다고 하는 것은 전혀 맞지 않는다. 亥 중에는 壬水가 있어 乙木의 친어머니이므로 어찌 사(死)할 수 있겠는가? 무릇 이와 같이 모든 간지(干支)의 경중(輕重)과 기세(氣勢)의 틀을 자세하게 이해(理解)하여야 한다.

모자(母子) 간의 관계(關係)로 기세(氣勢)를 살피고 음양(陰陽)이 자라나고 사라지는 소식지리(消息之理)를 살핀 연후(然後)에 길흉(吉凶)을 논(論)하는 것이 마땅하다. 만약 생사패절(生死敗絶)의 설(設)만을 고집(固執)한다면 명(命)을 논(論)하고 길흉(吉凶)을 판단(判斷)하는 데 많은 오류(誤謬)를 범(犯)하게 될 것이다.

任註

陰陽順逆之說 其理出洛書 流行之用 不過陽主聚 以進爲退 陰主散 以
음양순역지설　기리출락서　류행지용　불과양주취　이진위퇴　음주산　이

退爲進 若論命理 則不專以順逆爲憑 須觀日主之衰旺 察生時之淺深
퇴위진　약론명리　즉부전이순역위빙　수관일주지쇠왕　찰생시지천심

究四柱之用神 以論吉凶 則了然矣 至于長生沐浴等名 乃假借形容之
구사주지용신　이론길흉　즉료연의　지우장생목욕등명　내가차형용지

辭也 長生者 猶人之初生也 沐浴者 猶人之初生而沐浴以去垢也 冠帶者
사야　장생자　유인지초생야　목욕자　유인지초생이목욕이거구야　관대자

形氣漸長 猶人年長而 冠帶也 臨官者 由長而旺 猶人之可以出仕也 帝
형기점장　유인년장이　관대야　임관자　유장이왕　유인지가이출사야　제

旺者 壯盛之極猶人之輔帝而大有爲也 衰者 盛極而衰 物之初變也 病
왕자　장성지극유인지보제이대유위야　쇠자　성극이쇠　물지초변야　병

者 衰之甚也 死者 氣之盡而無餘也 墓者 造化有收藏 猶人之埋於土也
자　쇠지심야　사자　기지진이무여야　묘자　조화유수장　유인지매어토야

絶者 前之氣絶而後將屬也 胎者 後之 氣續而結胎也 養者 如人之養母
절자　전지기절이후장속야　태자　후지　기속이결태야　양자　여인지양모

服也 自是而復長生 循環無端矣 人之日主不必生逢旺 卽月令休囚 而
복야　　자시이복장생　　순환무단의　　인지일주불필생봉왕　　즉월령휴수　이

年日時中 得長生祿旺 便不爲弱 就使逢庫 逆爲有根 時設謂投墓而必
년일시중　　득장생록왕　　편불위약　　취사봉고　　역위유근　　시설위투묘이필

冲者 俗書之謬也 古法只有四長生 從無子午卯酉爲陰長生之設 水生
충자　속서지류야　　고법지유사장생　　종무자오묘유위음장생지설　　수생

木 申爲天關 亥爲天門 天日生水 卽生生不息 故木皆生在亥 木死午
목　신위천관　　해위천문　　천일생수　　즉생생불식　　고목개생재해　　목사오

爲火旺之地 木至午發洩巳盡 故木皆死在午 言木而餘可類推矣 夫五
위화왕지지　　목지오발설이진　　고목개사재오　　언목이여가류추의　　부오

陽育于生方 盛于本方 弊于洩方 盡于剋方 于理爲順 五陰生于洩方 死
양육우생방　　성우본방　　폐우설방　　진우극방　　우리위순　　오음생우설방　사

于生方 于理爲背 卽曲爲之設 而子午之地 終無産金産木之道 寅亥之
우생방　　우리위배　　즉곡위지설　　이자오지지　　종무산금산목지도　　인해지

地 終無滅火滅木之道 古人取格 丁遇酉 以財論 乙遇午 己遇酉 辛遇
지　종무멸화멸목지도　　고인취격　　정우유　　이재론　　을우오　　기우유　　신우

子 癸遇卯 以食神洩氣論 俱不以生論 乙遇亥 癸遇申以印論 俱不以死
자　계우묘　　이식신설기론　　구불이생론　　을우해　　계우신이인론　　구불이사

論 卽己遇寅藏之丙火 辛遇巳藏之戊土 亦以印論 不以死論 由此觀之
론　즉기우인장지병화　　신우사장지무토　　역이인론　　불이사론　　유차관지

陰陽同生同死可知也 若執定陰陽順逆 而以陽生陰死 陰生陽死論命
음양동생동사가지야　　약집정음양순역　　이이양생음사　　음생양사론명

則太謬矣 故知命章中 順逆之機須理會 正爲此也.
즉태류의　　고지명장중　　순역지기수리회　　정위차야

임씨(任氏)가 이르기를, 음양순역설(陰陽順逆說)은 그 이치(理致)가 낙서(洛書)에서 나온 것이다. 그것을 바탕으로 오행(五行)이 유행(流行)하는 이론(理論)을 세운 것이다. 양(陽)은 모이는 것을 위주로 하여 앞으로 나아가는 것으로써 물러가며, 음(陰)은 흩어지는 것을 위주로 하여 물러감으로써 나아가는 것에 불과하다.

명리(命理)를 논(論)할 때는 음양순역설(陰陽順逆說)에만 의존(依存)하지 말고 반드시 일주(日主)의 쇠왕(衰旺)을 관찰(觀察)하고, 생시(生時)의 천심(淺深)을 살펴보며, 사주(四柱)의 용신(用神)을 연구(研究)하여 길흉(吉凶)을 논(論)하여야만 명료(明瞭)하게

밝힐 수 있다.

오행(五行)의 쇠왕(衰旺)을 분별하는 장생(長生)과 목욕(沐浴) 등의 이름은 사물(事物)의 형상(形象)을 빌린 것이다. 장생(長生)이라는 것은 사람이 처음 태어난 출생(出生)을 의미(意味)하고, 목욕(沐浴)이라는 것은 사람이 처음 태어나면 목욕(沐浴)하여 때를 씻는 것과 같으며, 관대(冠帶)라는 것은 사람이 성장(成長)하여 관(冠)을 쓰고 띠를 두르는 청소년기(靑少年期)를 의미(意味)한다.

임관(臨官)이라는 것은 사람이 장성(長成)하여 사회(社會)에 진출(進出)하여 벼슬길에 나아가는 것을 의미(意味)하며, 제왕(帝旺)은 장성(長成)함이 극(極)에 다다른 것인데 임금을 보좌하여 큰일을 하는 시기(時期)를 의미(意味)하며, 쇠(衰)라는 것은 왕성(旺盛)하던 기세(氣勢)가 쇠퇴(衰退)하는 시기(時期)로 노년기(老年期)로 접어들었음을 의미하며, 물길이 최초에 변하는 것을 뜻한다.

병(病)이라는 것은 쇠퇴(衰退)함이 점점 심해지는 시기(時期)를 의미(意味)하며, 사(死)는 기(氣)가 다하여 기력(氣力)이 남아 있지 않은 상태(狀態)를 의미(意味)하며, 묘(墓)는 기(氣)가 쇠진(衰盡)하여 자연의 조화(造化)에 수장(收藏)되는데 죽은 사람이 땅에 묻히는 이치(理致)와 같다.

절(絶)이라는 것은 생전(生前)에 있었던 모든 기(氣)가 끊어지고 새로운 생명(生命)으로 이어지는 상태(狀態)를 뜻하며 포(胞)라고 부르기도 한다. 태(胎)는 새로운 기(氣)가 생명(生命)으로 잉태(孕胎)되는 상태(狀態)를 의미하며, 양(養)은 잉태(孕胎)된 생명(生命)이 어머니 뱃속에서 자라는 것과 같은 의미(意味)이며 이렇게 진행하여 다시 장생(長生)으로 이어지니 순환(循環)은 끝이 없는 것이다.

사주(四柱)의 일주(日主)는 반드시 녹왕(祿旺)한 월령(月令)을 만나야 할 필요는 없다. 설령 월령(月令)이 휴수(休囚)하다고 할지라도 년일시(年日時)에서 장생(長生)이나 녹왕(祿旺)을 얻으면 약(弱)하지 않다. 비록 묘고(墓庫)를 만나도 뿌리가 있는 것이니, 속설(俗說)에서 묘고(墓庫)에 통근(通根)하면 반드시 충(冲)해야 발한다고 하는 것은 속서(俗書)의 오류(誤謬)이다.

고법(古法)에는 다만 寅申巳亥의 4장생(四長生)만이 있으며 子午卯酉의 음장생(陰長生)이라는 설(說)은 없었다.

水는 木을 생(生)하는 것은 申은 천관(天關)이 되고 亥가 천문(天門)이 되며하늘은 첫 번째로 水를 생(生)하고, 水는 木을 생(生)하여 끊임없이 생(生)하고 생(生)하므로 木은 모두 亥에서 생한다. 木이 午에 이르면 午는 화왕지지(火旺之地)이니 발설(發洩)하여 다 없어지니 木은 모두 午에서 사(死)한다는 것이다. 木의 생사(生死)가 이와 같으므로 나머지 오행(五行)도 같은 이치(理致)로 유추(類推)할 수 있다.

甲丙戊庚壬의 오양(五陽)은 생방(生方)에서 자라나고 본방(本方)에서 왕성(旺盛)하며 설방(洩方)에서 폐(弊)하며 극방(剋方)에서 진멸(盡滅)하는 것이니 이치(理致)에 맞는다. 乙丁己辛癸의 오음(五陰)은 설방(洩方)에서 생(生)하고 생방(生方)에서 사(死)한다는 설(說)은 이치(理致)에 맞지 않는, 도리(道理)에 어긋나는 학설(學說)이다. 子午의 지지(地支)는 金木을 생(生)하는 법(法)이 없고, 寅亥의 지지(地支)는 火木이 멸(滅)하는 이치(理致)도 있을 수 없는 것이다.

고인(故人)이 취격(取格)한 이론(理論)을 보면 丁火가 酉金을 만나면 재(財)로 논(論)하였고, 乙木이 午火를 만나거나, 己土가 酉金을 만나거나 辛金이 子水를 만나거나 癸水가 卯木을 만났을 때는 식신(食神)이 설기(洩氣)하는 것으로 논(論)하였으며 모두 장생(長生)으로 논(論)하지 않았다.

乙木이 亥水를 만나거나 癸水가 申金을 만났을 때는 인수(印綬)로 논(論)하였으며 모두 사(死)로 논(論)하지 않았다. 가령 己土가 寅木을 만나면 寅 중에 丙火가 암장(暗藏)되어 있으니 역시 인수(印綬)로 논(論)하고 사(死)로 논(論)하지 않았다.

이로 말미암아 십간(十干)의 음양(陰陽)은 동생동사(同生同死)한다는 것을 알 수 있다. 만약 음양(陰陽)의 순역(順逆)을 고집(固執)하여 양생음사(陽生陰死), 음생양사(陰生陽死)의 설(洩)을 논(論)한다면 큰 오류를 범(犯)하게 될 것이다. 그러므로 "지명장(知命章)의 순역지기(順逆之機)를 반드시 이해(理解)하여야 한다"라고 한 것은 바로 이를 말한 것이다.

```
丙 乙 己 丙
子 亥 亥 子
```

丙乙甲癸壬辛庚
午巳辰卯寅丑子

乙亥日元 生于亥月 喜其天干兩透丙火 不失陽春之景 寒木向陽 清而
을해일원   생우해월   희기천간양투병화   부실양춘지경   한목향양   청이

純粹 惜乎火土無根 水太重 讀書未售 兼之中年一路水木 生扶太過 局
순수   석호화토무근   수태중   독서미수   겸지중년일로수목   생부태과 국

中火土皆傷 以致財鮮聚而志未伸 然喜無金 業必清高 若以年時爲 乙
중화토개상   이치재선취이지미신   연희무금   업필청고   약이년시위 을

木病位 月日爲死地 豈不休囚已極宜用生扶之運 今以亥子之水作生論
목병위   월일위사지   기불휴수이극의용생부지운   금이해자지수작생론

則不宜再見水木也.
즉불의재견수목야

乙亥 일원(日元)이 亥월에 한랭(寒冷)한 계절(季節)에 태어나 기쁜 것은 천간(天干)에 丙火가 투출(透出)하여 양춘(陽春)의 온화(溫和)한 기운(氣運)을 잃지 않았기 때문이다. 한랭(寒冷)한 木이 양화(陽和)한 봄을 향(向)하므로 사주(四柱)가 청(淸)하고 순수(純粹)하다. 애석한 것은 천간(天干)의 火土가 무근(無根)하고, 水木이 태중(太重)하니 글을 읽었으나 뜻을 이루지 못하였다.

중년(中年)까지 대운(大運) 水木이다 손상(損傷)을 당한 까닭에 재물(財物)도 모이지 않았고, 뜻을 펼치지도 못하였다. 그러나 기쁜 것은 사주(四柱)에 金이 없으니 하는 일이 청고(淸高)하였다.

만약 년(年)과 시(時)의 子를 乙木의 병(病)으로 보고 월일(月日)의 亥를 사(死)로 본다면 휴수(休囚)가 극(極)에 이르렀으니 水木으로 생부(生扶)하는 운(運)이 마땅하였을 것이다. 그러나 亥子를 생지(生地)로 논(論)하면 다시 水木을 보는 것은 마땅하

지 않은 것이니, 음양간(陰陽干)의 동생동사론(同生同死論)이 옳은 것이다.

 評註

　乙木 일주(日主)가 亥월에 한랭(寒冷)하지만 득령(得令)하였으며, 지지의 亥子가 합수국(合水局)으로 인수(印綬)가 태왕(太旺)으로 종인(從印)이 되어 종강격(從强格)이 되었으나 乙木이 부목(浮木)이 되어 파격(破格)이 되었다. 한랭(寒冷)하여 조후(調候)로 丙火를 취용(取用)하고 乙土로 수색(水塞)하려고 하나 지지(地支)에 火土의 뿌리가 없어 허약(虛弱)하다.

　임주(任註)에서는 "金이 없어 기쁘다"라고 하였으나 오히려 金이 있으면, 오기유행(五氣流行)으로 소통(疏通)이 되고, 금기관성(金氣官星)이 통제(統制)하였다면 청고(淸高)한 선비보다는 고귀(高貴)한 직위에 올라갈 수 있었을 것이다. "인수태중(印綬太重)이면 독서미수(讀書未售)이라"라고 한 말이 이러한 경우이다.

任註

癸	癸	乙	戊
亥	卯	卯	午

壬辛庚己戊丁丙
戌酉申未午巳辰

此春水多木 過于洩氣 五行無金 全賴亥時比劫幇身 嫌其亥卯拱局 又
차춘수다목　과우설기　오행무금　전뢰해시비겁방신　혐기해묘공국　우

透戊土 尅洩並見 交戌午運不壽 若據書云 癸水兩坐長生 時逢旺地 何
투무토　극설병견　교무오운불수　약거서운　계수양좌장생　시봉왕지　하

以不壽又 云食神有壽妻多子 食神生旺勝財官 此名利兩全 多子有壽
이불수우　운식신유수처다자　식신생왕승재관　차명리양전　다자유수

之格也 總以陰陽 生死之設 不足憑也.
지격야　총이음양　생사지설　부족빙야

이것은 춘수(春水)가 다목(多木)하니 설기(洩氣)가 지나치다. 오행(五行)에 金이 없으니 전적으로 亥時의 비겁방신(比劫幇身)에 의지하고 있는데, 혐오(嫌惡)스러운 것은 亥卯가 목국(木局)을 이루었고, 또 천간에 戊土가 투출(透出)하였으니 극설(剋洩)이 함께 나타나 있는데 戊午 운으로 바뀌자 세상을 떠났다.

만약 속서(俗書)에 근거한다면 "癸水는 양장생(兩長生)위에 앉아 있고 시(時)에서는 왕지(旺地)를 만난 것인데 어찌 장수하지 못하였는가? 또한 식신(食神)은 장수하고 처자가 많으니, 식신(食神)이 생왕(生旺)하면 재관(財官)보다 나은 것이다"라고 한 것으로 보면 명리양전(名利兩全)하고 자식이 많고 장수하는 격(格)이라고 할 것이다. 총론하여 말하면 음양생사지설(陰陽生死之說)은 근거가 부족하여 의거할 바가 없다.

評註

癸水 일주가 卯월에 태어나 실령(失令)하였으며 卯卯 합목(合木)이 되어 더욱 설기(洩氣)가 왕(旺)한데 乙木까지 투출(透出)되니 식상(食傷)이 태왕(太旺)하게 되었다. 격국정법(格局定法)에 의하여 제살태과격(制殺太過格)이 되었다. 희신(喜神)은 인비관(印比官)인 金水土이고 기신(忌神)은 식재(食財)인 木火이다.

戊午 대운은 戊土가 희신(喜神)이 되었고, 午火가 완전(完全)하게 충거(冲去)되었고, 절처봉생(絶處逢生)으로 의지(依支)하던 해중임수(亥中壬水)마저 오중병화(午中丙火)와 丙壬 충(冲)으로 역시 壬水가 충거(冲去)되었으니 세상을 떠난 것은 당연한 명리(命理)의 이치(理致)가 틀림없다.

음양순역설(陰陽順逆說)은 음양(陰陽)의 기(氣)가 순환(循環)하는 이치(理致)를 말하는 것인데, 양(陽)은 순행(順行)하면서 전진(前進)하고 음(陰)은 역행(逆行)하면서 후퇴(後退)하는 이치(理致)를 논(論)한 것이다. 이러한 이치(理致)로 양간(陽干)은 순행(順行)하고 음간(陰干)은 역행(逆行)하는 음양생사론(陰陽生死論)은 십이운성법(十二運星法)의 논리(論理)와 같은 것이다.

가령 양간(陽干) 壬水는 申金에서 생(生)하고 卯木에서 사(死)하며 음간(陰干) 癸水는 卯木에서 생(生)하고 申金에서 사(死)한다는 논리(論理)로 전혀 이치(理致)에 맞지 않으니, 왕쇠강약(旺衰强弱), 왕상휴수법(旺相休囚法)으로 판단(判斷)하는 것이 정론(正論)이다.

原註

故天地順遂而精粹者昌　天地乖悖而混亂者亡　不論有根無根　俱要天覆
고천지순수이정수자창　　천지괴패이혼란자망　　불론유근무근　구요천부

地載.
지재

그러므로 천간(天干)과 지지(地支)의 배합(配合)이 순리(順理)로 이루어지고 정수(精粹)한 자(者)는 창성(昌盛)하고, 천간(天干)과 지지(地支)의 배합(配合)이 서로 어그러지고 혼란(混亂)한 자(者)는 망(亡)하게 된다. 뿌리가 있고 없고를 논(論)하지 말고 천부지재(天覆地載), 즉 천간(天干)은 지지(地支)를 덮어주고 지지(地支)는 천간(天干)을 실어주어 천지(天地)가 함께함이 중요하다.

任註

任氏曰　取用干支之法　干以載之支爲切　支以覆之干爲切　如喜甲乙　而
임씨왈　취용간지지법　간이재지지위절　지이부지간위절　여희갑을　이

載以寅卯亥子　則生旺　載以申酉則剋敗矣　忌丙丁　裁以亥子則制伏　載
재이인묘해자　즉생왕　재이신유즉극패의　기병정　재이해자즉제복　재

以巳午寅卯則肆逞矣　如喜寅卯　而覆以甲乙壬癸　則生旺　覆以庚辛　則
이사오인묘즉사령의　여희인묘　이부이갑을임계　즉생왕　부이경신　즉

剋敗矣　忌巳午　而覆以壬癸則制伏　覆以丙丁甲乙　則肆逞矣　不特此也
극패의　기사오　이부이임계즉제복　부이병정갑을　즉사령의　불특차야

干通根于支　支逢生扶　則干之根堅　支逢冲剋　則干之根拔矣　支受蔭于干
간통근우지　지봉생부　즉간지근견　지봉충극　즉간지근발의　지수음우간

干逢生扶　則支之蔭盛　干逢剋制　則支之蔭衰矣　凡命中四柱干支　有顯然
간봉생부　즉지지음성　간봉극제　즉지지음쇠의　범명중사주간지　유현연

吉神而不爲吉　碻乎凶神而不爲凶者　皆是故也　此無論天干一氣　地支
길신이불위길　확호흉신이불위흉자　개시고야　차무론천간일기　지지

雙淸 總要天覆地載.
쌍청　　총요천부지재

　　임씨(任氏)가 이르기를, 천간(天干)과 지지(地支)를 취용(取用)하는 법(法)은 천간(天干)을 실은 데는 지지(地支)가 실어줌이 절실하고, 지지(地支)를 덮어주는 데는 천간(天干)이 덮어줌이 절실하다.

　　가령 甲乙木을 기뻐하는데 寅卯亥子에 실려 있으면 생왕(生旺)하나, 申酉에 실려 있으면 극패(剋敗)[103]하게 되고, 丙丁火를 꺼리는데, 亥子水에 실려 있으면 제복(制伏)[104]하게 되나 巳午寅卯에 실려 있으면 사령(肆逞)[105]하게 된다.

　　또한 寅卯木을 기뻐하는데 천간(天干)에 甲乙壬癸가 덮어주면 생왕(生旺)하나, 庚辛金이 덮어주면 극패하게 되고 巳午火를 꺼리는데 천간(天干)에 壬癸水가 덮어주면 제복(制伏)이 되나 丙丁甲乙이 덮어주면 득세(得勢)하여 제멋대로 날뛴다.

　　이상(以上)의 예시(例示)뿐만이 아니라 천간(天干)은 지지(地支)에 통근(通勤)하고 지지(地支)의 생부(生扶)를 만나면 천간(天干)의 뿌리가 견고하게 되고 지지(地支)의 충극(冲剋)을 만나면 천간(天干)의 뿌리는 뽑히는 것이다.

　　또한 지지(地支)가 천간(天干)의 음덕(蔭德)을 받고 있는데 천간(天干)의 생부(生扶)를 만나면 지지(地支)의 음덕(蔭德)은 왕성(旺盛)하게 되며, 천간(天干)의 극패(剋敗)를 만나면 지지(地支)의 음덕(蔭德)은 쇠약(衰弱)하게 된다. 무릇 사주간지(四柱干支)에서 길신(吉神)이 분명(分明)하게 있어도 길(吉)하지 않고 흉신(凶神)이 확실하게 있어도 흉하지 않은 것은 모두 이런 까닭이 있기 때문이다.

　　이와 같은 것은 천간일기(天干一氣)[106]나 지지쌍청(地支雙淸)[107]은 논(論)할 것 없이

103　극패(剋敗): 극제(剋制)하여 제살(制殺)시키는 것으로 뿌리가 뽑히는 것.

104　제복(制伏): 극제(剋制)하여 복종(僕從)하게 한다는 뜻으로 관살(官殺)을 의미함.

105　사령(肆逞): 제멋대로 날뛰어 다니는 것으로 정도를 넘어 거리낌 없이 마음대로 말함.

106　천간일기(天干一氣): 천간(天干)이 한 가지 오행(五行)만으로 구성(構成)되어 있는 것.

107　지지쌍청(地支雙淸): 지지(地支)가 두 개로만 청(淸)하게 이루어져 충형합(冲刑合)이 없는 지지(地支)를 의미(意味)함.

모두 천간(天干)이 덮어주고 지지(地支)가 실어주는 간지(干支)의 상생상부(相生相扶)를 필요로 하는 것이 천부지재(天覆地載)이다.

```
庚 庚 丁 己
辰 申 卯 亥
```

```
庚辛壬癸甲乙丙
申酉戌亥子丑寅
```

庚金雖生春令　支坐祿旺　時逢印比　足以用官　地支載以卯木　財星又得
경금수생춘령　지좌록왕　시봉인비　족이용관　지지재이묘목　재성우득

亥水生扶有淸　丁火之根愈固　所謂天地順遂而精粹者昌也　歲運逢壬
해수생부유청　정화지근유고　소위천지순수이정수자창야　세운봉임

癸亥子　干有己印衛官　支得卯財化傷　生平履險如夷　少年科甲　仕至封
계해자　간유기인위관　지득묘재화상　생평이험여이　소년과갑　사지봉

疆　經云　日主最宜健旺　用神不可損傷　信斯言也.
강　경운　일주최의건왕　용신불가손상　신사언야

庚金이 비록 봄에 태어났으나, 좌하(坐下)에 녹왕(祿旺)하고 시(時)에 인비(印比)를 만났으니 족히 관성(官星)을 용(用)으로 하니, 지지(地支)에서 卯木 재성(財星)이 亥水의 생부(生扶)를 얻어 유정(有情)하므로 丁火의 뿌리가 더욱 견고(堅固)하니, 소위 '천지순수이정수자창야(天地順遂而精粹者昌也)'라고 한다.

대운(大運)에서 壬癸 亥子를 만났으나 천간(天干)에 己土 인수(印綬)가 丁火 관성(官星)을 인화(引化)하여 평생(平生) 동안 험지(險地)를 만나도 평지(平地)처럼 순탄(順坦)하였다. 소년(少年)에 과갑(科甲)하였고 벼슬이 봉강(封疆)에 이르렀다. 경(經)에서 "일주(日主)는 건왕(健旺)함이 가장 마땅하고 용신(用神)을 손상(損傷)함은 불가(不可)하다"라고 말하는데 믿을 만하다고 하겠다.

庚金 일주가 卯월에 태어나 실령(失令)하였으나 좌하(坐下)에 득지(得地)하고 시(時)에 인비(印比)를 만나고 천간(天干)에 己土가 투출(透出)되었으며 시지(時支)의 辰土는 탐생(貪生)의 뜻이 있어서 辰申은 합이불화(合而不化)되어 辰土는 시간(時干)의 庚金을 생조(生助)하니 신왕(身旺)하다.

희신(喜神)은 식재관(食財官)인 水木火이고 기신(忌神)은 인비(印比)인 土金이다. 丁火 관성(官星)은 寅卯 합목(合木)으로 생조(生助)를 받으니 자연히 丁火의 뿌리가 더욱 견고(堅固)하게 되었다. 초중년(初中年)은 동북지지(東北之地)인 木水로 행(行)하고 있으니 아름답다. 그러므로 일찍 과갑(科甲)하여 벼슬이 봉강(封疆)에 이르렀다.

壬戌 대운은 壬水가 희신(喜神)이고 戊土가 기신(忌神)이지만 卯戌 합화(合火)하여 희신(喜神)이 되었으니 더욱 기쁘다. 辛酉 대운은 辛金이 기신(忌神)이고 辰酉 합금(合金)으로 기신(忌神)이 되었는데 설상가상(雪上加霜)으로 卯酉 충(冲)으로 희신(喜神)인 卯木이 충거(冲去)하게 된 것이다.

경(經)에 이르길 '일주최의건왕(日主最宜健旺), 용신불가손상(用神不可損傷)'이라고 한 것은 일주(日主)는 천부지재(天覆地載)가 되어 손상(損傷)되지 않아야 한다는 것이다.

任註

甲	庚	丁	己
申	辰	卯	酉

庚辛壬癸甲乙丙
申酉戌亥子丑寅

此亦以丁火官星爲用　地支亦載以卯木財星　與前造大同小異　只爲卯
차역이정화관성위용　지지역재이묘목재성　여전조대동소이　지위묘

酉逢冲 剋敗丁火之根 支中少水 財星有剋無生 雖時透甲木 臨於申支
유봉충 극패정화지근 지중소수 재성유극무생 수시투갑목 임어신지

謂地支不載 雖有若無 故身出舊家 詩書不繼 破耗刑傷 一交戌運 支
위지지부재 수유약무 고신출구가 시서불계 파모형상 일교술운 지

類西方 貧乏不堪.
류서방 빈핍불감

이 명조(命造)도 역시 丁火 관성(官星)을 용신(用神)으로 하며, 지지(地支) 역시 卯木 재성(財星) 위에 실려 있으니 전조(前造)와 대동소이(大同小異)하다.

다만 卯木이 卯酉 봉충(逢冲)을 당하여 丁火의 뿌리가 극패(剋敗)되었으며 지지(地支)에 水가 적으므로 재성(財星)이 유극무생(有剋無生)이다.

비록 시(時)에 甲木이 투출(透出)되어 있으나 申金 위에 있으니 지지부재(地支不載)라고 말하며 비록 있어도 없는 것과 같다. 고로 전통(傳統) 있는 가문(家門)에 태어났으나 시서(詩書)의 학문(學問)을 계승(繼承)하지 못하였고 형상파모(刑傷破耗)를 겪었으며 대운(大運)이 戌운으로 바뀌자 지지(地支)에서 서방금국(西方金局)이 이루어져 가난하고 궁핍(窮乏)함이 감당(堪當)하기 어려웠다.

評註

庚金 일주가 卯월에 실령(失令)하였으나 좌하진토(坐下辰土)에 득지(得地)하였으며 년주(年柱) 己酉에 득세(得勢)하니 신왕(身旺)하다. 신왕(身旺)하면 희신(喜神)은 식재관(食財官)인 水木火이고 기신(忌神)은 인비(印比)인 土金이다.

식상수(食傷水)는 진중계수(辰中癸水)로 미약(微弱)하고 재성목(財星木)은 卯酉 충(冲)으로 卯木의 뿌리가 흔들리어 丁火 관성(官星)이 미약(微弱)하다. 甲木은 지지(地支)의 申金에 절각(截脚)되어 지지부재(地支不載)가 되어 丁火를 생조(生助)할 수가 없다.

壬戌 대운은 천간(天干)에 丁壬 합거(合去)되어 丁火 희신(喜神)이 손상(損傷)되었으며 지지(地支)는 申酉戌 서방금국(西方金局)으로 기신(忌神)이 왕성(旺盛)하니 卯木은 원국(原局)에서 卯酉 합충(合冲)이 되어 있는데 설상가상(雪上加霜)으로 卯木 희신

(喜神)이 충발(沖拔)되었다.

전명조(前命造)는 卯木이 목국(木局)으로 천부지재(天覆地載)되었기 때문에 향시(鄕試)에 과갑하였고 차명조(此命造)는 식상수(食傷水)가 없어 卯木 재성(財星)이 충(沖)을 받아 丁火 관성(官星)이 미약하여 학문의 뜻을 펴지 못하였다.

任註

```
癸 辛 壬 庚
巳 酉 午 申
```

```
己 戊 丁 丙 乙 甲 癸
丑 子 亥 戌 酉 申 未
```

此庚辛壬癸　金水雙清　地支申酉巳午　煅煉有功謂午火眞神得用　里應
차경신임계　금수쌍청　지지신유사오　단련유공위오화진신득용　리응

名利雙輝　所惜者　五行無木　金雖失令而黨多　火雖當令而無輔　更嫌壬
명리쌍휘　소석자　오행무목　금수실령이당다　화수당령이무보　경혐임

癸覆之　緊貼庚辛之生　而申中又得長生　則壬水愈肆逞雖有巳火助午
계부지　긴첩경신지생　이신중우득장생　즉임수유사령수유사화조오

無如　巳酉拱金　則午火之勢必孤　所以申酉兩運　破耗異常　丙戌運中　助
무여　사유공금　즉오화지세필고　소이신유양운　파모이상　병술운중　조

起用神　大得際遇　一交亥運　壬水得祿　癸水臨旺　火氣剋盡　家破身亡.
기용신　대득제우　일교해운　임수득록　계수임왕　화기극진　가파신망

이 명조(命造)는 庚辛壬癸로 金水가 쌍청(雙淸)하고, 지지(地支)가 申酉巳午이니 火가 당권(當權)하여 金을 단련(煅煉)하는 공(功)이 있어 午火 진신(眞神)을 득용(得用)하게 되므로 이치(理致)로는 응당 명리(名利)가 빛날 만하다.

그러나 애석(哀惜)한 것은 오행(五行)에 木이 없으니 金은 비록 실령(失令)하였다고 할지라도 보조하는 것이 없다. 다시 꺼리는 것은 壬癸가 덮어 있고 庚辛金이 긴첩(緊貼)으로 붙어서 생조(生助)하고 있으며 辛金에서 다시 장생(長生)을 얻었으니

壬水는 더욱 제멋대로 날뛴다. 비록 巳火가 午火를 돕는다고 할지라도 巳酉가 금국(金局)을 이루었으니 午火의 기세(氣勢)는 외로울 수밖에 없다.

이로써 申酉 운에 파모(破耗)가 많았으며, 丙戌 운에는 용신(用神)을 도와 일으키니, 크게 기회를 얻어 발복(發福)하였으나 마침내 亥운으로 바뀌자 壬水가 득록(得祿)하고 癸水가 임왕(臨旺)하여 화기(火氣)가 극진(剋盡)하니 가산(家産)을 탕진(蕩盡)하고 세상을 떠났다.

評註

辛金 일주가 午월에 태어나 실령(失令)하였고, 천간(天干)이 金水로 왕성(旺盛)한데 지지(地支)에 申酉 합금(合金), 巳酉 합금(合金)으로 신왕(身旺)하다. 희신(喜神)은 식재관(食財官)인 水木火이고 기신(忌神)은 인비(印比)인 土金이다. 당령(當令)한 午火가 용신(用神)인데 壬水에 개두(蓋頭)되어 있고 庚辛申酉로 바짝 붙어 있어 협공(夾攻)하니 午火는 사면초가(四面楚歌)로 고립무의(孤立無依)가 되었다.

甲申 대운에는 천간(天干)에 甲庚 충(冲)으로 甲木이 피상(被傷)되었고, 지지(地支)는 申酉 합금(合金)으로 기신(忌神)이 되었으며, 乙酉 대운은 역시 乙辛 충(冲)으로 역시 乙木이 피상(被傷)되었고 지지(地支)는 申酉 합금(合金), 巳酉 합금(合金)으로 기신(忌神)이 왕성(旺盛)하여 午火는 더욱 약화(弱化)되어 화몰(火沒) 직전까지 갔으나 丙戌 대운은 午戌 합화국(合火局)이 되어 좋은 기회를 얻었다. 丁亥 대운은 丁癸 충(冲), 巳亥 충(冲)으로 천충지충(天冲地冲)되어 화기(火氣)가 충발(冲拔)되어 세상을 떠났다.

```
甲 辛 壬 庚
午 酉 午 申
```

```
己戊丁丙乙甲癸
丑子亥戌酉申未
```

此亦用午中丁火之殺　壬水亦覆之於上　亦有庚金緊貼之生　所喜者 午時
차역용오중정화지살　　임수역부지어상　　역유경금긴첩지생　소희자　오시

一助　更妙天干覆以甲木　則火之蔭盛　且壬水見甲木而貪生　不來敵火
일조　경묘천간부이갑목　　즉화지음성　차임수견갑목이탐생　　불래적화

四柱有相生之宜　無爭剋之風　中鄕榜　仕至觀察　與前造只換得先後一時
사주유상생지의　　무쟁극지풍　중향방　사지관찰　여전조지환득선후일시

天淵之隔　所謂毫釐千里之差也.
천연지격　소위호리천리지차야

이 명조(命造) 역시 丁火 칠살(七殺)을 용신(用神)으로 하는데 壬水가 역시 천간(天干)에서 덮고 있으며 또한 庚金이 바짝 붙어서 壬水를 생조(生助)하고 있다. 그러나 기뻐하는 것은 오시(午時)가 일조하는데 더욱 오묘(奧妙)한 것은 천간(天干)에서 甲木이 午火를 덮고 있는 것이니 午火의 음덕(蔭德)이 왕성(旺盛)하게 있다.

또한 壬水가 甲木을 탐생(貪生)하여 午火에 대적(對敵)하지 않는다.

그러므로 상생지의(相生之宜)만 있고 생극지풍(生剋之風)은 없다. 향시(鄕試)에 합격(合格)하고 벼슬이 관찰사(觀察使)에 이르렀다.

전조(前造)와는 다만 선후(先後)에서 시(時)만 바뀌었는데 하늘과 땅의 차이가 있으며 "터럭만 한 작은 차이(差異)가 마침내는 천 리(千里)만큼이나 차이(差異)가 난다"라는 것은 이러한 경우를 이른 말이다.

辛金 일주가 午월에 태어나서 실령(失令)하였고 좌하유금(坐下酉金)에 득지(得地)하였으며, 申酉 합금(合金)이 되었고 비겁(比劫)으로 방조(幇助)하고 있는데 庚金이 투출(透出)되어 신왕(身旺)하다. 희신(喜神)은 식재관(食財官)인 水木火가 되고 기신(忌神)은 인비(印比)인 土金이다. 원국(原局)에 희신(喜神)이 전부(全部) 갖추어져 있으니 귀격(貴格)이 틀림없다.

午火를 壬水가 덮고 있으나 년간(年干) 甲木을 생조(生助)하여 午火와 대적(對敵)하지 않으며 甲木은 午火를 생조(生助)하니 관성(官星)이 건왕(健旺)하여 향시(鄕試)에 합격(合格)하여 관찰사(觀察使)에 이르렀다. 전조(前造)와는 다만 선후(先後)의 시(時) 하나만 바뀌었으나 천연지격(天淵之隔)이 되었다.

위의 두 명조(命造)는 연월일(年月日)의 간지(干支)는 같으나 시주(時柱)가 癸巳와 甲午만 다르지만 일생(一生)의 길흉화복(吉凶禍福)은 하늘과 땅의 차이가 있으니 생시(生時)를 소홀히 할 수 없다는 증험(證驗)이 되는 것이다.

전조(前造)의 巳火는 巳酉 합금(合金)으로 기신(忌神) 金水를 왕성(旺盛)하게 하였고, 차조(此造)의 巳火는 甲木의 생조(生助)를 받아 희신(喜神) 木火를 왕성(旺盛)하게 하였기 때문이다.

原文

天全一氣 不可使地德莫之載
천전일기　　불가사지덕막지재

천간(天干)이 온전(穩全)하게 일기(一氣)로 되어 있더라도 지지(地支)의 덕(德)이 실어주지 않으면 아니 된다.

四甲四乙 而遇寅申卯酉 爲地不載
사갑사을　　이우인신묘유　　위지부재

천간(天干)이 사갑(四甲)이나 사을(四乙)로 일기(一氣)가 온전(穩全)하여도 지지(地支)에 寅申이나 卯酉를 만난다면 지지(地支)가 실어주지 않는 것이다.

任註

天全一氣者 天干四甲 四乙 四丙 四丁 四戊 四己 四庚 四辛 四壬 四
천전일기자　　천간사갑　사을　사병　사정　사무　사기　사경　사신　사임　사

癸 皆是也 地支不載者 地支與天干無生化也 非特四甲四乙而遇申 酉
계　개시야　지지부재자　　지지여천간무생화야　　비특사갑사을이우신　유

寅卯爲不載 卽全受剋于地支 或反剋地支 或天干不顧地支 或地支不
인묘위부재　즉전수극우지지　　혹반극지지　　혹천간불고지지　　혹지지불

顧天干 皆爲不載也 如四乙酉者 受剋于地支也 四辛卯者 反剋地也 必
고천간　개위부재야　여사을유자　수극우지지야　사신묘자　반극지야　필

須地支之氣上升天干之氣下降 則流通生化 而不至於偏枯 又得勢運
수지지지기상승천간지기하강　　즉유통생화　　이부지어편고　　우득세운

安頓 非富亦貴矣 如無升降之情 反有冲剋之勢 皆爲偏枯而貧賤矣 宜
안돈　비부역귀의　여무승강지정　　반유충극지세　　개위편고이빈천의　　의

細究之.
세구지

임씨(任氏)가 말하길, 천전일기(天全一氣)라는 것은 천간(天干)이 사갑(四甲), 사을(四乙), 사병(四丙), 사정(四丁), 사무(四戊), 사기(四己), 사경(四庚), 사신(四辛), 사임(四壬), 사계(四癸) 등이 다 그것이다.

지지부재(地支不載)라는 것은 지지(地支)와 천간(天干)이 서로 생화(生化)함이 없는 것이다. 단지 사갑(四甲), 사을(四乙)이 寅申, 卯酉를 만나는 것만이 부재(不載)가 아니고, 천간(天干)이 지지(地支)의 극(剋)을 만나는 것만이 부재(不載)가 아니고, 천간(天

干)이 지지(地支)의 극(剋)을 받거나 혹은 도리어 지지(地支)를 극(剋)하거나 혹은 천간(天干)이 지지(地支)를 돌보지 않거나 혹은 지지(地支)가 천간(天干)을 돌보지 않는 것이 모두 부재(不載)이다.

가령 사을유(四乙酉)인 것은 천간(天干)이 지지(地支)의 극(剋)을 받는 것이고 사신묘(四辛卯)는 천간(天干)이 도리어 지지(地支)를 극(剋)하는 것이다. 그러므로 반드시 지지(地支)의 기(氣)는 상승(上升)하고 천간(天干)의 기(氣)는 하강(下降)하여 상하(上下)가 유통(流通)하고 서로 생화(生化)한다면 편고(偏枯)함에 이르지 않을 것이며, 또 세운이 안돈(安頓)[108]하면 부격(富格)이거나 귀격(貴格)인 것이다. 만약 천간(天干)과 지지(地支)가 승강(升降)하는 정(情)이 없고 도리어 충극(冲剋)하는 기세(氣勢)라면 편고(偏枯)한 것이므로 빈천(貧賤)하게 될 것이다. 자세하게 궁구(窮究)함이 마땅하다.

任註

```
甲 甲 甲 甲
戌 寅 戌 申
```

```
辛 庚 己 戊 丁 丙 乙
巳 辰 卯 寅 丑 子 亥
```

年支申金 冲去日主寅木 加以戌土乘權重見 生金助殺 謂地支不顧天干
년지신금　충거일주인목　가이술토승권중견　　생금조살　위지지불고천간

夫四甲一寅 似乎强旺 第秋木休囚 冲去祿神 其根已拔 不作旺論 枯寅
부사갑일인　사호강왕　제추목휴수　충거록신　기근이발　부작왕론　고인

卯 亥子運中 衣食頗豊 一交庚辰 殺之元神透出 四子俱傷 破家不祿
묘　해자운중　의식파풍　일교경진　살지원신투출　사자구상　파가불록

干多不如支重 理固然也.
간다불여지중　리고연야

이 명조(命造)는 천전일기(天全一氣)인데 년지(年支)의 申金이 일주(日主)의 寅木을 충거(冲去)하고, 당령(當令)한 戌土 둘이 승권(乘權)하였고 더욱 가세(加勢)하여 생금칠살(生金七殺)하고 있으니 이는 지지(地支)가 천간(天干)을 돌보지 않는 것이다. 원국(原局)에 사갑일인(四甲一寅)으로 강왕(强旺)한 것 같으나 시령(時令)이 추목(秋木)하고 녹신(祿神)을 충거(冲去)하여 그 뿌리가 뽑혔으니 일주(日主)가 왕(旺)하다고 볼 수 없다. 그러므로 일주(日主)를 돕는 亥子寅卯 대운에는 의식(衣食)이 풍족하였으나 庚辰 대운으로 바뀌자 살(殺)의 원신(元神)이 투출(透出)하니 木을 극(剋)하므로 자식(子息) 넷을 잃고 가산을 탕진(蕩盡)하였으며 세상을 떠났다.

서(書)에 이르기를 '간다불여지중(干多不如支重)'이라고 하였는데 이는 "천간(天干)의 많은 것은 지지(地支)의 중(重)함만 못하다"라는 말과 이치(理致)가 합당하다.

評註

甲木 일주가 戌월에 태어나 실령(失令)하였고 지지가 申戌의 공합(拱合)으로 금국(金局)이 되어 관살이 왕성하다. 寅申 충(冲)으로 寅木이 충발(冲拔)되었으니 甲木 일간(日干)의 뿌리가 약하게 되었다. 그러므로 식신제살격이 되었으니 희신(喜神)은 인비식(印比食)인 水木火이고 기신(忌神)은 재관(財官)인 土金이다.

대운(大運)이 亥子丑 북방(北方)에서 寅卯辰 동방(東方)으로 행(行)하니 대길(大吉)하였다. 庚辰 대운은 천간(天干)이 甲庚 충(冲)으로 庚金이 충발(冲拔)되었으므로 자식 넷을 잃었으며, 지지(地支)는 辰戌 충(冲)으로 재성(財星)이 괴패혼란(乖悖混亂)이 되니 가산(家産)이 탕진(蕩盡)되고 천충지충(天冲地冲)으로 형액(刑厄)을 면(免)치 못하여 세상을 떠났다.

이것은 진중을목(辰中乙木)과 술중신금(戌中辛金)이 乙辛 충(冲)으로 乙木 희신(喜神)이 충(冲)되었고, 또한 진중계수(辰中癸水)와 술중정화(戌中丁火)가 丁癸 충(冲)으로 癸水가 충발되어 암충(暗冲)으로 쇠신발(衰神拔)이 된 이치라고 할 수 있다.

```
戊 戊 戊 戊
午 戌 午 子
```

```
乙甲癸壬申庚己
丑子亥戌酉申未
```

此造局火土　子衰午旺　冲則午發而愈烈熱乾滴水　是謂天干不覆　初交
차조국화토　자쇠오왕　충즉오발이유열오건적수　　시위천간불부　초교

己未 孤苦萬狀 至庚申辛酉運 引通戊土之性 大得際遇 聚妾生子 立業
기미　고고만장　지경신신유운　인통무토지성　대득제우　취첩생자　입업

成家 一交壬戌 水不通根 暗拱火局 遭祝融之變 一家口皆亡 如天干透
성가　일교임술　수불통근　암공화국　조축융지변　일가구개망　여천간투

一庚辛 或地支 歲一申酉 豈至若是之結局乎.
일경신　혹지지　세일신유　기지약시지결국호

이 명조(命造)는 만국(滿局)이 火土이니 子水는 쇠약(衰弱)하고 午火는 왕성(旺盛)
하므로 子水가 충(冲)을 하였는데 午火가 발(發)하여 더욱 맹렬(猛烈)하여지니 적수
오건(滴水熬乾)[109]이 되었는데 이것은 "천간(天干)이 지지(地支)를 덮어주지 않는 천간
불부(天干不覆)"이다.

　처음 己未 대운(大運)은 온갖 외롭고 고통(苦痛)스러운 일에 시달려 감당하기 어
려운 처지였으나 대운(大運)이 庚申, 申酉에 이르자 왕(旺)한 戊土를 인통(引通)하여
子水를 생조(生助)한 까닭에 크게 좋은 기회를 얻었고, 처(妻)를 얻어 자식(子息)을
낳았으며 사업(事業)을 일으켜 부자(富者)가 되었다.

　그러나 대운(大運)이 壬戌로 바뀌어서는 壬水는 통근(通根)되지 않고 戊土는 午
火에 암합(暗合)하여 화국(火局)을 이루었으니 화재(火災)가 일어나 일가(一家)의 다섯

---

109 적수오건(滴水熬乾): 한 방울의 적은 물이 심한 가뭄에 말라 있다는 뜻으로, 학철부어(涸轍鮒魚)
　　와 같은 현상을 말함.

식구가 모두 세상을 떠났다. 만약 천간(天干)에 庚辛金이 하나라도 투출(透出)되어 있거나, 지지(地支)에 申酉金이 하나라도 있었다면 어찌 이와 같은 참혹한 지경에 이르렀겠는가?

戊土 일주가 午月에 득령(得令)하고 좌하(坐下)에 득지(得地)하였으며 천간(天干)에 戊土가 전투(全透)하였으니 火土가 태왕(太旺)하니 子水가 子午 충(冲)으로 충발(冲拔) 직전에 있다.

戊土는 지지(地支)에 午戌 화국(火局)으로 화다토초(火多土蕉)가 되어 子水가 대적(對敵)하기에는 역부족(力不足)이므로 오히려 군겁쟁재(群劫爭財)가 되었다. 희신(喜神)은 식재관(食財官)인 金水木이고 기신(忌神)은 인비(印比)인 火土이다.

다행하게도 대운(大運)이 金水 운으로 행(行)하여 대발(大發)하였으나, 壬戌 대운은 壬水가 희신(喜神)이지만 술중신금(戌中辛金)에 통근(通根)이 약(弱)한데 원국(原局)의 午火와 암합(暗合)하여 子水는 적수오건(滴水熬乾)이 되어 용신(用神)이 충발(冲拔)되어 불길(不吉)하게 된 것이다.

戊 戊 戊 戊
午 子 午 申

乙甲癸壬辛庚己
丑子亥戌酉申未

此與前造　祇換一申字　而天干之氣下降　地支之水有源　午火雖烈　究不
차여전조　지환일신자　이천간지기하강　지지지수유원　오화수열　구불

能傷申金　用金明矣　況有子水　爲去病之喜神　交申運　戊辰年　四月入學
능상신금　용금명의　황유자수　위거병지희신　교신운　무진년　사월입학

九月登科 蓋得太歲辰字 暗會水局之妙 惜將來壬戌運中 天干群比爭財
구월등과　개득태세진자　암회수국지묘　석장래임술운중　천간군비쟁재

地支暗會火局 未見其吉矣.
지지암회화국　미견기길의

이 명조(命造)는 전조(前造)와 비교했을 때 단지 申이라는 글자 하나만 바뀌었으나 천간(天干)의 기(氣)가 하강(下降)하고, 지지(地支)의 水는 근원(根源)을 상(傷)하게 할 수 없으므로 金을 용신(用神)으로 하는 것이 분명하다.

子水는 병(病)인 午火를 제거(除去)하는 희신(喜神)이므로 申운으로 바뀌자 戊辰년 사월(四月)에 태학(太學)에 입학(入學)하여 구월(九月)에 등과(登科)하였으니 이는 태세(太歲)의 辰이 申子와 암회(暗會)하여 申子辰 합수국(合水局)을 이루는 묘(妙)가 있었기 때문이다. 그러나 애석(哀惜)한 것은 壬戌 운에는 천간(天干)이 군겁쟁재(群劫爭財)가 되었고 지지(地支)에서는 午戌 합화국(合火局)이 암회(暗會)가 되므로 길(吉)함이 나타나지 않는 것이다.

評註

戊土 일주가 午월에 득령(得令)하고 시지오화(時支午火)에 득세(得勢)하니 신왕(身旺)하다. 희신(喜神)은 식재관(食財官)인 金水木이고 기신(忌神)은 인비(印比)인 火土이다. 戊土가 午火를 보면 양인(羊刃)이 되어, 생살권(生殺權)을 가진 직업(職業)에 종사하는 경우가 많다.

지지(地支)의 申金은 申子 합수국(合水局)으로 재성(財星)이 든든하다. 己未 대운은 己土가 기신(忌神)인데 지지(地支)는 午未 합화국(合火局)으로 역시 기신(忌神)이 되니 고고(孤枯)하였을 것이다.

庚申 대운은 지지(地支)에 申子 합수국(合水局)으로 용신(用神)이 왕성(旺盛)하다. 혹 辛酉 대운은 辛金은 희신(喜神)이 되어 왕토(旺土)를 설기(洩氣)시키며 지지(地支)는 申酉 합금국(合金局)으로 역시 희신(喜神)이 왕성(旺盛)하다. 壬戌 대운에는 壬水는 희신(喜神)이 되지만 지지(地支)는 午戌 합화국(合火局)으로 기신(忌神)이 되어 戊土가

더욱 왕성해지니 군겁쟁재(群劫爭財)가 되어 오히려 흉(凶)함이 일어난 것이다.

任註

```
辛 辛 辛 辛
卯 卯 卯 卯
```

```
甲乙丙丁戊己庚
申酉戌亥子丑寅
```

此造 四木當權 四金臨絶 雖曰反剋地支 實無力剋也 如果能剋 可用財
차조　사목당권　사금임절　수왈반극지지　실무력극야　여과능극　가용재

矣 若能用財 豈無成立乎 彼出母腹 數年間父母皆亡 與道土爲徒 己丑
의　약능용재　기무성입호　피출모복　수년간부모개망　여도토위도　기축

戊子運 印綬生扶 衣食無虧 一交丁亥 生火剋金 卽亡其師 所有業 嫖賭
무자운　인수생부　의식무휴　일교정해　생화극금　즉망기사　소유업　표도

掃盡而死.
소진이사

이 명조(命造)는 사묘목(四卯木)이 당권(當權)하였고, 사신금(四辛金)은 절지(絶地)에 임(臨)하였으니, 지지(地支)의 木을 극(剋)한다고 하나 木을 극(剋)할 힘이 없다. 木을 극(剋)할 수 있다면 재(財)를 쓸 수 있을 것인데, 용재(用財)를 할 수 있다면 어찌 성공(成功)할 수 없겠는가? 그러나 이 사람은 태어난 후 몇 년 사이에 부모(父母)가 모두 죽었으므로 도사(道士)를 따라가 제자(弟子)가 되었다.

己丑, 戊子 운에는 인수(印綬)가 생부(生扶)하니 의식(衣食)이 부족(不足)함이 없었으며 마침내 丁亥 운으로 바뀌어서는 지지(地支)의 木과 회국(會局)하여 목생화(木生火)하니 자연히 극금(剋金)되므로 그 스승이 세상을 떠났는데 물려받은 사업(事業)을 주색(酒色)과 도박(賭博)으로 탕진(蕩盡)하고 일생(一生)을 마쳤다.

辛金 일주가 卯월에 태어나 실령(失令)하였으니, 지지(地支)의 사묘목(四卯木)이 당
권(當權)하며 사신금(四辛金)은 임절(臨絶)되었다. '간다불여지중(干多不如支重)'이라 천
간(天干)에 많은 것은 지지(地支)의 중요(重要)함만 못하다 하였으니, 천간(天干)의 辛
金은 뿌리가 전혀 없는 허신(虛神)이 되었다. 희신(喜神)은 인비(印比)인 土金이고 기
신(忌神)은 식재관(食財官)인 水木火이다.

庚寅 대운은 庚金이 희신(喜神)이지만 지지(地支)의 寅卯 목국(木局)으로 기신(忌神)
이 되었다. 인수(印綬) 土가 없고 재성(財星)의 木이 기신(忌神)이니 부모복(父母福)이
없눈 것이다. 己丑과 戊子 운은 인수(印綬)로 생조(生助)하니 의식(衣食)에 부족(不足)
함이 없었으며 丁亥 운은 기신(忌神)이고 지지(地支)의 亥水는 亥卯 목국(木局)으로
역시 기신(忌神)이 되어 군겁쟁재(群劫爭財)가 더욱 심하여 가진 것을 탕진(蕩盡)하고
세상을 떠난 것이다.

그러므로 속서(俗書)에는 천원일기(天元一氣)를 귀격(貴格)이라고 하는 것은 천간
(天干)의 기(氣)가 순청(純淸)하더라도 지지(地支)와의 배합(配合)이 천부지재(天覆地載)
가 되지 않으면 귀격(貴格)이 될 수 없는 것이다.

原文

地全三物 不可使天道莫之容
지전삼물   불가사천도막지용

지지(地支)에 방(方)이나 국(局)이 이루어져도 천간(天干)이 이를 받아들이지 않는
다면 불가(不可)하다.

原註

寅卯辰 亥卯未 而遇甲庚乙辛 則天不覆 然不特全一氣與三物者 皆宜
인묘진   해묘미   이우갑경을신   즉천불부   연불특전일기여삼물자   개의

天覆地載 不論有根無根 皆要循其氣序 干支不反悖爲妙.
천부지재　　불론유근무근　　개요순기기서　　간지불반패위묘

지지(地支)에 寅卯辰이나 亥卯未의 삼물(三物)이 천간(天干)에 甲庚이니 乙辛을 만
나면 천간(天干)이 지지(地支)를 덮어주지 않는 것이다. 그러나 천전일기(天全一氣)나
지전삼물(地全三物)의 경우뿐만 아니라, 간지(干支)의 배합(配合)은 천간(天干)은 지지
(地支)를 덮어주고 지지(地支)는 천간(天干)을 실어주어야 마땅하다. 뿌리가 있는가
없는가를 막론하고 모두 그 기(氣)가 순서(順序)에 맞게 순환(循環)하여야 간지(干支)
가 어그러지지 않고 묘(卯)한 것이다.

任註

地支三物者 支得寅卯辰 巳午未 申酉戌 亥子丑 之方是也 如寅卯辰
지지삼물자　지득인묘진　　사오미　　신유술　　해자축　지방시야　여인묘진

日主是木要天干火多 日主是火 要天干金旺 日主是金 要天干土重 大
일주시목요천간화다　　일주시화　요천간금왕　일주시금　요천간토중　대

凡支全三物 其勢旺盛 如旺神在提綱 天干必須順其氣勢 洩之可也 如
범지전삼물　기세왕성　여왕신재제강　천간필수순기기세　설지가야　여

旺神在別支 天干制之有力 制之可也 何以旺神在提綱 只宜洩而不宜
왕신재별지　천간제지유력　제지가야　하이왕신재제강　지의설이불의

制 夫旺神在提綱者 必制神之絶地也 如强制之不得其性 及激而肆逞
제　부왕신재제강자　필제신지절지야　여강제지부득기성　급격이사령

矣 旺神者 木方提綱得寅卯 是也 制神者 庚辛金也 寅卯乃庚辛之絶地
의　왕신자　목방제강득인묘　시야　제신자　경신금야　인묘내경신지절지

也 如辰在提綱 四柱干支 又有庚辛之助 方可制矣 所謂循其氣序 調
야　여진재강　사주간지　우유경신지조　방가제의　소위순기기서　조

劑得宜斯爲全美 木方如此 餘可例推.
제득의사위전미　목방여차　여가예추

지지(地支)의 삼물(三物)이라는 것은 지지(地支)에 寅卯辰, 巳午未, 申酉戌, 亥子丑
의 방(方)이 모두 있는 것을 말한다.

가령 寅卯辰에 일주(日主)가 木이면 천간(天干)에 火가 많아야 하고, 일주(日主)가 火이면 천간(天干)에 金이 왕(旺)하여야 하며, 일주(日主)가 金이면 천간(天干)에 土가 많아야 한다.

무릇 지지(地支)에 삼물(三物)이 있으면 그 기세(氣勢)가 왕성(旺盛)하므로 만약 왕신(旺神)이 월지(月支)에 있으면 천간(天干)은 반드시 그 기세(氣勢)에 순응(順應)하여 설(洩)하는 것이 마땅하고, 왕신(旺神)이 다른 지지(地支)에 있으면 천간(天干)의 관살(官殺)이 유력한 경우에 억제(抑制)하는 것이 마땅하다.

어찌하여 왕신(旺神)이 월지(月支)에 있을 경우 설(洩)하는 것이 마땅하고 억제(抑制)하는 것이 마땅하지 않은가?

왕신(旺神)이 월지(月支)에 있으면 제신(制神)은 반드시 절지(絶地)가 되기 때문인데 억지로 제압(制壓)하려 하면 그 성정(性情)을 다스리지 못하고 상대를 격발(激發)시켜 방자(放恣)하게 날뛰게 만든다.

왕신(旺神)이라 함은 목방(木方)의 경우 월지(月支)에 寅卯가 있는 것이고, 제신(制神)이라 함은 庚辛金인데, 寅卯는 庚辛金의 절지(絶地)가 되는 것이다. 만약에 월지(月支)에 辰土가 있으면 간지(干支)에 庚辛金을 돕는 것이 있다면 비로소 억제할 수가 있는 것이다.

그러므로 그 기(氣)가 차례로 순환(循環)하고 간지(干支)의 배합(配合)이 마땅하면 전체(全體)가 아름답다. 목방(木方)이 이러하니 나머지도 이와 같이 유추(類推)하기 바란다.

任註

```
丙 甲 庚 辛
寅 辰 寅 卯
```

```
癸甲乙丙丁戊己
未申酉戌亥子丑
```

此寅卯辰東方 兼之寅時 旺之極矣 年月兩金臨絶 旺神在提綱 休金難
차인묘진동방　겸지인시　왕지극의　년월양금임절　왕신재제강　휴금난

剋 而且丙火透時 木火同心 謂强衆而敵寡 勢在去庚辛之寡 早行土運
극　이차병화투시　목화동심　위강중이적과　세재거경신지과　조행토운

生金 破耗異常 進京入部辦事 至丙戌運 分發廣東 得軍功 昇知縣 喜
생금　파모이상　진경입부판사　지병술운　분발광동　득군공　승지현　희

其剋盡庚辛之美 至酉 庚辛得地 不祿宜矣.
기극진경신지미　지유　경신득지　불록의의

이 명조(命造)는 寅卯辰 동방(東方)을 이루고, 겸하여 인시(寅時)이므로 왕(旺)함이
극(極)에 이르렀다. 년월(年月)의 庚辛金은 절지(絶地)에 있고, 왕신(旺神)이 월령(月令)
에 있으니 휴금(休金)으로서는 극(剋)하기 어렵다.

또한 丙火가 시간(時干)에 투간하여 木火가 동심(同心)이 되고 있으므로 '강중적
과(强衆敵寡)'라, 즉 강(强)한 무리가 소수(小數)를 대적(對敵)하는 것이니 庚辛의 작은
적(敵)을 제거(除去)하는 데 있다.

대운(大運)이 일찍 土운으로 행(行)하여 金을 생조(生助)한 까닭에 파모(破耗)를 겪
었으나 수도로 나아가 입부하여 공무를 처리하였다. 丙戌 대운에는 광동지역(廣東
地域)에 파견되어 군공(軍功)을 세워 지현(知縣)에 올라갔으니, 이는 기신(忌神)인 庚
辛金을 극진(剋盡)하는 아름다움이 있었기 때문이다. 己酉 대운(大運)에 이르러 庚
辛金이 득지(得地)하여 세상을 떠난 것이니 이는 기신(忌神)이 득세(得勢)하여 왕신
(旺神)을 충파(冲波)하였기 때문이다.

評註

甲木 일주가 寅월에 당령(當令)하고 지지(地支)가 寅卯辰 동방목국(東方木局)이고
인시(寅時)이니 종왕격(從旺格)이 되었다. 희신(喜神)은 인비식(印比食)인 水木火이고
기신(忌神)은 재관(財官)인 土金이다. 천간(天干)에 庚辛金이 무근(無根)하여 절지(絶地)
가 되니 제거(除去)해야 아름답다.

대운(大運)이 戊子, 己丑에는 기신(忌神)을 생금(生金)하니 파모(破耗)를 겪었으며

丁亥 운은 丁火가 희신(喜神)이며 寅亥 합목(合木), 亥卯 합목(合木)으로 희신(喜神)이
되니 관공부에 들어가 공무를 처리하였다.

丙戌 운에서는 군공(軍功)을 세워 지현(知縣)에 올랐으니 이는 庚辛金을 극진(剋
盡)하였기 때문이다. 천간은 丙庚 충(冲)으로 庚金 기신을 충발(冲拔)시켰으며 지지
는 寅戌이 암회(暗會)하여 희신(喜神)이 되었으므로 군공(軍功)을 얻었다.

```
丁 甲 庚 庚
卯 寅 辰 寅
```

```
丁丙乙甲癸壬辛
亥戌酉申未午巳
```

此亦寅卯辰東方 旺神不是提綱 辰土歸垣 庚金得載 力量足以剋木 丁
차역인묘진동방　왕신불시제강　진토귀원　경금득재　력량족이극목　정

火雖透 非庚金之敵 用殺明矣 至甲申運 庚金祿旺 暗冲寅木 科甲連登
화수투　비경금지적　용살명의　지갑신운　경금록왕　암충인목　과갑연등

仕至郡守 一交丙運制殺 降職歸田.
사지군수　일교병운제살　강직귀전

이 명조(命造)은 寅卯辰 동방(東方)을 이루었으나, 木의 왕신(旺神)이 월령(月令)에
있지 않고, 辰土가 월지(月支)에 차지하고 있으니 년월(年月)의 庚金이 지지(地支)에
실렸으니 그 역량(力量)은 木을 극제(剋制)하기에 족(足)하다.

丁火가 비록 투출(透出)하였다고 하나 庚金의 적(敵)은 아니므로 용신(用神)이 분
명(分明)하다. 甲申 운에 이르러 庚金이 녹왕(祿旺)하고 寅木을 암충(暗冲)하니 과갑
(科甲)이 연달아 오르고 벼슬이 군수(郡守)에 이르렀다. 그러나 대운(大運)이 丙火 운
으로 바뀌자 丙火가 제살(制殺)하여 용신(用神)을 손상(損傷)하니 낙직(落職)하여 고향
(故鄉)으로 돌아갔다.

甲木 일주가 辰월에 태어나 지지(地支)기 寅卯辰 동방목국(東方木局)이 되어 종왕격(從旺格)이 성립(成立)될 수 있으나 庚金이 辰土에 지재(地載)되어 있으니 목왕(木旺)과 대적(對敵)할 만하니 용신(用神)이 분명하다. 이러한 것으로 보아 신왕(身旺)하여 희신(喜神)은 식재관(食財官)인 火土金이 되고 기신(忌神)은 인비(印比)인 水木이다.

대운(大運)이 火金으로 행(行)하여 대길(大吉)한데 甲申 운에는 甲木 기신(忌神)이 甲庚 충(冲)으로 甲木이 충발(冲拔)되었고, 지지(地支)는 寅申 충(冲)으로 寅木 기신(忌神)이 충발(冲拔)되어 대발(大發)한 것이다.

寅申 충(冲)이 되면 寅卯辰 동방목국(東方木局)이 되어 申金이 충발(冲拔)될 것 같으나, 양(兩) 庚金이 녹왕(祿旺)되었으니 오히려 암충(暗冲)으로 寅木 기신(忌神)이 충발(冲拔)되었다.

乙酉 대운은 乙木 기신(忌神)이 乙庚 합금(合金)으로 합거(合去)되었으며, 지지(地支)의 酉金은 역시 양(兩) 庚金이 녹왕(祿旺)이 되었으며, 辰酉 합금(合金)까지 가세(加勢)하여 卯酉 충발(冲拔)로 卯木 기신(忌神)까지 충발(冲拔)시켰으니 벼슬이 연달아 오를 수밖에 없다.

丙戌 대운은 丙火가 희신(喜神)이지만 丙庚 충(冲)이 되어 火金 상전(相戰)으로 식상(食傷)과 관살(官殺)이 부딪치니 관재(官災)가 일어나기 쉽고, 지지(地支)는 辰戌 충(冲)이 되어 천간(天干)과 같이 희신(喜神)이 상충(相冲)하였으니 진중을목(辰中乙木)과 술중신금(戌中辛金)이 乙庚 충(冲)이 되었고, 진중계수(辰中癸水)와 술중정화(戌中丁火)가 丁癸 충(冲)이 되니 천충지충(天冲地冲)이 되어 있는데 암충(暗冲)까지 가세(加勢)하여 설상가상(雪上加霜)으로 파직(罷職)하지 않을 수 없다.

전조(前造)와 차조(此造)는 대동소이(大同小異)하지만 천연지차(天淵之差)이다. 천간(天干)에는 다같이 甲木 일주에 火金이 투출(透出)하고, 지지(地支)는 寅卯辰 동방목국(東方木局)으로 이루어져 있다. 전조(前造)는 월지가 寅월이며 庚辛金이 절지(絶地)에 있으나, 차조(此造)는 월지가 辰월로 庚金이 실려 있으나 관살(官殺)이 왕(旺)하여 극제(剋制)할 능력(能力)이 있다.

그러므로 전조(前造)는 종왕격(從旺格)으로 庚辛金이 기신(忌神)이 되었으나, 차조(此造)는 반대로 용신(用神)이 된 것이다.

原文

陽乘陽位陽氣昌 最要行程安頓
양승양위양기창　　최요행정안돈

양간(陽干)이 양지(陽支)를 타고 있으면 양기(陽氣)가 창성(昌盛)하나 가장 필요한 것은 행운(行運)이 안돈(安頓)해야 한다.

原註

六陽之位 獨子寅辰爲陽方 爲陽位之純 五陽居之 如若是旺神 最要行
육양지위　독자인진위양방　위양위지순　오양거지　여약시왕신　최요행

運陰順安頓之地.
운음순안돈지지

지지(地支)의 육양위(六陽位: 子寅辰午申戌) 중에서 子寅辰이 양방(陽方)이고, 순수한 양위(陽位)이다. 오양간(五陽干: 甲丙戊庚壬)이 子寅辰의 양위(陽位)를 타고 있는데 만약 이 양간(陽干)이 왕신(旺神)에 해당할 경우에 가장 필요한 것은 행운(行運)이 음순(陰順)하고 안돈(安頓)한 쪽으로 행(行)하는 것이다.

任註

六陽皆陽 非子寅辰爲陽之純也 須分陽寒陽暖而論也 西北爲寒 東南
육양개양　비자인진위양지순야　수분양한양난이론야　서북위한　동남

爲暖 如若申戌子全 爲西北之陽寒 最要行運遇卯巳未東南之陰暖是也
위난　여약신술자전　위서북지양한　최요행운우묘사미동남지음난시야

如寅辰午全 爲東南之陽暖 最要行運遇西亥丑西北之陰寒是也 此擧大
여인진오전　위동남지양난　최요행운우서해축서북지음한시야　차거대

局而論 若遇日主之用神喜神 或木 或火 或土 是東南之陽暖 歲運亦宜
국이론　약우일주지용신희신　혹목　혹화　혹토　시동남지양난　세운역의

配 西北之陰水陰木陰火 方能生助喜神用神 而歡如酬酢 若歲運遇西
배　서북지음수음목음화　방능생조희신용신　이환여수작　약세운우서

北之陽水 楊木陽火 則爲孤陽不生 縱使生助喜神 亦難切當 不過免 崎
북지양수　양목양화　즉위고양불생　종사생조희신　역수절당　불과면　기

嶇而趨平坦也 陽暖之局如此論 所謂陽盛光昌剛健之勢 須配以陰盛包
구이추평탄야　양난지국여차론　소위양성광창강건지세　수배이음성포

寒柔順之是也 若不 深心確究 孰能探其精微 而得其要訣乎.
한유순지시야　약불　심심확구　숙능탐기정미　이득기요결호

임씨(任氏)가 이르기를, 육양(六陽)은 모두 양(陽)이며, 子寅辰이 순수한 양(陽)이 아니므로 반드시 양한(陽寒)과 양난(陽暖)으로 나누어 논해야 한다. 한난(寒暖)의 분별은 서북(西北)이 한(寒)이고 동남(東南)이 난(暖)이다. 만약에 원국(原局)에 申戌子가 전부 있으면 서북(西北)의 양한(陽寒)이니, 가장 필요한 것은 행운(行運)에서 동남(東南)의 음난(陰暖)인 卯巳未를 만나는 것이다.

만약에 원국(原局)에 寅辰午가 모두 있으면 동남(東南)의 양난(陽暖)이니, 가장 필요한 것은 행운(行運)에서 서북(西北)의 음한(陰寒)인 酉丑亥를 만나는 것이다. 이는 대국적으로 논(論)한 것이다.

만약 일주(日主)의 용신(用神)이나 희신(喜神)이 혹은 木, 혹은 火, 혹은 土이고 동남(東南)의 양난(陽暖)이면 세운(歲運)은 마땅히 서북(西北)의 음수(陰水)나 음목(陰木) 음화(陰火)로 배합되어야 비로소 능히 희신(喜神)이나 용신(用神)을 생조(生助)하고 서로 화합(和合)하게 하는 것이다.

반대로 세운(歲運)에서 서북(西北)의 양수(陽水)나 양목(陽木)이나 양화(陽火)를 만나면, 음(陰)이 없는 양(陽)은 만물을 생화(生化)하지 못하므로 비록 희신(喜神)을 생조(生助)한다고 할지라도 사리에 맞게 살아가기가 어려우며 기구(崎嶇)한 어려움을 면(免)하거나 평탄한 길을 가는 정도에 불과하다. 양난지국(陽暖之局)은 이와 같은데 양한지국(陽寒之局)도 이와 같이 추론하면 된다.

소위 양성(陽盛), 광창(光昌), 강건(剛健)한 세력은 반드시 음성(陰盛), 포한(包寒), 유

순(柔順)한 운로와 배합하여야 한다. 만약 깊이 연구하지 않는다면 누가 능히 정미(精微)[110]한 경지를 탐색하여 그 요결(要訣)[111]을 더욱 터득할 수 있겠는가?

```
庚 丙 丙 癸
寅 午 辰 巳
```

```
己庚辛壬癸甲乙
酉戌亥子丑寅卯
```

此東南之陽暖 天干金水 似平無根 喜月支辰土 洩火蓄水而生金 庚金
차동남지양난   천간금수   사평무근   희월지진토   설화축수이생금   경금

挂角逢生 則庚金可用 癸水卽庚金之喜神 初運乙卯甲寅 金絶火生而
괘각봉생   즉경금가용   계수즉경금지희신   초운을묘갑인   금절화생이

水洩 孤苦不堪 一交癸丑 北方陰濕之地 金水通根 又得巳丑拱金之妙
수설   고고불감   일교계축   북방음습지지   금수통근   우득사축공금지묘

出外大 得際遇驟然發財十餘萬 陽暖逢寒 配合之美.
출외대   득제우취연발재십여만   양난봉한   배합지미

이 명조(命造)는 동남(東南)의 양난(陽暖)으로 천간(天干)의 金水는 무근(無根)인 것 같으나 기쁘게도 월지(月支)의 辰土가 설화(洩火)하고 축수(蓄水)하여 생금(生金)을 한다. 庚金이 대각(對角)하여 걸쳐서 있더라도 庚金을 용신(用神)으로 쓸 수 있으며, 癸水는 庚金의 희신(喜神)이다.

초년(初年)운인 甲寅 乙卯에는 庚金이 절지(絶地)에 있고 火를 생(生)하며 水가 설기(洩氣)되니 감당하기 어려운 외로움과 고통을 겪었다. 그러나 대운(大運)이 癸丑으로 바뀌어 마침내 북방(北方)의 음습지기(陰濕之氣)를 만나서 金水가 통근(通根)되

---

110 정미(精微): 오묘(奧妙)하고 미세(微細)한 곳.

111 요결(要訣): 중요한 비결이나 요긴한 것.

고, 오묘(奧妙)하게도 巳丑이 금국(金局)을 이루니, 갑자기 발복(發福)하여 십여만(十餘萬)의 재물(財物)을 이루었는데 이는 양난(陽暖)이 음습(陰濕)한 운을 만나 배합(配合)이 아름다웠기 때문이다.

丙火 일주가 辰월에 태어나 설령(設令)하였으나 좌하(坐下) 午火에 득지(得地)하고, 寅午 합수(合水), 巳午 합화(合火)로 신왕(身旺)하다. 희신(喜神)은 식재관(食財官)인 土金水이고, 기신(忌神)은 인비(印比)인 木火이다. 천간(天干) 庚金은 辰土의 뿌리가 되고 癸水도 축중계수(丑中癸水)에 통근(通根)되어 있어 천간(天干)의 庚金이 金水가 가용(可用)이 된 것은 분명(分明)하다. 대운(大運)이 乙卯, 甲午운에는 庚金 희신(喜神)이 절(絶)이 되고, 오히려 木火 기신(忌神)이 괴패(乖悖)하여 고고(孤苦)할 수밖에 없다.

癸丑 운으로 바뀌어서는 巳丑이 금국(金局)으로 암회(暗會)를 이루었으니 뜻밖에 재물(財物)을 모았다. 壬子, 辛亥 운에는 무난하게 유지하겠으나 庚戌 운은 丙庚 충(冲)으로 庚金이 충거(冲去)되고 지지(地支)는 寅午戌 화국(火局)으로 기신(忌神)이 왕발(旺發)하여 재관(財官)이 소멸(消滅)되었다.

양한양난(陽寒陽暖)과 음한음난(陰寒陰暖)의 배합(配合)이 아름다운 것이지만 왕쇠강약(旺衰强弱)과 생극제화(生剋制化)의 논리(論理)가 오히려 간결미(簡潔美)가 있는 것이다.

庚	丙	乙	戊
寅	寅	丑	寅

壬辛庚己戊丁丙
申未午巳辰卯寅

丙寅日元 雖支遇三寅 最喜丑土乘權 財星歸庫 若運走西北土金 財業
병인일원　수지우삼인　최희축토승권　재성귀고　약운주서북토금　재업

必勝前造 惜一路東南木火之地 祖業破盡 偏歷數省 奔馳不遇 至午運
필승전조　석일로동남목화지지　조업파진　편역수성　분치불우　지오운

暗會刲局 死于廣東 一事無成 莫非運也.
암회겁국　사우광동　일사무성　막비운야

이 명조(命造)는 丙寅 일원(日元)이 비록 지지(地支)에서 3개의 寅木을 만났으니 가장 기쁜 것은 丑土가 당령(當令)하여 승권(乘權)하였고 재성(財星)이 묘고(墓庫)에 암장(暗藏)되어 있다. 만약 운이 서북(西北)의 土金으로 행(行)하였다면 재업(財業)이 전조(前造)를 능가했을 것이다.

애석(哀惜)하게도 동남(東南) 木火 운으로 행(行)히니 조업(祖業)을 파(破)하고, 여러 성(省)을 돌아다녔으나 바쁘기만 하였고 뜻을 이루지 못하고 午운에 이르러 寅午 가 암회(暗會)하니 광동(廣東)에서 세상을 떠났는데 하나도 이루어 놓은 것이 없으 니 모든 것이 운(運)이 아닐 수 없다.

評註

丙火 일주가 丑월에 태어나 실령(失令)하였으나 3 寅木의 뿌리가 있고 乙木이 투출(透出)되어 있으니 신왕(身旺)하다. 희신(喜神)은 식재관(食財官)인 土金水이고 기 신(忌神)은 인비(印比)인 木火이다.

대운(大運)이 寅卯辰 동방목(東方木)에서 巳午未 남방화(南方火)로 행(行)하니 불길 (不吉)한데, 庚午 운에는 丙庚 충(沖)으로 庚金 희신(喜神)이 충거(沖去)되고, 지지(地 支)는 寅午 화국(火局)으로 암회(暗會)하니, 庚金이 녹아 없어지는 것이고, 오중기토 (午中己土)가 축중계수(丑中癸水)를 己癸 충극(冲剋)으로 癸水가 충거(沖去)되었다.

原文

陰乘陰位陰氣盛 還須道路光亨
음승음위음기성　　환수도로광형

음간(陰干)이 음지(陰支)를 타고 있으면 음기(陰氣)가 왕성(旺盛)하므로 반드시 행운(行運)은 광형(光亨)한 운로(運路)로 행(行)하여야 한다.

原註

六陰之位 獨酉亥丑爲陰方 乃陰位之純 五陰居之 如弱視旺神 最要行
육음지위　　독유해축위음방　　내음위지순　　오음거지　　여약시왕신　　최요행

運陽順光亨之地.
운양순광형지지

지지(地支)의 육음위(六陰位: 丑亥酉未巳卯) 중에서 酉亥丑이 음방(陰方)이고, 순수(純粹)한 음위(陰位)이다. 오음간(五陰干: 乙丁己辛癸)이 丑亥酉에 음위(陰位)를 타고 있는데 만약 이 음간(陰干)이 왕신(旺神)에 해당할 경우에 가장 필요(必要)한 것은 행운(行運)이 양순(良順)하고 광형(光亨)한 쪽으로 행(行)하는 것이다.

任註

六陰皆陰 非酉亥丑爲陰之盛也 須分陰寒陰暖而論也 承上文西北爲寒
육음개음　　비유해축위음지성야　　수분음한음난이론야　　승상문서북위한

東南爲暖 假如酉亥丑全 爲西北之陰寒 最要行運遇東南寅辰午之陽暖
동남위난　　가여유해축전　　위서북지음한　　최요행운우동남인진오지양난

是也 如卯巳未全 爲東南之陰暖 最要行運遇申戌子酉北之陽寒是也此
시야　　여묘사미전　　위동남지음난　　최요행운우신술자유북지양한시야차

擧 大局而論 若日主之用神喜神 或金 或水 或土 是西北地之陰寒 歲運
거　　대국이론　　약일주지용신희신　　혹금　　혹수　　혹토　　시서북지지음한　　세운

亦宜配東南之陽金陽火陽土 方能助用神喜神 而福力彌增 若歲運東南
역의배동남지양금양화양토　　방능조용신희신　　이복력미증　　약세운동남

之陰金陰火陰土　則爲純音不育　難獲厚福　不過和平而無災咎也　陰寒
지음금음화음토　　즉위순음불육　　난획후복　　불과화평이무재구야　　음한

之局如此論　陰暖之局亦如此論　所謂陰盛包含柔順之氣　須配以陽盛光
지국여차론　　음난지국역여차론　　소위음성포함유순지기　　수배이양성광

昌綱健之地者是也.
창강건지지자시야

임씨(任氏)가 이르기를, 육음(六陰)은 모두 음(陰)이고, 酉亥丑이 왕성(旺盛)한 음(陰)인 것은 아니다. 반드시 음한(陰寒)과 음난(陰暖)으로 나누어 논(論)해야 한다. 앞에서 말한 바와 같이 西北은 한(寒)이고 동남(東南)은 난(暖)이다.

만약에 원국(原局)에 酉亥丑이 모두 있다면 서북(西北)의 한랭(寒冷)한 음(陰)에 속하니 가장 필요한 것은 행운(行運)에서 동남(東南)의 양난(陽暖)인 寅卯午이다. 또한 원국(原局)에 卯巳未가 모두 있으면 동남(東南)의 음난(陰暖)이 한음(寒陰)에 속하니 가장 필요한 것은 행운(行運)에서 서북(西北)의 양한(陽寒)인 申戌子이다. 이는 대국적으로 논(論)한 것이다.

만약 일주(日主)의 용신(用神)이나 희신(喜神)이 혹은 金, 혹은 水, 혹은 土이고 서북(西北)의 음한(陰寒)이면, 세운(歲運)에서 마땅히 동남(東南)의 양금(陽金), 양화(陽火), 양토(陽土)를 배합(配合)해야만 능(能)히 희신(喜神)이나 용신(用神)을 생조(生助)하여 복력(福力)이 증대(增大)되는 것이다. 그러나 만약 세운(歲運)에서 동남(東南)의 음금(陰金), 음화(陰火), 음토(陰土)를 만나면 원국(原局)과 운이 모두 순음(純陰)으로 생육(生育)할 수 없는 까닭에 복(福)된 삶을 누리기 어렵고 다만 평범(平凡)하고 큰 재앙(災殃) 없이 살아갈 뿐이다.

음한(陰寒)한 원국(原局)도 이와 같이 논(論)하니, 음난(陰暖)한 원국(原局)도 역시 이와 같이 논(論)하면 될 것이다. 그러므로 음(陰)이 성(盛)하고 유순(柔順)함을 포함한 음기(陰氣)는 양(陽)이 성(盛)하고 빛이 밝으며 강건(剛健)한 양기(陽氣)의 지지(地支)로 배합(配合)되어야 한다는 것이다.

```
壬 乙 己 丙
午 酉 亥 子
```

```
丙乙甲癸壬辛庚
午巳辰卯寅丑子
```

此全酉亥子酉西北之陰寒　寒木更宜向陽　以丙火爲用　壬水卽其病也
차전유해자유서북지음한　　한목경의향양　　이병화위용　　임수즉기병야

然喜壬水遠隔　與日主緊貼　日主本衰　未嘗不喜其生　又有己土透干　亦能
연희임수원격　여일주긴첩　일주본쇠　미상불희기생　우유기토투간　역능

砥定中流　且喜天干水木火土　各立門戶　相生有情　地支午火　緊制七殺
지정중류　차희천간수목화토　각립문호　상생유정　지지오화　긴제칠살

年月火土　通根祿旺　更喜行運東南陽暖地支　不但四柱有情　而且行運
년월화토　통근록왕　경희행운동남양난지지　부단사주유정　이차행운

光亨　早年聯登甲第　仕至封疆　皆陰陽配合之妙也.
광형　조년연등갑제　사지봉강　개음양배합지묘야

이 명조(命造)는 서북(西北)의 음한(陰寒)인 酉亥子가 전부(全部) 있는데 일주(日主)는 한목(寒木)이므로 양난(陽暖)으로 향(向)하여야 마땅하니 丙火가 용신(用神)이고 시상(時上)의 壬水는 병(病)이다.

그러나 기쁜 것은 壬水가 멀리 떨어져서 막혀 있고 일주(日主)와는 가까이 붙어 있으므로 일주(日主)가 본래 쇠(衰)하니 壬水의 생조(生助)를 좋아하지 않을 수 없으며 또한 己土가 투간(透干)하여 역시 능히 水의 흐름을 막아 주는 것이 기쁘다.

더욱 기쁜 것은 천간(天干)의 水木火가 각각 문호(門戶)를 세워 서로 상생(相生)하여 유정(有情)하고 지지(地支)의 午火는 가까이에 서서 칠살(七殺)을 극제(剋制)하고 있으며 년월(年月)의 火土는 녹왕(祿旺)에 통근(通根)하였다.

대운(大運)이 동남(東南)의 양난지지(陽暖之地)인 木火로 행(行)하므로 사주(四柱)가 유정(有情)할 뿐만 아니라 또한 행운(行運)이 광형(光亨)하여 조년(早年)에 연달아 과

갑(科甲)하였고 벼슬이 봉강(封疆)의 지위(地位)에 이르렀다. 이는 모두 음양배합(陰陽配合)의 묘(妙)한 이치(理致)에 기인하고 있다.

乙木 일주가 亥月에 한랭(寒冷)하여 조후(調候)로 火가 필요(必要)하다. 지지(地支)에 亥子가 있고, 시간(時干)에 壬水가 투출(透出)하여 신왕(身旺)하다. 희신(喜神)은 식재관(食財官)인 火土金이고 기신(忌神)은 인비(印比)인 水木이다.

辛丑 대운에는 乙辛 충(冲), 丙申 충(冲)으로 木火 기신(忌神)이 합거(合去)되고 지지(地支)는 酉丑으로 합금(合金)되었으니 대발(大發)하였고, 壬寅 대운은 壬水가 寅木을 생조(生助)하여 천부(天覆)가 된 寅木은 원국(原局)의 午火와 寅午 화국(火局)이 되니 역시 대발(大發)하였다.

癸卯 대운에는 己癸 극(剋), 卯酉 충(冲)으로 천충지충(天冲地冲)되니 卯木 기신(忌神)이 충발(冲拔)되어 희신(喜神)으로 바뀌었으며, 甲辰 대운은 甲己 합토(合土), 辰酉 합금(合金)으로 土金 희신(喜神)이 되었다. 그러므로 용희신(用喜神)이 원국(原局)과 세운(歲運)과의 관계(關係)에서, 강약(强弱)이 형충합(刑冲合)에 의한 세력(勢力)의 변화(變化)를 세밀(細密)하게 관찰(觀察)하여야 한다.

壬	乙	丙	己
申	丑	子	亥

己 庚 辛 壬 癸 甲 乙
巳 午 未 申 酉 戌 亥

此與前 只換一酉字 以俗論之 酉換丑更美 酉乃七殺剋我 丑乃偏財我剋
차여전　지환일유자　이속론지　유환축경미　유내칠살극아　축내편재아극

又能止水 何其妙也 不知丑乃濕土能洩火不能止水 酉雖七殺 午火緊剋
우능지수　하기묘야　부지축내습토능설화불능지수　유수칠살　오화긴극

不洩火之元神 彼則丙火在年 壬水遼遠 又得己土一隔 此則丙火在月
불설화지원신　피즉병화재년　임수요원　우득기토일격　차즉병화재월

壬水相近 己土不能爲力 子水又逼近相冲 而且運走西北陰寒之地 丙
임수상근　기토불능위력　자수우핍근상충　이차운주서북음한지지　병

火一無生扶 乙木何能發生 十干體象 虛濕之地 騎馬亦牛 詐言不謬也
화일무생부　을목하능발생　십간체상　허습지지　기마역우　사언불류야

所以屈志芸窓 一貧如洗 剋妻無子 至壬申運 丙火剋盡而亡 所謂陰乘
소이굴지운창　일빈여세　극처무자　지임신운　병화극진이망　소위음승

陰位陰氣盛也.
음위음기성야

이 명조(命造)는 전조(前造)와 비교해 보면, 다만 일지(日支)의 酉가 丑으로 바뀌었다. 속론(俗論)으로 보면 酉가 丑으로 바뀌어서 더욱 아름다운 것이다. 酉는 칠살(七殺)이므로 나를 극(剋)하나 丑은 편재(偏財)이므로 내가 극(剋)하고 능히 亥子水를 멈추게 하니 어찌 묘(妙)하다고 하지 않을 수 있겠는가?

그러나 丑은 습토이니 능히 설화(洩火)하는 데 水를 멈추게 할 수 있었고, 酉는 비록 칠살(七殺)이라고 할지라도 午火가 긴박하게 극(剋)하므로 火의 원신을 설(洩)하지 않는다. 또한 丙火가 년(年)에 壬水가 멀지 않고 己土가 그 흐름을 막고 있다.

그러나 이 명조는 丙火가 월간에 있고 壬水가 가까이 있으므로 己土가 힘을 발휘할 수 없어 도움이 되지 않으며 子水가 가까이에서 午火를 상충(相冲)하며 또한 운이 서북의 음한지지(陰寒之地)로 행하니 丙火를 생부할 의지가 전혀 없어 乙木이 어찌 발생할 수 있겠는가? 십간체상(十干體象)에서 이르기를 "허(虛)하고 습(濕)한 땅에는 말(午)을 타도 근심이 된다"라고 하는 말이 틀린 것이 아니다. 그러므로 학문의 뜻을 펴지 못하고 서재를 지켰으며 한결같이 가난하였으며 극처무자하였다. 대운이 壬申에 이르러 丙火를 극진하니 세상을 떠났다. 소위 "음(陰)이 음위(陰位)를 타니 음기(陰氣)가 왕성(旺盛)하다"라고 하는 것이다.

乙木 일주가 子월에 득령(得令)하고 한랭(寒冷)하므로 조후(調候)로 화기(火氣)가 필요(必要)하다. 지지(地支)에 亥子丑으로 방국(方局)이 되고 시간(時干)에 壬水까지 투출(透出)하여 생조(生助)하니 신왕(身旺)하다.

희신(喜神)은 식재관(食財官)인 火土金이고 기신(忌神)은 인비(印比)인 水木이다. 대운(大運)이 서북(西北)의 음한지지(陰寒之地)인 金水로 행(行)하니 어찌 발복(發福)을 기대하겠는가? 원국(原局)에서 재성처궁(財星妻宮)은 己土인데 지지(地支)의 亥子丑 수국(水局)에 토류(土流)되어 미약(微弱)하다.

己土를 생조(生助)하는 丙火 역시 힘을 발휘(發揮)할 수 없으며 관성자식궁(官星子息宮)은 역시 원국(原局)에 없으며 축중신금(丑中辛金)이 암장(暗藏)되어 있으나 乙木과 乙辛 충(冲)으로 辛金마저 충발(冲拔)되었으니 자식(子息)뿐만 아니라 관록(官祿)까지도 기대할 수 없다. 壬申 운에는 천부지재(天覆地載)로 壬水가 더욱 왕성(旺盛)해지니 丙火는 충발(冲拔)되어 세상을 떠난 것이다.

原文

地生天者 天衰怕冲
지생천자　천쇠파충

지지(地支)가 천간(天干)을 생(生)하는 것은 천간(天干)이 쇠약(衰弱)할 때이니 충(冲)을 두려워한다.

原註

如丙寅戊寅丁酉壬申癸卯己酉皆長生日主 甲子乙亥丙寅丁卯己巳 皆
여병인무인정유임신계묘기유개장생일주　　　　갑자을해병인정묘기사　개

自生日主 如主衰逢冲 則相拔而禍更甚.
자생일주　여주쇠봉충　즉상발이화갱심

가령 丙寅, 戊寅, 丁酉, 壬申, 癸卯, 己酉는 모두 장생일주(長生日主)이고, 甲子, 乙亥, 丙寅, 丁卯, 己巳는 자생(自生)하는 일주(日主)이다. 만약 일주(日主)가 쇠약(衰弱)한데 충(冲)을 만나면 뿌리가 뽑히니 화(禍)가 더욱 심하다.

任註

地生天者 如甲子丙寅丁卯己巳戊午壬申癸酉乙亥庚辰辛丑是也.
　지생천자　　　　　여갑자병인정묘기사무오임신계유을해경진신축시야

日主生于不得令之月 柱中又少幇扶 用其身印 冲則根拔 生氣絶矣 爲
　일주생우부득령지월　　　주중우소방부　　용기신인　충즉근발　생기절의　위

禍最重 若日主得時當令 或年時皆逢祿旺 或天干比劫重疊 或官星衰
　화최중　약일주득시당령　　혹년시개봉록왕　　혹천간비겁중첩　　혹관성쇠

弱 反忌印綬之洩 則不怕冲破矣 總之看日主之氣勢 旺相者喜冲 休囚
약　반기인수지설　　즉불파충파의　　총지간일주지기세　　왕상자희충　휴수

怕冲 雖以日主而論 歲運冲亦然.
파충　수이일주이론　세운충역연

임씨(任氏)가 말하길, 지지(地支)가 천간(天干)을 생(生)하는 것은 甲子, 丙寅, 丁卯, 戊午, 壬申, 癸酉, 乙亥, 辛丑 등이다. 일주(日主)가 득령(得令)하지 못한 달에 태어나 사주(四柱)에 생조(生助)가 적을 때는 인수(印綬)가 용신(用神)인데, 충(冲)을 하면 뿌리가 뽑혀서 생기(生氣)가 끊어져 재앙이 가장 심하다.

만약 일주(日主)가 시령(時令)을 얻어 왕(旺)하거나, 혹은 년시(年時)에 녹왕(祿旺)을 만났거나, 혹은 관성(官星)이 쇠약(衰弱)하여 인수(印綬)의 설(洩)을 꺼리거나 할 때에는 충파(冲破)를 두려워하지 않는다.

총괄(總括)하여 말하면, 일주(日主)의 기세(氣勢)를 살펴보아 왕상(旺相)하며 충(冲)을 기뻐하고 휴수(休囚)하면 충(冲)을 꺼린다. 비록 여기에는 일주(日主)만을 논(論)하였으나 세운(歲運)의 충(冲)도 역시 마찬가지이다.

```
丙 丙 戊 甲
申 寅 辰 寅
```

```
乙甲癸壬辛庚己
亥戌酉申未午巳
```

此造下印綬 生于季春 印氣有餘 又年逢甲寅 則太過矣 土雖當令 而木
차조하인수　생우계춘　인기유여　우년봉갑인　즉태과의　토수당령　이목

更堅 喜其寅申逢冲 財星得用 弟嫌比肩蓋頭 冲之無力 早年運走南方
경견　희기인신봉충　재성득용　제혐비견개두　충지무력　조년운주남방

起倒異常 至壬申癸酉二十年 幇冲寅木 尅去比肩 刱業興家 此謂乘印
기도이상　지임신계유이십년　방충인목　극거비견　창업흥가　차위승인

就財也.
취재야

이 명조는 좌하(坐下)에 인수(印綬)를 타고 계춘(季春)에 태어나서 인수(印綬)가 유
여 또한 년주(年柱)에 甲寅을 만났으니 인수(印綬)가 태과(太過)하다. 土가 비록 당령
(當令)하였으나 木이 더욱 견고(堅固)한데, 기쁘게도 寅申 충(冲)을 하니 재성(財星)이
동(動)하므로 득용(得用)할 수 있는 것이다. 꺼리는 것은 비견(比肩)이 개두(蓋頭)하여
왕목(旺木)을 충극(冲尅)할 힘이 부족하다. 초년에는 대운이 남방(南方)으로 행(行)하
여 용신(用神)을 손상하므로 기복이 심하였으나 대운이 壬申, 癸酉 20년(二十年)에
이르러 용신(用神)이 寅木을 충거(冲去)하고, 비견(比肩)을 충거(冲去)하였으니 창업을
하여 가문을 일으켰다. 이러한 격국(格局)을 승인취재(乘印就財)라고 한다.

丙火 일주가 辰월에 태어나서 좌하 寅木에 득지하고 년주의 甲寅 인수와 시간
丙火가 비견으로 화왕(火旺)하다. 지지에 寅辰 공합이 되어 木이 더욱 강해지니 자

연적으로 신왕하다. 희신은 식재관인 土金水이고 기신은 인비인 水木인데 戊土 기신은 통근되니 설(洩)함도 왕성하다. 또한 申金 재성은 개두가 되어 있는 상황에서 寅申 충을 하니 申金이 역부족이라 대운을 기다릴 수밖에 없다. 己巳 운은 寅巳申 삼형살로 형액을 암시하고 있고, 庚午 운은 丙庚 운과 丙庚 충이 되어 庚金 재성이 충거(沖去)되고 寅午 합화(合火)로 화태왕하여 申金 재성도 충거 직전에 있으니 유년은 곤고하게 지낸 것이다. 壬申 운과 癸酉 운은 金水 희신인 재관이 천부지재가 되어 들어오니 창업에 성공하지 않을 수 없다.

任註

丙 丙 甲 壬
申 寅 辰 申

辛庚己戊丁丙乙
亥戌酉申未午巳

此坐下印綬 亦在季春 印綬未嘗無餘 年干壬殺 生印有情 不足畏也 所
차좌하인수　역재계춘　인수미상무여　년간임살　생인유정　부족외야　소

嫌者 兩申冲寅 甲木之根拔 還喜壬水洩金生木 運走丙午 刦去申財 入
혐자　양신충인　갑목지근발　환희임수설금생목　운주병오　겁거신재　입

學補廩登科 丁未合去壬水 三走春闈不捷 戊申剋去壬水 三冲寅木 而
학보름등과　정미합거임수　삼주춘위불첩　무신극거임수　삼충인목　이

死於途 此造之壬水 乃甲木之元神 斷不可傷 壬水受傷 甲木必孤 凡
사어도　차조지임수　내갑목지원신　단불가상　임수수상　갑목필고　범

獨殺用印者 最忌制殺也.
독살용인자　최기제살야

이 명조(命造)는 좌하(坐下)가 인수(印綬)이고 역시 계춘(季春)에 태어나서 인수(印綬)의 여기가 있고 년간(年干)의 壬水 칠살(七殺)은 甲木을 생조(生助)하여 유정(有情)하므로 두렵지 않다. 꺼리는 것은 년시(年時)의 申金이 寅木을 충(冲)하여 甲木의 뿌

리를 뽑는 것인데 오히려 기쁜 것은 壬水가 申金을 설(洩)하여 甲木을 생조(生助)하는 것이다.

대운(大運)이 丙午에 이르러 재성(財星)인 申金을 극거(剋去)하므로 태학(太學)에 입학하여 보름(補廩)112에 선발되었다. 丁未 대운에는 용신(用神)인 壬水를 합거(合去)하니 세 번이나 춘위(春闈)113에 응시했으나 다 낙방하였으며, 戊申 대운에는 壬水를 극거(剋去)하고 申金 셋이 寅木을 충(冲)하니 도로에서 세상을 떠났다. 이 명조(命造)의 壬水는 甲木을 생조(生助)하는 원신(元神)이므로 결코 손상(損傷)되어서는 안된다. 壬水가 손상(損傷)을 받으면 甲木은 반드시 외로워진다. 무릇 독살용인(獨殺用印)114하는 경우에 제살(制殺)을 가장 꺼린다.

評註

丙火 일주가 辰월에 태어나서 실령(失令)하고, 지지(地支)에 양신금(兩申金) 재성(財星)에 있고 壬水 관살(官殺)이 투출되니, 丙火는 寅木 인수(印綬)에 의지(依支)하려 하나 양신금(兩申金)에 충(冲)을 당하여 甲木의 뿌리가 약화(弱化)되었으나 壬水가 申金을 인화(引化)하여 생목(生木)하니 다행이다.

시간(時干)의 丙火는 申金의 절지(絶地)에 있으니 역시 일간(日干)의 丙火는 방조(幫助)하기 어렵다. 희신(喜神)은 인비(印比)인 木火와 살인상생(殺印相生)하는 水이고 기신(忌神)은 식재(食財)인 土金이다.

대운(大運)이 남서(南西) 火金으로 행(行)하니 초년(初年)에 대발(大發)하였는데, 丙午 운은 寅午 합화(合火)로 일주 丙火를 도우니 태학(太學)에서 장학생이 되었다.

丁未 운에는 丁壬 합거(合去)되어 壬水 희신(喜神)이 기반(羈絆)115이 되어 관록(官

---

112 보름(補廩): 국자감(國子監)에서 시험(試驗)에 합격(合格)한 장학생(獎學生)에게 식량(食糧)을 보조하여 줌.

113 춘위(春闈): 봄에 치러지는 과거시험(科擧試驗). 가을에 치러지면 추위(秋闈)라고 함.

114 독살용인(獨殺用印): 하나의 살(殺)에 인수(印綬)가 용신(用神)인 것.

115 기반(羈絆): 간합(干合)이 되어 희신(喜神)이면 길(吉)하고, 기신(忌神)이면 흉(凶)하다. 그러나

祿)이 묶여 있는 형상(形象)이니 과거시험(科擧試驗)에 낙방(落榜)할 수밖에 없다. 戊申운에 천간(天干)은 甲戊 극거(剋去)하여 甲木 인수(印綬)가 피상(被傷)되었고, 지지(地支)는 삼(三) 申金이 寅木을 충(冲)하여 寅木 희신(喜神)이 충발(冲拔)되어 횡사(橫死)한 것이다.

대운(大運)이 남방(南方)으로 행(行)하여 용신(用神)이 득지(得地)한 까닭에 재능(才能)을 인정받아 지방(地方)의 수령(守令)으로 있다가 지기(知己)를 만나 내무총장을 거쳐서 내각총리가 되었다. 그러나 辛未 대운 甲寅 년에 이르러 삼형(三刑)에 충(冲)을 만나 요신(要神)을 충거(冲去)하니 천명(天命)을 다하지 못하고 비명횡사(非命橫死)하였다.

原文

天合地者 地旺喜靜
천합지자　지왕희정

천간(天干)이 지지(地支)와 합(合)하는 일주(日主)는 지지(地支)가 왕성(旺盛)하여 안정(安定)함을 기뻐한다.

原註

如丁亥戊子甲午己亥辛巳壬午癸巳之類　皆支中人元　與天干相合者　此
여정해무자갑오기해신사임오계사지류　　개지중인원　　여천간상합자　차

乃座下財官之地 財官若旺 則宜靜不宜冲.
내좌하재관지지　재관약왕　즉의정불의충

합(合)이 되었다 하더라도 두 개의 천간(天干) 중에 하나는 그 작용(作用)을 못하게 되는 경우가 있고 강(强)한 쪽의 세력(勢力)으로 합(合)을 하는 경우가 있다. 예(例)를 들면 乙木이 용신(用神)인데 乙庚이 되는 경우에는 乙木이 용신(用神)의 작용(作用)을 못하게 된다.

가령 丁亥, 戊子, 甲午, 己亥, 辛巳, 壬午, 癸巳 등의 일주(日主)는 모두 지지(地支)에 암장(暗藏)되어 인원(人元)과 천간(天干)이 상합(相合)하는 것이다.

이것은 좌하(坐下)에 재성(財星)이나 관성(官星)이 있는 것이므로 만약 재관(財官)이 왕(旺)하면 안정(安定)함이 마땅하고 충(冲)함은 마땅하지 않다.

任註

十干之合 乃陰陽相配者也 五陽合五陰爲財 五陰合五陽爲官 所以必
십간지합　내음양상배자야　오양합오음위재　오음합오양위관　소이필

合 尙有陰旺不從陽 陽旺不從陰 雖合不化 有爭合妒合分合之別 若露
합　상유음왕부종양　양왕부종음　수합불화　유쟁합투합분합지별　약로

干合支中暗干 則隨局無所不合 無所不分爭妒忌矣 此節本有至理 只因
간합지중암간　즉수국무소불합　무소불분쟁투기의　차절본유지리　지인

原注少變通耳 天合地三字 須活看輕看 重在何句地旺喜靜四字 扶地
원주소변통이　천합지삼자　수활간경간　중재하구지왕희정사자　부지

旺者 天必衰也 喜靜者 四支無冲剋之物 有生助之神也 天干衰而無助
왕자　천필쇠야　희정자　사지무충극지물　유생조지신야　천간쇠이무조

地支旺而有生 天干必懷忻合之意 若得地支元神透出 綠上天下地升降
지지왕이유생　천간필회흔합지의　약득지지원신투출　록상천하지승강

有情 此合似從之意也 合財似從財 合官似從官 非十干合化之理也 所以
유정　차합사종지의야　합재사종재　합관사종관　비십간합화지리야　소이

靜則居安 尙堪保守 動則履危 難以支待 然可言合者 只有戊子辛巳丁亥
정즉거안　상감보수　동즉이위　난이지대　연가언합자　지유무자신사정해

壬午四日耳若甲午日 則午必先丁而後己 己土豈能專權而合甲 己亥日
임오사일이약갑오일　즉오필선정이후기　기토기능전권이합갑　기해일

亥必先壬而後甲 甲豈能出而合己 癸巳日 巳必先丙而後戊 戊豈能越
해필선임이후갑　갑기능출이합기　계사일　사필선병이후무　무기능월

佔而合癸 此三日不論 至於十干 應合而化 則爲化格另有作用 解在化
점이합계　차삼일불론　지어십간　응합이화　즉위화격령유작용　해재화

格章中.
격장중

십간(十干)의 합(合)은 음양(陰陽)이 서로 배합(配合)하는 것이다.

5양(五陽)이 5음(五陰)을 합(合)하면 재성(財星)이고, 5음(五陰)이 5양(五陽)을 합(合)하면 관성(官星)이다. 그러나 음(陰)이 왕성(旺盛)하면 양(陽)을 따르지 않고, 양(陽)이 왕성(旺盛)하면 음(陰)을 따르지 않고 쟁합(爭合)과 분합(分合) 등으로 나누어진다.

만약 투출(透出)된 천간(天干)이 지지(地支)에 암장(暗藏)된 천간(天干)과 합(合)한다면 국(局)에 따라서 합(合)이 안 되는 것도 없고 또한 쟁합(爭合)이나 투합(妬合) 등이 안 되는 것도 없다. 이 구절(句節)에는 지극(至極)한 이치(理致)가 있는데 다만 원주(原註)에서는 그 변통(變通)을 적게 하였을 뿐이다.

그러므로 '천합지(天合地)'라는 3글자는 반드시 활간(活看)하여 가볍게 볼 것이며, 중요(重要)한 것은 아래 구절(句節)인 '지왕희정(地旺喜靜)'이라는 4글자에 있다.

지왕(地旺)이라는 것은 "천간(天干)은 반드시 쇠약(衰弱)하다"라는 것이고,

희정(喜靜)이라는 것은 "사지(四支)에 충극(冲剋)하는 것이 없고 생조(生助)하는 것이 있어야 한다"라는 것이다.

천간(天干)이 쇠(衰)하고 생조(生助)가 없으며 지지(地支)가 왕(旺)하고 생조(生助)가 있다면 천간(天干)은 반드시 기쁘게 합(合)하는 뜻을 품게 될 것이다.

만약 지지(地支)의 원신(元神)이 천간(天干)에 투출(透出)되어 있고 그로 인하여 상하(上下)의 천지(天地)에서 지기(地氣)는 상승(上昇)하고, 천기(天氣)는 하강(下降)하여 유정(有情)하게 될 것이므로 이러한 합(合)은 종(從)하는 뜻과 같은 것이다.

그러므로 재(財)와 합(合)하면 종재(從財)하는 것과 같고, 관(官)과 합(合)하면 종관(從官)하는 것과 같다. 그러나 십간(十干)이 합화(合化)하는 종화(從化)의 이치(理致)는 아니다.

이에 천합지자(天合地者)는 지지(地支)가 정(靜)하면 안정(安定)하게 되므로 능(能)히 지킬 수 있으나 동(動)하면 위험(危險)을 받게 되므로 지탱(支撑)하기가 어렵다. 그러나 천합지(天合地)라고 말할 수 있는 것은 戊子, 辛巳, 丁亥, 壬午 등 4개뿐이다.

만약에 甲午 일이면 午에는 반드시 먼저 丁火가 있고 그 다음에 己土가 있는데 己土가 전권(全權)을 갖고 甲木과 합(合)할 수 있겠는가?

또한 己亥 일이면 亥에는 반드시 먼저 壬水가 있고, 그 다음에 甲木이 있는데

甲木이 어찌 능히 己土와 합(合)할 수 있겠는가?

또한 癸巳 일이면 巳에는 반드시 먼저 丙火가 있고 그 다음에 戊土가 있는데 어찌 丙火를 뛰어넘어 癸水와 합(合)할 수 있겠는가?

그러므로 이 3일은 천합지(天合地)로 논(論)하지 않는다.

그리고 십간(十干)의 합(合)에 있어서, 합(合)하여 화(化)하는 경우는 화격(化格)이 되면 작용(作用)이 다르게 되므로 화격편(化格篇)에서 다시 논(論)하기로 한다.

任註

```
乙 壬 辛 己
巳 午 未 巳
```

```
甲乙丙丁戊己庚
子丑寅卯辰巳午
```

支類南方 乘權當令 地旺極矣 火炎土燥 脆金難滋水源 天衰極矣 故曰
지류남방　승권당령　지왕극의　화염토조　취금난자수원　천쇠극의　고일

干之情 不在辛金 其意向必在午中丁火而合從矣 己巳戊辰運 生金洩火
간지정　부재신금　기의향필재오중정화이합종의　기사무진운　생금설화

刑耗有之 丁卯丙寅 木火並旺 剋盡辛金 經營發財巨萬.
형모유지　정묘병인　목화병왕　극진신금　경영발재거만

지지(地支)에 巳午未 남방(南方)을 이루었고 火가 당령(當令)하여 지지(地支)의 왕(旺)함은 극(極)에 이르렀고, 화염토조(火炎土燥)하여 취약(脆弱)한 辛金은 水를 자양(滋養)하지 못하니 천간(天干)은 쇠약(衰弱)하다. 그러므로 일간(日干) 壬水의 정(情)은 辛金에 있지 않고 그 의향(意向)은 반드시 오중정화(午中丁火)와 합종(合從)하는 데 있다. 己巳, 戊辰 운에는 화기(火氣)를 설(洩)하고 金을 생조(生助)하여 형상파모(刑傷破耗)가 있었으나 丁卯, 丙寅 운에는 木火가 병왕(並旺)하고 辛金을 극(剋)하여 제거(除去)하니 사업(事業)을 경영(經營)하여 수많은 재물(財物)을 일으켰다.

壬水 일주가 未月에 실령(失令)하였고 전지지(全地支)가 巳午未 화국(火局)이 되었으며 未土는 화염조토(火炎燥土)가 되어 辛金을 생조(生助)할 수 없으며 己土 역시 조토(燥土)로 辛金을 생조(生助)할 수 없다. 壬水는 오중정화(午中丁火)와 합종(合從)하여 종재격(從財格)이 되었다.

희신(喜神)은 식재관(食財官)인 木火土인데 천간(天干)에 辛金 인수(印綬)를 생조(生助)할 수 있는 습토(濕土)가 있으면 오히려 기신(忌神)이 되는 것인데 이를 살인상생(殺印相生)이 되게 해서는 안 된다.

己巳, 戊辰 운에는 己土는 사중경금(巳中庚金)이 암장(暗藏)되어 있어 습토(濕土)가 되어 생금(生金)이 가능하고, 戊土는 진중계수(辰中癸水)가 암장(暗藏)되어 있어 습토(濕土)가 되어 역시 생금(生金)이 가능하니 형모(刑耗)가 있었다. 丁卯, 丙寅 운은 木火가 병왕(並旺)하여 희신(喜神)이 왕성(旺盛)하고 기신(忌神)인 辛金을 극진(剋盡)하니 발복(發福)할 수밖에 없다.

종재격(從財格)에서 천간(天干)에 인수(印綬)가 있으면 관살(官殺)은 기신(忌神)이 되는 이치(理致)와 마찬가지로, 종살격(從殺格)에서도 천간(天干)에 인수(印綬)가 있으면 기신(忌神)이 되는 것이다. 그러므로 원국(原局)에 인수(印綬)가 유기(有氣)하거나 비겁(比劫)이 건왕(健旺)한 경우에는 일주(日主)가 비록 지지(地支)의 재관(財官)과 합(合)이 된다고 할지라도 그 합신(合神)에 종(從)하지 않는다.

庚	丁	丙	己
子	亥	子	丑

己庚辛壬癸甲乙
巳午未申酉戌亥

此造 支類北方 地旺極矣 天干火虛 無木生扶 又有濕土晦火 天衰極矣
차조 지류북방 지왕극의 천간화허 무목생부 우유습토회화 천쇠극의

人皆論其殺重身輕 取火幫身敵殺 戊寅歲 金絶火生 又合去亥水 必有大
인개론기살중신경 취화방신적살 무인세 금절화생 우합거해수 필유대

凶 果卒季夏 此地支官星乘旺 又類官方 天干無印 己土洩丙 未足幫身
흉 과졸계하 차지지관성승왕 우류관방 천간무인 기토설병 미족방신

此爲天地合而從官也 甲戌運 生火剋水 刑喪破耗 家業已盡 癸酉壬申
차위천지합이종관야 갑술운 생화극수 형상파모 가업이진 계유임신

剋盡丙火 早起財官 獲利五萬 未運 丙子年 遭回祿 破去二萬 人皆取其
극진병화 조기재관 획리오만 미운 병자년 조회록 파거이만 인개취기

火土幫身 以午未運爲美 殊不知比刼奪財 反致大凶.
화토방신 이오미운위미 수부지비겁탈재 반치대흉

이 명조(命造)는 지지(地支)에 亥子丑 북방(北方)를 이루어 지지(地支)의 水는 극(剋)에 이르렀고 천간(天干)의 火는 木의 생조(生助)도 없고, 또한 습토(濕土)가 있어 火를 설(洩)하니 천간(天干)은 쇠약(衰弱)함이 극(極)에 이르렀다.

모든 사람들은 살중신경(殺重身輕)으로 논(論)하여 丙火를 용신(用神)으로 취(取)하여 일주(日主)를 돕고 살(殺)을 대적(對敵)해야 한다고 논(論)했다. 그러나 戊寅 년에 金은 절지(絶地)에 들고 寅은 火를 생조(生助)하며 또한 亥水를 寅亥 합(合)으로 합거(合去)하므로 반드시 대흉(大凶)이 있을 것으로 보았는데 과연 그해 계하(季夏)인 未 월에 세상을 떠났다.

이 명조는 지지의 관성(官星)이 승왕(乘旺)하고 또한 亥子丑 관방(官方)을 이루었는데, 천간에는 인수(印綬)가 없고 丙火는 壬水가 설(洩)하여 방신(幫身)하기는 부족하여 丁火는 지지의 관성(官星)과 합(合)하여 종관(從官)하는 것이다.

申戌 대운에는 火를 생(生)하고 水를 극(剋)하므로 형상(刑喪)과 파모(破耗)를 당하고 가업은 다 없어졌으나 癸酉, 壬申 대운에는 丙火를 극진하고 재관(財官)을 도와 일으키니 오만(五萬)의 재물(財物)을 일으켰다. 未대운은 丙子 년에 화재(火災)를 당하여 이만(二萬)을 손재하였다. 모든 사람들은 일주(日主)를 방신(幫身)하는 火土를 용신(用神)으로 보아 午未 운이 아름다울 것이라고 하였으나 비겁(比刧)이 탈재(奪

財)하여 대흉(大凶)에 이르는 이치를 알지 못한 것이다.

丁火 일주가 지지(地支)에 亥子丑 북방수국(北方水局)을 이루어 뿌리가 없으며 천간(天干)이 허(虛)하기 때문에 종수(從水)하니 종살격(從殺格)이 되었다. 희신(喜神)은 재관(財官)인 金水이고 기신(忌神)은 인비식(印比食)인 木火土이다.

甲戌 대운에는 甲庚 충(沖), 丑戌 형(刑)으로 천충지충(天沖地沖)이 되어 형상파모(刑喪破耗)하였고 가업이 다 없어졌다. 癸酉, 壬申 대운에는 金水 희신(喜神)을 충거(沖去)하고, 지지는 酉丑 합금(合金), 申子 합수(合水)로 재관이 희신(喜神)으로 되니 대발(大發)하였다. 辛未 대운에는 丙辛 합거(合去)되어 辛金이 약화되었고 丑未 충(沖)이 되어 기신(忌神)이 충발(沖拔)되었는데 丙子 년에는 丙庚 충(沖)으로 庚金 재성이 피상(被傷)되어 손재를 보았으며 戊寅 년에는 戊土가 기신(忌神)이며 寅亥 합목(合木)도 기신(忌神)이 되어 세상을 떠난 것이다.

甲申戊寅 眞偏殺印相生 庚寅癸丑 也坐兩神興旺
갑신무인　　진위살인상생　　경인계축　　야좌양신흥왕

甲申과 戊寅은 진정한 살인상생(殺印相生)이며, 庚寅과 癸丑은 좌하(坐下)에 양신(兩神: 殺印)이 흥왕(興旺)하므로 살인상생(殺印相生)이 된다.

兩神者 殺印也 庚金見寅中火土 卻多甲木 而以財論 癸見丑中土金 卻
양신자　　살인야　　경금견인중화토　　각다갑목　　이이재론　　계견축중토금　　각

多癸水財幫身 不如甲見申中壬水庚金 戊見寅中甲木丙火之爲眞也.
다계수재방신　　불여갑견신중임수경금　　　무견인중갑목병화지위진야

양신(兩神)이라는 것은 살(殺)과 인(印)이다.

庚金이 火土를 만난다고 할지라도 도리어 寅木이 많으면 재(財)로 논(論)하고 癸水가 丑 중의 土金을 만난다 할지라도 도리어 癸水가 많으면 일주(日主)를 돕는 것으로 논(論)한다. 그러나 甲木이 申 중에 암장(暗藏)된 壬水와 庚金을 보고 戊土가 寅 중에 암장(暗藏)된 甲木과 丙火를 보는 진정한 살인상생(殺印相生)만은 못하다.

任註

支坐殺印 非止此四日 如乙丑辛未壬戌支類 亦是兩神也 癸丑多比肩
지좌살인　비지차사일　　여을축신미임술지류　　역시양신야　계축다비견

戊寅豈無比肩乎 庚寅多財星 甲申豈無財星乎 非惟庚寅癸丑不眞 卽
무인기무비견호　경인다재성　갑신기무재성호　비유경인계축부진　즉

甲申戊寅 亦難作據 若只以日主一字論格 則年月時中 作何安頓理 會
갑신무인　역난작거　약지이일주일자론격　즉년월시중　작하안돈리　회

耶 不過將此數日爲題 用殺則扶之 不用則抑之 須觀四柱氣勢 日主衰
야　불과장차수일위제　용살즉부지　불용즉억지　수관사주기세　일주쇠

旺之別 如神强殺淺 則以財星滋殺身殺兩停 則以食神制殺 殺强身弱
왕지별　여신강살천　즉이재성자살신살양정　즉이식신제살　살강신약

則以印綬化殺論局中殺重身輕者 非貧卽夭 制殺太過者 雖學無成 論
즉이인수화살론국중살중신경자　비빈즉요　제살태과자　수학무성　논

行運殺旺 復行殺地者 立見凶災 制殺再行制殺者 必遭窮乏 書云 格格
행운살왕　복행살지자　입견흉재　제살재행제살자　필조궁핍　서운　격격

推詳 以殺爲重 又云 有殺只論殺 無殺方論用 殺其可忽乎.
추상　이살위중　우운　유살지논살　무살방론용　살기가홀호

임씨(任氏)가 말하길, 지지(地支)가 살인(殺印)으로 된 것은 甲申, 戊寅, 庚寅, 癸丑의 4일뿐만은 아니다.

가령 乙丑, 辛未, 壬戌 같은 종류(種類)도 있으면 양신(兩神)으로 논(論)할 수 있다. 원국(原局)에 癸 丑(癸辛己)은 지지(地支)에 비견(比肩)이 없다고 하겠는가? 또 庚 寅 (戊丙甲)은 지지(地支)에 재성(財星: 甲)이 많다고 하였는데 甲 申(戊寅癸)은 어찌 재성(財星)이 없다고 하겠는가? 오직 庚寅, 癸丑만 살인상생(殺印相生)이 부진(不眞)한 것이 아

니라 甲申, 戊寅도 참되다는 근거(根據)를 찾기가 어렵다.

만약 일주(日主) 하나만으로 격국(格局)을 논(論)한다면 년월시(年月時)의 간지(干支) 중에서 어떤 배합(配合)을 하여 안돈(安頓)의 이치(理致)를 삼을 것인가? 여기에서 거론(擧論)한 4일주(日主)들은 단지 설명(說明)하기 위한 제목(題目)에 불과(不過)하다.

용살(用殺)하면 생부(生扶)하여야 하고 용살(用殺)하지 않으면 억제(抑制)해야 하니 억부(抑扶)의 여부는 사주(四柱)의 기세(氣勢)를 살펴보고 일주(日主)의 왕쇠(旺衰)를 분별(分別)하여 논(論)해야 한다.

가령 신강살천(身强殺淺)이면 재성(財星)으로 살(殺)을 자양(滋養)시켜 주고, 일주(日主)와 살(殺)의 기세(氣勢)가 양립(兩立)하고 있다면 식신(食神)으로 제살(制殺)해야 하며, 살강신약(殺强身弱)하면 인수(印綬)로서 살(殺)을 인화(引化)하여야 한다.

원국(原局)을 논(論)하는 가운데 살중신경(殺重身輕)하면 가난하지 않으면 요절(夭折)한다 하였고, 제살태과(制殺太過)하면 비록 학문(學問)을 배워도 성공(成功)하지 못한다고 하였으며 행운(行運)을 논(論)하는 가운데 살왕(殺旺)한데 다시 살지(殺地)로 행(行)하는 것은 흉(凶)한 재앙(災殃)이 나타나고, 제살(制殺)이 되고 있는데 다시 제살(制殺) 운이 온다면 궁핍(窮乏)할 것이라고 논(論)하였다.

서(書)에 이르기를 "격격추상 이살위중(格格推詳 以殺爲重)이라, 즉 격(格)마다 자세히 추리(推理)하되, 살(殺)이 중요하다"라고 하였고, "유살지론살 무살방론용(有殺只論殺 無殺方論用)이라, 즉 살(殺)이 있으면 단지 살(殺)을 위주로 논(論)하고, 살(殺)이 없으면 용신(用神)이 무엇인가를 논(論)하라"라고 하였으니, 살(殺)이란 소홀히 생각해서는 안 되는 것임을 강조(强調)한 구절(句節)이다.

任註

甲	甲	己	壬
子	申	酉	午

丙乙甲癸壬辛庚
辰卯寅丑子亥戌

甲申日元生于八月　官殺當權　喜其午火緊制酉金　子水化其申金　所謂
갑신일원생우팔월　　관살당권　　희기오화긴제유금　　자수화기신금　　소위

去官留殺　殺印相生　木凋金旺　印星爲用　甲第聯登　由郎署出爲觀察　從
거관유살　살인상생　목조금왕　인성위용　갑제연등　유랑서출위관찰　종

臬憲而轉封疆.
얼헌이전봉강

甲申 일원이 8월에 태어나서 관살(官殺)이 당권(當權)하였는데, 기쁘게도 午火가
酉金을 긴제(緊制)[116]하고, 子水가 申金을 인화(引火)하니 소위(所謂) 거관유살(去官留
殺)이고 살인상생(殺印相生)인데, 木은 시들었고 金은 왕(旺)하니 인성(印星)이 용신(用
神)이다. 연달아 장원급제(壯元及第)하였고, 낭서(郞署)를 거쳐 나아가 관찰(觀察)이 되
었으며 얼헌(臬憲)을 거쳐 봉강(封疆)이 되었다.

評註

甲木 일주가 酉월에 태어나서 실령(失令)하였고 좌하(坐下)의 申金에 실지(失地)하
였으니 신약(身弱)하다. 희신(喜神)은 인비(印比)인 水木이고 기신(忌神)은 식재관(食財
官)인 火土金이다.

기쁘게도 대운(大運)이 북동지지(北東之地)인 水木으로 행(行)하니 연달아 장원급
제(壯元及第)하였다. 관살(官殺)이 혼잡(混雜)되어 있으나 申子 합거(合去)하여 거관유
살(去官留殺)이 되었으니 벼슬이 얼헌(臬憲)을 거쳐 봉강(封疆)에 이르게 된 것이다.

---

116 긴제(緊制): 가까이에서 극제(剋制)함. 긴첩(緊貼)하여 극(剋)하는 것으로 긴극(緊剋)이라고
　　　도 함.


```
甲 甲 己 壬
子 申 酉 辰
```

```
丙 乙 甲 癸 壬 辛 庚
辰 卯 寅 丑 子 亥 戌
```

此與前造 只換一辰字 以俗論之 前則制官留殺 此則合官留殺 功名仕
차여전조　지환일진자　이속론지　전즉제관유살　차즉합관유살　공명사

路 無所高下 殊不知 有天淵之隔 扶制者剋而去之 合者有去有不去也
로　무소고하　수부지　유천연지격　부제자극이거지　합자유거유불거야

如以辰土爲財 則化金而助殺 以酉金爲官 仍化金而黨殺.
여이진토위재　즉화금이조살　이유금위관　잉화금이당살

由此觀之 淸中帶獨 且以財爲病者 不但功名蹭蹬 而且刑耗難辭 惟亥運
유차관지　청중대독　차이재위병자　부단공명층등　이차형모난사　유해운

逢生 可獲一衿 壬子如逢木年 秋闈有望 癸丑合去子卯 一阻雲程 有凶
봉생　가획일금　임자여봉목년　추위유망　계축합거자묘　일조운정　유흉

無吉 甲寅運 破申冲破 壽元有礙矣.
무길　갑인운　파신충파　수원유애의

차조(此造)는 전조(前造)와 비교했을 때 다만 하나의 辰자만 바뀌었다.

속(俗)되게 논(論)하면 "전조(前造)는 제관유살(制官留殺)이고 이것은 합관유살(合官留殺)이니 공명(功名)과 벼슬길에서 고하(高下)가 없다"라고 할 것인데, 천연지격(天淵之隔)이 있다는 것을 모르고 있는 것이다.

제(制)라는 하는 것은 극(剋)하여 제거(除去)하는 것이다. 합(合)이라는 것은 제거(除去)하는 것과 제거(除去)하지 못하는 것이 있는데, 가령 재성(財星)인 辰土가 화금(化金)하여 종살(從殺)하고, 관성(官星)인 酉金도 화금(化金)하여 당살(黨殺)하고 있는 것이다. 그러므로 청(淸)한 가운데 탁(濁)을 가지고 있고 재(財)가 병(病)이니 벼슬이 막히고 형모(刑耗)가 말로 다하기 어려웠다.

癸운에는 생(生)을 만나니 수재(秀才)가 될 수 있고 壬子 운에는 木년을 만나면

추위(秋闈)에 합격(合格)할 희망(希望)이 있다. 癸丑 운에는 인수(印綬)인 子水를 합거(合去)하니 벼슬길이 막히고 유흉무길(有凶無吉)하였으며 甲寅 운에는 申金으로부터 충파(冲破)를 당하니 수명(壽命)에 장애(障碍)가 있었다.

原文

上下 貴乎情協
상하　귀호정협

보주(補註)에는 상하귀호정화(上下貴乎情和)로 적혀 있는데, 정협(情協)과 정화(情和)는 같은 뜻이다.

原註

天干地支 雖非相生 宜有情而不反背
천간지지　수비상생　의유정이불반배

천간(天干)과 지지(地支)는 비록 상생(相生)은 아닐지라도 마땅히 유정(有情)하되 반배(反背)[117]하여서는 아니 된다.

任註

任氏曰 上下情協者 互相衛護 干支不反背者也.
임씨왈　상하정협자　호상위호　간지불반배자야

如官衰傷旺 財官得局 官旺財多 比劫得局 殺重用印 忌財者 財臨刦也
여관쇠상왕　재관득국　관왕재다　비겁득국　살중용인　기재자　재임겁야

身强殺淺 喜財者 財坐食鄉 財輕刦重 有官而官星制刦 無官而食傷化
신강살천　희재자　재좌식향　재경겁중　유관이관성제겁　무관이식상화

117　반배(反背): 거스르고 어긋남.

刦 皆謂有情.
겁　개위유정

如官衰遇傷 財星不現 官旺無印 財星得局 殺重用印 忌財者 財坐食位
여관쇠우상　재성불현　관왕무인　재성득국　살중용인　기재자　재좌식위

身旺殺庚 喜財者 財坐刦地 財輕刦重 無食傷而 官失令 有食傷而印當
신왕살경　희재자　재좌겁지　재경겁중　무식상이　관실령　유식상이인당

權 皆爲不協.
권　개위불협

임씨(任氏)가 말하길, 상하유정(上下有情)이라는 것은 "상호 간(相互間)에 호위(護衛)하여 간지(干支)가 거스르고 어긋나지 않는다"라는 것이다.

가령, 관(官)이 쇠(衰)하고 상관(傷官)이 왕(旺)한데 재성(財星)이 득국(得局)하였거나, 관(官)이 왕(旺)하고 재(財)가 많은데 비겁(比劫)이 득국(得局)하였거나, 살중용인(殺重用印)에 재(財)를 꺼리는데 재(財)가 겁지(刦地)에 임(臨)하거나, 신강살천(身强殺淺)에 재(財)를 기뻐하는데 재(財)가 식상(食傷) 위에 앉아 있거나, 재성겁중(財星刦重)에 관성(官星)이 있어서 관성(官星)이 비겁(比劫)을 제거(除去)하거나, 관성(官星)이 없더라도 식상(食傷)이 있어서 비겁(比劫)을 인화(引化)하면 모두 유정(有情)이라고 말한다.

가령, 관(官)이 쇠(衰)하고 상관(傷官)을 만났을 때 재성(財星)이 나타나지 않았거나, 관(官)이 왕(旺)하고 인수(印綬)가 없는데 재성(財星)이 득국(得局)하였거나, 살중용인(殺重用印)하여 재(財)를 꺼리는데 재(財)가 식신을 깔고 앉아 있거나, 신왕살경(身旺殺輕)하여 재(財)를 기뻐하는데 재(財)가 겁지에 앉아 있거나, 재경겁중(財輕刦重)인데 식상(食傷)이 없고 관성(官星)이 실령(失令)하였거나 식상(食傷)이 있더라도 인수(印綬)가 당권(當權)하였으면 모두 불협(不協)이다.

```
庚 丙 癸 己
寅 寅 酉 巳
```

丙丁戊己庚辛壬
寅卯辰巳午未申

此日主兩坐長生 年支又俸祿旺 足以用官 癸水官星 被己土貼身一傷
차일주양좌장생　　녀지우봉록왕　　　족이용관　　계수관성　　피기토첩신일상

喜得官臨財位 尤妙巳酉拱金 則己土之氣已洩 而官星之根固矣 所以
희득관임재위　　우묘사유공금　　즉기토지기이설　　이관성지근고의　　소이

一生不遭凶險 名利兩全也.
일생부조흉험　　명리양전야

이것은 일주(日主)가 두 개의 장생(長生)을 깔고 앉아 있는데 녀지(年支)에서 다시 녹왕(祿旺)을 만났으니 족(足)히 용관(用官)한다. 관성(官星)인 癸水가 己土로부터 첩신(貼身)하여 극(剋)당하는데 기쁘게도 관성(官星)이 재위(財位)에 임(臨)하였다.

더욱 오묘(奧妙)한 것은 巳酉가 금국(金局)을 공합(拱合)한 것인데, 己土의 기(氣)는 덜어내어지고 관성(官星)의 뿌리는 견고(堅固)하여졌다. 그러므로 일생 흉험(凶險)을 만나지 아니하고 명리양전(名利兩全)하였다.

丙火 일주가 酉月에 태어나서 실령(失令)하였으나 일시지(日時支)에 장생(長生)인 寅木의 生助를 받고 있으며 녀지(年支)의 사중병화(巳中丙火)에 통근(通根)하였으니 신왕(身旺)하다. 희신(喜神)은 식재관(食財官)인 土金水이고 기신(忌神)은 인비(印比)인 木火인데 운행(運行)이 남동지지(南東之地)인 火木으로 행(行)하여 아름답다.

원국(原局)에서 식재관(食財官)이 모두 갖추어져 있으니 삼기격(三奇格)이 되었고

더욱 기쁜 것은 관성(官星)인 癸水가 재성(財星)인 酉金에 앉아 있으니 명관과마(明官跨馬)가 되어 부귀(富貴)한 명조(命造)이다.

任註

```
壬 乙 己 乙
午 亥 卯 丑
```

```
壬癸甲乙丙丁戊
申酉戌亥子丑寅
```

此己土之財 通根在丑 得祿于午 似乎身財並旺 不知己土之財 比肩奪
차기토지재 통근재축 득록우오 사평신재병왕 부지기토지재 비견탈

去 丑土之財 卯木剋破 午火食神 亥水剋之 壬水蓋之 無從引化 所謂
거 축토지재 묘목극파 오화식신 해수극지 임수개지 무종인화 소위

上下無情也 初逢戊寅丁丑 財逢生助 遺業頗豊 一交丙子 冲去午火 一
상하무정야 초봉무인정축 재봉생조 유업파풍 일교병자 충거오화 일

敗而盡 乙亥運 妻子俱賣 削髮爲僧 又不守清規 凍餓而死.
패이진 을해운 처자구매 삭발위승 우불수청규 동아이사

合此兩造觀之 則上下之情協與不協 富貴貧賤 遂判天淵 卽于此證驗焉.
합차양조관지 즉상하지정협여불협 부귀빈천 수판천연 즉우차증험언

이 명조(命造)는 재성(財星)인 己土가 丑土에 통근(通根)하였고 午火에 득록(得祿)하였으니 일주(日主)와 재(財)가 병왕(並旺)한 것 같다. 모르고 하는 소리로 己土 재성(財星)은 卯木이 극파(剋破)하였으며 오화식신(午火食神)은 亥水를 극(剋)하고 壬水가 개두(蓋頭)하여 인화(引化)함이 없으니 소위 상하무정(上下無情)하다.

초년(初年)운인 戊寅, 丁丑에는 재성(財星)이 생조(生助)를 만나니 유업(遺業)이 풍족(豊足)하였으나 丙子 운으로 바뀌어서는 午火를 충거(冲去)하여 한 번에 패(敗)하여 모두가 없어졌다.

己亥 운에는 처자(妻子)를 팔아먹고 삭발하여 중이 되었는데 청규(清規)를 지키

지 못하고 굶고 얼어서 죽었다. 양조(兩造)를 합(合)하여 살펴보면 상하(上下)의 정협(情協)과 불협(不協)은 부귀빈천(富貴貧賤)에서 천연지차(天淵之差)가 되는 것은 여기에서 증험(證驗)되고 있다.

評註

乙木 일주가 卯월에 태어나서 득령(得令)하였고 좌하(坐下)의 亥水에 득지(得地)하였으며 천간(天干) 乙木과 시간(時干) 壬水가 인비(印比)로 생조(生助)하니 신왕(身旺)하다. 희신(喜神)은 식재관(食財官)인 火土金이고 기신(忌神)은 인비(印比)인 水木이다. 원국(原局)에서 식신(食神)인 午火는 壬水가 개두(蓋頭)되었고 재성(財星)인 己土는 卯木에 절지(絕地)되었으며, 관성(官星)인 金은 없으니 희신(喜神)이 무력하여, 곤고(困苦)하고 빈천(貧賤)하게 삶을 마감한 것이다.

原文

左右 貴乎同志
좌우   귀호동지

좌우(左右)는 동지(同志)가 귀(貴)하다.

原註

上下左右雖不全一氣之物 須生化不錯
성하좌우수부전일기지물   수생화불착

상하좌우(上下左右)가 비록 천원일기(天元一氣)와 지전일기(支全一氣)는 아니라고 할지라도, 반드시 생화(生化)가 어긋나지 않아야 한다.

任氏曰 左右同志 制化得宜 左右生扶 不雜亂者也.
　임씨왈　좌우동지　제화득의　좌우생부　부잡란자야

如殺旺身弱 有羊刃合之 或印綬化之 身旺殺弱 有財星生之 或官星助
　여살왕신약　유양인합지　혹인수화지　신왕살약　유재성생지　혹관성조

之 身殺兩旺 有食神制之 或傷官敵之 此謂同志.
　지　신살양왕　유식신제지　혹상관적지　차위동지

若身弱而殺有財滋 則財爲累矣 身旺而刧將官合 則官已忌矣.
　약신약이살유재자　즉재위누의　신왕이겁장관합　즉관이기의

總之 日主所喜之神 必要貼身透露 喜殺而殺與財親 忌殺而殺逢食制
　총지　일주소희지신　필요첩신투로　희살이살여재친　기살이살봉식제

喜印而印居官後 忌印而印讓財先 喜財而遇食傷 忌財而遭比刧 日主
　희인이인거관후　기인이인양재선　희재이우식상　기재이조비겁　일주

所喜之神 得閑神相助 不爭不妒 所忌之神 被閑神制伏 不肆不逞 此謂
　소희지신　득한신상조　부쟁불투　소기지신　피한신제복　불사불령　차위

同志 宜細究之.
　동지　의세구지

임씨(任氏)가 말하길, 좌우동지(座右同志)라는 것은 "제화(制化)의 마땅함을 얻고 좌우(左右)가 생부(生扶)하여 난잡(亂雜)하지 않아야 한다"라는 것이다. 가령 살왕신약(殺旺身弱)에 양인(羊刃)이 합살(合殺)하거나 혹은 인수(印綬)가 화살(化殺)해야 한다.

신왕살약(身旺殺弱)에 재성(財星)이 생살(生殺)하거나 혹은 관성(官星)이 조살(助殺)해야 한다.

신살양왕(身殺兩旺)에 식신(食神)이 제살(制殺)하거나 혹은 상관(傷官)이 적살(敵殺)하면 이것을 동지(同志)라고 말한다.

만약 신약(身弱)한데 재성(財星)이 자살(滋殺)하면 재성(財星)이 폐해(弊害)가 되고, 신왕(身旺)한데 비겁(比劫)이 합관(合官)하면 관(官)은 이미 잃어버린 것이다.

총괄(總括)하건대, 일주(日主)의 소희지신(所喜之神)은 반드시 첩신(貼身)하고 투출(透出)해야 한다. 살(殺)을 기뻐하면 살(殺)은 재성(財星)과 붙어 있어야 하고 살(殺)을 꺼리면 살(殺)은 식신(食神)의 극제(剋制)를 만나야 한다.

인수(印綬)를 기뻐하면 인수(印綬)는 관(官)의 뒤에 위치하여야 하고, 인수(印綬)를 꺼리면 인수(印綬)는 재성(財星)에게 앞을 양보(讓步)하여야 하며, 재성(財星)을 기뻐하면 식상(食傷)을 만나야 하고 재성(財星)을 꺼리면 비겁(比劫)을 만나야 한다.

소희지신(所喜之神)이 한신(閑神)의 상조(相助)를 만나고 쟁투(爭妒)하지 않으며 소기지신(所忌之神)이 한신(閑神)으로부터 제복(制伏)을 받아 방자하게 날뛰지 않으면 이것을 동지(同志)라고 말한다. 마땅히 자세하게 탐구하여야 한다.

$$庚\ 庚\ 丙\ 壬$$
$$辰\ 午\ 午\ 申$$

$$癸\ 壬\ 辛\ 庚\ 己\ 戊\ 丁$$
$$丑\ 子\ 亥\ 戌\ 酉\ 申\ 未$$

此丙火之殺雖旺　壬水之根亦固　日主有比肩之助　濕土之生　謂身殺兩停
차병화지살수왕　임수지근역고　일주유비견지조　습토지생　위신살양정

用壬制殺　天干之同志者　地支之同志者　辰土也　一制一化　可謂有情　運
용임제살　천간지동지자　지지지동지자　진토야　일제일화　가위유정　운

至金水之鄕　仕途顯赫　位至封疆.
지금수지향　사도현혁　위지봉강

이것은 칠살(七殺)인 丙火가 비록 왕(旺)하다고 할지라도, 壬水의 뿌리도 또한 견고(堅固)하다. 일주(日主)에게 비견(比肩)의 도움과 습토(濕土)의 생(生)이 있으니 신살양정(神殺兩停)이라고도 말한다.

壬水를 사용하여 제살(制殺)하는 것이 천간(天干)의 동지(同志)이고, 지지(地支)의 동지(同志)인 것은 辰土인데 하나가 제(制)하고 하나가 화(化)하나 유정(有情)하다고 말할 수 있다. 운이 금수지향(金水之鄕)에 이르러 벼슬길이 현혁(顯赫)하였고 지위(地位)가 봉강(封疆)에 이르렀다.

庚金 일주가 午月에 태어나서 실령(失令)하였고 좌하(坐下)의 午火에 실지(失支)하였고 천간(天干)에 丙火가 투출(透出)하였으나 관살(官殺)이 태왕(太旺)하여 식신제살격(食神制殺格)이 되었다. 희신(喜神)은 인비식(印比食)인 土金水이고 기신(忌神)은 재관(財官)인 목화(木火)인데 기쁘게도 운행(運行)이 서북지지(西北之地)인 金水로 행(行)하고 있다.

제살(制殺)하는 식신(食神)인 金水가 申金의 생조(生助)를 얻고 있으니 동지(同志)가 되는 것이고 인수(印綬)인 辰土는 申辰 공합(拱合)이 되었으니 역시 동지(同志)가 되어 상하정협(上下情協)하고 좌우동지(座右同志)가 되어 벼슬이 봉강(封疆)에 이르게 된 것이다.

戊	庚	丙	壬
寅	申	午	午

癸壬辛庚己戊丁
丑子亥戌酉申未

此造與前合觀　大同小異　況乎日坐祿旺　壬水亦緊制殺　何彼則名利雙收
차조여전합관　대동소이　황호일좌록왕　임수역긴제살　하피즉명리쌍수

此則終身不發　蓋彼則壬水逢神之生地　制殺有權　此則壬水坐午之絶地
차즉종신불발　개피즉임수봉신지생지　제살유권　차즉임수좌오지절지

敵殺無力　彼則時干比刦幇身　又可生水此則時上梟神剋水　而不能生食
적살무력　피즉시간비겁방신　우가생수차즉시상효신극수　이불능생식

所謂左右不能同志者也.
소위좌우불능동지자야

이 명조(命造)는 전조(前造)와 합하여 살펴보건대 대동소이(大同小異)하다. 일주(日

主)가 녹왕(祿旺)에 앉아 있고 壬水가 또한 가까이서 제살(制殺)하는데 어찌 저 사람은 명리쌍수(名利雙收)하였고 이 사람은 종신 동안 발복하지 못하였는가?

저 명조(命造)는 壬水가 생지(生地)인 申을 만나서 제살(制殺)이 유력(有力)하나, 이 명조(命造)는 壬水가 절지(絶地)인 午에 앉아서 적살(敵殺)이 무력(無力)한 까닭이다. 저 명조(命造)는 시간(時干)의 비겁(比劫)이 방신(幇身)하고 또한 생수(生水)할 수 있는데, 이 명조(命造)는 시상(時上)의 효신(梟神)이 극수(剋水)하였고 식신(食神)을 생(生)할 수 없다. 소위 "좌우(左右)가 동지(同志)일 수 없는 것"이다.

전조(前造)와 같이 庚金 일주가 午月에 태어나서 실령(失令)하였고 년지(年支)의 午火에 실세(失勢)하였으며 월간(月干)에 丙火가 투출(透出)하였으니 관살(官殺)이 태왕(太旺)하여 식신제살격(食神制殺格)이 되었다. 희신(喜神)은 인비식(印比食)인 土金水이고 기신(忌神)은 재관(財官)인 木火인데 기쁘게도 운행(運行)이 서북지지(西北之地)인 金水로 행(行)하고 있다.

제살(制殺)하는 식신(食神)인 壬水가 午火 위에서 개두(蓋頭)되었고 인수(印綬)인 戊土는 寅木에 절각(截脚)되었으니, 전조(前造)는 희신(喜神)인 土金水가 동지(同志)이지만, 차조(此造)는 희신(喜神)이 개두절각(蓋頭絶脚)되었으니 종신(終身) 동안 발복(發福)하지 못하게 된 것이다.

原文

始其所始 終其所終 富貴福壽 永乎無窮
시기소시　　종기소종　　부귀복수　　영호무궁

시작하여야 할 곳에서 시작하고 끝나야 할 곳에서 끝마치면 부귀복수(富貴福壽)는 영원(永遠)토록 무궁(無窮)하다.

原註

年月爲始 日時不反背之 日時爲終 年月不妬忌之 凡局中所喜之神引
년월위시   일시불반배지   일시위종   년월불투기지   범국중소희지신인

於時支 有所歸者 爲始終得所 則富貴福壽 永乎無窮矣.
어시지   유소귀자   위시종득소   즉부귀복수   영호무궁의

년월(年月)이 시(始)인데 일시(日時)가 거스르거나 어긋나지 않고 일시(日時)가 종
(終)인데 년월(年月)이 투기(妬忌)하지 않아야 한다. 무릇 국(局) 중의 소희지신(所喜之
神)이 시지(時支)에 이끌려 귀착(歸着)하는 것은 시종득소(始終得所)[118]이니 부귀복수
(富貴福壽)가 영원무궁(永遠無窮)하다.

任註

任氏曰 始終之理 要干支流通 四柱生化不息之謂也 必須接續連珠 五
임씨왈   시종지리   요간지류통   사주생화불식지위야   필수접속연주   오

行俱足 卽多缺乏 或有合化之情 互相護衛 純粹可觀.
행구족   즉다결핍   혹유합화지정   호상호위   순수가관

所喜者逢生得地 所忌者受剋無根 閑神不當忌物 忌物合化爲攻 四柱
소희자봉생득지   소기자수극무근   한신부당기물   기물합화위공   사주

干支 一無棄物 從有傷梟刧刃 亦來輔格助用 喜用有情 日元得氣 未有
간지   일무기물   종유상효겁인   역래보격조용   희용유정   일원득기   미유

不富貴福壽者也.
불부귀복수자야

임씨(任氏)가 말하길, 시종지리(始終之理)는 간지(干支)가 유통(流通)하여 사주(四柱)
가 생화불식(生化不息)하여야 한다는 것을 말하는 것이다. 반드시 구슬이 꿰이듯 접
속상생(接續相生)하고 오행(五行)을 전부(全部)갖추어야 하는데 오행(五行)에서 부족(不

---

118 시종득소(始終得所): 시종(始終)의 마땅함을 얻음. 부귀격국(富貴格局)으로 일생(一生)에 풍파
(風波)가 없음.

足)한 것이 많다고 할지라도 혹 합화지정(合化之情)이 있고 상호간(相互間)에 호위(護衛)하여 순수가관(純粹可觀)이어야 한다. 소희자(所喜者)는 생(生)을 만나고 득지(得地)하며, 소기자(所忌者)는 극(剋)을 받고 무근(無根)이어야 한다. 한신(閑神)은 기물(忌物)을 돕지 않고 기물(忌物)을 합화(合化)하여 공(功)을 이루며, 사주간지(四柱干支)에 하나도 버릴 것이 없어야 한다.

설령 상관(傷官)이나 효신(梟神)이나 비겁(比劫)이나 양인(羊刃)이 있다고 할지라도 격국(格局)과 용신(用神)을 보조(輔助)하여야 하며 희용(喜用)이 유정(有情)하고, 일원(日元)이 득기(得氣)하며 부귀복수(富貴福壽)하지 않는 자(者)가 없었다.

任註

```
己 丁 甲 壬
酉 亥 辰 寅
```

```
辛庚己戊丁丙乙
亥戌酉申未午巳
```

年干壬水爲始 日支亥水爲終 官生印 印生身 食神發用吐秀 財得食神
년간임수위시　　일지해수위종　　관생인　인생신　식신발용토수　재득식신

之覆 官逢財星之生 傷官雖當令 印綬制之有情 年月不反背 日時不妬忌
지부　관봉재성지생　상관수당령　인수제지유정　년월불반배　일시불투기

始終得所 貴至二品 富有百萬 子孫淸美 壽至八旬.
시종득소　귀지이품　부유백만　자손청미　수지팔순

년간(年干)의 壬水가 시(始)이고 일지(日支)의 亥水가 종(終)이다.

관(官)이 인수(印綬)를 생(生)하고, 인수(印綬)가 일주(日主)를 생(生)하며 식신(食神)이 투출(透出)하여 수기(秀氣)를 토(吐)해 내는데, 재(財)는 식신(食神)이 덮어주고 관(官)은 재성(財星)의 생(生)을 만났다.

상관(傷官)이 비록 당령(當令)하였다고 할지라도 인수(印綬)가 극제(剋制)하니 유정

(有情)하다. 년월(年月)이 반배(反背)하지 않고 일시(日時)가 투기(妒忌)하지 않아서 시종득소(始終得所)이니 자손(子孫)이 제미(齊美)[119]하였고 수명은 팔순(八旬)에 이르렀다.

丁火 일주가 辰월에 태어나서 실령(失令)하였고 좌하의 亥水에 실령하여 신약(身弱)으로 보기 쉬우나 지지가 寅辰이 공합(拱合)하여 목국(木局)이 되었고 寅亥 합목(合木)이 되었으며 월간(月干)에 甲木이 투출하였으니 신약후강하다. 희신(喜神)은 식재관(食財官)인 土金水이고 기신(忌神)은 인비(印比)인 木火인데 대운(大運)이 초년(初年)은 남방지지(南方之地)로 곤고(困苦)하였고, 중말년(中末年)은 서북지지(西北之地)인 金水로 행(行)하고 있으니 기쁘다.

```
辛 己 丙 甲
未 巳 寅 子
```

癸壬辛庚己戊丁
酉申未午巳辰卯

此造 天干木生火 火生土 土生金 地支水生木 木生火 火生土 土生金
차조　천간목생화　화생토　토생금　지지수생목　목생화　화생토　토생금

且由支而生于 從地支 則以年支子水生寅木爲始 至時干辛金爲終 從
차유지이생우　종지지　즉이년지자수생인목위시　　지시간신금위종　종

天干 亦以年支子水生甲木爲始 至時干辛金爲終 天地同流 正所謂始
천간　역이년지자수생갑목위시　지시간신금위종　천지동류　정소위시

其所始 終其所終也 是以科甲連登 仕至極品 夫婦齊美子孫蕃衍 科甲
기소시　종기소종야　시이과갑연등　사지극품　부부제미자손번연　과갑

---

119 제미(齊美): 아름다움을 이룬다는 뜻으로 조업(祖業)을 이어받아 더욱 크게 이룸을 이르는 말.

不絶 壽至九旬.
부절   수지구순

    이 명조(命造)는 천간(天干)이 목생화(木生火)하고 화생토(火生土)하며 토생금(土生金)하였으며 지지(地支)가 수생목(水生木)하고 목생화(木生火)하며 화생토(火生土)하고 토생금(土生金)하는데 또한 지지(地支)에서 천간(天干)을 생(生)한다.

    지지를 좇으면 년지의 子水가 寅木을 생(生)하는 것이 시(始)이고, 시간의 辛金이 종(終)이며, 천간을 좇으면 역시 년지(年支)의 子水가 甲木을 생(生)하는 것이 시(始)이고, 시간의 辛金이 종(終)이다. 천지가 동류(同流)하니 바로 소위 '시기소기 종기소종(始其所始 終其所終)'이다. 이에 과갑연등하였고 벼슬이 극품(極品)에 이르렀다. 부부가 제미지안(齊眉之安)[120]처럼 서로 공경하였고, 자손이 대단히 번창하였으며, 과갑(科甲)이 끊이지 않았고 수명은 구순에 이르렀다.

評註

    己土 일주가 寅월에 태어나서 실령(失令)하였으나 관인상생(官印相生)이 되었으며 지지(地支)의 己土가 인비(印比)가 되었으니 신왕(身旺)하다. 희신(喜神)은 식재관(食財官)인 金水木이고 기신(忌神)은 인비(印比)인 木火이다.

    전조(前造)와 같이 사주(四柱)가 모두 상하유정(上下有情)이 되었고 천부지재(天覆地載)가 되었으니 귀격(貴格)이다. 천간(天干)은 년지(年支)에서 甲木으로 시작하여 목생화(木生火), 화생토(火生土), 토생금(土生金)으로 생생부절(生生不絶)이 되었으며 지지(地支)도 년지(年支)에서 子水로 시작하여 수생목(水生木), 목생화(木生火), 화생토(火生土)로 역시 생생부절(生生不絶)하였다.

---

120 제미지안(齊眉之安): 남편(男便)을 공경(恭敬)하여 받드는 일. 후한(後漢)의 양홍(梁鴻)의 처(妻), 맹광(孟光)이 남편(男便)을 공경(恭敬)하여 밥상을 눈썹 높이만큼 받쳐든 고사(故事)에서 나온 말.

原文

兩氣合而成象 象不可破也
양기합이성상　　상불가파야

양기(兩氣)가 합(合)하여 상(象)을 이루면 상(象)은 깨어져서는 아니 된다.

原註

天干屬木 地支屬火 天干屬火 地支屬木 其象則一 若見金水則破 餘
천간속목　지지속화　천간속화　지지속목　기상즉일　약견금수즉파　여

倣此.
방차

천간(天干)이 木에 속하고 지지(地支)가 火에 속하거나 천간(天干)이 火에 속하고
지지(地支)기 木에 속하여 그 상(象)이 하나가 되었는데, 만약 金水가 나타나면 파격
(破格)이다.

任氏曰 兩氣雙清 非獨木火二形也 如土金 金水 水木 木火 火土 相生
임씨왈　양기쌍청　비독목화이형야　여토금　금수　수목　목화　화토　상생

各半 五局 卽相剋之五局 亦是也 如木土 土水 水火 火金 金木之各半
각반　오국　즉상극지오국　역시야　여목토　토수　수화　화금　금목지각반

相敵也.
상적야

相生要我生 秀氣流行 相剋要我剋 日主不傷 相生必欲平分 無取稍多
상생요아생　수기유행　상극요아극　일주불상　상생필욕평분　무취초다

稍寡 相剋務須均敵 切忌偏重偏輕 若用金水 則火土不宜夾雜 如取水
초과　상극무수균적　절기편중편경　약용금수　즉화토불의협잡　여취수

木 則火金不可交爭 木火成象者 最怕金水破局 水火得濟者 尤忌土來
목　즉화금불가교쟁　목화성상자　최파금수파국　수화득제자　우기토래

止水.
지수

格旣如此 取運亦倣此 而行一路澄淸 必位高而祿重 中途混亂 恐職奪
격기여차　취운역방차　이행일로징청　필위고이록중　중도혼란　공직탈

而家傾 故此格最難全美 而看法貴在至精 若生而復生 乃是流通之妙
이가경　고차격최난전미　이간법귀재지정　약생이복생　내시유통지묘

倘剋而遇化 亦爲和合之情.
당극이우화　역위화합지정

或謂 理僅兩神 似嫌狹小 不知格分十種盡費推詳.
혹위　이근양신　사혐협소　부지격분십종진비추상

　　임씨(任氏)가 말하길, 양기쌍청(兩氣雙淸)은 단지 木火라는 두 가지 형태(形態)만이
아니다. 가령 土金, 金水, 水木, 木火, 火土가 상생(相生)하여 각각 반(半)인 5국(五局)
이다.

　　그러나 상극(相剋)하는 5국(五局) 또한 양기성상(兩氣成象)인데 가령 木土, 土水, 火
金, 金水이 각각 반(半)이고 서로 대적(對敵)하는 것이다.

　　상생(相生)은 응당(應當) 내가 생(生)하여 수기유행(秀氣流行)하여야 하고 상극(相剋)
도 내가 극(剋)하여 일주(日主)가 상(傷)하지 않아야 한다.

상생(相生)도 반드시 똑같이 나누어져 초다초과(稍多稍寡)함이 없어야 하고 상극(相剋)도 반드시 균등하게 대적하여 편중편경(偏重偏輕)하여서는 아니 된다. 만약 金水가 용신(用神)이면 火土가 끼어 섞이는 것은 마땅하지 않고, 水木이 용신(用神)이면 火金이 서로 다투어서는 아니 된다.

목화성상자(木火成象者)는 金水의 파국(破局)을 가장 두려워하고 수화득제자(水火得濟者)는 土가 와서 지수(止水)하는 것을 크게 꺼린다. 격(格)이 이와 같으니 운(運)을 취(取)하는 것 또한 이와 마찬가지이다.

한결같이 맑고 깨끗한 운(運)으로 행(行)하면 반드시 지위(地位)가 높고 봉록(俸祿)이 많으나 운(運)이 중도(中途)에서 혼란하면 필시 직위가 떨어지고 가산(家産)이 탕진(蕩盡)된다. 고로 이 격(格)은 전미(全美)하기가 가장 어려우니 간법(看法)에 있어서 지극히 정밀하게 살펴보아야 한다. 만약 생(生)하고 다시 생(生)하면 유통지묘(流通之妙)이고, 극(剋)이 인화(引化)를 만나면 화합지정(和合之情)이다.

혹자(或者)는 "이치(理致)에 있어서 겨우 양신(兩神)이니 꺼리게도 협소(狹小)한 것 같다"라고 말하는데 부지(不知)로되 격(格)이 십종(十種)으로 나누어지니 전력(全力)을 다하여 추상(推詳)하여야 한다.

任註

```
丁 甲 丁 甲
卯 子 卯 午
```

```
甲癸壬辛庚己戊
戌酉申未午巳辰
```

此造木火各半 兩氣成象 取丁火傷官秀氣爲用 四柱金水全無 純粹可
차조목화각반　　양기성상　　취정화상관수기위용　　　사주금수전무　　순수가

觀 巳運 丁火臨官 南宮奏捷 名高翰苑 庚運 官殺混局 降知縣 扶南方
관　사운　정화임관　남궁진첩　명고한원　경운　관살혼국　강지현　부남방

之金 尙有不足 將來西方之水 蘭言無咎.
지금　상유부족　장래서방지수　난언무구

이 명조(命造)는 木火가 각 半인 양기성상(兩氣成象)이다.

상관수기(傷官秀氣)인 丁火가 용신(用神)인데 사주(四柱)에 金水가 전혀 없으니 순수가관(純粹可觀)이다. 巳운에 丁火가 임관(臨官)하였으니 전시(殿試)에 합격(合格)하고 한원(翰苑)에서 명성(名聲)이 높았다.

庚운에 관살(官殺)이 국(局)을 어지럽히니 지현(知縣)으로 강등(降等)되었다. 남방(南方)의 金은 아직 부족(不足)함이 있으니 장래(將來)의 서방지수(西方之水)에는 재앙(災殃)이 없다고 말하기 어렵다.

甲木 일주가 卯월에 태어나서 득령(得令)하였고 시지(時支)의 卯木에 득세(得勢)하였으니 년간(年干)에 甲木이 투출하였으니 신왕(身旺)하다. 희신(喜神)은 식재관(食財官)인 火土金이고 기신(忌神)은 인비(印比)인 水木이다. 원국(原局)이 木火로 양기성상(兩氣成象)이 되었는데 기쁘게도 상하유정(上下有情)하고 천부지재(天覆地載)가 되었으니 귀격이 틀림없다. 더욱 기쁜 것은 양인(羊刃)이 중첩(重疊)되어 있으니 생살지권(生殺之權)을 장악하는 지위에 오르게 된다.

戊辰, 己巳 운은 火土로 희신(喜神)이 되었으니 전시(殿試)에 합격(合格)하게 된 것이고, 庚午 운은 甲庚 충(冲), 午午 자형(自刑)으로 천충지충(天冲地冲)이 되었으니 강등(降等)된 것이다. 서방지수(西方之水)는 인수(印綬)인 水가 金의 생조(生助)를 받으니 기신(忌神)이 되어 재앙(災殃)이 있는 것으로 본다.

乙	丁	乙	丁
巳	卯	巳	卯

戊 己 庚 辛 壬 癸 甲
戌 亥 子 丑 寅 卯 辰

此造木火各半　兩氣成象　非前傷官之非　日主是火　生于夏令　木從火勢
차조목화각반　양기성상　비전상관지비　일주시화　생우하령　목종화세

格成炎上　更不宜見金運　火逢生助　巡撫浙江　至辛運水年　木火皆傷　故
격성염상　경불의견금운　화봉생조　순무절강　지신운수년　목화개상　고

不能免禍　所謂二人同心　可順而不可逆也.
불능면화　소위이인동심　가순이불가역야

이것도 또한 木火가 각 반(半)인 양기성상(兩氣成象)인데, 전조(前造)의 상관(傷官)에 비할 수 있는 것이 아니다. 일주인 火가 하령(夏令)에 생(生)하였고 木이 화세(火勢)를 좇아 염상격(炎上格)을 이루었으니 금운(金運)이 나타나는 것은 더욱 마땅하지 않다.

火가 생조(生助)를 만나서 절강(浙江)의 순무(巡撫)[121]였으나, 신운(辛運) 水년에 이르러서는 木火가 모두 상(傷)하니 고로 재앙을 면(免)하지 못하였다. 소위 이인동심(二人同心)은 마땅히 순응(順應)하되 거슬러서는 아니 된다.

評註

丁火 일주가 巳월에 태어나서 득령(得令)하였고, 금국(金局)이 木火로 양기성상(兩氣成象)이 되었다. 전조(前造)는 신왕상관왕(身旺傷官旺)인 데 비하여 차조(此造)는 염상격(炎上格)이 되었다. 희신(喜神)은 인비식(印比食)인 木火土이고 기신(忌神)은 재관(財官)인 金水이다.

초년운(初年運)인 동방지지(東方之地)에서는 희신(喜神)으로 절강성(浙江省)의 순무(巡撫)가 되었으나, 辛丑 운은 土金으로 辛金 기신(忌神)이 丑土의 생조(生助)를 받아 乙辛 충(冲)이 되었으니 乙木 희신(喜神)이 충발(冲拔)하여 재앙(災殃)을 면(免)하지 못하게 된 것이다.

121　순무(巡撫): 지방(地方) 정부(政府)의 수장(首長)으로, 성장(省長)을 뜻함.

```
戊 丙 戊 丙
戌 午 戌 午
```

```
乙甲癸壬辛庚己
巳辰卯寅丑子亥
```

此火土各半 兩氣成象 取戊土食神秀氣爲用 辛丑運 濕土晦火 秀氣流行
차화토각반　양기성상　취무토식신수기위용　신축운　습토회화　수기류행

登鄕榜 壬運壬年 赴會試 死于都中 蓋水激丙火 則火滅也 如兩戊換以
등향방　임운임년　부회시　사우도중　개수격병화　즉화멸야　여양술환이

兩辰 不致燥熱 雖逢水雲 亦不至大凶也.
양진　불치조열　수봉수운　역부지대흉야

이 명조(命造)는 火土가 각각 반반(半半)으로 양기성상(兩氣成象)이다.

戊土를 취(取)해 식신(食神)의 수기(秀氣)를 용신(用神)으로 한다. 辛丑 운에는 습토 (濕土)가 火를 어둡게 하여 수기(秀氣)가 유행(流行)하니 향시(鄕試)에 합격(合格)하였다.

壬대운 壬년에 회시(會試)에 나왔으나 도성(都城) 안에서 사망하였다. 대체로 水 가 丙火를 격분(激忿)시키면 火는 멸(滅)하게 된다. 만약 두 개의 戊土가 두 개의 辰 土로 바뀌었다면 조열(燥烈)한 상태(狀態)에는 이르지 않을 것이며 비록 水운을 만 났다 하더라도 대흉(大凶)에 이르지는 않았을 것이다.

丙火 일주가 戌월에 태어나서 실령(失令)하였지만 지지(地支)가 午戌 합화(合火)로 비겁(比劫)이 태왕(太旺)하여 신왕(身旺)하다. 희신(喜神)은 식재관(食財官)인 土金水이 고 기신(忌神)은 인비(印比)인 木火이다. 丙火가 午火를 보니 양인(羊刃)이고 지지(地 支)가 합(合)이 많으니 대인(對人)관계가 원만(圓滿)한 관리(管理)의 품격(品格)이다.

대운(大運)이 북방(北方) 水운으로 대길(大吉)하고, 동방(東方) 木운은 대흉(大凶)한
데 辛丑 운은 土金으로 희신(喜神)이 되어 향시(鄕試)에 합격(合格)하였지만, 壬寅 운
은 壬水가 희신(喜神)이지만 丙壬 충(冲)으로 壬水가 충거(冲去)되었다. 지지(地支)는
寅午戌 회국(會局)으로 더욱 조열(燥熱)하게 되니 壬水는 증발(蒸發)될 수밖에 없다.
임주(任註)는 왕자충쇠 쇠자발(旺者冲衰 衰者拔)의 이치(理致)를 잠시 잃은 것 같다.

辛丑 대운에 습토(濕土)가 회화(晦火)하여 수기유행(秀氣流行)하여 향시(鄕試)에 합
격(合格)하였다는 것은 土金水가 희신(喜神)이고 木火가 기신(忌神)이라는 것이다. 壬
운 壬년에 회시(會試)에 나아갔으나 도성 안에서 죽었는데 水가 丙火를 격발(激發)
시켜 火가 격멸(擊滅)했기 때문이라고 한 것은 대운(大運)과 세운(歲運)이 丙壬水로
수극화(水剋火)하여 火가 소멸(消滅)되었다는 것이다.

대운(大運)과 세운(歲運) 등 유년(流年)의 기세(氣勢)는 상하유정(上下有情)과 좌우동
지(左右同支)를 살펴야 되기 때문에 壬寅 대운에 壬戌 년으로 분석(分析)해야 한다.
壬寅 대운은 상하유정(上下有情)이 되어 寅木이 기세(氣勢)가 크다.

원국(原局)의 천간은 丙壬 충(冲) 되고 지지는 寅午戌 삼합회국(三合會局)이 되었으
니 壬水 희신(喜神)이 충발(冲拔)되었으며, 壬戌 년은 壬水가 戌土에게 토극수(土克
水)로 피상(被傷)되어 약화되어 있는 상태에서 丙壬 충(冲)이 되니 대운에서 같이 壬
水가 충발(冲拔)되었다. 지지의 戌土는 대운의 寅木과 원국(原局)에서 午戌과, 寅午
戌 삼합회국(三合會局)이 되어 壬水는 증발(蒸發)되었다.

任註

$$
\begin{array}{cccc}
辛 & 戊 & 辛 & 戊 \\
酉 & 戌 & 酉 & 戌
\end{array}
$$

戊丁丙乙甲癸壬
辰卯寅丑子亥戌

此土金各半	兩氣成象	取辛金傷官爲用	喜其一路北方運	秀氣流行	小
차토금각반	양기성상	취신금상관위용	희기일로북방운	수기유행	소

年科甲 仕至黃當 交丙 破辛金之用 不祿 凡兩氣成象者 要日主去生
년과갑　사지황당　교병　파신금지용　불록　범양기성상자　요일주거생

或食或傷 謂英華秀發 多致富貴 所不足者 運破局 不眠於禍 如今水水
혹식혹상　위영화수발　다치부귀　소부족자　운파국　불면어화　여금수수

木之印綬格 無秀可取 故無富貴 試之屢驗.
목지인수격　무수가취　고무부귀　시지루험

이 명조(命造)는 土金이 각각 반반(半半)으로 양기성상(兩氣成象)이다.

상관(傷官)인 辛金을 용신(用神)으로 한다. 기쁘게도 대운(大運)이 북방(北方) 水운으로 행(行)하여 수기유행(秀氣流行)하니, 소년(少年)에 과갑(科甲)에 합격(合格)하였고 벼슬이 황당(黃當:太守)에 이르렀다. 그러나 丙운으로 바뀌어 辛金 용신(用神)을 파(破)하니 불록지객(不祿之客)이 되었다.

무릇 양기성상(兩氣成象)은 일주(日主)가 직접 생(生)하여야 하는데 식신(食神)이나 상관(傷官)을 생(生)하게 되면 일주(日主)의 영화(英華)한 수기(秀氣)가 발(發)하여 부귀(富貴)하게 된다. 다만 부족(不足)한 것은 운(運)에서 파국(破局)하면 재앙(災殃)을 면(免)할 수 없다. 가령 金水나 水木의 인수격(印綬格)은, 수기(秀氣)를 가히 취(取)할 바가 없으니 부귀(富貴)한 사람이 별로 없다. 그동안 시험(試驗)하여 본 결과 모두 그러하였다.

評註

戊土 일주가 酉월에 태어나서 金이 당령(當令)하였고 지지(地支)는 酉戌 합금(合金)이 되어 전지지(全地支)가 금국(金局)이 되었다. 천간(天干)에 辛金이 투출(透出)되어 종아격(從兒格)이다.

희신(喜神)은 비식재(比食財)인 土金水이고 기신(忌神)은 관인(官印)인 木火이다. 대운(大運)이 북방(北方) 水운에 전시(殿試)에 합격(合格)하였고 벼슬이 태수(太守)까지 올라갔으나, 丙운으로 바뀌어서는 辛金 희신(喜神)을 파(破)하여 불록(不祿)이 되었다.

양기성상(兩氣成象)은 일주(日主)가 직접 생(生)하는 식신(食神)이나 상관(傷官)을 만나면 기뻐하는데, 종아격(從兒格)은 식상(食傷)을 따라가는 것이니 식상(食傷)에서 다시 수기(秀氣)가 유행(流行)하는 것을 기뻐하는데, 일주(日主)를 기준으로 하면 재성(財星)이 되어 부귀(富貴)하게 되는 것이다.

대운(大運)이 북방수운(北方水運) 亥子丑에서는 영화(英華)가 있었으나 丙寅 운에는 辛金 희신(喜神)을 합거(合去)하였고, 寅戌 암합(暗合)으로 火가 되어 화극금(火剋金)하니 불록지객(不祿之客)이 된 것이다.

任註

癸 戊 癸 戊
亥 戌 亥 戌

庚己戊丁丙乙甲
午巳辰卯寅丑子

此水土各半 兩氣成象 喜其通根燥土 財命有一 然氣勢稍寒 所以運至
차수토각반　양기성상　희기통근조토　재명유일　연기세초한　소이운지

丙寅 寒土逢陽 連登科甲 更妙亥中甲木暗生 仕至郡守 宦途平坦.
병인　한토봉양　연등과갑　경묘해중갑목암생　사지군수　환도평탄

이 명조(命造)는 水土가 각반(各半)이므로 양기성상(兩氣成象)이다.

기쁜 것은 조토(燥土)에 통근(通根)하였고, 재성(財星)과 일주(日主)가 각각 유기(有氣)하지만 기세(氣勢)가 조금 한랭(寒冷)하다.

대운(大運)이 丙寅에 이르러 한랭(寒冷)한 土가 양기(陽氣)를 만나게 되어 연달아 과갑(科甲)에 올라갔다. 더욱 오묘(奧妙)한 것은 亥 중에서 甲木이 대운(大運)과 합(合)하여 火를 암생(暗生)하니 벼슬이 군수(郡守)에 이르렀고 벼슬길이 평탄(平坦)하였다.

戊土 일주가 亥월에 태어나서 실령(失令)하였으며 한랭(寒冷)하여 조후(調候)로 火
가 필요하다. 戊戌년 일주(日主)와 재성(財星) 癸亥, 월시주(月時柱)가 똑같으나 亥水
가 당령(當令)하여 수기(秀氣)가 조금 더 강(強)하다.

그러므로 신약(身弱)이 되니 희신(喜神)은 인비(印比)인 火土이고 기신(忌神)은 식재
관(食財官)인 金水木이다. 丙寅 운부터 동남(東南) 木火 운으로 행(行)하여 일생 동안
평탄(平坦)하게 벼슬길에 오르게 된 것이다.

```
己 癸 己 癸
未 亥 未 亥
```

```
壬癸甲乙丙丁戊
子丑寅卯辰巳午
```

此土水相剋 兩氣成象 純殺無制 日主受傷 初走火土之鄉 生助七殺 正
차토수상극　양기성상　순살무제　일주수상　초주화토지향　　생조칠살　정

是明月清風 雖與共 高山流水少知音 一交乙卯 運轉東方 制殺化權得
시명월청풍　수여공　고산유수소지음　　일교을묘　운전동방　제살화권득

奇遇 飛升縣令 由此觀之 生局必須食爲美 印局無秀氣 不足爲佳 財局
기우　비승현령　유차관지　생국필수식위미　　인국무수기　부족위가　재국

身財均敵 日主本氣無傷 然又要運程安頓得好 斯爲全美 一隅破局 則
신재균적　일주본기무상　연우요운정안돈득호　　사위전미　일우파국　즉

禍生矣.
화생의

이 명조(命造)는 土水가 생극(生剋)하는 양기성상(兩氣成象)이다.

그러나 칠살(七殺)을 극제(剋制)할 수 없으므로 일주(日主)가 손상을 받았다. 초년

운(初年運)은 火土 운으로 행(行)하여 칠살(七殺)을 생조(生助)하니 이것이 바로 "명월청풍 수여공(明月淸風 雖與共), 고산유수 소지음(高山流水 少知音)이라, 즉 밝은 달과 맑은 바람의 흥취(興趣)를 누구와 함께 즐길 것인가, 높은 산에 흐르는 물 같은 맑은 뜻을 알아주는 이 없구나"라는 시구(詩句)처럼 적막(寂寞)하였다. 그러나 乙卯 운으로 바뀌어서는 칠살(七殺)을 제복(制伏)하여 제살화권(制殺化權)하니 뜻밖의 기회를 얻어 빠르게 현령(縣令)에 올랐다.

評註

癸水 일주가 未月에 태어나서 실령(失令)하였고 癸亥인 년일주(年日柱)와 관살(官殺)인 己未 월시주(月時柱)가 똑같으나 未土가 당령(當令)하였으니 토기(土氣)가 조금 더 강하다.

그러므로 관살(官殺)이 태왕(太旺)하니 식신제살격(食神制殺格)이 되었다. 희신(喜神)은 인비식(印比食)인 金水木이고 기신(忌神)은 재관(財官)인 火土이다. 戊午, 丙辰 운은, 火土 운으로 곤고(困苦)하였으나 乙卯 운에 왕토칠살(旺土七殺)을 극제(剋制)시켜 벼슬길이 열린 것이다.

이상의 예시(例示)를 살펴보면, 생국(生局)은 반드시 내가 생(生)하는 식신(食神)이 아름답고, 인수국(印綬局)은 수기(秀氣)가 없으니 아름다움이 부족하다. 재국(財局)은 일주(日主)와 재성(財星)이 대등(對等)하게 대적(對敵)하여 일주(日主)의 본기(本氣)가 손상(損傷)이 없어야 한다. 그러나 반드시 행운(行運)이 안돈(安頓)하고 마땅하여야만 온전(穩全)하게 좋다고 할 수 있다.

명운(命運)이 좋아도 한번 파국(破局)을 만나면 재앙(災殃)이 발생(發生)하는 것이 양기성상격(兩氣成象格)의 특징(特徵)이므로 "상(象)을 파(破)하면 불가(不可)하다"라고 말한 것이다.

原文

五氣聚而成形 形不可害也
오기취이성형　　형불가해야

오기(五氣)가 모여서 형(形)을 이루게 되면, 그 형(形)을 해(害)하여서는 아니 된다.

原註

木必得水以生之 火以行之 土以培之 金以成之 是以成形於要緊之地
목필득수이생지　　화이행지　　토이배지　　금이성지　　시이성형어요긴지지

或過或缺 則害 餘皆倣之.
혹과혹결　즉해　여개방지

木은 반드시 水로 생(生)하고, 火로 행(行)하며, 土로 배양(培養)하고, 金으로 완성(完成)하여야 하는데, 이러한 까닭에 요긴(要緊)한 자리에서 형(形)이 이루어지는 것이니, 지나치거나 혹은 모자라게 되면 곧 해(害)가 되는 것이다. 나머지 오행(五行)도 이와 같이 논(論)하면 된다.

任註

任氏曰 木之成形 食傷洩氣 水以生之 官殺交加 火以行之 印綬重疊
임씨왈　목지성형　식상설기　수이생지　관살교가　화이행지　인수중첩

土以培之 財輕刦重 金以成之 成形于得用之地 庶無偏枯之病 何患名利
토이배지　재경겁중　금이성지　성형우득용지지　서무편고지병　하환명리

不遂乎 卽擧木論 五行皆可成形 亦倣此而推.
불수호　즉거목론　오행개가성형　역방차이추

若四柱無成 成之于歲運 又無成處 則終身碌碌 凶多吉少 有志難伸矣.
약사주무성　성지우세운　우무성처　즉종신록록　흉다길소　유지난신의

임씨(任氏)가 말하길, 木의 형상(形象)은 식상(食傷)이 설기(洩氣)하면 水로 생조(生

助)하고 관살(官殺)이 극(剋)하며 火로 행(行)하니 인수(印綬)가 중첩(重疊)되면 土로 배양(培養)하고, 재성(財星)이 가볍고 비겁(比劫)이 중(重)하면 金으로써 다듬어야 한다. 용신(用神)을 얻고 형상(形象)을 이루면 편고지병(偏枯之病)이 없게 되니 어찌 명예와 재물(財物)을 얻지 못할 것을 근심하겠는가?

이상(以上)은 木을 예(例)로 하여 논(論)하였으나 다른 오행(五行)의 성형(成形)도 이와 같이 추리(推理)하면 될 것이다. 만약 사주(四柱)에서 성형(成形)을 이루지 못한다면 세운(歲運)에서 성형(成形)을 이루어야 하는데 세운(歲運)에서도 성형(成形)을 이루지 못하면 평생 동안 어려움이 많으니 흉다길소(凶多吉少)하며 뜻이 있어도 펴기가 어렵다.

任註

```
戊 甲 壬 壬
辰 子 子 戌
```

```
己 戊 丁 丙 乙 甲 癸
未 午 巳 辰 卯 寅 丑
```

此造水勢猖狂　獨戊土以培之　以作砥柱之功　不致浮泛也　然戊土亦賴
차조수세창광　독무토이배지　이작지주지공　불치부범야　연무토역뢰

有戌土而根固　若有辰以無戌　辰乃濕土　見水則蕩　戊土不能　植根而虛
유술토이근고　약유진이무술　진내습토　견수즉탕　무토불능　식근이허

矣　無根之土　豈能止百川之源　故此造所重者　戌之燥土也　但寒木無陽
의　무근지토　기능지백천지원　고차조소중자　술지조토야　단한목무양

必須火以溫之　則木方加發榮　所以運至南方火旺之鄉　發財數萬　名成異
필수화이온지　즉목방가발영　소이운지남방화왕지향　발재수만　명성이

路也.
로야

이 명조(命造)는 水의 기세(氣勢)가 창광(猖狂)하므로 오직 戊土로 일주(日主) 甲木

을 배양(培養)하고 제방(堤防) 구실을 하게 한다면 木이 뜨거나 범람(泛濫)하는 상황(狀況)에 이르지 않을 것이다. 그러나 戊土가 戌土에 의지(依支)할 수 있어야 뿌리가 견고(堅固)해질 수 있다.

만약 辰土만 있고 戌土가 없다면 辰土는 습토(濕土)이기 때문에 水를 보면 子辰 수국(水局)이 되어 戊土가 뿌리를 내리지 못하여 허약(虛弱)해지니, 뿌리가 없는 土가 어떻게 백천(百川)을 막아낼 수 있겠는가? 그러므로 이 명조(命造)에서 가장 소중한 것은 조토(燥土)인 戌土이다.

단 한랭(寒冷)한 木에 양(陽)이 없으니 반드시 火로써 따뜻하게 해주어야만 木이 발영(發榮)할 수 있다. 그렇기 때문에 남방(南方) 火운에 이르러 수만금(數萬金)의 재물(財物)이 생겼고 정상적인 길이 아닌 이로(異路)에서 공명(功名)을 이루었다.

評註

甲木 일주가 子월에 득령(得令)하였고 천한지동(天寒支凍)하니 조후(調候)로 火가 필요하다.

양임양자(兩壬兩子)로 인수(印綬)가 태왕(太旺)하여 물이 범람(泛濫)하니 부목(浮木) 직전에 있으므로 水가 병(病)이다. 水의 범람(泛濫)을 막아주는 土가 용신(用神)인데 戊土와 戌土에 뿌리가 있어 견고(堅固)하지만 자진수국(子辰水局)이 되어 홍수(洪水)의 대비(對備)가 염려된다.

일반적(一般的)으로 신왕(身旺)하면 희신(喜神)은 식재관(食財官)인 火土金인데 이 명조(命造)에서 金은 살인상생(殺印相生)이 되어 기신(忌神)인 水를 생조(生助)하여 구신(仇神)이 되었다. 또한 기묘(奇妙)한 것은 기신(忌神)이 水木인데, 이 명조(命造)에서는 木은 왕수(旺水)를 분산(分散)하여 설기(洩氣)해야 하기 때문에 오히려 희신(喜神)이 되었으니, 군뢰신생격(君賴臣生格)이다. 대운(大運)이 동남(東南) 木火 운으로 행(行)하여 공명(功名)을 이루었다.

```
乙 甲 乙 癸
亥 戌 卯 未
```

```
戊己庚辛壬癸甲
申酉戌亥子丑寅
```

此造柱中　未土深藏　戌土自坐　謂財來就我　未嘗不美　祇因四柱無金以
차조주중　미토심장　술토자좌　위재래취아　미상불미　지인사주무금이

成之　五行無火以行之　再加亥時　癸水通根生刦　亥卯未全　助起刦刃猖
성지　오행무화이행지　재가해시　계수통근생겁　해묘미전　조기겁인창

狂　查其歲運　又無成地　以致祖業消磨　剋妻無子　由此推之　命之所重在
광　사기세운　우무성지　이치조업소마　극처무자　유차추지　명지소중재

運　運其可忽乎　諺云　人有凌雲志　無運不能自達也.
운　운기가홀호　언운　인유능운지　무운불능자달야

　이 명조는 未土가 깊이 들어있고, 戌土에 앉아 있으니 재래취아(財來就我)라고 할 수 있다. 이런 경우에는 아직까지 좋지 않다고 한 적은 없었으나 다만 金이 없어 성형(成形)을 이룰 수 없고, 火가 없어 유행할 수 없으며 또한 시(時)의 亥水에 통근(通根)하고 비겁(比劫)을 생조(生助)하여 亥卯未 목국(木局)을 이루니 겁인(劫刃)을 창광(猖狂)하도록 부추기는 상황(狀況)이다.

　그러므로 세운(歲運)에서도 성형(成形)할 수 없는 까닭에 조업(祖業)을 탕진(蕩盡)하고 극처무자(剋妻無子)하였다. 이 명조(命造)로 미루어 보아 명(命)에서 중요한 것은 운(運)에 있는 것이니 운(運)을 소홀하게 생각할 수 있겠는가? 고언(古諺)에 이르기를 "능운지지(凌雲之志)[122]가 있어도 운(運)이 없으면 뜻한 바를 달성(達成)하지 못한다"라고 하였다.

122　능운지지(凌雲之志): 하늘을 능가할 만한 큰 뜻과 높은 희망.

甲木 일주가 卯월에 태어나 당령(當令)하였고, 지지(地支)가 亥卯未 목국(木局)을 이루고 천간(天干)에 비겁(比劫)이 투출(透出)되어 있고 癸水마저 생조(生助)하니 신왕(身旺)하여 양인격(羊刃格)이면서, 군겁쟁재격(群劫爭財格)이 되었다.

희신(喜神)은 식재관(食財官)인 火土金이고 기신(忌神)은 인비(印比)인 水木인데 원국(原局)에서 식상(食傷)인 火가 없어 유행(流行)하지 못하고, 金이 없어 극제(剋制)하지 못하니 겁인(劫刃)이 창광(猖狂)할 수밖에 없다.

재성(財星)인 未土는 亥卯未 목국(木局)으로 합화(合化)하였으니 戌土만이 고립무의(孤立無依)하여 토붕(土崩)이 되어 있는데, 대운(大運)마저 북방(北方) 水운은 亥子丑 기신(忌神)이 되니 조업(祖業)을 탕진(蕩盡)할 수밖에 없으며, 庚戌 운은 乙庚 합(合)이 중첩(重疊)되어 庚金이 합거(合去)되었으며 지지(地支)는 丑戌未 삼형살(三刑殺)이 되니 처궁(妻宮)의 형액(刑厄)을 면(免)할 수가 없다.

자식궁(子息宮)은 戌 중 辛金인데 卯 중 乙木과 乙辛 충(冲)하고 未 중 乙木과 乙辛 충(冲)되었으니 辛金은 충발(冲拔)될 수밖에 없으므로 자식(子息)은 없는 것과 같은 이치(理致)이다.

原文

獨象喜行化地 而化神要昌
독상희행화지　　이화신요창

하나의 기세(氣勢)로 이루어진 독상(獨象)은 화지(化地)로 행(行)함을 기뻐하고, 그 화신(化神)은 창성(昌盛)함을 요(要)한다.

原註

一者爲獨 曲直炎上之類也 所生者爲化神 化神宜旺 則其氣流行 然後
일자위독　곡직염상지류야　소생자위화신　화신의왕　즉기기유행　연후

行財官之地方可.
행재관지지방가

　하나인 것을 독(獨)이라 한다. 독상(獨象)은 곡직(曲直), 염상(炎上) 등 한 가지 기세
(氣勢)로 구성(構成)된 것을 말한다. 독상(獨象)이 생(生)한 것을 화신(化神)이라 하며,
그 기세(氣勢)는 마땅히 왕성(旺盛)해야 한다. 화신(化神)이 왕성(旺盛)하면 독상(獨象)
의 기(氣)가 유행(流行)하게 되며 유행(流行)한 연후에는 재관지지(財官之地)로 행(行)하
여도 괜찮다.

任註

任氏曰 權在一人 曲直炎上之類是也 化者 食傷也 局中化神昌旺 歲運
임씨왈　권재일인　곡직염상지류시야　　화자　식상야　국중화신창왕　세운

行化神之地 名利皆遂也.
행화신지지　명리개수야

八字五行全備 固爲合宜 而獨象乘權 亦主光亨 木日或方或局全 不雜
팔자오행전비　고위합의　이독상승권　역주광형　목일혹방혹국전　부잡

金爲曲直 火日或方或局全 不雜水爲炎上 土日四庫皆全 不雜木爲稼穡
금위곡직　화일혹방혹국전　부잡수위염상　토일사고개전　부잡목위가색

金日或方成局全 不雜火爲從革 水日或方或局全 不雜土爲潤下 皆從一
금일혹방성국전　부잡화위종혁　수일혹방혹국전　부잡토위윤하　개종일

方之秀氣 不同六格之常情 必要得時當令 遇旺逢生.
방지수기　부동육격지상정　필요득시당령　우왕봉생

但體質過于自强 須以引通爲妙 而氣勢必有所關 務須審察其情.
단체질과우자강　수이인통위묘　이기세필유소관　무수심찰기정

如木局見土運 斯雖財神資養 先要四柱有食有傷 庶無分爭之慮 見火運
여목국견토운　사수재신자양　선요사주유식유상　서무분쟁지려　견화운

謂英華發秀 須看原局有財無印 方免反剋爲殃 名利可遂 見金運 謂破局
위영화발수　수간원국유재무인　방면반극위앙　명리가수　견금운　위파국

凶多吉少 見水運 而局中無火 謂生助强神 亦主光亨 故舊有從强之設
흉다길소　견수운　이국중무화　위생조강신　역주광형　고구유종강지설

再行生旺爲佳 若四柱先有食傷 必主凶禍臨身.
재행생왕위가　약사주선유식상　필주흉화임신

原局如微伏破神 須運有合沖之妙 若本主失時得局 要運遇生旺之鄉亦
원국여미복파신　　수운유합충지묘　　약본주실시득국　　요운우생왕지향역

主功名小就 苟行運 偶逢殺刦地 獨象立見凶災 若局有食傷 反尅之能
주공명소취　구행운　우봉살겁지　독상입견흉재　약국유식상　반극지능

方無大害.
방무대해

總之 干乃領袖之神 陽氣爲强 陰氣爲弱 支乃會格之物 方力較重 局力
총지　간내령수지신　양기위강　음기위약　지내회격지물　방력교중　국력

較輕 獨象雖美 只怕運途破局 合象雖雜 却喜制化成功.
교경　독상수미　지파운도파국　합상수잡　각희제화성공

임씨(任氏)가 말하길, 독상(獨象)이란 마치 모든 권력(勸力)이 한 사람에게 집중(集中)되어 있는 것과 같다.

곡직격(曲直格)이나 염상격(炎上格)의 유형(類型)이다.

화신(化神)이란 식신(食神)과 상관(傷官)을 말하며, 명국(名局)에 화신(化神)이 창왕(昌旺)하고 세운(歲運)도 화신(化神)과 같이 간다면 명리(名利)가 다 이루어질 것이다. 팔자(八字)는 오행(五行)을 전부 갖추어야 진실로 마땅한데 한 가지 기세(氣勢)로 이루어진 독상(獨象)이라도 승권(乘權)하고 있다면 역시 빛나고 형통(亨通)할 수 있다.

가령 木日이 지지(地支)가 寅卯辰 동방(東方)이고 亥卯未 목국(木局)을 이루고 金이 섞이지 않으면 곡직격(曲直格)이 되고, 火日이 지지(地支)가 남방(南方)이고 寅午戌 화국(火局)을 이루고 水가 섞이지 않으면 염상격(炎上格)이 된다.

土日이 지지(地支)가 辰戌丑未로 되어 있으며 木이 섞이지 않으면 가색격(稼穡格)이 되고, 金日이 지지(地支)가 申酉戌 서방(西方)이고, 巳酉丑 금국(金局)을 이루고 火가 섞이지 않으면 종혁격(從革格)이 되며, 水日이 지지(地支)가 亥子丑 북방(北方)이고, 申子辰 수국(水局)을 이루고 土가 섞이지 않으면 윤하격(潤下格)이 된다.

이상(以上)의 5격(五格)은 모두 일방(一方)의 수기(秀氣)를 따르는 것으로, 관격(官格), 재격(財格) 등 통상적(通常的)인 6격(六格)이 당령(當令)하는 계절(季節)에 태어나 때를 얻고 생시(生時)를 만나야 한다는 것과는 다르다.

이 5격(五格)도 역시 득시당령(得時當令)하여 왕성(旺盛)하고 또 생조(生助)를 필요

로 하는데 다만 지나치게 강왕(强旺)하면 반드시 기세(氣勢)가 유통(流通)하도록 인도(引導)되어야 묘(妙)하게 되며 기세(氣勢)는 반드시 지향하는 바가 있으므로 그 뜻을 세밀(細密)하게 관찰해야 한다.

木으로 이루어진 곡직격(曲直格)을 예(例)로 하여 논(論)하기로 한다.

목국(木局)이 土운을 만나면 이는 재신(財神)을 자양(資養)하는 것이지만 먼저 사주(四柱)에 식상(食傷)이 있어야만 재(財)를 놓고 쟁탈(爭奪)하는 염려(念慮)가 없게 된다.

火운을 만나면 수기(秀氣)가 발(發)하여 영화(榮華)로운데 원국(原局)에 재(財)가 있고, 인수(印綬)가 없어야만 반극(反剋)의 재앙(災殃)을 면(免)할 수 있고 명리(名利)가 따르게 된다.

金운을 만나면 파국(破局)이라고 하여 흉(凶)이 많고 길(吉)이 적다.

水운을 만나면 원국(原局)에 火가 없어야 생조강신(生助强身)이라고 하여 좋은 것으로 본다. 고로 고서(古書)에는 목국(木局)이 다시 생왕(生旺)한 운으로 행(行)하면 길(吉)하지만 만약 식상(食傷)이 있으면 반드시 흉화(凶禍)가 닥친다.

만약에 원국(原局)이 미약(微弱)하거나 원국(原局)을 파국(破局)하는 것이 잠복(潛伏)해 있다면 반드시 운(運)에서 합거(合去)하거나 충거(冲去)하는 묘(妙)가 있어야 하며, 또한 일주(日主)가 시령(時令)을 잃고 득국(得局)한 경우에는 생왕(生旺)한 운(運)을 만나야만 공명(功名)을 조금이라도 얻을 수 있다.

만약에 행운(行運)에서 관살지(官殺地)를 만나게 되면 독상(獨象)은 흉화(凶禍)가 바로 나타나게 되는데 원국(原局)에 식상(食傷)이 있으면 반극(反剋)할 수 있어 큰 해(害)는 없을 것이다.

종합(綜合)해 보면 천간(天干)은 영수지신(領袖之神)으로 양기(陽氣)는 강(强)하고 음기(陰氣)는 약(弱)하다. 지지(地支)는 회격지물(會格之物)이므로 방(方)의 힘은 비교적 중(重)하고 국(局)의 힘은 비교적 경(輕)하다.

독상(獨象)은 비록 아름답기는 하나 다만 운로(運路)에서 파국(破局)하는 것이 두려우며, 합상(合象)은 비록 잡(雜)스럽기는 하지만 제화(制化)의 합상(合象)은 제화(制化)의 공(功)을 이루면 좋은 명국(命局)이 된다.

```
丙 甲 丁 甲
寅 辰 卯 寅
```

```
甲 癸 壬 辛 庚 己 戊
戌 酉 申 未 午 巳 辰
```

支全寅卯辰 東方一氣 化神者 丙丁也 發洩菁華 少年科甲 早遂仕路之
지전인묘진　동방일기　화신자　병정야　발설청화　소년과갑　조수사로지

光 行財地 先有食傷化 刦之功 行金運 又得丙丁回剋之能 交壬破局傷
광　행재지　선유식상화　겁지공　행금운　우득병정회극지능　교임파국상

秀 降職歸田 不祿.
수　강직귀전　불록

이 명조(命造)는 지지(地支)가 寅卯辰이니 동방일기(東方一氣)이다.

화신(化神)은 丙丁인데 청화(菁華)[123]를 발설(發洩)하니 소년(少年)에 과갑(科甲)에 합격(合格)하였고, 일찍이 벼슬길에 올랐다.

재지(財地)로 행(行)할 때에는 원국(原局)에 식상(食傷)이 있으니 비겁(比劫)을 인화(引化)하는 공(功)이 있었고 金운으로 행(行)하여서는 丙丁火가 회극(回剋)하는 능력(能力)이 있어 무사하였다. 壬운으로 바뀌어서는 수기(秀氣)인 丙火를 손상(損傷)하므로 파국(破局)하니 직장(職場)에서 물러나고 낙향(落鄕)하였다가 세상을 떠났다.

甲木 일주가 지지(地支)에 寅卯辰 방국(方局)으로 동방일기(東方一氣)로 독상(獨象)이 되므로 곡직격(曲直格)이 되었다. 희신(喜神)은 인비식(印比食)인 水木火이고 기신

---

123 청화(菁華): 사물(事物)의 아름답고 순수(純粹)한 부분.

(忌神)은 일주(日主)를 파국(破局)하는 재관(財官)인 土金이다.

대운(大運)이 남서(南西) 방향(方向) 火金으로 행(行)하여 火운에는 과거시험(科擧試驗)에 합격(合格)하였는데, 庚午 대운에는 丙庚 충(沖), 甲庚 충(沖)이 되어 庚金 기신(忌神)이 충발(沖拔)되었고, 寅午 합화(合火)로 희신(喜神)이 되었기 때문이다. 壬申 대운(大運)은 丙壬 충(沖), 寅申 충(沖)으로 천충지충(天沖地沖)되어 불록(不祿)하였다.

任註

```
己 戊 丁 己
未 子 丑 未
```

```
庚辛壬癸甲乙丙
午未申酉戌亥子
```

費中堂造 天干戊己逢丁 地支重重丑未 子丑化土 斯眞格象 已成稼穡
비중당조　　천간무기봉정　　지지중중축미　　자축화토　　사진격상　　이성가색

所不足者 丑中辛金 無從引出 且局中丁火三見 辛金暗傷 未得生化之妙
소부족자　축중신금　무종인출　차국중정화삼견　신금암상　미득생화지묘

所以嗣息艱難 若天干透一庚辛 地支藏一申酉 必多子矣.
　소이사식간난　　약천간투일경신　　지지장일신유　　필다자의

중국 청나라 초기의 명신(名臣) 비중당(費中堂)의 명조(命造)이다.

천간(天干)의 戊己土가 丁火를 만났고, 지지(地支)에서는 丑未土가 중중(重重)하며, 子丑이 합화(合化) 土하였으니, 이것은 진격(眞格)의 가색격(稼穡格)을 이루었다.

부족(不足)한 것이 있다면 丑 중의 辛金을 인출(引出)할 일이 없는 것이고 또한 원국(原局)의 丁火가 셋이나 있어 辛金을 암암리에 손상(損傷)하므로 생화(生化)하는 묘(妙)를 얻지 못하였으니 이러한 까닭에 사식간난(嗣息艱難)[124] 즉 자식(子息) 두기가

124　사식간난(嗣息艱難): 뒤를 이을 자식을 두기 어려움. 인생 행로의 험하고 어려운 일을 당하였을 때 쓰는 말로 간난험조(艱難險阻)라고도 함.

어려웠다. 만약 천간(天干)에 하나의 庚辛金이 투출(透出)하였거나 지지(地支)에 하나의 申酉金이 있었다면 반드시 자식(子息)이 많았을 것이다.

戊土 일주가 丑월에 태어나 양인(羊刃)으로 당령(當令)하였으며 천간지지(天干地支)가 火土 국(局)을 이루니 가색격(稼穡格)이다. 희신(喜神)은 火土金이고 기신(忌神)은 水木인데, 대운(大運)은 초년(初年)인 丙子, 乙亥 운에는 곤고하였을 것이고, 서남(西南) 방향인 金水 운에는 대길(大吉)하였을 것이다.

원국(原局)에서 丑未 충(沖)이 되어 丑 중 癸辛과 암충(暗沖)되었고, 또한 재성(財星)인 癸水와 인수(印綬)인 丁火가 역시 암충(暗沖)되었으니, 자식이나 처궁(妻宮)에는 반드시 애로(隘路)가 있을 것이다.

乙	丙	甲	丙
未	戌	午	寅

辛 庚 己 戊 丁 丙 乙
丑 子 亥 戌 酉 申 未

支全火局 木從火勢 格成炎上 惜木旺剋土 秀氣有傷 書香難就 武甲出
지전화국 목종화세 격성염상 석목왕극토 수기유상 서향난취 무갑출

身 仕至副將 行申酉運 亦有戌未之化 所以無咎 亥運 辛得未會 寅合
신 사지부장 행신유운 역유술미지화 소이무구 해운 신득미회 인합

不過降職 交庚子 干無食傷 支逢冲激 死在軍中.
불과강직 교경자 간무식상 지봉충격 사재군중

이 명조(命造)는 지지(地支)가 寅午戌 화국(火局)이 있고 木이 화세(火勢)를 따르니

염상격(炎上格)을 이루었다. 그러나 아쉬운 것은 木이 왕성(旺盛)하여 土를 극(剋)하니 수기(秀氣)가 손상(損傷)되어 학문(學問)을 이루지 못하였는데 무관(武官)으로 무갑(武甲)에 올라 벼슬이 부장(副將)에 이르렀다.

申酉 대운에는 戌未의 인화(引化)가 있으니 재앙(災殃)이 없었고, 亥대운에는 본래(本來) 꺼리는 운이나 亥未 목국(木局)을 이루고, 寅亥 회합(會合)으로 火를 손상(損傷)하지 않았으므로 강직(剛直)하는 것에 불과하였으며, 庚子 대운으로 바뀌어 천간(天干)에는 식상(食傷)이 없고 지지(地支)에는 火局이 충격을 만나 군중(軍中)에서 세상을 떠났다.

評註

丙火 일주가 午月에 태어나 양인(羊刃)으로 당령(當令)하였고, 지지(地支)가 寅午戌 합화국(合火局)이 되니 자연히 午未도 합화국(合火局)이 되어 염상격(炎上格)이 되었다. 희신(喜神)은 인비식(印比食)인 木火土이고 기신(忌神)은 재관(財官)인 金水인데, 대운(大運)이 서북(西北) 방향(方向)으로 행(行)하여 불길(不吉)하다.

申酉 운은 원래 기신(忌神)이지만, 丙丁火에 개두(蓋頭)되었고, 戌未土가 인화(引化)하여 재앙(災殃)이 없었다. 戌운에는 寅午戌 삼합(三合)으로 화국(火局)되어 대길(大吉)하였고, 亥운에는 亥未 합목(合木)으로 木火가 창광(猖狂)한데 戌未 조토(燥土)가 수기(秀氣)를 설기(洩氣)하지 못하니 강등(降等)하였다. 庚子 대운(大運)은 천충지충(天冲地冲)으로 왕신발(旺神發)하여 세상을 떠났다.

任註

庚	庚	乙	庚
辰	戌	酉	申

壬辛庚己戊丁丙
辰卯寅丑子亥戌

此造 天干乙庚化合 地支申酉戌全 格成從革 惜無水 肅殺之氣太銳 不
차조 천간을경화합   지지신유술전 격성종혁 석무수 숙살지기태예 부

但書香不利 而且不能善終 行伍出身 官至參將 一交寅運 陣亡 蓋局無
단서향불리 이차불능선종   항오출신 관지참장 일교인운 진망 개국무

食傷之故耳 又寅戌暗拱 觸其旺神也.
식상지고이   우인술암공   촉기왕신야

이 명조(命造)는 천간(天干)에서 乙庚이 합화(合化)하였고 지지(地支)는 申酉戌이 있어 종혁격(從革格)을 이루었다. 아쉬운 것은 水가 없어서 숙살지기(肅殺之氣)가 지나치게 예리(銳利)하니 학문(學問)이 불리할 뿐만 아니라 선종(善終)하기도 어려운 명조(命造)라는 점이다.

항오(行伍) 무관(武官) 출신으로 벼슬이 참장(參將)에 이르렀으나 寅운으로 바뀌어서 진중(陣中)에서 사망(死亡)하였다. 이는 원국(原局)에서 식상(食傷)이 없고, 또한 寅午戌이 암합(暗合)하여 왕신(旺神)을 건드렸기 때문이다.

庚金 일주가 酉월에 태어나서 양인(羊刃)으로 득령(得令)하였고, 천간(天干)은 乙庚으로 합금(合金)되었고, 지지(地支)는 申酉戌로 방국(方局)을 이루니 자연히 辰酉도 합금(合金)이 되니 종혁격(從革格)이 되었다. 희신(喜神)은 인비식(印比食)인 土金水이고 기신(忌神)은 재관(財官)인 木火이다.

북방수운(北方水雲) 亥子丑에서는 승승장구(乘勝長驅)하였으나 寅운에는 寅戌 암회(暗會)로, 火局 기신(忌神)이고, 寅辰 암회(暗會)로, 목국(木局) 기신(忌神)이 되었는데 寅申 충(冲)으로 쇠신충왕 왕신발(衰神冲旺 旺神發)이 되니 토끼가 잠자는 호랑이를 건드리는 경우와 같다.

壬	癸	辛	壬
子	丑	亥	子

戊丁丙乙甲癸壬
午巳辰卯寅丑子

地支亥子丑 干透壬癸辛 局成潤下 喜行運不背 書香早遂 甲寅運秀氣
지지해자축　간투임계신　국성윤하　희행운불배　서향조수　갑인운수기

流行 登科發甲 乙卯宦途平坦 由縣令而遷州牧丙 原局無食傷之化 群劫
유행　등과발갑　을묘환도평탄　유현령이천주목병　원국무식상지화　군겁

爭財 不祿.
쟁재　불록

　지지(地支)가 亥子丑이고 천간(天干)에 壬癸辛이 투출(透出)하였으니 윤하격(潤下格)을 이루었다. 기쁘게도 행운(行運)이 어긋나지 않아 일찍이 학문(學問)을 마치게 되었다.

　甲寅 운에 수기유행(秀氣流行)하게 되므로 과갑(科甲)에 올랐고, 乙卯 운에는 벼슬길이 평탄(平坦)하여 현령(縣令)을 거쳐 주목(州牧)에 이르렀다. 丙운에는 원국(原局)에 인화(引化)하는 식상(食傷)이 없어서 군겁(群劫)이 쟁재(爭財)하니 불록(不祿)하였다.

　천간(天干)이 壬癸辛이고 지지(地支)가 亥子丑이니 윤하격(潤下格)이다.
　희신(喜神)은 인비식(印比食)인 金水木이고, 기신(忌神)은 재관(財官)인 火土이다.
　대운(大運)이 북동(北東)인 水木으로 행(行)할 때에는 대길(大吉)하였으나, 丙운에는 丙壬 충(冲)이 중중(重重)하고, 丙辛으로 합거(合去)하니 丙火는 전명조(前命造)와 같이 쇠신충왕 왕신발(衰神冲旺 旺神發)이 되니, 왕신(旺神)을 건드린 것과 같다. 지지

(地支)의 子辰 합수(合水)까지 합세(合勢)하여 재성(財星)이 丙火를 충발(冲拔)시키니 군겁쟁재(群劫爭財)가 일어나지 않을 수 없다.

原文

全象喜行財地 而財神要旺
전상희행재지　이재신요왕

전상(全象)은 재지(財地)로 행(行)하는 것을 기뻐하며 재신(財神)은 왕성(旺盛)함을 요(要)한다.

原註

三者爲全 有傷官而又有財地 主旺喜財旺 而不行官殺之地 方可
삼자위전　유상관이우유재지　주왕희재왕　이불행관살지지　방가

원국(原局)에 삼자(三者)가 전(全)이라 한다.
가령 상관(傷官)이 있고, 재성(財星)이 있음을 말한다.
일주(日主)가 신왕(身旺)하면 재왕(財旺)함을 기뻐하고, 운(運)이 관살지지(官殺之地)로 행(行)하지 않아야 한다.

任註

任氏曰 三者爲全 非專論傷官與財也 傷官生財 固爲全矣 而官印相生
임씨왈　삼자위전　비전론상관여재야　상관생재　고위전의　이관인상생
財官並見 豈非全乎.
재관병견　기비전호
傷官生財 日主旺相 固宜財運 倘四柱比刦多見 財星被刦 官運必佳傷
상관생재　일주왕상　고의재운　당사주비겁다견　재성피겁　관운필가상
官運更美須觀局中意向爲是 日主旺 傷官輕 有印綬 喜財而不喜觀 日
관운경미수관국중의향위시　일주왕　상관경　유인수　희재이불희관　일

主旺 財神輕有比劫 喜官而不喜財 財官並見 日主旺相 喜財而不喜官
주왕　　재신경유비겁　　희관이불희재　　재관병견　　일주왕상　　희재이불희관

官印相生 日主休囚 喜印綬而不喜比劫 大凡論命 不可執一 須察全局
관인상생　　일주휴수　　희인수이불희비겁　　대범론명　　불가집일　　수찰전국

之意向 日主之喜忌爲的.
지의향　　일주지희기위적

　　임씨(任氏)가 말하길, 삼자(三者)를 전(全)이라고 한 것은 전적(全的)으로 상관(傷官)과 재(財)만을 논(論)하는 것이 아니다.

　　상관(傷官)이 재(財)를 생(生)하는 것은 완전(完全)하지만, 관인(官印)이 상생(相生)하고 재관(財官)이 함께 있는 것은 어찌 완전하지 아니하겠는가? 상관(傷官)이 재(財)를 생(生)하고, 일주(日主)가 왕성(旺盛)하면, 확실(確實)히 재운(財運)이 마땅하다. 가령 원국(原局)에 비겁(比劫)이 많아 재성(財星)이 피겁(被劫)당하게 되면 관운(官運)은 반드시 좋고, 상관(傷官)은 더욱 좋으니 반드시 명국(名局)의 의향(意向)이 어떠한가를 보아야 한다. 일주(日主)가 왕(旺)하고 상관(傷官)이 경(輕)한 경우에 인수(印綬)가 있으면 재성(財星)은 좋다.

　　그러나 관성(官星)은 좋지 않고, 일주(日主)가 왕(旺)하고 재성이 경(輕)한 경우에 비겁(比劫)이 있으면 관성(官星)이 좋고, 재(財)는 좋지 않다. 재관(財官)이 같이 있고 일주(日主)가 왕성하면 재성은 좋고 관(官)은 좋지 않고, 관인(官印)이 상생하고 있는데 일주(日主)가 휴수(休囚)하면 인수는 좋고 비겁은 좋지 않다. 무릇 명(命)을 이와 같이 논(論)하니 한 가지만을 고집하지 말고 전국(全局)의 의향이 어떠한가를 살펴 일주(日主)의 희기(喜忌)를 판단(判斷)하여야 한다.

```
甲 丁 丙 戊
辰 卯 辰 申
```

```
癸 壬 辛 庚 己 戊 丁
亥 戌 酉 申 未 午 巳
```

丁卯日元　生于季春　傷官生財　嫌其木盛土虛　書香難就　土得其傷官化
정묘일원　생우계춘　상관생재　혐기목성토허　서향난취　토득기상관화

刦　使丙火無爭財之意　所以運至庚申辛酉　承先人之事業雖微　而自剏之
겁　사병화무쟁재지의　소이운지경신신유　승선인지사업수미　이자창지

規模頗大　財發十餘萬.
규모파대　재발십여만

　　丁卯 일원(日元)이 계춘(季春)에 태어나서 상관생재격(傷官生財格)을 이루었으나 꺼리는 것은 木은 왕(旺)하고, 土는 허(虛)하여 학문을 이루지 못하였다. 그러나 戊土 상관(傷官)은 겁재(劫財)를 인화하므로 丙火로 하여금 쟁재(爭財)하는 뜻을 없게 하였으니, 대운 庚申, 辛酉에 이르러 선조(先祖)로부터 이어 받은 사업이 비록 작았지만 스스로 사업을 일으켜 십여만의 재물을 일으켰다.

　　丁火 일주가 지지에 卯辰 합목(合木)하고 甲木이 투출하며 丙火가 방조하니 신왕(身旺)하다. 희신(喜神)은 식재관(食財官)인 土金水이고 기신(忌神)은 인비(印比)인 水木이다. 대운이 巳午未 운에서는 기신(忌神)이 들어와 곤고(困苦)하였으나, 庚申, 辛酉 운은 재성(財星)이 천부지재(天覆地載)로 희신(喜神)이 되었으니 대부가 되었다. 壬戌 운은 丁壬 합(合), 丙壬 충(冲)으로 관살인 壬水가 피상(被傷)되었다. 지지(地支)는 卯戌 합화(合火)로 기신이 되었으니 오히려 군겁쟁재가 되어 탕진하였을 것이다.

癸亥 운은 丁癸 충(沖), 戊癸 합(合)으로 관성인 癸水가 피상(被傷)되었고, 지지(地支)는 亥卯 합목(合木)으로 기신이 되니 불록지객(不祿之客)이 되었을 것이다.

任註

```
丁 丙 辛 己
酉 午 未 巳
```

```
甲乙丙丁戊己庚
子丑寅卯辰巳午
```

此造 火長夏天 支類南方 旺地極矣 火土傷官生財 格所嫌者 丁火羊刃
차조 화장하천 지류남방 왕지극의 화토상관생재 격소혐자 정화양인

透干 局中全無濕氣 刦刃肆逞 祖業無恒 父母早亡 幼遭孤苦 中受飢寒
투간 국중전무습기 겁인사령 조업무항 부모조망 유조고고 중수기한

六旬之前 運走東南木火之地 妻財子祿 一字無成 至丑運 北方濕土 晦
육순지전 운주동남목화지지 처재자록 일자무성 지축운 북방습토 회

火生金 暗會金局 從此得際遇 立業發財 至七旬又買妾 連生二子 及甲
화생금 암회금국 종차득제우 입업발재 지칠순우매첩 연생이자 급갑

子癸亥 北方水地 獲利數萬 壽至九旬 諺云 有其運 必得其福 爲人豈
자계해 북방수지 획리수만 수지구순 언운 유기운 필득기복 위인기

可限量哉.
가한량재

이 명조(命造)는 火가 여름에 태어났고, 지지(地支)에 남방(南方)이 있으니 왕(旺)함이 극(極)에 이르렀다. 火土 상관(傷官)이 생재(生財)하는데 꺼리는 것은 양인(羊刃)에 丁火가 투간(透干)하였으며 원국(原局)에 습기(濕氣)가 전혀 없으니, 겁인(劫刃)이 방자(放恣)하게 날뛰고 있다.

조업(祖業)이 오래가지 못하였고, 부모(父母)가 일찍 떠났으니, 어려서는 고고하였으며, 중년(中年)에는 춥고 배가 고팠다. 육순 이전에는 동남(東南)의 목화지지(木

火之地)로 행(行)하니 처재자록(妻財子祿)을 하나도 이루지 못하였다. 丑운에 이르러서는 북방습토(北方濕土)가 회화생금(晦火生金)하고, 금국(金局)을 암회(暗會)하니, 이때부터 우연히 좋은 운이 따르니 사업(事業)을 일으켜 세우고 재물(財物)을 모았다.

칠순(七旬)에 이르러서는 다시 첩(妾)을 사들이고 연달아 두 자식을 두었으며 甲子, 癸亥 운에는 북방수지(北方水地)이니, 수만의 재물(財物)을 획득(獲得)하였으며 수명(壽命)은 구순(九旬)에 이르렀다. 고언(古諺)에 이르기를 "운(運)이 있으면 반드시 그 복(福)을 얻는다"라고 하였는데 사람이 어떻게 그 양(量)을 제한(制限)할 수 있겠는가?

評註

丙火 일주가 未月에 태어나서 양인(羊刃)으로 당령(當令)하였고, 좌하(坐下)에 午火로 또다시 양인(羊刃)이 되어 있는데 시간(時干)에 丁火까지 투간(透干)하였으니 겁인(劫刃)이 사령(肆逞)하고 있다.

원국(原局)에 화기(火氣)를 억제(抑制)할 水氣가 전혀 없고 설기(洩氣)시킬 습토(濕土)가 없으니 재성(財星)인 辛金이 酉金에 뿌리를 두고 절치부심(切齒腐心)하면서 대기만성(大器晚成)에 위안을 삼고 있었다. 그러나 동남(東南) 木운에 형상파모(刑傷破耗)하였으며 乙丑 운에 이르러서는 乙辛 충(冲)으로 乙木 기신(忌神)이 충거(冲去)되었고, 巳酉丑 암회(暗會)로 금국(金局)을 이루어 대발(大發)한 것이다.

原文

形全者 宜損其有餘 形缺者 宜補其不足
형전자　의손기유여　형결자　의보기부족

형전자(形全者)는 마땅히 그 유여(有餘)함을 덜어야 하고, 형결자(形缺者)는 마땅히 그 부족(不足)함을 보태주어야 한다.

原註

如甲木生於寅卯辰月 丙火生於巳午未月 皆爲形全 戊土生於寅卯辰月
여갑목생어인묘진월　　병화생어사오미월　　개위형전　　무토생어인묘진월

庚金生於巳午未月 皆爲形缺 餘傍此.
경금생어사오미월　　개위형결　　여방차

가령 甲木이 寅卯辰 월에 생(生)하거나, 丙火가 巳午未 월에 생(生)하면 모두 형
전(形全)이고, 戊土가 寅卯辰 월에 생(生)하거나, 庚金이 巳午未 월에 생(生)하면 모
두 형결(形缺)이다. 나머지도 이와 같다.

任註

任氏曰 形全宜損 形缺宜補之說 卽子平旺則宜洩宜傷 衰則喜幇喜助
임씨왈　형전의손　형결의보지설　　즉자평왕즉의설의상　　쇠즉희방희조

之謂也.
지위야

命書萬卷 總不外此二句 讀之直捷痛快 顯然明白 故人人得而知之究
명서만권　총불외차이구　　독지직첩통쾌　현연명백　　고인인득이지지구

之深奧異常 其中作用 實有至理 庸俗祇知 旺用洩傷 衰用幇助以致
지심오이상　기중작용　실유지리　용속기지　왕용설상　쇠용방조　이치

吉凶顚倒 宜忌淆亂也.
길흉전도　의기효란야

以余論之 須將四字分用爲是 通變在一宜.
이여론지　수장사자분용위시　통변재일의

宜洩則洩之爲妙 宜傷 則傷之有功 洩者食傷也 傷者官殺也 均是旺也
의설즉설지위묘　의상　즉상지유공　설자식상야　상자관살야　균시왕야

或洩之有害 而傷之有利 或洩之有利 而傷之有害 所以洩傷兩字 宜分
혹설지유해　이상지유리　혹설지유리　이상지유해　소이설상양자　의분

而用之也.
이용지야

宜幇則幇之爲切 宜助則助之爲佳 幇者比劫也 助者印綬也 均是衰也
의방즉방지위절　의조즉조지위가　방자비겁야　조자인수야　균시쇠야

10 형상(形象)　　　　　　　　　　　　　　　　　233

或幇之則凶 而助之則吉 或幇之則吉 而助之則凶 所以幇助兩字亦 宜
혹방지즉흉　이조지즉길　혹방지즉길　이조지즉흉　소이방조양자역　의

分而用之也 如日主旺相 柱中財官無氣 洩之則官星有損 傷則去比刼
분이용지야　여일주왕상　주중재관무기　설지즉관성유손　상즉거비겁

之有餘 補官星之不足 所謂傷之有利 而洩之有害也.
지유여　보관성지부족　소위상지유리　이설지유해야

日主旺相 柱中財官不見 滿局比刼 傷之則激而有害 不若洩之以順其氣勢
일주왕상　주중재관불견　만국비겁　상지즉격이유해　불약설지이순기기세

所謂傷之有害 而洩之有利也.
소위상지유해　이설지유리야

日主衰弱 柱中財星重疊 印綬助之反壞 幇則去財星之有餘 補日主之不足
일주쇠약　주중재성중첩　인수조지반괴　방즉거재성지유여　보일주지부족

所以幇之則吉 以助之則凶也.
소이방지즉길　이조지즉흉야

日主衰弱 柱中官殺交加 滿盤殺勢 幇之恐反剋無情 不若助之以化其
일주쇠약　주중관살교가　만반살세　방지공반극무정　불약조지이화기

強暴 所以幇之則凶 而助之則吉也 此補前人所未發之言也.
강폭　소이방지즉흉　이조지즉길야　차보전인소미발지언야

至於木生寅卯辰月 火生巳午未月 爲形全 亦偏論也.
지어목생인묘진월　화생사오미월　위형전　역편론야

如木生寅卯辰月 干露庚辛 支藏申酉 莫非仍作全形而損之乎 火生巳
여목생인묘진월　간로경신　지장신유　막비잉작전형이손지호　화생사

午未月 干透壬癸 支藏亥子 莫非仍作形全而損之乎 土生于寅卯辰月
오미월　간투임계　지장해자　막비잉작형전이손지호　토생우인묘진월

爲形缺 干丙丁而支巳午 莫非仍作缺形而補之乎 金生於巳午未月 干
위형결　간병정이지사오　막비잉작결형이보지호　금생어사오미월　간

戊己而支申酉 莫非亦作缺形而補之乎 凡此須究其旺中變弱 弱中變旺
무기이지신유　막비역작결형이보지호　범차수구기왕중변약　약중변왕

之理 不可執一而論.
지리　불가집일이론

是以實似所當損者 而損之反有害 實似所當補者 而補之反無功 須詳察焉.
시이실사소당손자　이손지반유해　실사소당보자　이보지반무공　수상찰언

임씨(任氏)가 말하길, "형전(形全)이면 마땅히 덜어내야 하고, 형결(形缺)이면 마땅

히 도와주어야 한다"라는 설(設)은 자평법(子平法)의 "왕즉의설의상(旺則宜洩宜傷), 쇠즉희방희조(衰則喜幫喜助), 즉 왕(旺)하면 식상(食傷)으로 덜어주거나 관살(官殺)로 극(剋)함이 좋고, 쇠(衰)하면 비겁(比劫)으로 생조(生助)함이 좋다는 뜻으로 만 권(萬卷)의 명서(命書)도 모두 이 두 구절(句節)의 이치(理致)를 벗어날 수가 없다"라고 하였다.

이를 읽으면 곧바로 이해(理解)가 되어 통쾌함을 느끼고 그 이치(理致)가 명백(明白)하게 드러남으로써 이 학문(學問)을 하는 사람들은 이와 같은 심오(深奧)한 원리(原理)를 추구(推究)한다면 그 안에 지극한 이치(理致)를 알게 될 것이다. 다만 용속(庸俗)[125]들은 왕성(旺盛)하면 설상(洩傷)하고 쇠약(衰弱)하면 방조(幫助)하는 것만 아는 까닭에 길흉(吉凶)의 판단이 전도(顚倒)되고 의기(宜忌)[126]가 혼란(混亂)스럽게 되었다.

내가 논(論)하는데 모름지기 설상방조(洩傷幫助), 이 네 글자는 분명(分明)하게 구분(區分)하여 사용(使用)함이 마땅하다.

통변(通變)은 '의(宜)'라는 글자에 있는 것이므로, 의설(宜洩)이면 설(洩)하여야 오묘(奧妙)하고, 의상(宜傷)이면 상(傷)하여야 공(功)이 있다. 설(洩)은 식상(食傷)이고, 상(傷)은 관살(官殺)인 것이다. 또 같이 왕(旺)한 경우에 혹은 설(洩)하면 유해(有害)하고, 상(傷)하여야 유리(有利)한 경우가 있거나, 혹은 설(洩)하면 유리(有利)하고, 상(傷)하면 유해(有害)한 경우가 있으니, 설(洩)과 상(傷)을 마땅히 나누어서 활용(活用)하여야 한다.

의방(宜幫)이 마땅하면 방조(幫助)하여야 적절하고, 의조(宜助)하면 생조(生助)하여야 아름다운 것이다. 방(幫)이라는 것은 비겁(比劫)이고, 조(助)라고 하는 것은 인수(印綬)를 말함이다.

똑같이 쇠(衰)한 경우에 혹 방조(幫助)하면 흉(凶)하고 생조(生助)하면 길(吉)한 경우가 있고, 혹은 방조(幫助)하면 길(吉)하고 생조(生助)하면 흉(凶)한 경우가 있으니, 방(幫)과 조(助)는 역시 마땅히 나누어서 활용(活用)하여야 한다. 가령 일주(日主)가 쇠약(衰弱)하고 재관(財官)은 쇠약(衰弱)한 경우에 식상(食傷)으로 설(洩)하면 관성(官

---

125 용속(庸俗): 사람됨이 범상하고 속되다.

126 의기(宜忌): 마땅함과 꺼림. 길흉(吉凶)의 작용.

星)이 손상(損傷)받으나, 관성(官星)으로 상(傷)하면 비겁(比劫)이 유여(有餘)를 제거(除去)하고 관성(官星)의 부족함을 도와주니 "상(傷)하면 유리(有利)하고 설(洩)하면 유해(有害)하다"라고 하는 것이다.

일주(日主)가 왕상(旺相)하고 재관(財官)은 보이지 않고, 비겁(比劫)이 가득한 경우에 관성(官星)으로 상(傷)하면 왕신(旺神)을 격노(激怒)하게 하여 유해(有害)하니, 식상(食傷)으로 설(洩)하여 그 기세에 순응하는 것만 못하다. 이른바 "상(傷)하면 유해(有害)하고, 설(洩)하면 유리(有利)하다"라고 하는 것이다.

일주(日主)는 쇠약(衰弱)하고 재성(財星)이 중첩(重疊)되어 있는 경우에는 인수(印綬)로 생조(生助)하면 도리어 재성(財星)에 의하여 파괴(破壞)되므로 비겁(比劫)이 방조(幫助)하면 재성(財星)의 유여(裕餘)를 제거(除去)하고 일주(日主)의 부족(不足)한 것을 도와주니, 이른바 "방조(幫助)하면 길(吉)하고 생조(生助)하면 흉(凶)하다"라고 하는 것이다.

일주(日主)는 쇠약(衰弱)하고 관살(官殺)이 교가(交加)하여 관살(官殺)의 기세(氣勢)가 가득할 경우에 비겁(比劫)으로 방조(幫助)하면 반극(反剋)을 당하여 무정(無情)하게 되므로 인수(印綬)로 생조(生助)하여 강폭(强暴)한 살(殺)을 인화(引化)하는 것만 못하다. 이른바 "방(幫)하면 흉(凶)하고 조(助)하면 길(吉)하다"라고 하는 것이다.

이상(以上)의 설상방조(洩傷幫助)의 분별(分別)은 전인(前人)들이 밝힌 바가 없는 것이므로 이를 보완(補完)하여 밝히는 바이다.

원주(原註)에서 "木이 寅卯辰에 생(生)하거나 火가 巳午未 월에 생(生)하면 형전(形全)이다"라고 한 것은 편론(偏論)이다.

가령 木이 寅卯辰 월에 생(生)하였으나 천간(天干)에 庚申金이 투출(透出)하고 지지(地支)에 辛酉金이 있다고 하면, 형전(形全)으로 보아 덜어내야 한다고 할 수 있겠는가?

또 火가 巳午未월에 생(生)하여 천간(天干)에 壬水가 투출(透出)하고 지지(地支)에 亥子가 있다고 하면 이러한 경우에도 형전(形全)으로 보아 덜어내야 한다고 할 수 있겠는가?

그리고 土가 寅卯辰 월에 생(生)하여 형결(形缺)이면 천간(天干)에 丙丁이 있거나 지지(地支)에 巳午火가 있다면 여전히 형결(形缺)로 보아 보완(補完)해 주어야 하겠는가?

또한 金이 巳午未 월에 생(生)하여 천간(天干)에 戊己土가 있고 지지(地支)에 申酉金이 있다면 이러한 경우에도 형결(形缺)로 보아 보완(補完)해 주어야 하겠는가?

이것은 반드시 왕중변약(旺中變弱)과 약중변강(弱中變强)의 이치(理致)를 탐구(探究)하여야 하며, 하나를 고집(固執)하여 논(論)하여서는 안 되는 것이다. 따라서 마땅히 덜어내야 할 것 같은데도 덜어내면 도리어 유해(有害)하고, 또 마땅히 도와야 할 것 같은 데도 도우면 도리어 무공(無功)한 경우가 있으니, 반드시 자세하게 살펴보아야 한다.

任註

```
甲 庚 庚 丁
申 子 戌 丑
```

```
癸甲乙丙丁戊己
卯辰巳午未申酉
```

此秋 金銳銳 官星虛脫 不能相制 財星臨絶 何暇生官 初運土金 晦火生金
차추 금예예 관성허탈 불능상제 재성임절 하가생관 초운토금 회화생금

刑傷破耗 無所不見 丁未丙午 助起官星 家業鼎新 乙巳晚景優游 所謂
형상파모 무소불견 정미병오 조기관성 가업정신 을사만경우유 소위

傷之有功也.
상지유공야

이 명조(命造)는 가을의 金이 예리(銳利)한데 관성(官星)은 허탈(虛脫)하여 金을 억제(抑制)할 능력(能力)이 없으며, 재성(財星)인 甲木은 절지(絶地)에 있는데 관성(官星)을 생조(生助)할 수 있겠는가?

초운(初運) 土金에는 火를 설(洩)하고 金을 생조(生助)하여 형상(刑傷)과 파모(破耗)

가 계속 일어났으나, 丁未, 丙午로 바뀌어 관성(官星)을 도와 일으키니 가업(家業)이 새롭게 일어났으며, 乙巳 운에는 노년(老年)의 복택(福澤)이 넉넉하였다. 이른바 '상지유공(傷之有功)'이다.

評註

庚金 일주가 戌월에 태어나서 득령(得令)하였고, 丑土와 申金의 생조(生助)를 받으니 신왕(身旺)하다. 희신(喜神)은 식재관(食財官)인 水木火이고, 기신(忌神)은 인비(印比)인 土金이다.

대운(大運)이 乙酉, 戊申은 土金 기신(忌神)으로 형상파모(刑傷破耗)가 되어 다단(多端)하였고, 丁未 운에서는 丁火가 방조(幫助)하였으며 戌未 형(刑)으로 丁火가 개고(開庫)되어 희신(喜神)이 되었으니 가업(家業)이 새롭게 일어났다. 원국(原局)에서 재관(財官)인 木火가 미약(微弱)하였지만 대운(大運)에서 초년(初年) 이후 木火 운으로 행(行)하니 대발(大發)한 것이다.

任註

```
乙 庚 壬 戊
酉 申 戌 申
```

```
己戊丁丙乙甲癸
巳辰卯寅丑子亥
```

此造 乙從庚化 官星不見 支類西方 又坐祿旺 權在一人 從其强勢 雖
차조 을종경화 관성불견 지류서방 우좌록왕 권재일인 종기강세 수

有壬戊土緊尅 不能引通洩其洩氣 初交癸亥甲子 順其氣勢 財喜如心
유임무토긴극 불능인통설기설기 초교계해갑자 순기기세 재희여심

一交丙寅 觸其旺神 一敗如灰 衣食難度 自縊而死 所謂洩之有益 傷之
일교병인 촉기왕신 일패여회 의식난도 자액이사 소위설지유익 상지

有害也.
유해야

이 명조(命造)는 乙木이 庚金을 쫓아 金으로 화(化)하였고, 관성(官星)이 보이지 않으며, 지지(地支)에 서방(西方)을 이루고 또 일주(日主)가 녹왕(祿旺)의 자리에 앉아 권재일인(權在一人)으로 강세(强勢)에 종(從)한다.

비록 壬水가 있으나 戊土가 옆에서 긴극(緊剋)하므로 그 살기(殺氣)를 인통(引通)하여 설기(洩氣)할 능력이 없다. 초운(初運)인 癸亥, 甲子 대운은 金의 왕세(旺勢)에 순응하니 인통(通)하므로 재물(財物)과 기쁨이 뜻대로 되었으며 丙寅 운으로 바뀌어서는 왕신(旺神)을 건드려 격노(激怒)시킨 까닭으로 일패여회(一敗如灰)하였고, 의식(衣食)이 어렵게 되자 목매어 자살하였다. 이른바 "설지유익(洩之有益), 상지유해(傷之有害)라, 즉 설(洩)하면 유익(有益)하고, 상(傷)하면 유해(有害)하다"라는 것이다.

評註

庚金 일주가 戌월에 태어나서 득령(得令)하였고, 전지지(全地支)가 申酉戌 서방금국(西方金局)이 되니 권재일인(權在一人)으로 종혁격(從革格)이 되었다. 희신(喜神)은 인비식(印比食)인 土金水이고 기신(忌神)은 왕신(旺神)을 촉범(觸犯)하는 재관(財官)인 木火이다.

대운(大運)이 亥子丑 북방수운(北方水運)으로 행(行)할 때에는 기세(氣勢)에 순응(順應)하여 대길(大吉)하였으나 丙寅 운에는 천간(天干)이 丙壬 충(冲), 丙庚 충(冲)이 중첩(重疊)되었으며 지지(地支)는 寅申 충(冲)으로 천충지충(天冲地冲)이 되었으니 일패여회(一敗如灰)를 피(避)할 수 없어 스스로 자살하였다. 그러므로 유년(流年)에서 천충지충(天冲地冲)이면 형액(刑厄)을 면(免)하지 못한다.

```
乙 丙 辛 庚
未 辰 巳 申
```

戊丁丙乙甲癸壬
子亥戌酉申未午

此造 以俗論之 丙火生於巳月 建祿必要用財 無如庚辛重疊根深 獨印
차조 이속론지 병화생어사월 건록필요용재 무여경신중첩근심 독인

受傷 弱可知矣 運至甲申乙酉 金得地 木無根 破耗異常 丙戌丁運 重
수상 약가지의 운지갑신을유 금득지 목무근 파모이상 병술정운 중

振家聲 此財多身弱 所謂幇之則有功也.
진가성 차재다신약 소위방지즉유공야

이 명조(命造)를 속론(俗論)으로 말하면 丙火가 巳월에 생(生)하여 건록(建祿)하였으므로 반드시 재성(財星)을 용신(用神)으로 한다고 할 것이다. 그러나 庚申金이 중첩(重疊)하여 뿌리가 깊으니 외로운 인수(印綬)가 손상(損傷)을 당하게 되므로 일주(日主)가 신약(身弱)하다.

대운(大運)이 甲申, 乙酉 운에 이르러서는 金은 득지(得地)하고 木은 무근(無根)이므로 재물(財物)이 파모(破耗)가 있었으나, 丙戌丁 운을 만나 방조(幇助)를 얻게 되어 가업(家業)을 일으켜 명성(名聲)을 크게 떨쳤다. 이것은 재다신약(財多身弱)인데 이른바 '방지즉유정(幇之則有情)'이라는 것이다.

丙火 일주가 巳월에 태어나서 득령(得令)하였고, 乙木의 생조(生助)를 받고 있으나, 식상(食傷)인 辰土가 丙火를 설(洩)하고 있으며 재성(財星)인 庚金과 辛金은 申金과 巳 중 庚金에 뿌리가 깊어 丙火를 상(傷)하게 하니 신약(身弱)하다.

희신(喜神)은 인비(印比)인 水木이고 기신(忌神)은 식재관(食財官)인 土金水인데 대운이 壬午, 癸未에서는 일비일희(一悲一喜)하였고. 甲申, 乙酉에서는 희신(喜神)인 甲乙木이 절각(截脚)되었고, 오히려 기신(忌神)인 申酉金이 날뛰어 재다신약(財多身弱)이 되었으니 파모(破耗)가 틀림없다.

丙戌, 丁亥에서는 희신(喜神)인 화기가 들어와 대길(大吉)하였으니 "방조(幇助)하여야 공(功)이 있다"라는 것이다. 그러므로 '득비리재격(得比理財格)'이라고 한다.

任註

壬	丙	癸	壬
辰	午	丑	子

庚己戊丁丙乙甲
申未午巳辰卯寅

此造 滿局官星 日主孤弱 雖食傷並見 但丑辰皆濕土 能蓄水 不能止水
차조　만국관성　일주고약　수식상병견　단축진개습토　능축수　불능지수

初交甲寅乙卯 化殺生身 早遊泮水 財業有餘 後交丙辰 不但不能幫身
초교갑인을묘　화살생신　조유반수　재업유여　후교병진　부단불능방신

反受官 殺回剋 刑妻剋子 家業耗散 申年暗拱殺局而亡 所謂助之則吉
반수관　살회극　형처극자　가업모산　신년암공살국이망　소위조지즉길

幫之反害也.
방지반해야

이 명조(命造)는 만국(滿局)이 관성(官星)이니 일주(日主)는 외롭고 약(弱)하다. 비록 지지(地支)에 식상(食傷)이 병현(並見)하였다고 할지라도 다만 丑辰은 모두 습토(濕土)이므로 능히 축수(蓄水)를 할 수 있으나 수세(水勢)를 멈추게 할 수는 없다.

초운(初運)의 甲寅, 乙卯에서는 관살(官殺)을 인화(引化)하여 일주(日主)를 생조(生助)하므로 일찍 반수(泮水)에서 수업을 하고 재산(財産)도 넉넉하였다. 후(後)에 丙辰 운으로 바뀌자 방신(幫身)할 수 없고 도리어 관살(官殺)의 회극(回剋)을 받게 되니 형

처극자(刑妻剋子)하였고, 가업도 모산(耗散)되었으며, 申운에 살국(殺局)이 암공(暗拱)하여 세상을 떠났다. 이른바 '조지즉길(助之則吉), 방지반해(幇之反害)'라는 것이다.

評註

丙火 일주(日主)가 丑월에 태어나서 실령(失令)하였으며 천간(天干)에 壬水가 태왕(太旺)하고 지지(地支)에는 子丑 합수(合水)와 子辰 합수(合水)로 역시 태왕지수(太旺之水)로 丙火가 양인(羊刃)으로 득지(得地)하였지만 역부족(力不足)이니 식신제살격(食神制殺格)이 되었다. 희신(喜神)은 인비식(印比食)인 木火와 조토(燥土)이고, 기신(忌神)은 재관(財官)인 金水인데, 대운(大運)이 동남방(東南方)인 木火 운으로 행(行)하여 아름답다.

甲寅, 乙卯 운은 일주(日主)를 생조(生助)하여 일찍 반수(泮水)에 입학(入學)하였으나 丙辰 운으로 바뀌자 丙火 희신(喜神)이 丙壬 충(沖)으로 중첩(重疊)당하고, 지지(地支)에는 子辰 합수(合水)가 되니, 午火는 자연히 子午 충발(沖拔)되었다.

재성(財星)인 축중신금(丑中辛金)이 丙辛 합수(合水)로 기신(忌神)이 되었으니 형처(刑妻)하였고, 子辰 합수(合水) 관살(官殺) 기신(忌神)이 창광(猖狂)하니 극자(剋子)하였는데, 세운(歲運) 申년에는 申子辰 합수국(合水局)을 이루어 丙午火는 완전(完全)하게 소멸(消滅)되어 세상을 떠났다.

임주(任註)에서의 "생조(生助)하여야 길(吉)하고, 방조(幇助)하면 해(害)가 있다"라는 논리(論理)는 맞는 것이다. 그러나 방조(幇助)하거나 생조(生助)하는 용신(用神)이 충거(沖去)되거나, 합거(合去)되는 경우에는 오히려 흉(凶)이 되는 것이니 상세(詳細)하게 관찰해야 한다. 이른바 '왕자충쇠 쇠자발(旺者沖衰 衰者拔), 쇠자충왕 왕신발(衰者沖旺 旺神發)'의 이치(理致)를 다시 한 번 음미(吟味)해야 한다.

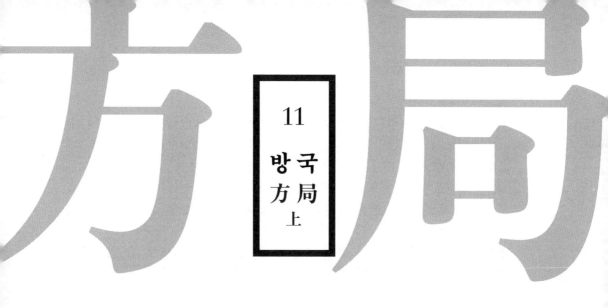

原文

方是方兮局是局 方要得方莫混局
방시방해국시국　　방요득방막혼국

방(方)은 방위(方位)이고 국(局)은 회국(會局)인데 방(方)은 응당 방(方)을 얻어야 하고 국(局)이 섞여서는 아니 된다.

原註

寅卯辰 東方也 搭一亥惑卯或未 則太過 豈不爲混局哉
인묘진　동방야　탑일해혹묘혹미　즉태과　기불위혼국재

寅卯辰이 동방(東方)이다. 하나의 亥나 혹은 卯나 혹은 未가 섞이면 태과(太過)하게 되는데 어찌 혼국(混局)이 되지 않겠는가?

任註

任氏曰 十二支 寅卯辰東方 巳午未南方 申酉戌西方 亥子丑北方 凡三
임씨왈　십이지　인묘진동방　사오미남방　신유술서방　해자축북방　범삼

字全 爲成方 如寅卯辰全 其力量較勝于亥卯未木局.
자전 위성방 여인묘진전 기력량교승우해묘미목국

戊日遇寅月 見三字 俱以殺論 遇卯月 見三子 俱以官論 己日反是 遇
무일우인월 견삼자 구이살론 우묘월 견삼자 구이관론 기일반시 우

辰月 視寅卯之勢 較量輕重 以分官殺 其餘倣此 若只二字 則竟不取.
진월 시인묘지세 교량경중 이분관살 기여방차 약지이자 즉경불취

所言方局莫混之理 愚意以爲不然 且如木方而見亥字 爲生旺支神 見
소언방국막혼지리 우의이위불연 차여목방이견해자 위생왕지신 견

未字 爲我剋之財 又是本盤根地支 亦何 不可卽用 三合木局 豈有所損
미자 위아극지재 우시본반근지지 역가 불가즉용 삼합목국 기유소손

累耶.
누야

至于作用 則局之用多 而方之用狹 弗以論方 而別生穿鑿也.
지우작용 즉국지용다 이방지용협 불이론방 이별생천착야

임씨(任氏)가 말하길, 십이지지(十二地支)에서 寅卯振은 동방(東方), 巳午未는 남방(南方), 申酉戌은 서방(西方), 亥子丑은 북방(北方)인데 무릇 세 글자가 전부(全部) 있으면 방(方)이 이루어진다.

만약 원국(原局)에 寅卯辰이 전부(全部) 있으면 그 역량(力量)은 亥卯未 목국(木局)보다 비교적 강(强)하다. 戊土가 寅월에 태어나서 寅卯辰이 다 있으면 모두 살(殺)로 논(論)하고, 卯월에 태어나 寅卯辰이 다 있으면 모두 관(官)으로 논(論)하며, 己土는 이와 반대(反對)다.

己土가 辰월에 태어나 寅卯辰이 다 있으면 寅卯의 기세(氣勢)를 보아 그 경중(輕重)을 교량(較量)[127]하여 관(官)과 살(殺)로 구분(區分)해야 한다. 나머지도 이와 같이 하면 될 것이다. 만약 다만 두 글자만 있을 경우에는 방(方)으로 논(論)하지 않는다. 원국(原局)에서 "방(方)과 국(局)은 혼합(混合)하지 말라"라는 이치(理致)에 대하여 나는 그렇지 않다고 생각한다. 가령 목방(木方)에서 亥를 보면 생왕지신(生旺之神)이고 未를 보면 아극지재(我剋之財)이고 木이 뿌리를 내리는 지지(地支)인데 어찌 불가하

---

127 교량(較量): 비교하여 헤아림, 견주어 분석함.

다고 하겠는가?

그러므로 삼합목국(三合木局)으로 쓰는 것이 어찌 방(方)에 손루(損累)[128]가 될 수 있겠는가? 그리고 그 작용(作用)은 많고 방(方)의 작용(作用)은 적은 것이므로 방(方)을 논(論)함에 있어서 원문(原文)에 얽매여서 억지로 끌어다 붙이는 또 다른 천착(穿鑿)[129]이 생기게 된다.

```
己 戊 丁 甲
未 辰 卯 寅
```

```
甲癸壬辛庚己戊
戌酉申未午巳辰
```

此木方全 塔一未字爲混 卽日主虛脫 且天干甲木透出 作殺而不作官
차목방전　탑일미자위혼　즉일주허탈　차천간갑목투출　작살이부작관

必要未字 日柱氣貫 身殺兩停 名利雙揮 鼎甲出身 仕至極品 可知方混
필요미자　일주기관　신살양정　명리쌍휘　정갑출신　사지극품　가지방혼

局之無害也.
국지무해야

이 명조(命造)는 寅卯辰 목방(木方)이 전부(全部) 있고 未가 하나 더 있어 혼국(混局)이 되었다. 그러나 未자가 없으면 일주(日主)가 허탈(虛脫)하다. 또한 천간(天干)에 甲木이 투출(透出)하여서 살(殺)로 보아야 하고 관(官)으로 볼 수 없으니 未 자가 반드시 필요한데 일주(日主)의 기(氣)가 시(時)에 관통되었다. 그러므로 신살(身殺)이 양정(兩停)하여 명리(名利)가 빛났으며 과갑 출신으로 벼슬이 극품(極品)에 이르렀다. 이로써 방(方)에 국(局)이 혼합되어도 무해(無害)하다는 것을 알 수 있다.

128　손루(損累): 손해(損害)를 보게 하거나 부담을 주어 근심을 갖게 함.

戊土 일주가 지지에 寅卯辰 목방(木方)이 있고 甲木이 투출하여 살왕(殺旺)이다. 제살하는 식상(食傷)인 金이 필요하니 식신제살격(食神制殺)이 성립된다. 희신(喜神)은 인비식(印比食)인 火土金이고 기신(忌神)은 재관(財官)인 水木이다.

대운이 남서방인 火, 金으로 행(行)하여 명리를 얻었다. 한편으로 종살격(從殺格)으로 볼 수도 있는데 천착(穿鑿)으로 풀이한다면 방국(方局)이 혼합되어 있다는 것이다. 즉 寅卯辰 목방(木方)과 寅未 목국(木局)이 되어 전지지가 목방국(木方局)이 되고 천간에 甲木이 투출되었으니 종(從)할 수밖에 없다고 볼 수도 있다.

그러나 戊土는 辰土에 득지(得地)하고 己未土가 방조(幇助)하며 丁火의 생조(生助)를 받아 월지(月支) 卯木이 정관(正官)으로 당령(當令)하였고 木方이 목국(木局)보다 역량(力量)이 다소 강(强)하게 작용(作用)함으로써 戊土의 세력(勢力)보다 甲木의 세력(勢力)이 강(强)한 것이 틀림없다. 그러므로 종살격(從殺格)으로 보는 것이 아니라 신약(身弱)하여 관살(官殺)을 극제(剋制)하여 주는 식상(食傷)인 金이 필요하니 식신제살격(食身制殺格)이 되었다.

局混方兮有純疵 行運喜南或喜北
　　국혼방혜유순자　　　행운희남혹희북

국(局)에 방(方)을 혼합(混合)하면 순(純)함도 있고 흠(하자: 瑕疵)도 있는 것이니 행운(行運)은 남방(南方)을 기뻐하는 경우도 있고 북방(北方)을 기뻐하는 경우도 있다.

---

129 천착(穿鑿): 본래의 이치에 어긋나는 말을 억지로 이치에 맞게 만들어서 하는 말. 견강(牽强)과 같은 말.

原註

亥卯未木局 混一寅辰 則太過 卽太强 行運南北 則有純疵 不能俱利
해묘미목국　혼일인진　즉태과　즉태강　행운남북　즉유순자　불능구리

亥卯未 목국(木局)에 하나의 寅이나 辰이 혼합(混合)하면 기세(氣勢)가 태강(太强)
하니 행운(行運)이 남방(南方)이나 북방(北方)으로 행(行)하면 순(順)한 경우도 있고 흠
(하자: 瑕疵)이 되는 경우도 있으므로 모두가 유리(有利)할 수는 없다.

任註

任氏曰 地支有三位相合而成局者 亥卯未木局 寅午戌火局 巳酉丑金局
임씨왈　지지유삼위상합이성국자　해묘미목국　인오술화국　사유축금국

申子辰水局 皆取生旺墓 一氣始終也 柱中遇三支合勢 吉凶之力較大
신자진수국　개취생왕묘　일기시종야　주중우삼지합세　길흉지력교대

亦有取二支者 然以旺支爲主 或亥卯 或卯未 皆可取 亥未次之.
역유취이지자　연이왕지위주　혹해묘　혹묘미　개가취　해미차지

凡會忌冲 如亥卯未木局 雜一酉丑字于其中 而又與所冲之神緊貼 是
범회기충　여해묘미목국　잡일유축자우기중　이우여소충지신긴첩　시

爲破局 雖冲字雜于其中 而不緊貼 或冲字處于其外 而緊貼 會局與損
위파국　수충자잡우기중　이불긴첩　혹충자처우기외　이긴첩　회국여손

局兼論 其二支會局者 以相貼爲妙 逢冲則破 他字間之 亦遙隔無力 須
국겸론　기이지회국자　이상첩위묘　봉충즉파　타자간지　역요격무력　수

川干領 出可用至於局混方兮 有純疵之說 與方要得方莫混局之理相以
천간령　출가용지어국혼방혜　유순자지설　여방요득방막혼국지리상이

究其理 亦無所害見寅字 是謂同氣 見辰字 是謂餘氣 又是東方濕土 能
구기리　역무소해견인자　시위동기　견진자　시위여기　우시동방습토　능

生助木神 又何損累耶 行運南北之分 須看局中意向爲是 如木局 日主
생조목신　우하손누야　행운남북지분　수간국중의향위시　여목국　일주

是甲乙 四柱純木 不雜別字 運行南方 謂秀氣流行 則純 運行北方 謂
시갑을　사주순목　부잡별자　운행남방　위수기류행　즉순　운행북방　위

之生助强神 無疵.
지생조강신　무자

或間支有火吐秀 運行南方 名利裕如 運行北方 凶災立見木論如此 餘
혹간지유화토수　　운행남방　　명리유여　　운행북방　　흉재입견목론여차　 여

者可知.
자가지

임씨(任氏)가 말하길, 지지(地支)에 삼위(三位)가 서로 상합(相合)하여 성국(成局)하는 것은 亥卯未 목국(木局), 寅午戌 화국(火局), 巳酉丑 금국(金局), 申子辰 수국(水局) 등이 있는데, 모두가 생왕묘(生旺墓)로 시종(始終)하는 일기(一氣)를 취(取)하는 것이다.

주중(柱中)에서 삼지(三支)가 만나 합세(合勢)하면 길흉지력(吉凶之力)이 크고 이지(二支)로 취(取)하는 반국(半局)도 있으나 왕지(旺支)를 위주로 하여 혹은 亥卯 혹은 卯未를 다 취(取)할 수 있으나 亥未는 그 다음이다.

무릇 회국(會局)은 충(冲)을 꺼리는데 가령 亥卯未 목국(木局)에 하나의 酉金이나 丑土가 그 가운데 섞여 있어 충(冲)을 받고 있는 신(神)이 긴첩(緊捷)하고 있으면 파국(破局)이다. 비록 충(冲)하는 글자가 그 가운데 섞여 있다고 할지라도 회국(會局)의 왕지(旺支)에 긴첩(緊貼)하지 않거나 혹은 충(冲)하는 글자가 회국(會局)의 밖에서 긴첩(緊貼)하고 있으면 회국(會局)과 손국(損局)을 겸(兼)하여 논(論)한다.

그리고 이지(二支)로 회국(會局)한 경우는 서로 붙어 있어야 묘(妙)한데 충(冲)을 만나면 파국(破局)이 되며, 이지(二支)의 사이에 다른 글자가 있으면 역시 멀리 떨어져 있어서 무력(無力)하니 반드시 천간(天干)에 투출(透出)되어야 가용(可用)할 수 있다.

국혼방혜유순자(局混方兮有純疵)라는 설(說)은 방요득막혼국(方要得莫混局)의 이치(理致)와 서로 비슷한데 그 이치(理致)를 탐구(探究)하여 보면 역시 유해(有害)가 없는 것이다.

가령 寅卯辰 목국(木局)에 寅木을 보면 동기(同氣)이며, 辰土를 보면 여기(餘氣)이고, 동방습토(東方濕土)이므로 능히 목신(木神)을 생조(生助)할 수 있으니, 어찌 목국(木局)에 손해(損害)와 누를 끼친다고 할 것인가? 행운(行運)을 남북(南北)으로 분별(分別)하는 것은 반드시 원국(原局)의 의향(意向)을 보아 결정(決定)하는 것이 옳다.

가령 목국(木局)에서 일주(日主)가 甲乙이고 순목(純木)이므로 다른 글자가 섞이지

않았을 경우에는 운(運)이 남방(南方)으로 행(行)하면 수기(秀氣)가 유행(流行)하므로 순(順)하며 북방(北方)으로 행(行)하면 강신(强神)을 생조(生助)하여 거스르지 않으므로 흠이 없다.

만약 간지(干支)에 火가 있어 수기(秀氣)를 토(吐)하고 있는 경우에는 반드시 火가 용신(用神)이 된 것이니 운(運)이 남방(南方)으로 행(行)하면 명리(名利)가 유여(有餘)할 것이고 운(運)이 북방(北方)으로 행(行)하면 재앙(災殃)이 바로 나타난다. 木을 논(論)하는 것이 이와 같으니 나머지도 가히 알 수 있을 것이다.

```
丁 乙 庚 丙
亥 卯 寅 辰
```

```
丁丙乙甲癸壬辛
酉申未午巳辰卯
```

此支類東方 火明木秀 最喜丙火 緊剋庚金之濁 然春初木嫩 必得亥時
차지류동방　화명목수　최희병화　긴극경금지탁　연춘초목눈　필득해시

生助 爲人風流瀟灑 學問淵淵 丁亥生木助火 采芹攀桂 巳運南宮報捷
생조　위인풍류소쇄　학문연연　정해생목조화　채근반계　사운남궁보첩

名高翰苑 年運 拱寅合卯 採梁棟於鄧林 是唯哲匠 搜琳琅於瑤圃 爰藉
명고한원　년운　공인합묘　채량동어등림　시유철장　수림랑어요포　원자

宗工至酉 乙木無根 金得也 冲波東方秀氣 犯事落職 若無亥水化之 豈
종공지유　을목무근　금득야　충파동방수기　범사락직　약무해수화지　기

能免大凶.
능면대흉

이 명조(命造)는 지지(地支)에 寅卯辰 동방(東方)이 모여 있고 木의 수기(秀氣)가 왕성(旺盛)하고 火는 밝아 목화통명(木火通明)이다. 가장 기쁜 것은 丙火가 탁(濁)한 庚金을 긴극(緊剋)하는 것이다. 그러나 춘초(春初)에는 木이 어리고 연약(軟弱)하니 반

드시 亥水의 생조(生助)를 받아야 한다.

인품(人品)이 풍류(風流)가 있고 소쇄(瀟灑)[130]하며 학문(學問)이 깊다.

丁亥가 木을 생(生)하고 火를 도우니 채근(采芹)[131]하여 반계(攀桂)[132]하였으며 巳운에 등과(登科)하여 한원(翰苑)에서 명성(名聲)이 높았다.

午운에는 寅午가 회국(會局)하고 寅卯가 공합(拱合)하니 등림(鄧林)[133]에서 동량(棟梁)을 채취(採取)하는 데 뛰어난 장인(匠人)이었고 요포(瑤圃)[134]에서 임랑(琳琅)[135]을 찾는 데 종공(宗工)이었다. 酉운에 이르러서는 金 녹왕득지(祿旺得地)하여 동방수기(東方秀氣)를 충파(冲破)하니 잘못을 저질러 벼슬에서 물러났다. 만약 亥水의 인화(引化)가 없었다면 어찌 능(能)히 대흉(大凶)을 면(免)할 수 있었겠는가?

評註

乙木 일주가 寅卯辰 목방(木方)과 亥卯 목국(木局)으로 전지지(全地支)가 방국(方局)으로 되어 있으니 木으로 종(從)할 수밖에 없다. 그러므로 곡직격(曲直格)이 되어 희신(喜神)은 인비식(印比食)인 水木火이고 기신(忌神)은 재관(財官)인 土金이다. 천간(天干)의 庚金이 기신(忌神)인데 乙庚으로 합거(合去)하고 丙庚으로 충거(忠去)하니 아름답다.

대운(大運)이 초중(初中)년에는 동남(東南)으로 행(行)하여 승승장구하였다. 巳운에 巳亥 충(冲)과 寅巳 형(刑)이 되어 사중경금(巳中庚金)과 해중갑목(亥中甲木)이 甲庚 충

---

130 소쇄(瀟灑): 깨끗하고 산뜻함. 세속을 벗어난 모양.

131 채근(采芹): 반수(泮水)에 있는 미나리를 캔다는 뜻으로 입학(入學)이나 입반(入泮)하겠다는 것을 나타냄. 제후(諸侯)들은 학교를 반궁(泮宮)이라 했는데 반궁의 東과 西에 있는 문의 남쪽을 반달 모양으로 빙 둘러 파 놓은 연못을 반수라고 함.

132 반계(攀桂): 계수나무에 오른다는 뜻으로 과거시험에 급제함.

133 등림(鄧林): 고대 신화(神話) 속에 나오는 과부(寡婦)가 버린 지팡이가 변하여 이루어진 숲.

134 요포(瑤圃): 신선(神仙)이 사는 동산.

135 임랑(琳琅): 아름다운 옥.

(冲)으로 庚金 기신(忌神)이 충거(冲去)되었으며 인중병화(寅中丙火)와 사중경금(巳中庚金)이 丙庚 충(冲)으로 역시 庚金 기신(忌神)이 충거(冲去)되어 과거시험(科擧試驗)에 합격(合格)한 것이다.

申운에는 寅申 충(冲)으로 인중병화(寅中丙火)와 신중경금(申中庚金)이 丙庚 충(冲)하니 庚金 기신(忌神)이 충거(冲去)되어 대길(大吉)하였다. 酉운에는 庚金 기신(忌神)이 녹왕(祿旺)으로 득지(得地)하고 동방목국(東方木局)의 왕지묘목(旺地卯木)과 辰酉 합금(合金)까지 가세(加勢)하여 卯酉 충(冲)하니 범죄(犯罪)를 저질러 낙직(落職)하였다.

任註

```
癸 乙 乙 甲
未 卯 亥 寅
```

```
壬辛庚己戊丁丙
午巳辰卯寅丑子
```

此木局全 混一寅字 然四柱無金 其勢從强 謂深得一方秀氣 少年科第
차목국전　혼일인자　연사주무금　기세종강　위심득일방수기　소년과제

惟庚辰辛巳運 雖有癸水之化 仍不免刑喪起倒 仕路蹭蹬 至六旬外 運走
유경진신사운　수유계수지화　잉불면형상기도　사로층등　지육순외　운주

壬午癸未 由縣令而遷司馬 履黃堂而升觀察 直如揚帆大海 誰能禦之由
임오계미　유현령이천사마　이황당이승관찰　직여양범대해　수능어지유

此觀之 從强之木局 東南北運皆利 惟忌西方金運剋破耳.
차관지　종강지목국　동남북운개리　유기서방금운극파이

이 명조(命造)는 亥卯未 목국(木局)이 전부(全部)이고 하나의 寅木이 섞여 있어 국혼방(局混方)이다. 그러나 사주(四柱)에 金이 없으므로 그 기세(氣勢)는 종강(從强)[136]이

___

136 종강(從强): 전지지(全地支)가 인수(印綬)와 비겁(比劫)으로 이루어지고 천간(天干)에도 역시 인비(印比)로 이루어져 있는 경우를 종격(從格)이라고 하는데 인수(印綬)가 태왕(太旺)하면 종

니 일방수기(一方秀氣)를 깊이 얻었다고 할 만하다.

소년(少年)에 등과(登科)하였는데. 오직 庚辰, 辛巳 운에는 비록 癸水의 인화(引化)가 있다 할지라도 형상기도(刑喪起倒)[137]와 사로충등(仕路蹭蹬)[138]을 면(免)할 수 없었다. 그러나 육순(六旬) 이후에 壬午, 癸水 운은 현령(縣令)을 거쳐 사마(司馬)에 올랐고, 황당(黃堂)을 거쳐 관찰사(觀察使)에 올랐다. 이는 바로 순풍(順風)에 돛을 달고 대해(大海)를 달리는 것과 같으니 누가 능히 앞길을 막을 수 있겠는가? 미루어 보면 종강(從强)이면 동남북운(東南北運)이 모두 이로우나 서방금운(西方金運)의 극파(剋破)를 꺼린다.

評註

乙木 일주(日主)가 전지지(全地支)에 亥卯未 목국(木局)이 있고 寅木이 하나 섞여 있어 혼국(混局)이 되어 있으나 金이 없고 寅木이 寅亥 합목(合木)으로 긴첩(緊貼)하여 더욱 아름답다. 희신(喜神)은 인비식(印比食)인 水木火이고 기신(忌神)은 재관(財官)인 土金인데 대운(大運)이 북동남(北東南)으로 행(行)하여 대길(大吉)을 암시(暗示)하고 있다.

초년(初年)인 子丑水 운에 과거(科擧)에 급제(及第)하였으며 庚辰 운에는 乙庚 합거(合去)하고 甲庚 충(冲)으로 충거(冲去)하였으나 寅卯振으로 다시 회합(會合)하니 형상(刑喪)과 기복(起伏)을 겪으면서 재기(再起)에 기회(機會)를 얻었다. 辛巳 운에는 乙辛 충(冲)이 되고 寅巳 형(刑)과 巳亥 충(冲)이 되었으니 설상가상(雪上加霜)으로 사로충등(仕路蹭蹬)을 면(免)할 수가 없었다.

壬申 운에는 壬水가 희신(喜神)이고, 寅午 회합(會合)하고 午未 회합(會合)하니 합

강(從强)이라고 하고 비겁(比劫)이 태왕(太旺)하면 종왕(從旺)이라고 한다. 곡직인수격(曲直印綬格)이라고도 한다.

137 형상기도(刑喪起倒): 부모(父母)나 처자식(妻子息)이 죽고 생활환경에 굴곡(屈曲)이 많다는 뜻임.

138 사로충등(仕路蹭蹬): 벼슬길에서 승진(昇進)이 남보다 늦어지고 관재송사(官災訟事)로 어려움을 겪으면서 공직(公職)을 맡고 있는 경우임.

수희신(合水喜神)이 되었기 때문에 군수(郡守)를 거쳐 태수(太守)가 되었으며 관찰사 (觀察使)에 올라 양범대해(揚帆大海)의 길을 걸었다.

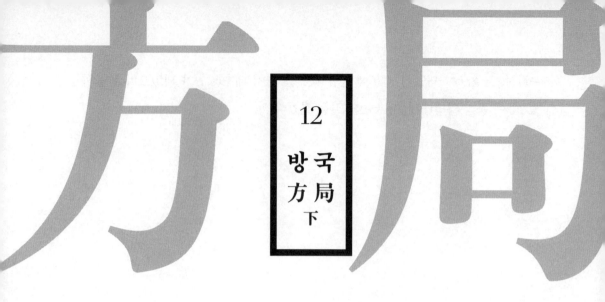

原文

若然方局一齊來　須是干頭無反覆
약연방국일제래　　수시간두무반부

만약 방(方)과 국(局)이 같이 오면 반드시 천간(天干)에는 그 기세(氣勢)에 거스르
거나 어긋남이 없어야 한다.

原註

木局木方全者　須要天干全順得序　行運不背乃好
목국목방전자　　수요천간전순득서　　행운불배내호

목국(木局)이나 목방(木方)이 전부(全部) 있는 경우에는 반드시 천간(天干)은 모두
순응하여 질서를 지켜주는 것이 중요하며 행운도 이에 배반하지 않는다.

任氏曰　方局齊來者　承上文方混局局混方之謂也　如寅卯辰兼亥未亥卯
임씨왈　　방국제래자　　승상문방혼국국혼방지위야　　여인묘진겸해미해묘

未兼寅辰　巳午未兼寅戌寅午戌兼巳未　申酉戌兼巳丑　巳酉丑兼申戌亥
미겸인진　　사오미겸인술인오술겸사미　　신유술겸사축　　사유축겸신술해

子丑兼申辰　申子辰兼丑亥之類是也.
자축겸신진　　신자진겸축해지류시야

干頭無反覆者　方局齊來　其氣旺盛　要天干順其氣勢爲妙.
간두무반부자　　방국제래　　기기왕성　　요천간순기기세위묘

若地支寅卯辰　日主是木　或再見亥之生　未之庫　如地支亥卯未　日主是木
약지지인묘진　　일주시목　　혹재견해지생　　미지고　　여지지해묘미　　일주시목

或再逢寅之祿辰之餘　旺支極矣　非金所能剋也　須要天干有火　洩其精英
혹재봉인지록진지여　　왕지극의　　비금소능극야　　수요천간유화　　설기정영

不見金水　則干頭無反覆　然後行土運乃爲全順得序而不悖矣.
불견금수　　즉간두무반부　　연후행토운내위전순득서이불패의

如天干無火而有水　謂之從强　行水運　順其旺神　最美　行金運　金生水　水仍
여천간무화이유수　　위지종강　　행수운　　순기왕신　　최미　　행금운　　금생수　　수잉

生木　逢凶有解　苟有火而見水　或無火而見金　此謂干頭反覆　如得運程
생목　　봉흉유해　　구유화이견수　　혹무화이견금　　차위간두반부　　여득운정

安頓　遇土則可止其逆水　遇火則可去其微金　亦不失爲吉耳.
안돈　　우토즉가지기역수　　우화즉가거기미금　　역불실위길이

如日干是土　別干得火　相生之誼　亦不反覆　見金　以寡敵衆　見水　生助
여일간시토　　별간득화　　상생지의　　역불반부　　견금　　이과적중　　견수　　생조

强神　卽反覆矣.
강신　　즉반부의

所以制之以盛　不若化之以德　則其流行全順矣　餘倣此.
소이제지이성　　불약화지이덕　　즉기류행전순의　　여방차

　임씨(任氏)가 말하길, 방국제래(方局齊來)라는 것은 윗글에서 방혼국(方混局)과 국혼방(局混方)을 이어서 말한 것이다. 가령 寅卯辰 목방(木方)에 亥未를 겸하거나 亥卯未 목국(木局)에 寅辰을 겸(兼)하고, 巳午未 화방(火方)에 寅戌을 겸(兼)하거나 寅午戌 화국(火局)에 巳未를 겸(兼)하고, 申酉戌 금방(金方)에 巳丑을 겸(兼)하거나 巳酉丑

금국(金局)에 申戌을 겸(兼)하고, 亥子丑 수방(水方)에 申辰을 겸하거나 申子辰 수국(水局)에 亥丑을 겸(兼)하는 부류(部類)들이 여기에 해당한다.

간두무반부(干頭無反覆)라는 것은 방국(方局)이 같이 오면 그 기세(氣勢)가 왕성(旺盛)하므로 천간(天干)이 그 기세(氣勢)에 순응(順應)해야 묘(妙)하게 된다는 것이다.

만약 일주(日主)가 木인데 지지(地支)에 寅卯辰 목방(木方)인데 다시 亥卯未를 만나거나, 만약 지지(地支)에 亥卯未 목국(木局)인데 다시 寅辰을 만나게 되면 왕(旺)함이 극(極)에 이를 것이니 金으로 극(剋)할 수가 없다. 반드시 천간(天干)에 水가 있어 그 왕기(旺氣)를 설(洩)해야 하는데 이런 경우에 천간(天干)에서 金水를 보지 않는 것이 간두무반부(干頭無反覆)라고 하는 것이다.

이와 같이 火로써 木의 왕세(旺勢)를 설(洩)한 후에 土운으로 행(行)하는 것이 순류(順流)하는 차서(次序)를 얻게 되니 '전순득서(全順得序)'이고 '행운불패(行運不悖)'가 되는 것이다.

만일 목방국(木方局)인데 천간(天干)에 火가 없고 水가 있을 것 같으면 종강(從强)이니 水운으로 행(行)하면 왕신(旺神)에 순응(順應)하니 생조(生助)하므로 가장 아름다운 것이며 金운으로 행(行)하면 水가 인화(引化)하여 木을 생조(生助)하므로 흉(凶)을 만나도 해소(解消)가 된다.

만약 천간(天干)에 火가 있는데 水를 보거나 혹은 火가 없는데 金을 보거나 하면 이것이 지지(地支)의 지세(地勢)에 반하여 '간두반부(干頭反覆)'라고 하는 것이다.

이렇게 천간(天干)에 반(反)할 때에는 행운(行運)에서 안돈(安頓)을 얻어야 한다. 즉 土운을 만나면 가히 거슬리는 水를 억지(抑止)할 수 있고 火운을 만나면 가히 金을 제거(除去)할 수 있으니 길(吉)하다. 만약 일주(日主)가 土일 경우에는 지지(地支)의 살세(殺勢)가 비록 태왕(太旺)하나 천간(天干)에 火를 얻으면 상생(相生)하는 정의(情誼)가 있으므로 반부(反覆)가 아니다.

金을 보면 적은 것으로 많은 무리를 대적(對敵)하는 어려움이 있으며 水를 보면 관살(官殺)을 생조(生助)하므로 반부(反覆)가 되는 것이다. 이와 같이 왕성(旺盛)한 것을 억제(抑制)하는 것이 덕(德)으로 인화(引化)하는 것만 못한 것이니 그 흐름이 전순(全順)하게 되는 것이다. 나머지도 이와 같다.

```
丁 乙 丁 甲
亥 未 卯 寅
```

甲癸壬辛庚己戊
戌酉申未午巳辰

此亦木局全 混一寅字 取丁火食神秀氣 非前造從强論也 至巳運 丁火
차역목국전 혼일인자 취정화식신수기 비전조종강론야 지사운 정화

臨官 登科發甲 庚午辛未 南方金敗之地 不傷體用 仕途平坦 壬申運
임관 등과발갑 경오신미 남방금패지지 불상체용 사도평탄 임신운

木火 皆傷 破局 死於軍中 前則從强 南北皆利 此則木火 西北有害
목화 개상 파국 사어군중 전즉종강 남북개리 차즉목화 서북유해

由此兩造觀 之局混方之無害也.
유차양조관 지국혼방지무해야

이 명조(命造) 역시 亥卯未 목국(木局)에 하나의 寅木이 섞여 있다.

그러나 식신수기(食神秀氣)인 丁火를 취용(取用)하니 전조(前造)와 같이 종강(從强)으로 논(論)하지 아니한다.

대운(大運)의 巳에 이르러 丁火가 왕지(旺支)에 임하니, 등과발갑(登科發甲)[139]하였으며 庚午辛未 남방운(南方運)은 金이 패지(敗地)에 들어 있어서 체용(體用)을 손상(損傷)하지 않으므로 벼슬길이 평탄하였다. 壬申 운에는 木火가 모두 손상(損傷)되어 파국(破局)이니 군중(軍中)에서 세상을 떠났다.

전조(前造)는 종강격(從强格)이라 남북(南北)이 모두 유리(有利)하였으나 이 명조(命造)는 木火이니 서북(西北)이 유해(有害)한 것이다. 이상(以上)의 두 명조(命造)를 살펴보면 회국(會局)에 방(方)이 섞여도 해(害)가 되지 않는다.

---

139 등과발갑(登科發甲): 향시(鄕試)나 회시(會試)에서의 합격(合格)을 등과(登科)라고 하며, 천자 앞에서 치르는 전시(殿試)에서의 합격을 발갑(發甲)이라고 한다.

乙木 일주가 亥卯未 목국(木局)에 寅木이 寅卯 목방(木方)으로 혼방국(混方局)이 되었고 土金이 없고 설(洩)하는 식상(食傷)인 丁火가 있어 아름답다. 희신(喜神)은 인비식(印比食)인 水木火이고 기신(忌神)은 재관(財官)인 土金이다.

대운(大運)은 초년남방(初年南方)에서 대길(大吉)하고 중년서방(中年西方)에 대흉(大凶)이 있을 것으로 암시(暗示)하고 있다. 대운(大運)이 巳운에 이르러 丁火가 녹왕지(祿旺地)가 되니 등과발갑(登科發甲)하였다.

이는 寅巳 형(刑)과 巳亥 충(沖)으로 형충(刑沖)이 중첩(重疊)되어 대흉(大凶)할 것 같으나 인중병화(寅中丙火)와 사중경금(巳中庚金)이 丙庚 충(沖)되어 庚金 기신(忌神)이 충거(沖去)되었고 사중경금(巳中庚金)과 해중갑목(亥中甲木)이 甲庚 충(沖)되어 역시 庚金 기신(忌神)이 충거(沖去)되었으니 오히려 대발(大發)하였다.

庚午, 辛未 대운(大運)에는 남방화운(南方火運)으로 金의 패지(敗地)가 되니 체용(體用)을 손상(損傷)시키지 않아 벼슬길이 평탄(平坦)하였다. 이는 천간(天干)의 庚金은 乙庚 합거(合去)되고 甲庚 상충(相沖)되어 있는데 지지(地支)에서 寅午 합화(合化), 午未 합화(合化)로 화국(火局)이 되니 辛金 기신(忌神)이 충거(沖去)되었기 때문에 불길(不吉)하지 않았다.

壬申 운에는 木火가 모두 손상(損傷)되어 파국(破局)이 되었다. 이는 천간(天干)에서 丁壬 합거(合去)되니 丁火 희신(喜神)이 기반(羈絆)이 되었고, 지지(地支)에서는 寅申 충(沖)이 되어 인중병화(寅中丙火)와 신중임수(申中壬水)가 丙壬 충(沖)으로 丙火가 충거(沖去)되어 水火가 모두 피상(被傷)된 것이다.

癸 乙 丁 甲
未 亥 卯 寅

甲癸壬辛庚己戊
戌酉申未午巳辰

此方局齊來 得月干丁火獨秀 發洩菁英 何其妙也 惜乎時干癸水透露
차방국제래　　득월간정화독수　　발설청영　　하기묘야　　석호시간계수투로

通根亥支 緊傷丁火秀氣 謂干頭反覆 所以一衿 尚不能博 貧乏無子 設使
통근해지　긴상정화수기　위간두반부　소이일금　상불능박　빈핍무자　설사

癸水換一火土 名利皆遂矣.
계수환일화토　　명리개수의

이 명조(命造)는 亥卯未 목국(木局)에 寅木을 겸하여 방국(方局)이 제래(齊來)하였다. 월간(月干)의 丁火가 홀로 투출(透出)하여 왕목(旺木)의 청영(菁英)을 발설(發洩)하고 있으므로 어찌 묘(妙)하다고 하지 않을 수 있겠는가? 그러나 애석(哀惜)한 것은 시간(時干)의 癸水가 투출(透出)하여 亥水에 통근(通根)하고 수기(秀氣)인 丁火를 긴상(緊傷)하니 간두반부(干頭反覆)이라고 한다.

향시(鄕試)에 한 번 합격(合格)하였으나 뜻을 넓히지 못하였으며 생활(生活)이 궁핍(窮乏)하고 자식(子息)도 없었다. 만약 癸水가 火나 土로 바뀌었다면 명리(名利)를 모두 이루었을 것이다.

評註

乙木 일주가 방국제래(方局齊來)하고 土金이 없으므로 종강격(從强格)이 되었다. 희신(喜神)은 인비식(印比食)인 水木火이고 기신(忌神)은 재관(財官)인 土金이다. 대운(大運)이 남방화운(南方火運)에서 서방금운(西方金運)으로 행(行)하니 초년(初年)은 발복

(發福)하였으나 壬申, 癸酉 운에 빈핍무자(貧乏無子)하였을 것이다.

임주(任註)에서 시간(時干)의 癸水가 긴상(緊傷)하는 것으로 보아 丁癸 충(沖)이 되었을 것으로 보고 있으나 乙木이 癸水를 인화(引化)하여 丁火를 생조(生助)하니 간두반부(干頭反覆)한 것이 아니라 전순득서(全順得序)한 것이다. 다만 대운(大運)이 행운불배(行運不背)에서 원인(原因)이 있는 것으로 보아 壬申 운에는 丁火를 丁壬 합거(合去)하고 寅申 충(沖)이 되어 왕신(旺神)이면서 희신(喜神)인 寅木이 피상(被傷)되었고 癸酉 운에는 丁火와 丁癸 충(沖)하고 卯木과 卯酉 충(沖)으로 천충지충(天沖地沖)되었으니 형상파모(刑傷破耗)가 틀림없었다.

任註

```
    乙 甲 甲 丁
    亥 寅 辰 卯
```

```
丁戊己庚辛壬癸
酉戌亥子丑寅卯
```

此亦方局齊來 干頭無水 丁火秀氣流行 行運不甚反悖 中鄕榜 仕至州
차역방국제래　간두무수　정화수기유행　행운불심반패　중향방　사지주

牧 子多財旺 賦性仁慈 品行端方 壽越八旬 夫婦齊眉 所謂木主仁 仁
목　자다재왕　부성인자　품행단방　수월팔순　부부제미　소위목주인　인

者壽 格名曲直仁壽者 信斯言也 由此兩造 觀之 干頭反覆 與全順 得
자수　격명곡직인수자　신사언야　유차양조　관지　간두반복　여전순　득

序者 天淵也.
서자　천연야

이 명조(命造)도 역시 방국제래(方局齊來)이다.

천간(天干)에 水가 없고 丁火가 수기유행(秀氣流行)하며, 행운(行運)도 심하게 반패(反悖)하지 않았으므로 향방(鄕榜)에 올라 벼슬이 주목(州牧)에 이르렀고 자손(子孫)과 재물(財物)이 많으며, 또한 품행(品行)이 방정(方正)하고 정직(正直)하며 수명(壽命)

은 팔순(八旬)을 넘겼으며 부부(夫婦)가 해로(偕老)하였다. 소위 木은 인(仁)을 주관하고 인자(仁者)는 인수(仁壽)라고 하여 장수(長壽)하니 격(格)의 이름도 곡직인수격(曲直仁壽格)이라고 하니 믿을 만한 일이다. 이상(以上)의 두 명조(命造)를 살펴보면 간두반부(干頭反覆)와 전순득서(全順得序)는 천양지차(天壤之差)이다.

甲木 일주가 寅卯辰 목방(木方)과 亥水가 亥卯 목국(木局)으로 방국제래(方局齊來)되었고 土金이 없으니 종강격(從强格)이 되었다. 희신(喜神)은 인비식(印比食)인 水木火이고 기신(忌神)은 재관(財官)인 土金이다. 대운(大運)이 동북(東北) 木水 방향(方向)으로 행(行)하여 대발(大發)하였으니 행운(行運)이 전순득서(全順得序)하였기 때문이다.

成方干透一元神　生地庫地皆非福
성방간투일원신　　생지고지개비복

지지(地支)에 방(方)을 이루고 천간(天干)에 하나의 원신(元神)이 투출(透出)하면 장생지(長生地)와 묘고지(墓庫地)는 모두 복(福)이 아니다.

寅卯辰全者　日主甲乙木　則透元神　而又遇亥之生　未之庫　決不發福　惟
인묘진전자　일주갑을목　즉투원신　이우우해지생　미지고　결불발복　유

純一火運略好.
순일화운약호

지지(地支)에 寅卯辰 목방(木方)이 전부 있고 일주(日主)가 甲乙木이면 원신(元神)이 투출(透出)한 것이다. 또다시 장생지(長生地)인 亥水나 묘고지(墓庫地)인 未土를 만나

면 결코 발복(發福)할 수 없다. 오직 순일(純一)한 火운을 만나야 대체적으로 좋다.

任註

任氏曰 成方干透元神者 日主卽方之氣也 如木方 日主是木 火方 日主
임씨왈　성방간투원신자　　일주즉방지기야　여목방　일주시목　화방　일주

是火 卽爲元神透出也.
시화　즉위원신투출야

生地庫地 皆非福者 身旺不宜再助也 然亦要看其氣勢 不可一例而推.
생지고지　개비복자　신왕불의재조야　　연역요간기기세　불가일례이추

成方透元神 旺可知矣 固不宜再行生地庫地 以幇方也 倘年月時干 不
성방투원신　왕가지의　고불의재행생지고지　이봉방야　당년월시간　부

雜財官 又有刦印 謂之從强 則生地庫地 亦能發福如逢純一火運 眞謂
잡재관　우유겁인　위지종강　즉생지고지　역능발복여봉순일화운　진위

秀氣流行 名利皆遂 如年月時干 財官無氣 再行生地庫地之運 不但不
수기유행　명리개수　여년월시간　재관무기　재행생지고지지운　부단불

能發福而且 刑耗多端 且屢試屢驗 故誌之.
능발복이차　형모다단　차누시누험　고지지

임씨(任氏)가 말하길, 지지에 방(方)을 이루고 천간(天干)에 원신(元神)이 투출한 것은 곧 방(方)의 기(氣)를 말하는 것이다. 가령 목방(木方)에 일주(日主)가 木이고 화방(火方)에 일주(日主)가 火이면 즉 원신(元神)이 투출한 것이다. 생지(生地)나 고지(庫地)가 다 복(福)이 아니라고 한 것은 이미 신왕(身旺)인데 다시 생조(生助)한다는 것은 마땅하지 않는다는 뜻이다. 그러나 역시 그 기세와 일주(日主)의 의향을 잘 살펴야 하는데 일례(一例)로 추론(推論)해서는 아니 된다.

방(方)을 이루고 원신(元神)이 투출(透出)하면 왕(旺)함을 알 수 있는데 운(運)이 생지(生地)나 고지(庫地)로 행(行)하여 재차 방(方)을 돕는 것은 진실로 마땅하지 않은 것이다. 만약 년월시(年月時)의 천간(天干)에 재관(財官)이 섞이지 아니하고 또 비겁(比劫)이나 인수(印綬)가 있으면 종강격(從强格)이 되므로 생지(生地)나 고지(庫地)를 만나도 능히 발복(發福)할 수 있으며 순일(純一)한 火운을 만나면 진실로 수기(秀氣)가

유행하여 명리(名利)를 전부 이룰 수 있는 것이다.

만약 년월시(年月時)의 천간(天干)에 재관(財官)이 쇠약(衰弱)한 경우에 다시 생지(生地)나 고지(庫地)로 행(行)하게 되면 발복(發福)할 수 없을 뿐 아니라 형상파모(刑傷破耗)가 많이 발생(發生)한다. 이것은 누차 시험(試驗)하고 증험(證驗)하여 기록(記錄)으로 남기는 바이다.

任註

```
丁 甲 甲 戊
卯 辰 寅 寅
```

```
辛 庚 己 戊 丁 丙 乙
酉 申 未 午 巳 辰 卯
```

此成方 干透元神 四柱不雜金水 時干丁火吐秀 純粹可觀 初中行運火土
차성방　간투원신　사주부잡금수　　시간정화토수　순수가관　초중행운화토

中鄉榜 出宰名區 惜木多火熾 丁火不足以洩之 所以運至庚申 不能免禍 此造
중향방　출재명구　석목다화치　정화부족이설지　소이운지경신　불능면화　차조

如時逢丙寅 必中甲榜 仕路顯赫 庚申運丙火足以敵之 亦不致大凶也.
여시봉병인　필중갑방　사로현혁　경신운병화족이적지　　역부치대흉야

이 명조(命造)는 寅卯辰 목방(木方)을 이루고 원신(元神)이 투출(透出)하였다. 사주(四柱)에 金水가 섞이지 않고 시간(時干)의 丁火가 수기(秀氣)를 토(吐)하고 있으므로 그 순수(純粹)함이 가히 볼 만하다.

대운(大運)이 초중년(初中年)에는 火土로 행(行)하니 향방(鄉榜)에 합격(合格)하였고 재상(財傷)이 왕목(旺木)을 설(洩)하기에는 부족(不足)하니 庚申운에는 재앙(災殃)을 면(免)할 수가 없었다.

이 명조(命造)가 만약 시주(時柱)가 丙寅이었다면 반드시 과갑(科甲)에 올라 벼슬길이 크게 빛났을 것이며 庚申 운에도 丙火가 능히 대적(對敵)하여 역시 대흉(大凶)

에는 이르지 않았을 것이다.

甲木 일주(日主)가 지지(地支)에 寅卯振 목방(木方)에 있어 종강격(從强格)이다. 희신(喜神)은 인비식(印比食)인 水木火이고 기신(忌神)은 재관(財官)인 土金이다. 대운(大運)이 초중년(初中年)에는 木火 운으로 행(行)하니 향방(鄕榜)에 합격(合格)하였으나 庚申 운에는 기신(忌神)이 들어오고 甲庚 충(冲), 寅申 충(冲)으로 천충지충(天冲地冲)되어 왕목(旺木)을 충발(冲發)하게 하였으니 재앙(災殃)을 면(免)할 수가 없었다.

만약 丙寅을 만났으면 丁卯를 만나는 것보다 희신(喜神)이 더욱 왕성(旺盛)하여 벼슬길에 크게 오를 수는 있으나 庚申 운에는 천충지충(天冲地冲)이 되어 대흉(大凶)은 면(免)할 수가 없다.

```
丙 甲 丙 癸
寅 辰 辰 卯
```

```
己庚辛壬癸甲乙
酉戌亥子丑寅卯
```

此造 財旺提綱 丙食生助 當以財星爲用 丙火爲喜 癸水爲忌 身旺用財
차조 재왕제강 병식생조 당이재성위용 병화위희 계수위기 신왕용재

遺業十餘萬 初年壽木運 一敗如灰 至辛亥運 火絶木生 水臨旺 凍餓而死
유업십여만 초년수목운 일패여회 지신해운 화절목생 수임왕 동아이사

以此觀之 不論成方成局 必先察財官之勢 若財旺提綱 則以財爲用 或官得
이차관지 불론성방성국 필선찰재관지세 약재왕제강 즉이재위용 혹관득

財助 則以官爲用 如財不通月支 官無旺財生 必須棄其寡而從其衆也
재조 즉이관위용 여재불통월지 관무왕재생 필수기기과이종기중야

餘皆倣此.
여개방차

이 명조(命造)는 월령(月令)에 재성(財星)이 왕(旺)하고 丙火가 식신(食神)으로 생조(生助)하여, 마땅히 재성(財星)이 용신(用神)이고 丙火는 희신(喜神)이고 癸水는 기신(忌身)이다.

원국(原局)이 신왕재왕(身旺財旺)이니 물려받은 재산(財産)이 십여만금(十餘萬金)이었으나 초년(初年)의 水운에 한 번 패가(敗家)되어 재처럼 날아갔으며 辛亥 운에는 화절목생(火絶木生)하고 水와 왕지(旺支)에 임(臨)하게 되어 추위와 기아(飢餓)를 이기지 못하고 세상을 떠났다.

이로써 살펴보면 성방(成方)과 성국(成局)을 막론하고 반드시 먼저 재관(財官)의 기세(氣勢)를 살펴야 한다. 만약 월령(月令)에 재(財)가 왕(旺)하면 재성(財星)을 용신(用神)으로 하고 혹은 관성(官星)이 재성(財星)의 생조(生助)를 얻으면 관성(官星)을 용신(用神)으로 한다.

만약 재성(財星)이 월지(月支)에 통근(通根)하지 못하였거나 관성(官星)이 왕(旺)한 재성(財星)의 생조(生助)를 얻지 못하면 반드시 그 작은 재관(財官)을 버리고 세력(勢力)이 많은 무리를 따르게 된다. 나머지도 이와 같이 유추(類推)하면 되는 것이다.

評註

甲木 일주가 辰월에 태어나서 木의 퇴기(退氣)에 해당하지만 진중을계(辰中乙癸)가 있어 통근(通根)하고 있으나 丙火의 생조(生助)를 얻고 있고 일지(日支) 辰土가 비견(比肩)으로 방조(幇助)하니 재성(財星)도 왕(旺)하다.

그러나 甲木 일주(日主)도 지지(地支)에 寅卯辰 목방(木方)이 있고 癸水의 생조(生助)를 얻으니 재성(財星)보다는 비겁(比劫)이 왕(旺)하여 신왕(身旺)하다. 희신(喜神)은 식재관(食財官)인 火土金이고 기신(忌神)은 인비(印比)인 水木인데 대운(大運)이 기신(忌神)인 동북(東北)으로 행(行)하니 불길(不吉)하다.

원국(原局)에 재성(財星)이 식신(食神) 丙火의 생조(生助)를 얻었으니 부모(父母)의 유업(遺業)을 이어 받을 것은 틀림없다. 甲寅과 乙卯 운에는 비겁기신(比劫忌神)이 되므로 군겁쟁재(群劫爭災)가 되니 일패여회(一敗如灰)한 것이다.

癸丑 운에는 癸水 인수(印綬)가 기신(忌神)이며 지지(地支)는 丑辰이 충파(冲破)되어 축중신금(丑中辛金)과 진중을목(辰中乙木)이 乙辛 충(冲)으로 관성희신(官星喜神)인 辛金이 충거(冲去)되어 관재송사(官災訟事)뿐만 아니라 형모(刑耗)가 많았을 것이다.

壬子 운에는 壬水가 기신(忌神)이며 丙壬 충(冲)으로 丙火 희신(喜神)이 충거(冲去)되었으며 지지(地支)는 辰土와 子辰 합수(合水)가 되어 화몰(火沒) 직전에 있으니 불길(不吉)하였다.

辛亥 운에는 丙火 희신(喜神)이 丙辛 합거(合去)되고 亥卯 합목(合木)과 寅亥 합목(合木)으로 기신(忌神)이 왕지(旺支)되니 군겁쟁재(群劫爭災)가 되었다.

成局干透一官星 左邊右邊空碌碌
성국간투일관성　　좌변우변공녹록

성국(成局)을 이루고 천간(天干)에 하나의 관성(官星)이 투출(透出)하면 왼쪽이나 오른쪽이나 관성(官星)이 의지할 곳이 없으므로 녹록(碌碌)[140]하게 세상을 살게 된다.

甲乙日遇亥卯未全者 庚辛乃木之官也 又見左辰右寅 則名利無成 群例
갑을일우해묘미전자　　경신내목지관야　　우견좌진우인　　즉명리무성　　군례

自見 甲乙日單遇庚辛 則亦無成.
자견　갑을일단우경신　　즉역무성

甲木이나 乙木 일주(日主)가 亥卯未 목국(木局)를 만나면 신왕(身旺)하다. 庚辛金은 甲乙木의 관성(官星)이 되나 다시 좌측(左側)에 辰土나 우측(右側)에 寅木을 보게 되면 명리(名利)를 이룰 수 없다.

---

140 녹록(碌碌): 평평하며 무능력함. 쓸데없이 바쁘기만 함.

예(例)를 들면 자세히 알 수가 있는데 甲乙木에 하나의 庚辛金만을 만나면 또한 명리(名利)를 이루지 못한다.

任註

任氏曰 如地支會木局 日主元神透出 別干見辛之官 庚之殺 虛脫無氣
임씨왈 여지지회목국   일주원신투출   별간견신지관   경지살 허탈무기

卽餘干有土 土亦休囚 難以生金 須地支有一申酉丑字爲美.
즉여간유토 토역휴수 난이생금   수지지유일신유축자위미

若無申酉丑 反加之寅辰字 則木勢愈盛 金勢愈衰矣 故碌碌終身 名利
약무신유축 반가지인진자 즉목세유성 금세유쇠의   고녹록종신   명리

無成也 若得歲運去其官星 亦可發達 必要柱中先見食傷 然後歲運去
무성야 약득세운거기관성   역가발달   필요주중선견식상   연후세운거

淨官殺之根 名利遂矣 木局如此 餘局倣此論之可也.
정관살지근   명리수의 목국여차   여국방차론지가야

임씨(任氏)가 말하기를, 亥卯未 목국(木局)을 이루고 일주(日主)가 원신(元神)으로 투출(透出)되면 다른 천간(天干)에 辛金 관성(官星)이나, 庚金 칠살(七殺)을 보아도 관살(官殺)이 허탈무기(虛脫無氣)하다. 다른 천간(天干)에 土가 있다고 할지라도 土 역시 휴수(休囚)가 되어 金을 생조(生助)하기 어려우니 지지(地支)에 하나의 申酉金이나 丑 土가 있어야 아름답다.

만약 申酉丑이 없고 도리어 寅木이나 辰土가 있다면 木의 기세(氣勢)는 더욱 왕성(旺盛)하게 되고 金의 기세(氣勢)는 쇠약(衰弱)하게 되므로 녹록(碌碌)한 인생(人生)을 보내게 되어 명리(名利)를 이루지 못한다. 그러나 만약 세운(歲運)에서 관성(官星)을 극거(剋去)한다면 발달(發達)이 가능하나 반드시 원국(原局)에서 먼저 식상(食傷)이 있어야 하고 그 이후에 세운(歲運)에서 관살(官殺)의 뿌리를 깨끗하게 제거(除去)하여야만 명리(名利)를 이룰 수 있다. 목국(木局)이 이와 같으므로 나머지 국(局)도 이와 같이 추론(推論)하면 된다.

```
丁 乙 辛 辛
亥 未 卯 未
```

```
甲 乙 丙 丁 戊 己 庚
申 酉 戌 亥 子 丑 寅
```

此乙木歸垣 亥卯未全 木勢旺盛 金氣虛脫 最喜時透丁火 制殺爲用 故
차을목귀원 해묘미전 목세왕성 금기허탈 최희시투정화 제살위용 고

初運土金之鄕 奔馳未遇 至丁亥運 生木制殺 軍前效力 得縣佐丙戌運中
초운토금지향 분치미우 지정해운 생목제살 군전효력 득현좌병술운중

幇丁尅辛 升縣令 此所謂强衆而敵寡 勢在去其寡 非殺旺宜制而推也
방정극신 승현령 차소위강중이적과 세재거기과 비살왕의제이추야

至酉運 殺逢祿旺 冲破木局 不祿.
지유운 살봉록왕 충파목국 불록

이 명조(命造)는 乙木이 건록(建祿)하고 亥卯未 목국(木局)을 이루고 있으니 木의 기세(氣勢)가 왕성하고 金의 기세는 허탈하다.

가장 기쁜 것은 시상(時上)에 丁火 식상(食傷)이 투출하여 제살(制殺)하는 용신(用神)이다. 행운(行運)이 초년은 土金으로 행(行)하여 분주(奔走)하게 노력(努力)은 하였으나 기회를 얻지 못하였다.

丁亥 운에 이르러 생목(生木)하고 제살(制殺)을 하게 되어 군전(軍前)에서 공(功)을 세워 현좌(縣佐)에 올랐고, 丙戌 운에는 丁火를 도와 辛金을 극거(尅去)하여 현령(縣令)으로 승진(昇進)하였다. 이것이 소위 "강중이적과(强衆而敵寡), 세재거기과(勢在去其寡)이라, 즉 강(强)한 무리가 적은 것을 대적(對敵)하는데 그 적은 것을 제거(除去)하는 데 있다"라고 하는데 여기에서는 강중(强衆)은 木火를 말하고 적과(敵寡)는 辛金을 뜻한다. 이는 살(殺)이 왕(旺)하여 마땅히 억제(抑制)하는 것으로 추론(推論)하는 것이 아니다. 酉운에 살(殺)이 녹왕(祿旺)을 만나 목국(木局)을 충파(冲破)하니 세상을 떠났다.

乙木 일주가 월령(月令)에 건록(建祿)으로 득령(得令)하였고 지지(地支)가 亥卯未 목국(木局)이 되어 종강격(從强格)이 되었다. 년월간(年月干)에 辛金이 투출(透出)되어 재성(財星)인 未土의 생조(生助)를 얻으면 재관(財官)이 왕성(旺盛)하여 신약(身弱)으로도 볼 수 있다.

그러나 未土는 亥卯未 목국(木局)이 되어 재생관(財生官)이 되지 못하니 오히려 辛金이 기신(忌神)이 된 것이다. 희신(喜神)은 인비식(印比食)인 水木火이고 기신(忌神)은 재관(財官)인 土金인데 행운(行運)이 초년(初年)은 土金으로 행(行)하여 분주(奔走)하게 노력(努力)하였으나 기회(機會)를 얻지 못한 것이다.

丁亥 운에는 丁火가 희신(喜神)으로 제살(制殺)하여 辛金 기신(忌神)을 제거(除去)하고, 亥卯未 목국(木局)이 되니 무관(武官)으로 능력(能力)을 인정(認定)받아 현좌(縣佐)에 올랐으며 丙戌 운에는 丙火가 丁火를 도울 뿐만 아니라 丙辛 합(合)으로 辛金 기신(忌神)을 합거(合去)시켰으며 지지(地支)는 卯戌 합화(合化)로 희신(喜神)이 되니 현령(縣令)으로 승진(昇進)하였다.

원국(原局)에서 기신(忌神)이 있는 경우에는 세운(歲運)에서 기신(忌神)을 충거(冲去)하거나 합거(合去)할 경우에는 대발(大發)한다. 이것을 강중적과(强衆敵寡)라고 하여 약(弱)한 세력(勢力)을 버리고 강(强)한 세력(勢力)을 취(取)한다는 뜻으로, 여기서는 강중(强衆)은 木火이고 적과(敵寡)는 辛金이다. 그러므로 건조(乾燥)한 未土는 辛金을 돕지 않고 오히려 丁火를 도우니 생조(生助)를 하는 것이 아니라 제살(制殺)하는 데 도움을 주고 있다.

```
戊 乙 辛 辛
寅 未 卯 未
```

```
甲乙丙丁戊己庚
申乙戌亥子丑寅
```

此乙木歸垣 雖無全會 然寅時比亥之力量 勝數倍矣 以大象觀之 局中
차을목귀원　수무전회　연인시비해지력량　승수배의　이대상관지　국중

三土兩金 似乎財生殺旺 不知卯旺提綱 支中皆木之根旺 非金之生也
삼토양금　사호재생살왕　부지묘왕제강　지중개목지근왕　비금지생야

初運土金之鄉采芹食廩 家業豊裕一交丁亥 制殺會局 刑妻剋子 破耗
초운토금지향채근식름　　가업풍유일교정해　제살회국　형처극자　파모

異常 犯事憂鬱而死.
이상　범사우울이사

이 명조(命造)는 乙木이 당령(當令)하였고 목국(木局)이 전부(全部)있지는 않더라도
寅木이 亥의 역량(力量)에 비하여 몇 배가 넘을 것이다. 큰 형상으로 살펴보면 삼토
양금(三土兩金)으로 왕재(旺財)가 생살(生殺)하는 것 같으나 卯木의 제강(提綱)으로 왕
(旺)하다는 것을 모르는 것이다. 지지(地支)는 전부(全部) 乙木의 뿌리가 되며 辛金의
생지(生地)가 아니다.

초년(初年)은 土金으로 행(行)하여 채근(采芹)[141]하고 식름(食廩)[142]하였으며 가업(家
業)도 풍유(豊裕)하였다. 丁亥 운으로 바뀌자 亥卯未 목국(木局)으로 제살(制殺)하니
형처극자(刑妻剋子)하였고 파모이상(破耗異常)하였으며 죄를 짓고 이름을 바꾸어 살
았으나 우울증(憂鬱症)에 시달리다 세상을 떠났다.

---

141 채근(采芹): 국자감(國子監)에 입학(入學)한 사람으로 수재(秀才)라고도 함.

142 식름(食廩): 수재(秀才)들이 장학금(獎學金)으로 식량을 보조 받는 것으로 보름(補廩)이라고도 함.

評註

乙木 일주가 卯월에 태어나서 득령(得令)하였고 지지(地支)에는 卯未 합목(合木)에 寅木이 있어 전명조(前命造)와 비교하여 木의 기세(氣勢)가 더 강(强)하다. 그러나 원국(原局)에서 삼토양금(三土兩金)으로 재성(財星)의 생조(生助)를 얻은 살(殺)이 왕(旺)할 것 같으나 乙木의 뿌리이기도 하니 오히려 土의 역할(役割)보다는 木의 역할(役割)이 더 크다. 그러므로 신왕(身旺)하면서 시상정재격(時上正財格)이 되었다. 희신(喜神)은 식재관(食財官)인 火土金이고 기신(忌神)은 인비(印比)인 水木인데 대운(大運)에서 초년(初年)은 土金 운으로 행(行)하여 대길(大吉)하였다.

丁亥 운은 亥卯未 회국(會局)이 되고 寅亥 합목(合木)이 되어 전지지(全地支)가 목국(木局)이 되니 辛金 희신(喜神)이 제살(制殺)되어 극자되었고 戊土 희신(喜神)이 극재(剋財)되어 형처파모(刑妻破耗)가 되었을 뿐만 아니라 丁火 희신(喜神)이 목다화식(木多火熄)되었으니 정신이상으로 세상을 떠났다.

종강격(從强格)으로 볼 수 있겠으나 戊土는 인중병무(寅中丙戊)가 통근(通根)되어 있고 양미토(兩未土)가 녹왕(祿旺)으로 뿌리가 왕성(旺盛)하여 土金의 기세(氣勢)도 어느 정도 인정되니 신강사주(身强四柱)가 되었으며 전명조(前命造)는 전지지(全地支)가 목국(木局)이 되었고 丁火가 수기(秀氣)하니 종강격(從强格)이 되었으니 세력(勢力)의 강약(强弱)과 종(從)의 가부(可否)를 세밀하게 관찰해야 한다.

任註

癸	乙	己	庚
未	亥	卯	寅

丙乙甲癸壬辛庚
戌酉申未午巳辰

此造 正合本文成局 干透官星 左右皆空 四柱一無情致 用財則財會刦局
차조　정합본문성국　간투관성　좌우개공　사주일무정치　용재즉재회겁국

12 방국(方局) 下　　　　271

用官則官臨絕地 用神無所着落 爲人小恆一之志 多遷變之心 以致家
용관즉관임절지　　용신무소착락　　위인소항일지지　　다천변지심　　이치가

業破耗 讀書未就 而學醫 醫又不就 又學堪輿 自以爲仲景再世 楊賴復
업파모　독서미취　이학의　의우불취　우학감여　　자이위중경재세　　양뢰복

生 而人終不信 又學巫 學易 學命 所學甚多 不能盡述 不但一無所就
생　이인종불신　우학무　학역　학명　소학심다　불능진술　부단일무소취

而且財散人離 削髮爲僧矣.
이차재산인이　삭발위승의

　이 명조(命造)는 바로 "국(局)을 이루고 관성(官星)이 투출(透出)하였는데 좌우(左右)가 모두 의지(依支)할 곳이 없어 헛되다"라는 원문(原文)과 정확히 합치(合致)하는데 사주(四柱)에 하나도 정(情)을 붙일 곳이 없다.

　용재(用財)하면 재성(財星)이 겁국(劫局)을 만났고 용관(用官)하면 관성(官星)이 절지(絕地)에 앉아 있으므로 용신(用神)을 취(取)할 곳이 없다. 그러므로 항일(恒一)한 의지가 부족(不足)하고 마음의 변화(變化)가 많았는데 가업(家業)도 파모(破耗)되었다.

　독서(讀書)하였으나 진취(進取)하지 못하였고 의술(醫術)을 배웠는데도 성취(成就)하지 못하였고 또한 감여(堪輿)[143]를 배워 스스로는 중경(仲景)[144]과 양뢰(楊賴)[145]가 다시 태어났다고 자부(自負)하고 있었으나 타인(他人)들은 불신(不信)하였다. 다시 무속(巫俗)을 비롯하여 역학(易學)과 명학(命學) 등을 많이 배웠으나 기술(技術)을 다 발휘(發揮)하지 못하고 하나도 성취(成就)한 것이 없었을 뿐만 아니라 재물이 흩어지고 사람들이 떠나가니 삭발하고 승려가 되었다.

---

143 감여(堪輿): '만물(萬物)을 포용(包容)하여 싣고 있는 물건(物件)'이라는 것으로, 하늘과 땅을 이르는 말. 풍수지리(風水地理)에 관한 것을 공부하는 사람.

144 중경(仲景): 후한(後漢)시대의 풍수지리가인 장중경을 말함.

145 양뢰(楊賴): 당(唐)나라 시대의 풍수지리(風水地理)가인 양구빈(楊救貧)을 말함.

乙木 일주가 卯월에 건록(建祿)으로 득령(得令)하였고 지지(地支)가 亥卯未 목국(木局)과 寅木이 있어 종강격(從强格)이 되었다. 관성(官星)이 투출(透出)하면 성국좌우(成局左右)에 의지(依支)가 있어야 하는데 절지(絕地)에 앉아 있고 재성(財星)인 己土는 시지(時支)에 未土가 있기는 하지만 목국(木局)이 되었으니 土金 재관(財官)은 무력(無力)하다.

희신(喜神)은 인비식(印比食)인 水木火이고 기신(忌神)은 재관(財官)인 土金인데 초년(初年)운은 남방화운(南方火運)으로 희신(喜神)이 되었으나 개두(蓋頭)와 절각(截脚)이 되어 불길(不吉)하고 중말년(中末年)운은 서북(西北)으로 행(行)하니 설상가상(雪上加霜)으로 불행(不幸)이 암시(暗示)된다.

庚辰 운은 土金 기신(忌神)이고 辛巳 운은 乙辛 충(冲), 巳亥 충(冲)으로 천충지충(天冲地冲)이 되어 불길(不吉)하고 壬午 운은 개두(蓋頭)가 되어 있고 오중정화(午中丁火)와 丁壬 합거(合去)되어 불길(不吉)하고 癸未 운은 반대(反對)로 절각(截脚)이 되어 있고 己癸 극(剋)으로 충극(冲剋)되었으며, 甲申 운은 甲庚 충(冲), 甲己 합(合)으로 甲木이 충거(冲去)되었고 寅申 충(冲)으로 왕목(旺木)을 충발(冲發)시켰으며, 乙酉 운은 乙庚 합거(合去)하고 卯酉 충(冲)되었으니 乙卯木이 충거(冲去)되었다.

原文

正財 偏財 正官 偏官 正印 偏印 食神 傷官是也.
정재 편재 정관 편관 정인 편인 식신 식상시야

8격(八格)은 정재, 편재, 정관, 편관, 정인, 편인, 식신, 식상이다.

재관(財官) 인수(印綬)는 편정(偏正)으로 나누고 식신(食神)과 상관(傷官)을 겸(兼)하여 8격(八格)을 정(定)하였다.

原註

自形象氣局之外 而格爲最 格之眞者 月支之神 透於天干也 以散亂之
자형상기국지외   이격위최   격지진자   월지지신   투어천간야   이산난지

天干 而尋其得所附於提綱 非格也 自八格之外 若曲直五格皆爲格 而
천간   이심기득소부어제강   비격야   자팔격지외   약곡직오격개위격   이

方局氣象定之者 不可言格也 五格之外 飛天合祿雖爲格 而可以破害
방국기상정지자   불가언격야   오격지외   비천합록수위격   이가이파해

刑冲論之者 亦不可言格也.
형충론지자   역불가언격야

명리(命理)는 형상(形象)과 기국(氣局)으로 논(論)하고, 그 외(外)에는 격(格)이 가장 중요하다. 격(格)이 참된 것은 월지(月支)의 신(神)이 천간(天干)에 투출(透出)한 것이다. 산란(散亂)한 천간(天干)에서 제강(提綱)에 붙어 있는 것을 찾으면 격(格)이 아니다.

8격(八格) 이외(以外)에 곡직격(曲直格) 등 5격(五格)은 모두 격(格)이 되나 방국(方局) 또는 기상(氣象)을 정(定)하는 것을 격(格)으로 말할 수 없다. 5격(五格) 이외(以外)에 비천록마(飛天祿馬)나 합록격(合祿格) 등도 비록 격(格)이 되기는 하나 파해형충(破害刑冲)으로 논(論)하는 것 등은 역시 격(格)으로 논(論)하는 것은 불가(不可)하다.

任註

任氏曰 八格者 命中之正理也 先觀月令所得何支 次看天干透出 何神
임씨왈 팔격자 명중지정리야 선관월령소득하지 차간천간투출 하신

再究司令 以定眞假 然後取用 以分淸濁 次實依經順理 若月逢祿刃 無格
재구사령 이정진가 연후취용 이분청탁 차실의경순리 약월봉록인 무격

可取 雖審日主之喜忌 另尋別支透出天干者 借以爲用.
가취 수심일주지희기 령심별지투출천간자 차이위용

然格局有正有變 正者 必兼五行之常禮也 曰官印 曰財官 曰殺印 曰財殺
연격국유정유변 정자 필겸오행지상례야 왈관인 왈재관 왈살인 왈재살

曰食神制殺 曰食神生財 曰傷官佩印 曰傷官生財 變者 必從五行之氣勢也
왈식신재살 왈식신생재 왈상관패인 왈상관생재 변자 필종오행지기세야

曰從財 曰從官殺 曰從食傷 曰從强 曰從弱 曰從勢 曰一行得氣 曰兩
왈종재 왈종관살 왈종식상 왈종강 왈종약 왈종세 왈일행득기 왈양

氣成形.
기성형

其餘外格多端 余備故群書 俱不從五行正理 盡屬謬談 至於蘭臺妙選
기여외격다단 여비고군서 구부종오행정리 진속류담 지어란대묘선

所定一切 奇格異局 納音諸法 尤屬不經 不待辨而知其荒唐也 自唐宋
소정일체 기격이국 납음제법 우속불경 부대변이지기황당야 자당송

以來 作者甚多 皆虛妄之論.
이래 작자심다 개허망지론

更有吉凶神殺 不知起自何人 作此驗語 往往全無應驗 誠意伯千金賦云
갱유길흉신살 부지기자하인 작차험어 왕왕전무응험 성의백천금부운

吉凶神殺之多端 何如生剋制化之一理 一言以蔽之矣.
길흉신살지다단　　　하여생극제화지일리　　　일언이페지의

卽如壬辰日 爲壬騎龍背 壬寅日 爲壬騎虎背 何不再取壬午壬申壬戌壬子
즉여임진일　　위임기룡배　　임인일　　위임기호배　　　하부재취임오임신임술임자

謂騎猴馬犬鼠之背乎.
위기후마견서지배호

又如六辛日逢子時 謂六陰朝陽 夫五陰皆陰 何獨辛金可朝陽 餘干不
우여육신일봉자시　　위육음조양　　　부오음개음　　　하독신금가조양　　　여간불

可朝陽乎 且子乃胎體陽用陰 子中癸水 六陰之至 何謂陽也.
가조양호　　차자내태체양용음　　　자중계수　　육음지지　　하위양야

又如六乙日逢子時 謂鼠貴格 夫鼠者 耗也 何以爲貴 且十干之貴 時支
우여육을일봉자시　　위서귀격　　부서자　　모야　　하이위귀　　차십간지귀　　시지

皆有之者 豈餘干不可取貴乎 不待辨而知其謬也 其餘謬格甚多 支離
개유지자　　기여간불가취귀호　　　부대변이지기류야　　　기여류격심다　　지리

無常 學者宜詳細正理五行之格 弗以謬書爲或也.
무상　　학자의상세정리오행지격　　　불이류서위혹야

임씨(任氏)가 말하길, 8격(八格)이라는 것은 명(命)을 논(論)하는 정리(正理)이다. 먼저 월령(月令)에서 어느 오행(五行)의 지지(地支)를 얻었는가를 살펴보고 다음은 월령(月令)의 어느 신(神)이 천간(天干)에 투출(透出)하였는가를 살펴보면 다시 사령(司令)을 탐구(探究)하여 진가(眞假)을 정(定)한 연후에 용신(用神)을 취(取)하고 격국(格局)의 청탁(淸濁)을 분별(分別)하면 이것이 진실로 법도(法度)에 맞는 논명(論明)의 법(法)이다.

만약 월령(月令)에 건록(建祿)이나 양인(羊刃)을 만나면 취(取)할 만한 격(格)이 없으니 반드시 일주(日主)의 희기(喜忌)를 살펴보고 다른 지지(地支)에서 천간(天干)에 투출(透出)한 것을 찾아 용신(用神)으로 차용(借用)한다.

그런데 격국(格局)에는 정격(正格)과 변격(變格)이 있다.

정격(政格)은 오행(五行)의 상리(常理)를 겸(兼)해야 하는 것이다.

이에는 관인격(官印格), 재관격(財官格), 살인격(殺印格), 재살격(財殺格), 식신제살격(食神制殺格), 식신생재격(食神生財格), 상관패인격(傷官佩印格), 상관생재격(傷官生財格) 등

이 있다.

변격(變格)은 반드시 오행(五行)의 기세(氣勢)를 따르는 것이다.

이에는 종재격(從財格), 종관살격(從官殺格), 종식상격(從食傷格), 종강격(從强格), 종왕격(從旺格), 종세격(從勢格), 일행득기(一行得氣), 양기성형(兩氣成形) 등이 있다. 그 외(外)에 외격(外格)이 대단히 많으나 내가 여러 명서(命書)를 상고(詳考)하여 보니 모두 오행(五行)의 정리(正理)를 따르지 않고 전부(全部) 그릇된 이론(理論)에 속하는 것이었다.

난대묘선(蘭臺妙選)에 올라있는 일체(一切)의 기격(奇格)이나 이격(異格)과 납음(納音) 등, 여러 가지 논법(論法)들은 더욱 이치(理致)에 맞지 않으므로 분별(分別)하여 논(論)할 것도 없이 황당하기만 하다. 당송(唐宋) 이래로 명서(命書)를 지은이가 매우 많았으나, 모두 허망한 논리(論理)이며 더욱이 길흉신살(吉凶神殺)은 누구로부터 시작하여 전(傳)한 것인지 알 수 없고, 쓰인 험한 말은 많으나 응험(應驗)이 전혀 없는 것들이었다.

성의백(誠意伯)의 『천금부(千金賦)』에서 "길흉신살(吉凶神殺)이 대단히 많으나 어찌 생극제화(生剋制化)하는 이치와 같을 수 있겠는가"라고 하였는데 한마디로 모든 폐단(弊端)을 덮을 수 있는 것이다. 즉 예(例)를 들면 壬辰 일은 임기용배(壬騎龍背)라 하고 壬寅 일은 임기후배(壬騎猴背)라고 하는데, 임기후배(壬騎猴背), 임기견배(壬騎犬背), 임기서배(壬騎鼠背)라고 말하지 않는가?

또한 六辛 일(日)이 子時를 만나면 육음조양(六陰朝陽)이라고 말하는데 오음(五陰)이 모두 음(陰)인데, 어찌 유독 辛金만이 조양(朝陽)이라 하고 나머지는 조양(朝陽)이 불가(不可)한 것인가?

子는 체(體)가 양(陽)이고 용(用)은 음(陰)이고 자중계수(子中癸水)는 육음(六陰) 중에서도 지극한 음(陰)에 속하는데 어찌 양(陽)이라고 할 수 있겠는가? 또한 육을(六乙) 일이 자시(子時)를 만나면 서귀격(鼠貴格)이라고 하는데 쥐라는 동물이 어찌 귀(貴)라고 할 수 있으며, 십간(十干)의 천을귀인(天乙貴人)[146]은 시지(時支)에 모두 있는 것을

---

146 천을귀인(天乙貴人): 甲戊庚 일이 丑시나 未시에 태어나고, 乙己 일이 子시나 申시에 태어나고, 辛일이 午시나 寅시에 태어나고, 壬癸 일이 巳시나 卯시에 태어나면 천을귀인(天乙貴人)이라고 한다.

어찌 나머지 천간은 귀(貴)를 취할 수 없는 것인가?

이런 것들은 분별(分別)하여 논(論)할 것도 없이 잘못됨을 알 수 있다. 그 외에도 잘못된 격(格)들이 심히 많고 그 이름도 잡다(雜多)하여 마땅하지 않다. 학자(學者)들은 마땅히 정리오행(正理五行)의 격(格)을 자세히 살펴보아야 하며, 잘못된 명서(命書)에 유혹되는 일이 없어야 할 것이다.

任註

癸	乙	癸	庚
未	未	未	辰

庚己戊丁丙乙甲
寅丑子亥戌酉申

且造 支中三未通根 尚有餘氣 干透兩癸 正三犬生寒 貼身生扶 亦通根
차조　지중삼미통근　　상유여기　간투양계　정삼견생한　첩신생부　역통근

身庫 官星獨發而清 癸水潤土養金 生化不佩 財旺生官 中和純粹 甲科
신고　관성독발이청　　계수윤토양금　생화불패　재왕생관　중화순수　갑과

出身 仕至藩臬 官境安和.
출신　사지반얼　관경안화

이 명조(命造)는 乙木 일주(日主)가 지지(地支)에 삼미(三未)에 통근(通根)하였고, 아직 여기(餘氣)가 있고 천간(天干)에 양계(兩癸)가 투출(透出)하였으니 바로 삼복(三伏)에 한기(寒氣)를 생(生)하고 있다. 양계(兩癸)가 첩신(貼身)하여 생조(生助)하고 역시 묘고(墓庫)에 통근(通根)하였다.

년간(年干)의 관성(官星)은 홀로 청(清)하고 癸水는 윤토(潤土)하여 양금(養金)하니 생화(生化)함이 어긋나지 않았다. 왕재(旺財)가 생관(生官)하므로 중화(中和)와 순수(純粹)함을 이루어 과갑출신(科甲出身)으로 벼슬이 반얼(藩臬)에 이르렀으며 벼슬길이 편안(便安)하고 화평(和平)하였다.

乙木 일주가 未月에 태어나서 지지(地支)에 삼미(三未)와 辰土로 재성(財星)이 태
왕(太旺)하여 재다신약(財多身弱)이 되었으나 辰土가 생금(生金)하고 庚金이 생수(生
水)하고 癸水가 생목(生木)하여 재관인(財官印)이 갖추어져 있으니 삼반귀물(三般貴物)
이 되어 귀격(貴格)이 되었다. 재다신약(財多身弱)에서 관인상생(官印相生)이 되었으니
희신(喜神)은 金水木이고 기신(忌神)은 火土이다. 대운(大運)이 서북(西北)인 金水로
행(行)하니 아름답다.

이 명조(命造)는 辰土가 癸水의 고장(庫藏)이면서 乙木의 여기(餘氣)이기도 한데
庚金을 생(生)하여 인화(引化)의 역할(役割)을 하여 귀격(貴格)이 된 것이다.

任註

```
丙 丁 壬 己
午 未 申 丑
```

```
乙丙丁戊己庚辛
丑寅卯辰巳午未
```

此造 以大勢觀之 官星淸于彼 何彼則富貴 此則困窮 不知此造無印官
차조　이대세관지　관성청우피　하피즉부귀　차즉곤궁　부지차조무인관

緊剋 午未雖是餘氣祿旺 丑中蓄水 暗傷午未之火 壬水逢生 又剋丙火
긴극　오미수시여기록왕　축중축수　암상오미지화　임수봉생　우극병화

更嫌己土一透 不能制水 反能晦火 兼之中運逢土 又洩火氣 謂剋洩交加
갱혐기토일투　불능제수　반능회화　겸지중운봉토　우설화기　위극설교가

困之功名未遂 耗散資財 尙不免刑妻剋子 細究 皆己丑兩字之患 幸格
곤지공명미수　모산자재　상불면형처극자　세구　개기축양자지환　행격

局順正 氣象不偏 將來運至木火之地 雖然屈抑於前 終必奮亨於後.
국순정　기상불편　장래운지목화지지　수연굴억어전　종필분형어후

이 명조(命造)는 대세(大勢)로 보면 관성(官星)이 전명조(前命造)보다 청(淸)한데 전명조(前命造)는 부귀(富貴)하였는데 이 명조(命造)는 어찌하여 곤궁하였는가? 그것은 이 명조(命造)는 인수(印綬)가 없고 관성(官星)이 긴극(緊剋)하고 있기 때문이다.

午未는 비록 여기(餘氣)와 녹왕(祿旺)이라고 할지라도 축중계수(丑中癸水)가 午未火를 암상(暗傷)하고 壬水는 장생(長生)을 만나 丙火를 극(剋)한다. 더욱 꺼리는 것은 己土가 투출(透出)하여 水를 억제(抑制)하지도 못하고 도리어 火를 설(洩)하고, 중년(中年)에 土를 만나서 다시 火를 설(洩)하니 극설교가(剋洩交加)가 되었다. 그러므로 공명(功名)을 이루지 못하고 재산(財産)도 흩어졌으며 형처극자(刑妻剋子)를 면(免)하지 못하였다.

이 명조(命造)를 자세(仔細)히 살펴보면 모두 己丑 두 자(字)가 병(病)이 되었기 때문이다. 다행히 격국(格局)이 순정(順正)하고 기상(氣象)이 치우치지 않았으므로 장차운(運)이 목화지지(木火地支)에 이르면 비록 전에는 뜻을 펴지 못하였으나 마침내는 반드시 분발(奮發)하여 형통(亨通)할 것이다.

評註

丁火 일주가 申월에 태어나서 실령(失令)하였고 인수(印綬)가 없는데 식재관(食財官)이 모두 있으니 신약(身弱)하다. 희신(喜神)은 인비(印比)인 木火이고 기신(忌神)은 식재관(食財官)인 土金水이다. 대운(大運)이 동남(東南) 방향인 木火 운으로 행(行)하니 아름다운데 중년(中年)의 土운에는 불길(不吉)하다는 것을 암시(暗示)하고 있다.

辛未, 庚午 운은 庚辛金이 기신(忌神)이고 午未는 火운으로 희신(喜神)이니 일진일퇴(一進一退)의 길을 걸었으며 己巳, 戊辰 운은 戊己土가 기신(忌神)이고, 巳午未 합화(合火)로 희신(喜神)이 되었으나 巳申 합수(合水)가 되어 오히려 기신(忌神)이 되었다. 또한 申辰이 암회(暗會)가 되어 水로 바뀌어 기신(忌神)이 되었으니 水에 해당(該當)하는 관살(官殺)이므로 관재송사(官災訟事)나 자식(子息)에 문제(問題)가 있는 것으로 추정(推定)하고 있다.

丑辰이 파(破)가 되었으니 축중신기(丑中辛己) 진중을계(辰中乙癸)가 乙辛 충(冲), 己

癸 극(剋)이 되었으니 辛金 재성처궁(財星妻宮)과 癸水 관성자식(官星子息)이 형처극자(刑妻剋子)하게 된 것이다. 그러나 말년(末年)인 丁卯, 丙寅 운은 木火 희신(喜神)이 되니 대길(大吉)하였을 것이다.

任註

辛 丙 乙 癸
卯 午 卯 未

戊 己 庚 辛 壬 癸 甲
申 酉 戌 亥 子 丑 寅

此官淸印正格　喜其未卯拱木　純粹之象　故爲人品格超群　才革卓越　文
차관청인정격　희기미묘공목　순수지상　고위인품격초군　재혁탁월　문

幕若高山北斗　品行似良玉精金　惜印星太重　官星洩氣　神有餘而精不足
막약고산북두　품행사량옥정금　석인성태중　관성설기　신유여이정부족

以致功名蹭蹬　從有凌雲之志　難遂靑錢之選　還喜格正局淸　財星逢合
이치공명층등　종유능운지지　난수청전지선　환희격정국청　재성봉합

雖然大才小用　究竟名利兩全　仕路淸高　施菁我之雅化　振椷樸之人才也.
수연대재소용　구경명리양전　사로청고　시청아지아화　진역박지인재야

이 명조(命造)는 관성(官星)이 맑고 인수(印綬)가 바른 정인격(正印格)이다. 기쁜 것은 卯未가 합목(合木)을 이루었으니 순수지상(純粹之象)이다.

그러므로 인품(人品)이 뛰어나고 재능이 탁월(卓越)하였으며 학문(學問)의 명망(名望)은 고산북두(高山北斗)와 같이 높았으며 품행(品行)은 양옥정금(良玉精金)[147]과 같이 단정(端正)하였다.

다만 애석(哀惜)한 것은 인성(印星)이 태중(太重)하여 관성(官星)을 설기(洩氣)하므로

---

147 양옥정금(良玉精金): 아름다운 옥(玉)과 정밀(情密)하게 제련된 금(金).

인수(印綬)는 유여(有餘)하나 관살(官殺)이 부족(不足)하니 공명(功名)이 층등(蹭蹬)[148]하였다. 비록 능운지지(凌雲之志)[149]가 있었으나 그 뜻을 펼칠 수 있는 지위(地位)에 선발(選拔)되지 못하였다.

그러나 기쁜 것은 격국(格局)이 순정(順正)하고 기상(氣象)이 치우치지 않았으므로 장차 목화지지(木火之地)에 이르면 명리양전(名利兩全)하고 벼슬길이 청고(清高)할 것이다. 청아(菁莪)[150]하고 순수(純粹)한 본래의 마음으로 가르침을 베풀어서 역박(棫樸)[151]의 인재(人才)들을 떨치게 하였다.

評註

丙火 일주가 卯月에 태어나서 득령(得令)하였고 지지(地支)에 卯未가 공합(拱合)으로 목국(木局)을 이루었고 乙木이 투출(透出)하였으며 좌하(座下)에 양인(羊刃)으로 득지(得地)하였으니 종강격(從强格)이 되었다. 희신(喜神)은 인비식(印比食)인 木火土이고 기신(忌神)은 재관(財官)인 金水이다.

이 명조(命造)는 원국(原局)에서 金水가 있어 파격(破格)이 될 것 같으나 辛金은 丙辛으로 합거(合去)되었고 癸水는 未土에 절각(截脚)되어 있으면서 乙木이 인화(引化)하여 관인상생(官印相生)하니 아름답다. 그러나 아쉬운 것은 대운(大運)이 북서(北西) 방향으로 행(行)하여 큰 뜻을 펴지 못하고 인재양성(人才養成)에 의한 명리양전(名利兩全)한 선비로서 이름을 떨쳤을 것이다.

甲寅 운은 초년(初年)으로 풍족한 시절을 보냈으며 癸丑, 壬子 운은 기신(忌神)인

---

148 층등(蹭蹬): 험난하고 곤궁(困窮)하여 뜻을 이루지 못한 이니, 과거(科擧)에 합격하지 못하였음을 의미함.

149 능운지지(凌雲之志): 얼어 있는 산 위의 구름과 같은 의지(意志)로서, 높은 뜻을 의미함.

150 청아(菁莪): 『시경(詩經)』에 있는 청청자아(菁菁者莪)의 준말로서, 인재를 양성하는 즐거움을 읊은 시의 내용.

151 역박(棫樸): 『시경(詩經)』에 있는 내용으로 문왕(文王)이 신하를 잘 등용(登用)하였음을 기린 시(詩)로서 인재(人才)가 많다는 것을 의미함.

데 丑未 충(冲)하여 희신(喜神)이 피상(被傷)되었으며 丙壬 충(冲), 子午 충(冲)으로 천충지충(天冲地冲)되었으니 곤궁하고 험난한 어려움이 있었으니 과거시험(科擧試驗)은 실패(失敗)하였을 것으로 추정된다.

辛亥 운은 辛金 기신(忌神)을 丙辛으로 합거(合去)시켰으며 지지(地支)는 亥卯未 목국(木局)으로 암회(暗會)하여 희신(喜神)이 되었으니 군마대로(群馬大路)를 만난 것이다. 庚戌 운은 庚金 기신(忌神)을 乙庚으로 합거(合去)시켰으며 지지(地支)는 午戌 합화(合火), 卯戌 합화(合火)로 희신(喜神)이 되었다.

任註

```
甲 癸 丙 辛
戌 卯 申 卯
```

```
己 庚 辛 壬 癸 甲 乙
丑 寅 卯 辰 巳 午 未
```

此印綬格 以申金爲用 以丙火爲病 以壬水爲藥 中和純粹 秋水通源 運
차인수격　이신금위용　이병화위병　이임수위약　중화순수　추수통원　운

至癸巳 金水逢生得助 科甲聯登 壬辰 藥病相濟 由部屬出爲郡守 蓋辛
지계사　금수봉생득조　과갑련등　임진　약병상제　유부속출위군수　개신

卯庚寅 蓋頭逢金 不能生火壞印 名利兩全也.
묘경인　개두봉금　불능생화괴인　명리양전야

이 명조(命造)는 인수격(印綬格)으로 辛金이 용신(用神)이니, 월간(月干)의 丙火는 용신(用神)을 손상(損傷)하는 병(病)이고 壬水는 병(病)을 제거하는 약(藥)이 되므로 중화(中和)를 이루어 순수하고 추수(秋水)가 원천(源泉)과 통(通)하고 있다.

대운이 癸巳에 이르러 金水가 봉생(逢生)하고 득조하니 연달아 과갑에 오르고, 壬辰에는 병약상제(病藥相濟)[152]하여 중앙부처를 거쳐 군수가 되었다. 辛卯, 庚寅 운

152　병약상제(病藥相濟): 원국(原局)에 병(病)이 있는데 그 병을 제어(制御)하는 약(藥)이 있으면 그

은 木火가 득지하지만 천간에 庚辛金이 개두(蓋頭)되어 있기 때문에 寅卯가 생화(生火)할 수 없어 인수(印綬)를 파괴하지 못하므로 명리양전(名利兩全)하게 된 것이다.

癸水 일주가 申월에 태어나서 득령(得令)하였지만 지지(地支)에 卯戌 합화(合火)가 투출하였으나 신약(身弱)하다. 희신(喜神)은 인비(印比)인 金水이고 기신(忌神)은 식재관(食財官)인 木火土인데 대운이 火木운으로 행(行)하여 초년은 곤고하였다. 원국(原局)에서 申金 용신(用神)을 개두(蓋頭)하는 丙火가 병(病)이 되고 병(病)을 제거하는 壬水가 약신(藥神)이 되므로 중화가 되어 순수하다.

癸巳 운에는 癸水가 희신(喜神)이고 巳申 합수(合水)로 역시 희신(喜神)이 되니 과갑(科甲)에 연달아 오르고 壬辰 운에는 壬水가 희신(喜神)이면서 丙壬 충(冲)으로 丙火를 충거(冲去)시켰으며, 申辰이 암회(暗會)로 수국(水局)을 이루니 군수가 되었다. 辛卯, 庚寅 운에는 庚辛金이 희신(喜神)이며 寅卯木을 개두(蓋頭)하여 생화(生火)할 수 없으며 申金 인수(印綬)를 寅申 충(冲)을 하지 못하게 되었으니 오히려 발복(發福)하게 되었다.

甲 癸 丙 辛
寅 未 申 卯

己庚辛壬癸甲乙
丑寅卯辰巳午未

병은 작용을 못하니 상제(相濟)되었다고 하는 것이다. 가령 水旺한 木일주가 부목(浮木)이 되려고 할 때에 土가 있으면 그 土는 제수(制水)하여 부목(浮木)을 방지(防止)하므로 용신(用神)이 되는데 그 土를 극(剋)하는 木을 병(病)이라고 하고 목병(木病)을 극(剋)하는 金을 약(藥)이라고 한다. 이와 같이 목병(木病)과 금약(金藥)이 함께 있는 것을 말한다.

此亦以申金爲用　以丙火爲病　與前只換一寅字　不但有病無藥　而且　生
차역이신금위용　이병화위병　여전지환일인자　부단유병무약　이차　생

助病神　彼則靑錢萬選　名利兩全　此則機杼空拋　守株待兎　更嫌寅申　遙
조병신　피즉청전만선　명리양전　차즉기저공포　수주대토　갱혐인신　요

冲　卯木助之印綬反傷　木旺金缺　且月建乃六親之位　未免分荊破斧　資
충　묘목조지인수반상　목왕금결　차월건내육친지위　미면분형파부　자

財耗散惟　壬運幇身去病　財源稍裕　辛卯庚寅　東方無根之金　功名未能
재모산유　임운방신거병　재원초유　신묘경인　동방무근지금　공명미능

進取　家業不過小康　然格正局眞　印星秉令　所以襟懷曠達　八斗才誇　爭
진취　가업불과소강　연격정국진　인성병령　소이금회광달　팔두재과　쟁

似元龍意氣　五花筆吐　渾如司馬文章　獨嫌月透秋陽　難免珠沈滄海　順
사원룡의기　오화필토　혼여사마문장　독혐월투추양　난면주침창해　순

受其正　莫非命也.
수기정　막비명야

由此數造觀之　格局不可執一論也　不拘財官印綬等格　與日主無干.
유차수조관지　격국불가집일론야　불구재관인수등격　여일주무간

旺則宜抑　衰則宜扶　印旺洩官宜財星　印衰逢財宜比刦　此不易之法.
왕즉의억　쇠즉의부　인왕설관의재성　인쇠봉재의비겁　차불역지법

　이 명조(命造)도 역시 인수격(印綬格)으로 申金이 용신(用神)이고 丙火가 병(病)이다. 전명조(前命造)와는 단지 寅木 하나만 바뀌었을 뿐인데 유병무약(有病無藥)이고 병신(丙申)을 생조(生助)하므로 전조(前造)는 과갑(科甲)에 올라 청전만선(靑錢萬選)[153]하고 명리양전(名利兩全)하였으나, 이 명조(命造)는 기저공포(機杼空拋)[154] 수주대토(守株待兎)[155]하면서 세월(歲月)을 허송(虛送)하였다.

---

153 청전만선(靑錢萬選): 시험(試驗)을 치를 때마다 합격(合格)하는 훌륭한 문장(文章).

154 기저공포(機杼空拋): '베틀의 북을 던지다'라는 뜻으로 문장을 짓는 궁리를 포기한 것으로, 과거 시험(科擧試驗)에 응시(應試)하지 않았다는 의미(意味).

155 수주대토(守株待兎): 기둥에 토끼가 부딪쳐 잡히기를 기다린다는 뜻으로 요행을 바라면서 융통성이 없음.

156 요충(遙冲): 멀리서 충(冲)을 하는 것으로 원충(遠冲)이라고도 한다. 한 글자 건너뛰어서 충(冲)하는 것을 격충(隔冲)이라고 함.

더욱 꺼리는 것은 寅申이 요충(遙沖)[156]하고 있는데 卯木이 도우니 목왕금결(木旺金缺)이 되어 인수(印綬)가 오히려 손상(損傷)을 당하였다. 또한 월건(月建)을 육친(六親)의 자리이니 부모형제(父母兄弟)를 모두 잃고 재산(財産)도 흩어졌다.

壬水 운에는 일주를 돕고 병(病)을 제거하니 재물은 조금 여유가 있었으나 辛卯, 庚寅 운에는 동방(東方)의 뿌리 없는 金이니 공명을 진취할 수 없었고 가업(家業)은 다소 소강상태였다. 그러나 격국이 진정하고 인성(印星)이 득령하였으니 금회(襟懷)[157]가 당당하였고, 팔두재과(八斗才誇)[158]는 원룡(元龍)[159]의 의기와 겨루는 것 같았고 오화필토(五花筆吐)[160]는 사마상여(司馬相如)[161]의 문장과 같았다. 다만 꺼리는 것은 월간(月干)에 丙火가 투출하여 주침창해(珠沈滄海)[162]를 면(免)하기 어려웠다. '막비명야 순수기정(莫非命也 順受其正)'[163]이라, 이는 순리로 바르게 받아들이는 것은 천명(天命)이 아닐 수 없다는 뜻이다.

이상 여러 명조(命造)를 살펴보니 격국(格局)은 하나만을 고집하여 논(論)하여서는 아니 된다.

---

157 금회(襟懷): 가슴에 품고 있는 회포. 마음에 품은 생각.

158 팔두재과(八斗才誇): 시문(詩文)이 탁월(卓越)하고 민첩(敏捷)한 천하무쌍의 재주. 남조(南朝)의 조식(曹植)이 8마리를 차지하였다는 뜻에서 유래.

159 원룡(元龍): 진등(陳登)의 자(字), 위나라 때의 문장가.

160 오화필토(五花筆吐): 아름다운 문장.

161 사마상여(司馬相如): 전한시대(前漢時代: BC179 ~ BC118)의 위대한 문장가.

162 주침창해(珠浸滄海): 구슬이 바다에 빠짐. 명리(名利)를 돌보지 않음.

163 막비명야, 순수기정(莫非命也, 順受其正): 맹자의 『진심상(眞心上)』에 나오는 말이다. '막비명야(莫非命也), 순수기정(順受其正), 시고지명자(是故知命者), 불입호암장지하(不立乎巖藏之下), 진기도이사(盡其道而死), 정명야(正命也), 질곡사자(桎梏死者). 비정명야(非正命也)'. 어느 것이든 명(命)이 아닌 것은 없지만 그 중 올바른 것에 순응(順應)해 받아들여야 한다. 그러므로 명(命)을 제대로 이해(理解)하는 사람은 위태로운 암장(巖牆) 아래에 서 있지 않는다. 도(道)를 실천(實踐)하는 데 온 힘을 기울이다가 죽는 것이 명(命)을 바르게 받아들이는 것이다. 죄(罪)를 지어 형벌(刑罰)을 받고 죽는 것은 명(命)을 바르게 받아들이는 것이 아니다.

癸水 일주가 申월에 태어나서 득령(得令)하였으나 지지(地支)에 寅卯 목국(木局)을 이루고 천간(天干)에 甲木이 투출하여 식상(食傷)이 태왕(太旺)하니, 제살태과격(制殺太過格)이 되었다. 희신(喜神)은 인비관(印比官)인 金水土이고 기신(忌神)은 식재(食財)인 木火인데, 대운이 남동(南東) 방향으로 행(行)하여 불길(不吉)하다.

주의(注意)할 것은 寅申이 요충(遙冲)하여 희신(喜神)인 申金이 충거(冲去)되지 않는 것은 辛金이 투출되어 있기 때문이고, 기신(忌神)인 丙火가 丙辛 합수(合水)로 제거(除去)되지 않는 것은 지지에 寅卯가 있기 때문에 木이 더 큰 병(病)이 되는 것이다.

乙未, 甲午 운은 卯未 합목(合木)이 되고 寅午 합화(合火)가 되어 木火 기신이 되었고, 癸巳 운에는 寅巳申 삼형살(三刑殺)이 되니 형액을 면(免)치 못하였다. 그러므로 부모(父母)를 잃고 형제가 불화(不和)하였으며 재산마저 흩어졌다. 壬辰 운에는 壬水가 희신(喜神)이지만 丙壬 충(冲)이 되어 丙火 기신이 피상(被傷)되었고, 申辰이 암회(暗會)가 되어 수국(水局)이 되었으니 재물이 넉넉하였다. 辛卯, 庚寅 운에는 庚辛金이 寅卯木을 개두(蓋頭)하니 寅卯木이 생화(生火)를 하지 못하여 공명을 얻지 못했으나 가업은 다소 안정되었다.

原文

影響遙繫旣爲虛　雜氣財官不可拘
영향요계기위허　　잡기재관불가구

그림자나 울림처럼 작용(作用)이 멀리서 이어져 오는 것은 이미 헛된 것이고, 잡기재관(雜氣財官)에 구애(拘碍)받으면 아니 된다.

原註

飛天合祿之類　固爲影響遙繫而非格矣.
비천합록지류　　고위영향요계이비격의

如四季月生人　只當取土爲格　不可言雜氣財官　戊己日生於四季月者
여사계월생인　지당취토위격　불가언잡기재관　무기일생어사계월자

當看人元透出天干者取格　不可槪以雜氣財官論之.
당간인원투출천간자취격　불가개이잡기재관론지

至於建祿月刦羊刃　亦當看月令中人元透於天干者取格.
지어건록월겁양인　역당간월령중인원투어천간자취격

若不合氣象形局　則又無格矣　只取用神　用神又無所取　只得看其大勢
약불합기상형국　즉우무격의　지취용신　용신우무소취　지득간기대세

以皮　面上斷其窮通　不可執格論也.
이피　면상단기궁통　불가집격론야

비천녹마(飛天祿馬)나 합록(合祿) 등의 종류는 원래 영향요계(影響遙繫)이니 격(格)이
아니다. 그리고 사계월(四季月)인 辰戌丑未 월에 태어난 사람은 마땅히 土를 취(取)
하여 격(格)으로 하는 것이 마땅하며 잡기재관(雜氣財官)으로 논(論)하여서는 아니
된다.

戊己 일이 辰戌丑未 월에 태어나면 인원(人元) 중에서 천간(天干)에 투출(透出)한
것을 취(取)하여 격(格)으로 함이 마땅하여 잡기재관(雜氣財官)으로 논(論)하여서는
아니 된다. 그리고 건록(建祿), 월겁(月劫), 양인(羊刃)에 있어서도 역시 월령(月令) 가
운데 인원(人元)이 천간(天干)에 투출(透出)한 것을 격(格)으로 함이 마땅하다.

만약 투출(透出)한 것이 기상(氣象)이나 형국(形局)에 부합(符合)하지 않고 격(格)이
없으면 용신(用神)만을 취(取)하고 또 용신(用神)을 취(取)할 것이 없으면 명조(命造)의
대세(大勢)를 살펴보고 표면상(表面上)에 나타난 것으로 궁통(窮通)을 논(論)하여야 하
며 격(格)을 고집(固執)하여 논(論)하여서는 아니 된다.

任註

壬氏曰　影響遙繫者　卽暗冲暗合之格也　俗書所謂飛天祿馬是也　如丙
임씨왈　영향요계자　즉암충암합지격야　속서소위비천록마시야　여병

午日之全三午　癸酉日支全三酉逢三則冲　午去暗冲子水爲官　酉去暗合
오일지전삼오　계유일지전삼유봉삼즉충　오거암충자수위관　유거암합

辰土爲官 傷有冲財 如壬子日支全三子 暗冲午火爲財 乙卯日支全三卯
진토위관　상유충재　여임자일지전삼자　암충오화위재　을묘일지전삼묘

暗合戌土爲財.
암합술토위재

又云 先要四柱不見財官爲眞 方可冲合 夫冲者 散也 合者 化也 何能
우운　선요사주불견재관위진　방가충합　부충자　산야　합자　화야　하능

爲我用乎 四柱原有財官 不宜冲合 尚有喜與不喜 何況四柱無財官乎.
위아용호　사주원유재관　불의충합　상유희여불희　하황사주무재관호

至于雜氣財官 亦是畫蛇添足 辰戌丑未 無非支藏三干 名爲雜氣 寅申
지우잡기재관　역시화사첨족　진술축미　무비지장삼간　명위잡기　인신

巳亥 亦有三干 何故不論 夫庫中餘氣 可以言格 生地之神 莫非反棄.
사해　역유삼간　하고불론　부고중여기　가이언격　생지지신　막비반기

又云 雜技財官喜冲尤爲穿鑿 若甲木生丑月 爲雜氣財官喜未冲之 未中
우운　잡기재관희충우위천착　약갑목생축월　위잡기재관　희미충지　미중

丁火 緊傷丑中辛金之官 格仍破矣 餘支皆然 不若透出天干 取格爲是.
정화　긴상축중신금지관　격잉파의　여지개연　불약투출천간　취격위시

諸書所藏 祿分四種 年爲背祿 月爲建祿 日爲專祿 時爲歸祿 又云 建
제서소장　록분사종　년위배록　월위건록　일위전록　시위귀록　우운　건

祿喜官 歸祿忌官 則又遺背祿專祿矣.
록희관　귀록기관　즉우유배록전록의

又云 日祿歸時沒官星 號爲青雲得路 誠如所論 則丙申兩日生人 逢癸
우운　일록귀시몰관성　호위청운득로　성여소론　즉병신양일생인　봉계

巳丁酉時者 世無讀書 出仕者乎 無非日干旺地之比肩也 不可認作食
사정유시자　세무독서　출사자호　무비일간왕지지비견야　불가인작식

祿爲王家之祿 如一子之祿 可以格言 則四柱之神 竟同閑廢旣柱中之
록위왕가지록　여일자지록　가이격언　즉사주지신　경동한폐기주중지

祿爲美 何得運逢祿支 反爲祿堂 而家破人亡乎.
록위미　하득운봉록지　반위록당　이가파인망호

命者 五行之理也 格者 五行之正也 論命取格 須究五行正理 澈底根源
명자　오행지리야　격자　오행지정야　론명취격　수구오행정리　철저근원

則窮通 壽夭 自不爽矣.
즉궁통　수요　자불상의

大凡格局眞實而純粹者 百無一二破壞而雜氣者 十有八九 無格
대범격국진실이순수자　백무일이파괴이잡기자　십유팔구　무격

可取者甚多 無用可尋者不小.
취자심다무　　무용가심자불소

格正用眞 行運不悖名利自如 格破用損 謂之有病 憂多樂小 倘行運得所
격정용진　행운불패 명리자여　격파용손　위지유병　우다락소　당행운득소

去其破損之物 扶其喜用之神 譬如人染沈疴 得良濟以生也 不貴亦富.
거기파손지물　부기희용지신　비여인염심아　득량제이생야　불귀역부

無格可取者 尋其用神 而用神有力 行運安頓 亦可以刱業興家.
무격가취자　심기용신　이용신유력　행운안돈　역가이창업흥가

無格可取 無用可尋 只可看其大勢 與日主之所向 運途能補其所喜 去
무격가취　무용가심　지가간기대세　여일주지소향　운도능보기소희　거

其所忌 雖碌碌營生 可免飢寒之患 若行運又無可取 則不貧亦賤.
기소기　수록록영생　가면기한지환　약행운우무가취　즉불빈역천

若格正用眞 行運反悖 一生有志難伸矣.
약격정용진　행운반패　일생유지난신의

임씨(任氏)가 말하길, 영향요계(影響遙繫)라는 것은 허신(虛神)을 암충(暗冲)하여 이루는 격(格)이니, 속서(俗書)에서는 비천록마(飛天祿馬)라는 것이다. 가령 丙午 일이 지지(地支)에 3午가 있거나 癸酉 일이 지지(地支)에 3酉가 있으면 3午는 子水를 암충(暗冲)하여 일주(日主)의 관(官)으로 하고, 3酉는 辰土를 암합(暗合)하여 역시 일주(日主)의 관(官)으로 한다는 것이다.

또한 충재(冲財)와 합재(合財)가 있는데 가령 壬子 일이 지지(地支)에 3子가 있으면 午火를 암충(暗冲)하여 재(財)로 하고, 乙卯 일이 지지(地支)에 3卯가 있으면 戌土 등 암합(暗合)하여 재(財)로 하는 것이다. 또한 먼저 요(要)하는 것은 사주(四柱)에 재관(財官)이 나타나지 않아야 진격(眞格)이 되는 것이다.

비로소 암충(暗冲)이나 암합(暗合)을 할 수 있다는 것이다.

그런데 충(冲)을 하면 흐트러지는 것이고, 합(合)이라는 것은 화(化)하는 것인데 어찌 나의 용신(用神)이 될 수 있겠는가? 사주(四柱)에 재관(財官)이 있으면 충합(冲合)이 마땅하지 않으나 오히려 충합(冲合)이 되어 기쁜 경우도 있고, 그렇지 않는 경우도 있는데 하물며 어찌 재관(財官)이 없어야 하는가?

그리고 잡기재관(雜氣財官)이라는 것도 역시 화사첨족(畵蛇添足)과 같은 것이다.

辰戌丑未는 지지(地支)에 삼간(三干)을 소장(所藏)하고 있다는 이유(理由)로 잡기(雜氣)로 논(論)하면서, 인신사해(寅申巳亥)도 역시 삼간(三干)인데 어찌하여 논(論)하지 않는가? 묘고(墓庫)의 여기(餘氣)는 격(格)으로 논(論)하면서 생지(生地)는 어찌하여 버리는가?

또한 잡기재관(雜氣財官)은 충(冲)을 기뻐한다고 하는데 이는 더욱 이치에 어긋난다. 가령 甲木이 丑月에 생(生)하면 잡기재관(雜氣財官)이 되는데 未土의 충(冲)을 기뻐한다고 하면, 미중정화(未中丁火)가 축중신금(丑中辛金)을 긴상(緊傷)하니 파격(破格)이 될 것이다. 나머지 지지(地支)도 모두 그러한 것이니, 이는 묘고(墓庫) 중에 관성(官星)이 천간(天干)에 투출(透出)한 것으로 취격(聚格)한 것만 못하다.

여러 명서(名書)에서는 녹(祿)을 4종으로 나누어 년(年)을 배록(背祿)이고 월(月)을 건록(建祿)이고 일(日)은 전록(專祿)이고 시(時)는 귀록(歸祿)이라 하였다. 또한 "건록(建祿)은 관성(官星)을 기뻐하고 귀록(歸祿)은 관성(官星)을 꺼린다"라고 하였는데 배록(背祿)과 전록(專祿)은 논(論)하지 않았다.

그리고 '일록귀시몰관성(日祿歸時沒官星), 호위청운득로(號爲靑雲得路)'라고 하여, "일주(日主)의 녹(祿)이 시지(時支)에 있고 관성(官星)이 없으면 청운(靑雲)의 길을 얻다"라는 뜻이다. 그렇다면 丙申 일에 태어난 사람이 癸巳 시나 丁酉 시를 만났을 경우에는 독서(讀書)하여 출사(出仕)하는 사람이 과연 없을 것인가?

녹(祿)은 일주(日主)에 있는 왕지(旺地)의 비견(比肩)에 불과하므로 식록(食祿)으로 간주하여 왕가지록(王家之祿)이라고 하여서는 안 된다. 만약 한 글자의 녹(祿)으로 격(格)을 말할 수 있으면 나머지 신(神)은 결국 소용이 없게 될 것이다. 원국(原局)의 녹(祿)이 아름다운 것이면 어찌하여 행운(行運)에서 녹지(祿地)를 만나면 도리어 '녹당(祿堂)'이라 하여 가산(家産)을 탕진(蕩盡)하고 사람이 죽는가?

명(命)이라는 것은, 오행(五行)의 리(理)이고, 격(格)이라는 것은 오행(五行)의 정(正)이다. 논명(論命)과 취격(取格)은 반드시 오행(五行)의 정리(正理)를 바탕으로 그 근원(根源)을 철저(徹底)히 추구(推究)한다면 궁통(窮通)과 수요(壽夭)는 자연히 명료(明瞭)하게 드러날 것이다. 대체로 격국(格局)이 진실(眞實)하고 순수(純粹)한 것은 백무일이(百無一二)이고, 열 가운데 여덟아홉은 격국(格局)이 파괴(破壞)되었거나 잡기(雜氣)로 이루어진 것이 많다. 또한 격(格)으로 취(取)할 만한 것이 없는 경우도 있다. 격국(格局)과 용신(用神)이 바르고 진실(眞實)한 경우에는 행운(行運)이 어긋나지 않으면 명리(名利)가 뜻과 같이 이루어진다.

다만 격국(格局)과 용신(用神)이 손상(損傷)된 경우에는 '유병(有病)'이라고 하는데 이런 경우에는 근심이 많고 즐거움이 적으나 행운(行運)에서 득지(得地)하여 파손(破損)하는 기신(忌神)을 제거(除去)하고 희용지신(喜用之神)을 도와주는 경우에는 비유하면 중병(重病)을 앓는 사람이 좋은 약(藥)을 얻어서 살아나는 것과 같으니 귀(貴)하지 않으면 부(富)를 누리게 되는 것이다. 만약 취(取)할 만한 격국(格局)이 없는 경우에는 용신(用神)을 찾아야 하고 용신(用神)이 유력(有力)하고 행운(行運)이 안돈(安頓)하면 역시 창업흥가(刱業興家)할 수 있다.

그러나 취(取)할 만한 격국(格局)이 없고 찾을 만한 용신(用神)이 없으면 원국(原局)의 대세(大勢)와 일주(日主)가 기뻐하는 것을 도와주고 꺼리는 것을 제거(除去)한다면 비록 보잘 것 없는 인생(人生)이라도 기한(飢寒)의 근심을 면(免)할 수 있으나 만약 행운(行運)에서도 취(取)할 것이 없다면 빈천(貧賤)함을 면(免)할 수 없다. 만약 격국(格局)과 용신(用神)이 바르고 진실(眞實)하더라도 행운(行運)이 거스르고 어긋나면 일생(一生) 동안 뜻은 있으나 펴기는 어렵다.

任註

```
甲 丙 庚 己
午 午 午 巳
```

```
癸甲乙丙丁戊己
亥子丑寅卯辰巳
```

此造俗論 丙午日支全三午 四柱滴水全無 中年又無水運 必作飛天祿
차조속론　병오일지전삼오　사주적수전무　중년우무수운　필작비천록

馬 名利雙輝 不知此造午中己土 巳中庚金 元神透出年月兩干 眞火土
마　명리쌍휘　부지차조오중기토　사중경금　원신투출년월양간　진화토

傷 官生財格 初交己巳戊辰 洩火生金 遺業頗豊 丁卯丙寅 土金喜用皆
상 관생재격　초교기사무진　설화생금　유업파풍　정묘병인　토금희용개

傷 連遭回祿三次 又剋兩妻四子 家業破盡 至乙丑運 北方濕土 晦火生
상 연조회록삼차　우극양처사자　가업파진　지을축운　북방습토　회화생

金 又合化有情 經營獲利 納妾生子 重振家園 甲子癸亥北方水地 潤土
금 우합화유정　경영획리　납처생자　중진가원　갑자계해북방수지　윤토

養金 發財數萬 若以飛天合祿論 大忌水運矣.
양금 발재수만　약이비천합록론　대기수운의

이 명조(命造)는 속론(俗論)으로 보면, 丙午日이 지지(地支)에 3午가 있고 한 방울의 水도 없고 중년(中年)까지 또한 水가 없으니 반드시 비천녹마(飛天祿馬)로 논(論)하여 명리(名利)가 양전(兩全)하였다고 할 것이다. 그러나 이 명조(命造)는 오중기토(午中己土)와 사중경금(巳中庚金)이 원신(元神)으로 년월간(年月干)에 투출(透出)하였으니 화토상관재생관(火土傷官財生官)이다.

초년(初年)의 己巳, 戊辰 운에는 火를 설(洩)하여 金을 생(生)하여 유업(遺業)으로 풍성(豊盛)하였으나 丁卯, 丙寅 운에는 土金 희용(喜用)이 모두 손상(損傷)되어 세 번의 화재(火災)를 당하였고 또한 양처(兩妻)와 사자(四子)를 형극(荊棘)하였으며 가업(家業)도 파산(破産)하였다.

乙丑 운에 이르러서는 북방습토(北方濕土)가 설화생금(洩火生金)하고 乙庚 합(合), 巳丑 합(合)으로 유정(有情)하니 경영(經營)에서 많은 이익(利益)을 획득(獲得)하였고 첩(妾)을 두어 아들을 낳았으며 가산(家産)을 크게 일으켰다. 甲子, 癸亥 운은 북방수지(北方水地)이므로 윤토양금(潤土養金)하여 수만금(數萬金)의 재물(財物)을 얻었다. 만약 비천록마(飛天祿馬)나 합록(合祿)으로 논(論)하면 水운을 크게 꺼리는 것이다.

評註

丙午 일주가 午월에 태어나서 당령(當令)하였고 전지지(全地支)가 火局이 되었다. 월간(月干)의 庚金이 사중경금(巳中庚金)에 통근(通根)하고 있으며 己土의 생조(生助)를 받으니 화왕(火旺)을 억제(抑制)할 수 있는 능력이 있어서 신왕(身旺)한 명조(命造)

이다. 희신(喜神)은 식재관(食財官)인 土金水이고 기신(忌神)은 인비(印比)인 木火인데 대운(大運)이 동북(東北) 방향인 木水로 행(行)하여 다행스럽다. 원국(原局)에서 양인 (羊刃)이 중첩(重疊)되어 있고 甲木이 투출(透出)되어 있으니 비겁(比劫) 태왕(太旺)하여 군겁쟁재(群劫爭財)가 되었다.

　丙寅, 丁卯 운에는 기신(忌神)인 木火 운이고 丙庚 충(沖)으로 庚金이 피상(被傷)되 었고, 寅巳 형(刑)으로 인중병화(寅中丙火)와 사중경금(巳中庚金)이 丙庚 충(沖)으로 재 차 庚金이 피상(被傷)되어 재성(財星)인 처궁(妻宮)이 극상(剋傷)되었으며 관성(官星)인 자식(子息)에 속하는 水氣가 없어 극자(剋子)하게 되었다. 乙丑 운에는 乙庚 합금(合 金)이고 巳丑 암합(暗合)으로 모두가 희신(喜神)이니 사업(事業)이 번창(繁昌)하고 새로 이 처자식(妻子息)을 두게 되었다. 그러므로 甲子, 癸亥 운에는 북방수지(北方水地)로 행(行)하여 대발(大發)하였다.

```
己 乙 癸 丁
卯 卯 卯 丑
```

```
丙丁戊己庚辛壬
申酉戌亥子丑寅
```

乙卯日　生于卯月卯時　旺之極矣　崔喜丁火獨發　洩其精英　惜皆水剋丁
을묘일　생우묘월묘시　왕지극의　최희정화독발　설기정영　석개수극정

仍傷秀氣　時干己土臨殺　不能去其癸水　因之書香不繼　初中運逢水木
잉상수기　시간기토임살　불능거기계수　인지서향불계　초중운봉수목

之地　刑喪破耗　家業漸消　戊戌丁運　大遂經營之願　發財巨萬　若以飛天
지지　형상파모　가업점소　무술정운　대수경영지원　발재거만　약이비천

祿馬論之　則戊戌運　當大破矣.
록마논지　즉무술운　당대파의

乙卯 일주가 卯월 卯시에 태어나 신왕(身旺)함이 극에 이르렀다. 가장 기쁜 것은 丁火가 홀로 투출하여 왕목(旺木)의 정영(精英)을 설(洩)하는 것이다. 아쉬운 것은 癸水가 투출하여 丁火를 극(剋)하여 수기(秀氣)를 손상한 것이며, 시간의 己土가 있으나 절지(絶地)에 임(臨)하여 癸水를 제거할 수 없어 학문을 계속하지 못하였다.

초중년(初中年) 운에는 水木의 왕상지(旺相地)로 행(行)하여 형상파모(刑喪破耗)를 겪으며 가업(家業)도 점차 감소(減少)하였다. 그러나 戊戌丁 운에 이르러 癸水를 제거(除去)한 까닭에 경영(經營)을 하여 원(願)하는 바를 이루어 수많은 재물(財物)을 일으켰다. 만약 卯가 戌을 합래(合來)하는 비천록마(飛天祿馬)를 논(論)하였다면 戊戌 운은 마땅히 크게 파패(破敗)하였을 것이다.

乙卯 일주가 卯월에 태어나서 당령(當令)하였고 좌하(坐下)에 卯木으로 득지(得地)하고 시지(時支) 卯木과 월간(月干) 癸水로 득세(得勢)하니 신왕(身旺)하다. 희신(喜神)은 식재관(食財官)인 火土金이고 기신(忌神)은 인비(印比)인 水木인데 대운이 초년에는 기신(忌神)으로 곤고하였으나, 중년(中年) 이후부터는 서방금지(西方金地)로 희신(喜神)이 되어 기쁘다. 원국에서 비겁(比劫)이 태왕(太旺)하니 전명조(前命造)와 같이 군겁쟁재(群劫爭財)가 되어 형상파모(刑喪破耗)를 겪었다.

己亥 운에는 己癸 충극(冲剋)으로 癸水 기신(忌神)이 제거(除去)되었지만 亥卯 합목(合木)이 되고 亥子 합수(合水)가 되니 도리어 기신(忌神)이 되었다. 戊戌 운에는 戊癸 합거(合去)되어 癸水 기신(忌神)이 기반(羈絆)이 되고 卯戌 합화(合火)로 희신(喜神)이 되었으니 대발(大發)하였다.

```
甲 甲 癸 丁
戌 辰 丑 未
```

```
丙丁戊己庚辛壬
午未申酉戌亥子
```

此造 支全四庫逢冲 俗作雜氣財官也 不知丑未逢冲 不特官星受傷 而
차조   지전사고봉충   속작잡기재관야   부지축미봉충   불특관성수상   이

且冲去庫根 日主坐下餘氣 亦是根盤 更嫌戌冲 微根巳拔 財多身弱 且
차충거고근   일주좌하여기   역시근반   경혐술충   미근사발   재다신약   차

旺土愈冲愈旺 則癸水必傷 初運壬子辛亥水旺之地 蔭庇有餘 一交庚
왕토유충유왕   즉계수필상   초운임자신해수왕지지   음비유여   일교경

戌 財殺並旺 椿萱幷逝刑妻剋子 己酉戌申 土蓋天干 使金不能生水 家
술   재살병왕   춘훤병서형처극자   기유무신   토개천간   사금불능생수   가

業破盡 無子而亡.
업파진   무자이망

이 명조(命造)는 지지(地支)에 사고(四庫)인 辰戌丑未가 다 있고 충(冲)을 만났으니 속론(俗論)으로는 잡기재관(雜氣財官)이라고 할 것이다. 그러나 이는 丑未가 상충(相冲)하여 관성(官星)이 손상(損傷)되었을 뿐만 아니라 일주(日主)가 통근(通根)한 묘고(墓庫)의 뿌리가 충거(冲去)되고 일주(日主) 좌하(坐下)의 여기(餘氣)에 뽑혀 재다신약(財多身弱)이 되는 이치(理致)를 모르고 속사(俗士)들은 잡기재관(雜氣財官)만을 논(論)할 것이다. 또한 왕토(旺土)는 충(冲)을 하면 더욱 왕(旺)하게 되므로 癸水가 반드시 손상(損傷)을 받게 된다.

그러나 초년(初年)의 壬子, 辛亥에는 수왕지지(水旺之地)이니 조상(祖上)의 음비(蔭庇)가 넉넉하였으나, 마침내 庚戌 운으로 바뀌어 재살(財殺)이 모두 득왕(得旺)하니 부모(父母)가 모두 세상을 뜨고 처자(妻子)까지 형극(刑剋)을 당하였다. 己酉, 庚戌 운에는 土가 천간에 개두(蓋頭)하여 金이 水를 생조(生助)할 수 없게 되어 가업(家業)을

모두 탕진(蕩盡)하고 자손(子孫)도 없이 세상을 떠났다.

評註

甲木 일주가 丑월에 태어나 丑 중의 癸水에 통근(通根)하고 있으나 한랭(寒冷)하여 조후(調候)로 火가 필요하다. 전지지(全地支)에 辰戌丑未가 모두 있어 종재격(從財格)이다. 그러나 종재격(從財格)이 성립되려면 천간(天干)에 戊己土가 투출(透出)되어야 하는데 오히려 인비(印比)인 水木이 있어 재다신약(財多身弱)이 되었다. 희신(喜神)은 인비(印比)인 水木이고 조후용신(調候用神)은 火이며 기신(忌神)은 재관(財官)인 土金인데, 대운(大運)이 초년(初年)은 북방(北方)으로 불길(不吉)하였을 것이다.

壬子, 辛亥 운은 수왕지지(水旺之地)로 행(行)하여 부모의 음덕(蔭德)으로 유여(有餘)하였으며 庚戌 운에는 甲庚 충(冲)으로 희신(喜神)인 甲木이 피상(被傷)되었고, 辰戌 충(冲), 丑戌未 삼형살(三刑殺)로 기신(忌神)이 더욱 충발(冲拔)되었다. 그러므로 재성(財星)이 충형(冲刑)이 되었고 진중계수(辰中癸水)와 술중정화(戌中丁火)와 丁癸 충(冲)으로 인수(印綬)인 癸水가 충거(冲去)되어 부모(父母)가 세상을 떠나게 되었다.

또한 진중을목(辰中乙木)과 술중신금(戌中辛金)이 乙辛 충(冲)이 되었고, 축중신금(丑中辛金)과 미중을목(未中乙木)이 乙辛 충(冲)으로 관성(官星)이 충거(冲去)되었으며 축중계수(丑中癸水)와 미중기토(未中己土)가 己癸 충극(冲剋)으로 재성(財星)인 己土가 충거(冲去)되었으니 형처극자(刑妻剋子)하게 된 것이다.

임주(任註)에서 '己酉戊申, 토개천간(土蓋天干), 사금불능생수(使金不能生水)'의 해석(解釋)을 보완(補完)해야 할 필요가 있다.

己酉 운은 천간(天干)이 甲己 합토(合土)로 기신(忌神)이 되고 己癸 충극(冲剋)으로 癸水 희신(喜神)이 충거(冲去)되어 있으며, 酉金은 辰酉 합금(合金), 酉丑 합금(合金), 酉戌 합금(合金)으로 甲木이 피상이 되고 癸水 희신(喜神)은 이미 충극(冲剋)이 되어 있으니 아무리 금왕(金旺)하다고 할지라도 인화할 능력이 부족하여 금다수탁(金多水濁)이 된 형상이니 가업이 탕진되었고 자손도 없는 것이다.

戊申 운은 戊癸 합거(合去)로 癸水가 기반(羈絆)되었고 申辰 암회(暗會)로 수국(水

局)이 이루어진 것이 아니라 오히려 토다금매(土多金埋)가 되었으니 金이 水를 생조
(生助)할 수 없는 것이다.

```
辛 甲 癸 丁
未 子 丑 亥
```

```
丙丁戊己庚辛壬
午未申酉戌亥子
```

甲子日元 生于丑月 支類北方 天干辛癸 官印元神發露 剋去丁火 丑未
갑자일원　생우축월　지류북방　천간신계　관인원신발로　극거정화　축미

遙隔 又水勢乘權 不能冲丑 正得中和之象 所以土金水運 皆得生化之
요격　우수세승권　불능충축　정득중화지상　소이토금수운　개득생화지

情 早遊泮水 戰勝秋闈 祇因格局淸寒 仕路未居顯秩 芹泮日長鳴孔鐸
정　조유반수　전승추위　지인격국청한　사로미거현질　근반일장명공탁

杏壇春暖秦 虞絃也 前則逢冲 官印兩傷 名利無成 此則不動 名成利遂
행단춘난진　우현야　전즉봉충　관인양상　명리무성　차즉부동　명성리수

可知墓庫逢冲必發者 謬也.
가지묘고봉충필발자　류야

甲子 일주(日主)가 丑월에 생(生)하였고 지지(地支)에 亥子丑 북방(北方)을 이루었
고 천간(天干)에 관인(官印)의 원신(元神)인 辛癸가 투출하여 丁火를 극거(剋去)하였으
며 丑未는 멀리 떨어져 있고, 또한 수세(水勢)가 승권(乘權)하여 丑土를 충(冲)할 수
없으니 중화지상(中和之象)을 이루었다. 행운(行運)이 土金水로 행(行)하여 생화지정
(生化之情)을 얻었으니 일찍 반궁(泮宮)에 입학하여 과거에 급제하였다.

그러나 격국(格局)이 청한(淸寒)한 것으로 인하여 벼슬길은 현관(顯官)의 자리에는
이르지 못했으나 이 명조(命造)는 요충(遙冲)은 되어 있으나 동(動)하지 않았으므로
명리(名利)를 이루었다. 묘고(墓庫)는 충(冲)을 만나야 반드시 발복(發福)한다는 속론

(俗論)은 잘못된 것임을 알 수 있다.

評註

甲木 일주가 丑月에 태어나서 한랭(寒冷)하니 조후(調候)로 火가 필요하다. 지지 (地支)가 亥子丑 방국(方局)을 이루고 천간(天干)에 癸水가 투출(透出)하였으니 신왕(身 旺)하다. 희신(喜神)은 식재관(食財官)인 火土金이고 기신(忌神)은 水木이다.

대운(大運)이 초년(初年)은 북방수지(北方水地)로 행(行)하였으나 중년(中年)과 말년 (末年)은 서남(西南) 방향으로 행(行)하니 대길(大吉)한 명조(命造)이다. 아쉬운 것은 丁 火 희신(喜神)을 丁癸 충(冲)하여 丁火를 충거(冲去)한 것이고, 다행인 것은 지지(地支) 에서 丑未가 요격(遼隔)되어 있고, 丑土는 亥子丑 방국(方局)으로 합화(合化)되었으니 상충(相冲)이 되지 않는다는 점이다.

壬子, 辛亥 운은 북방수지(北方水地)로 기신(忌神)이 되었으나 庚戌 운에는 土金 희신(喜神)이 되어 반궁(泮宮)에 입학(入學)하여 과거(科擧)에 급제(及第)하였다.

己酉 운은 己癸 충극(冲剋)으로 癸水 기신(忌神)이 제거(除去)되었으며 酉丑 합금 (合金)으로 희신(喜神)이 되었으니 벼슬길은 무난하였으나 戊申 운에 이르러서는 戊 癸 합거(合去)로 癸水 기신(忌神)이 기반(羈絆)이 되었으나 지지(地支)에 申金 희신(喜 神)이 申子 합수(合水)로 기신(忌神)으로 바뀌었으니 승진(昇進)하지 못하였고, 丁未, 丙午 운에는 천한지동(天寒地凍)인데 남방화지(南方火地)를 만나 춘화만발(春花萬發)하 였다.

14 체용
體用

原文

道有體用 不可以一端論也 要在扶之抑止 得其宜
도유체용   불가이일단론야   요재부지억지   득기의

도(道)에는 체(體)와 용(用)이 있으니, 한 가지만을 논(論)하여서는 아니 되며 중요한 것은 생부(生扶)하고 억제(抑制)하여 마땅함을 얻는 데 있다.

原註

有以日主爲體 提綱爲用 日主旺 則提綱之食神財官 皆爲我用 日主弱
유이일주위체   제강위용   일주왕   즉제강지식신재관   개위아용   일주약

則提綱有物幇身以制其强神者 亦皆爲我用提綱爲體 喜神爲用者 日主
즉제강유물방신이베기강신자   역개위아용제강위체   희신위용자   일주

不能用乎提綱矣 提綱食傷財官太旺 則取年月時上印比爲喜神 提綱
불능용호제강의   제강식상재관태왕   즉취년월시상인비위희신   제강

印比太旺 則取年月時上食傷財官爲喜神而用之 此二者乃體用之正法
인비태왕   즉취년월시상식상재관위희신이용지   차이자내체용지정법

也 有以四柱爲體 暗神爲用者 必四柱俱無可用 方取暗冲暗合之神 有
야   유이사주위체   암신위용자   필사주구무가용   방취암충암합지신   유

以四柱爲體 化神爲用 四柱有合神 卽以四柱爲體 而以化合之神可用
이사주위체　　화신위용　　사주유합신　　즉이사주위체　　이이화합지신가용

者爲用 有以化神爲體四柱爲用 化之眞者 則以化神爲體以四柱中興化
자위용　　유이화신위체사주위용　　화지진자　　즉이화신위체이사주중흥화

神相生 相剋者 取以爲用 有以四柱爲體 歲運爲用 有以喜神爲體 輔
신상생　　상극자　　취이위용　　유이사주위체　　세운위용　　유이희신위체　　보

喜神之神爲用 所喜之神 不能自用 以爲體用輔喜 之神.
희신지신위용　　소희지신　　불능자용　　이위체용보희　　지신

有以格象爲體 日主爲用者 須八格氣象 及暗神化神忌神客神 皆成一
유이격상위체　　일주위용자　　수팔격기상　　급암신화신기신객신　　개성일

個體段 若是一面格象 與日主無干者 惑傷剋日主太過 或幫扶日主太
개체단　　약시　　일면격상　　여일주무간자　　혹상극일주태과　　혹방부일주태

過 中間要尋體用分辨處 又無形迹 只得用日主自去引生喜神 別求一
과　　중간요심체용분변처　　우무형적　　지득용일주자거인생희신　　별구일

箇活路爲用矣.
개활로위용의

有以主日主爲用 有用過於體者 如用食財 而財官食神盡行隱伏 及
유이주일주위용　　유용과어체자　　여용식재　　이재관식신진행은복　　급

太發露浮泛者 雖美亦過度矣 有用立而體行者 有體立而用行者 正體
태발로부범자　　수미역과도의　　유용입이체행자　　유체입이용행자　　정체

用之理也 如用神 不行於流行之地 且又行助體之運則不妙.
용지리야　　여용신　　불행어유행지지　　차우행조체　　지운즉불묘

流體用各立者 體用皆旺 不分勝負 行運又無輕重上下 則各立.
류체용각립자　　체용개왕　　불분승부　　행운우무경중상하　　즉각립

有體用俱滯者 如木火俱旺 不遇金土則俱滯 不可一端定也.
류체용구체자　　여목화구왕　　불우금토즉구체　　불가일단정야

然體用之用 與用神之用有分別 若以體用之用爲用神固不可 舍此以
연체용지용　　여용신지용유분별　　약이체용지용위용신고불가　　사차이

別求用神又不可 只要斟酌體用眞了 於此取緊要爲用神 而二三四五處
별구용신우불가　　지요심작체용진료　　어차취긴요위용신　　이이삼사오처

用神者 的非妙造 須抑揚其輕重 母使有餘不足.
용신자　　적비묘조　　수억양기경중　　모사유여부족

사주(四柱)의 체용(體用)은 몇 가지로 논(論)할 수 있다.

일주(日主)를 체(體)로 하고 제강(提綱)¹⁶⁴을 용(用)으로 경우가 있는데 일주(日主)가 왕(旺)하면 제강(提綱)의 식신(食神)이나 재관(財官)이 모두 나의 용신(用神)이고 일주(日主)가 약(弱)하면 제강(提綱)에서 방신(幇身)하는 것이다. 그 강신(强身)을 극제(剋制)하는 것이 또한 모두 나의 용신(用神)이다.

제강(提綱)을 체(體)로 하고 희신(喜神)을 용(用)으로 하는 경우는 일주(日主)가 제강(提綱)을 용신(用神)으로 쓸 수 없는 경우이다. 제강(提綱)의 식상(食傷)이나 재관(財官)이 태왕(太旺)하면 년월시상(年月時上)의 인비(印比)를 희신(喜神)으로 취(取)하고 재강(提綱)의 인비(印比)가 태왕(太旺)하면 년월시상(年月時上)의 식상(食傷)이나 재관(財官)을 희신(喜神)으로 취(取)한다. 이 두 가지가 체용(體用)의 정법(正法)이다.

또한 사주(四柱)가 체(體)이고 암신(暗神)을 용(用)으로 하는 경우가 있는데 반드시 사주(四柱)에 가용(可用)을 말한다. 사주(四柱)가 체(體)이고 화신(化神)을 용(用)으로 하는 경우가 있는데 사주(四柱)에 합신(合神)이 있으면 사주(四柱)가 체(體)가 되고 화신(化神)이 쓸 만하면 용(用)으로 한다. 화신(化神)을 체(體)로 하고 사주(四柱)를 용(用)으로 하는 경우가 있는데 화신(化神)이 참되면 화신(化神)을 생생(生生)하거나 상극(相剋)하는 신(神)을 취(取)하여 용(用)으로 한다. 또한 사주(四柱)를 체(體)로 하고 세운(歲運)을 용(用)으로 하는 경우가 있다.

희신(喜神)이 체(體)이고 희신(喜神)을 보좌(補佐)하는 신(神)이 용(用)인 경우가 있는데 희신(喜神)이 스스로 용(用)이 될 수 없어서 희신(喜神)이 체(體)이고 보좌(補佐)하는 신(神)이 용(用)이 된다.

격상(格象)을 체(體)로 하고 일주(日主)를 용(用)으로 하는 경우가 있는데 반드시 팔격(八格)의 기상(氣象)과 암신(暗神), 화신(化神), 기신(忌神), 객신(客神)이 모두 하나의 체단(體段)을 이루어야 한다.

만약 하나의 격상(格象)이 일주(日主)와 무관할 경우는, 즉 일주(日主)를 상극(相剋)함이 태과(太過)하거나 혹은 일주(日主)를 생부(生扶)함이 태과(太過)할 경우인데, 그 중간에서 반드시 체용(體用)의 분별(分別)을 찾아야 하며 그 형적(形迹)을 찾을 수 없

---

164 제강(提綱): 월지(月支), 월령(月令)을 뜻함.

을 때에는 일주(日主)가 스스로 희신(喜神)을 찾아 득용(得用)하거나 별도로 하나의 활로(活路)를 찾아 용(用)으로 해야 한다.

그리고 일주(日主)를 용(用)으로 할 때 용(用)의 체(體)보다 지나친 경우가 있는데 가령 식재(食財)를 용(用)으로 하는데 재관(財官)과 식신(食神)이 모두 은복(隱伏)하거나 지나치게 투출(透出)하여 넘치는 경우인데 비록 아름다우나 역시 과도한 것이다.

또한 용(用)은 정립(定立)되어 있는데 체(體)가 유행(流行)하는 경우가 있고 체(體)는 정립(定立)되어 있는데 용(用)이 유행(流行)하는 경우가 있으니, 이것이 바로 체용지리(體用之理)이다. 가령 유행지지(流行之地)로 행(行)하지 않거나 체(體)를 돕는 운(運)으로 행(行)하면 좋지 않다. 또한 체용(體用)이 각립(各立)하는 경우가 있는데 체용(體用)이 모두 왕(旺)하여 승부(勝負)를 가릴 수 없고 행운(行運)에서도 경중(輕重)과 상하(上下)를 가릴 수 없으면 각립(各立)하게 된다.

또한 체용(體用)이 모두 막힌 경우가 있으니 가령 木火가 모두 왕(旺)한데 土金을 만나지 못하면 모두 막히는 것이니 한 가지만을 단정해서는 안 된다. 그러나 체용(體用)의 용(用)과 용신(用神)의 용(用)은 분별(分別)이 있다. 만약 체용(體用)의 용(用)을 용신(用神)으로 쓰는 것은 불가(不可)하다. 체용(體用)의 용(用)을 버리고 달리 용신(用神)을 구하는 것은 더욱 불가하다.

체용(體用)을 참작(參酌)하여 그 안에서 긴요한 신(神)을 취용(取用)하면 될 것이다. 그러나 이삼사오처(二三四五處)에 용신(用神)이 있다면 묘한 명조(命造)가 아니다. 반드시 경중(輕重)에 따라 억제(抑制)하거나 발양(發揚)하여 유여(有餘)하거나 부족(不足)함이 없도록 하여야 한다.

任註

壬氏曰 體者形象氣局之謂也 如無形象氣局 卽以日主爲體.
임씨왈　체자형상기국지위야　여무형상기국　즉이일주위체

用者用神也 非體用之外別有用神也 原注 體用與用神有分別 又不詳
용자용신야　비체용지외별유용신야　원주　체용여용신유분별　우불상

細載明 仍屬模糊了局 可知除體用之外 不能別求用神 玩本文末句云
세재명　잉속모호료국　가지제체용지외　부능별구용신　완본문말구운

要在扶之抑之得其宜　顯見體用之用　卽用神無疑矣.
요재부지억지득기의　　현견체용지용　　즉용신무의의

旺則抑之　弱則扶之　雖不易之法　然有不易中之變易者　惟在審察得其
왕즉억지　약즉부지　수불역지법　연유불역중지변역자　　유재심찰득기

宜　三子而已矣　旺則抑之　如不可抑　反宜扶之　弱則扶之　如不可扶反
의　삼자이이의　왕즉억지　여불가억　반의부지　약즉부지　여불가부반

宜抑之此命　理之眞機　五行顚倒之妙用也　蓋旺極者抑之　抑之反激而
의억지차명　리지진기　오행전도지묘용야　　개왕극자억지　억지반격이

有　害則宜從其强　而扶之弱極者扶之　扶之徒勞而無攻　則宜從其弱而
유　해즉의종기강　이부지약극자부지　　부지도노이무공　　즉의종기약이

抑之　是不可不可以　一端論也.
억지　시불가불가이　일단론야

如日主旺　提綱或官或財或食傷　皆可爲用　日主衰　別尋四柱干支有幫
여일주왕　제강혹관혹재혹식상　　개가위용　일주쇠　별심사주간지유방

身　者爲用　提綱是祿刃　卽以提綱爲體　看其大勢　以四柱干支食神財官
신　자위용　제강시록인　즉이제강위체　간기대세　이사주간지식신재관

尋其得　所者以用之.
심기득　소자이용지

如四柱干支財殺過旺　日主旺中變弱　須尋其幫身制化財殺者而用之　日
여사주간지재살과왕　일주왕중변약　　수심기방신제화재살자이용지　　일

主爲體者　日主旺　印綬多　必要財星爲用　日主旺　官殺輕　亦以　財星爲用
주위체자　일주왕　인수다　필요재성위용　일주왕　관살경　역이　재성위용

日主旺　而無財星　以食傷爲用　比劫多　而財星輕　亦以食傷爲用　日主旺
일주왕　이무재성　이식상위용　비겁다　이재성경　역이식상위용　일주왕

官星輕　印綬重　以財星爲用　日主弱　官殺旺　則以印綬爲用　日主弱
관성경　인수중　이재성위용　일주약　관살왕　즉이인수위용　일주약

食傷多　亦以印綬爲用　日主弱　財星旺　則以比劫爲用　日主與官殺兩停
식상다　역이인수위용　일주약　재성왕　즉이비겁위용　일주여관살양정

者　則以食傷爲用　日主與財星均適者　則以印比爲用　此皆用神之的當
자　즉이식상위용　일주여재성균적자　　즉이인비위용　차개용신지적당

者也.
자야

如日主不能爲力　合別干而化　化之眞者　卽以化神爲體　化神有餘　則以
여일주불능위력　합별간이화　화지진자　즉이화신위체　화신유여　즉이

洩化 神之神爲用 化神不足 則以生助化神之神爲用 局方曲直五格 日
설화 신지신위용 화신부족 즉이생조화신지신위용 국방곡직오격 일

主是元神 卽以格象爲體 以生助氣象者爲用 或以食傷爲用 或以財星
주시원신 즉이격상위체 이생조기상자위용 혹이식상위용 혹이재성

爲用 只不宜 用官殺 餘總視其格局之氣勢意向而用之 毋執一也.
위용 지불의 용관살 여총시기격국지기세의향이용지 무집일야

如無格無局 四柱又無用神可取 卽或取之 或被閑神合住 或被冲神損
여무격무국 사주우무용신가취 즉혹취지 혹피한신합주 혹피충신손

傷 或被忌神刦占 或被客神阻隔 不但用神不能顧日主 而日主亦不能顧
상 혹피기신겁점 혹피객신조격 부단용신불능고일주 이일주역불능고

用神若 得歲運破其合神 合其冲神 制其刦占 通其阻隔 此謂歲運安頓
용신약 득세운파기합신 합기충신 제기겁점 통기조격 차위세운안돈

隨歲運取用 亦不失爲吉也.
수세운취용 역불실위길야

原注云 二三四五用神者 的非妙造 此說大謬 只有八字 若去四五字爲
원주운 이삼사오용신자 적비묘조 차설대류 지유팔자 약거사오자위

用神 則是除日干之外 只有兩字不用 斷無此理.
용신 즉시제일간지외 지유양자불용 단무차리

總之 有用無用 定有一個着落礄乎不易也 命中只有喜用兩字 用神者
총지 유용무용 정유일개착락확호불역야 명중지유희용양자 용신자

日主所喜 始終依賴之神也 除用神喜神忌神之外皆閑神客神也 學者
일주소희 시종의뢰지신야 제용신희신기신지외개한신객신야 학자

宜審察之 大凡天干作用 生則生 剋則剋 合則合 冲則冲 易於取材 而
의심찰지 대범천간작용 생즉생 극즉극 합즉합 충즉충 역어취재 이

地支作用 則有種種不同者 故天干易看 地支難推.
지지작용 즉유종종부동자 고천간역간 지지난추

임씨(任氏)가 말하길, 체(體)라는 것은 형상기국(形象氣局)을 말하는 것인데 만약 형상기국(形象氣局)이 없을 경우에는 일주(日主)를 체(體)로 한다. 용(用)이라는 것은 용신(用神)을 말함이니 체용(體用) 외에 별도로 용신(用神)이 있는 것은 아니다.

원주(原註)에서는 체용(體用)과 용신(用神)은 분별이 있다고 하였으나 그 이치(理致)를 상세(詳細)하게 밝히지 않고 모호하게 끝을 맺으니 그 원리(原理)를 알 수 없다. 그러나 체용(體用)을 제외하고 별도로 용신(用神)을 구(求)할 수 없다.

본문(本文) 말구(末句)에서 "중요한 것은 생부(生扶)할 것은 생부(生扶)하고 억제(抑制)할 것은 억제(抑制)하여 그 마땅함을 얻는 데 있다"라고 말하는 것을 연관(聯關)하여 살펴보면 체용지용(體用之用)이 곧 용신(用神)이라는 것을 의심(疑心)할 여지가 없다.

왕(旺)하면 억제(抑制)하고 약(弱)하면 생부(生扶)하는 것이 불역지법(不易之法)이라고 할지라도, 불역지법(不易之法) 중에서도 변역(變易)의 이치(理致)가 있는 것이니 오로지 득지의(得之宜)라는 세 글자를 자세하게 살피는 데 있을 뿐이다. 왕(旺)하면 억제(抑制)하여야 하나 만약 억제(抑制)가 불가능(不可能)하면 도리어 생부(生扶)하여야 마땅하고 약(弱)하면 생부(生扶)하여야 하나 만약 생부(生扶)가 불가능(不可能)하면 도리어 억제(抑制)하여야 마땅한 것이니 이것은 명리(命理)의 진기(眞氣)이고 오행(五行)이 전도(顚倒)되는 묘용(妙用)인 것이다.

왕극자(旺極者)는 억제(抑制)하면 억제(抑制)하는 것이 도리어 왕신(旺神)을 격노(激怒)시켜 유해(有害)하므로 마땅히 강세(强勢)에 순응(順應)하여 생부(生扶)하여야 하고 약극자(弱極者)는 생부(生扶)하면 노력(努力)만 들고 아무런 공(功)이 없다면 도리어 약세(弱勢)를 따라서 억제(抑制)함이 마땅하니 어느 한 가지만을 고집(固執)하여 논(論)하여서는 아니 된다.

만약 일주(日主)가 왕(旺)하면 제강(提綱)의 관(官)이나 재(財)나 식상(食傷)이 모두 용신(用神)이 될 수 있고, 일주(日主)가 쇠(衰)하면 별도로 사주(四柱)의 간지(干支)에서 일주(日主)를 돕는 것을 용신(用神)으로 한다.

제강(提綱)이 녹인(祿刃)이면 제강(提綱)을 체(體)로 하고 大勢를 보아 사주(四柱) 간지(干支)에 있는 식신(食神)이나 재관(財官) 중에서 마땅한 것을 찾아 용신(用神)으로 한다.

만약 사주(四柱) 간지(干支)에서 재살(財殺)이 지나치게 왕(旺)하면 일주(日主)가 왕(旺)한 가운데서 약(弱)으로 변(變)하니 반드시 방신(幇身)하거나 재살(財殺)을 제화(制化)할 수 있는 것을 찾아 용신(用神)으로 하여야 한다.

일주(日主)가 체(體)인 경우에는 용신(用神)은 다음과 같이 한다.

일주(日主)가 왕(旺)한데, 인수(印綬)가 많으면 반드시 재성(財星)을 용신(用神)으로 한다. 관살(官殺)이 경(輕)하면 역시 재성(財星)이 용신(用神)이다.

재성(財星)이 없으면 식상(食傷)을 용신(用神)으로 하고, 비겁(比劫)이 많고 재성(財星)이 경(輕)하면 역시 식상(食傷)을 용신(用神)으로 한다. 관성(官星)이 경(輕)하고 인수(印綬)가 중(重)하면 역시 재성(財星)이 용신(用神)이다.

일주(日主)가 약(弱)하고 관살(官殺)이 왕(旺)하면 인수(印綬)가 용신(用神)이다. 일주(日主)가 약(弱)하고 식상(食傷)이 많으면 역시 인수(印綬)를 용신(用神)으로 한다.

일주(日主)가 약(弱)하고 재성(財星)이 왕(旺)하면 비겁(比劫)을 용신(用神)으로 한다.

일주(日主)와 관살(官殺)의 기세(氣勢)가 균등하면 식상(食傷)을 용신(用神)으로 한다.

일주(日主)와 재성(財星)이 균등(均等)하면 비견(比肩)을 용신(用神)으로 한다. 이것은 모두 용신(用神)이 타당하다.

또한 예(例)를 들면 일주(日主)가 무기(無氣)하여 무력(無力)한데 다른 천간(天干)과 합화(合化)하여 진화(眞化)가 되었다면 화신(化神)이 체(體)이다.

화신(化神)을 체(體)로 하여 화신(化神)이 유여(有餘)하면 설기(洩氣)하는 것을 용신(用神)으로 하고 부족(不足)하면 생조(生助)하는 것을 용신(用神)으로 한다.

또한 국방(局方)이나 곡직(曲直)등의 5격(五格) 등은 일주(日主)가 원신(元神)이니 격상(格象)을 체(體)로 하고 기상(氣象)을 생조(生助)하는 것이 용신(用神)이거나, 식상(食傷)을 하거나 재성(財星)을 용신(用神)으로 할 수 있으나 다만 관살(官殺)은 용신(用神)으로 하는 것이 마땅하지 않다.

나머지는 모두 그 격국(格局)의 기세(氣勢)와 의향(意向)을 보아 용신(用神)으로 정(定)해야 하며 하나만을 고집(固執)해서는 안 된다.

만약 격국(格局)이 없고 사주(四柱)에도 용신(用神)으로 취(取)할 만한 것이 없거나 설령 취(取)할 것이 있다 하여도 한신(閑神)과 합(合)하여 머물러 있거나 혹은 충(冲)을 받아 손상(損傷)이 되거나 혹은 기신(忌神)에게 겁점(刦占)하거나 혹은 객신(客神)에게 조격(阻隔)을 당하거나 하면 용신(用神)이 일주(日主)를 돌볼 수 없을 뿐만 아니고 일주(日主)도 역시 용신(用神)을 돌볼 수 없다.

만약 세운(歲運)이 합신(合神)을 파(破)하거나 혹은 충신(冲神)을 합(合)하거나 그 겁점(刦占)을 억제하거나 조격(阻隔)을 통하게 하면 세운안돈(歲運安頓)이라고 말하는데 세운(歲運)을 따라 용신(用神)을 취(取)하여도 역시 길(吉)함을 잃지 않는다.

원주(原註)에서는 이삼사오(二三四五)가 용신(用神)인 것은 틀림없이 좋은 명조(命造)가 아니라고 말하는데 이 말은 크게 잘못된 것이다. 사주(四柱)에 여덟 글자만 있는데 만약 다섯 글자가 용신(用神)이면 일주(日主)를 제외(制外)하고 두 글자만이 용신(用神)이 아니니 결코 이런 이치(理致)는 있을 수 없는 것이다.

종합적(綜合的)으로 말하면, 사주(四柱)에 용신(用神)으로 취(取)할 수 있는 것이 있거나 없거나 용신(用神)은 하나로 낙착되는 것이 확고(確固)한 불역(不易)의 이치(理致)다. 명국(命局) 중에는 다만 희용(喜用)이라는 두 글자만 있을 뿐이다.

용신(用神)이라는 것은 일주(日主)가 기뻐하는 것이고 시종 의뢰하는 신(神)이며 용신(用神)을 제외(制外)하고는 희신(喜神)과 기신(忌神)이 있고, 이외는 한신(閑神)과 객신(客神)이 있으니 이 학문을 하는 사람은 마땅히 자세하게 살펴보아야 한다.

대체로 천간(天干)의 작용은 생즉생(生則生), 극즉극(剋則剋), 합즉합(合則合), 충즉충(沖則沖)으로 쉽게 용신(用神)을 취(取)할 수가 있으나 지지(地支)의 작용(作用)은 복잡(複雜)하기 때문에 추리(推理)하기가 어렵다.

任註

癸	丙	甲	丙
巳	午	午	寅

辛庚己戊丁丙乙
丑子亥戌酉申未

此火長夏令 月支坐刃 年支逢生 時支得祿 年月兩干 又透甲丙 烈火
차화장하령 월지좌인 년지봉생 시지득록 년월양간 우투갑병 열화

焚木 旺地極矣 一點癸水熬乾 只得從其强勢 運逢木火土 財喜頻增 申
분목 왕지극의 일점계수오건 지득종기강세 운봉목화토 재희빈증 신

酉運中 刑耗多端 至亥運激火之烈 家業破盡而亡 所謂旺極者 抑之反
유운중 형모다단 지해운격화지열 가업파진이망 소위왕극자 억지반

激而有害也.
격이유해야

이 명조(命造)는 丙火 일주(日主)가 하령(夏令)에 태어나 월지(月支)가 양인(陽刃)이고 년지(年支)에 장생(長生)하였으며 시지(時支)에 득록(得祿)하였고 년월양간(年月兩干)에서 甲丙이 투출(透出)하여 열화(烈火)가 木을 태우고 있으므로 왕(旺)함이 극(極)에 이르렀다.

일점계수(一點癸水)는 증발(蒸發)하여 말라 버렸으니 다만 火의 강세(强勢)에 순종(順從)해야 한다. 그러므로 木火土 운(運)을 만나 왕화(旺火)를 거스르지 않은 까닭에 재물(財物)이 빈번(頻繁)하게 늘어나는 기쁨이 있었다. 申酉 운 중에는 형모(刑耗)가 많았으며 亥운에는 맹렬(猛烈)한 火을 충격(冲激)하니 가업(家業)이 파진(破盡)되고 세상을 떠났다. 이른바 "왕극자(旺極者)를 억제(抑制)하면 도리어 격노(激怒)하여 유해(有害)하다"라고 하는 것이다.

評註

丙火 일주(日主)가 午월에 태어나 양인(羊刃)으로 득령(得令)하였고 좌하(坐下)의 午火에 양인(羊刃)으로 득지(得地)하였는데 년지(年支) 寅木에 장생(長生)하고 시지(時支) 巳火에 녹(祿)을 얻었으며 천간(天干)에 甲丙이 투출(透出)하였으니 종화(從火)하여 염상격(炎上格)이 되었다. 희신(喜神)은 인비식(印比食)인 木火土이고 기신(忌神)은 재관(財官)인 金水이다.

乙未 운은 巳午未 화국(火局)으로 가문(家門)이 있는 유복(裕福)한 가정(家庭)에 태어났을 것이고, 丙申, 丁酉 운에는 丙丁이 희신(喜神)이지만 인신충(寅申冲)으로 쇠자충왕신발(衰者冲旺神發)되었고 巳酉 합금(合金)으로 기신(忌神)이 되었으니 형상파모(刑喪破耗)가 많았으며 己亥 운에는 甲己 합거(合去)되었고 寅亥 합목(合木)으로 충합(冲合)이 혼잡(混雜)되어 가산(家産)을 탕진(蕩盡)하고 세상을 떠난 것이다.

왕극자(旺極者)는 종격(從格)으로 분류(分類)하여 순종(順從)하여야 하는 것인데 억제(抑制)하면 도리어 왕신(旺神)이 격노(激怒)하여 유해(有害)하게 되는 것이다.

```
丙 丙 庚 戊
申 申 申 寅
```

```
丁丙乙甲癸壬辛
卯寅丑子亥戌酉
```

丙火生於初秋 秋金秉令 三申冲去一寅 丙火之根已拔 肩亦不能爲力
병화생어초추　　추금병령　　삼신충거일인　　병화지근이발　　견역불능위력

年月兩干 又透土金 只得從其强勢 順財之性 以比肩爲病 故運至水旺
년월양간　　우투토금　　지득종기강세　　순재지성　　이비견위병　　고운지수왕

之地 制去比肩 事業巍峨 丙寅幇身 刑喪破耗 所謂弱極者扶之 徒勞無
지지　　제거비견　　사업외아　　병인방신　　형상파모　　소위약극자부지　　도로무

功 反有害也.
공　　반유해야

此等格局頗多 以俗論之 前造必以金水爲用 此造必以木火爲用 以致
차등격국파다　　이속론지　　전조필이금수위용　　차조필이목화위용　　이치

吉凶顚倒 反歸咎于命理之無憑 故特書兩造爲後證云.
길흉전도　　반귀구우명리지무빙　　고특서양조위후증운

丙火가 초가을에 태어나 추금(秋金)이 당령(當令)하였다.

지지(地支)의 삼신(三申)이 일인(一寅)을 충거(冲去)하여 丙火의 뿌리가 이미 뽑혔고 비견(比肩)도 힘을 쓸 수가 없다. 년월양간(年月兩干)에 다시 土金이 투출(透出)하였으니 일주(日主) 丙火는 강세(强勢)에 따라야 하니 재(財)의 성정(性情)에 순종(順從)하여야 하니 비견(比肩)이 병(病)이다.

그러므로 운(運)이 수왕지지(水旺之地)에 이르러서는 비견(比肩)을 제거(除去)하니 사업(事業)이 우뚝 솟았으나 丙寅 운으로 바뀌어 일주(日主)를 방신(幇身)하고 재성

(財星)을 충극(冲剋)하니 형상파모(刑喪破耗)를 당하였다. 이것이 "약극자(弱極者)를 생부(生扶)하면 헛된 노력(努力)이 될 뿐 공(功)이 없으므로 도리어 유해(有害)하다"라고 하는 것이다.

이러한 격국(格局)이 많은데 속설(俗說)로 논(論)한다면 "전조(前造)는 반드시 金水가 용신(用神)이고 이 명조(命造)는 반드시 木火가 용신(用神)이다"라고 하면 길흉(吉凶)이 전도(顚倒)되어 그 허물은 명리(命理)를 믿을 것이 못되는 것으로 돌릴 것이다. 그러므로 특히 두 명조(命造)를 예시(例示)하여 후일(後日)의 증거(證據)로 하고자 한다.

評註

丙火 일주(日主)가 申월에 태어나서 실령(失令)하였고 지지(地支)의 삼신(三申)은 천간(天干)에 戊庚이 투출(透出)하여 식재(食財)가 태왕(太旺)하여 신약(身弱)이 되었다.

그러나 년지(年支) 寅木은 寅申 충(冲)으로 寅木이 충거(冲去)되어 丙火는 뿌리가 없어지니 재성(財星) 금왕(金旺)에 종세(從勢)하여 종재격(從財格)이 되었다. 희신(喜神)은 식재관(食財官)인 土金水이고 기신(忌神)은 인비(印比)인 木火이다.

대운(大運)이 서북(西北) 방향인 金水로 행(行)할 때에는 사업(事業)이 번창(繁昌)하였으나 丙寅 운에는 丙庚 충(冲), 寅申 충(冲)으로 천충지충(天冲地冲)되었으니 丙火가 기신(忌神)이고 재성(財星)이 충극(冲剋)되었다. 그러므로 형상파모(刑喪破耗)하였다.

15 정신 精神

原文

人有精神 不可以一偏求也 要在損之益之得其中
인유정신　　불가이일편구야　　요재손지익지득기중

　사람에게는 정신(精神)이 있으니 한쪽으로 치우쳐 구하여서는 아니 되며, 중요한 것은 손(損)하고 익(益)함이 있는 것이니, 지나치거나 부족(不足)함이 없이 그 중화(中和)를 얻는 데 있다.

原註

精氣神氣　皆元氣也　五行大率以金水爲精氣　木火爲神氣　而土所以實
정기신기　개원기야　오행대솔이금수위정기　　목화위신기　이토소이실

之者也　有神足不見其精而精自足者　有精足不見其神而神自足者　有精
지자야　유신족불견기정이정자족자　　유정족불견기신이신자족자　유정

缺神索而日主虛旺者　有精缺神索　而日主孤弱者　有神不足而精有餘者
결신색이일주허왕자　유정결신색　이일주고약자　유신부족이정유여자

有精不足而神有餘者　有精神俱缺而氣旺　有精神俱旺而氣衰　有神缺得
유정부족이신유여자　유정신구결이기왕　유정신구왕이기쇠　유신결득

神　以助之者　有神缺得精以生之者　有精助精而精反洩無氣者　有精助
신　이조지자　유신결득정이생지자　유정조정이정반설무기자　유정조

神而 神反斃無氣者 二者皆由氣以主之也.
신이　신반폐무기자　이자개유기이주지야

凡此皆不可以一偏求也 俱要損益其進退 不可使有過不及也.
범차개불가이일편구야　구요손익기진퇴　불가사유과불급야

정기(精氣)와 신기(神氣)는 모두 원기(元氣)이다.

오행(五行)은 대체로 金水가 정기(精氣)이고 木火가 신기(神氣)이며 土는 木火金水를 포함(包含)하고 있으므로 실(實)한 것이다.

신(神)이 족(足)하면 정(精)은 보이지 않아도 정(精)이 자연히 족(足)할 경우가 있고, 정(精)이 족(足)하면 신(神)이 보이지 않아도 신(神)은 자연히 족(足)할 경우가 있다. 정(精)이 부족(不足)하고 신(神)이 고독(孤獨)할 때 일주(日主)가 허왕(虛旺)한 경우가 있고, 정(精)이 부족(不足)하고 신(神)이 고독할 때 일주(日主)도 역시 외롭고 쇠약(衰弱)한 경우도 있다.

신(神)은 부족(不足)하나 정(精)은 남음이 있는 경우가 있고, 정(精)과 신(神)이 모두 부족(不足)하나 기왕(氣旺)한 경우도 있고, 정(精)과 신(神)이 모두 왕(旺)한데 기쇠(氣衰)한 경우도 있다. 그리고 정(精)이 부족(不足)한데 신(神)이 도와주는 경우가 있고, 신(神)이 부족(不足)한데 정(精)이 도와주는 경우도 있다.

또한 정(精)이 신(神)을 도와주는데 정(精)이 도리어 설기(洩氣)를 당하여 무기(無氣)한 경우도 있고, 신(神)이 신(神)을 도우니 신(神)이 도리어 절폐(絶斃)하여 무기(無氣)한 경우도 있다.

무릇 정신(精神)은 모두가 기(氣)에 연유(緣由)하여 주관되므로 어느 한쪽으로 치우쳐 구(求)하여서는 아니 되며 모두 그 진퇴(進退)와 손익(損益)을 따라야 하며 태과불급(太過不及)하지 않게 하여야 한다.

任註

任氏曰 精者 生我之神也 神者 剋我之物也 氣者 本氣貫足也 二者以
임씨왈　정자　생아지신야　신자　극아지물야　기자　본기관족야　이자이

精爲主 精足則氣旺 氣旺則神旺.
정위주　정족즉기왕　기왕즉신왕

非專以金水爲精氣 木火爲神氣也 本文末句云 要在損之益之得其中
비전이금수위정기　목화위신기야　본문말구운　요재손지익지득기중

顯非金水爲精 木火爲神 必得流通生化 損益適中 則精氣神三者備矣.
현비금수위정　목화위신　필득유통생화　손익적중　즉정기신삼자비의

細究之 不特日主用神體象有精神 卽五行皆有也 有餘則損之 不足則益
세구지　불특일주용신체상유정신　즉오행개유야　유여즉손지　부족즉익

之 雖 一定中之理 然亦有一定中之不定也 惟在審察得其中三字而已.
지　수　일정중지리　연역유일정중지부정야　유재심찰득기중삼자이이

損者 尅制也 益者 生扶也 有餘損之過 有餘者宜洩之 不足益之過 不
손자　극제야　익자　생부야　유여손지과　유여자의설지　부족익지과　부

足者宜去之 此損益之妙用也 蓋過于有餘 損之反觸其怒 則宜順其有
족자의거지　차손익지묘용야　개과우유여　손지반촉기노　즉의순기유

餘而洩之 過于不足 益不受補 則宜從其不足而去之 足不可以一偏求也.
여이설지　과우부족　익불수보　즉의종기부족이거지　족불가이일편구야

總之 精太足宜益其氣 氣太旺宜助其神 神太洩宜滋其精 則生化流通
총지　정태족의익기기　기태왕의조기신　신태설의자기정　즉생화유통

神淸氣壯矣 如精太足 反損其氣 氣太旺 反傷其神 神太洩 反抑其精
신청기장의　여정태족　반손기기　기태왕　반상기신　신태설　반억기정

則偏枯 雜亂 精索神枯矣.
즉편고　잡란　정색신고의

所以水泛木浮 木無精神 木多火熾 火無精神 火焰土焦 土無精神 土重
소이수범목부　목무정신　목다화치　화무정신　화염토초　토무정신　토중

金埋 金無精神 金多水弱 水無精神.
금매　금무정신　금다수약　수무정신

原注 以禁水爲精氣 木火爲神氣者 此有臟而論也 以肺屬金 以腎屬水
원주　이금수위정기　목화위신기자　차유장이론야　이폐속금　이신속수

金 水相生 藏于裏 故爲精氣 以肝屬木 以心屬火 木火相生 發于表 故
금　수상생　장우리　고위정기　이간속목　이심속화　목화상생　발우표　고

爲神氣 以脾屬土 貫于周身 土所以實之也.
위신기　이비속토　관우주신　토소이실지야

若論命中之表裏情神 則不以金水木火爲精神也 譬如旺者宜洩 洩神得
약론명중지표리정신　즉불이금수목화위정신야　비여왕자의설　설신득

其爲精足 此從裏發于表 而神者足矣 旺者宜剋 剋神有力爲神足 此謂
기위정족　차종리발우표　이신자족의　왕자의극　극신유력위신족　차위

表達于裏 而精者足宜.
표달우리　이정자족의

如土生于四季月 四柱土多無木 或干透庚辛 或支臟申酉 此由裏發于
여토생우사계월　사주토다무목　혹간투경신　혹지장신유　차유리발우

表 精足神定 如土多無金 或干透甲乙 或支藏寅卯 此謂表達于裏 神足
표　정족신정　여토다무금　혹간투갑을　혹지장인묘　차위표달우리　신족

精安.
정안

土論如此 五行皆同 宜細究之.
토론여차　오행개동　의세구지

임씨(任氏)가 말하길, 정(精)이라는 것은 생아지신(生我之神)이고, 신(神)이라는 것은 아극지신(剋我之神)이며, 기(氣)라는 것은 일주(日主)의 본기(本氣)로서 정(精)과 신(神)을 관통(貫通)할 수 있는 것이다.

이 두 가지는 정(精)을 위주로 하니 정(精)이 족(足)하면 기(氣)가 왕(旺)하게 되고 기(氣)가 왕(旺)하면 신(神)이 왕(旺)하다. 그러므로 오로지 金水가 정기(精氣)이고 木火가 신기(神氣)가 되는 것이 아니다.

원문(原文) 말미에 '요재손지익지득기중(要在損之益之 得其中)'이라고 한 것은 金水는 정(精)이고 木火는 신(神)이 되는 것이 아니며 반드시 유통(流通)하고 생화(生火)를 얻어 손익(損益)이 적중(適中)하게 되면 정기신(精氣神)이 완벽(完璧)하다고 할 수 있으니 이러한 점을 자세히 관찰하고 연구(研究)해야 한다.

일주(日主)와 용신(用神)과 체상(體象) 등에만 정신(精神)이 있는 것이 아니고 오행(五行)이 모두 가지고 있다.

일반적(一般的)으로 "남는 것이 있으면 덜어내고 모자라면 더해준다"라는 것이 손익법(損益法)의 원칙(原則)이지만 일반적(一般的)인 원칙(原則) 중에서도 일반원칙(一般原則)에 따르지 않는 경우가 있으니 자세(仔細)하게 살펴서 '득기중(得其中)'이란 세 글자를 자세(仔細)하게 살피는 데 있을 뿐이다.

손(損)이라는 것은 극제(剋制)를 뜻하고 익(益)이라는 것은 생부(生扶)를 뜻하는 것이다. 명국(命局)에 있어서 남음이 많으면 설(洩)해야 하고, 부족(不足)한 경우에는 익(益)하여야 하나 지나치게 부족(不足)하면 제거(制去)하는 것이 마땅한 것이니 이는 손익(損益)의 묘용(妙用)이다.

또한 남음이 지나쳐서 태왕(太旺)한 경우에는 이를 손(損)하면 오히려 왕신(旺神)을 촉노(觸怒)하게 하므로 그 남음에 순(順)하여 설(洩)하는 것이 마땅하여, 부족(不足)한 것이 지나쳐서 태쇠(太衰)한 경우에는 익(益)하여도 도움을 받을 능력(能力)이 없으므로 그 부족함을 쫓아 제거(制去)하여야 마땅하다. 손익(損益)의 이치(理致)가 이와 같으므로, '불가이 일편구야(不可而一偏求也)'라, 즉 하나의 이치(理致)에만 치우쳐 구(求)하여서는 아니 된다.

총체적으로 정(精)이 태족(太足)하면 기(氣)를 생조(生助)함이 마땅하고 기(氣)가 태왕(太旺)하면 신(神)을 도와주는 것이 마땅하며 신(神)이 기(氣)를 크게 설(洩)하면 정(精)으로 자양(滋養)함이 마땅하다. 이렇게 되면 생화(生化)가 유통(流通)하게 되므로 신(神)은 청(淸)하게 되고 기(氣)는 신왕(神旺)하게 된다.

만약 정(精)이 너무 태족(太足)하여 기(氣)를 손상(損傷)하거나 신(神)이 너무 태설(太洩)하여 도리어 정(精)을 억제하거나 하면 편고잡란(偏枯雜亂)하게 되어 정(精)과 신(神)이 고색(枯索)하게 될 것이다. 이러한 까닭으로 수범목부(水泛木浮)하면 木에 정신(精神)이 없고, 목다화치(木多火熾)하면 火가 정신(精神)이 없고, 화염토초(火焰土焦)하면 土가 정신(精神)이 없고, 토중금매(土重金埋)하면 金이 정신(精神)이 없고, 금다수탁(金多水濁)하면 水가 정신(精神)이 없을 것이다.

원주(原註)에서 "金水가 정기(精氣)이고 木火가 신기(神氣)이다"라고 한 것은 인체(人體)의 오장(五臟)에 비유(比喩)하여 논(論)한 것으로 본다. 오장(五臟)을 오행(五行)에 연관시키면 폐(肺)는 金에 속하고 신장(腎臟)은 水에 속하므로 金水가 상생(相生)하여 안으로 축장(蓄藏)되어 있으니 정기(精氣)가 된다.

간(肝)은 木에 속하고 심장(心臟)은 火에 속하므로 木火가 상생(相生)하여 밖으로 발산(發散)하여 신기(神氣)가 되며 비장(脾臟)은 土에 속하여 전신(全身)을 관통(貫通)하는 까닭에 土는 실(實)하다고 한 것이다. 만약 명국(命局)의 표리(表裏)와 정신(精神)

을 논(論)한다면 金水가 정(精)이고 木火가 신(神)이 되는 것은 아니다.

가령 신왕(身旺)하여 설(洩)함이 마땅한 경우에 설신(洩神)이 득기(得氣)하면 정(精)이 족(足)하게 되는데 이는 안에서 밖으로 발산(發散)하여 신(神)은 저절로 족(足)하게 된다.

가령 土가 辰戌丑未 월에 태어나 사주(四柱)에 토다무목(土多無木)인 경우에 천간(天干)에 庚申金이 투출(透出)하고 지지(地支)에 申酉가 있다면 이는 안에서 밖으로 발산(發散)하는 것으로 정족신정(精足神定)하게 되며, 만약 토다무금(土多無金)인 경우에 천간(天干)에 甲乙木이 투출(透出)하고 지지(地支)에 寅卯가 있다면 이는 밖에서부터 안으로 작용(作用)하는 것이므로 신족정안(神足精安)하게 된다. 土를 이와 같이 논(論)하므로, 다른 오행(五行)도 이와 같으니 자세히 추구(推究)해야 할 것이다.

任註

戊	丙	甲	癸
戌	寅	子	酉

丁戊己庚申壬癸
巳午未申酉戌亥

此造 以甲木爲精 衰木得水滋而逢寅祿爲精足 以戊土爲神 坐戌通根
차조　이갑목위정　쇠목득수자이봉인록위정족　　이무토위신　좌술통근

寅戌拱之爲神旺 官生印 印生身 坐下長生爲氣貫流通 生化五行俱足
인술공지위신왕　관생인　인생신　좌하장생위기관유통　　생화오행구족

左右上下情協不悖 官來能攮 刦來有官 食來有印 東西南北之運 皆可
좌우상하정협불패　관래능당　겁래유관　식래유인　동서남북지운　개가

行也 所以一生富貴福壽 可謂美矣.
행야　소이일생부귀복수　가위미의

이 명조는 甲木을 정(精)으로 하는데 쇠목(衰木)이 水의 생조(生助)를 얻었고 인록(寅祿)을 만났으니 정(精)이 족(足)하다. 戊土가 신(神)이 되는데 戌土에 통근하였고

寅戌이 화국(火局)을 이루어 戊土를 생조(生助)하니 신(神)이 왕(旺)하다.

관성(官星)은 인수(印綬)를 생(生)하고 인수(印綬)는 일주(日主)를 생(生)하며, 일주(日主)는 좌하(坐下)에 장생(長生)을 만나 기(氣)가 관통하여 생화(生化)하니 오행(五行)이 모두 족(足)하고 좌우상하(左右上下)가 정협(情協)하여 어그러짐이 없다. 그러므로 관(官)이 와도 막을 수 있고 비겁(比劫)이 오더라도 관성(官星)이 막을 수 있고, 식신(食神)이 오면 인수(印綬)가 있으므로 동서남북이 모두 좋으니 일생 동안 부귀복수(富貴福壽)가 아름답다고 할 수 있다.

評註

丙火 일주가 子월에 태어나서 한랭하여 조후(調候)로 火가 필요하다. 좌하(坐下)의 寅木에 녹(祿)이 있고 寅戌의 협공(挾攻)으로 화국(火局)이 방조(幫助)하였고 월령 자수(月令子水)에 실령(失令)하였으나 살인상생으로 甲木을 생조(生助)하고 甲木은 일주를 생조(生助)하니 신왕(身旺)하다. 더욱 아름다운 것은 상하유정되고 좌우기협(左右氣協)하니 자연히 천부지재가 되어 귀격이 되었다.

희신(喜神)은 모든 오행이 만족하지만 기신(忌神)은 유년과의 형충파해, 합화(合化)나 합거(合去) 등을 자세히 살펴서 분석해야 한다. 가령 己未 운은 천간에서 甲己 합(合), 己癸 극(剋)으로 甲木 인수가 되어 문서의 관계가 있었을 것이고, 癸水 관성을 의미하므로 관재송사의 관계가 있었을 것이라고 유추하는 것이다.

任註

己	丙	乙	戊
丑	辰	丑	戌

戊己庚辛壬癸甲
午未申酉戌亥子

此四柱皆土 命主元神 洩盡月干 乙木凋枯 所謂精氣枯索 運逢壬戌 本
차사주개토　명주원신　설진월간　을목조고　소위정기고색　운봉임술　본

主受傷年逢辛未 緊剋乙木 卒於九月 患弱病而亡.
주수상년봉신미　긴극을목　졸어구월　환약병이망

이 명조(命造)는 모두 土로 이루어져 丙火 일주(日主)는 설기(洩氣)되어 없어지고, 월간(月干)의 乙木은 마르고 시들어서 정기(精氣)가 고색(枯索)되었다. 壬戌 운을 만나 일주(日主)가 손상(損傷)을 받았는데 辛未 년에 乙木을 긴극(緊剋)하였기 때문에 약증(弱症)으로 앓다가 戌월에 사망(死亡)하였다.

丙火 일주가 전지지(全地支)에 토국(土局)을 이루었고 천간에 무토(戊土)가 투출(透出)하였으니 종아격(從兒格)이 되었다. 희신(喜神)은 비식재(比食財)인 火土金이고 기신(忌神)은 관인(官印)인 水木이다.

壬戌 운에는 壬水가 기신(忌神)이고 丙壬 충(冲)이 되었고, 지지(地支)는 丑戌未 삼형살(三刑殺)이 되었으니 천충지충(天冲地冲)이 되었으니 형액(刑厄)을 면(免)하지 못한다. 辛未 년은 乙辛 충(冲)하고 丑戌未 삼형살(三刑殺)이 되었으니 대운(大運)과 세운(歲運)이 중첩(重疊)되어 천충지형(天冲地刑)이 되어 불록지객(不祿之客)이 된 것이다.

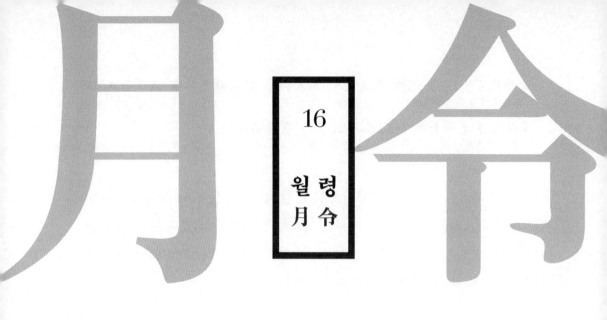

16
월령 月令

原文

月令乃堤綱之府 譬之宅也 人元用事之神 宅之定向也 不可以不卜
월령내제강지부　비지택야　인원용사지신　택지정향야　불가이불복

월령(月令)은 제강(提綱)[165]이 거처(居處)하는 장소이니, 비유하면 사람이 거처(居處)하는 집과 같다. 소장(所藏)된 인원(人元)은 용사지신(用事之神)으로, 집의 향(向)을 정(定)하는 것과 같으므로 분별(分別)하지 않으면 안 된다.

原註

令星乃三命之至要 氣象得令者吉 喜神得令者吉 令其可忽乎.
령성내삼명지지요　기상득령자길　희신득령자길　령기가홀호

月令如人之家宅 支中之三元 定宅中之向道 不可以不卜.
월령여인지가택　지중지삼원　정택중지향도　불가이불복

如寅月生人 立春後七日前 皆値戊土用事 八日後十四日前者 丙火用事
여인월생인　입춘후칠일전　개치무토용사　팔일후십사일전자　병화용사

---

165 제강(提綱): 제(提)는 '끌고 간다', 강(綱)은 '그물을 버리게 하는 줄'로서 벼리를 말한다. 그러므로 제강(提綱)은 사물(事物)의 요점(要點)을 뜻한다. 월지(月支), 월령(月令)을 뜻함.

十五日後 甲木用事 如此則可以取格 可以取用矣.
십오일후   갑목용사   여차즉가이취격   가이취용의

월령(月令)은 삼명(三命)[166]을 논(論)하는 데 지극히 중요한 것이다.

기상(氣象)이 월령(月令)의 기(氣)를 얻으면 길(吉)한 것이니 월령(月令)을 소홀(疏忽)히 할 수 있겠는가?

월령(月令)은 사람이 거처(居處)하는 가택(家宅)과 같고 지지(地支)에 소장(所藏)된 인원(人元)은 집의 좌향(坐向)을 정(定)하는 것과 같으므로 분별(分別)하지 않으면 안 된다.

가령 인월생인(寅月生人)이라면 입춘(立春) 후 7일 이전에는 모두 戊土가 용사(用事)[167]하고, 8일 후 14일 전까지는 丙火가 용사(用事)하며, 15일 후에는 甲木이 용사(用事)하는 것이니 이것을 알면 격(格)을 취(取)할 수 있고 용신(用神)을 취(取)할 수 있다.

任註

任氏曰 月令者 命中之至要也 氣象格局用神 皆屬提綱司令 天干又 有
임씨왈   월령자   명중지지요야   기상격국용신   개속제강사령   천간우 유

引助之神 譬如廣廈不移之象.
인조지신   비여광하불이지상

人元用事者 卽此月此日之司令神也 如宅中之向道 不可不卜.
인원용사자   즉차월차일지사령신야   여택중지향도   불가불복

地理元氣云 宇宙有大關會 氣運爲主 山川有眞性情 氣勢爲先 所以天
지리원기운   우주유대관회   기운위주   산천유진성정   기세위선   소이천

---

166 삼명(三命): 수명(壽命), 조명(遭命), 수명(隨命)을 말한다. 수명(壽命)은 수(壽)를 누리는 것이고, 조명(遭命)은 착한 일을 하고도 해(害)를 입는 것이고, 수명(隨命)은 선악(善惡)에 따라 인과응보(因果應報)를 받는 것이다.

167 용사(用事): 일을 처리하고 권세(權勢)를 부림. 주도권을 잡고 가장 강력한 힘을 발휘(發揮)하는 주체세력(主體勢力)을 말함.

氣 動于上 而人元應之 地氣動于下 而天氣從之 由此論之 人元司令
기 동우상 이인원응지 지기동우하 이천기종지 유차론지 인원사령

雖助格 輔用之首領 然亦要天地相應爲妙 故知地支人元 必得天干引助
수조격 보용지수령 연역요천지상응위묘 고지지지인원 필득천간인조

天干爲用 必要地支司令 總云人元必須司令 則能引吉制凶 司令必須出
천간위용 필요지지사령 총운인원필수사령 즉능인길제흉 사령필수출

現 方能助格 輔用 如寅月之戊土 四月之庚金 司令出現 可値弗論也.
현 방능조격 보용 여인월지무토 사월지경금 사령출현 가치불론야

譬如寅月生人 戊土司令 甲木雖未及時 戊土雖則司令 天干不透火土
비여인월생인 무토사령 갑목수미급시 무토수칙사령 천간불투화토

而透水木 謂地衰門旺 天干不透水木而透火土 謂門旺地衰皆吉凶參
이투수목 위지쇠문왕 천간불투수목이투화토 위문왕지쇠개길흉참

半 如丙火司令 四柱無水 寒木得火而繁華 相火得木而生助 謂門地兩
반 여병화사령 사주무수 한목득화이번화 상화득목이생조 위문지양

旺 福力非常也 如戊土司令 木透干支藏水 謂門地同衰 禍生不測矣 餘
왕 복력비상야 여무토사령 목투간지장수 위문지동쇠 화생불측의 여

月依此而論.
월의차이론

임씨(任氏)가 말하길, 월령(月令)은 명(命) 중에서 지극히 중요한 것이다.

기상(氣象)과 격국(格局)과 용신(用神)이 모두 제강(提綱)의 사령(司令)에 속(屬)하고 천간(天干)에서는 투출(透出)한 신(神)을 인조(引助)할 수 있다. 비유(比喩)하면 월령(月令)은 옮길 수 없는 큰 집과 같은 상(象)이다. 인원(人元)이 용사(用事)한다는 것은 이 달의 이날을 사령(司令)하는 신(神)을 말한다. 이는 집의 향도(向道)와 같으니 분별(分別)하지 않으면 안 된다.

『지리원기(地理元氣)』에는 "우주(宇宙)에는 대관회(大關會)[168]가 있으니 기운(氣運)을

---

[168] 대관회(大關會):『지리현기(地理玄機)』에 이르기를, 우주(宇宙)는 커다란 고리로 서로 연결(連結)된 것으로서 기(氣)의 운행(運行)이 주(主)가 되며 산천(山川)은 변(變)하지 않는 성정(性情)을 유지하는 기(氣)의 세력(勢力)이 있다. 따라서 지지(地支) 사령(司令) 인원(人元)은 천간(天干)에 투출(透出)하여 인도하고 도와야 함은 얻어야 하고 천간(天干)의 신(神)은 반드시 지지(地支)에 사령(司令)을 요하는 것이니 천지(天地)가 서로 상응(相應)함이 중요하고 묘(妙)한

주관하고 산천(山川)에는 참된 성정(性情)이 있으니 기세(氣勢)를 우선한다. 그러므로 천기(天氣)가 위에서 동(動)하면 인원(人元)이 이에 응하고 지기(地氣)가 아래에서 동(動)하면 천기(天氣)가 이를 따른다"라고 하였다. 이를 논(論)하면 인원사령(人元司令)은 비록 조격보용(助格補用)하는 수령(首領)이라 할지라도 역시 천간(天干)과 지지(地支)는 서로 상응하여야 오묘(奧妙)하다.

그러므로 지지(地支)의 인원(人元)은 반드시 천간(天干)의 인조(引助)를 얻어야 하고 천간(天干)을 용신(用神)으로 할 때에는 지지(地支)의 사령(司令)이 필요함을 알게 된다. 이를 총괄(總括)하여 말하면, 인원(人元)은 반드시 사령(司令)이 되어야 능히 길신(吉神)을 이끌어주고 흉신(凶神)을 억제(抑制)할 수 있으며 사령신(司令神)은 반드시 천간(天干)에 투출(透出)되어야만 조격보용(助格補用)할 수 있는 것이다.

만약에 寅월의 戊土이거나, 巳월의 庚金은 사령신(司令神)이 천간(天干)에 출현(出現)하지 않았다면 그대로 두고 논(論)하지 않는 것이다. 가령 인월생인(寅月生人)이 戊土가 사령(司令)이면 甲木이 비록 때에 이르지 못하였고 戊土가 비록 사령(司令)하였다고 할지라도 천간(天干)에 火土가 투출(透出)하지 않고 水木이 투출(透出)하면 '지쇠문왕(地衰門旺)'이라고 말한다. 천간(天干)에서 水木이 투출(透出)하지 않고 火土가 투출(透出)하면 '문왕지쇠(門旺地衰)'라고 말하는데 모두가 길흉(吉凶)이 반반(半半)이다.

만약 丙火가 사령(司令)하고 원국(原局)에 火가 없으면 한목(寒木)이 火를 얻어서 번화(繁華)하고 춘화(春火)가 木의 생조(生助)를 얻었으니 '문지양왕(門地兩旺)'이라고 하는데 복력(福力)이 비상하다. 가령 戊土가 사령(司令)인데 木이 투출(透出)하고 지지(地支)에 水가 있으면 '문지동쇠(門地動衰)'라고 하는데 예측(豫測)할 수 없는 재앙(災殃)이 생긴다.

것이다.

丙 戊 丙 甲
辰 寅 寅 戌

癸 壬 辛 庚 己 戊 丁
酉 申 未 午 巳 辰 卯

戊寅日元 生于立春十五日後 正當甲木司令 地支兩寅緊剋辰戌之土 天
무인일원　　생우입춘십오일후　　정당갑목사령　　지지양인긴극진술지토　천

干甲木 干又制日干之戊 似乎殺旺身弱 然喜無金 則日元之氣不洩 更
간갑목　간우제일간지무　　사호살왕신약　연희무금　즉일원지기불설　경

妙無水則丙火之印不壞 尤羨貼身透丙 化殺生身 由甲榜而懸青綬 從
묘무수즉병화지인불괴　우선첩신투병　화살생신　유갑방이현청수　종

富尹以躋黃堂 名利雙收也.
부윤이제황당　명리쌍수야

무인(戊寅) 일원(日元)이 입춘(立春) 15일 이후(以後)에 생(生)하여 바로 甲木 사령(司令)이다. 지지(地支)에서 寅木이 또 일주(日主) 戊土를 억제(抑制)하므로 살왕신약(殺旺身弱)한 것처럼 보인다. 그러나 기쁜 것은 사주에 金이 없으니 일원지기(日元之氣)가 설(洩)하지 않고, 더욱 오묘(奧妙)한 것은 水가 없으므로 丙火가 손상(損傷)되지 않음이다.

더 더욱 오묘(奧妙)한 것은 丙火가 일주(日主)의 양(兩)쪽에서 투출(透出)하였고 살인생조(殺引生助)하는 것이다. 그러므로 갑방(甲方)으로 급제(及第)하여 벼슬길에 올라 부윤(富尹)을 거쳐 황당(黃堂)에 이르렀으니 명리(名利)가 양전(兩全)하였다.

戊土 일주가 寅月에 실령(失令)하였으나 寅 중에 戊丙甲이 천간(天干)에 투출(透出)되어 천부지재(天覆地載)가 되었으며 관살(官殺)이 왕성(旺盛)하지만 丙火가 인화

(引化)하여 살인상생(殺印相生)이 되었으니 자연히 丙火가 용신(用神)이다.

격국용신(格局用神)으로 볼 때는 관살(官殺)이 태왕(太旺)하여 식신제살격(食神制殺格)이 되어 인비식(印比食)인 火土金이 희신(喜神)이고 기신(忌神)은 재관(財官)인 水木이다. 대운(大運)이 남서(南西) 방향인 火金으로 행(行)하여 대발(大發)하였다.

任註

```
庚 戊 丙 甲
申 辰 寅 戌
```

癸壬辛庚己戊丁
酉申未午巳辰卯

戊辰日元 生于立春後六日 正戊土司令 月透丙火 生化有情 日支坐辰
무진일원　생우입춘후육일　정무토사령　월투병화　생화유정　일지좌진

通根身旺 又得食神制殺 俗論比之 勝于前造 不知嫩木寒土 皆喜火 況
통근신왕　우득식신제살　속론비지　승우전조　부지눈목한토　개희화　황

殺旣化 不宜再制 所嫌者 申時不但日主洩氣 而且丙火臨絶 以致書香
살기화　불의재제　소혐자　신시부단일주설기　이차병화임절　이치서향

難遂 一生起倒不寧 半世刑傷不免也.
난수　일생기도불녕　반세형상불면야

戊辰 일원(日元)이 입춘(立春) 6일 후 바로 戊土 사령(司令)에 생(生)하였다. 월간(月干)에 丙火가 투출(透出)하여 살인상생(殺印相生)으로 유정(有情)하고 일주(日主)는 일지(日支)인 辰土에 앉아 통근신왕(通根身旺)하며 또한 식신제살(食神制殺)하고 있으니 속(俗)되게 논(論)하여 전명조(前命造)보다 나을 것이라고 할 것이다.

그러나 춘초(春初)의 연약한 木과 얼음이 풀리지 않은 土는 모두 火를 기뻐하는 것을 모르는 소치이다. 더군다나 살(殺)은 이미 인화(引化)되었으니 다시 극제(剋制)하는 것은 마땅하지 않다. 가장 꺼리는 것은 시지(時支)의 申金인데 일주(日主)를 설기(洩氣)할 뿐만 아니라 용신(用神)인 丙火의 뿌리가 되는 寅木을 손상(損傷)하고 있

다. 그러므로 학문을 이루기 어려웠고 일생(一生) 동안 기복(起伏)이 많았으며 반평
생(半平生) 동안 형상(刑傷)을 면(免)하지 못하였다.

評註

戊土 일주가 寅월에 태어나 실령(失令)하였고 일지(日支) 辰土에 득지(得地)하였으
나 辰土는 寅木으로부터 극제(剋制)당하고 있으니 회합(會合)으로 인진(寅辰) 목국(木
局)이 되었으니 오히려 일주(日主) 戊土를 더욱 극제(剋制)하고 있으며 庚申金이 설
기(洩氣)하니 신약(身弱)하다.

희신(喜神)은 인비(印食)인 火土이고 기신(忌神)은 식재관(食財官)인 金水木이다. 더
욱 꺼리는 것은 천간(天干)에 丙庚이 충극(冲剋)하고 지지(地支)는 寅申이 충극(冲剋)
하여 천충지충(天冲地冲)되니 형액(刑厄)을 암시(暗示)하고 있다.

대운(大運)을 분석(分析)해 보면 己巳 운은 寅巳申 삼형살(三刑殺)이 들어와서 형액
(刑厄)을 면(免)치 못하였을 것이고 庚午 운은 천간(天干)에서 甲庚 충극(冲剋), 丙庚
충극(冲剋)으로 丙火 희신(喜神)이 충거(冲去)되었으며 辛未 운은 丙辛 합거(合去)되고
戌未로 형살(刑殺)이 들어와서 일생 동안(一生同案) 기복(起伏)이 많았다는 것을 알 수
있다.

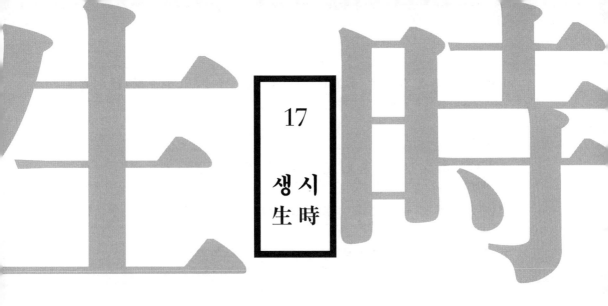

生 時

原文

生時乃歸宿之地 譬之墓也 人元用事之神 墓之定方也 不可以不辨
생시내귀숙지지　비지묘야　인원용사지신　묘지정방야　불가이불변

　생시(生時)는 돌아가서 쉬는 귀숙지(歸宿地)로, 비유(比喩)하면 묘(墓)와 같다. 소장
(所藏)된 인원(人元)은 용사지신(用事之神)으로 묘(墓)의 좌향(坐向)을 정(定)하는 것과
같으므로, 분별(分別)하지 않으면 안 된다.

原註

子時生人 前三刻 三分壬水用事 後四刻 七分癸水用事 評其與寅月生
자시생인　전삼각　삼분임수용사　후사각　칠분계수용사　평기여인월생

人 戊土用事何如 丙火用事何如 甲木用事何如 局中所用之神 如壬水
인　무토용사하여　병화용사하여　갑목용사하여　국중소용지신　여임수

用事者何如 癸水用事者何如 窮其淺深 如憤墓之定方道 斯可以斷人
용사자하여　계수용사자하여　궁기천심　여분묘지정방도　사가이단인

之禍福.
지화복

至同年月日而百人各一應者 當究其時之先後 又論山川之異 世德之殊
지동년월일이백인각일응자　당구기시지선후　우론산천지이　세덕지수

十有九驗 其有不驗者 不過此則有官 彼則子多 此則多財 彼則妻美
십유구험　기유불험자　불과차즉유관　피즉자다　차즉다재　피즉처미

爲小異耳.
위소이이

夫山川之異 不惟東西南北 迥乎不同者 宜辨之 卽一邑一家 而風聲氣
부산천지이　불유동서남북　형호부동자　의변지　즉일읍일가　이풍성기

習 不能一律也 世德之殊 不惟富貴貧賤 絶乎不侔者 宜辨之 卽同門共
습　불능일률야　세덕지수　불유부귀빈천　절호불모자　의변지　즉동문공

戶 而善惡邪正 不能盡齊也 學者察此 可以知其興替矣.
호　이선악사정　불능진제야　학자찰차　가이지기흥체의

자시생인(子時生人)이면 자정전(子正前) 삼각삼분(三刻三分)까지는 壬水가 용사(用事)하고 이후(以後) 사각칠분(四刻七分)은 癸水가 용사(用事)한다.

평주(評註)에서 한 시간은 사각(四刻)이며 일각(一刻)은 십오(十五) 분이므로 지금 시간으로 壬水가 오십(五十) 분간 작용하고 癸水가 한 시간(時間) 십분(十分)을 작용한다. 이것은 전월(前月)의 癸水가 작용하는 야자시(夜子時)를 말하는 것이다.

寅월 자시(子時)에 생(生)한 사람의 사주(四柱)를 평(評)할 때에는 戊土가 용사(用事)할 때에는 어떠한가? 또는 丙火가 용사(用事)할 때는 어떠한가? 그리고 甲木이 용사(用事)할 때는 어떠한가를 살핀다. 명국(命局) 중에 소용지신(所用之神)은 임수용사(壬水用事)와는 어떠하고 계수용사(癸水用事)와는 어떠한가를 살펴서 그 절기와 시각(時刻)의 심천(深淺)을 궁구(窮究)하여야 한다.

이는 마치 묘(墓)의 좌향(坐向)을 정(定)하는 용사(用事)와 같으니 이것으로서 인간(人間)의 화복(禍福)을 판단할 수 있다.

같은 년월일(年月日)에 태어난 사람도 백인(百人)이 각각 다르게 자기의 명운(命運)을 타고났는데 마땅히 생시(生時)의 선후(先後)를 탐구(探究)하고 다시 출생지(出生地)의 산천지이(山川之異)와 선조(先祖)의 세덕지수(世德之殊)의 차이를 논(論)한다면 열 가운데서 아홉이 징험(徵驗)할 수 있다.

그중에서 징험(徵驗)이 안 되는 것은 다만, 이 사람이 벼슬을 하였으면, 저 사람은 자손(子孫)이 많고, 이 사람은 재물(財物)이 많으나, 저 사람은 처(妻)가 아름다운

정도로 작은 차이에 불과하다.

산천지이(山川之異)는 동서남북(東西南北)의 방향(方向)뿐만 아니라 그 출생지(出生地)가 다른 곳의 경우에는 마땅히 분별(分別)하여야 하는데 같은 고을에 사는 집이라 할지라도 가풍(家風)과 생활(生活)하는 습속(習俗)이 다르므로 일률적(一律的)으로 논(論)할 수는 없는 것이다.

그리고 세덕지수(世德之殊)는 부귀빈천(富貴貧賤)뿐만 아니라 모든 행실(行實)이 같을 수 없으므로 마땅히 분별(分別)하여야 하는데, 같은 가문(家門)의 집안이라도 선악(善惡)과 사정(邪正)이 모두 같을 수 없으므로 이 학문(學問)을 하는 사람은 이것을 살필 수 있어야 가히 그 흥쇠(興衰)를 알 수 있다.

任註

任氏曰　子時全三刻三分壬水用事者　乃亥中餘氣　卽所謂夜子時夜　如
임씨왈　　자시전삼각삼분임수용사자　내해중여기　　즉소위야자시야　여

大雪　十日前壬水用事之謂也　餘時亦有前後用事　須從司令一例而惟.
대설　십일전임수용사지위야　여시역유전후용사　수종사령일례이유

如生時用事　與月令人元用事相附　是日主所喜者　加倍與隆　是日主之
여생시용사　여월령인원용사상부　시일주소희자　가배여융　시일주지

所忌者　必增凶禍　生時之美惡　譬墳墓之穴道　人元之用事　如墳墓之朝
소기자　필증흉화　생시지미악　비분묘지혈도　인원지용사　여분묘지조

向　不可而不辨.
향　불가이불변

故穴吉向凶　必咸其吉　必咸其凶　如丙日亥時　亥中壬水乃丙之殺　得
고혈길향흉　필함기길　필함기흉　여병일해시　해중임수내병지살　득

甲木用事　謂穴凶向吉　辛木未時　木中己土　乃辛金之印　得丁火用事　謂
갑목용사　위혈흉향길　신목미시　목중기토　내신금지인　득정화용사　위

穴吉向凶.
혈길향흉

理雖如此　然時之不的當者　十有四五　夫時尙有不的　又何能辨其生剋乎.
이수여차　연시지부적당자　십유사오　부시상유부적　우하능변기생극호

如果時的　縱不究其人元　亦可斷其規模矣　譬如千然之龍　天然之穴　必
여과시적　종불구기인원　역가단기규모의　비여천연지용　천연지혈　필

有 千然之向 天然指向 必有天然之水 只要時支不錯 則吉凶自驗 其人
유 천연지향 천연지향 필유천연지수 지요시지불착 즉길흉자험 기인

元用事 到底不比提綱司令之爲重也.
원용사　도저불비제강사령지위중야

至於山川之異 世德之殊 因之發福厚薄 見禍有重輕 而況人品端邪 亦
지어산천지이 세덕지수 인지발복후박 견화유중경 이황인품단사 역

可 轉移禍福 此又非命之所得而拘者矣 宜消息之.
가 전이화복 차우비명지소득이구자의 의소식지

임씨(任氏)가 말하길, 子時의 전삼각(前三刻) 삼분(三分)까지는 壬水가 용사(用事)한다는 것이니 亥 중의 여기(餘氣)로서 야자시(夜子時)를 말한다. 이는 대설(大雪) 후 십(十)일까지를 壬水가 용사(用事)하는 것과 같으니 반드시 사령(司令)을 좇아 일례(一例)로 추구(推究)하여야 한다.

만약 생시(生時)의 용사(用事)가 월령(月令)의 인원(人元) 용사(用事)와 같이 서로 부합하여 논(論)하는 것이니, 일주(日主)가 기뻐하는 것이며 흥융(興隆)이 배가(倍加)할 것이고 일주(日主)가 꺼리는 것이면 흉화(凶禍)가 더 할 것이다.

생시(生時)의 미악(美惡)은 분묘(墳墓)의 혈도(穴道)에 비유(比喩)할 수 있고 인원(人元)의 용사(用事)는 분묘(墳墓)의 좌향(坐向)과 같으므로 분별(分別)하지 않으면 안 된다. 그러므로 혈(穴)은 길(吉)하나 향(向)이 흉(凶)하면 반드시 길(吉)함이 감해진다.

가령 丙火 일주(日主)가 亥시에 태어난 경우에 亥 중의 壬水는 丙火의 살(殺)이니 甲木이 용사(用事)하는 때를 얻었다면, 이는 혈(穴)은 흉(凶)하나 향(向)이 길(吉)한 것이다. 辛金 일주(日主)가 未시에 태어난 경우는 未 중의 己土는 辛金의 인수(印綬)인데 丁火가 용사(用事)하는 때를 얻었다면, 혈(穴)은 길(吉)하나 향(向)은 흉(凶)한 것이다.

이치(理致)는 이와 같다고 할지라도 생시(生時)가 정확(正確)하지 않은 사람이 열 사람 가운데 네다섯이니, 생시(生時)가 정확(正確)하지 않으면 어찌 생극(生剋)을 분별(分別)할 수 있겠는가?

만약 생시(生時)가 정확(正確)하면 비록 인원(人元)을 추구(推究)하지 않아도 그 규

모(規模)는 판단(判斷)할 수 있는 것이다. 가령 천연(天然)의 용세(龍勢)와 천연(天然)의 혈(穴)에는 반드시 천연(天然)의 향(向)이 있고, 천연(天然)의 향(向)에는 반드시 천연(天然)의 水가 있다.

시지(時支)가 착오(錯誤)가 없으면 길흉(吉凶)은 자연히 징험(徵驗)될 수 있으니 인원용사(人元用事)는 제강사령(提綱司令)에 비교가 안 되는 것이다. 산천지이(山川之異)와 세덕지수(世德之殊)는 이것으로 인(因)하여 발복(發福)에 후박(厚薄)이 있고 재화(災禍)의 경중(輕重)이 있다. 그러므로 인품(人品)의 단정(端正)함과 사악(邪惡)함도 역시 화복(禍福)을 바꿀 수 있는 것이니 타고난 명조(命造)에 구애(拘碍)되지 않는 것이니 마땅히 그 변화(變化)를 헤아려야 한다.

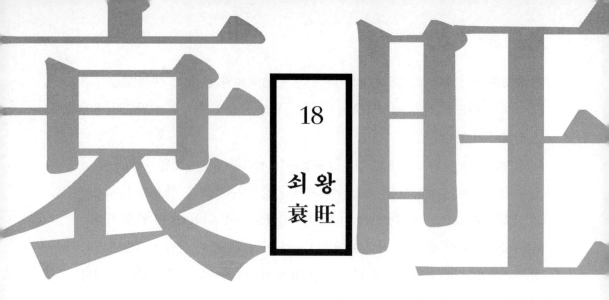

原文

能知衰旺之眞機 其于三命之奧 思過半矣
능지쇠왕지진기　　기우삼명지오　　사과반의

쇠왕(衰旺)의 참된 기틀을 능히 알면 삼명(三命)의 오묘(奧妙)한 이치(理致)를 깨달음은 그 생각이 반을 넘는다.

原註

旺則宜洩宜傷 衰則喜幇喜助 子平之理也 然旺中有衰者存 不可損也
왕즉의설의상　　쇠즉희방희조　　자평지리야　　연왕중유쇠자존　　불가손야

衰中有旺者存 不可益也 旺之極者不可損 以損在其中矣 衰之極者不
쇠중유왕자존　　불가익야　　왕지극자불가손　　이손재기중의　　쇠지극자불

可益 以益在其中矣.
가익　　이익재기중의

至於實所當損者以損之 反凶 實所當益者以益之 反害 比眞機 皆能知
지어실소당손자이손지　　반흉　　실소당익자이익지　　반해　　비진기　　개능지

之 又何難於詳察三命之微奧乎.
지　　우하난어상찰삼명지미오호

왕(旺)하면 설(洩)하거나 상(傷)함이 마땅하고 쇠(衰)하면 방부(幇扶)하거나 생조(生助)를 기뻐하는 것이 자평(子平)의 원리(原理)이다. 그러나 왕(旺)한 가운데 쇠(衰)하는 것이 있으니 손상(損傷)하여서는 아니 되고 쇠(衰)한 가운데 왕(旺)한 것을 방조(幇助)하는 것은 아니 된다. 왕극자(旺極者)는 손상(損傷)하여서는 아니 되고 쇠극자(衰極者)는 보태 주어서는 아니 된다.

그 쇠(衰)한 가운데 익(益)이 내재(內在)되어 있기 때문이다.

심지어 마땅히 손상(損傷)해야 할 것을 익(益)하였는데 도리어 해(害)가 되는 경우가 있으니 진기(眞機)를 능히 다 안다면 삼명(三命)의 오묘(奧妙)한 기미(機微)를 자세하게 살펴보는 것이 어찌 쉽겠는가.

任註

任氏曰 得時俱爲旺論 失令便作衰看 雖是至理 亦死法也 夫五行之氣
임씨왈　 득시구위왕론　 실령편작쇠간　 수시지리　 역사법야　 부오행지기

流行於四時 雖日干各有專令 而其實專令之中 亦有竝存者在.
유행어사시　 수일간각유전령　 이기실전령지중　 역유병존자재

如春木司令 甲乙雖旺 而此時休囚之戊己 亦未嘗絶于天地也 冬水司
여춘목사령　 갑을수왕　 이차시휴수지무기　 역미상절우천지야　 동수사

令 壬癸雖旺 而此時休囚之丙丁 亦未嘗絶于天地也 得時當退避 不敢
령　 임계수왕　 이차시휴수지병정　 역미상절우천지야　 득시당퇴피　 불감

爭先而其實春 土何嘗不生萬物 冬日何嘗不照萬國乎.
쟁선이기실춘　 토하상불생만물　 동일하상부조만국호

況八字雖以月令爲重 而旺相休囚 年月時中 亦有損益之權 故生月卽
황팔자수이월령위중　 이왕상휴수　 년월시중　 역유손익지권　 고생월즉

不値令 亦能値年値日値時 豈可執一而論.
불치령　 역능치년치일치시　 기가집일이론

有如春木雖强 金太重而木亦危 干庚辛而支申酉 無火制而不當 逢土
유여춘목수강　 금태중이목역위　 간경신이지신유　 무화제이부당　 봉토

生而必夭 是得時不旺也 秋木雖弱 木根深而木亦强 干甲乙而支寅卯
생이필요　 시득시불왕야　 추목수약　 목근심이목역강　 간갑을이지인묘

遇官透而能受 逢水生而太過 是失時不弱也.
우관투이능수　 봉수생이태과　 시실시불약야

是故日干不論月令休囚 只要四柱有根 便能受財官食神而當傷官七殺.
시고일간불론월령휴수　　지요사주유근　　편능수재관식신이당상관칠살

長生祿旺 根之重者也 墓庫餘氣 根之輕者也 天干得一比肩 不如地支
장생록왕　　근지중자야　　묘고여기　　근지경자야　　천간득일비견　　불여지지

得 一餘氣墓庫 墓者 如甲乙逢未 丙丁逢戌 庚辛逢丑 壬癸逢辰之類是
득　일여기묘고　묘자　여갑을봉미　병정봉술　경신봉축　임계봉진지류시

也 餘氣者 如丙丁逢未 甲乙逢辰 庚辛逢戌 壬癸逢丑之類是也.
야　여기자　여병정봉미　갑을봉진　경신봉술　임계봉축지류시야

得二比肩 不如支中得一長生祿旺 如甲乙逢亥寅卯之流是也 皆比肩如
득이비견　　불여지중득일장생록왕　　여갑을봉해인묘지류시야　　개비견여

朋友之相扶 通根如家室之可託 干多不如根重 理固然也.
붕우지상부　　통근여가실지가탁　　간다불여근중　　리고연야

今人不知此理 見是春土夏水秋木冬火 不問有根無根 便謂之弱 見是
금인부지차리　　견시춘토하수추목동화　　불문유근무근　　편위지약　　견시

春木 夏火秋金冬水 不究剋重剋輕 便謂之旺.
춘목　　하화추금동수　　불구극중극경　　편위지왕

更有壬癸水逢辰 丙丁逢戌 甲乙逢未 庚辛逢丑之類 不以謂通根身庫
경유임계수봉진　　병정봉술　　갑을봉미　　경신봉축지류　　불이위통근신고

甚至求刑冲以開之 竟不思刑冲傷吾本根之氣 此種謬論 必宜一切掃除
심지구형충이개지　　경불사형충상오본근지기　　차종류론　　필의일체소제

也 然此皆論衰旺之正而易者也.
야　　연차개론쇠왕지정이역자야

更有顚倒之理存焉 其理有十 木太旺者而似金 喜火之煉也 木旺極者
경유전도지리존언　　기리유십　　목태왕자이사금　　쇠화지련야　　목왕극자

而似火 喜水之剋也 火太旺者而似水 喜土之止也 火旺極者而似土 喜
이사화　　희수지극야　　화태왕자이사수　　희토지지야　　화왕극자이사토　　희

木之剋也 土太旺 者而似木 喜金之剋也 土旺極者而似金 喜火之煉也
목지극야　　토태왕　자이사목　　희금지극야　　토왕극자이사금　　희화지련야

金太旺者而似火 喜水之濟也 金旺極者而似水 喜土之止也 水太旺者
금태왕자이사화　　희수지제야　　금왕극자이사수　　희토지지야　　수태왕자

而似土 喜木之制也 水旺 極者而似木 喜金之剋也.
이사토　　희목지제야　　수왕　극자이사목　　희금지극야

木太衰者而似水也 宜金以生之 木衰極者而似土也 宜火以生之 火太
목태쇠자이사수야　　의금이생지　　목쇠극자이사토야　　의화이생지　　화태

衰者 而似木也 宜水以生之 火衰極者而似金也 宜土以生之 土太衰者
쇠자 이사목야 의수이생지 화쇠극자이사금야 의토이생지 토태쇠자

而似火也 宜木以生之 土衰極者而似水也 宜金以生之 金太衰者而似
이사화야 의목이생지 토쇠극자이사수야 의금사생지 금태쇠자이사

土也 宜火以生之 金衰極者而似木也 宜水以生之 水太衰者而似金也
토야 의화사생지 금쇠극자이사목야 의수이생지 수태쇠자이사금야

宜土以生之 水衰極者而似 火也 宜木以生之.
의토이생지 수쇠극자이사 화야 의목이생지

此五行顚倒之眞機 學者宜細詳元元之妙.
차오행전도지진기 학자의세상원원지묘

임씨(任氏)가 말하길, 득시(得時)하면 모두 왕(旺)한 것으로 논(論)하고 실령(失令)하면 곧 쇠약(衰弱)하다고 논(論)하는 것은 비록 지극한 이치(理致)이기는 하나 역시 사법(死法)이다.

오행지기(五行之氣)는 사시(四時)를 유행(流行)하고 있는데 비록 일간(日干)이 각각의 전령(專令)이 있으나 실은 전령(專令)한 가운데에도 또 병존(並存)하는 것이 있다. 가령 춘목(春木)이 사령(司令)하면 甲木이 비록 전령(專令)을 얻어 왕(旺)하다고 할지라도 휴수(休囚)한 戊己土 역시 천간(天干)에 완전히 끊어짐이 없고, 동수(冬水)가 사령(司令)하면 壬癸水가 비록 왕(旺)한다고 할지라도 휴수(休囚)한 丙火 역시 천지간(天地間)에 안전히 끊어짐이 없다. 다만 시령(時令)이 휴수(休囚)되면 물러나 피(避)하고 있으므로 감히 앞을 다투지는 못하지만 어찌 춘토(春土)가 만물(萬物)을 생(生)하지 아니하며 동화(冬火)가 어찌 만국(萬國)을 비추지 않겠는가?

하물며 팔자(八字)는 비록 월령(月令)으로서 왕상휴수(旺相休囚)를 중요하게 할지라도 년월시(年月時) 중에도 또한 손익(損益)하는 힘이 있다. 그러므로 생월(生月)에서 시령(時令)을 얻지 못하였다고 할지라도 역시 년일시(年日時)의 간지(干支)에서 필요한 것을 능히 얻을 수 있는 것이니 어찌 한 가지만을 고집(固執)하여 쇠왕(衰旺)을 논(論)할 수 있겠는가?

가령 춘목(春木)이 강(强)하나 金이 태중(太重)하면 木이 역시 위태(危殆)한 것이니 천간(天干)의 庚辛金이 투출(透出)하여 지지(地支)의 申酉金에 통근(通根)한 경우에 火

의 극제(剋制)가 없으면 부유(富裕)하지 못하고, 土의 생조(生助)를 만나면 반드시 요절(夭折)하므로 이는 득시(得時)하였으나 왕(旺)하지 않은 것이다.

또한 추목(秋木)은 비록 쇠약(衰弱)하나 木 뿌리가 깊다면 휴수(休囚)가 되더라도 역시 강(强)한 것이니, 천간(天干)의 甲乙木이 지지의 寅卯에 통근(通根)하면 관(官)이 투출(透出)되어도 능히 감당할 수 있고 水를 만나면 태과(太過)하게 되므로 이는 실시(失時)하였으나 약(弱)하지 않은 것이다. 이러한 까닭으로 일간(日干)은 월령(月令)의 휴수(休囚)를 논(論)하지 않고 다만 사주(四柱)에 뿌리가 있음을 요(要)하며 뿌리가 실(實)하면 능히 재관(財官)과 식신(食神)을 받을 수 있고 상관(傷官)이나 칠살(七殺)도 감당(勘當)할 수 있는 것이다.

장생(長生)하거나 녹왕(祿旺)은 뿌리가 깊은 것이고, 묘고(墓庫)와 여기(餘氣)는 뿌리가 얕은 것이다. 천간(天干)에서 하나의 비견(比肩)을 얻은 것은 지지(地支)에서 여기(餘氣)나 묘고(墓庫)를 얻는 것만 못하다. 묘(墓)라는 것은 甲乙이 未를 만나거나, 丙丁이 戌, 庚辛이 丑, 壬癸가 辰을 만나는 것이고, 여기(餘氣)라는 것은 甲乙이 辰을 만나거나, 丙丁이 未, 庚辛이 戌, 壬癸가 丑을 만나는 것 등이다.

천간(天干)에 비견(比肩) 둘을 얻는 것이 지지(地支)에 장생(長生)이나 녹왕(祿旺)하나를 얻는 것만 같은 것이니, 가령 甲乙木이 亥寅卯 중에서 하나를 만나는 것이다. 비견(比肩)이란 친구와 상부(相扶)하는 것과 같고, 통근(通根)이란 내 집의 가축(家畜)에게 하는 것과 같으므로 '간다불여근중(干多不如根重)'이라는 것은 "천간(天干)에 비견(比肩)이 많은 것이 지지(地支)에 뿌리가 깊은 것만 못하다"라고 한 것은 진실로 당연한 이치(理致)이다.

지금 사람들은 이러한 이치(理致)를 모르고 춘토(春土), 하수(夏水), 추목(秋木), 동화(冬火) 등만을 보고 사주(四柱)에 유근(有根), 무근(無根)을 논(論)하지 않고 바로 약(弱)하다고 논(論)하고, 춘목(春木), 하화(夏火), 추금(秋金), 동수(冬水) 등만을 보고 사주(四柱)의 극제(剋制)의 경중(輕重)을 탐구(探究)하지 않고 바로 득령(得令)하여 왕(旺)하다고 논(論)한다.

또한 壬癸가 辰을 만나거나, 丙丁이 戌을 만나거나, 甲乙이 未를 만나거나, 庚辛이 丑을 만나게 되며 일주(日主)가 신고(身庫)에 통근(通根)한 것은 생각하지 않고 심지어는 개고(開庫)를 위하여 형충(刑冲)을 구(求)한다고 하는 것은 형충(刑冲)을 하면 일주(日主)의 뿌리가 손상(損傷)된다는 것을 생각하지 못하고 있는 것이니, 이러한 논리(論理)는 반드시 일체(一體)를 소제(掃除)하여 버리는 것이 마땅하다.

그러나 이상의 것은 모두가 쇠왕(衰旺)의 정론(正論)으로서 쉬운 것들이다. 다시 쇠왕(衰旺)의 이치가 전도(顚倒)되는 이치(理致)가 있으니 그 이치(理致)는 모두 열 가지가 있다.

하나, 목태왕(木太旺)한 것은 金과 같으므로 火의 단련(煅煉)을 기뻐하고, 목왕극(木旺極)한 것은 火와 같으니 水의 극제(剋制)를 기뻐한다.

둘, 화태왕(火太旺)한 것은 水와 같으므로 土의 제지(制止)를 기뻐하고 화왕극(火旺極)한 것은 土와 같으므로 木의 극제(剋制)를 기뻐한다.

셋, 토태왕(土太旺)한 것은 木과 같으므로 金의 극제(剋制)를 기뻐하고 토왕극(土旺極)한 것은 金과 같으므로 火의 단련(煅煉)을 기뻐한다.

넷, 금태왕(金胎旺)한 것은 火와 같으므로 水의 기제(旣濟)를 기뻐하고 금왕극(金旺極)한 것은 水와 같으므로 土의 제지(制止)를 기뻐한다.

다섯, 수태왕(水太旺)한 것은 土와 같으므로 木의 극제(剋制)를 기뻐하고 수왕극(水旺極)한 것은 木과 같으므로 金의 극제(剋制)를 기뻐한다. 그리고 태쇠(太衰)와 쇠극(衰極)의 경우에도 역시 오행(五行)이 전도(顚倒)되는 이치(理致)도 있다.

여섯, 목태쇠(木太衰)한 것은 水와 같으므로 金으로 생조(生助)하여야 마땅하고 목쇠극(木衰極)한 것은 土와 같으므로 火로써 생조(生助)하는 것이 마땅하다.

일곱, 화태쇠(火太衰)한 것은 木과 같으므로 水로써 생조(生助)하여야 마땅하고 화쇠극(火衰極)한 것은 金과 같으므로 土로써 생조(生助)하는 것이 마땅하다.

여덟, 토태쇠(土衰太)한 것은 火와 같으므로 木으로써 생조(生助)하여야 마땅하고 토쇠극(土衰極)한 것은 水와 같으므로 金으로 생조(生助)하는 것이 마땅하다.

아홉, 금태쇠(金太衰)한 것은 土와 같으므로 火로써 생조(生助)하여야 마땅하고 금쇠극(金衰極)한 것은 木과 같으므로 水로써 생조(生助)하는 것이 마땅하다.

열, 토태쇠(土衰太)한 것은 金과 같으므로 土로써 생조(生助)하여야 마땅하고 토쇠극(土衰極)한 것은 水와 같으므로 金으로 생조(生助)하는 것이 마땅하다. 이것은 오행(五行)이 전도(顚倒)되는 진기(眞機)이니 명리(命理)를 연구하는 사람은 마땅히 원원지묘(元元之妙)[169]를 자세히 살펴야 한다.

評註

임주(任註)에서 전도지리(顚倒之理)는 태왕의설(太旺宜洩), 왕극의생(旺極宜生), 태쇠의극(太衰宜剋), 쇠극의설(衰極宜洩)을 논(論)한 것이다. 그러므로 종격(從格)의 형상(形象)과 용신(用神)을 논(論)한 것이다.

태왕(太旺)은 종강(從强), 왕극(旺極)은 종왕(從旺)을 논(論)한 것이고, 태쇠(太衰)는 종재(從財)나 종살(從殺), 쇠극(衰極)은 종아(從兒)를 논(論)한 것이다. 원주(原注)에서 "쇠왕(衰旺)의 참된 기능을 알면 그 삼명(三命)의 오묘(奧妙)함을 절반 이상(以上)을 알 수 있다"라고 하였다.

삼명(三命)이란 앞에서도 이미 언급(言及)했지만 다시 한 번 상기하여 본다면 첫째로 명(命)대로 복(福)을 누리고, 둘째로 착한 일을 해도 해(害)를 입고, 셋째로 선악(善惡) 간에 마땅한 갚음을 받는다는 것이다.

가령 천간(天干)에 비견(比肩) 둘이, 지지(地支)에 있는 한 개의 장생(長生)이나 녹왕(祿旺)보다도 못하다는 것이다. 천간(天干)에 甲木이 2개 있는 것보다, 지지(地支)에 亥水 하나가 있어도 亥가 더 강(强)하다는 뜻이다.

또한 이치(理致)별로 살펴보아도 어느 날에 태어났느냐가 제일 중요하다.

그러나 세력(勢力)의 왕쇠(旺衰)를 논(論)할 때에는 어느 달에 태어났느냐가 제일 중요하다. 그러므로 甲乙木일 寅卯辰날에 태어나야 뿌리가 착근(着根)되어 그 나무가 잘 살 수 있는 것이고 다음으로 계절(季節)을 잘 타고나야 잘 자랄 수 있는 것이다. 그리고 시간(時間)을 잘 타고나야 한다. 그다음으로 암장(暗藏)된 중기(中氣)를 참고(參考)해야 한다.

천간(天干)에 힘은 甲寅이나 乙卯와 같이 천부지재(天覆地載)로 되어 있을 때 가장

---

169 원원지묘(元元之妙): 근본(根本)의 묘리(妙理).

강(强)한 힘이 되고, 다음이 월령(月令)을 얻는 것이고. 그 다음은 시지(時支)를 얻는 것이다.

任註

```
戊 甲 丁 甲
辰 子 卯 辰
```

```
甲 癸 壬 辛 庚 己 戊
戌 酉 申 未 午 巳 辰
```

甲子日生卯月　地支兩辰　是木之餘氣也　又辰卯東方　子辰拱水　木太旺
갑자일생묘월　지지양진　시목지여기야　우진묘동방　자진공수　목태왕

者 似金也　以丁火爲用　至巳運　丁火臨旺　名利宮牆　庚辛兩運　南方截
자 사금야　이정화위용　지사운　정화임왕　명리궁장　경신양운　남방절

脚 之金　雖有刑耗而無大患　未運剋去子水　食廩天儲　午運　子水冲剋
각 지금　수유형모이무대환　미운극거자수　식름천저　오운　자수충극

秋闈 失意　壬申運　金水齋來　刑妻剋子　破耗多端　癸運不祿.
추위 실의　임신운　금수재래　형처극자　파모다단　계운불록

甲子 일주가 卯月에 생(生)하여 지지(地支)의 양진(兩辰)은 木의 여기(餘氣)이고 또한 辰卯가 동방((東方)이고 子辰이 수국(水局)을 이루었다. 목태왕(木太旺)은 금(金)과 같으므로 丁火가 용신(用神)이다.

巳운에 이르러 丁火가 왕지(旺地)에 임(臨)하여 궁궐(宮闕)의 사문(師門)에 이름이 오르게 되었다. 庚辛 운에는 남방(南方)의 절각(截脚)된 金이니 비록 형모(刑耗)가 있었으나 큰 재앙(災殃)은 없었으며 반궁(泮宮)의 식름(食廩)에 올랐다. 未운에는 극거자수(剋去子水)하고 午운에는 子水와 충극(冲剋)하여 추위(秋闈)의 뜻을 이루지 못하였다. 壬申운에는 金水가 함께 들어오니 형처극자(刑妻剋子)하였고 파모(破耗)가 많았으며 癸운에 세상을 떠났다.

甲木 일간이 卯월에 태어나 득령(得令)하였고 좌하(坐下) 지지(地支)에 득지(得地)하였으며 子辰 합수(合水)와 卯辰 목국(木局)에 양(兩) 甲木이 통근(通根)하고 있으니 신왕(身旺)하고 시상편재격(時上偏財格)이다.

시지(時支)의 辰土와 子辰 합수(合水)가 되면 종왕격(從旺格)이 될 수 있으나 시간(時干)의 戊土는 丁火의 생조(生助)를 얻어 왕성(旺盛)하게 되었으니 오히려 왕목(旺木)을 억제(抑制)할 수 있다. 그러므로 신왕(身旺)으로 보아 희신(喜神)은 식재관(食財官)인 火土金이고 기신(忌神)은 재관(財官)인 水木이다. 대운(大運)이 남서(南西)방향인 火金으로 행(行)하여 아름답다.

戊辰 운과 己巳 운은 火土가 희신(喜神)이고 상하유정(上下有情)이 되었으니 궁장(宮牆)에 이름이 올랐다. 庚午운은 庚金이 午火에 절각(截脚)되었고 지지(地支)의 午火는 子午 상충(相冲)으로 역시 피상(被傷)되었으니 형모가 많았다.

辛未 운은 土金이 희신(喜神)이 되었으니 큰 어려움이 없었으나 壬申 운은 천간(天干) 丁壬 합목(合木)으로 丁火 희신(喜神)이 합거(合去)되었으며 지지(地支)는 申子辰 삼합수국(三合水局)이 되니 형처극자(刑妻剋子)하였으며 파모(破耗)가 많았다. 癸酉운은 丁癸 극충(剋冲), 卯酉 상충(相冲)으로 천충지충(天冲地冲)되어 불록지객(不祿之客)이 되었다.

```
乙 甲 乙 癸
亥 寅 卯 卯
```

```
戊 己 庚 辛 壬 癸 甲
申 酉 戌 亥 子 丑 寅
```

此造	四支皆木	又逢水生	七木兩水	別無他氣	木旺極者	似火也	出身
차조	사지개목	우봉수생	칠목양수	별무타기	목왕극자	사화야	출신

祖業本豊 惟丑運刑傷 壬子水勢乘旺 辛亥金不通根 支逢水旺 此二十
조업본풍 유축운형상 임자수세승왕 신해금불통근 지봉수왕 차이십

年經營 獲利數萬 一交庚戌 土金並旺 破財而亡.
년경영 획리수만 일교경술 토금병왕 파재이망

이 명조(命造)는 지지(地支)가 모두 木이고 水의 생조(生助)를 받고 있으니 칠목양수(七木兩水)가 되어 타기(他氣)가 없으므로 火와 같다. 조업(祖業)이 본래(本來) 풍성(豊盛)한 집안에 태어났으나 오직 丑운에만 형상(刑傷)이 있었다.

壬子 운은 수세(水勢)가 승왕(乘旺)하고 辛亥 운은 金이 무근(無根)하며 지지(地支)에 水가 왕성(旺盛)하므로 20년 동안 경영(經營)을 하여 수만(數萬)의 재물(財物)을 획득(獲得)하였다. 庚戌 운은 바뀌어서는 土金이 모두 왕(旺)하니 재물(財物)을 파(破)하고 세상을 떠났다.

評註

甲木 일주가 卯월에 득령(得令)하였고 전지지(全地支)가 모두 목국(木局)으로 되어 있으며 천간(天干)에도 水木으로만 이루어져 있으니 곡직격(曲直格)이 되었다. 희신(喜神)은 인비식(印比食)인 水木火이고 기신(忌神)은 재관(財官)인 土金이다. 甲寅 운은 본래 풍부(豊富)한 집안에 태어났으며 癸丑 운은 丑土가 기신(忌神)이므로 형상파모(刑傷破耗)가 있었다.

壬子 운은 희신(喜神)이 왕성(旺盛)하고, 辛亥 운에는 辛金이 기신(忌神)이지만 亥水를 생조(生助)하여 관인상생(官印相生)이 되었으니 오히려 희신(喜神)이 되어 20년간 경영(經營)으로 대부(大富)가 되었다. 庚戌 운은 土金 기신(忌神)이 천부지재(天覆地載)로 들어오니 재물의 손상(損傷)뿐만 아니라 수명을 다하였다.

이러한 경우는 庚金이 戌土의 생조(生助)를 받아 土金 기신(忌神)이 왕성(旺盛)하지만 乙庚 합금(合金)으로 오히려 庚金이 합거(合去)되어 기신(忌神)을 무력(無力)하게 하여 아름답다. 한편 갑경상충(甲庚相冲)으로 왕성(旺盛)한 甲木을 분발(奮發)하게 하였으니 쇠자충왕신발(衰者冲旺神發)이 된 것이다.

```
辛 甲 甲 乙
未 申 申 丑
```

```
丁 戊 己 庚 辛 壬 癸
丑 寅 卯 辰 巳 午 未
```

此造 地支土金 木無盤根之處 時干辛金 元神發透 木太衰者 似水也
차조　지지토금　목무반근지처　시간신금　원신발투　목태쇠자　사수야

初運癸未壬午 生木制金 刑喪早見 蔭庇祖豊 辛巳庚辰 金逢生地 白手
초운계미임오　생목제금　형상조견　름비조풍　신사경진　금봉생지　백수

發財數萬 己卯運 土無根 本得也 遭回祿 破財萬餘 至寅而亡.
발재수만　기묘운　토무근　본득야　조회록　파재만여　지인이망

이 명조(命造)는 지지(地支)가 土金이니 木의 뿌리를 내릴 곳이 없다.

시간(時干)의 신금(辛金)이 월령(月令)의 원신(元神)으로 투출하였으니 木의 태쇄(太衰)가 水와 같다. 초년(初年) 癸未, 壬午 운은 생목(生木)하고 金을 극제(剋制)하니 형상(刑喪)을 일찍 겪었으며 조상(祖上)의 음덕(蔭德)도 풍성(豊盛)하기가 어려웠다. 辛巳, 庚辰 운에는 金이 생지(生地)를 만나게 되어 백수로 수많은 재물을 일으켰다. 己卯 운에는 土가 무근(無根)이고 木이 득지(得地)하여 화재를 만나 만여의 재물(財物)이 파손(破損)되었으며 寅운에는 세상을 떠났다.

甲木 일주(日主)가 申월에 태어나 실령(失令)하였고 전지지(全地支)가 土金으로 되어 있는데 시간(時干)에 辛金이 투출(透出)하여 종살격(從殺格)이 되었다. 희신(喜神)은 재관(財官)인 土金이고 기신(忌神)은 인비식(印比食)인 水木火이다.

대운(大運)이 동남(東南) 방향(方向)인 木火 운으로 행(行)하여 대길(大吉)하다. 초년

(初年)인 癸未, 壬午 운은 壬癸水가 기신(忌神)이고 지지(地支)는 丑未가 충형(冲刑)되었으며 午未가 합화(合化)로 기신(忌神)이 되었으니 형상(刑喪)을 일찍 겪었다.

辛巳, 庚辰 운은 庚申金이 희신(喜神)이고 지지(地支)는 巳丑 합금(合金)이 되고 辰土가 생금(生金)하니 20년간 수만금의 재물(財物)을 모았다. 己卯, 戊寅 운은 戊己土가 희신(喜神)이지만 지지(地支)의 寅卯木에 절각(截脚)되어 재물(財物)이 파손(破損)되어 寅木이 충거(冲去)되어 세상을 떠났다.

丙	乙	己	己
戌	酉	巳	巳

壬癸甲乙丙丁戊
戌亥子丑寅卯辰

此造 地支皆逢剋洩 天干又透火土 全無水氣 木衰極者 似土也 初交
차조 지지개봉극설 천간우투화토 전무수기 목쇠극자 사토야 초교

戊辰丁 藉豊厚之陰庇 美景良多 卽運 椿萱並謝 丙運大遂經營之願 獲
무진정 자풍후지음비 미경량다 즉운 춘훤병사 병운대수경영지원 획

利萬金 寅運極處破財 又遭回祿 乙丑支全金局 火土兩洩 家業耗散 甲
리만금 인운극처파재 우조회록 을축지전금국 화토양설 가업모산 갑

子北方水地 不祿宜矣.
자북방수지 불록의의

이 명조(命造)는 지지(地支)에서 모두 극설(剋洩)을 만났고 천간(天干)에도 火土가 투출(透出)되었으며 수기(水氣)가 전혀 없으니 木이 쇠극(衰極)하여 土와 같다. 초년(初年)의 戊辰, 丁운에는 조상 음덕(蔭德)에 의지(依支)하여 좋은 환경(環境)에서 성장(成長)하였으나 卯운에는 부모(父母)가 모두 세상을 떠났다.

丙운에는 경영(經營)을 하여 원(願)하는 바를 크게 이루어 만금을 얻었으나 寅운에는 처(妻)를 극(剋)하고 재물(財物)도 파(破)하였으며 또한 화재(火災)까지 당하였

다. 乙丑 운에는 지지(地支)가 모두 금국(金局)을 이루어서 火土를 설(洩)하니 가업(家業)이 흩어져 버렸으며, 甲子 운에는 북방수지(北方水地)이니 세상을 떠난 것이 마땅하다.

評註

乙木 일주가 巳월에 태어나서 실령(失令)하였으며 전지지(全地支)가 식재관(食財官)이 되었으니 의지할 뿌리가 없어 종(從)할 수밖에 없다. 그러므로 종살격(從殺格)이 되었으니 희신(喜神)은 식재관(食財官)인 火土金이고 기신(忌神)은 인비(印比)인 水木이다.

초년(初年)의 戊辰, 丁운에는 火土가 희신(喜神)이므로 조상의 음덕(蔭德)으로 좋은 환경(環境)에서 성장(成長)하였으나, 卯운에는 부모(父母)가 모두 세상을 떠났다고 한 것은 卯木이 일지(日支)의 酉金과 印酉 상충(相冲)으로 卯木이 충거(冲去)되었기 때문이다.

丙운에는 丙火가 희신(喜神)이므로 만금의 재산을 모았으나 寅운에는 처(妻)와 재(財)를 극파(剋破)하여 재화(災禍)를 당한 것은 寅巳 삼형(三刑)으로 寅木이 피상(被傷)되었기 때문이다.

乙丑 운에는 지지(地支)에 巳酉丑 금국(金局)을 이루었으니 희신(喜神)이지만 丑戌이 형(刑)하여 가업(家業)이 파산(破産)하였다. 甲子 운에는 子水가 甲木을 생(生)하고 甲木은 丙火를 생(生)하고 丙火는 己土를 생(生)하므로 생생부절(生生不絶)이 되었으나 甲己 합거(合去)가 중첩(重疊)되어 투합(妬合)이 되었으니 불록지객(不祿之客)이 되었다.

甲 丙 壬 乙
午 戌 午 丑

乙丙丁戊己庚辛
亥子丑寅卯辰巳

此丙戌日元 月時兩刃 壬水無根 又逢木洩 火太旺者 似水也 初運庚辰
차병술일원　월시양인　임수무근　우봉목설　화태왕자　사수야　초운경진

辛巳 金逢生地 孔懷無輔助之人 親黨少知心之輩 己卯得際遇 戊寅全
신사　금봉생지　공회무보조지인　친당소지심지배　기묘득제우　무인전

會火局 及丁丑二十年 發財四五萬 至子運而亡.
회화국　급정축이십년　발재사오만　지자운이망

　丙戌 일주가 월시(月時)에 양인(羊刃)이 있고 壬水가 무근(無根)이고 木의 설기(洩氣)를 만났으니 火가 태왕(太旺)함이 水와 같다.

　초운 庚辰, 辛巳 운에는 金이 생지(生地)를 만났으니 火를 손상(損傷)하여 형제간에 도와주는 사람이 없었고 친척들도 마음을 알아주는 사람이 없었다. 己卯 운에는 기회를 얻었고 戊寅 운에는 화국(火局)이 이루어져 丁丑 운까지 20년간 큰 재산(財産)을 모았으나, 子운에 이르러 火를 충(冲)하여 세상을 떠났다.

評註

　丙火 일주가 午월에 태어나서 득령(得令)하였고 지지가 午戌 화국(火局)이 되어 신왕(身旺)하다. 월간(月干)의 壬水가 살인상생(殺印相生)으로 乙木을 생조(生助)하였으니 축중계수(丑中癸水)는 오중정화(午中丁火)와 丁癸 충(冲)으로 癸水가 충거(冲去)되어 壬水의 뿌리가 되지 못하니 염상격(炎上格)이 되었다. 희신(喜神)은 인비식(印比食)인 木火土이고 기신은 재관(財官)인 金水이다.

庚辰 운에는 丙庚 충(沖), 辰戌 충(沖)으로 천충지충(天沖地沖)이 되었고, 辛巳 운에는 乙辛 충(沖), 巳丑 합금(合金)으로 천충지합(天沖地合)이 되었으므로 희신(喜神)인 木火를 손상(損傷)시켰으니 왕충쇠발(旺沖衰拔)이 되어 불길하였다.

己卯 운에는 甲己 합토(合土)가 되었고, 卯戌 합화(合火)로 火土가 희신(喜神)이 되었으니 기회가 돌아온 것이다. 戊寅 운에는 寅午戌 화국(火局)이 되어 20년간 대길(大吉)하였는데, 丙子 운에는 丙壬 충(沖), 子午 충(沖)으로 천충지충(天沖地沖)되어 불록지객(不祿之客)이 되었다.

任註

```
甲 丙 丁 戊
午 寅 巳 寅
```

```
甲癸壬辛庚己戊
子亥戌酉申未午
```

此造 丙火生孟夏 地支兩坐長生 而逢祿旺 火旺剋者 似土也 初運雖
차조 병화생맹하 지지양좌장생 이봉록왕 화왕극자 사토야 초운수

不逢木 喜其南方火地 遺緖豊盈 讀書過目成誦 一交庚運 卽棄詩書 愛
불봉목 희기남방화지 유서풍영 독서과목성송 일교경운 즉기시서 애

嬉好遊 揮金如土 申運家破身亡 此造若逢木運 名利兩全也.
희호유 휘금여토 신운가파신망 차조약봉목운 명리양전야

이 명조(命造)는 丙火 일주가 巳월에 생(生)하여 지지(地支)에 장생(長生) 둘이 있고 녹왕(祿旺)을 만났으니 화왕극자(火旺剋者)로 土와 같다. 초년(初年)에 비록 木을 만나지는 못했으나 기쁜 것은 남방화지(南方火地)를 만났으므로 유산(遺産)이 풍성(豊盛)하였으며 독서를 하고 나면 통달(通達)하였다.

庚辰 운에는 시서(詩書)를 버리고 여자를 좋아하고 유람(遊覽)을 즐겼으며 돈을 흙처럼 뿌렸는데 申운에 이르러 가산을 탕진(蕩盡)하고 세상을 떠났다. 이 명조(命

造)는 만약 木을 만났으면 명리(名利)가 양전(兩全)하였을 것이다.

丙火가 巳월에 태어나서 득령(得令)하였고 전지지(全地支)가 木火로 되어 있으니 종왕격(從旺格)이 되었다. 희신(喜神)은 인비식(印比食)인 木火土이고 기신(忌神)은 재관(財官)인 金水이다. 초년(初年)인 戊午 운은 寅午 화국(火局), 巳午 화국(火局)으로 火土 희신(喜神)이 왕성(旺盛)하고, 己未 운은 午未 화국(火局)으로 巳午未 암합회국(暗合會局)이니 역시 火土 희신(喜神)이 왕성(旺盛)하였으므로 유산(遺産)이 풍성(豊盛)하였다. 庚申 운은 丙庚 충(冲), 寅巳申 삼형(三刑)이 되었으니 丙火 왕신(旺神)을 피상(被傷)시켰으므로 庚金 재성(財星)이 왕충쇠발(旺冲衰拔)되어 재산(財産)을 탕진(蕩盡)한 것이다. 또한 삼형살(三刑殺)이 되었으니 설상가상(雪上加霜)으로 형액(刑厄)을 면(免)치 못하여 세상을 떠난 것이다.

辛	丁	丁	辛
丑	酉	酉	巳

庚辛壬癸甲乙丙
寅卯辰巳午未申

丁火生于八月 秋金秉令 又全金局 火太衰者似木也 初運乙未甲午火
정화생우팔월 추금병령 우전금국 화태쇠자사목야 초운을미갑오화

木並旺 骨肉如同畵餠 六親亦是浮雲 一交癸巳 干透水 支拱金 出外經
목병왕 골육여동화병 육친역시부운 일교계사 간투수 지공금 출외경

營 大得際遇 壬辰運中 發財十餘萬.
영 대득제우 임진운중 발재십여만

丁火가 8月에 생(生)하여 가을의 金이 득령(得令)하고 또한 巳酉丑 금국(金局)이 모두 있으니 화태쇠자(火太衰者)로 木과 같다. 초년(初年)의 乙未, 甲午 운은 木火가 병왕(丙旺)하여 金의 왕세(旺勢)를 거스른 까닭에 골육(骨肉)이 그림의 떡이 되었고 육친(六親)도 역시 뜬 구름처럼 흩어졌다.

그러나 癸巳 운으로 바뀌어서는 천간(天干)에 水가 투출(透出)하고 지지(地支)에는 巳酉丑 금국(金局)을 이루었으니 외지(外地)로 나가 경영(經營)을 하여 크게 때를 만나고 기회를 얻었으며 壬辰 운에 10여 만금(萬金)의 재물(財物)을 일으켰다.

丁火 일주가 酉月에 태어나서 실령(失令)하였고 전지지(全地支)가 巳酉丑 금국(金局)이 되어 있는데 천간(天干)에 양신금(兩辛金)이 투출(透出)하여 丁火는 뿌리가 없어 종(從)할 수밖에 없으니 종재격(從財格)이 되었다. 희신(喜神)은 식재관(食財官)인 土金水이고 기신(忌神)은 인비(印比)인 木火이다.

초년(初年)의 乙未, 甲午 운은 왕성(旺盛)한 木火가 기신(忌神)이므로 부모형제(父母兄弟)의 덕(德)이 없이 곤고(困苦)한 시절(時節)을 보냈으나 癸巳, 壬辰 운에는 천간(天干)에 壬癸水가 투출(透出)하였고, 지지(地支)에는 巳酉丑 금국(金局)과 辰酉 합금(合金)으로 희신(喜神)이 되었으니 사업(事業)이 번창(繁昌)하였다. 그러나 辛卯, 庚寅 운에는 卯酉 충(冲), 寅申 충(冲)이 되어 가세(家勢)가 기울어졌을 것이다.

己	丙	壬	辛
亥	申	辰	亥

乙丙丁戊己庚辛
酉戌亥子丑寅卯

此財生殺 殺攻身 內臨申 申辰拱水 火衰極者 似金也 初運辛卯庚寅
차재생살　살공신　내임신　신진공수　화쇠극자　사금야　초운신묘경인

東方木地 萱椿凋謝 祖業無恆 至己丑運 出外經營 青蚨襯輦 白鏹隨輿
동방목지　훤춘조사　조업무항　지기축운　출외경영　청부친련　백강수여

及戊子二十年 春風吹柳 紅綾易公子之裳 杏露沾衣 膏雨沐王孫之袖
급무자이십년　춘풍취유　홍릉역공자지상　행로첨의　고우목왕손지수

所謂有其運 必得其福也.
소위유기운　필득기복야

　이 명조는 재(財)가 살(殺)을 생(生)하고 살(殺)은 일주를 공격하고 있으며, 丙火
일주는 申 위에 있고 申辰이 수국을 이루고 있으니 화쇠극자(火衰極者)가 金과 같다.
　초년(初年)의 辛卯, 庚寅 운은 동방목지(東方木地)이니 부모(父母)가 세상을 떠났
고 조업(祖業)도 그때까지는 못하였다. 그러나 己丑 운에는 외지(外地)에 나가 경영
(經營)을 하여 청부친련(青蚨襯輦)[170]하였으니 戊子 운까지 20년 동안 백강수여(白鏹隨
輿)[171]하고 춘풍취류(春風吹柳)[172]하였으며 붉은 비단으로 공자(公子)의 바지를 바꾸어
입었고, 살구나무 씨즙으로 옷을 적시고, 가뭄 끝에 내리는 단비로 왕손(王孫)의 옷
소매를 씻어주듯 하면서 살았다. 소위 운(運)이 있으면 반드시 그 복(福)을 받는다
는 것이다.

　丙火 일주가 辰월에 태어나서 실령(失令)하였고 지지(地支)가 申辰 합수(合水)를
이루어 전지지(全地支)가 金水로 되어 있는데 천간(天干)에 辛金이 투출(透出)하였으

170　청부친련(青蚨襯輦): 재물(財物)이 부나비처럼 모여 돈 꾸러미를 수레로 실어 나를 정도로 많다
　　는 의미이다.

171　백강수여(白鏹隨輿): 재물이 가마와 수레에 달라붙었다는 뜻으로 재복이 많다는 뜻.

172　춘풍취유(春風吹柳): 봄바람에 버들가지 날리듯이 뜻하는 소망이 이루어지는 것을 의미하며 유
　　유자적하였다는 뜻.

니 丙火는 종(從)할 수밖에 없어 종살격(從殺格)이 되었다. 희신(喜神)은 재관(財官)인 金水이고 기신(忌神)은 인비식(印比食)인 木火土이다.

초년(初年)의 辛卯, 庚寅 운은 동방목국(東方木局)으로 기신(忌神)이 되어 庚申金 희신(喜神)과 金木이 상전(相戰)하므로 부모(父母)가 세상을 떠났으며 己丑 운은 습토(濕土)이므로 생금(生金) 재성(財星)이 되었으므로 재물(財物)을 얻었으며 戊子 운은 申子辰 합수국(合水局)으로 20년 동안 공자(公子)처럼 생활(生活)하였다. 이것은 모두 운(運)의 덕(德)이다.

주의(注意)해야 할 것은 조토(燥土)와 습토(濕土)의 작용(作用)이 현저(顯著)하게 다르다는 것이다. 여기에서 조토(燥土)는 未土나 戌土가 되고, 습토(濕土)는 丑土나 辰土이다.

그러므로 己丑 운은 자연히 습토(濕土)가 되었으며 戊子 운은 戊土가 조토(燥土)이지만 子水 위에 앉아 있으니 자연히 습토(濕土)가 된 것이다. 辛卯 운은 丙辛 합(合), 辛金 희신(喜神)이 합거(合去)되었으며 亥卯 합(合)과 卯辰 합(合)으로 목국(木局)이 개두(蓋頭)가 되었음에도 己巳가 당당하다.

그러나 庚寅 운은 丙庚 충(冲), 寅申 충(冲)으로 천충지충(天冲地冲)이 되어 형액(刑厄)을 암시(暗示)하고 있는데 寅木이 인수(印綬)이고 庚金이 재성(財星)에 해당하므로 부모(父母)가 모두 세상을 떠났다. 庚寅 운도 辛卯 운과 같이 개두(蓋頭)가 되어 金木이 상충(相冲)되어 불록지객(不祿之客)이 되었다.

任註

己	戊	戊	戊
未	申	午	辰

乙甲癸壬辛庚己
丑子亥戌酉申未

此造	重重厚生	生于夏令	土太旺者	似木也	其用在金	庚申運	早采芹香
차조	중중후생	생우하령	토태왕자	사목야	기용재금	경신운	조채근향

辛酉運 辛丑年 飮鹿鳴 宴瓊林 運程直上 壬戌運 刑喪挫折 丙午年亡.
신유운　신축년　음록명　연경림　운정직상　임술운　형상좌절　병오년망

이 명조(命造)는 두터운 土가 중중(重重)한데 하령(夏令)에 태어났으니 土가 태왕(太旺)하여 木과 같다. 金이 용신(用神)이다. 庚申 운에 일찍 반궁(泮宮)에 들어가 辛酉운 辛丑 년에 록명연(鹿鳴宴)[173]에서 음식(飮食)을 먹었으며 경림연(瓊林宴)[174]에서 잔치를 하였으니 과거(科擧)에 연달아 급제(及第)하여 청운(靑雲)의 뜻을 펼쳐 벼슬이 직상(直上)하였다. 그러나 壬戌 운에는 형상(刑喪)을 당하여 좌절(挫折)하였는데 丙午 년에 세상을 떠났다.

評註

戊土가 午月에 태어나서 양인(羊刃)으로 득령(得令)하였고 火土 태왕(太旺)으로 종왕격(從旺格)이 되었다. 희신(喜神)은 인비식(印比食)인 火土金이고 기신(忌神)은 재관(財官)인 水木이다.

己未 운은 토왕(土旺)으로 희신(喜神)이 선조의 유업으로 유년(幼年)에 여유(餘裕)가 있었으며 辛酉 운에도 역시 희신(喜神)이므로 과거(科擧)에 연달아 급제(及第)하였다. 그러나 壬戌 운은 壬水가 기신(忌神)인데 辰戌 충(冲), 戌未 형(刑)이 되었으니 충형(冲刑)이 중첩(重疊)되어 형액(刑厄)을 면(免)하지 못하였다. 丙午 년은 희신(喜神)이지만 대운(大運)과 丙壬 충(冲)이 되고 원국(原局)의 양인(羊刃)과 午午 자형(自刑)이 되어 세상을 떠났다.

---

173 녹명연(鹿鳴宴): 과거(科擧)에 급제한 자를 축하하는 잔치로서 소과(小科), 즉 진사시(進士試)에 합격한 자를 축하(祝賀)하는 연회(宴會). 향시(鄕試)에 합격한 자와 동일함.

174 경림연(瓊林宴): 대과(大科), 즉 과거(科擧)에 급제(及第)하면 황제(黃帝)가 경림(瓊林)에서 배푸는 연회(宴會). 전시(殿試)에 합격한 자와 동일함.

$$
\begin{array}{cccc}
己 & 己 & 丙 & 戊 \\
巳 & 巳 & 辰 & 戌
\end{array}
$$

癸壬辛庚己戊丁
亥戌酉申未午巳

此造四柱火土 全無剋洩 土旺極者 似金也 初運南方 遺業豊盈 午運
차조사주화토　전무극설　토왕극자　사금야　초운남방　유업풍영　오운

入泮 己未棘闈 拔而不學 一交庚辛 青蚨化蝶 家業漸消 申酉財若春
입반　기미극위　발이불학　일교경신　청부화접　가업점소　신유재약춘

後霜雪 事業蕭條 壬運剋丙不祿.
후상설　사업소조　임운극병불록

이 명조(命造)는 火土로 이루어져 극설(剋洩)이 전무(全無)하므로 土는 왕극(旺極)함이 金과 같다. 초년(初年) 남방(南方)운은 유업(遺業)이 풍부(豊富)하였으며, 午운에는 반궁(泮宮)에 들어가 수학(修學)하였고, 己未 운에 극위(棘闈)[175]에 응시(應試)하였으나 뜻을 이루지 못하였다. 庚申 운으로 바뀌어서는 돈이 나비로 변하여 날아가듯 가업(家業)이 점점 줄었으며 申酉 운은 재물이 봄에 상설(霜雪)이 녹듯 사업이 흐트러졌다. 壬운에는 용신(用神)인 丙火를 극(剋)하여 세상을 떠났다.

己土 일주가 辰월에 태어나서 득령(得令)하였으며 원국(原局)이 火土로만 이루어져 있으니 종왕격(從旺格)이 되었다. 희신(喜神)은 인비식(印比食)인 火土金이고 기신(忌神)이니 재관(財官)인 水木이다.

---

175 극위(棘闈): 과거시험을 보던 장소. 당(唐)나라 때에 시험장 주위에 가시나무를 둘러 쳤던 데서 유래된 말.

丁巳, 戊午 운은 조상(祖上)의 유업(遺業)이 풍부(豊富)하였고 반궁(泮宮)에 들어가 수학(修學)하였다. 己未 운은 희신(喜神)이지만 戌未 형(刑)으로 오히려 흉(凶)이 되었으며 庚申 운도 희신(喜神)이지만 丙庚 충(冲)과 巳申 형(刑)으로 천충지형(天冲地刑)이 되었고 辛酉 운은 丙辛 합(合)이 되어 辛金 희신(喜神)이 합거(合去)되었다. 壬戌 운은 丙壬 충(冲), 辰戌 충(冲)으로 천충지충(天冲地冲)이 되니 불록지객(不祿之客)이 된 것이다.

任註

```
癸 戊 辛 壬
丑 子 亥 辰
```

```
戊丁丙乙甲癸壬
午巳辰卯寅丑子
```

此造 支類北方 水勢汪洋 天干又透金水 土太衰者 似火也 運至甲寅
차조 지류북방 수세왕양 천간우투금수 토태쇠자 사화야 운지갑인

乙卯 干支皆木 名成利遂 一交丙運 刑妻剋子 破耗多段 至丁丑 歲運
을묘 간지개목 명성리수 일교병운 형처극자 파모다단 지정축 세운

火土 暗傷體用 得風疾而亡.
화토 암상체용 득풍질이망

이 명조(命造)는 지지(地支)에 亥子丑 북방(北方)이 모여서 수세(水勢)가 왕양(汪洋)한데 천간(天干)에 金水가 투출(透出)하였으니 土는 태쇠(太衰)하여 火와 같다.

대운(大運)이 甲寅, 乙卯에 이르러서는 간지(干支)가 모두 木이므로 명리(名利)를 성취(成就)하였으나, 丙운으로 바뀌어서는 형처극자(刑妻剋子)하고 파모(破耗)가 다단(多端)하였다. 丁丑년에 세운(歲運)의 火土가 체용(體用)을 암상(暗傷)하니 풍질(風疾)을 얻어 세상을 떠났다.

評註

戊土 일주가 지지(地支)에 亥子丑 북방합수(北方合水)이고, 子辰 합수(合水)로 수세 (水勢)가 왕성(旺盛)한데 천간(天干)에 金水가 투출(透出)하여 종재격(從財格)이 되었다. 희신(喜神)은 식재관(食財官)인 金水木이고 기신(忌神)은 인비(印比)인 火土이다.

壬子, 癸丑 운은 희신(喜神)이니 선조(先祖)의 음덕(蔭德)이 있었으나 丙辰 운은 辰 辰 자형(自刑)이 되니 형처극자(刑妻剋子)하였다. 丁巳 운은 丁癸 충(冲), 巳亥 충(冲)으로 천충지충(天冲地冲)이 되어 있는데 丁丑년은 火土 기신(忌神) 운이 들어와서 풍질 (風疾)로 세상을 떠났다.

任註

壬	戊	甲	癸
子	子	子	酉

丁戊己庚辛壬癸
巳午未申酉戌亥

此四柱皆水 又得金生 土衰極者 似水也 初逢癸亥 平寧之境 壬戌水
차사주개수 우득금생 토쇠극자 사수야 초봉계해 평녕지경 임술수

無根 土得地 刑喪破耗 家業消亡 辛酉庚申二十年 大得際遇 白手發財
무근 토득지 형상파모 가업소망 신유경신이십년 대득제우 백수발재

十餘萬 己未運破去數萬 壽亦在未而止.
십여만 기미운파거수만 수역재미이지

이 사주(四柱)는 水가 많고 金이 생조(生助)하니 土는 쇠극(衰極)함이 水와 같다. 초년(初年)의 癸亥 운은 평온(平溫)하였으나 壬戌운은 水가 무근(無根)하고 土가 득지(得地)하니 형상파모(刑傷破耗)하고 가업(家業)이 소멸(消滅)되었다. 그러나 辛酉, 庚申 20년은 크게 좋은 기회를 얻어서 빈손으로 십여만(十餘萬)의 재물(財物)을 이루

어 대발(大發)하였으나 己亥운으로 바뀌자 수많은 재물(財物)을 파(破)하였으며 수명(壽命)도 己亥에서 마쳤다.

評註

戊土 일주가 子월에 태어나서 실령(失令)하였으며 전지지(全地支)가 金水로 되어 있는데 천간(天干)에 壬癸水가 투출(透出)되었으니 戊土는 뿌리가 없어 종재격(從財格)이 되었다. 희신(喜神)은 종재(從財)하는 식재관(食財官)인 金水木이고 기신(忌神)은 인비(印比)인 火土이다.

寅亥 운은 희신(喜神)이고 壬戌 운은 戊土가 戊土 기신(忌神)의 득지(得地)가 되어 형상파모(刑喪破耗)가 된 것이다. 辛酉, 庚申 운은 희신(喜神)이 되어 20년 동안 대발(大發)하였으니 己未 운은 다시 기신(忌神)이 되어 천부지재(天覆地載)로 들어와 대흉(大凶)하였다.

任註

```
庚 庚 己 壬
辰 子 酉 申
```

```
丙乙甲癸壬辛庚
辰卯寅丑子亥戌
```

此造 秋金秉令 未火全無 金太旺者 似火也 亥運壬水坐祿 早遊泮水
차조 추금병령 미화전무 금태왕자 사화야 해운임수좌록 조유반수

壬子運 用神臨旺 撞破煙樓 高攀月桂 癸丑合去壬水旺地 囊內青蚨成
임자운 용신임왕 당파연루 고반월주 계축합거임수왕지 낭내청부성

蜨舞 支上子規月下啼 甲寅乙卯 尙有制土衛水之功 仕路清高 楓葉未
접무 지상자규월하제 갑인을묘 상유제토위수지공 사로청고 풍엽미

應甦共冷 梅開早覺筆先香.
응전공냉 매개조각필선향

이 명조(命造)는 가을의 金이 시령(時令)하였는데 木火가 전무(全無)하므로 金은 태왕(太旺)함이 火와 같다.

亥운에는 壬水가 녹(祿)을 얻어 일찍 반궁(泮宮)에 들어가 수재(秀才)가 되었고 壬子 운에는 용신(用神)이 왕지(旺地)에 있으니 연루(煙樓)를 깨트리고 월계(月桂)에 올라가듯 과거(科擧)에 급제(及第)하였으나 癸丑 운에는 壬水의 왕지(旺地)를 합거(合去)하니 주머니 속에 있는 돈이 나비가 춤을 추듯 날아가 버렸고, 나뭇가지 위의 소쩍새가 달빛 아래에서 울듯이 풍류(風流) 있는 세월(歲月)을 보냈다. 甲寅, 乙卯 운은 土를 극제(剋制)하고 水를 보호(保護)하는 공(功)이 아직 남아있으므로 벼슬길이 청고(淸高)하였으나, 풍엽미응전공냉(楓葉未應氈共冷)[176]하고 매개조각필선향(梅開早覺筆先香)[177]하였다.

評註

庚金이 월지(月支)가 酉金으로 시령(時令)을 얻어 당왕(當旺)하고 년지(年支) 申金에 녹(祿)이 있어 辰酉가 합금(合金)이 되므로 신왕(身旺)하다. 희신(喜神)은 식재관(食財官)인 水木火이고 기신(忌神)은 인비(印比)인 土金이다. 辛亥 운은 천간생지(天干生支)하여 亥水가 壬水의 녹(祿)이 되니 수재(秀才)가 되었다. 壬子 운에는 희신(喜神)이 천부지재(天覆地載)로 들어오니 승승장구(乘勝長驅)하여 청운(靑雲)의 뜻을 펼쳤다.

癸丑 운에는 癸水 희신(喜神)이 己癸 충극(冲剋)이 되고 壬水의 왕지(旺地)인 子水가 子丑 합거(合去)되었으니 "낭내청부성접무(囊內靑蚨成蝶舞)하고 지상자규월하제(枝上子規月下啼)"라 풍류(風流)로 세월(歲月)을 보냈다. 甲寅, 乙卯 운은 희신(喜神)이지만 金木이 상충(相冲)되어 벼슬길이 청고(淸高)한 선비였을 것이다.

---

176 풍엽미응전공냉(楓葉未應氈共冷): 단풍잎은 모피방석들과 함께 냉랭(冷冷)해지는 것을 호응(呼應)하지 않는다.

177 매개조각필선향(梅開早覺筆先香): 매화(梅花)가 일찍 피는 것은 향기(香氣)보다 먼저 붓이 알아차린다.

주의(注意)할 것은 만약에 종왕격(從旺格)이 되었다면 희신(喜神)은 인비식(印比食)인 土金水가 되고 기신(忌神)은 재관(財官)인 木火가 되었을 것이다. 그렇다면 癸巳 운에 子丑 합토(合土)나 합수(合水)가 되었으니 오히려 대길(大吉)하였을 것이고, 甲寅, 乙卯 운에 낙직하였을 것이다.

任註

庚 庚 乙 庚
辰 戌 酉 申

壬辛庚己戊丁丙
辰卯寅丑子亥戌

此造支流西方 又逢厚土 金旺極者 似水也 初運火 祖業無恆 至戌子運
차조지류서방　　우봉후토　　금왕극자　　사수야　초운화　조업무항　지무자운

獲厚利 納粟出仕 己丑庚運 名利皆遂 一交寅運 犯事落職 大破財利
획후리　납속출사　기축경운　명리개수　일교인운　범사락직　대파재리

至卯不祿.
지묘불록

이 명조는 지지에 申酉戌 서방(西方)이 온전하고 또한 두터운 土를 만났으니 金은 왕극(旺極)함이 木과 같다. 초년의 丙丁火 운은 왕신(旺神)을 손상하여 조업(祖業)이 오래가지 못하였으나 戊子 운에는 많은 재물을 획득하여 곡물을 헌납하고 출사(出仕)하였으며, 己丑庚 운에는 명리를 모두 이뤘다. 마침내 寅운으로 바뀌자 법을 어겨 낙직하고 재물을 크게 파(破)하였으며, 卯운에 이르러 세상을 떠났다.

評註

庚金 일주가 酉월에 태어나서 양인(羊刃)으로 득령하였고 申酉戌 서방금국(西方

金局)이고 辰酉 합금으로 종왕격(從旺格)이 되었다. 희신(喜神)은 인비식(印比食)인 土金水이고 기신은 왕금(旺金)을 손상하므로 조업(祖業)을 이어받지 못하였다. 戊子운은 戊土가 희신(喜神)이고 지지는 申子辰 암합수국(暗合水局)이 되어 희신(喜神)이 되니 많은 재물을 획득하였고, 己丑 운에는 명리를 모두 얻었다. 庚寅 운은 庚金이 희신(喜神)이지만 지지(地支)가 寅申이 상충(相冲)되어 낙직과 파재(破財)를 당하였으며 辛卯 운은 乙辛 충(冲). 卯酉 충(冲)으로 천충지충이 되니 辛金 희신(喜神)이 충거(冲去)되었으므로 불록지객(不祿之客)이 된 것이다.

任註

```
甲 辛 庚 己
午 卯 午 卯
```

```
癸 甲 乙 丙 丁 戊 己
亥 子 丑 寅 卯 辰 巳
```

辛金生于仲夏 地支皆逢財殺 金太衰者 似土也 初運己巳戊辰 晦火生
신금생우중하   지지개봉재살   금태쇠자   사토야   초운기사무진   회화생

金 求名多滯 作事少成 一交丁卯 木火並旺 如枯苗得雨 浡然而興似鴻
금 구명다체 작사소성 일교정묘 목화병왕 여고묘득우   발연이흥사홍

毛遇風 飄然而起 家業豊裕 交丑 生金洩火 不祿.
모우풍 표연이기 가업풍유 교축 생금설화 불록

辛金 일주가 중하(仲夏)에 생(生)하고 지지(地支)에는 모두 제살(制殺)을 만났으니 金은 태쇠(太衰)함이 土와 같다. 초운(初運) 己巳, 戊辰에는 火를 설(洩)하고 金을 생(生)하여 명예(名譽)를 구(求)하려고 하였으나 막힘이 많았고 하는 일에도 성과(成果)가 적었다.

마침내 丁卯 운으로 바뀌면서 木火가 병왕(並旺)하니 마른 싹이 단비를 만난 듯이 자연히 일어나 홍(興)하였고, 기러기가 바람을 만난 듯이 표연(飄然)히 일어나 가

업(家業)이 풍유(豊裕)하였다. 그러나 丑운에 이르러 金을 생(生)하고 火를 설(洩)하니 세상을 떠났다.

辛金 일주가 午월에 태어나서 실령(失令)하였고 전지지(全地支)가 제살(制殺)이고 천간(天干)에 甲木이 투출(透出)하였으니 辛金의 뿌리가 없다. 그러므로 종살격(從殺格)이 되어 희신(喜神)은 재관(財官)인 木火이고 기신(忌神)은 인비식(印比食)인 土金水이다.

己巳, 戊辰 운은 기신(忌神)이므로 작사소성(作事少成)하였고, 丁卯, 丙寅 운은 木火 희신(喜神)이므로 대발(大發)하였으며 乙丑 운은 乙庚 합(合), 乙辛 충(沖)으로 乙木 희신(喜神)이 피상(被傷)되었으며 丑土는 기신(忌神)으로 불록(不祿)이 되었다.

```
丙 庚 丁 己
子 寅 卯 亥
```

```
庚辛壬癸甲乙丙
申酉戌亥子丑寅
```

此造 木旺乘權 又得水生 四面皆逢財殺 金衰極者 似木也 所以乙丑運
차조 목왕승권 우득수생 사면개봉재살 금쇠극자 사목야 소이을축운

中 土金暗旺 家業破盡 至甲子運 北方水旺 財源通裕 癸亥出仕 名利
중 토금암왕 가업파진 지갑자운 북방수왕 재원통유 계해출사 명리

兩全 壬戌水臨絶地 罷職而歸.
양전 임술수임절지 파직이귀

이 명조(命造)는 왕목(旺木)이 승권(乘權)하고 또 水의 생조(生助)를 얻었으니 사면

(四面)이 모두 재살(財殺)이니 金이 쇠극(衰極)함이 木과 같다. 乙丑 운에 土金이 암왕 (暗旺)하여 가업(家業)이 모두 파(破)했으나 甲子 운은 북방(北方)으로 수왕(水旺)을 만 나 재원(財源)이 넉넉해졌으며 癸亥 운은 출사(出仕)하여 명리(名利)가 모두 양전(兩全)하였다. 壬戌 운은 土가 水를 손상(損傷)하여 파직(罷職)되었다.

庚金 일주가 전지지(全地支)에 식재(食財)인 水木으로 되어 있고 寅卯 합목(合木)이 되어 庚金의 뿌리가 없으니 종재격(從財格)이 되었다. 희신(喜神)은 식재관(食財官)인 水木火이고 기신(忌神)은 인비(印比)인 土金이다.

乙丑 운은 乙木 희신(喜神)이 乙庚 합금(合金)으로 합거(合去)되었으며 子丑 합토 (合土)가 되어 土金 기신(忌神)이 암왕(暗旺)하여 불길(不吉)하였고, 甲子 운은 亥子 합 수(合水), 亥卯 합목(合木)으로 水木 희신(喜神)이 되었으니 대길(大吉)하였다.

癸亥 운은 亥子 합수(合水), 亥卯 합목(合木)으로 水木 희신(喜神)이 왕성(旺盛)하므로 명리양전(名利兩全)하였고, 壬戌 운은 壬水 희신(喜神)이 절각(截脚)되어 있는데 丁 壬 합(合), 丙壬 충(冲)으로 壬水가 손상(損傷)을 당하여 파직(罷職)되었다.

辛	壬	辛	壬
丑	子	亥	寅

戊丁丙乙甲癸壬
午巳辰卯寅丑子

此造	壬水生于孟冬	支類北方	干皆金水	水太旺者	似土也	喜其寅木
차조	임수생우맹동	지류북방	간개금수	수태왕자	사토야	희기인목

吐秀	至甲寅運	早遂青雲之志	可謂才藻翩翩	輝映杏壇桃李	文思奕奕
토수	지갑인운	조수청운지지	가위재조편편	휘영행단도리	문사혁혁

光騰藥龍參苓 乙卯運 官途順遂 交丙而亡.
광등약용삼령　을묘운　관도순수　교병이망

이 명조(命造)는 壬水가 맹동(孟冬)에 생(生)하였고 지지(地支)에 亥子丑 북방(北方)이 모였으며 천간(天干)이 모두 金水이니 水가 태왕(太旺)함이 土와 같다. 기쁘게도 寅木이 수기(秀氣)를 토(吐)해내고 있다. 그러므로 甲寅 운에 이르러 일찍 청운(靑雲)의 뜻을 이루었다. 가히 말하기를 시문(詩文)의 재능이 하늘을 나는 듯했고 행단(杏壇)[178]의 도리가 만개한 것처럼 빛났으며 문장과 사상이 바둑처럼 혁혁(奕奕)[179]하고, 약장 속의 인삼이나 복령처럼 중요한 요직에 높이 올라 乙卯 운까지 벼슬길이 순탄(順坦)하였으나 丙 운으로 바뀌자 세상을 떠났다.

評註

壬水 일주가 전지지(全地支)에 亥子丑 북방수국(北方水局)이 되어 있는데 천간(天干)에 金水가 있어 종왕격(從旺格)이 되었다. 희신(喜神)은 인비식(印比食)인 金水木이고 기신(忌神)은 재관(財官)인 火土이다.

壬子, 癸丑 운은 북방수지(北方水地)로 향(向)하여 선조(先祖)의 음덕(蔭德)이 있었으며 甲寅 운은 왕수(旺水)로 설(洩)하여 일찍 청운(靑雲)의 뜻을 이루어 乙卯 운까지 순탄(順坦)한 것은 희신(喜神)이 천부지재(天覆地載)가 들어와 대길(大吉)하였다.

丙辰 운은 火土 기신(忌神)이 들어왔는데 丙辛 합수(合水)가 되었고 丙壬 상충(相冲)으로 丙火가 왕신(旺神)을 손상하였고 辰土는 丑辰 파(破)가 되었으므로 乙辛 충(冲), 己癸 충(冲)으로 암충(暗冲)되어 불록지객(不祿之客)이 되었다.

---

178 행단(杏壇): 공자(孔子)가 제자를 가르치던 당(堂)의 유지(遺址). 학문을 가르치는 곳. 수련하는 곳.

179 혁혁(奕奕): 혁혁(赫赫)과 동일한 뜻으로, 바둑처럼 아름답고 빛나는 모양.

```
癸 壬 乙 丙
卯 午 未 辰
```

```
壬辛庚己戊丁丙
寅丑子亥戌酉申
```

此火土當權 又逢木旱 五行無金 水太衰者 似金也 初交丙申丁酉 蓋頭
차화토당권　우봉목조　오행무금　수태쇠자　사금야　초교병신정유　개두

是火 使申酉不能生水 財喜並旺 戊戌運中 家業饒裕 己亥土無根 還喜
시화　사신유불능생수　재희병왕　무술운중　가업요유　기해토무근　환희

支會木局 雖有破耗而無大患 一交庚子 家破人亡.
지회목국　수유파모이무대환　일교경자　가파인망

이 명조(命造)는 火土가 당권(當權)하였고 또한 木의 생조(生助)를 만나고 있으니 水가 태쇠(太衰)함이 金과 같다. 초운(初運) 丙申, 丁酉에는 천간(天干)에 火가 개두(蓋頭)하여 申酉金으로 생수(生水)하지 못하게 하니 재(財)가 함께 왕(旺)하니 기쁘다.

戊戌 운은 가업(家業)이 풍요(豊饒)하고 넉넉하였으며 己亥 운은 土가 무근(無根)이니 도리어 기쁜 것은 지지(地支)에 亥卯未 목국(木局)을 이루었으니 비록 파모(破耗)는 있었으나 큰 재앙(災殃)은 없었다. 그러나 庚子 운으로 바뀌자 가업(家業)이 파산(破散)하고 세상을 떠났다.

壬水 일주가 未월에 태어나서 실령(失令)하였고 지지(地支)에 木火土가 있고 천간(天干)에 木火가 투출(透出)하여 생조(生助)하니 壬水는 뿌리가 없어 종(從)할 수밖에 없으니 종재격(從財格)이 되었다. 희신(喜神)은 식재관(食財官)인 木火土이고 기신(忌神)은 인비(印比)인 金水이다.

丙申, 丁酉 운은 丙丁火가 申酉金을 개두(蓋頭)하였다는 것은 申酉金 기신(忌神)
을 극제(剋制)하여 생수(生水)를 막아줌으로써 丙丁火가 재성(財星)을 도와주는 희신
(喜神)의 역할(役割)을 했다는 것이다.

戊戌 운은 戊癸 합화(合火)가 되니 가업이 풍요(豊饒)하였으며 己亥 운은 己土 희
신(喜神)이 미약(微弱)하지만 지지(地支)가 亥卯未 목국(木局)으로 희신(喜神)이 왕성(旺
盛)하게 되었다. 庚子 운은 金水가 기신(忌神)이므로 가파인망(家破人亡)하였다.

任註

```
庚 壬 癸 癸
子 子 亥 亥
```

```
丙丁戊己庚辛壬
辰巳午未申酉戌
```

此造 四柱皆水 一無剋洩 其勢冲奔 不可遏也 初運壬戌支逢土旺 早見
차조 사주개수 일무극설 기세충분 불가알야 초운임술지봉토왕   조견

刑喪 辛酉庚申運 干支皆金 所謂月印千江銀作浪 門臨五福錦鋪花 交
형상 신유경신운 간지개금   소위월인천강은작랑   문임오복금포화   교

己未妻子皆傷 家業破盡 戊午運 貧乏不堪 憂鬱而卒.
기미처자개상   가업파진 무오운 빈핍불감 우울이졸

이 명조(命造)는 사주(四柱)가 모두 水이고 극설(剋洩)이 하나도 없으니 그 기세(氣
勢)가 충분(冲奔)하는 것을 막을 수가 없다.

초운(初運) 壬戌은 지지(地支)의 왕토(旺土)가 왕수(旺水)를 만나니 일찍 형상(刑喪)
을 겪었다. 辛酉, 庚申 운은 간지(干支)가 모두 金이니 왕수(旺水)를 순생(順生)하므로
소위 달이 천강(千江)을 비추어 은빛 물결이 일어날 듯이 크게 출세(出世)하고 문(門)
에는 오복(五福)이 임(臨)하여 비단 꽃무늬를 펼친 것처럼 빛났다. 己未 운은 처자(妻
子)를 모두 잃었고 가업(家業)이 모두 파진(破盡)되었으며 戊午 운은 가난과 궁핍을

감당할 수 없어 우울하게 세상을 떠났다.

　　壬水 일주가 간지(干支) 모두 水로서 극설(尅洩)이 없으니 水로 종(從)할 수밖에 없어 종왕격(從旺格)이 되었다. 희신(喜神)은 인비식(印比食)인 金水木이고 기신(忌神)은 재관(財官)인 火土이다.

　　壬戌 운은 壬水 희신(喜神)이 절각(截脚)되어 있는데 戌土가 왕수(旺水)를 손상(損傷)시켜 일찍 부모형제(父母兄弟)를 잃었고, 辛酉와 庚申 운은 희신(喜神)이 천부지재(天覆地載)로 壬水를 생조(生助)하여 대발(大發)하였다. 己未 운은 기신(忌神)이 되어 처자(妻子)를 모두 잃었으며 戊午 운은 火土 기신(忌神)이 되니 왕신충발(旺神冲拔)로 세상을 떠난 것이다.

任註

```
丙 壬 戊 癸
午 寅 午 卯
```

```
辛壬癸甲乙丙丁
亥子丑寅卯辰巳
```

此造 丙火當權 戊癸從化 暵乾壬水 水衰極者 似火也 初運逢火 從其
차조 병화당권 무계종화 한건임수 수쇠극자 사화야 초운봉화 종기

火旺 豊衣足食 乙卯甲寅運 名利雙全 癸丑 爭官奪財 破耗而亡.
화왕 풍의족식 을묘갑인운 명리쌍전 계축 쟁관탈재 파모이망

　　이 명조(命造)는 丙火가 당권(當權)하였고 戊癸가 종화(從化)하여 壬水를 바르게 하니 水가 쇠극(衰極)함이 火와 같다. 초운(初運)에는 火를 만나서 그 왕화(旺火)를 따르니 의식(衣食)이 풍족(豊足)하였고, 乙卯, 甲寅 운은 명리(名利)가 쌍전(雙全)하였다.

癸丑 운은 쟁관(爭官)하고 탈재(奪財)하므로 재물(財物)을 파손(破損)하고 세상을 떠났다.

壬水 일주가 전지지(全地支)에 木火로 되어 있는데 천간(天干)에 丙火가 투출(透出)하고 戊癸가 합화(合化)하니 壬水는 뿌리가 없으니 종(從)할 수밖에 없어 종재격(從財格)이 되었다. 희신(喜神)은 식재관(食財官)인 木火土이고 기신(忌神)은 인비(印比)인 金水이다.

초년(初年) 丁巳, 丙辰 운은 火土가 희신(喜神)이므로 의식(衣食)이 풍족(豊足)한 것은 틀림없으며, 乙卯, 甲寅 운은 희신(喜神)인 재성(財星)을 생조(生助)하므로 명리(名利)가 대발(大發)하였다.

癸丑 운은 丑土 희신(喜神)이 절각(截脚)되었으며 戊癸 합화(合火)로 癸水가 합거(合去)되어 절처봉생(絶處逢生)하였으나, 축중계수(丑中癸水)와 오중정화(午中丁火)가 丁癸 충(冲)이 되었으니, 木火 희신(喜神)이 충발(冲拔)되어 파모이망(破耗而亡)하였다.

以上二十造 五行極旺極衰 不得中和之氣 原注云 旺中有衰者存 衰中
이상이십조　오행극왕극쇠　부득중화지기　원주운　왕중유쇠자존　쇠중

有旺者存 此兩句 卽余之太旺太衰也 旺之極者不可損 衰之極者不可
유왕자존　차양구　즉여지태왕태쇠야　왕지극자불가손　쇠지극자불가

益 此兩句 卽余之極旺極衰也 特選此爲後證.
익　차양구　즉여지극왕극쇠야　특선차위후증

이상(以上)의 20 명조(命造)는 오행(五行)이 극왕(極旺), 극쇠(極衰)하여 중화지기(中和之氣)를 얻지 못한 것을 예시(例示)한 것이다. 원주(原註)에서는 "왕(旺)한 가운데도 쇠(衰)한 것이 있고, 쇠(衰)한 가운데에도 왕(旺)한 것이 있다"라고 하였는데 이 두 구절(句節)은 내가 말한 태왕(太旺)과 태쇠(太衰)이다.

또한 "왕극자(旺極者)는 손상(損傷)하여서는 안 된다. 쇠극자(衰極者)는 도와주는 것은 안 된다"라고 하였는데, 이 두 구절(句節)은 내가 말한 극왕(極旺)과 극쇠(極衰)이다.

특히 20 명조(命造)를 골라 예시(例示)함으로써 후일(後日)의 증험(證驗)으로 하고자 한다.

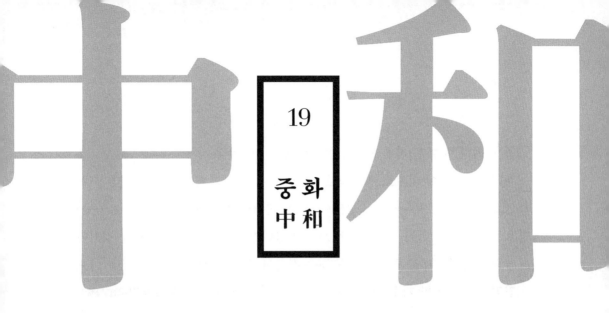

原文

旣識中和之正理 而于五行之妙 有全能焉
기식중화지정리　이우오행지묘　유전능언

이미 중화(中和)의 바른 이치(理致)를 안다면 오행(五行)의 묘리(妙理)를 완전(完全)하게 이해(理解)할 수 있는 것이다.

原註

中而且和 子平之要法也 有病方爲貴 無傷不是奇 擧便而言之也 至於
중이차화　자평지요법야　유병방위귀　무상불시기　거편이언지야　지어

格中如去病 財祿兩相宜 則又中和矣.
격중여거병　재록양상의　즉우중화의

到底要中和 乃爲之貴 若當令之氣數 或身弱而財官旺地 取當貴不必
도저요중화　내위지귀　약당령지기수　혹신약이재관왕지　취당귀불필

於中也 用神强 取富貴不必於和也 便氣古怪 取富貴而不必於中宜和也
어중야　용신강　취부귀불필어화야　편기고괴　취부귀이불필어중의화야

何也 以天下之財官 止有此數 而天下之人才 惟此時爲最多 皆尙於奇
하야　이천하지재관　지유차수　이천하지인재　유차시위최다　개상어기

巧也.
고야

중(中)이나 화(和)는 자평(子平)의 중요한 법칙(法則)이다.

"병(病)이 있어야 비로소 귀(貴)하고, 상(傷)함이 없으면 기이(奇異)하지 않다"라고
한 것은 한쪽으로 치우치면 편향(偏向)된 경우만을 들어 말한 것인데, 격(格)중에서
병(病)을 제거(除去)하여 재록(財祿)이 모두 마땅하면 또한 중화(中和)를 이룬 것이다.

끝끝내 중화(中和)를 필요로 하는 것은 지극히 귀(貴)한 것이다.

만약 당령(當令)한 기수(氣數)가 혹 신약(身弱)한데 운(運)에서 재관왕지(財官旺地)로
행(行)하여 부귀(富貴)를 취(取)하는 것은 반드시 중(中)이 아니며, 용신(用神)이 강(强)
한데 부귀(富貴)를 취(取)하는 것은 반드시 화(和)가 아니다.

편기(偏氣)와 고괴(古怪)[180]는 부귀(富貴)를 취(取)하는 것은 반드시 중(中)과 화(和)
에서 취(取)하는 것이 아니다. 대체 무슨 까닭인가? 이는 천하(天下)의 재관(財官)이
이러한 수(數)에 있고 천하(天下)의 인재(人材)는 오직 이 수(數)에서 가장 많이 나타
난다는 것이다. 모두 기교(奇巧)[181]한 격국(格局)만을 숭상(崇尙)하기 때문이다.

任氏曰　中和者　命中之正理也　旣得中和之正氣　又何患名利之不遂耶
임씨왈　중화자　명중지정리야　기득중화지정기　우하환명리지불수야

夫日世優遊無抑鬱而暢遂者　少險阻而迪吉者　爲人孝友而無驕諂者　居
부일세우유무억울이창수자　소험조이적길자　위인효우이무교첨자　거

心耿介而不苟且者　皆得中和之正氣也.
심경개이불구차자　개득중화지정기야

至若身弱而旺地取富貴　身旺而弱地取富貴者　必四柱有少缺陷　或財經
지약신약이왕지취부귀　신왕이약지취부귀자　필사주유소결함　혹재경

180　고괴(古怪): 예스럽고 괴상함. 이상야릇함.

181　기교(奇巧): 기이(奇異)하고 오묘(奧妙)함. 남다르게 교묘(巧妙)함.

刦重 或官衰傷旺 或殺强制弱 或制强殺弱 此等雖不得中和之理 其氣
접중　혹관쇠상왕　혹살강제약　혹제강살약　차등수부득중화지리　기기

刦亦純正 爲人思怨分明.
접역순정　위인사원분명

惟柱中少有缺陷 或運又乖違 因而妻子財祿 各有不足 如財輕刦重 妻
유주중소유결함　혹운우괴위　인이처자재록　각유부족　여재경접중　처

不足 制强殺弱子不足 官衰傷旺名不足 殺强制弱財不足 其人或志高傲
부족　제강살약자부족　관쇠상왕명부족　살강제약재부족　기인혹지고오

物 雖貧無諂 後至歲運 補其不足 去其有餘 仍得中和之理 定然起發
물　수빈무첨　후지세운　보기부족　거기유여　잉득중화지리　정연기발

于後.
우후

有等見富貴而生諂容 遇貧窮而作驕態者 必四柱偏氣古怪 五行部得其
유등견부귀이생첨용　우빈궁이작교태자　필사주편기고괴　오행부득기

正 故心事奸貪 作事僥倖也.
정　고심사간탐　작사요행야

若所謂有病有藥 吉凶易驗 無病無藥 禍福難推 此論仍失之偏 大凡有
약소위유병유약　길흉이험　무병무약　화복난추　차론잉실지편　대범유

病者顯而易取 無病者隱而難推 然總而中和爲主 猶如人之無病 則四
병자현이이취　무병자은이난추　연총이중화위주　유인인지무병　즉사

柱肢健旺 營衛調和 行止者如 諸多安適 設使有病 則優多藥少 擧動
주지건왕　영위조화　행지자여　제다안적　설사유병　즉우다약소　거동

艱難 如遇良藥則可 若無良藥醫之 豈不爲終身之患乎.
간난　여우양락칙가　약무양약의지　기불위종신지환호

임씨(任氏)가 말하길, 중화(中和)라는 것은 명(命)의 정리(正理)이다. 이미 중화(中和)의 정기를 얻었다면 어찌 명리(名利)를 이루지 못한 것을 근심하겠는가?

일평생(一平生) 유유자적하고 억울함 없이 뜻을 이루는 자(者)나, 험난하거나 막힘 없이 길(吉)한 자(者)나, 그리고 사람됨이 부모에게 효도하고 친구간에 의리가 있으며 교만이나 아첨이 없는 자(者)나, 마음가짐이 곧고 강직하여 어려워도 구차스러운 것을 하지 않는 자(者) 등은 모두 중화(中和)의 정기(正氣)를 얻은 것이다.

만약 신약(身弱)한데 왕지(旺地)에서 부귀(富貴)를 취(取)하거나 또는 신왕(身旺)한

데 약지(弱地)에서 부귀(富貴)를 취(取)하는 것은 반드시 사주(四柱)에 결함(缺陷)이 있는 것이다.

혹은 재성(財星)이 경(輕)한데 겁재(劫財)가 중(重)하거나 혹은 관성(官星)이 쇠약(衰弱)한데 상관(傷官)이 왕(旺)하거나 혹은 살(殺)이 강(强)한데 식상(食傷)이 약(弱)하거나, 혹은 식상(食傷)이 강(强)한데 살(殺)이 약(弱)하거나 한 것이다. 이러한 경우는 비록 중화(中和)의 정리(正理)를 얻지 못하였다고 할지라도 그 기(氣)가 도리어 순정(順正)하면 그 사람됨의 근원(根源)이 분명(分明)하다.

원국(原局)에 결함(缺陷)이 있는데 혹 운(運)에서 재차 어긋나게 되면 이로 인(因)하여 처자(妻子)와 재록(財祿)에 부족(不足)함이 있게 될 것이다.

가령 재성(財星)은 경(輕)하고 겁재(劫財)가 중(重)하면 처(妻)가 부족(不足)하고 식상(食傷)이 강(强)하고 살(殺)이 약(弱)하면 자식(子息)이 부족(不足)하며 관성(官星)이 쇠약(衰弱)하고 상관(傷官)이 왕(旺)하면 명예(名譽)가 부족(不足)하고 살(殺)이 강(强)하고 식상(食傷)이 약(弱)하면 재물(財物)이 부족(不足)하다.

이러한 사람이 뜻이 높고 물질(物質)에 얽매이지 않으며, 비록 가난하나 아첨(阿諂)함이 없는데 후(後)에 세운(歲運)에서 그 부족(不足)함을 보완(補完)하고 남는 것을 제거(除去)하여 중화(中和)의 정리(正理)를 얻게 되면 틀림없이 일어나 발(發)하게 될 것이다.

이와 반대로 부귀(富貴)한 사람에게 아첨(阿諂)을 하거나, 빈궁(貧窮)한 사람을 보면 교만(驕慢)한 태도(態度)를 보이는 사람 등은 반드시 사주(四柱)의 기(氣)가 치우쳐 고괴(古怪)하거나 오행(五行)의 바름을 얻지 못하였으니 고로 그 심사(心事)가 간탐(奸貪)하고 하는 일은 요행(僥倖)만을 바란다.

"유병유약(有病有藥)이면 길흉(吉凶)이 쉽게 증험(證驗)할 수 있으나 무병무약(無病無藥)이면 화복(禍福)을 추리(推理)하기 어렵다"라고 하는 것은 오행(五行)의 정리(正理)를 잃은 편론(偏論)이다. 대체로 병(病)이 있는 것은 나타나게 되므로 쉽게 약(藥)을 취(取)할 수 있고 병(病)이 없는 것은 감추어져 있으므로 추리(推理)하기 어렵다. 그러나 모두 중화(中和)로 논(論)해야 한다.

마치 사람이 병(病)이 없다면 사지(四肢)가 건왕(健旺)하여 영위(營衛)가 조화(調和)

되므로 행동(行動)이 자유롭고 매사에 안락(安樂)하고 편안(便安)할 것이다. 그러나 만약 병(病)이 있다면 근심은 많고 즐거움은 적을 것이고 거동(擧動)이 어려운데 좋은 약(藥)을 만나면 좋으나, 좋은 약(藥)으로 치료(治療)할 수 없다면 어찌 종신(終身) 동안 우환(憂患)이 없겠는가?

```
癸 癸 甲 辛
亥 卯 午 巳
```

```
丁 戊 己 庚 辛 壬 癸
亥 子 丑 寅 卯 辰 巳
```

癸卯日元 生于亥時 日主之氣已貫 喜其無土 財旺自能生官 更妙巳亥
계묘일원　생우해시　일주지기이관　희기무토　재왕자능생관　갱묘사해

遙冲 去火存金 印星得用 木火受制 體用不傷 中和純粹 爲人智識深沈
요충 거화존금 인성득용 목화수제 체용불상 중화순수 위인지식심침

器重荊山璞玉 才華卓越 光浮鑑水珠璣 庚運助辛制甲 自應台曜高躔
기중형산박옥　재화탁월　광부감수주기　경운조신제갑　자응태요고전

郎映紫微之彩 鼎去左列 輝騰廊廟之光 微嫌亥卯拱水 木旺金衰 未免
낭영자미지채　정거좌열　휘등낭묘지광　미혐해묘공수　목왕금쇠　미면

嗣息艱難也 此莫寶齋先生造.
　사식간난야　　차막보재선생조

癸卯 일주(日主)가 亥시에 태어나 일주(日主)의 기(氣)가 이미 관통(貫通)되었는데 기쁜 것은 土가 없으나 재(財)가 왕(旺)하여 자연히 생관(生官)할 수 있다.

더욱 오묘(奧妙)한 것은 巳亥가 멀리서 요충(遙冲)하여 火를 제거(除去)하고 金을 살려주어 인성(印星)이 득용(得用)되었으니 木火가 극제(剋制)를 받아 체용(體用)이 손상(損傷)되지 않았으므로 중화(中和)를 이루어 순수(純粹)하다.

그러므로 사람됨과 지식(智識)이 깊어서 형산(荊山)의 박옥(璞玉)처럼 그릇이 크고

재능(才能)이 탁월(卓越)하여 맑은 물 위에 떠 있는 주기(珠璣)같이 빛났다.

　庚운에 이르러 辛金을 돕고 甲木을 극제(剋制)하니 뭇 별들이 스스로 높이 응하여 자미성(紫微星)을 비추어 광채(光彩)를 더해주어 삼공(三公)의 벼슬로 임금의 좌열(左列)에 올라 빛을 발(發)하였다. 조금 꺼리는 것은 亥卯가 목국(木局)을 이루어 木은 왕(旺)하고 金이 쇠(衰)하여 후사(後嗣)를 두기가 어려웠다. 이것은 막보재(莫寶齋) 선생의 명조(命造)이다.

評註

　癸水 일주가 午월에 태어나서 실령(失令)하였고 지지(地支)가 亥卯 합목(合木)하고 巳午 합화(合化)하니 식재(食財)인 木火가 왕성(旺盛)하다. 그러므로 식상(食傷)이 태왕(太旺)하여 제살태과격(制殺太過格)이 되었다. 희신(喜神)은 인비관(印比官)인 金水土이고, 기신(忌神)은 식재(食財)인 木火이다.

　원국(原局)에서 형충파해(刑冲破害)가 없고 간지(干支)가 천부지재(天覆地載)로 되어 청격(淸格)이니 자연히 중화(中和)되어 귀격(貴格)이 되었다. 년시지(年時支)가 巳亥 상충(相冲)이 될 것 같으나 원충(遠冲)이 되므로 영향력이 미약(微弱)하다.

　癸巳, 壬辰 운은 희신(喜神)이 수왕(水旺)하여 대길(大吉)하였고 辛卯, 庚寅 운은 천간(天干)의 庚申金이 지지(地支)의 寅卯木을 개두(蓋頭)하여 기신(忌神)작용을 억제함으로써 대발(大發)하였으니 아름답다. 己丑, 戊子 운은 희신(喜神)인 관살(官殺)이 왕성(旺盛)하니 더욱더 승승장구(乘勝長驅)하였을 것이다. 후사(後嗣)를 두기 어려웠다는 것은 원국(原局)에서 관살(官殺)이 없었기 때문이라고 추정(推定)한다.

```
戊 癸 丙 己
午 未 子 酉
```

```
己庚辛壬癸甲乙
巳午未申酉戌亥
```

此王觀察造 癸日子月 似乎旺相 不知財殺太重 旺中變弱 局中無木 混
차왕관찰조　계일자월　사호왕상　부지재살태중　왕중변약　국중무목　혼

濁不清 陰內陽外之象 月透財星 欺心意必欲愛之 時逢官殺 欺心志必
탁불청　음내양외지상　월투재성　기심의필욕애지　시봉관살　기심지필

欲合之 所以權謀異衆 才幹過人 出身本微 心術不端 癸酉得逢際遇 由
욕합지　소이권모이중　재간과인　출신본미　심술부단　계유득봉제우　유

佐貳至觀察 奢華奉迎 無出其右 至未運不能免禍 所謂欲不除 似蛾撲
좌이지관찰　사화봉영　무출기우　지미운불능면화　소위욕부제　사아박

燈 焚身乃止 呂猩嗜酒 鞭血方休.
등　분신내지　여성기주　편혈방휴

이 명조(命造)는 왕관찰사(王觀察使)의 명조(命造)이다. 癸水 일주(日主)가 子월에 태어나 왕상(旺相)한 것 같으나 재살(財殺)이 태중(太重)하여 왕중변약(旺中變弱)하였다.

명국(命局) 중에 木이 없고 혼탁(混濁)하고 청(清)하지 못하니 음내양외(陰內陽外)의 상(象)이다. 월간(月干)에 재성(財星)이 투출(透出)하였으니 그의 마음은 애정(愛情)에 욕심(慾心) 있고, 시상(時上)에 관성(官星)을 만났으니 그의 뜻은 합(合)하고자 하는 욕심(慾心)을 가지고 있을 것이다. 소위 권모(權謀)가 남다르고 재간이 넘쳤다.

癸酉 운에 제우(際遇)[182]로 인한 기회를 얻어 좌이(佐貳)에서 관찰사(觀察使)에 올랐으나 사치(奢侈)와 호화스러움이 그를 따를 사람이 없었다. 未운에 이르러 화(禍)를 면(免)하지 못하였으니 욕심(慾心)을 버리지 못하였기 때문이다.

182　제우(際遇): 제회(際會)와 동일(同日)함. 임금과 신하 사이에 의사(意思)가 잘 통(通)함.

"나방이가 등불을 보고 덤벼들어 몸을 태운 뒤에야 멈추다"라는 말과 "원숭이가 술을 즐기고 주사(酒邪)가 있어 채찍으로 피를 본 뒤에야 멈춘다"라는 말과 같다.

評註

癸水가 子월에 태어나서 득령(得令)하였고 酉金이 생조(生助)하여 수왕(水旺)하여 신왕(身旺)으로 보인다. 그러나 지지(地支)에 午未가 합화(合火)하고 천간(天干)에 火土가 투출(透出)하였으며 戊土가 癸水를 합(合)하여 火土 세력(勢力)으로 유인(誘引)하려고 하고 己土는 丙火의 생조(生助)를 얻어 癸水를 충거(冲去)하려고 하니 자연히 金水의 세력(勢力)보다 火土의 세력(勢力)이 왕(旺)하여 선강후약(先强後弱)이 되었다. 그러므로 희신(喜神)은 인비(印比)인 金水이고 기신(忌神)은 식재관(食財官)인 木火土이다.

초년(初年)인 乙亥, 甲戌 운은 亥未 합목(合木), 午戌 합화(合火)로 木火 기신(忌神)이 되었으니 곤고(困苦)하였을 것이다. 癸酉 운은 金水가 희신(喜神)이 되어 직상(直上)으로 승진하였으나 辛未 운은 丙辛 합(合)이 되어 辛金 희신(喜神)이 합거(合去)되었고 午未 합화(合火)로 기신(忌神)이 되었으니 파직(罷職)을 당할 수밖에 없다.

참고(參考)로 관성(官星)이 합(合)하거나 충(冲)하여 기신(忌神)이 되는 경우에는 원국(原局)이던 유년(流年)에서 오던 관재(官災)가 따르고 재성(財星)이 태왕(太旺)하여 재다신약(財多身弱)이 되거나 명암부집(明暗婦集)이 되는 경우에는 원국(原局)이던 유년(流年)에서 온 손재(損財)나 손처(損妻)가 있다.

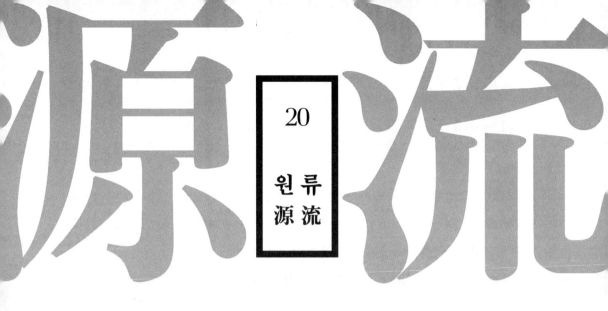

原文

何處起根源 流到何方住 機括此中求 知來亦知去
하처기근원　　류도하방주　　기괄차중구　　지래역지거

　어느 곳에서 근원(根源)이 시작되었으며 흘러서 어느 방향에서 머무는가? 이 가운데에서 찾으면 오는 것도 알 수 있고 가는 것도 알 수 있다. 이미 중화(中和)의 바른 이치를 안다면 오행의 묘리를 완전하게 이해할 수 있는 것이다.

原註

不必論當令不當令 只論取最多最旺 而可以爲滿局之祖宗者 爲源頭也
불필논당령불당령　　지론취최다최왕　　이가이위만국지조종자　　위원두야

看此源頭 流到何方 流去之處 是所喜之神 卽在此住了 乃爲好歸路 如
간차원두　　류도하방　　류거지처　　시소희지신　　즉재차주료　　내위호귀로　　여

辛酉癸巳戊申丁巳 以化爲源頭 流至金水之方卽住了 所以富貴爲最
신유계사무신정사　　이화위원두　　류지금수지방즉주료　　소이부귀위최

若再流至木地 則氣洩爲亂.
약재류지목지　　즉기설위란

如未曾流到吉方 中間卽遇阻節 看其阻住之神何神 以斷其休咎 流住
여미증류도길방　　중간즉우조절　　간기조주지신하신　　이단기휴구　　류주

之地何地 以知其地位 如癸丑壬戌癸丑壬子 以土爲源頭 止水方 只生
지지하지 이지기지위 여계축임술계축임자 이토위원두 지수방 지생

得 一個身子 而戌中火土之氣 得從引助 所以爲僧也.
득 일개신자 이술중화토지기 득종인조 소이위승야

사주가 당령했는지, 당령하지 않았는지를 논(論)할 필요 없이 단지 최다(最多)와 최왕(最旺)한 것을 취(取)하여 가히 만국(滿局)의 조종(祖宗)이 될 수 있는 것을 원두 (源頭)로 하여 논한다. 이 원두(源頭)가 유행(流行)하여 이르는 곳이 어떤 곳인지, 흘러가는 곳을 살펴 희신(喜神)이 머물러 있다면 비로소 좋은 귀로(歸路)이다.

가령 辛酉, 癸巳, 戊申, 丁巳는 火가 원두(源頭)이고 흘러 도달한 금수지방(金水之方)이 멈추어 머무르는 곳인데 이에 부귀가 최고였다. 만약 흘러서 목지(木地)에 이르렀다면 기(氣)가 설(洩)되어 어지러운 사주(四柱)가 되었을 것이다. 만약 흘러서 길방(吉方)에 이르는 중간에 흐름이 막혀 머무르게 된다면 그 막는 신(神)이 어떤 신 (神)인가를 살펴보아 그 길흉을 판단하여야 하며, 흘러 머무는 곳이 어느 간지인가를 보아 그 지위를 알 수 있다. 가령 癸丑, 戊戌, 癸丑, 壬子는 土가 원두(源頭)이고 수방(水方)에서 멈추었는데 다만 자식은 하나를 두었으며 戌 중에 火土가 인조(引助)하여 도움을 얻었으니 스님이 되었다.

任註

任氏曰 源頭者 卽四柱中之旺神也 不論財官印綬食傷比刼之類 皆可
임씨왈 원두자 즉사주중지왕신야 불론재관인수식상비겁지류 개가

爲源頭也 總要流通生化 收局得美爲佳 或起于比刼 止于財官爲喜 或
위원두야 총요류통생화 수국득미위가 혹기우비겁 지우재관위희 혹

起于財官 止于比刼爲忌.
기우재관 지우비겁위기

如山川之發脈來龍 認氣于大父母 看尊星 認氣于眞子息 看主星 認氣
여산천지발맥래용 인기우대부모 간존성 인기우진자식 간주성 인기

于方交媾 看胎伏星 認氣于成胎育 有太息星 認氣于化殺偏權 看解星
우방교구 간태복성 인기우성태육 유태식성 인기우화살위권 간해성

認氣于絶處逢生 看恩星 認源之氣以勢 忍流之氣以情 故源頭流住之
인기우절처봉생　간은성　인원지기이세　인류지기이정　고원두류주지

地 卽山川結穴之所也 不可以不究 源頭阻節之處 卽來龍破損隔絶之
지　즉산천결혈지소야　불가이불구　원두조절지처　즉래용파손격절지

意也 不可以不察 看其源頭流止之之何地 以知其有興誰替 看其阻節
의야　불가이불찰　간기원두류지지지하지　이지기유흥유체　간기조절

之神何神 以論其何吉何凶.
지신하신　이론기하길하흉

如源頭起于年月是食印 住于日時是財官 則上叨祖父之蔭 下亨兒孫之
여원두기우년월시식인　주우일시시재관　즉상도조부지음　하형아손지

福 或起于年月是財官 住于日時是傷刦 則破敗祖業 刑妻剋子 如起於
복　혹기우년월시재관　주우일시시상겁　즉파패조업　형처극자　여기어

日時是財官 住於年月是食印 則上與祖父爭光 下與兒孫立業 或起於
일시시재관　주어년월시식인　즉상여조부쟁광　하여아손입업　혹기어

日時是財官 住於年月是傷刦 卽祖業亂享 自剙維新 流住年是官印者
일시시재관　주어년월시상겁　즉조업난향　자창유신　류주년시관인자

知其祖上清高 是傷刦者 知其祖上寒微 流住月是財官者 知其父母創
지기조상청고　시상겁자　지기조상한미　류주월시재관자　지기부모창

業 是傷刦者 知其父母 破敗 流住日時是財官食印者 必白手成家 或妻
업　시상겁자　지기부모　파패　류주일시시재관식인자　필백수성가　혹처

賢子貴 流住日時是傷刦梟刃者 必妻陋子劣 或因妻招禍 破家受辱 然
현자귀　류주일시시상겁효인자　필처루자열　혹인처초화　파가수욕　연

又要看日主之喜忌斷之無不驗也.
우요간일주지희기단지무불험야

如源頭流止未住之地 有阻節隔絶之神 是偏正印綬 必爲長輩之禍柱中
여원두류지미주지지　유조절격절지신　시편정인수　필위장배지화주중

有財星相制 必得妻賢之助 如有比刦之化 或得兄弟相扶 如阻節是比
유재성상제　필득처현지조　여유비겁지화　혹득형제상부　여조절시비

刦 必遭兄弟之累 或不和 柱中有官星相制制 必得賢貴之解 如有食傷
겁　필조형제지누　혹불화　주중유관성상제제　필득현귀지해　여유식상

之化 或得子姪之助 如阻節是財星 必遭妻妾之禍 柱中有比刦相制 必
지화　혹득자질지조　여조절시재성　필조처첩지화　주중유비겁상제　필

得兄弟之助 或兄弟愛敬 如有官星之化 或得賢貴提携 如阻節是食傷
득형제지조　혹형제애경　여유관성지화　혹득현귀제휴　여조절시식상

必愛子孫之累 柱中有印綬相制 必叨長輩之福 或親長堤拔 有財星之
필애자손지누　　주중유인수상제　　필도장배지복　　혹친장제발　유재성지

化 必得美妻 或中饋多能 如阻節是官殺 必遭官刑之禍 柱中 有食傷相
화　필득미처　혹중궤다능　여조절시관살　필조관형지화　주중　유식상상

制 必得子姪之力有印綬之化 必仗長輩之助 然又要看用神之宜忌論之
제　필득자질지력유인수지화　필장장배지조　연우요간용신지의기논지

無不應也.
무불응야

如源頭流住是官星 又是日主之用神 就名貴顯者 十居八九 如是財星
여원두류주시관성　우시일주지용신　취명귀현자　십거팔구　여시재성

又是日主之用神 就利發財者 十居八九 如是印星 又是日主之用神 有
우시일주지용신　취리발재자　십거팔구　여시인성　우시일주지용신　유

文望 而淸高者 十居八九 如是食傷 又是日主之用神 財子兩美者 十居
문망　이청고자　십거팔구　여시식상　우시일주지용신　재자양미자　십거

八九.
팔구

如日主以官星爲忌神 爲官遭禍傾家者有之 如日主以財星爲忌神 爲財
여일주이관성위기신　위관조화경가자유지　여일주이재성위기신　위재

喪身敗名節者有之 如日主以印星爲忌神 偏文書傷時犯上而受殃者有
상신패명절자유지　여일주이인성위기신　위문서상시범상이수앙자유

之 如日主以 食傷爲忌神 爲子孫受累而絶嗣子有之.
지　여일주이　식상위기신　위자손수누이절사자유지

此窮極源流之正理 不同俗書之謬論也.
차궁극원류지정리　부동속서지류논야

凡富貴者 未有不從 源頭也 分其貴賤 全在收局 一字定之.
범부귀자　미유부종　원두야　분기귀천　전재수국　일자정지

去我濁氣 作我喜神 富貴亦富 去我淸氣 作我忌神 不貧亦賤 學者當審
거아탁기　작아희신　부귀역부　거아청기　작아기신　불빈역천　학자당심

察.
찰

　임씨(任氏)가 말하길, 원두(源頭)라는 것은 사주(四柱) 중의 왕신(旺神)을 말한다. 재(財), 관(官), 인수(印綬), 식상(食傷), 비겁(比劫)을 막론(莫論)하고 어느 것을 원두(源頭)

로 할 수 있다.

따라서 원두(源頭)란 사주(四柱)를 유통(流通)시키고 생화(生化) 작용(作用)으로 격국(格局)을 수렴(收斂)하는데 머무르는 곳이 좋으며 아름다운 것이다. 비겁(比劫)에서 시작하여 재관(財官)에서 멈추면 기쁜 것이지만, 재관(財官)에서 시작하여 비겁(比劫)에서 멈추는 것을 꺼린다.

가령 산천(山川)의 맥(脈)이 발(發)하여 오는 용(龍)에 따라서 부모(父母)의 기(氣)를 알고자 하면 존성(尊星)을 보고, 자식(子息)의 기(氣)을 알고자 하면 주성(主星)을 보고, 교구(交媾)의 기(氣)를 알고자 하면 태복성(胎伏星)을 보고 태육(胎育)의 이루어짐을 알고자 하면 태식성(胎息星)을 본다.

화살위권(化殺爲權)의 기(氣)를 알고자 하면 해성(解星)을 보고, 절처봉생(絶處逢生)의 기(氣)를 알고자 하면 은성(恩星)을 보고. 기(氣)의 근원(根源)을 보고 기세(氣勢)를 알고 기(氣)의 유행(流行)을 보고 그 정(情)을 안다.

그러므로 원두(源頭)에서 유행(流行)하여 머무는 곳과, 산천(山川)의 맥(脈)이 내려와서 결혈(結穴)하는 곳과 같은 것이므로 원두(源頭)의 유행(流行)과 저지(沮止)되는 곳이 어디인가를 연구(硏究)하지 않으면 안 되는 것이다.

다시 말하면 원두(源頭)가 유행(流行)하다 저지(低地)된다는 것은 산용(山龍)이 오다가 파손(破損)되거나, 격절(隔絶)된 곳이 생긴 것과 같은 뜻이니 어디에서 막히고 어디에서 파손(破損)되는지 자세히 살펴보아야 한다.

원두(源頭)에서 유행(流行)하다가 멈추는 곳이 어느 곳인지를 보고 누가 흥(興)하고 누가 쇠(衰)할 것인가를 알 수 있고 그 흐름을 막아 멈추게 하는 신(神)이 어느 신(神)인가를 보아 무엇이 길(吉)하고 무엇이 흉(凶)한지를 논(論)할 수 있다.

가령 원두(源頭)가 년월(年月)이고 식신(食神)이나 인수(印綬)로 시작되어 월시(月時)의 재관(財官)이라면 위로는 조상의 음덕을 입고 아래로는 자손의 복(福)을 누릴 것이다. 그러나 재관(財官)의 년월(年月)에서 시작하여 일시(日時)가 식상(食傷)이나 비겁(比劫)이라면 조업(祖業)을 파(破)하고 형처극자를 하게 될 것이다.

만약 재관(財官)의 일시(日時)에서 시작하여 년월(年月)이 식신(食神)이나 인수(印綬)였다면 위로는 부조(父祖)와 영광(榮光)을 다투고, 아래로는 자손(子孫)들이 공업(功

業)을 세울 것이며, 만약 재관(財官)의 일시(日時)에서 시작하여 년월(年月)의 상관(傷官)이나 겁재(劫財)에서 머무른다면 조업(祖業)을 누리기 어렵고 자수성가(自手成家)해야 할 것이다.

원두(源頭)에서 유행(流行)하여 머무른 곳이 년(年)의 관(官)이나 인수(印綬)라면 그의 조상(祖上)이 청고(淸高)한 인물(人物)임을 알 수 있고 상관(傷官)이나 비겁(比劫)이라면 조상(祖上)이 한미(寒微)한 인물(人物)임을 알 수 있다. 유행(流行)하여 머무른 곳이 월(月)의 재관(財官)이라면 그의 부모(父母)가 가업(家業)을 일으켜 세운 인물(人物)임을 알 수 있고 상관(傷官)이나 비겁(比劫)이면 그의 부모(父母)가 파패(破敗)를 당했음을 알 수 있다.

유행(流行)하여 머무른 곳이 일시(一時)의 재관(財官), 인수(印綬), 식신(食神)이라면 자수성가(自手成家)하였고, 현처귀자(賢妻貴子)하였을 것이고, 상관(傷官), 비겁(比劫), 효인(梟印)이라면, 처(妻)는 누추(陋醜)하고 자식(子息)은 용열(庸劣)하였을 것이고, 처(妻)로 인해 화(禍)를 초래(招來)하여 패가망신(敗家亡身)을 하게 된다. 그러나 이렇게 판단(判斷)하기 전에 일주(日主)의 희기(喜忌)를 자세히 관찰(觀察)하여 길흉(吉凶)을 판단하여야 틀리지 않을 것이다.

원두(源頭)에서 유행(流行)하여 머무른 곳에 이르기 전에 그 흐름을 막아 격절(隔絶)하는 것이 있다.

격절(隔絶)하는 것이 편인(偏印)이나, 인수(印綬)이면 반드시 윗사람으로부터 화(禍)을 당하게 되는데 재성(財星)이 있어 인수(印綬)를 극제(剋制)하면 반드시 어진 아내의 내조(內助)가 있으며 비겁(比劫)이 인화(引化)한다면 형제(兄弟)의 도움이 있다.

격절(隔絶)하는 것이 비겁(比劫)이라면 반드시 형제(兄弟)로 인(因)해 걱정을 하게 되거나 불화(不和)하게 되는데 관성(官星)이 있어 비겁(比劫)을 극제(剋制)하면 귀인(貴人)의 도움을 얻어 해소(解消)하게 되며 식상(食傷)이 있어 비겁(比劫)을 인화(引化)한다면 자질(子姪)의 도움을 얻게 된다.

격절(隔絶)하는 것이 재성(財星)이라면 반드시 처첩(妻妾)으로 인(因)한 화(禍)를 만나게 되는데 비겁(比劫)의 극제(剋制)가 있으면 형제(兄弟)의 도움이 있거나 형제(兄弟)간에 우애(友愛)가 있으며 관성(官星)이 재성(財星)을 인화(引化)한다면 어진 귀인(貴

人)의 도움을 얻게 된다.

격절(隔絶)하는 것이 식상(食傷)이라면 반드시 자손(子孫)으로 인(因)한 누(累)가 있게 되는데 인수(印綬)의 극제(剋制)가 있으면 반드시 장상(長上)의 덕(德)을 입어 전화위복(轉禍爲福)이 되고 재성(財星)이 식상(食傷)을 인화(引化)한다면 반드시 미모(美貌)의 처(妻)을 얻거나 어진 아내의 내조를 받게 된다.

격절(隔絶)하는 것이 관살(官殺)이라면 반드시 관재(官災)의 화(禍)를 만나는데 식상(食傷)의 극제(剋制)가 있으면 자질(子姪)의 도움을 받게 되고 인수(印綬)의 인화(引化)가 있으면 반드시 장상(長上)의 도움을 받게 된다.

그러나 이렇게 판단(判斷)하기 전에 용신(用神)의 의지(宜志)를 자세(仔細)히 관찰(觀察)하여 논(論)해야 틀리지 않을 것이다.

가령 원두유주(源頭流住)가 관성(官星)이고 일주(日主)의 용신(用神)이라면 명성(名聲)을 얻고 귀(貴)하게 되는 경우가 십중팔구(十中八九)이다.

원두유주(源頭流住)가 재성(財星)이고 일주(日主)의 용신(用神)이라면 이익(利益)을 얻어 재물(財物)을 일으키는 경우가 십중팔구(十中八九)이다.

원두유주(源頭流住)가 인수(印綬)이고 일주(日主)의 용신(用神)이라면 문장(文章)이 높고 인품(人品)이 청고(淸高)한 경우가 십중팔구(十中八九)이고, 원두유주(源頭流住)가 식상(食傷)이고 日主의 용신(用神)이라면 재물(財物)과 자식(子息)이 모두 좋은 경우가 십중팔구(十中八九)이다.

만약 관성(官星)이 일주(日主)의 기신(忌神)이라면 명예(名譽)에 화(禍)가 미쳐 벼슬이나 가문(家門)이 무너지는 경우가 있으며, 재성(財星)이 기신(忌神)이라면 재물(財物)을 잃게 되고 몸을 망치고 명예(名譽)까지 떨어지는 경우가 있으며, 인수(印綬)가 기신(忌神)이라면 문서(文書)가 손상(損傷)되고 재앙(災殃)을 당하는 경우가 있으며, 식상(食傷)이 기신(忌神)이라면 자손(子孫)이 걱정을 끼치거나 대(代)가 끊어지는 경우가 있다.

이는 궁극적(窮極的)으로 원류(源流)의 정리(正理)를 논(論)한 것으로 속서(俗書)의 이론(理論)과는 다른 것이니 깊이 연구(硏究)해야 할 것이다.

무릇 부귀(富貴)라는 것은 원두(源頭)을 좇아 유행(流行)하지 않는 것이 없다.

그 귀천(貴賤)의 분별(分別)은 전적(全的)으로 거두어 머무르는 수국(收局)의 한 글자로 정(定)하여진다. 일주(日主)의 탁기(濁氣)를 제거(除去)하여 희신(喜神)이 되는 경우는 귀(貴)하지 않으면 부(富)하고, 일주(日主)의 청기(淸氣)를 제거(除去)하여 기신(忌神)이 되는 경우에는 가난하지 않으면 역시 천(賤)하게 된다. 이 학문(學問)을 하는 사람은 반드시 자세히 살펴야 한다.

任註

```
癸 丙 庚 辛
巳 寅 子 酉
```

```
癸甲乙丙丁戊己
巳午未申酉戌亥
```

此以金爲源頭 流至寅木 印綬生身 更妙巳時得祿 財又逢生 官星透露
차이금위원두　류지인목　인수생신　갱묘사시득록　재우봉생　관성투로

淸有精神 中和純粹 起處亦佳 歸局尤美 詞林出身 仕至通政 一生無險
청유정신　중화순수　기처역가　귀국우미　사림출신　사지통정　일생무험

名利雙輝.
명리쌍휘

이 명조(命造)는 金을 원두(源頭)로 하여 寅木에 이르러 인수(印綬)가 일주(日主)를 생(生)하고 더욱 묘한 것은 사시(巳時)로 흘러 일주가 녹(祿)을 얻고 재성(財星)이 장생(長生)을 만났으며 관성이 천간(天干)에 투출(透出)하였으니 청수한 정신이 들어 있고 중화(中和)를 이루어 순수(純粹)하다.

원두(源頭)가 일어난 곳도 아름답고 귀국(歸局)은 더욱 아름답다. 사림 출신으로 벼슬이 통정(通政)에 이르렀으며 일생 동안 험난함이 없었고 명리(名利)를 모두 얻었다.

評註

丙火 일주가 子월에 태어나서 한랭하니 조후(調候)로 火가 필요하다. 재관(財官)인 金水가 태왕(太旺)한데 癸水가 투출(透出)되었으니 식신제살격(食神制殺格)이 되었다. 희신(喜神)은 인비식(印比食)인 木火土이고 기신(忌神)은 재관(財官)인 金水이다.

초년인 己亥, 戊戌 운은 寅亥 합목(合木), 寅戌 합화(合火)되어 火土 희신(喜神)이 되었으므로 선조의 음덕으로 유여하였고 丁酉, 丙申 운은 申酉金이 기신이지만 丙丁火에 개두(蓋頭)되어 묘(妙)하다. 乙未, 甲午 운은 木火 희신(喜神)이므로 일생 동안 명리양전(名利兩全)하였다.

任註

丙	戊	癸	辛
辰	申	巳	丑

丙丁戊己庚辛壬
戌亥子丑寅卯辰

此以火爲源頭 流至水方 更妙月時 兩火之源 皆得流通 至金水歸局 所
차이화위원두   류지수방   갱묘월시   양화지원   개득류통   지금수귀국   소

以富有百萬 貴至二品 一生履險如夷 所謂景星慶雲 仰衆吉之拱向 花
이부유백만   귀지이품   일생이험여이   소위경성경운   앙중길지공향   화

攢錦簇 盼五福之駢臻.
찬금족   반오복지변진

이 명조(命造)는 火를 원두(源頭)로 하여 수방(水方)으로 유행(流行)하였고 더욱 묘(妙)한 것은, 월시(月時)의 양화(兩火)가 유통(流通)하여 金水에 이르러 귀국(歸局)하였다. 그러므로 부(富)는 백만에 이르고 벼슬이 이품(二品)에 이르렀다.

일생 동안 험난(險難)한 곳을 밟아도 평지처럼 편안(便安)하였다.

소위 "상서(祥瑞)러운 벽과 복스러운 구름이 중길(衆吉)을 향하듯 추앙(推仰)을 받았고 꽃과 비단이 쌓이니 오복(五福)이 함께 오는 것을 보았다"라는 말처럼 부귀(富貴)가 양전(兩全)하였다.

戊土 일주(日主)가 巳월에 태어나서 득령(得令)하였고, 지지(地支)에 녹왕(祿旺)이 태왕(太旺)하고 丙火가 투출되어 신왕(身旺)하다. 희신(喜神)은 식재관(食財官)인 金水木이고 기신(忌神)은 인비(印比)인 火土이다.

대운(大運)이 동북(東北) 방향(方向)인 木水 운으로 행(行)하여 대발(大發)하였는데, 庚寅 운에 丙庚 충(冲), 寅巳申 삼형살(三刑殺)이 되어, 천충지충(天冲地冲)이 되었으니 관재송사(官災訟事)나 형액을 면(免)치 못하였을 것이다.

任註

甲	丙	辛	辛
午	子	卯	卯

甲乙丙丁戊己庚
申酉戌亥子丑寅

此以木爲源頭 五行無土 不能流至金 財官又隔絶 冲而逢洩 無生化之
차이목위원두　오행무토　불능류지금　재관우격절　충이봉설　무생화지

情 初運庚寅 叨上人之福 己丑運合子 洩火生金 財福駢臻 戊子土虛水
정　초운경인　도상인지복　기축운합자　설화생금　재복변진　무자토허수

旺 暗助木神刑耗多段 丁亥剋金會木 家破人亡.
왕　암조목신형모다단　정해극금회목　가파인망

이 명조(命造)는 木을 원두(源頭)로 하고 오행(五行) 중에 土가 없어 유행(流行)하여

金에 이르는 것이 불능(不能)하다. 재관(財官)이 격절(隔絶)[183]되었고 충(冲)과 설(洩)을 만났으니, 생화(生化)의 뜻이 없다.

초년(初年)의 庚寅 운은 윗사람의 은혜(恩惠)를 입었고, 己丑 운에는 子와 합(合)하고, 火를 설(洩)하여 金을 생(生)하니 재물(財物)과 복(福)이 함께 이르렀으나, 戊子 운은 土가 허(虛)하고 水가 왕(旺)하여 木을 암조(暗助)[184]하므로 형상파모(刑傷破耗)가 많았으며, 丁亥 운은 金을 극(剋)하고, 목국(木局)을 이루니 가산(家産)을 탕진(蕩盡)하고 세상을 떠났다.

丙火 일주가 卯월에 태어나서 득령하였고 지지의 子水는 자생묘목(子生卯木)으로 살인상생이 되었으며 午火가 양인(羊刃)으로 득세하고 甲木이 천간에 투출되었으니 신왕하다. 희신(喜神)은 식재관인 土金水이고 기신은 인비인 木火이다.

己丑 운은 甲己 합토(合土)이고 子丑 합수(合水)이니 모두가 희신(喜神)이 되었으므로 재복(財福)이 많았다. 戊子 운은 土가 허(虛)하고 水는 왕(旺)하여 木을 암생(暗生)하므로 형상파모(刑傷破耗)가 다단(多端)하였고, 丁亥 운은 丁火가 金을 극(剋)하고 亥卯 목국(木局)을 이루어 가파인망(家破人亡)이 되었다.

---

183 격절(隔絶): 멀리 떨어짐. 명리(命理)이론으로 개두(蓋頭)나 절각(截脚)이 되어 간지(干支)가 서로 극제(剋制)되니 상극(相剋)작용이 일어나는 것을 말함.

184 암조(暗助): 남모르게 도움. 원국(原局)에서 일어나는 작용을 명(明)이라고 하고 유년(流年)에서 일어나는 작용을 암(暗)이라고 하고 지지(地支)의 암장(暗藏)에서의 작용을 암(暗)이라고 한다.

```
丁 戊 壬 庚
巳 午 午 寅
```

```
己戊丁丙乙甲癸
丑子亥戌酉申未
```

偽以火爲源頭 年支寅木阻絶 月干壬水隔之 不能流至金 初運土金之
차이화위원두　년지인목조절　월간임수격지　불능류지금　초운토금지

地 冲化阻節之神 業同秋水春花盛 人被堯天舜日恩 一交丙戌 支會火
지　충화조절지신　업동추수춘화성　인피요천순일은　일교병술　지회화

局 梟神奪食 破耗異常 又尅一妻二妾四子 至丁亥運 干支皆合化木 榮
국　효신탈식　파모이상　우극일처이처사자　지정해운　간지개합화목　경

煢隻影 孤苦不堪 削髮爲僧.
경척영　고고불감　삭발위승

이 명조(命造)는 火가 원두(源頭)인데 년지(年支)의 寅木이 가로막고 월간(月干)의 壬水가 격절(隔絶)되었으니 유행(流行)하여 金에 이르지 못하였다.

초년의 土金 운에는 조절지신(阻絶之神)을 충(冲)하고 인화하니 가업이 추수(秋水)와 춘화(春花)처럼 왕성하였고, 사람은 요순(堯舜)시대처럼 은혜를 입었다. 그러나 丙戌 운으로 바뀌면서는 지지에 寅午戌 화국을 이루고 효신(梟神)인 편인(偏印)이 탈식(奪食)하니 가산이 파모하였고 또한 일처이첩과 사자(四子)를 형극하였다. 丁亥 운에는 간지(干支)가 모두 木으로 합화(合化)하니 경경(煢煢)[185] 척영(隻影)[186]하니 그림자와 벗을 하는 외로운 신세가 되어 고통을 감내하지 못하고 삭발하고 승려(僧侶)가 되었다.

185　경경(煢煢): 근심하는 모양. 외롭고 의지할 곳 없는 모양.
186　척영(隻影): 홀로 외롭게 비친 그림자. 쓸쓸한 그림자.

戊土 일주가 午월에 태어나서 득령(得令)하였고 지지(地支)에 巳午 화국(火局), 寅午 화국(火局)으로 되어 있는데 丁火가 투출(透出)되었으니 종강격(從强格)이 되었다. 희신(喜神)은 인비식(印比食)인 火土金이고 기신(忌神)은 재관(財官)인 水木이다.

원국(原局)에서 녹인(祿印)이 중중(重重)하여 군겁쟁재(群劫爭財)가 되었고, 관살(官殺)인 寅木은 寅午 합화(合火), 寅巳 삼형(三刑)이 되었으니, 처자식(妻子息)의 불행(不幸)을 암시(暗示)하고 있다.

초년(初年)인 癸未 운은 戊癸 합화(合火), 午未 합화(合火)로 암합(暗合)하여 희신(喜神)이 되었고, 甲申 운은 甲庚 충(冲), 寅申 충(冲)으로 천충지충(天冲地冲)되어 곤고(困苦)하였을 것이고, 乙酉 운은 乙庚 합금(合金), 巳酉 합금(合金)으로 희신(喜神)이 되었으니 태평성대(太平盛代)하였다.

丙戌 운은 丙壬 충(冲), 丙庚 충(冲)으로 식재(食財)가 충발(冲拔)되어 형상파모(刑傷破耗)가 되었으며 丁亥 운은 丁壬 합목(合木), 寅亥 합목(合木)으로 기신(忌神)이 되어 속세(俗世)를 떠났다.

원류(源流)라는 것은 사주(四柱)가 생화불식(生化不息)하고 오행(五行)이 주류무체(周流無滯)[187]하는 것을 말한다. 어느 곳에서 근원(根源)이 되고 순서(循序)대로 상생(相生)하여 어느 곳에 이르러 머무는가를 보고 그 중에 회췌지전(薈萃之點)[188]이 곧 용신(用神)이다.

간지편(干支篇)에서 논(論)한 '시기소시 종기소종(始其所始 終其所終)'이라고 한 것은 시작해야 할 곳에서 시작하고, 마쳐야 할 곳에서 마친다는 뜻이다. 즉 원두류주(源

---

187 주류무체(周流無滯): 생생부절(生生不絶)하면서 막힘없이 오행(五行)이 흘러가는 것을 말함.
188 회췌지점(薈萃之點): 합쳐져서 모이는 곳. 기(氣)가 흘러 모이는 혈(穴)을 말함.

頭流住)를 말한 것이다. 이는 사주(四柱)의 정(情)이 화합(和合)하고 기(氣)가 서로 돕는
극치(極致)이다.

　　일반적(一般的)인 명조(命造)는 운정(運程)에서 金水가 이로우면 木火가 불리(不利)
하고 한쪽으로 치우친 격국(格局)은 겨우 하나의 길만을 행(行)할 수 있을 뿐인데, 오
직 주류무체(周流無滯)한 격국(格局)은, 서로 호위(護衛)하고 구응(救應)하는 묘(妙)가 있
고, 동서남북(東西南北)이 비록 이로움과 불리함이 같지 않으나 모두 행(行)할 수 있
으며 또한 새로운 방향(方向)으로 운(運)이 행(行)할 수 있으나 귀(貴)하기는 어렵다.

原文

關內有織女　關外有牛郎　此關若通也　相邀入洞房
관내유직여　　관외유우랑　　차관약통야　　상요입동방

관문(關門) 안에는 직녀(織女)가 있고, 관문(關門) 밖에는 견우(牽牛)가 있다. 만약이 관문(關門)을 통(通)하여 들어가게 된다면, 견우와 직녀는 서로 맞아 신방(新房)에들어간다.

原註

天氣欲下降　地氣欲上升　欲相合相和相生也　木土而要火　金而要土
천기욕하강　　지기욕상승　　욕상합상화상생야　　목토이요화　　금이요토

土水而要金　金木而要水　皆是于郞織女之有情也.
토수이요금　　금목이요수　　개시우랑직녀지유정야

中間上下遠隔　爲物所間　前後遠絶　或被刑冲　或被刦占　或隔一物皆謂
중간상하원격　　위물소간　　전후원절　　혹피형충　　혹피겁점　　혹격일물개위

之關也　必得引用無合之神　及刑冲所間之物　前後上下　援引得來能勝
지관야　　필득인용무합지신　　급형충소간지물　　전후상하　　원인득래능승

刦占　之神　能補所缺之物　明見暗會　歲運相逢　乃爲通館也　關通而其願
겁점　지신　　능보소결지물　　명견암회　　세운상봉　　내위통관야　　관통이기원

遂矣 不猶牛朗織女之入洞房也哉.
수의   불유우랑직녀지입동방야재

천기(天氣)는 하강(下降)하고자 하고 지지(地支)는 상승(上昇)하고자 하는 것은 천지(天地)의 기(氣)가 상합(相合)하고 상화(相和)하며 상생(相生)하고자 하기 때문이다. 가령 木土가 火를 필요로 하고 火金이 土를 필요로 하면 土水는 金이 필요하고 金木은 水가 필요한 것은 모두 견우(牽牛)와 직녀(織女)가 유정(有情)한 것과 같이한다.

상하(上下)가 원격(遠隔)되었거나 그 사이에 어떤 것이 막고 있거나 전후(前後)가 멀리 단절(斷絶)되어 있거나 혹(或)은 형충(刑沖)을 당하거나 혹(或)은 겁점(劫占)을 당하거나 혹(或)은 하나가 격(隔)해 있거나 하여 둘 사이를 막고 있는 것을 관(關)이라고 한다. 이 관문(關門)을 통(通)하기 위해서는 반드시 무합지신(無合之神)[189]을 인용(引用)하거나 또는 소간지물(所間之物)[190]을 형충(刑沖)하여 제거(除去)하여야 한다.

또한 원국(原局) 전후(前後)와 상하(上下)에서 도움이 되는 신(神)이 와서 겁점지신(劫占之神)[191]을 굴복시키고 능히 소결지신(所缺之神)을 명견암회(明見暗會)[192]로 보완(補完)할 수 있는데 이러한 것은 세운(歲運)에서 만나는 것이 바로 통관(通關)이 되는 것이다. 통관(通關)하게 되면 그 원(願)하는 것을 이루는 것이니 견우(牽牛)와 직녀(織女)가 신방(新房)에 들어가는 것과 같지 않겠는가.

任註

任氏曰 通關者 引通剋制之神也.
임씨왈   통관자   인통극제지신야

---

189 무합지신(無合之神): 합(合)이 없는 신(神)인데 합(合)하게 되면 통관작용(通關作用)이 되지 않는다는 뜻.

190 소간지물(所間之物): 둘 사이에서 가로막고 있는 오행으로 형충(刑沖)을 하여 제거(除去)시켜야 한다는 뜻.

191 겁점지신(劫占之神): 비겁(比劫)이 점령(占領)하였다는 뜻인데, 어느 오행(五行)이 한쪽으로 치우쳐 있는 것을 말함.

192 명견암회(明見暗會): 원국(原局)에서 만나거나 세운(歲運)에서 합(合)을 하는 것.

所謂陰陽二用 妙在氣交 天降而下 地升而上 天干之氣動而專 地支
소위음양이용　묘재기교　천강이하　지승이상　천간지기동이전　지지

之氣 靜而雜 是故地運有推移 而天氣終之 天氣有轉徒 而地運應之
지기　정이잡　시고지운유추이　이천기종지　천기유전도　이지운응지

天氣動于上 而人元應之 人元動于下 而天氣從之 所以陰勝逢陽則止
천기동우상　이인원응지　인원동우하　이천기종지　소이음승봉양즉지

陽勝逢陰則住 是謂天地交泰 干支有情 左右不背 陰陽生育而相通也.
양승봉음즉주　시위천지교태　간지유정　좌우불배　음양생육이상통야

若殺重喜印 殺露印亦露 殺藏印亦藏 此顯然通達 不必節外生枝.
약살중희인　살로인역로　살장인역장　차현연통달　불필절외생지

倘原局無印 必須歲運逢印向而通之 或暗會明合而通之.
당원국무인　필수세운봉인향이통지　혹암회명합이통지

局內有印 被財星損壞 或官星化之 或比劫解之 或被合住 則冲開之 或
국내유인　피재성손괴　혹관성화지　혹비겁해지　혹피합주　즉충개지　혹

被冲壞 則合化之 或隔一物 則剋去之.
피충괴　즉합화지　혹격일물　즉극거지

前後上下 不能援引 得歲運相逢尤佳 如年印時殺 干殺之印 前後遠立
전후상하　불능원인　득세운상봉우가　여년인시살　간살지인　전후원립

上下縣隔 或爲間神忌物所間 此原局無可通之理 必須歲運暗冲暗會
상하현격　혹위간신기물소간　차원국무가통지리　필수세운암충암회

剋制間神忌物 該冲則冲 該合則合 引通相剋之勢.
극제간신기물　해충즉충　해합즉합　인통상극지세

此關一通 所謂琴遇子期 馬逢伯樂 求名者 靑錢萬選 問利者 抑則壘中
차관일통　소위금우자기　마봉백락　구명자　청전만선　문리자　억즉누중

如 于郎織女之入洞房 無不遂其所願 殺印之論如此 食傷財官之論
여　우랑직여지입동방　무불수기소원　살인지론여차　식상재관지론

亦如此.
역여차

　　임씨(任氏)가 말하길, 통관(通關)이라는 것은 극제(剋制)하는 신(神)을 이끌어 소통
(疏通)시켜 통(通)하게 한다는 것이다.

　　소위 음양(陰陽)의 두 가지 작용이란 기(氣)의 상호교감(相互交感)에 있다. 천기(天
氣)는 하강(下降)하고 지기(地氣)는 상승(上昇)하는 데 있어서 천간(天干)의 기운(氣運)

은 동(動)하나 전일(專一)하고 지지(地支)의 기운(氣運)은 정(靜)하나 혼잡(混雜)되어 있다. 그러므로 지운(地運)의 추이(推移)[193]에 따라 천기(天氣)는 이를 쫓게 되고 천기(天氣)의 전도(顚倒)[194]에 따라 지운(地運)도 이에 응(應)하게 되는 것이다.

천기(天氣)가 위에서 동(動)하면 인원(人元)이 응하고 인원(人元)이 아래에서 동(動)하면 천기(天氣)가 따르게 되므로 음(陰)이 승(勝)할 때 양(陽)을 만나면 멈추고, 양(陽)이 승(勝)할 때 음(陰)을 만나면 머물게 된다. 이것을 천지교태(天地交泰)라고 하여 간지(干支)가 유정(有情)하고 좌우(左右)가 배반(背反)하지 않으며 음양(陰陽)이 생육(生育)하여 서로 통(通)하게 되는 것이다.

가령 살(殺)이 중(重)하면 인수(印綬)를 기뻐하는데 살(殺)이 투출(透出)한 경우에는 인수(印綬)도 역시 투출(透出)해야 하고 살(殺)이 지지(地支)에 암장(暗藏)되어 있는 경우에는 인수(印綬)도 역시 지지(地支)에 암장(暗藏)되어 있어야 하는 것이니 이것은 확연(確然)하게 통달(通達)되어 있는 것이므로 절외생지(節外生枝)의 다른 이론(理論)은 말할 필요가 없다.

만약 원국(原局)에 인수(印綬)가 없으면 반드시 세운(歲運)에서 인수(印綬)를 만나면 통관(通關)시키거나 혹은 암회(暗會)하거나 명합(明合)으로라도 통관(通關)시켜야 한다. 원국(原局)에 인수(印綬)가 있는데 재성(財星)에 의해 손괴(損壞)를 당하면 혹은 관성(官星)으로 인화(引化)하거나 혹은 비겁(比劫)으로 해구(解救)할 수 있다.

혹은 인수(印綬)가 합주(合住)하면 충(冲)하여 열어주어야 하고 충(冲)을 당하면 합화(合化)하여야 하며 하나가 가로막으면 그것을 극거(剋去)하여야 한다. 전후상하(前後上下)에서 도움을 받기가 어려울 때는 세운(歲運)에서 만나 도움을 받는 것이 아름답다.

가령 년(年)이 인수(印綬)이고 시(時)가 관살(官殺)이거나 천간(天干)이 살(殺)이고 지지(地支)가 인수(印綬)로 전후(前後)가 멀리 떨어져 있고 상하(上下)가 서로 거리가 멀거나, 한신(閑神)이나 기신(忌神)이 사이를 가로막고 있다면 이러한 경우에는 원국

---

193 추이(推移): 시간의 흐름에 따라 사물(事物)의 상태(狀態)가 변(變)하여 가는 일. 이행(移行)
194 전도(顚倒): 엎어지고 넘어짐. 위치나 차례가 거꾸로 뒤바뀜.

(原局)에서 통관(通關)할 수 있는 이치가 없으니 반드시 세운(歲運)에서 암충(暗冲)하거나 암회(暗會)를 하여 막고 있는 기신(忌神)을 극제(剋制)하여야 한다. 마땅히 충(冲)하여야 할 것은 충(冲)하고 합(合)해야 할 것은 합(合)하여 상극지세(相剋之勢)를 인통(引通)하여야 한다.

이 관문(關門)을 통(通)하면 소위 거문고가 자기(子期)[195]를 만나고, 말이 백락(伯樂)[196]을 만난 것과 같이 공명(共鳴)을 구(求)하는 자는 청천만선(靑天萬選)[197]하고, 재물(財物)을 추구(追求)하면 억즉누중(抑則屢中)[198]할 것이니 마치 견우(牽牛)와 직녀(織女)가 만나 신방을 차리는 것과 같이 소원(所願)하는 대로 이루어지지 않는 것이 없다.

살(殺)과 인수(印綬)의 관계(關係)가 이와 같으니 식상(食傷)과 재관(財官)을 통관(通關)하는 논리(論理)도 이와 같을 것이다.

任註

```
丙 丁 甲 癸
午 卯 子 酉
```

丁戊己庚辛壬癸
巳午未申酉戌亥

此造天干地支 皆殺生印 印生身 時歸祿旺 尤妙四冲 反爲四助 金見水 不
차조천간지지　개살생인　인생신　시귀록왕　우묘사충　반위사조　금견수　불

---

195 자기(子期): 종자기(鍾子期)는 중국 춘추시대의 음악(音樂)의 명인(名人)으로서 친구인 백아(伯牙)의 거문고 소리를 듣고 그의 마음을 알았다고 함.

196 백락(伯樂): 중국 춘추시대의 천리마(千里馬)를 감별하는 명인(名人)으로서 천리마(千里馬)는 백락(伯樂)을 만나야 비로소 그 진가(眞價)를 인정(認定)받았다고 함.

197 청전만선(靑錢萬選): 청운(靑雲)의 뜻을 펼치고, 시험(試驗)을 치를 때마다 합격(合格)함.

198 억즉누중(抑則屢中): 『논어(論語)』의 선진편(先進篇)에 나오는 말로서 계획(計劃)하고 추측(推測)한 일이 잘 들어맞음.

剋木而生水　水見木不剋火而生木　此自然不隔不占　無阻節之物　日主
극목이생수　　　수견목불극화이생목　　　　차자연불격부점　　무조절지물　　일주

弱中變旺　運遇水　仍能生木　逢金仍能生水　印綬不傷　所以秋闈早捷
약중변왕　운우수　잉능생목　봉금잉능생수　　인수불상　　소이추위조첩

仕至觀察.
사지관찰

이 명조(命造)는 천간(天干)과 지지(地支)에서 모두 살(殺)이 인수(印綬)를 생화(生化)
하고 인수(印綬)는 일주(日主)를 생(生)하는데 시지(時支)에 이르러 귀록(歸祿)하였다.

더욱 오묘(奧妙)한 것은 子午卯酉의 네 개의 충(冲)이 도리어 생조(生助)가 되었으
니 金이 水를 보면 木을 극(剋)하지 않고 水를 생(生)하며, 水가 木을 보면 火
를 극(剋)하지 않고 木을 생(生)한다.

이것은 자연히 격절(隔絶)하거나 겁점(刦占)하지 않고 흐름에 막힘이 없이 상생
(相生)하므로 일주(日主)는 약변위강(弱變爲强)으로 변(變)하였다. 행운(行運)에서 水를
만나면 능히 木을 생(生)하고 金을 만나면 능히 水를 생(生)하여 木을 손상(損傷)하
지 않으므로 추위(秋闈)에 일찍 급제(及第)하고 벼슬이 관찰사(觀察使)에 이르렀다.

評註

丁火 일주가 子월에 태어나서 실령(失令)하였으나 지지(地支)에 인비(印比)인 木火
가 있고 천간(天干)에 역시 木火가 투출(透出)되었으니 신왕(身旺)하다. 천간(天干)은
水木火로 순생(順生)하고 지지(地支)는 金水木火로 순생(順生)하고 년월일시주(年月日
時柱)는 상하(上下)가 유정(有情)하고 좌우(左右)가 정협(情協)하니 주류무체(周流無滯)가
되어 더욱 아름답다. 오묘(奧妙)한 것은 명관과마(明官銙馬)가 되어 재자약살격(財滋
弱殺格)이 되었으니 희신(喜神)은 식재관(食財官)인 土金水이고 기신(忌神)은 인비(印比)
인 木火이다.

$$\begin{array}{cccc} 辛 & 丁 & 癸 & 戊 \\ 亥 & 未 & 亥 & 寅 \end{array}$$

庚己戊丁丙乙甲
午巳辰卯寅丑子

此癸水臨旺 貼身相剋 被戊土合去 反作幇身 月支亥水本助殺 得年支
차계수임왕　　첩신상극　　피무토합거　　반작방신　　월지해수본조살　　득년지

寅亥 合來生身 寅本遙隔 反爲親近 時支之亥 又逢未會 以難爲恩
인해　　합래생신　　인본요격　　반위친근　　시지지해　　우봉미회　　이난위은

一來 一去 何等情協 一旺一會 通關無阻 所以科甲聯登 仕至黃堂.
일래　일거　하등정협　　일왕일회　　통관무조　　소이과갑연등　　사지황당

이 명조(命造)는 癸水가 왕지(旺地)에 임(臨)하고 첩신(貼身)하여 상극(相剋)하고 있는데 戊土가 합거(合去)하여 도리어 일주(日主)를 도와준다.

월지(月支)의 亥水는 본래(本來) 조살(助殺)하지만 년지(年支)의 寅木과 인화(引化)하여 합목(合木)으로 생신(生身)하고 인목(寅木)은 본래 멀리 떨어져 있으나 亥와 합(合)하여 친근(親近)하게 되었으며, 시지(時支)의 亥水도 또한 未土와 반회(半會)하여 목국(木局)을 이루니 어려움이 은혜(恩惠)로움으로 바뀌었다.

하나가 오고 하나가 제거(除去)되니 정협(情協)하고 일왕일회(一往一會)로 통관(通關)에 막힘이 없으니 과갑(科甲)에 연달아 오르고 벼슬이 황당(黃堂)에 이르렀다.

評註

丁火 일주가 亥월에 태어나서 실령(失令)하였고 식재관(食財官)인 土金水가 많아 신약(身弱)한 명조(命造)로 보는 것이 일반적(一般的)인 논리(論理)이다. 癸水는 왕지(旺地)인 亥水에 임(臨)하고 있지만 해중무토(亥中戊土)와 무계(戊癸)로 암합(暗合)하고 있

어 오히려 약화(弱化)되었다.

戊土는 인중병무(寅中丙戊)에 득근(得根)하여 오히려 득왕(得旺)하게 되었으니 무계(戊癸)는 자연히 합화(合化)되어 丁火 일주(日主)를 방신(幫身)하고 있다. 년지(年支)의 寅木과 월지(月支)의 亥水가 寅亥 합목(合木)하여 일주(日主)를 생조(生助)하고 있으며 일지(日支)의 未土와 시지(時支)의 亥水는 亥未 반회목국(半會木局)이 되어 역시 일주(日主)를 생조(生助)하니 선약후강(先弱後强)하다.

癸水 관살(官殺)은 합거(合去)되었고 亥水 정관(正官)은 합래(合來)되었으니 전조(前造)와 같이 주류무체(周流無滯)하면서 상하(上下)와 좌우(左右)가 정협(情協)하니 더욱 아름답다.

그러나 왕쇠강약(旺衰强弱)에 의한 용신법(用神法)을 적용(適用)하면 종강격(從强格)이 되었으니, 희신(喜神)은 인비식(印比食)인 木火土이고 기신(忌神)은 재관(財官)인 金水이다. 대운(大運)이 희신(喜神) 방향인 木火土로 행(行)하니 벼슬이 태수(太守)에 이르렀다.

높음 - 任註 박스

任註

丁 辛 乙 戊
酉 丑 卯 辰

壬辛庚己戊丁丙
戌酉申未午巳辰

此春金氣弱　時殺緊剋　年逢印綬　遠隔不通　又被旺木　剋土壞印　不但
차춘금기약　시살긴극　년봉인수　원격불통　우피왕목　극토괴인　부단

戊土不能生化　即日支之丑土　亦被卯木所壞　此局內無可通之理　中運
무토불능생화　즉일지지축토　역피묘목소괴　차국내무가통지리　중운

南方殺地　碌碌風霜　奔馳未遇　交庚申剋去木神　得奇遇　分發陝西　屢得
남방살지　녹록풍상　분치미우　교경신극거목신　득기우　분발섬서　누득

軍功　及辛酉二十年　仕至副尹　蓋金能剋木幫身　印可化殺而通也.
군공　급신유이십년　사지부윤　개금능극목방신　인가화살이통야

이 명조(命造)는 辛金이 卯월에 쇠약(衰弱)한데 시살(時殺)인 丁火가 긴극(緊剋)하고 년(年)의 인수(印綬)는 원격(遠隔)되어 통(通)하지 않는다. 또한 왕목(旺木)이 극토(剋土)하여 인수(印綬)를 파괴(破壞)하므로 戊土가 생화(生化)할 수 없을 뿐만 아니라 일지(日支)의 丑土도 卯木이 극파(剋破)하므로 원국(原局) 안에서는 통관(通關)할 수 있는 이치(理致)가 없다.

중년운(中年運)인 남방살지(南方殺地)에는 녹록풍상(碌碌風霜)[199]하였고 未운에는 분주(奔走)하게 돌아다녔으나 기회(機會)를 잡지 못하였다. 庚申 운으로 바뀌어 목신(木神)을 극거(剋去)하니 기이(奇異)한 인연(因緣)을 만나면서 분발(奮發)되어 누차 군공(軍功)을 세워 申酉 운까지 20년 동안 벼슬이 부윤(副尹)에 이르렀다. 이는 金이 능히 극목(剋木)하고 방신(幫身)하여 일주(日主)를 도우니 인수(印綬)가 화살(化殺)로 인화(引化)되니 통관(通關)이 가능(可能)하기 때문이다.

評註

이 명조(命造)는 辛金이 卯월에 태어나서 실령(失令)하였고 좌하(坐下)의 丑土에 득지(得地)하고 酉丑 합금(合金)으로 방신(幫身)하며 년주(年柱)에 戊辰이 생조(生助)하였으니 신왕(身旺)한 것이 일반적(一般的)인 논리(論理)이다.

乙木은 당령(當令)한 卯木에 득근(得根)하고 년지(年支)의 辰土와 卯辰 목방(木方)이 되었으니 戊土는 오히려 극토(剋土)되어 辛金을 생조(生助)할 능력이 없다.

시간(時干)의 丁火는 격간(隔間)이지만 왕목(旺木)의 생조(生助)로 강(强)하게 되었으니 戊土는 오히려 酉金을 개두(蓋頭)하여 酉丑 금국(金局)을 약화시켰다.

그러므로 선강후약(先强後弱)이 되었으니 식신제살격(食神制殺格)으로 희신(喜神)은 인비식(印比食)인 土金水이고 기신(忌神)은 재관(財官)인 木火이다. 대운(大運)이 초중년(初中年)에 巳午未 남방화운(南方火運)으로 행(行)하여 불길(不吉)하였으나 申酉戌 서방금운(西方金運)에는 대길(大吉)하였다.

---

199 녹록풍상(碌碌風霜): 쓸데없이 바쁘며 온갖 고생을 겪음.

丙辰 운은 丙火가 기신(忌神)이고 辰土는 조토(燥土)가 되어 辰酉 합금(合金)보다는 卯辰 합목(合木)에 친근이 되었으니 화기(火氣)에 의해 조토(燥土)가 되었으니 辛金을 생조(生助)할 능력(能力)이 없다. 庚申, 辛酉 운에는 20여 년 동안 희신(喜神)이 상하(上下)가 천부지재(天覆地載)로 들어와 대발(大發)하였다.

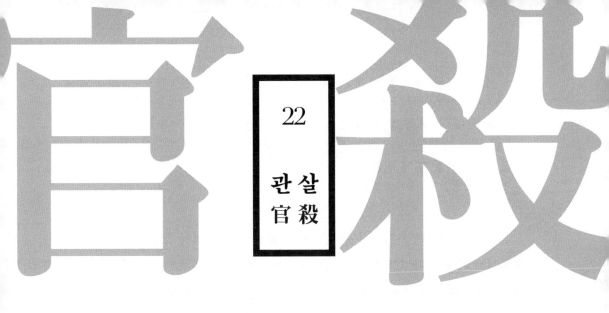

原文

官殺混雜來問我 有可有不可
관살혼잡래문아　　유가유불가

관살혼잡(官殺混雜)에 대하여 나에게 묻는다면, 가(可)한 것도 있고 불가(不可)한 것도 있다.

原註

殺卽官也 同流共派者 可混也 官卽殺也 各立門牆者 不可混也.
살즉관야　　동류공파자　　가혼야　　관즉살야　　각립문장자　　불가혼야

殺重矣 官從之 非混也 官輕矣 殺助之 非混也 敗財與比肩 雙至者 殺
살중의　　관종지　　비혼야　　관경의　　살조지　　비혼야　　패재여비견　　쌍지자　　살

可使官混也 比肩與刦財兩遇者 官可俠殺混也 一官而不能生印者 殺
가사관혼야　　비견여겁재양우자　　관가협살혼야　　일관이불능생인자　　살

助之 非混也 一殺而遇食傷者 官助之 非混也.
조지　　비혼야　　일살이우식상자　　관조지　　비혼야

勢在於官 官有根 殺之情依乎官 依官之殺 歲助之而混官 不可也 勢在
세재어관　　관유근　　살지정의호관　　의관지살　　세조지이혼관　　불가야　　세재

於殺 殺有權 官之勢依乎殺 依殺之官 歲扶之而混殺 不可也 歲官露殺
어살　살유권　관지세의호살　의살지관　세부지이혼살　불가야　세관로살

于神助殺 合官留殺 皆成殺氣 勿使官混也 藏殺露官 干神助官 合殺留
우신조살　합관유살　개성살기　물사관혼야　장살로관　간신조관　합살유

官 皆從官象 不可使殺混也.
관　개종관상　불가사살혼야

살(殺)이 곧 관(官)이니 같이 흘러서 함께 물결을 이룬 것은 관살(官殺)이 혼잡(混雜)되어도 가(加)하다. 그러나 관(官)은 즉 살(殺)이니 각각 문호(門戶)를 세워 다르게 물결을 이룬다면 관살(官殺)이 혼잡(混雜)되는 것은 불가(不可)하다.

살(殺)이 중(重)한데 관(官)이 살세(殺勢)를 따르면 관(官)이 살(殺)로 작용(作用)하므로 역시 혼잡(混雜)이 아니다. 관(官)이 살(殺)로 작용(作用)하므로 혼잡(混雜)이 아니고, 관(官)이 경(輕)한데 살(殺)이 도우면 살(殺)은 관(官)으로 작용(作用)하므로 역시 혼잡(混雜)이 아니다.

비견(比肩)과 패재(敗財)가 짝을 지어 있을 경우에는 살(殺)이 관(官)과 혼잡(混雜)하여도 가(可)하고, 비견(比肩)과 겁재(劫財)가 함께 있는 경우에는 관(官)과 살(殺)이 혼잡(混雜)하여도 가(可)하다.

일관(一官)이 약(弱)하여 인수(印綬)를 생(生)할 수 없으면 살(殺)이 도와도 혼잡(混雜)이 아니고, 일살(一殺)이 식상(食傷)을 만나 약(弱)한데 관(官)이 도와도 역시 혼잡(混雜)이 아니다.

세(勢)가 관(官)에 있고 유근(有根)하면 살(殺)의 정(情)은 관(官)을 의존(依存)하게 되는데 관(官)에 의존(依存)한 살(殺)을 세운(歲運)에서 도우면 관(官)을 혼잡(混雜)하게 하므로 불가(不可)하다.

세(勢)가 살(殺)에 있고 살(殺)이 당권(當權)하고 있으면 관(官)이 살(殺)에 의존(依存)하게 되는데 살(殺)에 의존(依存)한 관(官)이 세운(歲運)에서 도우면 살(殺)을 혼잡(混雜)스럽게 하므로 불가(不可)하다.

관(官)은 지지(地支)에 있고 살(殺)이 천간(天干)에 투출(透出)되어 천간(天干)의 살(殺)을 돕거나 합관유살(合官留殺)하여 모두 살기(殺氣)를 이루면 관(官)이 섞이지 말

아야 하며 살(殺)은 지지(地支)에 있고 관(官)이 천간(天干)에 투출(透出)되어 천간(天干)의 관(官)을 돕거나 합살유관(合殺留官)하여 모두 관성(官星)을 쫓는다면 살(殺)이 섞여 혼잡(混雜)하게 하는 것은 불가(不可)하다.

任註

任氏曰 殺卽官也 身旺者而殺爲官 官卽殺也 身弱者而官爲殺.
임씨왈   살즉관야   신왕자이살위관   관즉살야   신약자이관위살

日主甚强 雖無制不爲殺困 正官相雜 但無根亦隨殺行.
일주심강   수무제불위살곤   정관상잡   단무근역수살행

去官不過兩端 用食用傷皆可 合殺總爲美事 合來合去宜淸.
거관불과양단   용식용상개가   합살총위미사   합래합거의청

獨殺乘權 無制伏 織居淸要 衆殺有制 主通根 身掌權衡 殺生印而印生身 龍
독살승권 무제복 직거청요 중살유제 주통근 신장권형 살생인이인생신 용

墀 高步 身任財而財滋殺 雁塔題名.
지 고보 신임재이재자살 안탑제명

若殺重而身輕 非貧卽夭 苟殺微而制過 雖學無成 在四柱總宜降伏 休云
약살중이신경 비빈즉요 구살미이제과 수학무성 재사주총의강복 휴운

年逢勿制 以一位取爲權貴 何必時上尊稱.
년봉물제   이일위취위권귀   하필시상존칭

制殺爲吉 全憑調劑之功 借殺爲權 妙有中和之理 但見殺凌衰主 究必傾家
제살위길 전빙조제지공 차살위권 묘유중화지리 단견살릉쇠주 구필경가

弗謂局得殺神 遂許顯豁.
불위국득살신   수허현활

書云 格格推詳 以殺爲重 是以究之宜切 用之宜精.
서운   격격추상   이살위중   시이구지의절   용지의정

殺有可混不可混之理 如天干甲丙戊庚壬爲殺 地支卯午丑未酉子 乃殺
살유가혼불가혼지리   여천간갑병무경임위살   지지묘오축미유자   내살

之旺地 非混也 天干乙丁己辛癸爲官 地支寅巳辰戌申亥 乃官之旺地
지왕지 비혼야 천간을정기신계위관 지지인사진술신해 내관지왕지

非混也.
비혼야

如干甲乙支寅 干丙丁支巳 干戊己支辰戌 干庚辛支申 干壬癸支亥爲
여간갑을지인   간병정지사   간무기지진술   간경신지신   간임계지해위

官 混殺 宜乎去官 如干甲乙支卯 干丙丁支午 干戊己支丑未 干庚辛支
관 혼살 의호거관 여간갑을지묘 간병정지오 간무기지축미 간경신지

酉 干壬癸 支子 以殺混官 宜乎去殺 年月兩干透一殺 年月支中有財
유 간임계 지자 이살혼관 의호거살 년월양간투일살 년월지중유재

時遇官性無根 此官從殺勢 非混也.
시우관성무근 차관종살세 비혼야

年月兩干透一官 年月支中有財 時遇殺星無根 此殺從官勢 非混也.
년월양간투일관 년월지중유재 시우살성무근 차살종관세 비혼야

勢在于官 官得祿 依官之殺 年干助于 爲混也 勢在于殺 殺得祿 依殺之官
세재우관 관득록 의관지살 년간조우 위혼야 세재우살 살득록 의살지관

年干助官爲混也.
년간조관위혼야

敗財合殺 比肩敵殺 官可混也 比肩合官 劫財擋官 殺可混也.
패재합살 비견적살 관가혼야 비견합관 겁재당관 살가혼야

一官而印綬重逢 官星洩氣 殺助之 非混也 一殺而食傷並見 制殺太過 官
일관이인수중봉 관성설기 살조지 비혼야 일살이식상병견 제살태과 관

助之 非混也 弱官殺並透無根 四柱劫印重逢 不但喜混 尙宜財星助殺
조지 비혼야 약관살병투무근 사주겁인중봉 부단희혼 상의재성조살

官也.
관야

總之 日主旺相 可混也 日主休囚 不可混也.
총지 일주왕상 가혼야 일주휴수 불가혼야

今將殺分六等 此余所試驗者 分別詳細于後 以備參考.
금장살분육등 차여소시험자 분별상세우후 이비참고

임씨(任氏)가 말하길, 살(殺)은 곧 관(官)이라고 하는 것은 신왕(身旺)한 경우에는 살(殺)이 관(官)이라는 것이고, 관(官)은 곧 살(殺)이라는 것은 신약(身弱)한 경우에는 관(官)이 살(殺)이라고 하는 것이다.

일주(日主)가 심히 강(强)하면 비록 제살(制殺)이 없어도 살(殺)로 일주(日主)를 곤궁(困窮)하게 하지 아니하고 정관(正官)이 원국(原局)에 함께 존재(存在)한다고 할지라도 다만 무근(無根)이면 역시 살(殺)의 기세(氣勢)를 따라서 행(行)한다. 관(官)을 제거(除去)하는 방법은 두 가지가 있는데 식신(食神)과 상관(傷官)을 모두 용신(用神)으로 쓸

수 있다. 살(殺)을 합(合)한다는 것은 모두 아름다운 일인데 합래(合來)와 합거(合去)를 할 때에는 배합(配合)이 마땅히 청(淸)하여야 한다.

독살(獨殺)이 승권(乘權)하고 제복(制伏)이 없으면 자리에 있을 때 깨끗함을 요한다. 살(殺)이 무리를 이루고 있다 하더라도 극제(剋制)하는 세력(勢力)이 있고 일주(日主)가 지지(地支)에 통근(通根)하면 형권(刑權)을 장악(掌握)한다.

살(殺)이 인수(印綬)를 생(生)하고 인수(印綬)가 일주(日主)를 생(生)하면 궁전(宮殿)에 들어가 벼슬이 높아지고 일주(日主)가 재(財)를 감당(勘當)하고 재(財)가 살(殺)을 자양(滋養)하면 과거(科擧)에 급제(及第)하여 안탑(雁塔)에 이름이 올라간다.

만약 살중신경(殺重身輕)이면 가난하지 않으면 요절(夭折)하게 되고, 제살태과(制殺太過)하면 학문(學問)을 하여도 성취(成就)하기 어렵다.

원국(原局)에 있는 살(殺)은 모두 제복(制伏)하여야 마땅하나 년(年)의 살(殺)은 극제(剋制)하지 말아야 한다거나 일위(一位)의 살(殺)은 권귀(權貴)한 것으로 취(取)한다거나 하는 것은 잘못된 것이다. 만약 일위(一位)의 살(殺)이 귀(貴)한 것이라면 어찌하여 시상(時上)의 살(殺)만을 일위귀격(一位貴格)이라고 존칭할 수 있겠는가?

제살(制殺)하여 귀(貴)하다는 것은 전적으로 조제지공(調齊之功)에 의한 것이며 살(殺)을 빌려 나의 권세로 하는 차살위권(借殺爲權)은 그 묘(妙)가 중화지리(中和之理)에 있는 것이다. 만약 살(殺)이 쇠약(衰弱)한 일주(日主)를 능멸(凌蔑)한다면 마침내는 반드시 가세가 기울게 되는 것이니 원국(原局)에서 살(殺)을 얻었다고 하여 자세하게 살피지 않고 현귀(顯貴)하다고 하여서는 아니 된다.

서(書)에서 "격(格)마다 미루어 살핌에 있어서 살(殺)을 가장 중(重)하게 여긴다"라고 하였으니 살(殺)은 탐구(探究)하는 데 있어서 깊게 하여야 하고 살(殺)을 용신(用神)으로 할 때에는 마땅히 정밀(精密)하여야 한다.

살(殺)을 쓰는 데 있어서 관(官)이 혼잡(混雜)하여도 가(可)한 경우가 있고 불가(不可)한 경우도 있다. 가령 천간(天干)에 甲丙戊庚壬이 살(殺)이면 지지(地支)의 卯午丑未酉子에 통근(通根)하면 이는 살(殺)의 왕지(旺地)이니 혼잡(混雜)이 아니다.

천간(天干)에 乙丁己辛癸가 정관(正官)이면 지지(地支)의 寅巳辰戌申亥에 통근(通根)하면 이는 관(官)의 왕지(旺地)이므로 역시 혼잡(混雜)이 아니다. 천간(天干)에 甲乙

이 있고 지지(地支)에 寅이 있거나, 천간(天干)에 丙丁이 있고 지지(地支)에 巳가 있거나, 천간(天干)에 戊己가 있고 지지(地支)에 辰戌이 있거나, 천간(天干)에 庚辛이 있고 지지(地支)에 申이 있거나, 천간(天干)에 壬癸가 있고 지지(地支)에 亥가 있거나 하면 이는 정관(正官)이 살(殺)에 섞여 혼잡(混雜)한 것이므로 정관(正官)을 제거(除去)함이 마땅하다.

만약 천간(天干)에 甲乙이 있고 지지(地支)에는 卯가 있거나, 천간(天干)에 丙丁이 있고 지지(地支)에는 午가 있거나, 천간(天干)에 戊己가 있고 지지(地支)에는 丑未가 있거나, 천간(天干)에 庚辛이 있고 지지(支持)에는 酉가 있거나, 천간(天干)에 壬癸가 있고 지지(地支)에 子가 있거나 하면, 살(殺)에 관(官)이 섞여 혼잡(混雜)한 것으로 살(殺)을 제거(除去)함이 마땅하다.

년월(年月)의 천간(天干) 중에 하나의 살(殺)이 투출(透出)하고 년월(年月)의 지지(地支)중에 재(財)가 있는 경우 시(時)에 관성(官星)이 무근(無根)이면 이는 관성(官星)이 살(殺)의 살세(殺勢)를 쫓게 되므로 혼잡(混雜)이 아니다.

년월(年月)의 천간(天干) 중에 하나의 관성(官星)이 투출(透出)하고 년월(年月)의 지지(地支) 중에 재성(財星)이 있는 경우에 시(時)에 살(殺)이 무근(無根)이면 이는 살(殺)이 관세(官勢)를 쫓게 되므로 역시 혼잡(混雜)이 아니다.

세(勢)가 관성(官星)에 있고 관성(官星)이 녹(祿)을 얻은 경우에 관성(官星)에 의존(依存)한 살(殺)을 년간(年干)이 조살(助殺)하면 혼잡(混雜)이고, 세(勢)가 살(殺)에 있고 살(殺)이 녹(祿)을 얻은 경우에 살(殺)을 따르는 관성(官星)을 년간(年干)이 도우면 혼잡(混雜)이다. 패재(敗財)가 합살(合殺)하거나 비견(比肩)이 적살(敵殺)하는 경우에는 혼잡(混雜)이 되고 비견(比肩)이 합관(合官)하거나 겁재(劫財)가 관성(官星)을 맞서게 되면 혼잡(混雜)이다.

일관(一官)이 인수(印綬)를 중중(重重)으로 만나서 관성(官星)이 설기(洩氣)되는 경우에 살(殺)이 도우면 혼잡(混雜)이 아니고, 일살(一殺)이 식상(食傷)을 함께 만나서, 제살(制殺)이 태과(太過)인데 관성(官星)이 도우면 혼잡(混雜)이 아니다. 만약 관살(官殺)이 병투(並透)하였으나 무근(無根)인데 원국(原局)에 겁재(劫財)와 인수(印綬)를 중중(重重)으로 만나면 혼잡(混雜)을 기뻐할 뿐만 아니라 오히려 재성(財星)이 관살(官殺)을 도와야 마땅하다.

　총괄(總括)하여 논(論)하면 일주(日主)가 왕성(旺盛)하면 관살(官殺)의 혼잡(混雜)을 6가지 살(殺)로 나누어 아래에 상세(詳細)하게 나열(羅列)하였으니 참고(參考)하기 바란다.

一. 재자약살격(財滋弱殺格)

```
庚 庚 丙 己
辰 申 寅 酉
```

```
己庚辛壬癸甲乙
未申酉戌亥子丑
```

此造	以谷論之	春金失令	旺財生殺	殺坐長生	必要扶身抑殺	不知春金
차조	이곡론지	춘금실령	왕재생살	살좌장생	필요부신억살	부지춘금

雖不當令	地支兩逢祿旺	又得辰時	印比幇身	弱中變旺	所謂木嫩金堅
수부당령	지지양봉록왕	우득진시	인비방신	약중변왕	소위목눈금견

若無丙火	則寅木難存	若無寅木	則丙火無根	必要用財滋殺	木火兩字
약무병화	즉인목난존	약무인목	즉병화무근	필요용재자살	목화양자

缺一不可也	甲運入泮	子運會水生木	補廩	癸運有己土當頭	无咎亥運
결일불가야	갑운입반	자운회수생목	보름	계운유기토당두	무구해운

合寅	丙火絶處逢生	棘闈秦捷	壬戌支類西方	木火並傷	一阻雲程	刑耗
합인	병화절처봉생	극위진첩	임술지류서방	목화병상	일조운정	형모

並見	辛酉刲刃肆逞	不祿	此造	惜運走西北金水	若行東南木火	自然科
병견	신유겁인사령	불록	차조	석운주서북금수	약행동남목화	자연과

甲聯登	仕路顯赫矣
갑연등	사로현혁의

　이 명조(命造)를 속론(俗論)하면 춘금(春金)이 실령(失令)하였고 왕재(旺財)가 생살(生

殺)하며 살(殺)이 장생(長生)에 앉았으니 반드시 일주(日主)를 돕고 살(殺)을 억제(抑制)하여야 한다고 할 것이다.

그러나 춘금(春金)이 비록 당령(當令)하지는 않았다고 할지라도 지지(地支)에서 녹왕(祿旺)을 만나고 또한 시(時)에 辰을 얻어서 인비(印比)가 일주(日主)를 돕고 있으니 약(弱)한 가운데 강(强)으로 변(變)하여 소위 목눈금견(木嫩金堅)[200]이다.

만약 丙火가 없다면 寅木이 생존(生存)하기 어렵고 寅木이 없다면 丙火가 무근(無根)이니 반드시 재(財)를 용신(用神)으로 하여 살(殺)을 자양(滋養)하여야 하는데 木火의 두 글자는 하나라도 빠지면 아니 된다.

그러므로 甲운에 입반(入泮)하였고 子운에는 수국(水局)을 이루어서 생목(生木)하므로 보름(補廩)[201]에 들어갔으며 癸운에는 己土의 당두(當頭)[202]가 있으니 허물이 없었으며 亥운에는 寅과 합(合)하여 丙火가 절처봉생(絶處逢生)하니 극위(棘闈)에 합격(合格)하였다.

그러나 壬戌 운에는 지지(地支)가 申酉戌 서방(西方)을 이루어 木火가 함께 손상(損傷)되었으므로 벼슬길이 막히었고 형상파모(刑傷破耗)까지 하였고 辛酉 운에는 겁인(劫刃)이 방자하게 날뛰니 세상을 떠났다.

이 명조(命造)는 애석(哀惜)하게도 서북금수(西北金水)로 행(行)하는데, 만약 동남목화(東南木火)로 행(行)하였다면 자연히 과갑(科甲)에 연달아 오르고 벼슬길이 왕성(旺盛)하게 빛났을 것이다.

評註

庚金이 寅월에 태어나서 실령(失令)하였으나 지지(地支)에 申酉가 녹왕(祿旺)하였

---

200 목눈금견(木嫩金堅): 목(木)은 여리고 금(金)은 견고(堅固)하다는 것.

201 보름(補廩): 국자감(國子監)에 입학한 학생이 장학생(獎學生)이 되어 식량(食量)을 지원(支援) 받는 것.

202 당두(當頭): 맨 앞에 나섬. 정면(正面)으로 얼굴을 대함. 충극(冲剋)을 의미(意味)함.

고 인비(印比)가 득세(得勢)하니 신왕(身旺)하다. 희신(喜神)은 식재관(食財官)인 水木火이고 기신(忌神)은 인비(印比)인 土金이다.

甲子, 癸亥 운은 희신(喜神)인 水木으로 행(行)하여 대길(大吉)하였으나 壬戌 운은 천간(天干)이 丙壬 상충(相冲)으로 丙火가 손상(損傷)되었고, 지지(地支)는 申酉戌 방국(方局)을 이루어 寅申 상충(相冲)으로 역시 寅木이 손상(損傷)되었으므로 재관(財官)인 木火가 모두 손상(損傷)되었으니 파직(破織)과 동시(同時)에 형모(刑耗)를 면(免)하기 어려웠을 것이다.

辛酉 운은 천간(天干)은 丙辛이 합화(合化)되어 丙火가 합거(合去)되었고 지지(地支)는 申酉 합금(合金)이 되어 자연히 寅申 상충(相冲)되어 寅木 희신(喜神)이 충발(冲拔)되어 불록지객(不祿之客)이 되었다.

任註

辛　庚　庚　丙
巳　申　寅　申

丁丙乙甲癸壬辛
酉申未午巳辰卯

此造 天干三透庚辛 地支兩坐祿旺 丙火雖挂角得祿 無如庚辛元神透
차조　천간삼투경신　지지양좌록왕　병화수괘각득록　무여경신원신투

露 非火之祿支 是金之長生 用材滋殺明矣 辰運木之餘氣 采芹生色 巳
로　비화지록지　시금지장생　용재자살명의　진운목지여기　채근생색　사

運火 之祿旺 科甲聯登 甲午乙未 木火並旺 仕至藩臬 若以八字觀之
운화　지록왕　과갑연등　갑오을미　목화병왕　사지반얼　약이팔자관지

此造 不及前造 只因前造運行西北 此造運走東南 富貴雖定于格局 窮
차조　불급전조　지인전조운행서북　차조운주동남　부귀수정우격국　궁

通全在 運限 所以命好不如運好 信然也.
통전재　운한　소이명호불여운호　신연야

이 명조(命造)는 천간(天干)에서 庚辛이 셋이나 투출(透出)하였고 지지(地支)에서 녹왕(祿旺)을 둘이나 만났다. 丙火가 비록 모서리에 매달려서 득록(得祿)하였으나 사중경금(巳中庚金)이 원신투출(元神透出)하여 火의 녹지(祿支)가 아니고 金의 장생(長生)이 되었으니 재성(財星)을 용신(用神)으로 하여 살(殺)을 자양(滋養)해야 하는 것이 분명하다.

辰운은 木의 여기(餘氣)이니 반궁(泮宮)에 일찍 입학(入學)하여 연달아 올라갔으며 甲午, 乙未 운은 木火가 병왕(並旺)하여 벼슬이 반얼(藩臬)에 이르렀다. 팔자(八字)로 살펴보면 이 명조(命造)는 전명조(前命造)에 미치지 못하는데 전명조(前命造)는 운(運)이 서북(西北)으로 행(行)하고 이 명조(命造)는 운(運)이 동남(東南)으로 행(行)한 까닭이다.

부귀(富貴)는 비록 격국(格局)에서 정(定)하여진다고 할지라도 궁통(窮通)은 전적(全的)으로 운(運)의 한계(限界)에 달려 있는 것이니, 소위 "명조(命造)가 좋은 것이 운(運)이 좋은 것만 못하다"라는 말은 진실(眞實)로 믿을 만하다.

評註

庚金 일주가 寅월에 태어나서 실령(失令)하였으나 지지(地支)에서 녹왕(祿旺)과 장생(長生)을 만나고 천간(天干)에 庚辛金이 투출(透出)하였으니 신왕(身旺)하다. 희신(喜神)은 식재관(食財官)인 水木火이고 기신(忌神)은 인비(印比)인 土金이다.

년간(年干)의 丙火는 시지(時支)의 巳火에 득록(得祿)하였으나 巳 중 庚金이 있어 오히려 金의 장생(長生)이 되었으니, 월지(月支)의 寅木에 절처봉생(絶處逢生)할 수밖에 없으니 재자약살격(財滋弱殺格)이 되었다.

지지(地支)가 寅巳申 삼형살(三刑殺)이 있으니 생살지권(生殺之權)을 장악(掌握)하는 직무(職務)와 연관(聯關)이 있다는 것을 암시(暗示)하고 있으니 건록격(建祿格)도 성립(成立)된다.

壬辰 운은 壬水가 왕신(旺身)을 설(洩)하여 식신생재(食神生財)하였고 寅辰이 암합(暗合)하여 목국(木局)을 이루어 희신(喜神)이 되어 일찍 반궁(泮宮)에 입학(入學)하였다

癸巳 운은 癸水가 壬水와 같은 작용을 하였으며 寅巳申 삼형(三刑)이 되니 인중병화(寅中丙火)가 투출(透出)하여 오히려 희신(喜神)으로 변했으니 과갑연등(科甲聯登)하였다. 甲午, 乙未 운은 木火가 병왕(並旺)하였으니 반얼(藩臬)에 올랐으나 丙申 운은 丙庚 충(冲), 寅申 충(冲)으로 천충지충(天冲地冲)으로 낙직(落職)이나 불록(不祿)하였을 것이다.

주의(注意)할 것은 임주(任註)에서 "일위취위권귀 하필시상존칭(一位取位權貴, 何必時上尊稱)이라, 일위(一位)를 취(取)하여 권귀(權貴)가 된다고 하면 시상(時上)만을 존칭할 필요가 있는가"라는 것이 믿을 만하다. 그러므로 이 명조(命造)는 년상편관격(年上偏官格)으로 년상일위귀격(年上一位貴格)이 성립(成立)되는 것이다.

二. 살중용인격(殺重用印格)

```
甲 戊 甲 戊
寅 午 寅 子
```

```
辛 庚 己 戊 丁 丙 乙
酉 申 未 午 巳 辰 卯
```

戊土生寅月寅時 土衰木盛 最喜坐下午火 生拱有情 正謂衆殺橫行 仁
무토생인월인시　　토쇠목성　　최희좌하오화　　생공유정　　정위중살횡행　　인

可化 子水之財 生寅木 不冲午火 具情協 其關通 尤美運走南方火土
가화　자수지재　생인목　불충오화　구정협　기관통　우선운주남방화토

所以早登發甲 出仕馳名.
소이조등발갑　　출사치명

戊土가 寅월 寅시에 생(生)하여 土는 쇠약(衰弱)하고 木은 왕성(旺盛)하다. 가장 기쁜 것은 좌하(坐下)의 午火가 살인상생(殺印相生)하여 유정(有情)하다는 것이다. 이것

이야말로 살(殺)의 무리가 날뛰어도 하나의 도움으로 생화(生化)한다는 것이다.

　재성(財星)인 子水가 寅木을 생(生)하니 午火를 충(冲)하지 못하고 정(情)으로 협조(協助)하여 관(官)을 통(通)하게 하였다. 더욱 넉넉하게 된 것은 운(運)이 남방화토(南方火土)로 행(行)하니 일찍이 과갑(科甲)에 올랐고 벼슬길에 이름을 날렸다.

　戊土 일주가 살(殺)이 태왕(太旺)하니 金으로 극제(剋制)하여야 하니 식신제살격(食神制殺格)이다. 희신(喜神)은 인비식(印比食)인 火土金이고 기신(忌神)은 재관(財官)인 水木이다. 대운이 火土金으로 행(行)할 뿐만 아니라 상하(上下)가 유정(有情)하니 아름답다.

```
甲 戊 丙 己
寅 子 寅 亥
```

```
己庚辛壬癸甲乙
未申酉戌亥子丑
```

此造 觀格局似勝前造 此則印坐長生 前則印逢財冲 不知前則坐下印
차조 관격국사승전조 　　차즉인좌장생 　　전즉인봉재충 　　부지전즉좌하인

綬 七殺皆來生拱 而日主堅固 此則財坐日下 反去生殺 助紂爲虐 兼之
수 칠살개래생공 　이일주견고 　차즉재좌일하 　반거생살 　조주위학 　겸지

運走西北 戊午午中鄕榜 己丑中進士 此兩年比劫幇身 冲去財星之妙也.
운주서북 　무오오중향방 　기축중진사 　차양년비겁방신 　충거재성지묘야

壬運剋丙壞印 丁外艱 遭回祿 戌運拱印雖稍有生色 亦是春月秋花 將
임운겁병괴인 　정외간 　조회록 　술운공인수초유생색 　역시춘월추화 　장

來辛酉運中 木多金缺 洩土生水 合去丙火 災禍豈能免耶.
래신유운중 　목다금결 　설토생수 　합거병화 　재화기능면야

이 명조(命造)는 격국(格局)으로 보면 전조(前造)보다 나은 것 같다. 인수(印綬)가 장생(長生)에 앉아 있고, 전조(前造)는 인수(印綬)가 재(財)의 충(冲)을 받고 있다고 생각하기 때문이다.

전조(前造)는 좌하(坐下)가 인수(印綬)인데 살(殺)이 모두 생(生)의 작용을 하여 일주(日主)가 견고하고 이 명조(命造)는 재(財)가 일주(日主)의 좌하(坐下)에서 도리어 생살(生殺)하니 조주위학(助紂爲虐)[203]하고 겸(兼)하여 운이 서북(西北)으로 행(行)하니 戊午년에 향방(鄕榜)에 합격(合格)하였고 己未 년에 진사(進士)가 되었는데 이것은 양년(兩年)이 비겁(比劫)으로 방신(幫身)하고 재성(財星)을 충거(冲去)하는 묘(妙)가 있었기 때문이다.

壬운에는 丙火가 극(剋)되어 인수(印綬)를 파괴(破壞)하므로 부친상(父親喪)을 당하고 화재(火災)를 만났다. 戌운에는 공인(拱印)을 이루어 비록 조금은 생색(生色)이 있었지만 역시 춘월추화(春月秋花)이다. 장차 辛酉 운 중에는 목다금결(木多金缺)[204]하고, 土를 설(洩)하여 水를 생(生)하고, 辛酉 운에는 丙庚 충(冲), 丙辛 합(合)으로 丙火를 庚申 운에는 丙庚 충(冲), 丙辛 합(合)으로 丙火를 합거(合去)하니 어찌 재화(災禍)를 면(免)할 수 있겠는가?

戊土 일주(日主)가 寅월에 태어나서 실령(失令)하였고 지지(地支)에 재관(財官)이 태왕(太旺)하니 戊土는 丙火가 살인상생(殺印相生)함으로써 절처봉생(絶處逢生)하고 있다. 그러므로 왕살(旺殺)을 극제(剋制)하는 식상(食傷)인 金도 필요(必要)하므로 식신제살격(食神制殺格)이 되었다. 희신(喜神)은 인비식(印比食)인 火土金이고 기신(忌神)은

---

203 조주위학(助紂爲虐): 은(殷)나라 말기의 폭군(暴君)이었던 주왕(紂王)의 학정(虐政)은 역사적으로 악명(惡名)이 높기 때문에, 재(財)가 살(殺)을 생조(生助)하는 것은 폭군(暴君)을 돕는 것과 같다는 뜻임.

204 목다금결(木多金缺): 木이 많아 金이 흠결(欠缺)이 난다는 뜻이다. 금극목(金克木)이 목극금(木剋金)으로 세력(勢力)에 의한 역극(逆剋)이 되는 경우이다.

재관(財官)인 水木이다.

戊午, 己未 운은 인비(印比)인 火土 희신(喜神)이므로 향방(鄕榜)에 합격(合格)하고 진사(進士)가 되었던 것이다. 壬戌 운에는 壬水가 기신(忌神)이고 丙壬 충(沖)이 되어 재인(財印)이 상충(相沖)되었으니 부친상(父親喪)과 화재(火災)를 당한 것이다. 辛酉 운에는 희신(喜神)이지만 丙辛 합화(合化)고 丙火가 합거(合去)되었고, 酉 중 庚辛이 丙庚 충(沖), 丙辛 합(合)으로 역시 丙火가 합거(合去)되었으니 재화(災禍)를 면(免)할 수 없다는 것이 명백(明白)하다.

任註

```
甲 甲 庚 戊
子 子 申 辰
```

```
丁 丙 乙 甲 癸 壬 辛
卯 寅 丑 子 亥 戌 酉
```

此造 木凋金銳 厚土生金 原可畏也 然喜支全水局 化其肅殺之氣 生化
차조 목조금예 후토생금 원가외야 연희지전수국 화기숙살지기 생화

有精 至癸亥運 科甲連登 早蒙仕路之光 丙寅丁卯 制化皆宜 仕路封疆
유정 지계해운 과갑연등 조몽사로지광 병인정묘 제화개의 사로봉강

生平履險如夷.
생평리험여이

이 명조(命造)는 木이 시들고 金이 예리(銳利)하며 두터운 土가 金을 생조(生助)하므로 원래(原來)는 金이 두려운 것이다. 그러나 기쁘게도 지지(地支)에 수국(水局)이 전부(全部) 있어서 숙살지기(肅殺之氣)를 인화(引化)하니 생화(生化)가 유정(有情)하다.

그러므로 癸亥 운에 이르러 과갑연등(科甲連登)하고 일찍 벼슬길에 올라 빛을 발휘(發揮)하였다. 丙寅, 丁卯 운에는 제화(制化)가 모두 마땅하니 벼슬이 봉강(封疆)에 이르렀고 관(官)운이 평탄(平坦)하였으며 평생(平生) 동안 험한 곳을 밟아도 순탄(順

坦)하였다.

甲木 일주가 申월에 태어나 실령(失令)하였고 재관(財官)인 土金이 왕성(旺盛)하니 식신(食神)으로 극제(剋制)해야 하므로 식신제살격(食神制殺格)이 되었으며 인수(印綬)가 숙살(肅殺)을 인화(引化)하여 일주(日主)를 생조(生助)하니 살인상생격(殺印相生格)도 될 수 있다.

지지(地支)가 申子辰으로 완전하게 수국(水局)이 되지 않더라도 상호유정(相互有情)하며 한랭(寒冷)하니 조후(調候)로 木火가 필요하다. 희신(喜神)은 인비식(印比食)인 水木火이고, 기신(忌神)은 재관(財官)인 土金이다.

초년(初年)인 巳酉, 壬戌 운은 곤고(困苦)하였을 것이고, 癸亥 운은 인수(印綬)가 희신(喜神)이니 과갑(科甲)에 연달아 오르고 甲子, 乙丑 운은 벼슬길이 평탄(平坦)하였을 것이고 丙寅, 丁卯 운은 상하유정(上下有情)하여 희신(喜神)이 되었으니 평생 동안 부귀(富貴)를 누렸을 것이다.

任註

```
丙 庚 丙 戊
戌 寅 辰 午
```

```
癸 壬 辛 庚 己 戊 丁
亥 戌 酉 申 未 午 巳
```

此造 干透兩殺 支全殺局 所喜戊土元神透出 是以化殺 寅木本要破印
차조　간투양살　지전살국　소희무토원신투출　시이화살　인목본요파인

尤喜會火 反培土之根源 巧借栽培 至己未運中 科甲連登 庚申辛酉 幫
우희회화　반배토지근원　교차재배　지기미운중　과갑연등　경신신유　방

身有情 馳名宦海 裕後光前也.
신유정　치명환해　유후광전야

이 명조(命造)는 천간(天干)에 양살(兩殺)이 투출(透出)하였고 지지(地支)에 寅午戌 살국(殺局)을 이루었으나 기쁜 것은 戊土 원신(元神)이 투출(透出)하여 살(殺)을 인화 (引化)하는 것이다.

寅木은 본래 인수(印綬)를 파(破)할 수 있는 것이지만, 더욱 기쁜 것은 화국(火局) 을 이루었으니 도리어 土의 근원(根源)을 배가(倍加)하고 교묘(巧妙)하게 배양(培養)해 주고 있는 것이다. 己未 운에 과갑연등(科甲連登)하였고, 庚寅, 辛酉 운은 방신(幇身) 이 유정(有情)하니 벼슬길에 명성(名聲)을 떨쳤으며 이후(以後)에도 넉넉하고 앞날이 빛났다.

庚金 일주가 辰월에 태어나서 득령(得令)하였으나 지지(地支)에서 寅午戌 회국(會 局)이 되어 살(殺)이 왕(旺)한데 천간(天干)에 양화(兩火)가 투출(透出)하였으나 염상(炎 上) 직전에 있는데 戊土가 인화(引化)하여 살중용인격(殺重用印格)이나 살인상생격(殺 印相生格)이 되었다. 식신제살격(食神制殺格)도 성립(成立)된다.

희신(喜神)은 인비식(印比食)인 土金水이고 기신(忌神)은 재관(財官)인 木火이다. 대 운(大運)이 희신(喜神)인 土金水로 행(行)하여 대발(大發)한 명조(命造)이다.

任註

```
癸 丁 癸 癸
卯 卯 亥 亥
```

```
丙 丁 戊 己 庚 辛 壬
辰 巳 午 未 申 酉 戌
```

此造	干妬三癸	支逢兩亥	乘權秉令	喜其無金	兩印拱局	生化不悖	淸
차조	간투삼계	지봉양해	승권병령	희기무금	양인공국	생화불패	청

而純粹 辛酉庚申運中 蹭蹬功名 刑耗並見 己未交來 干制殺 支會印
이순수　　신유경신운중　　층등공명　　형모병견　　기미교래　　간제살　　지회인

功名層疊而上 接行戊午丁巳丙運 仕至觀察 名利雙輝.
공명층첩이상　　접행무오정사병운　　사지관찰　　명리쌍휘

이 명조(命造)는 천간(天干)에 세 개의 癸水가 투출(透出)하고 지지(地支)에 두 개의 亥水를 만나니 살(殺)이 당령(當令)하여 살세(殺勢)가 왕(旺)하다. 그러나 기쁜 것은 金이 없고, 두 개의 卯가 회합(會合)하여 생화(生化)를 이루었으니 어긋나지 않았고 청(淸)하고 순수(純粹)하다.

辛酉, 庚申 운에는 인수(印綬)를 손상(損傷)하여 공명(功名)에 기복(起伏)이 있었고 형모(刑耗)도 함께 있었다. 己未 운으로 바뀌면서는 천간(天干)은 제살(制殺)되고 지지(地支)는 亥卯未 인수국(印綬局)을 이루어 공명(功名) 층첩(層疊)하여 오르고, 戊午, 丁巳, 丙운에 벼슬이 관찰사(觀察使)에 오르고 명리(名利)가 함께 빛났다.

評註

丁火 일주가 亥월에 태어나서 실령(失令)하였고, 천간(天干)에 세 개의 癸水와 지지(地支)에 두 개의 亥水가 있으므로 관살(官殺)이 태왕(太旺)한데 두 개의 卯木이 인화(引化)하니 살중용인격(殺重用印格)과 살인상생격(殺印相生格)이다.

왕살(旺殺)을 억제(抑制)하는 식상(食傷)이 필요하니 식신제살격(食神制殺格)도 성립(成立)된다. 희신(喜神)은 인비식(印比食)인 木火土이고 기신(忌神)은 재관(財官)인 金水이다. 辛酉, 庚申 운(運)은 재성(財星)으로 기신(忌神)이고 己未, 戊午 운은 비겁(比劫)으로 희신(喜神)이다.

任註

```
甲 壬 戊 戊
辰 辰 午 辰
```

```
乙甲癸壬辛庚己
丑子亥戌酉申未
```

此造 四柱皆殺 喜支坐三辰 通根身庫 妙在無金 時透食神制殺 辰乃木
차조 사주개살 희지좌삼진 통근신고 묘재무금 시투식신제살 진내목

之 餘氣 正謂一將當關 群凶自伏 至癸亥運 食神逢生 日主得祿 科甲
지 여기 정위일장당관 군흉자복 지계해운 식신봉생 일주득록 과갑

連登 甲運仕縣令 子運衰神冲旺 不祿.
연등 갑운사현령 자운쇠신충왕 불록

이 명조(命造)는 원국(原局)의 오행(五行)이 모두 土로써 살(殺)이 되나 지지(地支)가
3개의 辰으로 이루어져 아름답다. 또한 묘(妙)한 것은 金이 없고 시상(時上)의 甲木
으로 제살(制殺)하는데 辰은 木의 여기(餘氣)이니 이것이 바로 '일장당관 군흉자복
(一將當關 群凶自伏)이라, 즉 하나의 장수(將帥)가 관문을 지키니 많은 흉(凶)한 무리들
이 스스로 복종(服從) 한다'라는 뜻이다.

癸亥운에 이르러 식신(食神)이 생(生)을 만나고 일주(日主)가 녹(祿)을 얻어 과갑연
등(科甲連登)하였고 甲운에는 벼슬이 현령(縣令)에 이르고 子운에는 쇠신(衰神)이 왕
신(旺神)을 충(冲)하니 세상을 떠났다.

評註

壬水가 午월에 태어나서 실령(失令)하였고 午火의 생조(生助)를 받는 土가 태왕

(太旺)하여 시상(時上)의 甲木으로 제살(制殺)하고자 하니 식신제살격(食神制殺格)이 되었다. 희신(喜神)은 인비식(印比食)인 金水木이고 기신(忌神)은 식재(食財)인 木火이다.

주의(注意)할 것은 子운에 불록(不祿)이 되었는가에 대한 해석(解釋)이다. 子辰 합수(合水)가 되어 희신(喜神)으로 될 것 같으나 火土가 태왕(太旺)하므로 오히려 子水가 子午 상충(相冲)이 되었으니 子水가 충발(冲拔)되었다. 쇠신충 왕신발(衰神冲 旺神發)이라는 것은 이를 두고 하는 말이다.

```
丙 甲 庚 庚
寅 戌 辰 申
```

```
丁丙乙甲癸壬辛
亥戌酉申未午巳
```

此造 甲木生辰 雖有餘氣 但庚金並透 通根斫伐 最喜寅時祿旺 更妙
차조 갑목생진 수유여기 단경금병투 통근작벌 최희인시록왕 경묘

丙火獨透 制殺扶身 午運暗會火局 中鄕榜 甲申乙酉 殺逢祿旺 刑耗多
병화독투 제살부신 오운암회화국 중향방 갑신을유 살봉록왕 형모다

端 直至丙戌運 選知縣.
단 직지병술운 선지현

이 명조(命造)는 甲木이 辰월에 생(生)하여 비록 여기(餘氣)에 있다고 할지라도 庚金이 함께 투출(透出)하여 통근(通根)하고 작벌(斫伐)한다. 가장 기쁜 것은 寅시가 녹(祿)으로 왕(旺)하고 더욱 묘(妙)한 것은 丙火가 홀로 투출(透出)하여 제살(制殺)하고 일주(日主)를 돕는 것이다.

午운에 암회(暗會)로 화국(火局)하여 향방(鄕榜)에 합격하였고 甲申, 乙酉 운에는 살(殺)이 녹왕(祿旺)을 만났으니 형모(刑耗)가 다단(多端)하였으나 丙戌 운에 이르러 지현(知縣)에 선발(選拔)되었다.

甲木 일주가 辰월에 태어나서 득령(得令)하였지만 두 庚金이 인비(印比)로 통근(通根)하여 작벌(斫伐)하고 있다. 그러므로 살(殺)이 태왕(太旺)하여 식상(食傷)으로 제살(制殺)하여야 하니 식신제살격(食神制殺格)이 되었다. 희신(喜神)은 인비식(印比食)인 水木火이고 기신(忌神)은 재관(財官)인 土金이다.

壬午 운은 寅午戌 암합(暗合)으로 희신화국(喜神火局)을 이루어 향방(鄕榜)에 합격(合格)하였고 甲申 운은 甲庚 충(冲), 寅申 충(冲)으로 천충지충(天冲地冲)되었고 乙酉 운은 乙庚 합(合), 申酉戌 암합(暗合)으로 살왕(殺旺) 기신(忌神)이 되었으니 형모다단(形貌多端)하였으며 丙戌 운은 寅戌 합화(合火)로 희신(喜神)이 되었으니 현령(縣令)이 된 것이다.

任註

```
戊 丙 壬 壬
戌 戌 子 子
```

```
己 戊 丁 丙 乙 甲 癸
未 午 巳 辰 卯 寅 丑
```

此造 年月兩透壬子 殺勢猖旺 行而日時坐戌 通根身庫 更妙戊土透出
차조　년월양투임자　살세창왕　행이일시좌술　통근신고　경묘무토투출

足而砥定汪洋 尤羨運走東南 扶身抑殺 至乙卯運中 水臨絶 火逢生 鹿
족이지정왕양　우선운주동남　부신억살　지을묘운중　수임절　화봉생　록

鳴宴 罷瓊林宴 桂花香過杏花香 仕至郡守.
명연　파경림연　계화향과행화향　사지군수

이 명조(命造)는 년월(年月)에서 두 개의 壬子를 만나 살세(殺勢)가 미쳐 날뛰고 있는데 다행하게도 일시(日時)에 戌土가 丙火에 통근(通根)하고, 묘(妙)한 것은 戌土가

투출(透出)하여 왕양(汪洋)한 水의 기세(氣勢)를 막을 수 있다. 더욱 아름다운 것은 운(運)이 동남(東南)으로 행(行)하여 일주(日主)를 돕고 살(殺)을 억제(抑制)하고 있다.

乙卯 운에 이르러 水가 임절(臨絶)하고 火는 봉생(逢生)하니 과거(科擧)에 연달아 급제(及第)하여 녹명연(鹿鳴宴)[205]이 끝나자 경림연(瓊林宴)[206]이 열리고 계화(桂花)의 향기(香氣)가 지나가면 행화(杏花)의 향기(香氣)가 나듯이 벼슬이 이어져 군수(郡守)에 이르렀다.

評註

丙火 일주가 子월에 태어나서 실령(失令)하였고 관살(官殺)이 태왕(太旺)하여 식상(食傷)이 土를 범람(氾濫)하는 것을 막아주어야 하니 식신제살격(食神制殺格)이 되었다. 희신(喜神)은 인비식(印比食)인 木火土이고 기신(忌神)은 재관(財官)인 金水이다. 甲寅, 乙卯 운은 설수(洩水)하고 생화(生火)하여 과거시험(科擧試驗)에 연달아 급제(及第)하여 평생(平生) 동안 승승장구(乘勝長驅)하였다.

任註

丙	庚	丙	壬
戌	午	午	申

癸壬辛庚己戊丁
丑子亥戌酉申未

---

205 녹명연(鹿鳴宴): 과거(科擧)에 급제한 자를 축하하는 잔치로서 소과(小科) 즉 진사시(進士試)에 합격한 자를 축하(祝賀)하는 연회(宴會). 향시(鄕試)에 합격한 자와 동일함.

206 경림연(瓊林宴): 대과(大科) 즉 과거(科擧)에 급제하면 황제(黃帝)가 경림(瓊林)에서 배푸는 연회(宴會). 전시(殿試)에 합격한 자와 동일함.

此造 兩殺當權臨旺 原可畏也 行賴年干壬水臨申 足以制殺 更妙無木
차조　　양살당권임왕　　원가외야　　행뢰년간임수임신　　족이제살　경묘무목

則水不洩 火無助 申運金水得助 發軔宮牆 酉運支類西方 早充觀國之
즉수불설　화무조　신운금수득조　　발인궁장　　유운지류서방　　조충관국지

光 高豫南宮之選 後運金水 體用皆宜.
광　　고예남궁지선　　후운금수　체용개의

由署郞出爲郡守.
유서랑출위군수

　이 명조(命造)는 양살(兩殺)이 당권(當權)하고 임왕(臨旺)하였으니 원래는 두려우나 다행히 년간(年干)의 壬水가 申金 위에 앉아 만족하게 제살(制殺)할 수 있다. 더욱 묘(妙)한 것은 木이 없으므로 水는 설(洩)하지 못하고 火가 도움을 받지 못하는 것이다.

　申운에 金水가 생조(生助)를 얻으니 반궁(泮宮)에서 수학(修學)하게 되었고 酉운에는 지지(地支)에 금방(金方)이 이루어져 일찍 천자(天子)를 만나고 과거(科擧)에 급제(及第)하였다. 그 이후(以後)의 운도(運途)가 金水로 이어져 체용(體用)이 모두 마땅하니 서랑(署郞)을 거쳐 군수(郡守)에 이르렀다.

評註

　庚金 일주(日主)가 午월에 태어나서 실령(失令)하였고 지지(地支)에 午戌 합화국(合火局)이 되었다. 천간(天干)에 양병(兩丙)이 양인(羊刃)의 왕지(旺地)를 깔고 있으며 살권(殺權)을 장악(掌握)하고 있으니 식상(食傷)인 水로 억제(抑制)해야 하니 식신제살격(食神制殺格)이 되었다. 희신(喜神)은 인비식(印比食)인 土金水이고 기신(忌神)은 재관(財官)인 木火이다. 대운(大運)이 서북(西北) 방향인 金水운으로 행(行)하여 대발(大發)하였다.

四. 합관유살격(合官留殺格)

任註

壬	丙	戊	癸
辰	午	午	丑

辛壬癸甲乙丙丁
亥子丑寅卯辰巳

此造　火長夏天　旺之極矣　戊癸合而化爲忌　還喜壬水通根身庫　更妙年
차조　화장하천　왕지극의　무계합이화위기　환희임수통근신고　경묘년

支　坐丑　足以晦火養金而蓄水　則癸水仍得通根　雖合而不化也　不化反
지　좌축　족이회화양금이축수　즉계수잉득통근　수합이불화야　불화반

喜　其合　則不抗乎壬水矣　是以乙卯甲寅運　剋土衛水　雲程直上　至癸丑
희　기합　즉불항호임수의　시이을묘갑인운　극토위수　운정직상　지계축

運　酉金堂而遷州牧　及壬子運　由治中而履黃堂　名利裕如也.
운　유금당이천주목　급임자운　유치중이이황당　명리유여야

이 명조(命造)는 火가 왕성(旺盛)한 午월에 태어나 왕(旺)함이 극(極)에 이르렀다. 戊癸가 합(合)하여 火로 화(化)한 것을 꺼리나 오히려 기쁜 것은 壬水가 신고(身庫)에 통근(通根)한 것이고, 더욱 묘(妙)한 것은 년지(年支)의 축토(丑土)는 화(火)를 설(洩)하여 金을 자양(滋養)하고 水를 암장(暗藏)하고 있으니 癸水는 통근(通根)하게 되므로 비록 합(合)이 되어도 화(化)하지 않는다.

합(合)이 되어도 화(化)하지 않으면 도리어 기쁜 것은 戊土가 壬水를 대항(對抗)하지 않기 때문이다. 그러므로 乙卯, 甲寅 운은 극토(剋土)하여 水를 호위(護衛)하므로 벼슬길이 직상(直上)하여, 癸丑 운에는 금당(琴堂)을 거쳐 주목(州牧)에 올라갔으며 壬子 운에는 치중(治中)을 거쳐 황당(黃堂)에 오르니 명리(名利)가 유여(有餘)하였다.

丙火 일주가 午月에 태어나 득령(得令)하였고 좌하(坐下)에 득지(得地)하여 신왕(身旺)한 것으로 볼 수 있다. 그러나 천간(天干)의 戊土는 午火의 생조(生助)를 받고 있으며 년시(年時)의 丑辰 녹왕(祿旺)으로 충분하게 火를 설기(洩氣)할 수 있으니 식상(食傷)이 왕(旺)하여 오히려 신약(身弱)하게 되어 선강후약(先强後弱)하다.

그러므로 土를 극제(剋制)하는 水木이 필요(必要)하므로 제살태과격(制殺太過格)이 되었다. 희신(喜神)은 인비관(印比官)인 木火水이고 기신(忌神)은 土金이다. 천간(天干)에 정관(正官)과 살(殺)이 투출(透出)하였으나 戊癸가 합이불화(合而不化)되어 합관유살격(合官留殺格)이 되었으며 시상일위귀격(時上一位貴格)도 성립(成立)된다.

주의(注意)할 것은 신왕(身旺)이 되었다면 乙卯, 甲寅 운에 벼슬이 직상(直上)하지 않았을 것이다. 또한 丙火는 두 양인(羊刃)으로 뿌리가 왕성(旺盛)하지만 木의 생조(生助)가 없으며 戊土는 丑辰土가 원격(遠隔)이지만 녹왕(祿旺)으로 왕성(旺盛)하면서 午火의 생조(生助)를 받으니 자연히 火의 세력(勢力)보다 土의 세력(勢力)이 더 강(强)하여 신약(身弱)하게 되었다.

壬	丙	戊	癸
辰	午	午	巳

辛壬癸甲乙丙丁
亥子丑寅卯辰巳

乾隆 三十八年 四月 十八日 辰時.
건륭 삼십팔년 사월 십팔일 진시

此鐵樵自造 亦長夏天 與前造只換一丑字 天淵至隔矣 夫丑乃北方之
차철초자조 역장하천 여전조지환일축자 천연지격의 부축내북방지

濕土 能晦丙火之烈 能收午火之焰 又能蓄水藏金 巳乃南方之旺火 癸
습토 능회병화지열 능수오화지염 우능축수장금 사내남방지왕화 계

臨絶地 杯水輿薪 喜其混也 不喜其淸也 彼則戊癸合而不化 此則戊癸
임절지 배수여신 희기혼야 불희기청야 피즉무계합이불화 차즉무계

合而必化 不但不能助殺 抑且化火爲刼 反助陽刃猖狂 巳中庚金 無從
합이필화 부단불능조살 억차화화위겁 반조양인창광 사중경금 무종

引助 壬水 雖通根身庫 總之無金滋助 淸枯之象.
인조 임수 수통근신고 총지무금자조 청고지상

兼之運走四十載木火 生助刼刃之地 所以上不能繼父志以成名 下不能
겸지운주사십재목화 생조겁인지지 소이상불능계부지이성명 하불능

守田園 而刱業 骨肉六親 直同畵餠 半生事業 亦似浮雲 至卯運 壬水
수전원 이창업 골육육친 직동화병 반생사업 역사부운 지묘운 임수

絶地 陽刃逢生 遭骨肉之變 以致傾家蕩産 猶憶未學命時 請人推算 一
절지 양인봉생 조골육지변 이치경가탕산 유억미학명시 청인추산 일

味虛褒 以爲名利自如 後竟一毫不驗 豈不痛哉.
미허포 이위명리자여 후경일호불험 기불통재

且予賦性偏拙 喜誠實 不喜虛浮 無諂態 多傲慢 交遊往來 每落落難合
차여부성편졸 희성실 불희허부 무첨태 다오만 교유왕래 매락락난합

所凛凛者 吾祖若父忠厚之訓 不敢失墜耳 先嚴逝後 家業凋零 潛心學
소름름자 오조약부충후지훈 불감실추이 선엄서후 가업조령 잠심학

命 爲餬口之計 夫六尺之軀 非無遠圖之地 徒以末技見哂 自思命運不
명 위호구지계 부육척지구 비무원도지지 도이말기견신 자사명운부

齊 無益于事 所以涸轍之鮒 僅邀升斗之水 限于地 困于時 嗟乎莫非命
제 무익우사 소이학철지부 근요승두지수 한우지 곤우시 차호막비명

也 順受其正云爾.
야 순수기정운이

건륭(乾隆) 38년(1773) 4월 18일 辰시 생(生)으로 이 명조(命造)는 철초(鐵樵) 나의
명조(命造)이다. 역시 장하(長夏)에 생(生)하여 전조(前造)와는 단지 丑자 하나만 바뀌
었을 뿐인데 천연지격(天淵之隔)[207]의 차이가 있다.

　丑土는 북방습토(北方濕土)이니 능히 丙火의 열기를 식히고 능히 午火의 불꽃을
거두어들이며 또한 능히 축수(蓄水)하고 장금(藏金)할 수 있으나 巳火는 남방왕화(南

---

207 천연지격(天淵之隔): 하늘과 땅 차이로 천양지차(天壤之差)라고도 함.

方旺火)이니 癸水가 절지(絶地)에 임하여 배수여신(杯水輿薪)[208]의 형상(形象)이므로 혼잡(混雜)을 기뻐하고 청순(清純)을 기뻐하지 않는다.

전조(前造)는 戊癸가 합이불화(合而不化)하나 차조(此造)는 합이필화(合而必化)하여 조살(助殺)이 불가능(不可能)하며 화화(化火)함으로써 비겁(比劫)이 되었으니 도리어 양인(陽刃)을 도와 미쳐 날뛰는 것을 도와준다.

그리고 巳 중의 庚金은 인출(印出)하여 도와줄 수 없으므로 壬水가 비록 辰土에 통근(通根)하였으나 金의 생조(生助)가 없으므로 청고지상(清枯之象)이다. 더구나 운이 40년 동안 木火로 행(行)하여 겁인(劫刃)을 생조(生助)하니, 위로는 부모의 뜻을 이어 공명(功名)을 이루지 못하였고 아래로는 물려받은 전원(田園)을 지키지 못하고 가업도 일으키지 못하였다.

그러므로 골육(骨肉)과 육친(六親)은 그림속의 떡과 같았고 반평생(半平生) 동안 사업(事業)도 역시 뜬 구름과 같았다. 卯운에 이르러 壬水는 절지(絶地)에 있고 양인(陽刃)이 봉생(逢生)하니 골육(骨肉)의 재앙(災殃)을 만나 집안이 기울고 가산(家産)도 탕진(蕩盡)하였다.

아직도 기억(記憶)하고 있는 것은 내가 명학(命學)을 익히지 않았을 때 어떤 사람에게 명운(命運)을 추산(推算)하였는데 한결같은 헛된 칭찬으로 명리(名利)가 자기(自己)의 뜻과 같이 될 것이라고 하였으나 후일(後日)에 와서 일호(一毫)의 징험(徵驗)도 되지 않았으니 어찌 통탄(痛歎)하지 않을 수 있겠는가?

나의 타고난 성품(性品)은 편졸(偏拙)[209]하나 성실함을 좋아하고 허부(虛浮)[210]함을 좋아하지 않으며 첨태(諂態)함이 없고 오만(傲慢)함이 많아 사람들과 어울리는 데 매번 뜻이 맞지 않아 화합(化合)하기가 어려웠다.

내가 늠름(凜凜)[211]한 것은 부조(父祖)께서 충후(忠厚)[212]의 가르침을 실추(失墜)할

---

208 배수여신(杯水輿薪): 한 잔의 물로 나무를 실은 수레에 난 불을 끄려고 함.

209 편졸(偏拙): 처세(處世)에 능하지 않음.

210 허부(虛浮): 거짓되고 경박(輕薄)함.

211 늠름(凜凜): 위풍(威風)이 있고 당당(堂堂)한 모습.

수 없었기 때문인데 부친(父親)이 세상을 떠난 후에 가업이 조령(凋零)²¹³하게 되어 호구지계(餬口之計)로 마음을 가라앉히고 명학(命學)을 탐구하게 되었다.

육척(六尺)의 몸으로 원대(遠大)한 포부(抱負)와 뜻이 없었던 것은 아니나 보잘 것 없는 말기(末技)로 비웃음을 받았는데 스스로 생각하여 보면 명운(命運)이 갖추어지지 않았으므로 매사(每事)에 유익(有益)함이 없었다. 소위 학철지부(涸轍之鮒)²¹⁴가 한 됫박의 물을 얻으면 겨우 연명(延命)하는 것처럼, 살고 있는 땅이 한정되어 있으므로 곤궁한 때를 벗어날 수가 없었다. 모든 것이 천명(天命)이 아닐 수 없으니 순리(順理)로 받아들여야 한다.

評註

丙火 일주가 午月에 태어나 득령(得令)하였고 지지(地支)가 두 양인(陽刃)과 녹근(祿根)으로 신왕(身旺)하다. 희신(喜神)은 식재관(食財官)인 土金水이고 기신(忌神)은 인비(印比)인 木火이다. 대운(大運)이 남동방향(南東方向)인 火木에서 북서방향(北西方向)인 水金로 행(行)하니 40년 동안 악전고투하였던 것이다.

녹인(祿刃)이 중중(重重)하니 청운(靑雲)의 꿈은 있었으나 대운(大運)마저 기신(忌神)이니 골육지정(骨肉之情)이 없고 부모형제(父母兄弟)의 덕(德)이 없으며 재성(財星)은 巳 중에 庚金이 암장(暗藏)되어 있지만 군겁쟁재(群劫爭財)가 되어 재복(財福)까지 없는 상(象)이다. 오직 믿을 것은 시상(時上)의 壬水가 辰土에 통근(通根)되어 왕화(旺火)를 극제(剋制)하려고 하나 金의 생조(生助)가 없어 청빈(淸貧)한 선비의 상이다. 정관(正官) 癸水가 壬水를 방조(幫助)하려고 하나 戊癸가 합이필화(合而必化)되어 합관유살격(合官留殺格)이 되었으며 시상일위귀격(時上一位貴格)으로도 성립(成立)된다.

---

212 충후(忠厚): 충실한 후덕(厚德)을 말하는데, 충성스럽고 순후함.

213 조령(凋零): 조락(凋落)과 같은 뜻임. 초복(初伏)의 잎이 시들어 떨어짐. 어떤 현상(現狀)이나 경제적(經濟的)인 형편(形便)이 차츰 쇠(衰)하여 보잘 것 없이 되는 형상.

214 학철지부(涸轍之鮒): 수레바퀴 자국에 괸 물에 있는 붕어.

```
壬 丙 甲 丙
辰 寅 午 戌
```

```
辛庚己戊丁丙乙
丑子亥戌酉申未
```

전조(前造) 임철초(任鐵樵) 선생인데 아주 오래전부터 先生을 사사(師事)하였기 때문에 학문(學問)과 인품을 비교할 수는 없지만 명학(命學)에 입문(入門)한 지가 40년이 지났으니 후학(後學)하는 사람들에게 같이 비교하면 많은 참고가 되지 않을까 하여 본인(本人)의 명조(命造)도 조심스러운 마음으로 게재(揭載)하였다.

丙火 일주가 午월에 태어나서 득령(得令)하였고 寅午戌 삼합국(三合局)으로 화왕(火旺)한데 천간(天干)에 木火가 투출(透出)되어 인비(印比)인 화기(火氣)가 창광(猖狂)하고 있다. 壬水가 辰土에 통근(通根)하여 화왕(火旺)을 극제(剋制)하려고 하나 역시 임조(任造)와 같이 배수여신(杯水輿薪)의 형상(形象)이지만 대운(大運)이 서북(西北) 방향(方向)인 金水로 행(行)하니 기쁘다.

원국(原局)에 비겁(比劫)이 태왕(太旺)하니 부모형제(父母兄弟)의 덕(德)이 없으며 부친(父親)을 조실(早失)하였고 형(兄)도 요절(夭折)하였으며 동생 3명을 부양(扶養)하기 위해 대학(大學)에 진학(進學)하지 못하고 군인(軍人)의 길을 택하였다. 초년인 乙未, 丙 운에는 곤고(困苦)하였으나 申운에 육군(陸軍) 소위(小尉)로 임관(任官)하였고, 己亥 운 丙子년에 28년 만에 육군(陸軍) 중령(中領)으로 전역(轉役)하였다.

亥水는 희신(喜神)이지만 寅亥 합목(合木)이 되어 오히려 기신(忌神)이 되었고 丙子 운은 丙壬 충(冲), 子午 충(冲)으로 천충지충(天冲地冲)되어 용신(用神)이 충발(冲拔)하였으나, 丁酉 운에 대학원(大學院)에 입학(入學)하여 辛丑 운에『명리학(命理學)을 통한 인체질병(人體疾病) 예측연구(豫測研究)』로 박사(博士)학위를 받았으며 그 이후 대학(大學)에서 명리학(命理學) 연구(研究)와 후학양성(後學養成)에 매진(邁進)하고 있다.

주의(注意)할 것은 원국(原局)에 비겁(比劫)이 왕(旺)하여 군겁쟁재(群劫爭財)가 되어 조실부모하였고, 형제무덕하고 결혼(結婚)도 늦었다. 군인(軍人)의 길을 가게 된 것은 양인(陽刃)이 있기 때문이다. 친구(親舊)뿐만 아니라 선후배(先後輩)와 낯선 사람과도 잘 어울릴 수 있는 것은, 寅午戌 삼합(三合)이 있기 때문이고, 교육과 인연(因緣)이 있는 것은, 목화통명(木火通名)이 있기 때문이다.

任註

壬	丙	癸	戊
辰	戌	亥	午

庚己戊丁丙乙甲
午巳辰卯寅丑子

丙戌日元 生于辰時 冲去庫根 壬癸並透 喜其戊合 居官留殺 更喜年逢
병술일원　생우진시　충거고근　임계병투　희기무합　거관유살　경희년봉

刃助 火虛有焰 更妙無金 稍勝前造 甲科出身 宿映台垣 重藉旬宣之職
인조　화허유염　경묘무금　초승전조　갑과출신　숙영태원　중자순선지직

猷分禹服 特隆鎖鑰之權.
유분우복　특융쇄약지권

丙戌 일원(日元)이 辰時에 태어나 고근(庫根)이 충거(冲去)되었고 壬癸水가 함께 투출(透出)하였으나 기쁜 것은 戊土가 癸水을 합거(合去)하여 거관유살(去官留殺)이 된 것이다.

더욱 기쁜 것은 년지(年支)의 양인(陽刃)에 도움을 얻었으니 火가 비록 허약(虛弱)하나 불꽃이 살아 있으며 더욱 묘(妙)한 것은 金이 없으므로 전조(前造)보다 조금 나은 편이다. 그러므로 과갑(科甲) 출신으로 태원(台垣)에서 별이 빛나듯 궁궐에 머무르면서 황명(黃命)을 받드는 승지(承旨)의 중직에 올랐으며, 우(禹) 임금이 평정하듯 황실(皇室)의 재산을 관리하는 쇄약지권(鎖鑰之權)을 누렸다.

丙火 일주가 亥月에 태어나서 실령(失令)하였고 지지(地支)에서 戌 중 丁火에 득근(得根)하고 있으나 辰戌이 상충(相冲)되어 丁癸로 암충(暗冲)되었고, 午火가 午戌 합화(合火)로 도움이 되었으나 미약(微弱)하고 戊癸 합화(合火)로 癸水를 합거(合去)하니 기쁘다. 그러므로 거관유살격(去官留殺格)이 되어 관살(官殺)이 혼잡(混雜)되지 않는다. 관살(官殺) 태왕(太旺)하여 식신제살격(食神制殺格)이 되니 희신(喜神)은 인비식(印比食)인 木火土이고 기신(忌神)은 재관(財官)인 金水이다. 초년(初年)인 甲子, 乙丑은 곤고(困苦)하였으나 丙寅 운부터는 木火 운으로 행(行)하여 승승장구(乘勝長驅)하였다. 시상일위귀격(時上一位貴格)이라고도 한다.

任註

```
壬 丙 癸 戊
辰 午 亥 申
```

```
庚己戊丁丙乙甲
午巳辰卯寅丑子
```

此造 日主雖坐旺刃 生于亥月 究竟休囚 五行無木 壬癸並透 支逢生旺
차조 일주수좌왕인 생우해월 구경휴수 오행무목 임계병투 지봉생왕

各立門戶 喜其合去癸水 不致混也 更妙運走東南木火 鄉榜出身 寵錫
각립문호 희기합거계수 불치혼야 경묘운주동남목화 향방출신 총석

傳來紫閣 承宜協佐黃堂.
전래자달 승의협좌황당

이 명조(命造)는 일주(日主)가 왕(旺)한 양인(陽刃) 위에 앉아 있으나 亥月에 태어났으므로 휴수(休囚)하게 되었다. 오행(五行) 중 木이 없고 壬癸水가 함께 투출(透出)하여 지지(地支)에 생왕지(生旺地)를 만나 각각 문호(門戶)를 이루니 癸水를 합거(合去)하

는 것을 기뻐하며 관살(官殺)이 혼잡(混雜)이 될 수 없다. 더욱 묘(妙)한 것은 운이 동남(東南) 木火로 행(行)하니 향방(鄕榜) 출신으로 조정(朝廷)으로부터 총석(寵錫)[215]을 받아 자달(紫闥)[216]의 직위(職位)를 하사받고 이어서 황당(黃堂)의 보좌관이 되었다.

丙火 일주가 亥월에 태어나서 관살(官殺)이 태왕(太旺)하여 신약(身弱)하니 식신제살격(食神制殺格)이 되었다. 희신(喜神)은 인비식(印比食)인 木火土이고 기신(忌神)은 재관(財官)인 金水이다. 癸水가 戊土와 합거(合去)되니 거관유살격(去官留殺格)이 되어 혼잡(混雜)이 되지 않았으며 시상일위귀격(時上一位貴格)이라고도 할 수 있다. 대운(大運)이 木火 희신(喜神)으로 행(行)하니 벼슬이 연달아서 직상(直上)하였다. 사주불여대운(四柱不如大運)을 실감(實感)나게 한 명조(命造)이다.

```
癸 丁 丁 壬
卯 未 未 申
```

```
甲癸壬辛庚己戊
寅丑子亥戌酉申
```

此造 日月皆丁未 時殺無根 喜其壬水官星助殺 不宜合也 幸而壬水坐
차조 일월개정미 시살무근 희기임수관성조살 불의합야 행이임수좌

申 合而不化 申金爲用 更妙運走西北金水 助起官殺 鄕榜出身 仕版連
신 합이불화 신금위용 경묘운주서북금수 조기관살 향방출신 사판연

登 由縣令而遷司馬 位儕黃堂.
등 유현령이천사마 위제황당

---

215 총석(寵錫): 천자(天子)가 주는 녹봉(祿俸).

216 자달(紫闥): 수문장(守門將)을 말함.

이 명조(命造)는 일주(日柱)와 월주(月柱)가 모두 丁未이고 시상(時上)의 살(殺)은 무근(無根)인데 壬水가 조살(助殺)하는 것이 기쁘니 마땅히 합(合)하지 말아야 한다. 다행히 壬水는 申金 위에 앉아 있으므로 합이불화(合而不化)[217]하니 申金이 용신(用神)이다. 더욱 묘(妙)한 것은 서북(西北) 방향(方向)인 金水로 행(行)하니 능히 관살(官殺)을 도와 일으킬 수 있는 것이다. 그러므로 향방(鄕榜) 출신이 벼슬길이 열려 연달아 올라 현령(縣令)을 거쳐 사마(司馬)에 올랐고 이어서 지위(地位)가 황당(黃堂)에 이르렀다.

評註

丁未 일주가 未 중 丁火에 통근(通根)되었고 卯未 합목(合木)이 되었으며 월간(月干)에 丁火가 투출(透出)하였으니 신왕(身旺)하다. 시상(時上)의 癸水는 살인상생(殺印相生)이 되었으니 관살(官殺)이 혼잡(混雜)되지 않았다.

壬水는 申金에 뿌리가 있고 丁火는 未土에 뿌리가 있으니 丁壬이 합이불화(合而不化)가 되어 기쁘다. 희신(喜神)은 식재관(食財官)인 土金水이고 기신(忌神)은 인비(印比)인 木火이다. 그러므로 년상관성격(年上官星格)이 성립(成立)된다. 대운(大運)이 희신(喜神)인 金水 방향으로 행(行)하여 대길(大吉)하였다.

---

217 합이불화(合而不化): 두 개의 오행(五行)이 합(合)이 되어도 다른 오행(五行)으로 변(變)하지 않는 상태(狀態)를 말함. 가령 이 명조(命造)에서 戊土는 午火에 뿌리가 있고 癸水는 丑土의 암장(暗藏)에 뿌리가 있으니 두 세력(勢力)이 대등(對等)하여 합화(合化)가 되지 않는 것을 말함.

```
乙 戊 己 甲
卯 辰 巳 辰
```

丙乙甲癸壬辛庚
子亥戌酉申未午

戊土生于巳月　日主未嘗不旺　然地支兩辰　木之餘氣亦足　喜其合殺留官
무토생우사월　　일주미상불왕　　연지지양장　　목지여기부족　　희기합살유관

官星坐祿　更妙運途生化不悖　所以早登雲路　掌典籍而知制誥　陪侍從
관성좌록　　경묘운도생화불패　　소이조등운로　　장전적이지제고　　배시종

而應傳宣也.
이응전선야

　戊土가 巳月에 생(生)하여 일주(日主)가 신왕(身旺)하지 않을 수 없는데 지지(地支)가 두 개의 辰土이니 木의 여기(餘氣)이므로 관살(官殺)도 역시 족(足)하다. 기쁘게도 합살유관(合殺留官)이 되고 관성(官星)이 녹(祿) 위에 앉아 있다.

　더욱 묘(妙)한 것은 운도(運途)가 생화불패(生化不悖)하여 일찍 벼슬길에 올라 전적(典籍)을 관장(管掌)하는 직위(職位)에서 지제고(知制誥)[218]에 올랐고 황제(黃帝)를 시종(侍從)하여 전선(傳宣)에 응하는 요직(要職)에 등용(登用)되었다.

　戊土 일주가 巳月에 태어나 득령(得令)하였고 火土가 태왕(太旺)하여 신왕(身旺)하다. 왕토(旺土)를 극제(剋制)하는 甲木은 甲己 합화(合化)되니 합살유관(合殺留官)이 되었고 乙木은 지지(地支)에 卯木과 辰 중 乙木에 튼튼하게 통근(通根)되어 있으니 시상관성격(時上官星格)이 되었다. 희신(喜神)은 식재관(食財官)인 金水木이고 기신(忌神)

218　지제고(知制誥): 제왕(帝王)이 내리는 사령(辭令)을 작성(作成)하는 문관(文官).

은 인비(印比)인 火土이다. 대운(大運)이 서북(西北) 방향인 金水로 행(行)하여 일찍 벼슬길에 올라 대길(大吉)하였다.

丁 庚 辛 丙
丑 申 卯 辰

戊丁丙乙甲癸壬
戌酉申未午巳辰

此造 春金雖不當令 喜其坐祿逢印 弱中變旺 丙辛一合 丁火獨清 不但
차조　춘금수부당령　　희기좌록봉인　　약중변왕　병신일합　정화독청　부단

去殺 而且去刦 財無劫奪 官有生扶 尤妙運途東南木火 所以早遂青錢
거살　이차거겁　재무겁탈　관유생부　우묘운도동남목화　　소이조수청전

之選 兆人鏡之 芙蓉 作春官之桃李也.
지선　조인경지　부용　작춘관지도리야

이 명조(命造)는 춘금(春金)이 비록 당령(當令)하지는 않았지만 기쁘게도 좌록(坐祿)하고 인수(印綬)를 만나서 약(弱)한 일주(日主)가 신왕(身旺)으로 변하였다. 丙辛이 합(合)하여 丁火가 홀로 청(清)하고 살(殺)을 합거(合去)할 뿐만 아니라 겁재(劫財)도 제거되어 재(財)를 겁탈하지 않으므로 재성(財星)이 관성(官星)을 생부(生扶)할 수 있다. 더욱 묘한 것은 운이 동남목하(東南木火)로 행하니 일찍 과거에 올라 만인에게 인경부용(人鏡芙蓉)[219]하여 춘관도리(春官桃李)[220]가 되었다.

---

219 인경부용(人鏡芙蓉): 거울로 삼을 만한 사람으로 연꽃에 비유하여 맑고 깨끗하며 빼어나게 아름다운 것을 말함.

220 춘관도리(春官桃李): 예조의 요직에 있으면서도 복숭아꽃과 자두꽃같이 아름답고 훌륭한 인재를 말함.

評註

庚金 일주가 卯월에 태어나 실령(失令)하였지만 지지(支持)에서 申金 녹지(祿地)와 丑土 인수(印綬)가 있고 辛金이 투출(透出)하여 신왕(身旺)하다. 丙辛이 합거(合去)되므로 丁火는 卯辰 목국(木局)의 생조(生助)를 얻어 시상관성격(時上官星格)이 되었다. 희신(喜神)은 식재관(食財官)인 水木火이고 기신(忌神)은 인비(印比)인 土金이다. 丙火가 합살(合殺)하니 합살유관격(合殺留官格)이 성립(成立)된다.

초년(初年)인 甲午, 乙未 운은 희신(喜神)으로 일찍 벼슬길에 올랐으며 丙申, 丁酉 운은 申酉金을 개두(蓋頭)하여 흉변위길(凶變爲吉)하였다.

任註

己	壬	戊	癸
酉	午	午	亥

辛壬癸甲乙丙丁
亥子丑寅卯辰巳

此造 旺殺逢財 喜其合也 妙在癸水臨旺 合而不化 則有情 戊土不抗
차조　왕살봉재　희기합야　묘재계수임왕　합이불화　즉유정　무토불항

壬水也 合而化 則無情化火 仍生土也 由此以推 運走東方木地 早遂
임수야　합이화　즉무정화화　잉생토야　유차이추　운주동방목지　조수

青雲之志 運走北方水地 劫財護印 翔步天衢 置身日舍也.
청운지지　운주북방수지　겁재호인　상보천구　치신일사야

이 명조(命造)는 왕살이 재성(財星)을 만났으나 기쁜 것은 癸水와 합(合)이 된 것이다. 묘(妙)하게도 癸水가 왕지(旺地)에 임(臨)하여 유근(有根)이므로 합(合)이 되었으나 火로 화(化)하지 않는다. 합이불화(合而不化)하여 유정(有情)하고, 戊土가 壬水를 대항(對抗)하지 않는다. 합(合)하여 화(化)하였으면 무정(無情)한 것으로 화화(化火)하여

생토(生土)하였을 것이다.

그러므로 추리(推理)하는데 운(運)이 동방목지(東方木地)로 행(行)하여서는 일찍이 청운(靑雲)의 뜻을 이루었고 운(運)이 북방수지(北方水地)로 행(行)하여서는 재(財)를 제거(除去)하고 인수(印綬)를 보호(保護)하니 고관(高官)이 되어 도성(都城)의 거리를 거닐면서 궁궐에서 일을 하게 되었다.

評註

壬水 일주가 午월에 태어나서 실령(失令)하였고 지지에 午午 재국(財局)이 천간의 戊己土를 생조(生助)하니 관살(官殺)이 태왕(太旺)하여 왕토를 극제(剋制)하는 식상목(食傷木)이 필요하니 식신제살격(食神制殺格)이다. 희신(喜神)은 인비식(印比食)인 金水木이고 기신(忌神)은 재관(財官)인 火土이다.

기쁘게도 戊癸가 합이불화(合而不化)하여 유정(有情)하나 합화(合火)는 되지 않았다. 戊土는 午火에 득지(得地)하여 강(强)하고 癸水 역시 亥水에 득지(得地)하여 왕(旺)하기 때문이다. 그러므로 합살유관격(合殺留官格)이라고도 한다. 대운이 동북(東北) 방향인 木水로 행(行)하여 대길(大吉)하였다.

任註

庚	乙	辛	丙
辰	亥	卯	辰

戊	丁	丙	乙	甲	癸	壬
戌	酉	申	未	午	巳	辰

乙亥日元　坐下逢生　又月令建祿歸垣　足以用財　喜丙辛金弱而去　乙庚
을해일원　좌하봉생　우월령건록귀원　족이용재　희병신금약이거　을경

木旺不從　鄕榜出身　至丙申丁酉　火蓋天干　未能顯秩　究竟西方金地 亦
목왕부종　향방출신　지병신정유　화개천간　미능현질　구경서방금지　역

足以芩堂解慍 花院徵歌也.
족이금당해온　　화원징가야

　이 명조(命造)는 乙亥 일주(日主)가 좌하(坐下)에서 봉생(逢生)하였고 또한 월령(月令)에 건록(建祿)이 亥卯 합목(合木)이 되니 족히 재(財)를 쓸 수 있다.

　기쁜 것은 丙辛이 합(合)하여 약한 辛金이 합거(合去)되었고 乙庚은 합이 되나 乙木이 왕하므로 종화(從化)하지 않으므로 관성(官星)을 용신(用神)으로 한다.

　향방(鄕榜) 출신(出身)으로 丙申, 丁酉 운에 개두(蓋頭)하였으니 고관(高官)에 등용(登用)되지는 못하였지만 마침내는 서방금지(西方金地)이므로 족(足)히 금당(芩堂)에 올라 서운한 마음을 풀고 화원(花院)에서 가무(歌舞)를 즐길 수 있었다.

評註

　乙木 일주가 卯월에 태어나서 득령(得令)하였고 지지(地支)가 亥卯 합목(合木)이 되고 卯辰 역시 합목(合木)이 되니 신왕(身旺)하다. 희신(喜神)은 식재관(食財官)인 火土金이고 기신(忌神)은 인비(印比)인 水木이다. 丙辛 합(合)으로 辛金이 합거(合去)되고 庚金이 유관(留官)이니 합관유살격(合官留殺格)이 되는 동시(同時)에 시상정관격(時上正官格)이 되었다.

　주의(注意)할 것은 乙庚 합화(合化)가 성립(成立)되는가를 판단(判斷)해야 한다는 것이다. 乙木은 지지(地支)가 亥卯辰 합목(合木)으로 왕(旺)하고 庚金은 지지(地支)의 辰土에 생조(生助)를 받고 있으므로 역시 왕(旺)하여 왕목(旺木)을 극제(剋制)할 수 있으므로 합(合)이 될 수가 없다.

五. 관살혼잡격(官殺混雜格)

```
癸 丙 壬 壬
巳 寅 子 辰
```

```
己 戊 丁 丙 乙 甲 癸
未 午 巳 辰 卯 寅 丑
```

此造 壬癸當權 殺官重疊 最喜日坐長生 寅能納水 化殺生身 時歸祿旺
차조 임계당권 살관중첩 최희일좌장생 인능납수 화살생신 시귀록왕

足以敵官 更妙無金 印星得用 殺勢雖强 不足畏也 至丙運帮身 又逢
족이적관 경묘무금 인성득용 살세수강 부족외야 지병운방신 우봉

己巳流年 去官之混 捷報南宮 出宰名區.
기사류년 거관지혼 첩보남궁 출재명구

이 명조(命造)는 壬癸가 당권(當權)하였고 살관(殺官)이 중첩(重疊)되었다. 가장 기쁜 것은 일주(日主)가 장생(長生)에 앉아 있어 寅木은 능(能)히 水를 받아들이고 살(殺)을 인화(引化)하여 일주(日主)를 생조(生助)한다. 또한 시지(時支)에 녹왕(祿旺)을 만났으니 족(足)히 관(官)의 세력(勢力)을 대적할 수 있다.

더욱 묘(妙)한 것은 金이 없어 인성(印星)을 득용(得用)할 수 있는 것이니 살세(殺勢)가 비록 강(强)하다고 할지라도 두려울 것이 없다. 丙운에 이르러 일주(日主)를 돕고 있는데 己巳 년을 만나 관(官)을 제거(除去)하여 전시(殿試)에 합격(合格)하고 이름 있는 지역(地域)의 수령(首領)이 되었다.

丙火 일주가 子월에 태어나서 실령(失令)하였고 지지(地支)에 子辰 합수(合水)가

되고 천간(天干)에 壬癸水가 투출하였으니 수색(水塞)하여야 할 土가 필요하다. 그러므로 식신제살격(食神制殺格)이 되었다. 희신(喜神)은 인비식(印比食)인 木火土이고 기신(忌神)은 재관(財官)인 金水이다.

관살혼잡(官殺混雜)이라는 것은 관(官)과 살(殺)이 혼합(混合)되어 있다는 뜻으로 파격(破格)이나 하격(格)이 되는 경우가 많다. 그러나 인수(印綬)가 인화(引化)하여 살인상생(殺印相生)이 되어 살중용인(殺重用印)되거나 식상(食傷)이 제살(制殺)하여 식신제살(食神制殺)이 되는 경우에는 귀격(貴格)이 될 수도 있으며, 대운(大運)이 동남(東南) 방향(方向)인 木火로 행(行)하여 대길(大吉)하였다.

任註

```
丁 己 乙 甲
卯 巳 亥 子
```

```
壬辛庚己戊丁丙
午巳辰卯寅丑子
```

此造 官遇長生 殺逢祿旺 巳亥雖冲破印 喜卯木仍能生火 寅運合亥 化
차조 관우장생 살봉록왕 사해수충파인 희묘목잉능생화 인운합해 화

木生印 連登甲榜 庚辰辛巳 制官服殺 朱旛皂蓋 出守大邦 名利兩優.
목생인 연등갑방 경진신사 제관복살 주번조개 출수대방 명리양우

이 명조(命造)는 관(官)이 장생을 만났고 살(殺)이 녹왕(祿旺)을 만났으며 巳亥 상충(相冲)으로 인수(印綬)가 충파되었으나 기쁘게도 卯木이 능히 생화(生火)한다. 寅운에 亥를 합(合)하여 木으로 화(化)하고 인수(印綬)를 생(生)하니 연달아 갑방(甲榜)에 올랐고 庚辰, 辛巳 운은 관살(官殺)을 제복(制伏)하니 붉은 깃발을 날리고 검은 수레를 타면서 대방(大邦)으로 출수(出守)하게 되었고 명리(名利)가 양전(兩全)되었다.

己土 일주가 亥月에 태어나서 실령(失令)하였고 재관(財官)이 태왕(太旺)하여 왕목(旺木)을 극제(剋制)하는 金이 필요하니 식신제살격(食神制殺格)이 되었다. 희신(喜神)은 인비식(印比食)인 火土金이고 기신(忌神)은 재관(財官)인 水木이다. 巳亥 상충(相沖)으로 파격(破格)이 될 것 같으나 巳火는 卯木의 생조(生助)를 받아 일주(日主)를 생조(生助)할 수 있으니 기쁘다.

戊寅 년은 戊土가 희신(喜神)이고 寅亥 합목(合木)이 되어 왕(旺)한 살(殺)을 인화(引化)하여 과거(科擧)에 급제(及第)하였고, 庚辰 년은 土金으로 희신(喜神)이고 辛巳 년은 乙辛 충(沖), 巳亥 충(沖)으로 水木이 충거(沖去)되어 벼슬이 연달아 올랐다.

주의(注意)할 것은 이 명조(命造)도 관살(官殺)이 왕(旺)하지만 인수(印綬)인 巳火가 있어 살인상생격(殺印相生格)이나 살중용인격(殺重用印格)이 되기도 한다.

```
戊 庚 丁 丙
寅 午 酉 辰
```

```
甲癸壬辛庚己戊
辰卯寅丑子亥戌
```

此造 殺逢生 官得祿 喜其秋金秉令 更妙辰土 洩火生金 不失中和之象
차조 살봉생 관득록 희기추금병령 경묘진토 설화생금 부실중화지상

尤喜運走北方水地 庚子運 冲去官根 鹿鳴放熱飲 雁塔又題名 辛丑壬
우희운주북방수지 경자운 충거관근 록명방열음 안탑우제명 신축임

寅運 橫琴而歌解慍 游刃而賦烹鮮.
인운 횡금이가해온 유인이부팽선

이 명조(命造)는 살(殺)이 장생(長生)이고 관(官)은 녹(祿)을 얻어 관살(官殺)이 왕(旺)

하다. 기쁘게도 추금(秋金)이 당령(當令)하였다. 더욱 묘(妙)한 것은 辰土가 火를 설
(洩)하여 金을 생(生)하므로 중화(中和)를 잃지 않은 상(象)이다. 더더욱 기쁜 것은 운
이 북방수지(北方水地)로 행(行)하는 것이니 庚子 운에 관(官)의 뿌리를 충거(冲去)하
여 향시(鄕試)에 합격하였고, 전시(殿試)에 합격하여 안탑(雁塔)에 이름을 올리게 되
었다. 辛丑, 壬寅 운은 금당(芩堂)에 올라 마음을 풀어주고 칼날 위에 놀면서도 부
(賦)에 생선을 구웠다.

評註

庚金 일주가 酉월에 태어나서 득령(得令)하였고 지지(地支)에 寅午 합화(合化)로
火가 왕(旺)한데 천간(天干)에 丙丁이 투출(透出)하여 관살(官殺)이 태왕(太旺)하니 식
신제살격(食神制殺格)이 되었다.

왕화(旺火)를 설(洩)하여 金을 생(生)하는 살인상생격(殺印相生格)이나 살중용인격
(殺重用印格)도 성립된다. 또한 양인(陽刃)이 당령(當令)하고 辰酉 합금(合金)하며 戊土
가 생금(生金)하니 신왕살왕(身旺殺旺)하므로 살인상생격(殺刃相生格)이라고도 한다.
희신(喜神)은 인비식(印比食)인 土金水이고 기신(忌神)은 재관(財官)인 木火이다. 대운
(大運)이 북동(北東) 방향인 水木으로 행(行)하여 대길(大吉)하였다.

任註

```
辛 壬 己 戊
亥 申 未 午
```

```
丙乙甲癸壬辛庚
寅丑子亥戌酉申
```

此造 官殺並旺當令 辛日坐長生 時逢祿旺 足以敵官攩殺 坐下印綬 引
차조 관살병왕당령　　신일좌장생　시봉록왕　족이적관당살　좌하인수　인

通財殺之氣 運走西北 金水之鄕 所以少年甲科 裕經綸于筐庫 人推 黼
통재살지기 　운주서북 　금수지향 　소이소년갑과 　유경륜우광고 　인추 보

黻之功 秉無字于催科 世讓文章之煥.
불지공 　병무자우최과 　세양문장지환

　　이 명조(命造)는 관살(官殺)이 병왕(並旺)하고 당령(當令)하여 기세(氣勢)가 왕(旺)하다. 다행하게도 일주(日主)가 장생(長生) 위에 앉아 있고 시(時)에 녹(祿)을 얻어 왕(旺)하니 족히 좌하(坐下)의 인수(印綬)가 재살지기(財殺之氣)를 인통(引通)하였으니 운이 서북(西北) 방향인 金水로 행(行)하여 소년과갑(少年科甲)에 등과(登科)하였다.
　　경륜(經綸)이 넉넉하여 창고(倉庫)를 관리(管理)하였으며 사람들이 보불(黼黻)²²¹의 공(功)을 추앙(推仰)하였고 조세(租稅)의 납부(納付)를 재촉하였는데 백성(百姓)을 불쌍히 여겨 구제(救濟)하였으며 세상 사람들이 문장(文章)의 빛남을 보호(保護)하였다.

<h3>評註</h3>

　　壬水 일주가 未월에 태어나서 실령(失令)하였고 관살(官殺)이 당령(當令)하고 좌하(坐下)가 녹인(祿刃)하였으니 관살(官殺)이 태왕(太旺)하다. 다행하게도 申金이 살인상생(殺印相生)으로 인하(引下)하여 일주(日主)를 생조(生助)하여 살중용인격(殺重用印格)이 되거나 식신제살격(食神制殺格)이 된다. 희신(喜神)은 인비식(印比食)인 金水木이고 기신(忌神)은 재관(財官)인 火土이다. 대운(大運)이 서북(西北)방향인 金水로 행(行)하여 대길(大吉)하였다.

221　보불(黼黻): 옛날 임금의 치마에 꾸며 놓은 수. 보(黼)는 흑백색으로 도끼의 모양으로 수를 놓고, 불(黻)은 흑청색(黑淸色)으로 '아(亞)'의 모양으로 수를 놓았다. 수를 놓듯이 나오는 문장력(文章力)이 훌륭함을 비유한 말.

任氏曰 官殺混雜者 富貴甚多 總之 殺官當令者 必要坐下印綬 則其殺
임씨왈　관살혼잡자　부귀심다　총지　살관당령자　필요좌하인수　즉기살

官 之氣流通 生化有情 或氣貫生時 亦足以扶身敵殺 若不氣官生時 又
관　지기유통　생화유정　혹기관생시　역족이부신적살　약불기관생시　우

不坐下 印綬 不貧亦賤 如殺官不當令者 不作此論也.
불좌하　인수　불빈역천　여살관부당령자　부작차론야

임씨(任氏)가 말하길, 관살(官殺)이 혼잡(混雜)하여도 부귀(富貴)한 경우가 매우 많다.
종합(綜合)하여 보면 관살(官殺)이 당령(當令)하여도 반드시 좌하(坐下)에 인수
(印綬)가 있어야 관살지기(官殺之氣)가 유통(流通)하여 생화(生化)하는 것이 유정(有情)
하다.

혹은 기관생시(氣貫生時)하였다 하더라도 역시 일주(日主)를 돕고 살(殺)을 대적(大
敵)할 수 있어야 한다. 만약 기관생시(氣貫生時)하지 않고 좌하인수(坐下印綬)가 아닌
경우는 가난하지 않으면 천(賤)하게 된다. 그러나 만약 관살(官殺)이 당령(當令)하지
않는 경우에는 이와 같이 논(論)하지 않는다.

六. 제살태과격(制殺太過格)

任氏曰 與其制殺太過 不若官殺混雜之美也 何也.
임씨왈　여기제살태과　불약관살혼잡지미야　하야

蓋制殺太過 殺旣傷殘 再行制殺之運 九死一生 官殺混雜 只要日主坐
개제살태과　살기상잔　재행제살지운　구사일생　관살혼잡　지요일주좌

旺 印綬不傷 運程安頓 未有不富貴者也 如日主休囚 財星壞印 則使獨
왕　인수불상　운정안돈　미유부부귀자야　여일주휴수　재성괴인　즉사독

殺純情 一官不混 往往憂多樂小 屈志難神 學者宜審焉.
살순정　일관불혼　왕왕우다락소　굴지난신　학자의심언

임씨(任氏)가 말하길, 제살태과(制殺太過)는 관살혼잡(官殺混雜)이 아름다운 것만 못하니 어찌된 일인가? 제살태과(制殺太過)은 이미 살(殺)이 손상(損傷)되었으니 다시 제살(制殺)하는 운(運)으로 행(行)하면 구사일생(九死一生)하게 되는 것이다.

관살혼잡(官殺混雜)은 일주(日主)가 왕(旺)한 지지(地支)에 앉아 있음을 요(要)하면 인수(印綬)가 손상(損傷)되지 않고 운로(運路)가 안돈(安頓)하기만 하면 부귀(富貴)하지 않는 사람이 없다.

만약 일주(日主)가 휴수(休囚)하고 재성(財星)이 인수(印綬)를 파괴(破壞)한다면 독살(獨殺)이 순청(純情)하고 하나의 관(官)이 섞이지 않았다고 할지라도 왕왕(往往) 곳곳에서 근심은 많고 즐거움이 적으며 비록 포부(抱負)가 있더라도 뜻을 펴지 못한다. 학자(學者)는 마땅히 자세(仔細)하게 살펴야 한다.

任註

己 丙 戊 辛
亥 辰 戌 卯

辛 壬 癸 甲 乙 丙 丁
卯 辰 巳 午 未 申 酉

時逢獨殺 四食相制 年支卯木 被辛金蓋頭 況秋木本不足疎土 所賴 亥
시봉독살　사식상제　년지묘목　피신금개두　　황추목본부족소토　소뢰 해

中甲木衛殺 至乙未運 暗會木局 捷報南宮 名高翰苑 甲午運 木死于午
중갑목위살　지을미운　암회목국　첩보남궁　명고한원　갑오운　목사우오

合己化土 丁外艱 己巳年 又冲去亥水 不祿.
합기화토　정외간　기사년　우충거해수　불록

시(時)에서 독살(獨殺)을 만났으나 네 개의 식상(食傷)이 제살(制殺)하고 있다. 년지(年支)에 卯木이 있으나 辛金이 개두(蓋頭)하여 피상(被傷)되어 있고 추목(秋木)이 되므로 본래(本來) 土를 소통(疏通)하기가 부족(不足)하다.

그러므로 의지하는 것은 亥 중의 甲木이 살(殺)을 호위(護衛)하고 있는데 乙未 운에 이르러 亥卯未 목국(木局)을 암회(暗會)하여 전시(殿試)에 합격(合格)하였고 한원(翰苑)에서 명성(名聲)이 높았다. 甲운에는 木은 午에서 사(死)하고 甲木은 己土와 합(合)하여 화토(化土)하니 부친상(父親喪)을 당하였고 己巳년에는 亥水를 충거(冲去)하여 세상을 떠났다.

丙火 일주가 戌월에 태어나서 식상(食傷)이 태왕(太旺)하여 제살태과격(制殺太過格)이 되었으니 희신(喜神)은 인비관((印比官)인 木火水이고 기신(忌神)은 식재(食財)인 土金이다.

乙未 운은 亥卯未 암회목국(暗會木局)으로 과거시험에 합격하였고 벼슬이 올라 이름을 높였다. 甲午 운은 甲己 합토(合土)로 기신(忌神)인데, 甲木이 인수(印綬)가 되므로 부모(父母) 중에 상(喪)을 당하였고, 午戌 합화(合火)로 희신(喜神)이 되었으나 己巳 년은 巳亥 충(冲)으로 亥水 희신(喜神)이 충거(冲去)되어 불록(不祿)이 되었다.

壬	丙	戊	辛
辰	辰	戌	卯

辛壬癸甲乙丙丁
卯辰巳午未申酉

此造一殺逢四制　所不及前造者　無亥卯之會也　雖早采芹香　以致蹭蹬
차조일살봉사제　소불급전조자　무해묘지회야　수조채근향　이치층등

秋闈　納捐部屬　仕路亦不能通達　喜時殺透露　行甲午運　無化土之患　然
추위　납연부속　사로역불능통달　희시살투로　행갑오운　무화토지환　연

猶刑耗多端　而己身無咎.
유형모다단　이기신무구

이 명조(命造)도 역시 하나의 살(殺)이 네 개의 식신(食神)으로부터 극제(剋制)를 만났으나 전조(前造)에 미치지 못하는 것은 亥卯의 회국(會局)이 없으므로 木의 기세(氣勢)가 부족(不足)하기 때문이다.

비록 일찍 채근(采芹)하였다고 할지라도 추위(秋闈)에서 층등(蹭蹬)222하였으며 재물(財物)을 바치고 부속으로 출사(出仕)하였으나 벼슬길이 뜻대로 되지 않았다. 기쁘게도 시상(時上)에 살(殺)이 투출(透出)하여 甲午 운으로 행(行)할 때 재앙(災殃)이 없었으나 형모다단(刑耗多端)하였고 일신(一身)에는 재앙(災殃)이 없었다.

評註

丙火 일주가 식상(食傷)이 태왕(太旺)하여 제살태과격(制殺太過格)이다. 희신(喜神)은 인비관(印比官)인 木火水이고 기신(忌神)은 식재(食財)인 土金이다. 乙未 운은 卯未가 목국(木局)으로 희신(喜神)이 되었고, 甲午 운은 木火 운으로 역시 희신(喜神)이지만 壬水와 午 중 丙火가 丙壬 충(冲)되니 형액(刑厄)을 면(免)치 못하였다.

任註

```
壬 丙 丙 壬
辰 午 午 辰
```

```
癸 壬 辛 庚 己 戊 丁
丑 子 亥 戌 酉 申 未
```

此殺四制 柱中印綬不見 喜其殺透食藏 通根身庫 總之 夏火當權水無
차살사제 주중인수불견 희기살투식장 통근신고 총지 하화당권수무

金滋 至酉運 合去辰土 財星滋殺 發甲點中書 庚運 仕版連登 入參軍
금자 지유운 합거진토 재성자살 발갑점중서 경운 사판연등 입참군

---

222 층등(蹭蹬): 발판을 잃음. 비틀거림. 세력을 잃음.

機 戌運 燥土冲動壬水之根 又逢戊辰年 戊土透出 緊制壬水 不祿.
기 술운　조토충동임수지근　　우봉무진년　무토투출　긴제임수　불록

이 명조(命造)도 하나의 살(殺)이 네 개의 극제(剋制)를 받고 있다.

주중(柱中)에 비록 인수(印綬)는 보이지 않지만 기쁘게도 살(殺)은 투출(透出)하고 식상(食傷)에 암장(暗藏)되어 있으므로 살(殺)이 신고(身庫)에 통근(通根)하였다.

총체적(總體的)으로 보면 하화(夏火)는 당권(當權)하였으나 水는 金의 생조(生助)가 없으니 약(弱)하며, 酉운에 이르러 辰土를 합거(合去)하고 재성(財星)이 자살(滋殺)하니 발갑(發甲)하여 중서(中書)에 올랐으며 庚운에는 벼슬이 연달아 올라 군기(軍機)에 참여하였다. 戌운에는 조토(燥土)가 壬水의 뿌리를 충동(冲動)하고 있는데 또한 戊辰년에는 戊土가 壬水를 긴극(緊剋)하니 세상을 떠났다.

評註

丙火 일주가 午월에 득령(得令)하였고 좌하(坐下)에 득지(得地)하였으니 신왕(身旺)하다. 괴강(魁罡)이 있고 양인(陽刃)이 있으니 무관(武官)의 기질(氣質)을 가지고 태어났다. 양인격(陽刃格)이라고도 하고 午午 자형(自刑)이 있으니 생살권(生殺權)을 가지는 경우가 많다. 희신(喜神)은 식재관(食財官)인 土金水이고 기신(忌神)은 인비(印比)인 木火이다.

戊申, 己酉 운은 土金으로 희신(喜神)이 되었으니 벼슬이 연달아 올랐으나 庚戌 운은 丙庚冲, 辰戌 충(冲)으로 천충지충(天冲地冲)이 되어 있는데 지지(地支)에 午戌 합(合)이 화화(化火)로 기신(忌神)이 되었으니 불록지객(不祿之客)이 된 것이다.

```
庚 戊 戊 庚
申 寅 寅 申
```

```
乙甲癸壬辛庚己
酉申未午巳辰卯
```

此兩殺逢四制 辛春木得時乘令 剋不盡絶 至午運 補土之不足 去金之
차양살봉사제　신춘목득시승령　극부진절　지오운　보토지부족　거금지

有餘 登科擢縣令 至甲申運 又逢食財 死于軍功.
유여　등과탁현령　지갑신운　우봉식재　사우군공

이 명조(命造)는 두 개의 살(殺)이 네 개의 식신(食神)을 만나 극제(剋制)를 당하고 있다. 다행하게도 춘목(春木)이 시령(時令)을 얻어 당권(當權)하였으므로 많은 극제(剋制)를 받아도 절멸(絶滅)하지는 않는다. 午운에 이르러 土의 부족(不足)함을 돕고 金을 제거(除去)하여 등과(登科)하여 현령(縣令)에 발탁(拔擢)되었다. 申운에 이르러 다시 식신(食神)의 극제(剋制)를 받게 되니 전쟁(戰爭)에서 공(功)을 세우고 전사(戰死)하였다.

戊土 일주가 寅월에 태어나서 寅 중 戊土에 통근(通根)하고 있으나 식신(食神)이 태왕(太旺)하여 신약(身弱)하니 金을 제거(除去)하는 木이 필요(必要)하여 제살태과격(制殺太過格)이 되었다. 희신(喜神)은 인비관(印比官)인 火土木이고 기신(忌神)은 식재(食財)인 金水이다.

午운에는 寅午 합화(合火)가 되어 인수(印綬)가 되니 과거(科擧)에 급제(及第)하여 현령(縣令)에 올랐으나 甲申 운에는 甲庚 충(冲), 寅申 충(冲)으로 천충지충(天冲地冲)이 되었으며 申金 기신(忌神)이 寅木 희신(喜神)을 충거(冲去)하였으니 전사(戰死)하게

된 것이다.

주의(注意)해야 할 것은 원국(原局)에서 충형(冲刑)이 중첩(重疊)되어 있는데 세운(歲運)에서 다시 충형(冲刑)이 들어와 용신(用神)이 충발(冲拔)한 것이다. 용신(用神)이 충발(冲拔)되면 생명(生命)이 위험(危險)하다.

原文

傷官見官果雜辨　可見不可見
상관견관과잡변　　가견불가견

상관견관(傷官見官)은 참으로 분별(分別)하기 어려운데, 관(官)을 만나도 괜찮은 경우가 있고, 관(官)을 만나서는 아니 되는 경우가 있다.

原註

身弱而傷官旺者　見印而可見官　身旺而傷官旺者　見財而可見官　傷官
신약이상관왕자　　견인이가견관　　신왕이상관왕자　　견재이가견관　　상관

旺 財神輕 有比刦而可見官　日主旺 傷官輕 無印綬而可見官.
왕　재신경　유비겁이가견관　　일주왕　상관경　무인수이가견관

傷官旺而無財 一遇官而有禍　傷官旺而身弱 一見官而有禍　傷官弱而
상관왕이무재　일우관이유화　　상관왕이신약　일견관이유화　　상관약이

財輕 一見官而有禍　傷官弱而見印 一見官而有禍.
재경　일견관이유화　　상관약이견인　일견관이유화

大率傷官有財 皆可見官　傷官無財 皆不可見官 又要看身强身弱 合財
대솔상관유재　개가견관　　상관무재　개불가견관　　우요간신강신약　합재

官印綬 比肩不同方可 不必分金木火土也.
관인수　비견부동방가　불필분금목화토야

又曰 傷官用印 無財不宜見財 傷官用財 無印不宜見印 須詳辨之.
우왈　상관용인　무재불의견재　상관용재　무인불의견인　수상변지

　신약(身弱)하고 상관(傷官)은 왕(旺)한 경우에 인수(印綬)가 있으면 관(官)을 보아도 가(可)하고, 신왕(身旺)하고 상관(傷官)도 왕(旺)한 경우에 재(財)가 있으면 관성(官星)을 보아도 가(可)하다.

　상관(傷官)은 왕(旺)하고 재성(財星)은 경(輕)한 경우에 비겁(比劫)이 있으면 관성(官星)을 보아도 가(可)하고, 일주(日主)가 왕(旺)하고 상관(傷官)은 경(輕)한 경우에 인수(印綬)가 없으면 관성(官星)을 보아도 가(可)하다.

　상관(傷官)이 왕(旺)하고 재성(財星)이 없는 경우에 관성(官星)을 만나면 화(禍)가 있고, 상관(傷官)은 왕(旺)하고 일주(日主)는 신약(身弱)한 경우에 관성(官星)을 보게 되면 역시 화(禍)가 있으며, 상관(傷官)은 약(弱)하고 재성(財星)도 역시 경(輕)한 경우에 관성(官星)을 보면 화(禍)가 있고, 상관(傷官)은 약(弱)한데 인수(印綬)가 있는 경우에 관성(官星)을 보면 화(禍)가 있다. 대체로 상관(傷官)이 있고 재성(財星)이 있으면 모두 관성(官星)을 보아도 가(可)하고, 상관(傷官)이 있고 재성(財星)이 없으면 모두 관성(官星)을 보는 것은 불가(不可)하다.

　중요한 것은 일주(日主)의 신강(身强)과 신약(身弱)을 보고 재관(財官)이나 인수(印綬)나 비견(比肩)이 함께 있지 않아야만 마땅하고, 金木水火土로 나눌 필요는 없다. 또한 상관격(傷官格)에 인수(印綬)를 용(用)으로 하고 재성(財星)이 없는 경우에 운세에서 재성(財星)을 보는 것은 마땅하지 않으며, 상관격(傷官格)에 재성(財星)을 용(用)으로 하고 인수(印綬)가 없는 경우, 운세에서 인수(印綬)를 보는 것은 역시 마땅하지 않으므로 반드시 자세하게 분별(分別)하여야 한다.

任註

任氏曰 傷官者 竊命主之元神 旣非善良 傷日干之貴氣 更肆縱橫
임씨왈　상관자　절명주지원신　기비선량　상일간지귀기　경사종횡

然善惡 無常 但須駕馭而英華發外 多主聰明.
연선악　무상　　단수가어이영화발외　　다주총명

若見官之可否 須就原局權衡 其間作用 種種不同 不可執一而論也 有
약견관지가부　수취원국권형　기간작용　종종부동　　불가집일이론야　유

傷官用印 傷官用財 傷官用劫 傷官用傷 傷官用官.
상관 용인　상관용재　상관용겁　상관용상　상관용관

若傷官用財者 日主旺 傷官 亦旺 宜用財 有比劫而可見官 無比劫有印
약상관용재자　일주왕　상관　역왕　의용재　　유비겁이가견관　무비겁유인

綬 不可見官.
수　불가견관

日主弱 傷官旺 宜用印 可見官而不可見財.
일주약　상관왕　의용인　가견관이불가견재

日主弱 傷官旺 無印綬 宜用比劫 喜見劫印 忌見財官.
일주약　상관왕　무인수　의용비겁　희견겁인　기견재관

日主旺 無財官 宜用傷官 喜見財傷 忌見官印.
일주왕　무재관　의용상관　희견재상　기견관인

日主旺 比劫多 財星衰 傷官輕 宜用官 喜見財官 忌見傷印.
일주왕　비겁다　재성쇠　상관경　의용관　희견재관　기견상인

所謂傷官見官 爲禍百端者 皆日主衰弱 用比劫幇身 見官則比劫受剋
소위상관견관　위화백단자　개일주쇠약　용비겁방신　견관즉비겁수극

所以 有禍 若局中有印 見官不但無禍 而且有福也 傷官用印 局內無財
소이　유화　약국중유인　견관부단무화　이차유복야　상관용인　국내무재

運行印旺 身旺之鄕 未有不顯貴者也 運行財旺 傷旺之鄕 未有不貧賤
운행인왕　신왕지향　미유불현귀자야　운행재왕　상왕지향　미유불빈천

者也 傷官用財 財星得氣 運逢財旺傷旺之鄕 未有不富厚者也 運逢印
자야　상관용재　재성득기　운봉재왕상왕지향　　미유불부후자야　운봉인

旺劫旺之地 未有不貧乏 者也.
왕겁왕지지　미유불빈핍　자야

傷官用劫 運逢印旺必貴 傷官用官 運逢財旺必富 傷官用傷 運遇財旺
상관용겁　운봉인왕필귀　상관용관　운봉재왕필부　상관용상　운우재왕

富而且貴 與用印用財者 不過官有高卑 財分厚薄耳 宜細推之.
부이차귀　여용인용재자　불과관유고비　재분후박이　의세추지

임씨(任氏)가 말하길, 상관(傷官)이라는 것은 일주(日主)의 원신(元神)을 도설(盜洩)

하는 손재(損財)로서 원래 선량(善良)하지 않으며 일주(日主)의 귀기(貴氣)를 손상(損傷)하므로 그 방자함이 거리낌 없다. 그러나 선악은 일정(一定)한 것이 아니므로 마땅하게 제어(制御)하면 영화를 밖으로 드러내어 흔히 총명(聰明)함이 많다.

관성(官星)을 보는 것의 가부(可否)는 원국(原局)의 배합(配合)을 살펴서 헤아려야 하는데 그 작용(作用)은 종종 같지 않으니 한 가지만을 고집(固執)하여 논(論)하여서는 불가(不可)하다. 그러므로 그 배합(配合)에 따라 상관용인(傷官用印), 상관용재(傷官用財), 상관용겁(傷官用劫), 상관용상(傷官用傷), 상관용관(傷官用官) 등으로 분류(分類)하여 보아야 한다.

일주(日主)가 왕(旺)하고 상관(傷官)이 역시 왕(旺)하면 마땅히 재(財)를 용(用)으로 하는 것을 말하며 비겁(比劫)이 있으면 관(官)을 보아도 가(可)하나 비겁(比劫)이 없고 인수(印綬)가 있으면 관(官)을 보는 것은 불가(不可)하다. 이는 상관용재격(傷官用財格)이다.

일주(日主)가 약(弱)하고 상관(傷官)이 왕(旺)한 경우에는 인수(印綬)를 용(用)으로 하는 것이 마땅하며 관(官)을 보는 것은 타당하나 재(財)를 보는 것은 불가(不可)하다. 이는 상관용인격(傷官用印格)이다.

일주(日主)가 약(弱)하고 상관(傷官)은 왕(旺)한 경우에는 인수(印綬)가 없으면 비겁(比劫)을 용(用)으로 하는 것이 마땅하며 인수(印綬)를 보는 것은 기뻐하나 재관(財官)을 보는 것을 꺼린다. 이는 상관용겁격(傷官用劫格)이다.

일주(日主)는 왕(旺)하고 재관(財官)이 없으면 상관(傷官)을 용(用)으로 하는 것이 마땅하며 재(財)나 상관(傷官)을 보는 것을 기뻐하나, 관인(官印)을 보는 것을 꺼린다. 이는 상관용상격(傷官用傷格)이다.

일주(日主)는 왕(旺)하고 비겁(比劫)이 많은 경우에 재성(財星)은 쇠(衰)하고 상관(傷官)이 경(輕)하면 관(官)을 용(用)으로 하는 것이 마땅하며 재관(財官)을 기뻐하고 상관(傷官)이나 인수(印綬)를 보는 것을 꺼린다. 이는 상관용관격(傷官用官格)이다.

소위 '상관견관 위화백단(傷官見官禍百端)'이라는 것은 상관격(傷官格)에 일주(日主)가 쇠약(衰弱)하면 비겁(比劫)을 용(用)하여 도움을 받게 되는데 관(官)을 보게 되면 비겁(比劫)이 극(剋)을 받으니 화(禍)가 있다는 것인데 만약에 인수(印綬)가 있으면 관

(官)을 보아도 화(禍)가 없을 뿐만 아니라 또한 복(福)이 있게 된다.

　상관용인(傷官用印)은 원국(原局)에 재(財)가 없는 경우(境遇)에 운(運)이 인왕지(印旺地)나 신왕지(身旺地)로 행하면 현귀(顯貴)하지 않는 자가 없고, 재왕지(財旺地)나 상관(傷官)이 왕(旺)한 곳으로 빈천(貧賤)하지 않는 자(者)가 없다.

　상관용재(傷官用財)는 재성(財星)이 득기(得氣)하면 운(運)에서 재왕지(財旺地)니 상관(傷官)이 왕(旺)한 곳으로 행하면 부유(富裕)하지 않는 자가 없고, 인왕지(印旺地)나 비겁지(比劫地)를 만나면 가난하지 않는 자(者)가 없다.

　상관용겁(傷官用劫)은 인왕(印旺)을 만나면 반드시 귀(貴)하게 되고 상관용관(傷官用官)은 재왕(財旺)을 만나면 반드시 부유(富裕)하게 되고, 상관용상(傷官用傷)은 재왕(財旺)을 만나면 부귀(富貴)하게 된다.

　상관격(傷官格)의 용인(用印)과 용관(用官)은 관직(官職)의 높고 낮음과 부(富)의 후박(厚薄)이 있는 정도에 불과하므로 마땅히 추구(追求)하여야 할 것이다.

一. 상관용인격(傷官用印格)

任註

己 丙 辛 己
丑 寅 未 丑

甲乙丙丁戊己庚
子丑寅卯辰巳午

火土傷官重疊　幸在季夏　火氣有餘　又日坐長生　寅中甲木爲用　至丁卯
화토상관중첩　행재계하　화기유여　우일좌장생　인중갑목위용　지정묘

運 尅去辛金　破其丑土　所謂有病得藥　騰身而登月殿　慶集瓊林　接連丙
운 극거신금　파기축토　소위유병득약　등신이등월전　경집경림　접연병

寅 體用皆宜　仕至黃堂.
인 체용개의　사지황당

火土 상관(傷官)이 중첩(重疊)하였으나 다행히도 계하(季夏)에 태어나서 火氣가 유여(有餘)하고 또한 일주(日主)가 장생(長生)에 앉아 있으니 寅 중의 甲木이 용신(用神)이다. 丁卯 운에 이르러 辛金을 극거(剋去)하고 丑土를 파(破)하니 소위 유병득약(有病得藥)이라 일약(一躍) 과거(科擧)에 등과(登科)하여 경림연(瓊林宴)에 참석(參席)하였고 丙寅 운에는 체용(體用)이 마땅하니 황당(黃堂)에 이르렀다.

評註

丙火 일주가 未月에 태어나서 未 중에 丁火가 있으나 식상(食傷)이 태왕(太旺)하니 제살태과격(制殺太過格)이 되었다. 희신(喜神)은 인비관(印比官)인 木火水이고 기신(忌神)은 식재(食財)인 土金이다. 대운(大運)이 동남(東南) 방향인 木火 운으로 행(行)하니 아름답다. 戊辰 운은 土가 기신(忌神)으로 곤고(困苦)하였을 것이고, 丁卯 운은 木火 운으로 과거(科擧)에 합격(合格)하였다.

卯 중 乙木이 乙辛 충(冲)으로 辛金을 충거(冲去)하였고 卯未 합목(合木)하여 丙火를 생조(生助)하여 유병득약(有病得藥)하였다. 丙寅 년은 丙辛 합화(合化)하여 辛金이 합거(合去)되었고 寅 중의 甲木이 甲己 합화(合化)하여 己土가 합거(合去)되었으니 황당(黃堂)에 올랐다. 그러나 乙丑 운은 乙辛 충(冲), 丑未 충(冲)으로 천충지충(天冲地冲)하여 불록(不祿)이 되었을 것이다. 이 명조(命造)는 진상관용인격(眞傷官用引格)이라고도 한다.

任註

```
己 庚 壬 壬
卯 辰 子 戌
```

己戊丁丙乙甲癸
未午巳辰卯寅丑

此金水傷官當令 喜支藏煖土 足以砥定中流 因時財爲病 兼之初運水
차금수상관당령　　희지장난토　　족이지정중류　　인시재위병　　겸지초운수

木 以致書香不繼 至三旬外 運逢火土 異路出身 仕至州牧 午運衰神冲
목　　이치서향불계　　지삼순외　　운봉화토　　이로출신　　사지주목　　오운쇠신충

旺 臺省幾時無謫宦 郊亭今日倍離愁.
왕　　대성기시무적환　　교정금일배이수

이 명조는 金水 상관(傷官)이 당령하였으나 기쁘게도 지장(支藏)에 난토(煖土)가 있으니 족히 水의 흐름을 막아서 안정(安定)시킬 수 있다. 그러나 시지의 卯木 재성이 병(病)이고, 겸하여 초년운이 水木으로 행하여 학문을 계승하지 못하였다.

삼순(三旬)이 넘어서 火土 운으로 행(行)하니 이로출사(異路出仕)²²³로 벼슬이 주목(州牧)에 이르렀다. 午운에는 쇠신(衰神)이 왕신(旺神)을 충(冲)하니 대성(臺省)²²⁴에서 귀향가는 신하가 없겠는가? 시골의 정자에서 오늘도 이별의 슬픔이 점점 더해가고 있다.

評註

庚金 일주가 子월에 태어나서 실령(失令)하였으며 지지에 子辰 합수(合水)가 되고 천간에 두 개의 壬水가 투출(透出)하였으니 식상(食傷)이 태왕(太旺)하며 제살태과격이 되었다. 희신(喜神)은 인비관(印比官)인 土金火이고 기신은 식재(食財)인 水木이다. 초년인 癸丑, 甲寅, 乙卯 운은 水木으로 행(行)하니 곤고(困苦)하였으나 삼순(三旬)이 넘어 丙辰 운은 火土 희신(喜神)으로 이로(異路)로 출사(出仕)하여 주목(州牧)에 이르렀다.

戊午 운에는 火土가 희신(喜神)이지만 子午 상충(相冲)이 되어 쇠신(衰神)인 午火가 왕신(旺神)인 子水를 충(冲)하여 午火가 충발(冲拔)이 되었으니 상관견관(傷官見官)

---

223 이로출사(異路出仕): 과거시험을 거치지 않고 벼슬에 나아감.

224 대성(臺省): 관리(官吏)를 탄핵(彈劾)하는 정청(政廳)의 이름.

하여 위화백단(爲禍百端)이 된 것이다. 이 명조(命造)도 진상관용인격(眞傷官用引格)이
라고도 한다.

 任註

```
辛 戊 丁 辛
酉 午 酉 酉
```

```
庚 辛 壬 癸 甲 乙 丙
寅 卯 辰 巳 午 未 申
```

此土金傷官重疊　喜其四柱無財　純淸氣象　初運木火體用皆宜　所以壯
차토금상관중첩　　희기사주무재　　순청기상　　초운목화체용개의　　소이장

歲首　登龍虎榜　少年身到鳳凰池　惜中運癸巳壬辰　金生火剋　所以生平
세수　　등룡호방　소년신도봉황지　　석중운계사임진　　금생화극　　소이생평

志節從何訴　半世勤勞祇自憐.
지절종하소　　반세근노지자련

이 명조(命造)도 土金 상관(傷官)이 중첩(重疊)되어 있으나 기쁘게도 사주(四柱)에
재(財)가 없으니 그 기상(氣象)이 순청(純淸)하다. 초운(初運) 木火 운에는 체용(體用)이
모두 마땅하니 일찍 전시(殿試)에 장원급제(壯元及第)하였고 소년(少年)의 나이에 봉
황지(鳳凰池)에 오르게 되었다. 그러나 애석(哀惜)하게도 중년(中年)의 운이 癸巳, 壬
辰으로 행(行)하여 金을 생(生)하고 火를 극(剋)하니 평생(平生) 지조(志操)와 절개(節槪)
를 누구에게 하소연할 것인가? 반평생(半平生)의 노력(努力)이 스스로 가련(可憐)하다.

評註

戊土 일주가 酉월에 태어나서 상관(傷官)으로 실령(失令)하였고 지지(地支)에 세
개의 酉金이 있으며 천간(天干)에 두 개의 辛金이 투출(透出)되어 있으니 상관(傷官)

이 태왕(太旺)하여 제살태과격(制殺太過格)이 되었다. 희신(喜神)은 인비관(印比官)인 火土木이고 기신(忌神)은 식재(食財)인 金水이다.

초년인 乙未, 甲午 운은 午未 합화(合火)가 되고 戊土 일주(日主)의 양인(陽刃)으로 득지(得地)하였으니 일찍 문무과(文武科)에 장원급제(壯元及第)하였고 벼슬은 중서성에 이르렀다.

癸巳 운은 丁癸가 상충(相沖)되었고 巳酉 합금(合金)으로 기신(忌神)이 되었고 壬辰 운은 丁壬 합화(合化)로 丁火가 합거(合去)되었으며 辰酉 합금(合金)으로 역시 기신(忌神)이 되었으니 누구에게 하소연할 것인가? 초년(初年)의 부귀영화(富貴榮華)는 물거품이 되었다. 이 명조(命造)는 진상관용인격(眞傷官用印格)이라고도 한다.

任註

```
丙 乙 癸 丙
子 丑 巳 辰
```

```
庚 己 戊 丁 丙 乙 甲
子 亥 戌 酉 申 未 午
```

此木火傷官 印綬通根祿支 格局未嘗不美 雖嫌財星壞印 而丑辰皆濕
차목화상관　　인수통근록지　　격국미상불미　　수혐재성괴인　　이축진개습

土 能蓄水晦火 惜乎運途無水 以致一介寒儒 至申運 火絶水生 名列泮
토　능축수회화　석호운도무수　이치일개한유　지신운　화절수생　명리반

宮 後九赴秋闈 不捷.
궁　후구부추위　불첩

이 명조(命造)는 木火 상관(傷官)으로 인수(印綬)에 통근(通根)하였으니 격국(格局)이 아름답지 않을 수 없다. 비록 재성(財星)이 인수(印綬)를 파괴(破壞)하는 것을 꺼리기는 하지만 丑辰土는 모두 습토(濕土)이므로 능히 水를 저장(貯藏)하고 회화(晦火)하니 인수(印綬)는 손상(損傷)이 없다.

애석(哀惜)한 것은 운(運)에서 水를 만날 수 없으니 가난한 선비에 머물렀다. 申
운에 이르러 火가 절(絶)하고 水를 생(生)하니 반궁(泮宮)에 이름을 올렸으며 그 이
후에 아홉 번이나 추위(秋闈)에 응시(應試)하였으나 뜻을 이루지 못하였다.

乙木 일주가 巳월에 태어나 실령(失令)하였고 두 개의 丙火가 투출(透出)하여 상
관(傷官)이 왕(旺)하다. 한편 子丑 합수(合水)와 子辰 합수(合水)가 되는데 癸水가 투출
(透出)하니 乙木이 더욱 왕(旺)하다.

그러므로 선약후강(先弱後强)하다. 희신(喜神)은 식재관(食財官)인 火土金이고 기신
(忌神)은 인비(印比)인 水木이다. 甲午, 乙未 운은 子午 충(冲)으로 희신(喜神)이 충거
(冲去)되었고 丙申 운은 개두(蓋頭)가 되어 희신(喜神)인 丙火가 손상(損傷)되었으며
지지(地支)는 申子辰 삼합수국(三合水局)을 이루니 자연히 巳申 합수(合水)가 되어 乙
木이 부목(浮木)이 되었다.

丁酉 운은 丁癸 상충(相冲)으로 丁火가 충거(冲去)되었고 지지(地支)는 巳酉丑 합
금(合金), 辰酉 합금(合金)이 되므로 금다목절(金多木絶)이 되었다. 이 명조(命造)는 진
상관(眞傷官)이 변(變)하여 가상관(假傷官)이 되었으며 '사주불여 대운(四柱不如 大運)'이
라는 절구(絶句)를 실감(實感)할 수 있다.

二. 상관용재격(傷官用財格)

乙	丁	戊	丙
巳	卯	戌	申

乙甲癸壬辛庚己
巳辰卯寅丑子亥

此火土傷官 刧印重疊 旺可知矣 以申金財星爲用 遺業本豊 辛丑壬運
차화토상관　겁인중첩　왕가지의　이신금재성위용　유업본풍　신축임운

經營獲利 發財十餘萬 至寅運 金融絶地 刧遇長生 又寅申冲發 所謂
경영획리　발재십여만　지인운　금융절지　겁우장생　우인신충발　소위

旺者冲衰衰者拔 不祿宜矣.
왕자충쇠쇠자발　불록의의

　이 명조(命造)는 火土 상관(傷官)으로 겁인(劫印)이 중첩(重疊)되어 있으니 왕(旺)한
것을 알 수 있다. 申金 재성(財星)이 용신(用神)이 년지(年支)에 있으므로 선대(先代)의
유업(遺業)이 본래 풍부(豊富)하였다.

　辛丑, 壬운에 경영(經營)을 하여 십여만(十餘萬)의 이익(利益)을 얻어 재물(財物)을
일으켰으나 寅운에 이르러 金이 절지(絶地)에 이르고 겁재(劫財)가 장생(長生)을 만
났으며 또한 寅申이 충파(冲破)하니 소위 '왕자충쇠 쇠자발(旺者冲衰 衰者拔)'이 되어
불록(不祿)한 것이 마땅하다.

評註

　丁火 일주가 戌월에 태어나서 戌 중에 丁火가 있어 통근(通根)되어 있고 좌하(坐
下)의 卯木에 득지(得地)하고 乙木이 투출(透出)하였으며 겁재(劫財) 丙火가 녹왕(祿旺)
하니 신왕(身旺)하다. 희신(喜神)은 식재관(食財官)인 土金水이고 기신(忌神)은 인비(印
比)인 木火이다.

　중년(中年)인 亥子丑 북방수지(北方水地)운에는 유업(遺業)으로 풍부(豊富)하였으나
壬寅 운에는 丙壬 충(冲), 寅申 충(冲)으로 천충지충(天冲地冲)이 되었으니 형액(刑厄)
을 암시(暗示)하고 있으며, 희신(喜神)인 신금(申金)이 충발(冲拔)되었으니 이른바 왕
자충쇠 쇠자발(旺者冲衰 衰者拔)한 것이다.

　이 명조(命造)는 상관상재격(傷官生財格)이다.

$$
\begin{array}{cccc}
乙 & 壬 & 乙 & 癸 \\
巳 & 申 & 卯 & 亥
\end{array}
$$

戊己庚辛壬癸甲
申酉戌亥子丑寅

此水木傷官　日坐長生　年支祿旺　日主不弱　足以用巳火之財　嫌其中運
차수목상관　일좌장생　년지록왕　일주불약　족이용사화지재　혐기중운

金水　半生碌碌風霜　起倒萬狀　至戌運　緊制亥水之刦　合起卯木化財　驟
금수　반생록록풍상　기도만상　지술운　긴제해수지겁　합기묘목화재　취

然發　財數萬　至酉冲破傷官　生助劫印　不祿.
연발　재수만　지유충파상관　생조겁인　불록

이 명조(命造)는 水木 상관(傷官)으로 일주(日主)가 장생(長生)에 앉아 있고 년지(年支)에 녹왕(祿旺)을 얻어 일주(日主)가 약(弱)하지 않으므로 족히 巳火 재성(財星)을 용신(用神)으로 한다.

그러나 꺼리게도 중년(中年)의 운이 金水이니 반평생(半平生) 동안 녹록풍상(碌碌風霜)과 온갖 기복(起伏)을 겪었으나 戌운에 이르러 亥水를 긴극(緊剋)하고 卯木과 합(合)하여 재성(財星)으로 화(化)하였으니 별안간 수만(數萬)의 재물(財物)을 일으켰다. 그러나 酉운에 이르러 상관(傷官)을 충파(冲破)하고 겁인(劫刃)을 생조(生助)하니 불록(不祿)하였다.

評註

壬水 일주가 卯월에 태어나서 상관(傷官)으로 실령(失令)하였으나 巳申 합수(合水)가 되어 득지(得地)하였고 년지(年支)에 亥水가 녹왕(祿旺)으로 신왕(身旺)하다. 희신(喜神)은 식재관(食財官)인 木火土이고 기신(忌神)은 인비(印比)인 金水이다. 대운(大運)

이 북서(北西) 방향으로 행(行)하니 불길(不吉)함을 암시(暗示)하고 있다.

그러므로 亥子丑 북방수지(北方水地) 운에서 풍상고락(風霜苦樂)으로 기복(起伏)이
심하였으며 戌 운에는 卯戌 합화(合火)로 재국(財局)이 되니 대발한 것이다. 그러나
酉운에는 巳酉 합금(合金)으로 희신(喜神)인 卯木을 卯酉 충파(冲破)하여 세상을 떠
났다. 이 명조(命造)는 상관생재격(傷官生財格)이다.

任註

```
丁 戊 辛 戊
巳 午 酉 子
```

```
戊丁丙乙甲癸壬
辰卯寅丑子亥戌
```

此土金傷官 日主祿旺 劫刃重逢 一點財星 秋水通源 子賴酉生 酉伏子
차토금상관 일주록왕 겁인중봉 일점재성 추수통원 자뢰유생 유복자

護 遺業小康 甲子乙丑二十年 制化皆宜 自刱數萬 至丙寅運 生助火土
호 유업소강 갑자을축이십년 제화개의 자창수만 지병인운 생조화토

剋洩金水 不祿.
극설금수 불록

이 명조(命造)는 土金 상관(傷官)으로 일주(日主)가 녹왕(祿旺)하고 겁인(劫刃)이 중
중(重重)하다. 일점의 재성(財星)은 추수(秋水)로서 통원(通源)이 되어 子水는 酉金의
생조(生助)에 의지(依持)하고 酉金은 子水의 보호(保護)를 받고 있다.

선대(先代)의 유업(遺業)은 넉넉하지 않았지만 여유(餘裕)가 있어 살 만은 하였으
며, 甲子 乙丑 이십(二十)년 운은 극제(剋制)와 인화(引化)가 모두 마땅하여 스스로 창
업(刱業)하여 수만금(數萬金)의 재물(財物)을 일으켰다.

戊土 일주가 酉月에 태어나서 상관(傷官)으로 실령(失令)하였으나 지지(地支)에 巳午 화국(火局)이 있는데 천간(天干)에 丁戊가 투출(透出)하여 인수(印綬)와 비겁(比劫)이 왕성(旺盛)하여 신왕(身旺)하다. 희신(喜神)은 식재관(食財官)인 金水木이고 기신(忌神)은 인비(印比)인 火土이다.

대운(大運)이 亥子丑 북방수지(北方水地)운에 대발(大發)하였다. 丙寅 운에는 丙辛 합화(合化)하여 희신(喜神)인 辛金이 합거(合去)되었고 寅巳 형(刑)으로 寅 중에 丙火와 巳 중 庚金이 丙庚 충(冲)으로 희신(喜神)인 庚金이 충거(冲去)되었으니 불록(不祿)하였다.

이 명조(命造)는 상관생재격(傷官生財格)이며, 양인격(陽刃格)이라고도 한다.

任註

```
庚 辛 辛 壬
寅 酉 亥 申
```

```
戊 丁 丙 乙 甲 癸 壬
午 巳 辰 卯 寅 丑 子
```

此金水傷官　四柱比刦　雖用寅木之財　却喜亥水　洩金生木　使比刦無　爭
차금수상관　사주비겁　수용인목지재　각희해수　설금생목　사비겁무　쟁

奪之風　又得亥解申冲　若無亥水　一生起倒無寧　終成畵餠　亥水者　生財
탈지풍　우득해해신충　약무해수　일생기도무녕　종성화병　해수자　생재

之福神也　交甲寅乙卯　自手成家致富　後行火運　戰剋不靜　財星洩氣　無
지복신야　교갑인을묘　자수성가치부　후행화운　전극부정　재성설기　무

甚生色　至巳運　四孟冲　刦又逢生　不祿.
심생색　지사운　사맹충　겁우봉생　불록

이 명조(命造)는 金水 상관(傷官)으로 사주에 비겁(比劫)이 중중(重重)하다. 비록 재

성(財星)인 寅木을 용신(用神)으로 하였으나 기쁘게도 亥水가 金을 설(洩)하여 木을 생조(生助)하는 것이니 비겁(比劫)으로 하여금 재(財)를 쟁탈(爭奪)하지 못하게 하고 또한 申金과의 충(沖)도 중간에서 해소(解消)하고 있다.

만약 亥水가 없다면 성공(成功)하지 못하고 일생 동안 기복(起伏)이 심하여 그림의 떡이 되었을 것이다. 亥水는 재(財)를 생조(生助)하는 복신(福神)이다. 甲寅, 乙卯 운에는 자수성가(自手成家)하고 치부(致富)하였으나 火운에는 재(財)가 설기(洩氣)되어 생기(生氣)가 없었으며 巳운에는 사맹(四孟)이 충(沖)하고 비겁(比劫)이 봉생(逢生)하여 불록(不祿)하였다.

辛金 일주가 亥월에 태어나서 상관(傷官)으로 실령(失令)하였으나 년일지(年日支)에 申酉金으로 득지(得地)하였고 庚申金이 투출(透出)되었으니 신왕(身旺)하다.

희신(喜神)은 식재관(食財官)인 水木火이고 기신(忌神)은 인비(印比)인 土金이다. 癸丑 운은 酉丑 합금(合金)이 되어 곤고(困苦)하였을 것이고 甲寅, 乙卯 운은 寅亥 합목(合木). 寅卯 목국(木局)이 되어 재성(財星)이 희신(喜神)이니 자수성가(自手成家)하여 치부(致富)하였으나, 丁巳 운에는 희신(喜神)이지만 寅巳申 삼형살(三刑殺)과 巳亥 상충(相沖)으로 사맹(四孟)이 충형(沖刑)되어 불록(不祿)하였다.

三. 상관용겁격(傷官用劫格)

己	戊	辛	癸
未	申	酉	亥

甲乙丙丁戊己庚
寅卯辰巳午未申

此土金傷官 財星太重 以致拂意芸窓 幸喜未時 刦財通根爲用 更妙運
차토금상관　재성태중　이치불의운창　행희미시　겁재통근위용　경묘운

途 却佳 損縣佐出仕 至丁巳丙辰運 旺印用事 仕至州牧 官資豊厚 乙
도　각가　손현좌출사　지정사병진운　왕인용사　사지주목　환자풍후　을

卯冲尅 不靜 罷職歸田.
묘충극　부정　파직귀전

이 명조(命造)는 土金 상관(傷官)으로 재성(財星)이 태중(太重)하다.

그러므로 학문(學問)의 뜻을 멀리하였으나 다행하게도 未土의 겁재(劫財)가 통근(通根)하여 용신(用神)이다. 더욱 묘(妙)한 것은 운도(運途)가 아름다운 것이니 재물(財物)을 헌납(獻納)하고 현좌(縣佐)로 출사(出仕)하여 丁巳, 丙辰 운에 이르러 왕인(旺印)이 용신(用神)이므로 주목(州牧)에 이르렀고, 환자(宦資)²²⁵가 풍후(豊厚)하였다. 그러나 卯운에는 충극(冲尅)으로 인(因)하여 안정하지 못하니 파직(罷職)을 당하고 고향(故鄕)으로 돌아갔다.

評註

戊土 일주가 酉월에 태어나서 식상(食傷)이 태왕(太旺)하니 자연히 식상생재(食傷生財)하여 재성(財星) 또한 왕(旺)하다. 그러므로 학문의 뜻을 접었으나 시지(時支)의 未土에 절처봉생(絶處逢生)하고 있다. 진상관용인격(眞傷官用印格)이고 제살태과격(制殺太過格)도 성립(成立)되므로 희신(喜神)은 인비관(印比官)인 火土木이고 기신(忌神)은 식재(食財)인 金水이다.

대운(大運)이 남동(南東) 방향인 火木으로 행(行)하여 아름다운데 초년(初年) 庚申 운은 곤고(困苦)하였을 것이고 己未 운은 亥未 합목(合木)으로 관성(官星)이 희신(喜神)으로 변(變)하여 벼슬길에 올랐다. 丁巳, 丙辰 운까지 승승장구하였다. 그러나 乙卯 운은 乙辛 충(冲), 卯酉 충(冲)으로 천충지충(天冲地冲)되어 파직(罷職)을 당하였다.

---

225 환자(宦資): 벼슬하면서 벌어들인 재물(財物).

```
庚 戊 癸 己
申 戌 酉 未
```

```
丙丁戊己庚辛壬
寅卯辰巳午未申
```

此土金傷官 支類西方 金氣太重 以刧爲用 喜其當頭剋癸 故書香繼志
차토금상관　지류서방　금기태중　이겁위용　희기당두극계　고서향계지

更妙運走南方火地 拔貢出身 由縣令而遷州牧 洊涖黃堂 生逢凶化吉
경묘운주남방화지　발공출신　유현령이천주목　천리황당　생봉흉화길

宦海 無波也.
환해　무파야

이 명조(命造)는 土金 상관(傷官)으로 지지(地支)에는 申酉戌 서방(西方)이 모여서 금기(金氣)가 태중(太重)하므로 비겁(比劫)을 용신(用神)으로 하였는데 기쁘게도 己土가 癸水를 극제(剋制)하여 인수(印綬)를 보호(保護)하여 학문(學問)의 뜻을 이룰 수 있었다.

묘(妙)한 것은 운(運)이 남방화지(南方火地)로 행(行)하니 발공(拔貢)[226] 출신(出身)으로 현령(縣令)을 거쳐 주목(州牧)에 오르고 황당(黃堂)에 이르렀다. 그리고 일생 동안 봉흉화길(逢凶化吉)하였고 벼슬길에 풍파(風波)가 없었다.

戊土 일주가 지지(地支)에 申酉戌 서방금국(西方金局)을 이루고 천간(天干)에 庚金이 투출(透出)하였으니 식상(食傷)이 태왕(太旺)하여 제살태과격(制殺太過格)이 되었으며 년주(年柱)인 己未土에 의지(依持)할 수밖에 없으니 진상관용겁격(眞傷官用劫格)도

---

226 발공(拔貢): 과거시험(科擧試驗)을 거치지 않고 천거(薦擧)하여 선발(選拔)하는 제도(制度).

성립된다.

희신(喜神)은 인비관(印比官)인 火土木이고 기신(忌神)은 식재(食財)인 金水이고, 대운(大運)이 남동지지(南東之地)인 火木 방향으로 행(行)하니 기쁘다. 더욱 묘(妙)한 것은 기신(忌神)인 癸水를 戊癸 합(合)과 己癸 극(剋)으로 극제(剋制)하므로 인수(印綬)를 도와서 학문(學問)을 이룰 수 있는 것이다.

```
甲 癸 甲 癸
寅 亥 寅 亥
```

```
丁 戊 己 庚 辛 壬 癸
未 申 酉 戌 亥 子 丑
```

此水木傷官 喜其無財 故繼志書香 嫌其地支寅亥化木 傷官太旺 難遂
차수목상관　희기무재　고계지서향　혐기지지인해화목　상관태왕　난수

青雲 辛運入泮 亥運補廩 庚戌加損出仕 己酉戊申二十年土金 生化不
청운　신운입반　해운보름　경술가손출사　기유무신이십년토금　생화불

悖 仕至別駕 宦資豊厚.
패　사지별가　환자풍후

이 명조(命造)는 水木 상관(傷官)으로 기쁘게도 재(財)가 없으니 학문(學問)의 뜻을 계속 이을 수 있으나, 꺼리는 것은 지지(地支)에 寅亥가 합화(合化)로 상관(傷官)이 태중(太重)하므로 청운(靑雲)의 뜻을 이루기 어려웠다.

辛운에 반궁(泮宮)에 들어가 亥운에는 보름(補廩)에 올랐으나 과거(科擧)에는 오르지 못하고 庚戌 운에 재물(財物)을 헌납(獻納)하고 출사(出仕)하였다. 己酉, 戊申 20년 동안 土金이 생화(生化)하여 불패(不悖)하니 벼슬이 별가(別駕)[227]에 이르렀고 환자(宦資)도 풍후(豊厚)하였다.

---

227 별가(別駕): 지방장관(地方長官)이 순행(巡行)할 때 수행(隨行)하는 벼슬.

癸水 일주가 寅月에 태어나서 실령(失令)하였고 식상(食傷)이 태왕(太旺)하여 비겁
(比劫)에 의지할 수밖에 없으니 제살태과격(制殺太過格)이고 진상관용겁격(眞傷官用劫
格)이기도 하다. 희신(喜神)은 인비관(印比官)인 金水土이고 기신(忌神)은 식재(食財)인
木火이다.

　　초년(初年)인 癸丑, 壬子 운은 희신(喜神)이므로 학문(學問)을 계속 이을 수 있었던
것이며, 辛亥 운은 金水가 희신(喜神)이지만 亥亥가 자형(自刑)이 되고 寅亥가 유정
(有情)하므로 길변위화(吉變爲禍)가 되어 과거시험(科擧試驗)에 합격(合格)하기가 어려
웠던 것이다. 庚戌 운은 土金으로 역시 희신(喜神)이 되었으나 甲庚 충(冲)으로 庚金
이 손상(損傷)되었으며 寅戌 암합(暗合)으로 재성(財星)인 火가 되었으니 손재(損財)를
보면서도 출사(出仕)한 것이다.

　　주의(注意)해야 할 것은 임주(任註)에서는 지지(地支)가 寅亥 합화(合化)하여 합목
(合木)이 되었다면 전지지(全地支)가 목국(木局)으로 되었으니 종아격(從兒格)이 되었
을 것이다. 그렇다면 희신(喜神)은 비식재(比食財)인 水木火이고 기신(忌神)은 관인(官
印)인 土金이 되므로 己酉, 戊申운에 승승장구(乘勝長驅)하지 않았을 것이다.

　　이 명조(命造)는 상하유정(上下有情)하고 좌우정협(左右情協)되어 있으므로 천부지
재(天覆地載)가 잘 갖추어진 아름다운 명조(命造)이다. 그러므로 지지(地支)의 寅亥가
합이불화(合而不化)가 되므로 유정(有情)하나 필화(必化)되지 않았다.

　　더욱 묘(妙)한 것은 비겁(比劫)이 4개이고 식상(食傷)도 4개이니 세력(勢力)의 강약
(強弱)을 가늠하기가 까다롭다. 그러나 월지(月支) 寅木이 당령(當令)하였고 천간(天
干)의 두 甲木이 녹왕(祿旺)하므로 식상(食傷)이 더욱 태중(太重)하여 신약(身弱)으로
판단(判斷)하는 것이다.

```
己 丙 己 戊
丑 戌 未 申
```

```
丙乙甲癸壬辛庚
寅丑子亥戌酉申
```

此四柱傷官 若生丑戌月 爲從兒格 名利皆遂 生于未月 火有餘氣 必以
차사주상관　약생축술월　위종아격　명리개수　생우미월　화유여기　필이

未中丁火爲用 惜運走西北金水之地 以致破敗祖業 至癸亥運 貧乏無
미중정화위용　석운주서북금수지지　이치파패조업　지계해운　빈핍무

聊 削髮爲僧.
료　삭발위승

이 명조(命造)는 사주(四柱)에 모두 상관(傷官)이 있는데 만약 丑戌월에 생(生)하였
다면 종아격(從兒格)으로 명리(名利)를 모두 이루었을 것이다. 그러나 未월에 생(生)
하여 火의 여기(餘氣)가 남아 있으니 반드시 未 중의 丁火를 용신(用神)으로 한다.

그러나 애석(哀惜)한 것은 운(運)이 서북(西北)의 금수지지(金水之地)로 행(行)하니
조업(祖業)을 파패(破敗)하였고 癸亥 운에 이르러 빈핍(貧乏)하고 무료(無聊)하게 되니
삭발(削髮)하고 승려(僧侶)가 되었다.

丙火 일주가 未월에 태어나서 식상(食傷)이 태왕(太旺)하여 종아격(從兒格)이냐 아
니면 제살태과격(制殺太過格)이냐를 전조(前造)와 마찬가지로 판가름하기가 난해(難
解)하다.

만약 종아격(從兒格)이라면 희신(喜神)이 비식재(比食財)인 火土金이고 기신(忌神)은
관인(官印)인 水木이므로 초년(初年)인 申酉戌 서방지지(西方之地)운에서 조업(祖業)을

유지하였을 것이고 파패(破敗)하지 않았을 것이다.

만약 제살태과격(制殺太過格)이라면 희신(喜神)이 인비관(印比官)인 木火水이고 기신(忌神)은 식재(食財)인 土金이므로 초년(初年)운인 서방금지(西方金地)에서 조업(祖業)이 파패(破敗)되어 있는 것으로 보아 종아격(從兒格)이 될 수 없다. 그렇다면 癸亥 운부터 북방수지(北方水地)로서 희신(喜神)인데도 가난하고 무료(無聊)하였을까?

이것은 己癸 극(剋)과 戊癸 합(合)으로 癸水가 손상(損傷)되었으며 亥丑 합화(合化)는 亥 중 戊土와 丑 중 癸水가 戊癸 합화(合化)하고 亥 중 甲木과 丑 중 己土와 甲己 합토(合土)가 되므로 기신(忌神)의 작용(作用)이 강(强)하기 때문이다.

또한 亥未 합화(合化)는 亥 중 壬水와 未 중 丁火와 丁壬 합목(合木)하고 亥 중 甲木과 未 중 己土가 甲己 합토(合土)가 되므로 역시 기신(忌神)의 작용(作用)이 강(强)하기 때문이다.

주의(注意)할 것은, 첫째로 암장(暗藏)끼리의 합충(合沖)은 여기(餘氣), 중기(中氣), 정기(正氣)의 순(順)으로 작용(作用)의 크기가 다르다는 것이다. 둘째로 습토(濕土)와 조토(燥土)에 따라서 뿌리의 유무(有無)가 다르다는 것을 알 수 있다. 가령 丙火 일주(日主)가, 未辰월이면 未 중 丁火와 戌 중 丁火가 통근(通根)하니 뿌리가 되는 것이고 丑辰월이면 丑 중 癸水와 辰 중 癸水는 丙火를 극제(剋制)하니 뿌리가 없는 것이다.

任註

癸	己	庚	戊
酉	酉	申	辰

丁丙乙甲癸壬辛
卯寅丑子亥戌酉

此亦傷官用劫 嫌其辰爲濕土 生金拱水 未足幇身 更嫌運走西北金水
차역상관용겁　혐기진위습토　생금공수　미족방신　갱혐운주서북금수

之地 以致 一敗如灰 不成家室.
지지　이치　일패여회　불성가실

以上五造　皆是用刦　何前三造命利兩全　此兩造一事無成　因運無幇助
이상오조　　개시용겁　　하전삼조명리양전　　　차양조일사무성　　인운무방조

之故耳　由此推之　非人之無爲　實運途困之耳.
지고이　　유차추지　　비인지무위　　실운도곤지이

이 명조(命造) 역시 토금상관용겁(土金傷官用劫)인데 꺼리는 것은 辰은 습토(濕土)이
므로 생금(生金)하고 甲辰 수국(水局)을 이루어서 일주(日主)를 돕지 못하는 점이다.
더욱 꺼리는 것은 운이 서북(西北)의 금수지지(金水之地)로 행(行)하니 한 번 실패로
남은 것이 없고 가정(家庭)을 이루지 못하였다.

이상(以上) 다섯 명조(命造)는 모두가 비겁(比劫)이 용신(用神)으로 하는데 앞의 셋
은 명리(名利)가 양전(兩全)하였으나, 뒤의 둘은 하나도 이름이 없었으니 어찌하여
그러한가? 이는 운(運)에서 방조(幇助)함이 없었기 때문이다. 이것으로 미루어 볼
때 사람이 무능(無能)하여 일을 하지 못하는 것이 아니라, 실은 운도(運途)가 사람을
곤궁(困窮)하게 만드는 것이다.

評註

戊土 일주가 申월에 태어나서 실령(失令)하였고 지지(地支)가 酉酉 금국(金局)이
되었는데 庚金이 투출(透出)하였으니 식상(食傷)이 태왕(太旺)하다. 희신(喜神)은 인비
관(印比官)인 木火土이고 기신(忌神)은 식재(食財)인 金水이다. 애석(哀惜)하게도 대운
이 서북지지(西北之地)로 행(行)하니 평생(平生) 동안 불길(不吉)하였다.

四. 상관용상관격(傷官用傷官格)

任註

```
庚 壬 己 庚
子 辰 卯 辰
```

```
丙乙甲癸壬辛庚
戌酉申未午巳辰
```

壬水生于卯月　正水木傷官格　天干己土臨絶　地支兩辰　乃木之餘氣　一
임수생우묘월　정수목상관격　천간기토임절　지지양진　내목지여기　일

生金　一拱水　又透兩庚　不但辰土不能制水　反生金助水　必以卯木爲用
생금　일공수　우투양경　부단진토불능제수　반생금조수　필이묘목위용

所謂一神得用　此象匪輕　初運庚辰辛巳　金之旺地　功名不遂　至壬午運
소위일신득용　차상비경　초운경진신사　금지왕지　공명불수　지임오운

生財制金　名題雁塔　癸未生拱木神　甲申支全北方水局　木逢生助　仕版
생재제금　명제안탑　계미생공목신　갑신지전북방수국　목봉생조　사판

連登　由令尹而升司馬　洊至黃堂　擢觀察而履臬藩　八座封疆　一交酉　冲
연등　유령윤이승사마　천지황당　탁관찰이이얼번　팔좌봉강　일교유　충

破卯木　註誤落職　所謂用神不可損傷　信斯言也.
파묘목　괘오낙직　소위용신불가손상　신사언야

壬水가 卯월에 생(生)하여 바로 水木 상관격(傷官格)이다.

천간의 己土는 절지(絶地)에 임(臨)하고 지지의 두 辰土는 木의 여기(餘氣)로서 하나는 金을 생(生)하고 하나는 공합(拱合)하여 수국(水局)을 이루었으며 庚金 둘이 천간에 투출하여 辰土는 水를 극제하지 못하고 도리어 金을 생(生)하고 水를 돕고 있으므로 반드시 卯木을 용신(用神)으로 한다. 소위 "일신득용(一神得用)이니 차상비경(此象匪輕)"이라, 용신(用神)이 하나이니 가볍게 보아서는 아니 된다.

초년의 庚辰, 辛巳 운은 金이 왕(旺)하여 용신을 손상하므로 공명을 이루지 못

하였으나 壬午 운에 이르러 재(財)를 생(生)하고 金을 극제하니 과거에 급제하여 안탑(雁塔)에 이름을 올렸다. 癸未 운에는 卯未로 木을 생부(生扶)하고 甲申 운에는 지지(地支)에 신자진(申子辰) 북방수국(北方水局)이 되어 木을 생조(生助)하므로 벼슬길이 연달아 올라갔다. 영윤(令尹)을 거쳐 사마(司馬)가 되었고 이어서 황당(黃堂)에 이르렀으며 다시 관찰사로 발탁되었고 반얼(藩臬)을 거쳐 팔좌봉강(八座封疆)[228]이 되었다. 그러나 酉 운으로 바뀌면서는 용신인 卯木을 충파하니 괘오낙직(詿誤落職)[229]하였다. "용신은 손상되어서는 아니 된다"라는 말이 믿을 만하다.

評註

壬水 일주가 卯월에 태어나서 실령(失令)하였으나 지지(地支)에 子辰 합수(合水)가 되고 천간(天干)에 두 개의 庚金이 투출(透出)하였으니 신왕(身旺)하다. 희신(喜神)은 식재관(食財官)인 木火土이고 기신(忌神)은 인비(印比)인 金水이다.

원국(原局)에 卯木은 당령(當令)하였으며 子辰 합수(合水)로 생조(生助)를 받고 있고 卯木 합화(合化)되어 유정(有情)하다. 그러나 己土는 辰土에 통근(通根)되었을 것으로 보고 있으나 일지(日支)의 辰土는 水가 되었고 년지(年支)의 辰土는 庚金을 생조(生助)하여 오히려 己土를 설(洩)하고 있으니 무력(無力)하다. 재성(財星)인 火가 없으므로 세운(歲運)에서 만나야 희신(喜神)으로 활용(活用)할 수 있는 것이며, 상관용상관격(傷官用傷官格)이다.

주의(注意)할 것은 甲申 운에 대발(大發)한 것에 대한 분석이다.

지지(地支)에 신자진(申子辰) 삼합수국(三合水局)이 되어 甲木을 생조(生助)하니 卯木을 방조(幫助)하였고 절각(截脚)되어 있는 己土가 甲己 합토(合土)되었기 때문에 일신득용(一神得用)이 충천(衝天)되었다.

그러므로 원국(原局)과 세운(歲運)의 작용에 우선하여 세운(歲運) 자체부터 분석

---

228 팔좌봉강(八座封疆): 여덟 종류의 고급 관원. 좌우복야(左右僕射)와 육조상서(六曹尙書).

229 괘오낙직(詿誤落職): 잘못에 연루되어 파직(罷職)을 당함.

(分析)해야 한다. 가령 간지(干支)가 상하유정(上下有情)하고 좌우정협(左右情協)이 되어 있는가? 또는 개두(蓋頭)나 절각(截脚)이 되어 있는가? 천부지재(天覆地載)가 되어 있는가를 세밀(細密)하게 관찰(觀察)하여 기세(氣勢)의 흐름을 알아야 기병(忌病)을 처방(處方)할 수 있을 것이다.

任註

```
癸 癸 戊 乙
丑 酉 寅 酉
```

```
辛 壬 癸 甲 乙 丙 丁
未 申 酉 戌 亥 子 丑
```

癸水生于寅月　正水木傷官　地支印星並旺　酉丑拱金　必以寅木爲用　才
계수생우인월　정수목상관　지지인성병왕　유축공금　필이인목위용　재

能有餘　乙亥運　木逢生旺　中鄕榜　甲戌癸運　出仕縣令　酉運支逢三酉
능유여　을해운　목봉생왕　중향방　갑술계운　출사현령　유운지봉삼유

木嫩金多　註誤落職　前造與此造　皆因少火　有病無藥之故　若有火　雖行
목눈금다　괘오락직　전조여차조　개인소화　유병무약지고　약유화　수행

金地　則無大患矣.
금지　즉무대환의

이 명조(命造)는 癸水가 寅月에 생(生)하여 水木 상관격(傷官格)이다.

지지(地支)에 인성(印星)이 병왕하고 酉丑이 금국(金局)을 이루었으니 반드시 寅木을 용신(用神)으로 한다. 상관(傷官)의 수기(秀氣)가 설(洩)하여 재능이 유여하다.

乙亥 운에는 木이 생왕(生旺)을 만나 향방(鄕榜)에 합격하였고 甲戌, 癸운에 출사(出仕)하여 현령(縣令)에 올랐고 酉운에는 지지(地支)가 삼유(三酉)를 만나고 연약(軟弱)한 木이 많은 金을 만나니 과오(過誤)를 범하여 낙직하였다. 전조(前造)와 이 명조(命造)는 모두 火가 없는 것으로 유병무약(有病無藥)이 되었는데 만약 火가 있었으면 비록 金운으로 행(行)하여도 큰 재앙이 없었을 것이다.

癸水 일주가 寅월에 태어나서 상관(傷官)으로 실령하였으나 지지(地支)가 酉丑 합금(合金)이 되었고 년지(年支)의 酉金이 있으니 신왕(身旺)하다. 희신(喜神)은 식재관(食財官)인 木火土이고 기신(忌神)은 인비(印比)인 金水이다.

　丁丑 운은 丁癸 충(冲), 酉丑 합금(合金)이 되어 희신(喜神)이 충거(冲去)되었고 丙子 운은 지지(地支)에 子丑 합수(合水)되어 丙火 희신(喜神)이 약(弱)하다. 乙亥 운은 寅亥 합목(合木)이 되어 木이 왕(旺)하여 향시(鄕試)에 합격(合格)하게 되었다. 甲戌 운은 酉戌 합금(合金)이 되고 丑戌 형(刑)이 되어 일비일희(一悲一喜)가 있었을 것이고 癸酉 운은 癸水가 기신(忌神)인데 戊癸 합거(合去)되어 현령(縣令)에 올랐으나 酉丑 합금(合金)이 되고 酉酉 자형(自刑)까지 되었으니 괘오낙직(註誤落職)할 수밖에 없다.

```
丁 甲 庚 己
卯 寅 午 卯
```

```
癸甲乙丙丁戊己
亥子丑寅卯辰巳
```

甲木生于午月　木火傷官　年月兩干　土金無根　置之不用　地支兩卯一寅
갑목생우오월　목화상관　년월양간　토금무근　치지불용　지지양묘일인

日元强旺　必以丁火爲　故人權謀異衆　丁卯運　入泮登科　仕縣令　丙寅運
일원강왕　필이정화위　고인권모이중　정묘운　입반등과　사현령　병인운

剋盡庚金　宦資大豊　乙丑合庚　晦火生金　落職.
극진경금　환자대풍　을축합경　회화생금　락직

이 명조(命造)는 甲木이 午월에 생(生)하여 木火 상관격(傷官格)이다.

년월(年月)의 천간에 土金이 투출하였으나 무근이니 버리고 쓰지 않는다. 지지

에 양묘일인(兩卯一寅)에 통근한 일주(日主)가 강왕(强旺)하므로 반드시 丁火가 용신 (用神)이다. 고로 상관(傷官)을 용신(用神)으로 하여 권모술수가 출중하였다.

丁卯 운에 입반(入泮)하여 등과(登科)하였으며 나아가 현령(縣令)이 되었는데 丙寅 운에는 庚金을 극진(剋盡)하니 환자(宦資)가 풍후(豊厚)하였으나 乙丑 운에는 庚金을 합(合)하고 회화생금(晦火生金)하여 파직(罷職)을 당하였다.

甲木 일주가 午月에 태어나서 식상(食傷)으로 실령하였으나 지지에 양묘일인(兩 卯一寅)으로 신왕하다. 희신(喜神)은 식재관인 火土金이고 기신은 인비인 水木이다. 丁卯 운은 卯木이 丁火를 생하므로 희신(喜神)인 식상이 왕(旺)하게 들어와 반궁에 들어가 등과하여 현령에 오르게 되었다. 丙寅운은 역시 寅木이 丙火를 생(生)하므 로 희신(喜神)인 식상이 왕(旺)하여 庚金을 충거(沖去)하니 오히려 환자(宦資)가 풍후 하였다.

乙丑 운은 乙庚 합화(合化)하여 乙木이 합거(合去)되었으나 축중신금(丑中辛金)과 오중병화(午中丙火)가 丙辛 합화(合化)하여 辛金이 합거(合去)되었고 축중신금(丑中辛 金)과 묘중을목(卯中乙木)이 乙辛 상충으로 辛金이 충거(沖去)되었는데 辛金은 관성 이 되니 관직(官職)에서 물러나게 된 것이다. 甲子 운은 甲庚 충(沖), 子午 충(沖)으로 천충지충되어 희신(喜神)인 午火를 충거(沖去)하였으니 불록(不祿)하였을 것이다. 이 명조는 지지에 녹인(祿刃)으로 통근되어 있으니 건록격(建祿格)이나 양인격(陽刃格)도 성립(成立)된다.

五. 상관용관격(傷官用官格)

```
乙 戊 己 壬
卯 戌 酉 戌
```

```
丙乙甲癸壬辛庚
辰卯寅丑子亥戌
```

戊日酉月 土金傷官 地支兩戌 燥而且厚 妙在年干壬水 潤土洩金而生
무일유월 토금상관 지지양술 조이차후 묘재년간임수   윤토설금이생

木 足以用官 亥運 財官皆得生扶 功名順遂 壬子 早遂仕路之志 癸丑
목 족이용관 해운 재관개득생부 공명순수 임자 조수사로지지 계축

支拱金局 服制重重 甲寅乙卯二十年 仕至侍郞.
지공금국 복제중중 갑인을묘이십년   사지시랑

이 명조(命造)는 戊土 일주(日主)가 酉월에 생(生)하여 土金 상관격(傷官格)이다. 지지(地支)의 두 戌土는 건조(乾燥)하고 두텁다. 묘(妙)한 것은 년간(年干)의 壬水가 土를 적셔주고 金을 설(洩)하여 木을 생조(生助)하므로 족(足)히 관(官)을 용신(用神)으로 한다.

亥운에 재관(財官)이 모두 생부(生扶)를 얻었으니 공명(功名)이 순조롭게 이루어져 과거(科擧)에 합격(合格)하였고 壬子 운에는 일찍 벼슬에 나아갔다. 癸丑 운에는 지지(地支)가 酉丑 금국(金局)을 이루니 상복(喪服)을 중중(重重)으로 입었으나 甲寅, 乙卯 운에는 20년 동안 벼슬이 시랑(侍郞)에 이르렀다.

戊土 일주가 酉월에 태어나서 상관(傷官)으로 실령(失令)하였고 지지(地支)가 酉戌

합금(合金)으로 金이 왕(旺)하고 壬水를 생조(生助)하니 金水가 왕성(旺盛)하다. 火를 극제(剋制)하여야 하나 원국(原局)에 火가 없어 木으로 억제(抑制)해야 하니 제살태과격(制殺太過格)이 되었다. 희신(喜神)은 인비관(印比官)인 火土木이고 기신(忌神)은 식재(食財)인 金水이다.

묘(妙)한 것은 사주(四柱)가 모두 천부지재(天覆地載)로 되어 있으며 지지(地支)가 모두 상합(相合)하여 좌우유정(左右有情)하다. 특히 卯戌 합화(合火)가 되어 오행(五行)이 구전(俱全)되어 아름다운 명조(命造)이다. 癸丑 운은 酉丑이 합금(合金)이 되어 기신이 되었는데 丑戌 형살(刑殺) 있어 형상(刑喪)을 입은 것이다.

任註

```
己 壬 己 庚
酉 申 卯 午
```

```
丙乙甲癸壬辛庚
戌酉申未午巳辰
```

壬水生于卯月　水木傷官　喜其官印通根　年支逢財　傷官有制有火　日元
임수생우묘월　수목상관　희기관인통근　년지봉재　상관유제유화　일원

生旺　足以用官　巳運　官星臨旺　采泮水之芹　折蟾宮之桂　壬午癸未　南
생왕　족이용관　사운　관성임왕　채반수지근　절섬궁지계　임오계미　남

方火地　出帝名區　鶯遷州牧　甲申乙酉　金得地　木臨絶　雖退歸而安亨琴
방화지　출제명구　앵천주목　갑신을유　금득지　목임절　수퇴귀이안형금

書 其樂 自如也.
서 기락 자여야

이 명조(命造)는 壬水가 卯월에 생(生)하여 水木 상관격(傷官格)이다.

기쁘게도 관인(官印)이 통근하고 년지(年支)에서 재(財)를 만났고 상관(傷官)을 제화(制化)할 수 있고 일주(日主)가 생왕(生旺)하므로 족히 관(官)을 용신(用神)으로 한다. 巳운에 채근(采芹)하고 과거에 급제(及第)하였다. 壬午, 癸未 운은 남방화지(南方火地)

이니 나아가 이름 있는 지역(地域)을 다스리고 주목(州牧)으로 영전하였다. 甲申, 乙酉 운에는 金이 득지(得地)하고 木은 절지(絶地)이니 비록 벼슬을 그만두고 귀향(歸鄕)하였다고 할지라고 거문고를 타고 책을 보면서 편안하게 지냈다.

壬水 일주가 卯월에 태어나서 상관(傷官)으로 실령(失令)하였으나 지지(地支)의 申酉金에 통근(通根)하고 천간에 庚金이 투출(透出)하였으니 신왕(身旺)하다. 신왕관왕격(身旺官旺格)이며 삼기격(三奇格)도 성립된다. 희신(喜神)은 식재관(食財官)인 木火土이고 기신(忌神)은 인비(印比)인 金水이다. 초년(初年)인 庚辰운은 辰酉 합금(合金)으로 기신(忌神)으로 곤고(困苦)하였을 것이고 辛巳 운은 巳午未 남방화지(南方火地)로 행(行)하니 巳酉 합금(合金)으로 기신(忌神)의 작용이 남아 있으나 巳午 화국(火局)으로 변하여 반궁(泮宮)에 들어가 전시(殿試)에 합격한 것이다. 壬午, 癸未 운은 壬水가 기신(忌神)이지만 개두(蓋頭)와 절각(截脚)이 되었다. 지지(地支)의 午未가 남방화지(南方火地)이니 벼슬이 주목(州牧)까지 오르게 되었다. 甲申, 乙酉 운은 申酉가 서방금지(西方金地)이지만 甲乙木 희신(喜神)으로 유유자적(悠悠自適)한 생활을 하였다.

癸	丙	己	癸
巳	午	未	酉

壬癸甲乙丙丁戊
子丑寅卯辰巳午

丙午日元 支類南方 未土秉令 己土透出 火土傷官 歲財受刦 無官則無
병오일원 지류남방 미토병령 기토투출 화토상관 세재수겁 무관즉무

存 無財則官亦無根 況火焰土燥 官星並透 以官爲用 運至火土 破耗刑
존 무재칙관역무근 황화염토조 관성병투 이관위용 운지화토 파모형

喪 乙卯甲寅運 雖能生火 究竟制傷衛官 大獲財利 納粟出仕 癸丑壬子
상 을묘갑인운 수능생화 구경제상위관 대획재리 납속출사 계축임자

運 由佐貳而昇縣令命利兩全.
운 유좌이이승현령명리양전

이 명조(命造)는 丙火 일주(日主)가 지지(地支)에 남방(南方)을 이루어 신왕(身旺)하고 당령(當令)하였고 己土가 투출(透出)하였으니 火土 상관(傷官)이다. 지지(地支)에 있는 재(財)가 극(剋)을 받고 있으므로 관(官)이 없으면 재(財)가 존재(存在)할 수 없고, 재(財)가 없으면 관(官)의 뿌리가 없게 되어 있는데 화염토조(火焰土燥)한 상황(狀況)으로 더욱 그러하다. 이에 관성(官星)이 병투(並透)하였으므로 용신(用神)이다.

초년(初年)의 운이 火土이므로 파모(破耗)와 형상(刑喪)을 겪었으나 乙卯, 甲寅 운에는 비록 火를 생조(生助)하지만 상관(傷官)을 극제(剋制)하고 관성(官星)을 호위(護衛)하므로 크게 재리(財利)를 얻어 재물(財物)을 바치고 출사(出仕)하였다. 癸丑, 壬子 운에는 관성(官星)이 득지(得地)하여 좌이(佐貳)를 거쳐 현령(縣令)에 올라 명리양전(命利兩全)하였다.

評註

丙火 일주가 지지(地支)에 巳午未 남방(南方)으로 신왕(身旺)하다.

희신(喜神)은 식재관(食財官)인 土金水이고 기신(忌神)은 인비(印比)인 木火이다. 특히 화염조토(火焰燥土)하므로 조후(調候)로 재관(財官)인 金水가 필요(必要)하고 습토(濕土)로 설(洩)함을 기뻐한다.

초년(初年)인 戊午, 丙辰 운은 火土가 되어 관(官)을 손상(損傷)하여 형상파모(刑喪破耗)가 되었다. 乙卯, 甲寅 운은 火를 생조(生助)하여 기신(忌神)이지만 甲己 합토(合土)가 되어 己土가 癸水를 극제(剋制)하므로 아름답고 寅巳 형(刑)이 되어 巳 중 庚金이 개고(開庫)되었으므로 재물(財物)을 바쳐 납속출사(納粟出仕)한 것이다.

원국(原局)에 건록(建祿)과 양인(陽刃)이 중중(重重)하여 명예욕(名譽慾)이 강(强)하였을 것이다. 癸丑 운은 지지(地支)가 巳酉丑 삼합회국(三合會局)이 되어 재관(財官)이 왕

성(旺盛)하므로 명리(名利)가 양전(兩全)하게 된 것이다. 壬子 운은 희신(喜神)이지만 丙壬 충(沖), 子午 충(沖)으로 천충지충(天沖地沖)되었으니 불록지객(不祿之客)이 되었을 것이다.

六. 가상관격(假傷官格)

```
乙 丁 戊 戊
巳 巳 午 申
```

```
乙甲癸壬辛庚己
丑子亥戌酉申未
```

此火土傷官 日主旺極 喜其傷官 發洩菁華 更妙財星得用 庚申辛酉運
차화토상관　일주왕극　희기상관　발설청화　경묘재성득용　경신신유운

少年刱業 發財十餘萬 壬戌辛而水不通根 雖有刑耗而無大患 至癸亥
소년창업　발재십여만　임술신이수불통근　수유형모이무대환　지계해

運 激火之烈 洩財之氣 不祿.
운　격화지열　설재지기　불록

이것은 火土 상관(傷官)으로 일주(日主)가 왕극(旺極)한데 기쁘게도 戊土 상관(傷官)이 청화(菁華)를 발설(發洩)하여 준다. 더욱 묘(妙)한 것은 재성(財星)을 득용(得用)하였으니 庚申, 辛酉 운에 소년(少年)으로 창업(刱業)하여 십여만(十餘萬)의 재물(財物)을 일으켰다. 壬戌 운은 水가 통근(通根)되지 않으므로 비록 형모(刑耗)는 있었으나 큰 재앙(災殃)은 없었으며 癸亥 운은 열화(烈火)를 충격(沖激)하고 재(財)를 설(洩)하니 불록(不祿)하였다.

丁火 일주가 지지(地支)에 비겁(比劫)이 태중(太重)하고 乙木 인수(印綬)가 투출(透出)하였으니 신왕(身旺)하다. 희신(喜神)은 식재관(食財官)인 土金水이고 기신(忌神)은 인비(印比)인 木火이다. 庚申, 辛酉 운에 재성(財星)이 희신(喜神)이니 일찍 대부(大富)가 되었고 壬戌 운은 壬水가 관성(官星)인데 丁壬 합거(合去)되었고 午戌 합화(合火)로 기신(忌神)이 되었으니 형상파모(刑傷破耗)가 있었다. 癸亥 운은 丁癸冲, 巳申 형(刑)으로 천충지충(天冲地冲)이 되어 희신(喜神)인 관성(官星)이 충발(冲拔)되었으니 불록지객(不祿之客)이 된 것이다.

任註

癸	壬	辛	壬
卯	子	亥	子

戊丁丙乙甲癸壬
午巳辰卯寅丑子

六水乘權 其勢泛濫 全賴卯木洩其精英 初交水運 仍得生助木神 平寧
육수승권　기세범람　전뢰묘목설기정영　　초교수운　　잉득생조목신　평녕

無咎 甲寅乙卯 正得用神之宜 采芹食廩 丁財並益 一交丙辰 群比爭財
무구　갑인을묘　정득용신지의　채근식름　정재병익　일교병진　군비쟁재

三子剋二 夫婦皆亡.
삼자극이　부부개망

이 명조(命造)는 육수(六水)가 승권(乘權)하여 그 기세(氣勢)가 넘쳐흐르니 전적(全的)으로 卯木이 그 정영(精英)을 설(洩)하는 것에 의지(依支)한다.

초년(初年)의 水운은 용신(用神)인 木을 생조(生助)하므로 평안(平安)하고 허물이 없이 지냈으며 甲寅, 乙卯 운은 바로 용신(用神)이 득지(得地)하여 마땅하니 반궁(泮

宮)에 들어가 보름(補廩)에 오르고 재물(財物)도 함께 일어났다. 그러나 丙辰 운으로 바뀌자 군비쟁재(群比爭財)하니 자식(子息) 셋 중에서 둘을 잃고 부부(夫婦)가 모두 세상을 떠났다.

 評註

壬水 일주가 亥月에 태어나서 水의 기세(氣勢)가 양양(洋洋)하여 윤하격(潤下格)이 되었다. 희신(喜神)은 인비식(印比食)인 金水木이고 기신(忌神)은 재관(財官)인 火土이다.

초년(初年)인 壬子, 癸丑 운은 卯木을 생조(生助)할 뿐 아니라 희신(喜神)이므로 유여(有餘)하였으며 甲寅, 乙卯 운은 용신(用神)이 왕(旺)하므로 채근(采芹)에 들어가 식름(食廩)에 오르고 재물까지 얻었다. 丙辰 운에는 하나의 丙火에 여섯의 비겁(比劫)이 극제(剋制)하니 군겁쟁재(群劫爭財) 또는 군비쟁재(群比爭財)가 되어 자식뿐만 아니라 부부가 모두 세상을 떠났다. 주의(注意)해야 할 것은 양인(陽刃)이 중중(重重)한데 子卯 상형(相刑)이 있으니 형액(刑厄)을 면(免)하지 못한 점이다.

任註

| 辛 | 戊 | 丙 | 戊 |
| 酉 | 辰 | 辰 | 午 |

癸壬辛庚己戊丁
亥戌酉申未午巳

此重中火土 最喜酉時 傷官透露 洩氣菁華 三旬之前 運走火土 蹭蹬芸
차중중화토　최희유시　상관투로　설기청화　삼순지전　운주화토　층등운

窗 一交庚申 運程直上 及辛酉壬戌癸亥四十載 體用合宜 由署郎出爲
창　일교경신　운정직상　급신유임술계해사십재　체용합의　유서랑출위

豸使 從藩臬而轉封疆 宦海無波.
치사　종번얼이전봉강　환해무파

이 명조(命造)는 火土가 중중(重重)하다. 가장 기쁜 것은 酉시에 상관(傷官)이 투출(透出)하여 청화(菁華)를 설(洩)하는 것인데 삼순(三旬) 이전에는 운이 火土로 행(行)하니 학문(學問)의 길에 기복(起伏)이 많으면서 서재를 지켰다. 庚申 운으로 바뀌자 청운(菁雲)의 길이 직상(直上)하였고 辛酉, 壬戌, 癸亥 40년은 체용(體用)이 합(合)하고 마땅하니 서랑(署郞)을 거쳐 치사(豸使)로 나아갔고, 이어서 반얼(藩臬)을 거쳐 봉강(封疆)에 올랐고 벼슬길에 풍파(風波)가 없었다.

評註

戊土 일주가 辰월에 태어나서 득령(得令)하였고 火土가 태중(太重)하니 신왕(身旺)하다. 희신(喜神)은 식재관(食財官)인 金水木이고 기신(忌神)은 인비(印比)인 火土이다. 원국(原局)에 申酉金이 있으니 기쁘다. 초년(初年)인 巳午未 남방화지(南方火地)에서는 일찍 과거(科擧)에 합격(合格)하지는 못했지만 庚申 운부터는 서방금지(西方金地)로 행(行)하니 승승장구(乘勝長驅)하여 대발(大發)하였다.

이 명조(命造)는 건록(建祿)과 양인(陽刃)이 있으며 辰辰 자형(自刑)까지 있으니 생살권(生殺權)을 담당하는 부서에서 직무를 수행(遂行)했을 것이다. 상하유정(上下有情)하고 좌우정협(左右情協)하여 천부지재(天覆地載)가 되어 귀격(貴格)이다. 격국(格局)은 양인격(陽刃格), 시상용상격(時上用傷格)이다.

任註

丙	戊	辛	乙
辰	午	巳	酉

甲乙丙丁戊己庚
戌亥子丑寅卯辰

此火土當權	乙木無根	以辛金爲用	辛丑年入泮	後因運程不合	屢因秋
차화토당권	을목무근	이신금위용	신축년입반	후인운정불합	누인추

闈 至丑運 暗拱金局 科甲連登 丙子乙亥 地支之水 本可去火 天干木
위 지축운 암공금국 과갑연등 병자을해 지지지수 본가거화 천간목

火不合 所以仕途蹭蹬 未能顯秩耳.
화불합 소이사도충등 미능현질이

    이 명조(命造)는 당권(當權)하고 乙木은 무근(無根)하므로 辛金을 용신(用神)으로
한다. 辛丑년에 반궁(泮宮)에 들어가 그 이후의 운정(運程)이 불합(不合)하여 추위(秋
闈)에서 실패(失敗)하였다. 그러나 丑운에 이르러 酉丑 금국(金局)으로 암회(暗會)하여
과갑(科甲)에 연달아 올랐다. 丙子, 乙亥 운에는 지지(地支)의 亥子 합수(合水)는 火를
제거(除去)할 수 있겠으나 천간(天干)의 甲乙木火가 마땅하지 않으니 벼슬길이 험난
(險難)하여 현령(縣令)의 지위(地位)에는 오르지 못하였다.

<h2>評註</h2>

    戊土 일주가 巳월에 태어나서 득령하였고 좌하(坐下)에 득지하였으며 시지(時支)
의 辰土에 득근(得根)하고 丙火가 투출하였으니 신왕하다. 희신(喜神)은 식재관(食財
官)인 金水木이고 기신(忌神)은 인비(印比)인 火土이다. 원국(原局)에 乙木은 절각(截
脚)되었고, 辛金이 酉金 합금(合金)에 통근되어 기쁘다.
    초년(初年)인 寅卯辰 동방목지(東方木地)는 희신(喜神)이지만 천간(天干)의 戊己土는
기신(忌神)으로 과거시험(科擧試驗)에 합격(合格)하지 못하였을 것이고, 丁丑 운에 이
르자 지지(地支)가 巳酉丑 암회(暗會)하여 희신(喜神)이 힘을 얻어 과갑연등(科甲連登)
하였다. 丙子, 乙亥 운은 지지(地支)에서 亥子 합수(合水)로 희신(喜神)이 되었으나 천
간(天干)의 丙乙은 丙辛 합거(合去)하였고 특히 乙亥 운은 乙辛 충(沖), 巳亥 충(沖)으
로 천충지충(天沖地沖)되어 벼슬길에 기복(起伏)이 많았다.

```
丙 戊 乙 丁
辰 午 巳 酉
```

```
戊己庚辛壬癸甲
戌亥子丑寅卯辰
```

此與前造 只換一辛字 據八字不及前造 而運途却勝于前 亦以辛金爲
차여전조 지환일신자 거팔자불급전조 이운도각승우전 역이신금위

用 非官印論也 丁丑年 濕土生金晦火 又全會金局 發甲入詞林 蓋運在
용 비관인론야 정축년 습토생금회화 우전회금국 발갑입사림 개운재

辛丑 正歲運皆宜也.
신축 정세운개의야

　이 명조(命造)와 전조(前造)는 단지 辛자(字)만 바뀌었는데 팔자(八字)로 보면 전조(前造)에 미치지 못하나 그 운도(運途)는 전조(前造)보다 좋다고 할 수 있다. 역시 酉金을 용신(用神)으로 하며 관인(官印)은 논(論)하지 아니한다. 丁丑년에 습토(濕土)가 회화생금(晦火生金)하고 또한 巳酉丑 금국(金局)을 이루어 발갑(發甲)하여 사림(詞林)에 들어갔다. 辛丑 운에 있을 때이니 세운(歲運)이 모두 마땅하였을 것이다.

　戊土 일주가 巳월에 태어나서 득령(得令)하였고 전조(前造)와 같이 녹왕(祿旺)하였고 천간(天干)에 丙丁火가 투출(透出)하였으니 신왕(身旺)하다. 희신(喜神)은 식재관(食財官)인 金水木이고 기신(忌神)은 인비(印比)인 火土이다. 대운(大運)이 동북지지(東北之地)인 木水로 행(行)하는데 전조(前造)의 대운(大運)은 간지(干支)가 절각(截脚)으로 행(行)하는 데 비하여 이 명조(命造)는 간지(干支)가 상하유정(上下有情)으로 행(行)하니 아름답다.

초년(初年)인 甲辰, 癸亥, 壬寅 운은 水木으로 행(行)하여 유여(有餘)하였을 것이다. 辛丑 대운(大運) 丁丑 년은 巳酉丑 암회금국(暗會金局)을 이루니 전시(殿試)에 합격(合格)하여 사림(詞林)에 들어갔다. 주의(注意)할 것은 대운(大運)이나 세운(歲運)에서 용신(用神)이 들어올 때 간지(干支)가 유정(有情)하여 천부지재(天覆地載)가 되었는가, 아니면 개두(蓋頭)나 절각(截脚)되었는가에 따라 천연지차(天淵之差)가 있다는 것인데 실증을 통(通)하여 확인(確認)할 수 있었다.

任註

辛	己	丙	丁
未	酉	午	丑

己庚辛壬癸甲乙
亥子丑寅卯辰巳

此造 土榮夏令 金絶火生 四柱水木全無 最喜金透通根 惜乎運走東方
차조 토영하령 금절화생 사주수목전무 최희금투통근 석호운주동방

生火剋金 不但功名蹭蹬 而且財源鮮聚 交辛丑運 年逢戊辰 晦火生金
생화극금 부단공명층등 이차재원선취 교신축운 년봉무진 회화생금

食神喜刦地 秋闈得意 名利裕如.
식신희겁지 추위득의 명리유여

이 명조(命造)는 土가 하령(夏令)에 왕성(旺盛)하고 金은 절(絶)하고 火는 생조(生助)를 받고 있다. 사주(四柱)에 水木이 전혀 없는데 가장 기쁜 것은 金이 투출(透出)하여 통근(通根)하고 있는 것이다.

애석(哀惜)한 것은 운(運)이 동방으로 달려 생화(生火)하고 극금(剋金)하니 공명(功名)에 기복(起伏)이 있을 뿐만 아니라 재물도 보이지 않는다. 辛丑 운으로 바뀌면서 戊辰 년에 火를 설(洩)하고 생금(生金)하니 식신(食神)은 겁지(劫地)를 기뻐하므로 추위(秋闈)에서 뜻을 이루고 명리유여(名利有餘)하였다.

己土 일주가 午월에 태어나서 득령(得令)하고 丑未에 통근(通根)하고 丙丁火가 투출(透出)하였으니 신왕(身旺)하며, 희신(喜神)은 식재관(食財官)인 金水木이고 기신(忌神)은 인비(印比)인 火土이다. 원국(原局)에 水木은 없고 辛金이 未酉에 통근(通根)하여 土를 설(洩)하니 식상(食傷)이 있어 기쁘다.

초년(初年)인 乙巳 운은 乙辛 충(冲)하고 巳酉丑 합금(合金)하여 巳午未 합화(合火)하므로 기복(起伏)이 심하였을 것이고, 甲辰 운은 甲己 합토(合土), 辰酉 합금(合金)으로 역시 土金으로 굴곡(屈曲)이 많았을 것이다.

癸丑, 壬寅 운은 水木 운으로 木이 생화(生火)하여 살인상생(殺印相生)이 되므로 오히려 기신(忌神)이 되었다. 辛丑 운은 丙辛 합화(合化)로 丙火 기신(忌神)을 합거(合去)하고 유축(酉丑) 합금(合金)으로 설(洩)하니 기쁜데 戊辰년에 들어와 기신(忌神)이 되었으나, 辰酉 합금(合金)되어 희신(喜神)이 되니 과거시험(科擧試驗)에 합격(合格)한 것이다.

原文

一淸到底有精神 管取生平富貴眞 澄濁求淸請得去 時來寒谷也回春
일청도저유정신　　관취생평부귀진　　징탁구청청득거　　시래한곡야회춘

일청도저(一淸到底) 하고 정신이 있으면 반드시 평생 부귀가 참되고, 징탁구청(澄濁求淸)하여 청(淸)이 탁(濁)을 제거하면 한곡에 때가 돌아와서 봄이 다시 온다.

原註

淸者 不徒一氣成局之謂也 如正官格 身旺有財 身弱有印 並無傷官 七
청자　　부도일기성국지위야　　여정관격　　신왕유재　　신약유인　　병무상관　칠

殺雜之 從有比肩食神制殺印綬雜之 皆循序得所 有安頓 或作閑神 不
살잡지　　종유비견식신제살인수잡지　　개순서득소　　유안돈　　혹작한신　불

來破局 乃爲淸奇 又要有精神 不爲枯弱者佳.
래파국　　내위청기　　우요유정신　　불위고약자가

濁非五行並出之謂 如正官格 身弱混之以殺 混之以財 以食神雜之 不
탁비오행병출지위　　여정관격　　신약혼지이살　　혼지이재　　이식신잡지　불

能傷我 之官 反與官星不和 以印綬雜之 不能扶我之身 反與財星相戕
능상아　지관　　반여관성불화　　이인수잡지　　불능부아지신　　반여재성상장

俱爲濁 或得 一神有力 或幸運得所 以掃其濁氣 冲其滯氣 皆爲澄濁以
구위탁 혹득 일신유력 혹행운득소 이소기탁기 충기체기 개위징탁이

求淸 皆富貴命矣.
구청 개부귀명의

청(淸)이란 일기(一氣)로 단지 국(局)이 이루어진 것을 말하는 것이 아니다.

가령 정관격(正官格)인데 신왕유재(身旺有財)이거나 신약유인(身弱有印)한 경우에
상관(傷官)과 칠살(七殺)이 함께 섞여 혼잡(混雜)하지 않아야 하며 비록 비견(比肩), 식
신(食神), 재살(財殺), 인수(印綬)가 혼잡(混雜)되어도 흐름의 순서대로 마땅한 자리에
서 안돈(安頓)하거나 한신(閑神)이 들어와 파국(破局)하지 않으면 청기(淸氣)한 것이고
또한 정(精)과 신(神)이 갖추어져 있음을 요(要)하며 편고(偏枯)하거나 쇠약(衰弱)하지
않으면 아름다운 것이다.

탁(濁)이란 오행(五行)이 전부 섞여 혼잡되어 있는 것을 말하는 것이 아니다. 가
령 정관격(正官格)에 일주(日主)가 신약(身弱)한데 살(殺)이 혼잡(混雜)되어 있거나 재
(財)나 식상(食傷)이 혼잡(混雜)하여 나의 관(官)을 손상(損傷)하지는 않으나 도리어 관
성(官星)과 불화(不和)하거나 또한 인수(印綬)가 혼잡되어 일주(日主)를 돕지 않고 도
리어 재성(財星)과 싸우면 모두가 탁(濁)한 것이다. 그러나 유력(有力)한 신(神) 하나
를 얻거나 행운에서 마땅한 것을 얻어 탁기(濁氣)를 제거하거나 정체(停滯)되어 막
힌 기(氣)를 충(冲)하여 소통하면 탁(濁)한 것을 정화(淨化)하여 청청(淸淸)함을 구하
는 것이니 모두 부귀(富貴)하게 되는 명조(命造)이다.

任註

壬氏曰 命之最難辨者 淸濁兩字 此章所重者 澄濁求淸四字也 淸而有
임씨왈 명지최난변자 청탁양자 차장소중자 징탁구청사자야 청이유

氣 則 精神貫足 淸而無氣 則精神枯槁 精神枯 卽邪氣入 邪氣入則淸
기 즉 정신관족 청이무기 즉정신고고 정신고 즉사기입 사기입즉청

氣散 淸氣散 則不貧卽賤矣 夫淸濁者 八字皆有也 非正官一端而論也.
기산 청기산 즉부빈즉천의 부청탁자 팔자개유야 비정관일단이론야

如正官格 身有印 忌財 財星不現 淸可知矣.
여정관격　신유인　기재　재성불현　청가지의

卽使有財 不可使作濁論 須要看其情勢 如財與官貼 官與印貼 印與日
즉사유재　불가사작탁론　수요간기정세　여재여관첩　관여인첩　인여일

主貼 則財生官 官生印 印生身 印之源頭 更長矣 至行運 再助其印綬
주첩　즉재생관　관생인　인생신　인지원두　경장의　지행운　재조기인수

自然富貴矣.
자연부귀의

卽使無財 不可使作淸論 亦要看其情勢 或印星無氣 與官星不通 或印
즉사무재　불가사작청론　역요간기정세　혹인성무기　여관성불통　혹인

星太旺 日主枯弱 不受印星之生 或官星貼日 印星遠隔 日主先受官剋
성태왕　일주고약　불수인성지생　혹관성첩일　인성원격　일주선수관극

印星不 能生化 至行運 再逢財官 不貧亦夭矣.
인성불　능생화　지행운　재봉재관　불빈역요의

如正官格 身旺喜財 所忌者印綬 傷官其次也 亦看情勢.
여정관격　신왕희재　소기자인수　상관기차야　역간정세

如傷官與財貼財與官貼 官與比肩貼 不特官星無礙 抑且傷官化劫生財
여상관여재첩재여관첩　관여비견첩　불특관성무애　억차상관화겁생재

財生 官旺 官之源頭更長 至行運再遇財官之地 命利兩全矣 如傷官與
재생　관왕　관지원두경장　지행운재우재관지지　명리양전의　여상관여

財星遠隔 反與官星緊貼 財不能爲力 至行運再遇傷官之地 不貧亦賤
재성원격　반여관성긴첩　재불능위력　지행운재우상관지지　불빈역천

矣.
의

如傷官在天干 財星在地支 必須天干財運以解之 傷官在地支財星在天
여상관재천간　재성재지지　필수천간재운이해지　상관재지지재성재천

干 必須 地支財運以通之 或財官相貼 而財神被合神絆住 或被閑神剋
간　필수　지지재운이통지　혹재관상첩　이재신피합신반주　혹피한신겁

占 亦須 歲運冲其合神 制其閑神 皆爲澄濁求淸 雖擧正官而論 八格皆
점　역수　세운충기합신　제기한신　개위징탁구청　수거정관이론　팔격개

同此論.
동차론

總之 喜神宜得地逢生 與日主緊貼者佳 忌神宜失勢臨絶 與日主遠隔
총지　희신의득지봉생　여일주긴첩자가　기신의실세임절　여일주원격

者美 日主喜印 印成貼身 或坐下印綬 此卽日主之精神也 官星貼印 或
자미　일주희인　인성첩신　혹좌하인수　차즉일주지정신야　관성첩인　혹

坐 下官星 此卽印綬之精神 餘可例推.
좌　하관성　차즉인수지정신　여가예추

　　임씨(任氏)가 말하길, 명(命) 중에서 가장 분별(分別)하기 어려운 것이 청탁(淸濁)이라는 두 글자이다.

　　이 장(章)에서 가장 중요(重要)한 것은 '징탁구청(澄濁求淸)'이라는 네 글자이다. 청(淸)하고 무기(無氣)하면 정신(精神)이 시들고 마른다. 정신(精神)이 시들면 사기(邪氣)가 들어오고 사기(邪氣)가 들어오면 흩어지고 청기(淸氣)가 흩어지면 가난하거나 천(賤)하게 된다.

　　청탁(淸濁)이라는 것은 팔자(八字)에 있는 것이니 정관(正官) 하나만을 논(論)하는 것은 아니다. 가령 정관격(正官格)에 일주(日主)가 신약(身弱)한데 인수(印綬)가 있으면 재(財)를 꺼리는데 재성(財星)이 나타나지 않으면 청(淸)함을 가히 알 수 있다. 만약 재(財)가 있다고 할지라도 곧 탁(濁)한 것으로 논(論)하여서는 아니 되니 반드시 그 정세(情勢)를 보고 판단하여야 한다.

　　가령 재(財)가 있어도 관성(官星)과 붙어 있고 혹은 관성(官星)과 인수(印綬)가 붙어 있으면 재성(財星)은 관성(官星)을 생(生)하고 관성(官星)은 인수(印綬)를 생(生)하며 인수(印綬)는 일주(日主)를 생(生)하므로 인수(印綬)의 원두(源頭)는 더욱 길어지며 행운(行運)에서 다시 인수(印綬)를 도우면 자연히 부귀(富貴)하게 된다.

　　가령 인수(印綬)를 손상(損傷)하는 재(財)가 없다고 하여 곧 청(淸)한 것으로 논(論)하여서는 아니 되며 역시 그 정세를 판단하여야 한다.

　　인수(印綬)가 무기(無氣)한데 관성(官星)과 불통(不通)하거나 인수(印綬)가 태왕(太旺)한데 일주(日主)가 고약(枯弱)하여 인수(印綬)의 생(生)을 받을 수 없거나 혹은 관성(官星)은 일주(日主)에 붙어 있고 인수(印綬)는 멀리 떨어져 있어 일주(日主)가 관성(官星)의 극(剋)을 받는다면 인수(印綬)가 생화(生化)할 수 없거나 행운(行運)에서 재관(財官)을 만나게 되면 가난하거나 요절(夭折)하게 된다.

또 예(例)를 들면 정관격(正官格)에 일주(日主)가 신왕(身旺)하면 재성(財星)을 기뻐하고 꺼리는 것은 인수(印綬)이고 그다음이 상관(傷官)인데 역시 그 정세(情勢)를 살펴야 한다.

가령 상관(傷官)과 재성(財星)이 붙어 있거나 재성(財星)과 관성(官星)이 붙어 있거나 관성(官星)이 비견(比肩)에 붙어 있다면 이는 관성(官星)에 장애(障碍)가 없을 뿐만 아니라 상관(傷官)이 비견(比肩)을 인화(引化)하여 생재(生財)하고 재성(財星)은 다시 생관(生官)하므로 왕(旺)한 관성(官星)의 원두(源頭)는 더욱 길어질 것이고 행운(行運)에서 다시 재관지(財官地)를 만나게 되면 명리(名利)가 양전(兩全)하게 될 것이다.

그러나 가령 상관(傷官)이 재성(財星)과는 멀리 떨어져 있고 도리어 관성(官星)이 가까이 붙어 있다면 재성(財星)은 힘을 쓸 수 없게 되므로 행운(行運)에서 다시 상관지(傷官地)를 만나게 되는 경우에는 가난하거나 천(賤)하게 되는 것이다.

또 예(例)를 들면 상관(傷官)은 천간(天干)에 있고 재성(財星)은 지지(地支)에 있는 경우에는 반드시 천간(天干)의 재운(財運)으로 풀어야 하고 상관(傷官)은 지지(地支)에 있고 재성(財星)이 천간(天干)에 있는 경우에는 지지(地支)의 재운(財運)으로써 통관(通關)해야 한다.

그러나 재관(財官)이 서로 붙어 있는데 재성(財星)이 합신(合神)에 의하여 묶이거나 한신(閑神)에게 겁점(刦占)된 경우에는 역시 세운(歲運)에서 그 합신(合神)을 충거(冲去)하거나 한신(閑神)을 제압(制壓)하여야 하는데 이러한 것이 모두 징탁구청(澄濁求淸)인 것이다. 비록 정관(正官)을 예(例)로 들어 논(論)하였으나 8격(八格)을 모두 이와 같이 논(論)한다.

총괄(總括)하면 희신(喜神)은 마땅히 득지(得地)하고 봉생(逢生)하며 일주(日主)와 긴첩(緊貼)한 것이 아름다우며 기신(忌神)은 마땅히 절지(絶地)에 있어 세력(勢力)을 잃어야 하고 일주(日主)와는 원격(遠隔)되어 있어야 아름답다.

일주(日主)가 인수(印綬)를 기뻐하는데 인수(印綬)가 첩신(貼身)하거나 또는 좌하(坐下)에 있는 것이 마땅한데 이것이 일주(日主)의 정신(精神)이다. 그리고 관성(官星)이 인수(印綬)에 긴첩(緊貼)되어 있거나 좌하(坐下)에 관성(官星)이 있으면 이것이 곧 인수(印綬)의 정신(精神)이다. 나머지도 이와 같이 추리(推理)할 수 있다.

```
乙 丙 甲 癸
未 寅 子 酉
```

```
丁戊己庚辛壬癸
巳午未申酉戌亥
```

丙生子月 坐下長生 印透根深 弱中之旺 喜其官星當令 透而生財 所謂
병생자월 좌하장생 인투근심 약중지왕 희기관성당령 투이생재 소위

一淸到底有精神也 更妙源流不悖 純粹可觀 金木運中 登科發甲 名高
일청도저유정신야 경묘원류불패 순수가관 금목운중 등과발갑 명고

翰苑 惜中運火土 以致終老于詞林.
한원 석중운화토 이치종노우사림

이 명조(命造)는 子월에 생(生)하여 좌하(坐下)가 장생(長生)이고 인수(印綬)가 투출(透出)하여 뿌리가 깊으니, 약한 가운데 왕(旺)하다. 기쁘게도 관성(官星)이 당령(當令)하였고 또한 투출(透出)하여 인수(印綬)를 생(生)하니 소위 '일청도저유정신(一淸到底有精神)'이다.

더욱 묘(妙)한 것은 원류(源流)의 흐름이 어긋나지 않았고 순수(純粹)하다. 金水 운중(中)에 등과(登科)하고 발갑(發甲)하였으며 한원(翰苑)[230]에서 명성(名聲)이 높았으나 애석(哀惜)하게도 중년(中年) 이후의 운(運)이 火土이니 종신(終身) 동안 사림(詞林)[231]에서 노년(老年)을 마쳤다.

---

230 한원(翰苑): 한림원(翰林院)을 말하며 조선시대에는 예문관(藝文館)이라고 하였음. 한림학사(翰林學士) 문사(文士)들에게 임명하는 청직(淸職)이었다.

231 사림(詞林): 한림학사(翰林學士)의 별칭. 학문(學問)이 높은 선비의 총칭(總稱)이다.

評註

丙火 일주가 子월에 태어나서 실령(失令)하였으나 좌하(坐下)의 寅木에 장생(長生)으로 득지(得地)하였고 甲乙木이 투출(透出)하여 생조(生助)하니 신왕(身旺)하다. 희신(喜神)은 식재관(食財官)인 土金水이고 기신(忌神)은 인비(印比)인 木火이다. 초년(初年)인 金水 운에 과갑(科甲)하였고 중년(中年) 이후부터 말년(末年)까지 학문이 높은 선비로 일생(一生)을 보냈다.

이 명조(命造)는 선약후강(先弱後强)하였으며 오행(五行)이 구전(俱全)되었고 원류불패(源流不悖)가 어긋나지 않아 일생 동안 생생부절(生生不絶)하였다. 용신정법(用神定法)으로는 희신(喜神)이 식재관(食財官)이니 삼귀격(三貴格)이라고도 하고 오행구전격(五行俱全格) 또는 년상정관격(年上正官格)이라고도 한다.

己未 운은 희신(喜神)이지만 원국(原局)과의 생극(生剋), 충형(冲刑), 합화(合化) 등에 의한 세력(勢力)을 관찰(觀察)해야 한다.

己土는 甲己 합토(合土)가 되지만 己癸 충극(冲剋)이 되기도 하는데 희신(喜神)인 癸水 정관(正官)은 손상(損傷)을 면(免)할 수가 없으며 지지(地支)의 未 중 乙木과 酉 중 辛金이 乙辛 상충(相冲)이 되었으니 酉金 재성(財星)이 손상(損傷)당하여 관직에 변화가 있는 것이다. 戊午 운은 戊癸 합화(合火)로 癸水가 합거(合去)되었고 지지(地支)는 午未 합화(合火), 子午 충파(冲破)되어 子水가 충거(冲去)되어 요직(要職)에서 물러났을 것이다.

任註

辛	己	丙	甲
未	亥	寅	子

癸壬辛庚己戊丁
酉申未午巳辰卯

春土坐亥 財官太旺 最喜獨印逢生 財藏生官 則印綬之元神愈旺 氣貫
춘토좌해　재관태왕　최희독인봉생　재장생관　즉인수지원신유왕　기관

生時而日主之氣不薄 更妙連珠生化 尤羨運途不悖 所以恩分雕錦 寵
생시이일주지기불박　경묘연주생화　우선운도불패　소이은분조금　총

錫金蓮地近清禁 職居津要.
석금연지근청금　직거진요

춘토(春土)가 亥水 위에 앉아 있고 재관(財官)이 태왕(太旺)하다.

가장 기쁜 것은 인수(印綬)인 丙火가 장생(長生)을 만난 것이고 지지(地支)의 재성(財星)인 子水가 甲木을 생조(生助)하므로 인수(印綬)는 더욱 왕(旺)하다. 己土의 기(氣)가 생시(生時)까지 관통(關通)하고 있으니 일주(日主)는 약(弱)하지 않다. 또한 더욱 묘(妙)한 것은 구슬을 꿰듯 차례로 이어져 생화(生化)하고 있는 것이며 더욱 아름다운 것은 운도(運途)가 어긋나지 않는 것이다. 그러므로 은총(恩寵)을 입어 조금(雕錦)[232]과 금련(金蓮)[233]을 하사(下賜)받았으며 궁궐 가까이에서 여러 요직(要職)을 두루 역임(歷任)하였다.

評註

己土 일주가 寅월에 태어나서 실령(失令)하였고 좌하(坐下)의 亥水에 실지(失地)하였고 신약(身弱)하다. 그러므로 인비(印比)인 火土를 희신(喜神)으로 하는 것이 정법(定法)이다. 원국(原局)에서 식상(食傷)과 관살(官殺)이 병림(並臨)하였을 때는 세력(勢力)을 비교하여 식신제살(食神制殺)인가, 아니면 제살태과(制殺太過)인가를 세밀하게 관찰해야 한다.

이 명조(命造)는 辛金 식신(食神)이 未土의 생조(生助)를 받고 있으나 甲木 관성(官

---

232 조금(雕錦): 독수리 모양의 아름다운 무늬를 새긴 비단.

233 금련(金蓮): '금으로 만든 연꽃 모양의 조명용 등'이란 뜻으로, 당(唐)나라 선종(宣宗)이 궁중에서 신하들을 대면하였다가 밤이 늦어지면 가마를 내어주어 돌아가게 한 고사(故事)에서 나온 말.

星)은 亥子의 인수(印綬)와 寅木의 비견(比肩)으로 부조(扶助)되었으니 관성(官星)이 태왕(太旺)하다.

그러므로 용신정법(用神定法)으로는 식신제살격(食神制殺格)이 되어 희신(喜神)은 火土뿐만 아니라 金이 추가(追加)되었으며 기신(忌神)은 재관(財官)인 水木이다. 아름다운 것은 오행구전(五行俱全)하여 구슬이 이어지듯 생생부절(生生不絶)하였고 대운(大運)까지도 천부지재(天覆地載)가 되어 평생 동안 어그러짐이 없었다.

任註

```
丁 丙 甲 癸
酉 寅 子 未
```

```
丁 戊 己 庚 辛 壬 癸
巳 午 未 申 酉 戌 亥
```

此與前癸酉者　大同小異　全則官坐財地　此卽官坐傷地　兼之子未相貼
차여전계유자　대동소이　전즉관좌재지　차즉관좌상지　겸지자미상첩

不但天干之官受剋　卽地支之官亦傷　更嫌刦入財鄕　所謂財刦官傷　從
부단천간지관수극　즉지지지관역상　경혐겁입재향　소위재겁관상　종

使 芹香早采　仍蹭蹬秋闈　辛酉庚申運　于支皆財　財如放梢春　利如蔓草
사 근향조채　잉층등추위　신유경신운　우지개재　재여방초춘　이여만초

生枝　家業豊裕一交己未　傷處剋子　遭回祿　家業大破　可知窮通在運也.
생지　가업풍유일교기미　상처극자　조회록　가업대파　가지궁통재운야

이 명조(命造)는 癸酉 명조(命造)와 대동소이(大同小異)하다.

전조(前造)는 관성(官星)이 재성(財星) 위에 앉아 있으나 이 명조(命造)는 관성(官星)이 상관(傷官) 위에 앉아 있다. 또한 子未가 서로 붙어 있으므로 천간(天干)의 관성(官星)이 극(剋)을 당하였을 뿐만이 아니라 지지(地支)의 관성(官星)도 손상(損傷)을 당하고 있다.

더욱 꺼리는 것은 겁재(劫財)가 재성(財星) 위에 앉아 있는 것이니 소위(所謂) '재겁

관상(財劫官傷)'이라 재(財)는 겁탈(劫奪)당하고 관(官)은 손상(損傷)하였다는 것이니 일찍 반궁(泮宮)에 들어 왔으나 추위(秋闈)에 뜻을 이루지 못하였다.

辛酉, 庚申 운에는 간지(干支)가 모두 재성(財星)이므로 재물(財物)이 봄의 죽순(竹筍)처럼 자라는 것과 같았고, 이익(利益)은 넝쿨풀이 가지를 타고 오르듯 가업(家業)이 풍유(豊裕)하였다. 그러나 己未 운으로 바뀌면서는 상처극자(傷妻剋子)하고 화재(火災)를 만나서 가업(家業)이 대파(大破)하였으니, 궁통(窮通)이 있다는 것을 알 수 있다.

앞의 癸酉 명조(命造)와 대동소이(大同小異)하지만 전조(前造)는 상하유정(上下有情)하고 좌우기협(左右氣協)하니 천부지재(天覆地載)가 되었으므로 아름답다. 이 명조(命造)는 관성(官星)이 절각(截脚)되었고 재성(財星)이 개두(蓋頭)되었으니 재겁관상(財劫官傷)이 되었으므로 천연지차(天淵之差)가 있다.

이 명조(命造)는 丙火 일주가 子月에 태어나서 실령(失令)하였으나 子水는 甲木을 생조(生助)하고 甲木은 일주(日主)를 생조(生助)하였으니 오히려 관인상생(官印相生)이 되었고 좌하(坐下) 寅木에 득지(得地)하였으며 丁火가 투출(透出)되었으니 신왕(身旺)하다. 희신(喜神)은 식재관(食財官)인 土金水이고 기신(忌神)은 인비(印比)인 木火이다.

癸亥, 壬戌 운은 壬癸水가 관성(官星)인데 희신(喜神)이므로 일찍 채근(采芹)하였으나 戌土 운에서 戌未가 형(刑)이 되었으니 굴곡(屈曲)이 있었을 것이다. 그러나 辛酉, 庚申 운은 간지(干支)가 유정(有情)하고 재성(財星)이 희신(喜神)이므로 춘죽(春竹)과 만초(蔓草)처럼 가업(家業)이 풍성(豊盛)하였다.

己未 운은 甲己 합거(合去), 己癸 충극(冲剋)으로 己土와 癸水가 손상(損傷)되었고 미중기토(未中己土)와 자중계수(子中癸水)가 충극(冲剋)되어 癸水가 손상(損傷)되었으며 미중을목(未中乙木)과 유중신금(酉中辛金)이 충극(冲剋)으로 辛金이 손상(損傷)되었으므로 상처극자(傷妻剋子)하였다. 戊午 운은 戊癸 합거(合去)되었고 子午 충발(冲拔)

로 관살(官殺)이 손상(損傷)되었으니 불록지객(不祿之客)이 된 것이다.

주의(注意)해야 할 것은 癸水는 관성(官星)으로 자식(子息)을 뜻하고 辛金은 재성(財星)이므로 처궁(妻宮)을 뜻하기 때문에 상처극자(傷妻剋子)를 한 것이다.

原文

滿盤濁氣令人苦 一局淸枯也苦人 半濁半淸猶是可 多成多敗度晨昏
만반탁기령인고　　　일국청고야고인　　　반탁반청유시가　　　다성다패도신혼

원국(原局)에 탁기(濁氣)가 가득하면 사람을 곤고(困苦)하게 하고 일국(一局)이 맑으나 메마르면서 역시 괴롭게 한다. 반탁반청(半濁半淸)하면 오히려 그런대로 괜찮으나 다성다패(多成多敗)가 아침저녁으로 일어난다.

原註

柱中要尋他淸氣不出 行運又不能去其濁氣 必是貧賤.
주중요심타청기불출　　　행운우불능거기탁기　　　필시빈천

若淸又要有精神爲妙 如枯弱無氣 行運又不遇發生之地 亦淸苦之人.
약청우요유정신위묘　　　여고약무기　　행운우불우발생지지　　　역청고지인

濁氣又難去 淸氣又不眞 行運又不遇淸氣 又不脫濁氣者 雖然成敗不
탁기우난거　청기우부진　　행운우불우청기　　우불탈탁기자　　수연성패불

一 亦了此生平矣.
일　역료차생평의

원국(原局) 안에서 청기(清氣)를 찾아도 나오지 않고 행운(行運)에서도 또한 그 탁기(濁氣)를 제거(除去)하지 못하면 반드시 빈천(貧賤)하게 된다. 만약 청(清)함이 있으면 반드시 정신(精神)이 있어야만 묘(妙)한 것이니, 가령 원국(原局)이 고약무기(枯弱無氣)하고 행운(行運)에서 다시 생부(生扶)하는 운(運)을 만나지 못하면 역시 청고(清枯)한 사람이다.

탁기(濁氣)도 제거(除去)하기 어렵고 청기(清氣) 역시 참되지 않은데 운(運)에서도 청기(清氣)를 만나지 못하고 또한 탁기(濁氣)도 벗어날 수 없으면 비록 성패(成敗)가 일정(一定)하지 않다고 할지라도 역시 이와 같이 일생(一生)을 살게 될 것이다.

任註

任氏曰 濁者 四柱混雜之謂也 或正神失勢 邪氣乘權 此氣之濁也 或提
임씨왈 탁자 사주혼잡지위야 혹정신실세 사기승권 차기지탁야 혹제

綱破損 亦求別用 此格之濁也 或官旺喜印 財星壞印 此財之濁也 或官
강파손 역구별용 차격지탁야 혹관왕희인 재성괴인 차재지탁야 혹관

衰喜財 比刦爭財 此比刦之濁也 或財旺喜刦 官星制刦 此官之濁也 或
쇠희재 비겁쟁재 차비겁지탁야 혹재왕희겁 관성제겁 차관지탁야 혹

財輕喜食傷 印綬當權 此印之濁也 或身强殺淺 食傷得勢 此食傷之 濁
재경희식상 인수당권 차인지탁야 혹신강살천 식상득세 차식상지 탁

也 分其所用 斷其名利之得失 六親之宜忌 無不驗也.
야 분기소용 단기명리지득실 육친지의기 무불험야

然濁與清枯二字酌之 寧使清中濁 不可清中枯.
연탁여청고이자작지 녕사청중탁 불가청중고

夫濁者 雖成敗不一 多有險阻 倘遇行運得所 掃除濁氣 亦有起發之機
부탁자 수성패불일 다유험조 당우행운득소 소제탁기 역유기발지기

如行運又無安頓之地 乃困苦矣.
여행운우무안돈지지 내곤고의

清枯者 不特日主無根之謂也 卽日主有氣 而用神無氣者 亦是也 枯又
청고자 불특일주무근지위야 즉일주유기 이용신무기자 역시야 고우

非弱 比也.
비약 비야

枯者 無根而朽也 卽遇滋助之鄉 亦不能發生也 弱者 有根而嫩也 所以
고자　무근이후야　즉우자조지향　역불능발생야　약자　유근이눈야　소이

扶之卽發 助之卽旺 根在苗先之意也 凡命之日主枯者 非貧卽夭 用神
부지즉발　조지즉왕　근재묘선지의야　범명지일주고자　비빈즉요　용신

枯者 非貧卽孤.
고자　비빈즉고

所以淸有精神終必發 偏枯無氣斷貧 滿盤濁氣須看運 抑濁扶淸也可亨
소이청유정신종필발　편고무기단빈　만반탁기수간운　억탁부청야가형

試之驗也.
시지험야

임씨(任氏)가 말하길, 탁(濁)이라는 것은 혼잡(混雜)한 것을 말한다.

혹 정신(精神)인 길신(吉神)이 기세(氣勢)를 잃고 사기(邪氣)인 기신(忌神)이 세력(勢力)을 얻게 되면 이것은 기(氣)가 탁(濁)한 것이다.

혹 제강(提綱)인 월령(月令)이 파손(破損)되어 다른 용신(用神)을 구하면 이것은 격(格)이 탁(濁)한 것이다.

혹 재성(財星)이 인수(印綬)를 파괴한다면 이는 재성(財星)이 탁(濁)한 것이다.

혹 관(官)이 쇠약(衰弱)하여 재(財)를 기뻐하는데 비겁(比劫)이 쟁재(爭財)한다면 비겁(比劫)이 탁(濁)한 것이다.

혹 재(財)가 왕(旺)하여 비겁(比劫)의 도움을 기뻐하는데 관성(官星)이 비겁(比劫)을 극제(剋制)한다면 이는 관(官)이 탁(濁)한 것이다.

혹 재(財)가 경(輕)하여 식상(食傷)을 기뻐하는데 인수(印綬)가 당권(當權)하면 이는 인수(印綬)가 탁(濁)한 것이다.

혹 일주(日主)가 신강(身强)하고 살(殺)은 경(輕)한데 식상(食傷)이 득세(得勢)하면 이는 식상(食傷)이 탁(濁)한 것이다.

이상(以上)과 같이 그 작용(作用)하는 바를 나누어서 명리(名利)의 득실(得失)과 육친(六親)의 의기(宜忌)를 판단한다면 증험(證驗)하지 않아도 된다. 그러나 탁(濁)과 청고(淸枯)라는 두 단어를 참작(參酌)하여 헤아려 보면 차라리 청중탁(淸中濁)이 될지언정 청중고(淸中枯)가 되어서는 아니 된다.

탁(濁)한 것은 비록 성패(成敗)가 일정(一定)하지 않고 험난하고 막히는 일이 많으나 행운(行運)에서 마땅한 곳을 만나 탁기(濁氣)를 제거(除去)한다면 역시 분발(奮發)하여 일어날 기회가 있는 것이다. 만약 행운(行運)에서도 안돈지지(安頓之地)가 없으면 곤고(困苦)함을 면(免)할 수 없다.

청고(淸枯)하다는 것은 일주(日主)가 무근(無根)한 것만을 말하는 것이 아니고 일주(日主)가 유기(有氣)하나 용신(用神)이 무기(無氣)한 경우에도 역시 청고(淸枯)하다고 말한다. 고(枯)라는 것은 약(弱)에 비유(比喩)한 것이 아니다. 고(枯)라 함은 뿌리가 없고 썩은 것을 말하는데 생조(生助)하는 운(運)을 만나도 생기(生氣)를 발(發)할 수가 없다.

약(弱)이라는 것은 뿌리가 있으나 어려서 연약(軟弱)한 것을 말하는데 행운(行運)에서 비겁(比劫)의 도움이 있으면 발생(發生)하고 인수(印綬)의 생조(生助)가 있으면 왕성(旺盛)하게 될 수 있는 것이다. 이것을 '근재묘선(根在苗先)'이라고 한다.

무릇 명(命)에 있어서 일주(日主)가 고(枯)한 것은 가난하지 않으면 요절(夭折)하고 용신(用神)이 고(枯)한 것은 가난하지 않으면 고독(孤獨)하게 되는 것이다. 그러므로 청(淸)하고 정신(精神)이 있으면 마침내는 반드시 발생(發生)하고 편고(偏枯)하고 무기(無氣)하면 고빈(孤貧)하다. 명국(名局)에 탁기(濁氣)가 가득하면 반드시 운(運)을 살펴야 하고 탁(濁)한 것을 극제(剋制)하고 청(淸)한 것을 도우면 형통(亨通)할 수 있으니 시험(試驗)하여 보면 증험(證驗)이 있다.

任註

丁	戊	庚	乙
巳	戌	辰	亥

癸甲乙丙丁戊己
酉戌亥子丑寅卯

戊戌日元　生于辰月巳時　木退氣　土乘權　印綬重逢　用官則被庚金合壞
무술일원　생우진월사시　목퇴기　토승권　인수중봉　용관즉피경금합괴

用食則官又不從化 而火又剋金 無奈何而用財 又有巳時遙冲 又不當
용식즉관우불종화　　이화우극금　　무내하이용재　　우유사시요충　　우부당

令 若邀庚金生助 貪合忘生 且遙隔無情 所以起倒不一 幸而財官尚有
령　약요경금생조　빈합망생　차요격무정　소이기도불일　행이재관상유

餘氣 至乙亥運 補起財官 遂成小康.
여기　지을해운　보기재관　수성소강

戊戌 일주가 생(生)하여 木은 퇴기(退期)이고 土는 승권(乘權)하였는데 인수(印綬)를 거듭 만나 왕(旺)하나 乙木 관(官)을 용(用)으로 하면 庚金과 합(合)이 되어 쓸 수 없고 庚金 식신(食神)을 용(用)으로 하면 관(官)과 합(合)하여 종화(從化)하지 않고 火가 극금(剋金)하니 역시 쓸 수 없다. 어찌할 수 없이 재성(財星)인 壬水를 용신(用神)으로 하였으나 멀리 있는 시지(時支)의 巳火가 충(冲)하고 당령(當令)도 하지 못하였다.

　庚金의 생조(生助)를 얻고자 해도 乙木과 합(合)이 되어 탐합망생(貪合忘生)이 되고 멀리 떨어져서 무정(無情)하다. 그러므로 기복(起伏)이 한결같지 않았으나 다행하게도 재관(財官)에 여기(餘氣)가 아직 있으므로 乙亥 운에 이르러 재관(財官)을 도와 드디어 편안함을 얻게 되었다.

評註

　戊土 일주가 辰월에 태어나서 득령(得令)하였고 좌하(坐下) 戊土에 득지(得地)하였으며 시주(時柱)가 인수(印綬)로 득세(得勢)하였으나 신왕(身旺)하다. 희신(喜神)은 식재관(食財官)인 金水木이고 기신(忌神)은 인비(印比)인 火土인데 사주(四柱)의 원국(原局)이 상하유정(上下有情)으로 천부지재(天覆地載)가 되었으니 귀격(貴格)이다.

　庚金 식신(食神)은 辰土에 생조(生助)를 얻어 왕성(旺盛)하고 재성(財星)인 亥水는 庚金의 생조(生助)를 얻어 역시 왕성(旺盛)하며 관성(官星)인 乙木은 亥水의 생조(生助)를 얻어 왕설(旺盛)하니 희신(喜神) 모두가 아름답다. 그러나 아쉬운 것은 乙庚이 합거(合去)는 되지만 합화(合化)하지 않으니 오히려 식신(食神)과 관성(官星)이 건전(健全)하게 작용(作用) 할 수 있다.

초년(初年)인 己卯, 戊寅 운은 천간(天干)의 戊己土는 지지(地支)의 寅卯木에 절각(截脚)되어 있으니 희신(喜神)인 寅卯木은 약화(弱化)되었다. 丁丑, 丙子 운은 丁丙이 기신(忌神)이고 亥丑 합수(合水), 子辰 합수(合水)가 희신(喜神)이므로 기복(忌服)이 다단(多端)했다. 乙亥 운은 水木이 희신(喜神)으로 재관(財官)을 얻으니 드디어 안정(安定)을 찾았다.

주의(注意)해야 할 것은 임주(任註)는 시지(時支)의 巳火와 년지(年支)의 水가 巳亥 상충(相冲)으로 보았으나 요격(遙隔)이 되어 있으니 상충(相冲)을 하지 못한다. 또한 년간(年干)의 乙木과 월간(月干)의 庚金이 합화(合化)로 보았으나 庚金도 유근(有根)하고 乙木도 유근(有根)하고 있기 때문에 합화(合化)로 작용(作用)할 수 없다. 만약에 년주(年柱)가 乙酉나 乙丑이나 乙未인 경우에는 乙庚이 합화(合化)할 수 있다. 이 명조(命造)는 용신(用神)이 부진(不眞)한 것이 아니라 대운(大運)이 안돈지지(安頓之地)를 얻지 못했기 때문에 기복(起伏)이 심하였던 것이다.

```
己 丙 己 癸
丑 午 未 亥
```

```
壬癸甲乙丙丁戊
子丑寅卯辰巳午
```

火長夏令 原屬旺論 然時在季夏 火氣稍退 兼之重疊傷官洩氣 丑 乃濕
화장하령　원속왕론　연시재계하　화기초퇴　겸지중첩상관설기　축　내습

土 能晦丙火之光 以旺變弱 濁氣當權 清氣失勢 兼之先行三十年 火土
토　능회병화지광　이왕변약　탁기당권　청기실세　겸지선행삼십년　화토

運 半生起倒多端 至乙卯甲寅 木疎厚土 掃除濁氣 生扶日元 衛護 官
운　반생기도다단　지을묘갑인　목소후토　소제탁기　생부일원　위호　관

星 左圖右史 財茂業成.
성　좌도우사　재무업성

丙火가 하령(夏令)에 생하였으니 원래(原來)는 왕(旺)하다고 논(論)한다.

그러나 때가 계하(季夏)에 있으니 火가 퇴기(退氣)에 있고 중첩(重疊)한 상관(傷官)이 설기(洩氣)할 뿐만 아니라 丑土는 습토(濕土)로서 능(能)히 丙火의 빛을 어둡게 하니 왕(旺)이 변(變)하여 약(弱)이 되었다. 탁기(濁氣)가 당권(當權)하였고 청기(淸氣)는 실세(失勢)하였으니 초년(初年)의 30년이 火土 운으로 행(行)하여 반평생(半平生) 동안 기복(起伏)이 다단(多端)하였다.

乙卯, 甲寅 운에 이르러 木이 후중(厚重)한 土를 소통(疏通)하여 탁기(濁氣)를 제거(除去)하여 쓸어 없애고 일주(日主)를 생부(生扶)하면서 관성(官星)을 호위(護衛)하여 좌도우사(左圖右史)하고 일주(日主)를 도우니 재업(財業)이 무성(茂盛)하였다.

評註

丙火 일주(日主)가 未월에 태어나서 未 중 丁火에 통근(通根)하였으니 득령(得令)하였고 좌하(坐下)의 午火에 득지(得地)하여 신왕(身旺)할 것 같으나 己未와 己丑이 상관(傷官)으로 태중(太重)하니 제살태과격(制殺太過格)이 되었다. 희신(喜神)은 인비관(印比官)인 木火水이고 기신(忌神)은 식재(食財)인 土金이다. 초년(初年)인 戊午, 丁巳 운은 남방화지(南方火地)로 희신(喜神)이지만 戊癸 합거(合去)되었고, 丁癸 충(冲), 巳亥 충(冲)으로 천충지충(天冲地冲)되었으니 癸亥 관성(官星)이 손상(損傷)되었다.

丙辰 운은 丑 중의 辛金과 辰 중의 乙木이 乙辛 충(冲) 되었고 丑 중의 己土와 辰 중의 癸水가 己癸 극(剋)되어 水木 희신(喜神)이 손상(損傷)되었다. 또한 午 중의 丁火와 辰 중의 癸水가 丁癸 충(冲)이 되었고, 未 중의 丁火와 癸水가 丁癸 충(冲)으로 水火 희신(喜神)이 손상(損傷)되었다. 乙卯, 甲寅 운에는 대운(大運)이 상하유정(上下有情)으로 들어오니 후중(厚重)한 土를 극제(剋制)하여 탁기(濁氣)를 없애고 丙火를 생조(生助)하니 재무업성(財茂業成)하였다.

原文

令上尋眞聚得眞　假神休要亂眞神　眞神得用生平貴　用假從爲碌碌人
령상심진취득진　　가신휴요란진신　　진신득용생평귀　　용가종위록록인

　월령(月令)에서 진신(眞神)을 찾아야 하나 득용(得用)한 신(神)이 월령(月令)에 모여 있으면 참되고 가신(假神)은 휴수(休囚)되어 진신(眞神)을 어지럽게 하지 않아야 한다. 진신(眞神)이 득용(得用)하면 평생(平生) 동안 귀(貴)하게 되나 가신(假神)이 득용(得用)하면 종신(終身) 동안 보잘것없는 사람이다.

原註

如木火透者　生印月　聚得眞　不要金水亂之　眞神得用　不爲忌神所害　則貴.
여목화투자　생인월　취득진　불요금수난지　진신득용　불위기신소해　즉귀

如參以金水猖狂　而用金水　是金水又不得令　徒與木火不和　乃爲碌碌
여참이금수창광　이용금수　시금수우부득령　도여목화불화　내위록록

庸人矣.
용인의

가령 木火가 투출(透出)하였으면 寅월에 생(生)하여 진신(眞神)을 취득(取得)한 것이니 金水의 난동(亂動)이 필요(必要)하지 않으며 진신(眞神)이 득용(得用)되었으면 기신(忌神)이 해롭게 하지 않아 귀(貴)하다. 만약 金水가 섞이어 날뛰거나 金水를 용(用)하게 되면 金水는 득령(得令)하지 못한 것이니 가신(假神)으로서 木火와 불화(不和)하게 될 것이므로 마침내는 쓸모없는 용렬(庸劣)한 사람이 될 것이다.

任註

任氏曰 眞者 得時秉令之神也 假者 失時退氣之神也 言日主所用之神
임씨왈 진자　득시병령지신야　가자　실시퇴기지신야　언일주소용지신

在提綱司令 又透出天干 謂聚得眞 不爲假神破損 生平富貴矣 縱有假
재제강사령　우투출천간　위취득진　불위가신파손　생평부귀의　종유가

神 安頓得好 不與眞神緊貼 或被閒神合住 或遙隔無力 亦無害也.
신　안돈득호　불여진신긴첩　혹피한신합주　혹요격무력　역무해야

倘與眞神緊貼 或相剋相冲 或合眞神 暗化忌神 終爲碌碌用人矣 如行
당여진신긴첩　혹상극상충　혹합진신　암화기신　종위록록용인의　여행

運得助 抑假扶眞 亦可功名小遂 而身獲康寧.
운득조　억가부진　역가공명소수　이신획강녕

故喜神宜四生 忌神宜四絶 局內看眞神 行運看解神.
고희신의사생　기신의사절　국내간진신　행운간해신

是先天而爲地紀 所以測地 先看提綱以定格局 中天而爲人紀 所以範
시선천이위지기　소이측지　선간제강이정격국　중천이위인기　소이범

人 次看人元司令而爲用神 後天而爲天紀 所以觀天 後看天元發露 而
인　차간인원사령이위용신　후천이위천기　소이관천　후간천원발로　이

輔格助用 是天地人之三式 合而用之 則造化之功成矣 造化功成 則富
보격조용　시천지인지삼식　합이용지　즉조화지공성의　조화공성　즉부

貴之機定矣 然後再定運程之宜忌 則窮通了然矣.
귀지기정의　연후재정운정지의기　즉궁통료연의

後學者須究三元之正理 審其眞假 察其喜忌 究冲合之愛憎 論歲運之
후학자수구삼원지정리　심기진가　찰기희기　구충합지애증　론세운지

宜否 斯爲 的當 故法度雖可言傳 妙用由人心悟也.
의비　사위　적당　고법도수가언전　묘용유인심오야

임씨(任氏)가 말하길, 진(眞)이란 때를 만나 월령(月令)을 얻은 신(神)을 말하고 가(假)란 때를 잃고 퇴기(退氣)를 만난 신(神)을 말한다.

일주에 소용되는 신(神)이 제강에서 사령(司令)하고 또 천간에 투출한 것이니 가신(假神)이 파손시키지 말아야, 한 평생을 부귀하게 된다. 비록 가신(假神)이 있다고 할지라도 진신(地神)에 긴박하게 붙어 있지 않고 안돈함을 얻게 되면 좋은 것이다.

혹은 가신(假神)과 합(合)하여 머물러 있거나 혹은 원격(遠隔)하여 무력하거나 하면 역시 해(害)가 없다. 만약 가신(假神)이 긴박(緊迫)하게 진신(眞神)에 붙어 있거나 혹은 서로 충극(冲剋)이 되거나 혹은 진신(眞神)과 합(合)하여 기신(忌神)으로 암화(暗化)하면 마침내 보잘 것 없는 평범(平凡)한 사람이 될 것이다.

만약 행운에서 도움을 얻어 가신(假神)을 억제하고 진신(眞神)을 돕는다면 역시 작은 공명을 얻고 심신의 편안함을 얻을 수 있다. 그러므로 희신(喜神)은 마땅히 사생지(四生地)인 寅申巳亥를 얻어야 하고 기신은 마땅히 사절지(四絶地)에 있어야 한다. 원국을 살펴보고 행운에서는 해신(解神)을 살펴야 한다. 선천(先天)은 지기가 되므로 지지를 헤아리려 먼저 제강(提綱)을 보고 격국을 정한다.

중천(中天)은 인기(人紀)가 되므로 인원(人元)이 용사(用事)하는 법칙에 따라 인원(人元)의 사령(司令)을 살펴서 용신(用神)을 정하고 후천(後天)은 천기(天紀)가 되므로 천간(天干)을 살펴서 천원(天元)에 투출한 것을 보아 격(格)을 돕고 용신(用神)을 보조(輔助)하는 것이다. 이것이 천지인(天地人)의 삼원(三元)의 법식(法式)이므로 합(合)하여 용(用)한다면 조화의 공(功)을 이룰 수 있으며, 조화지공(造化之功)이 이루어지면 부귀의 기틀이 정(定)하여지는 것이다. 재차 운정의 의기(宜忌)를 정(定)하면 궁통(窮通)인 길흉(吉凶)은 분명하게 드러날 것이다.

후세(後世) 후학들은 반드시 삼원(三元)의 정리를 탐구하여 그 진가(眞假)의 희기(喜忌)를 살피고 충합(冲合)의 애증을 연구하고 세운의 의부(宜否)를 논(論)하면 확실하게 되는 것이다. 그러므로 법도(法度)는 비록 말로 전(傳)할 수는 있지만 묘용(妙用)은 배우는 사람들 스스로가 마음으로부터 깨우쳐야 하는 것이다.

```
甲 己 丙 甲
子 丑 寅 子
```

```
癸 壬 辛 庚 己 戊 丁
酉 申 未 午 巳 辰 卯
```

山東劉中堂造 己土卑薄 生於春初 寒濕之體 其氣虛弱 得甲丙並透 印
산동유중당조　기토비박　생어춘초　한습지체　기기허약　득갑병병투　인

正官淸 聚得眞也 柱中金不現 而水得化 假神不亂 更喜運走東南 印旺
정관청　취득진야　주중금불현　이수득화　가신불란　경희운주동남　인왕

之地 仕至尚書 有尊君芘民之德 負經邦論道之才也.
지지　사지상서　유존군비민지덕　　부경방론도지재야

산동(山東) 유중당(劉中堂)의 명조(命造)이다.

己土 일주(日主)는 비박(卑薄)하고 춘초(春初)에 생(生)하여 한습(寒濕)하고 그 기(氣)가 허약(虛弱)하다. 월지(月支)의 寅木에서 甲丙이 병투(並透)하여 인수(印綬)는 마르고 관(官)은 청(淸)하므로 이는 진신(眞神)이 제강(提綱)에 모인 것이므로 취득진(聚得眞)이 된 것이다.

원국(原局)에 金은 나타나지 않았고 水는 관성(官星)이라 인화(引化)하므로 가신(假神)이 어지럽지 않다. 더욱 기쁜 것은 운이 동남(東南)의 인왕지지(印旺之地)로 달리니 벼슬이 상서(尚書)에 이르렀으며 임금을 받들고 백성을 보살피는 덕(德)이 있었고 나라를 다스리고 도(道)를 논(論)하는 재능(才能)을 갖추었다.

己土 일주가 寅月에 태어나서 실령(失令)하였고 재관(財官)이 태중(太重)하여 식신제살(食神制殺)이 되었다. 희신(喜神)은 인비식(印比食)인 火土金이고 기신(忌神)은 재

관(財官)인 水木이다. 운행(運行)이 동남(東南)인 木火로 행(行)하니 아름다운데 丁卯운은 卯木 살(殺)이 丁火를 생조(生助)하고 丁火는 일주(日主)를 생조(生助)하니 살인상생(殺印相生)이 되어 아름답다.

戊辰, 己巳 운은 火土가 상하유정(上下有情)으로 방조(幫助)하여 희신(喜神)이 되었고 庚午 운은 甲庚 충(冲), 丙庚 충(冲)으로 기신(忌神)이 충거(冲去)되었으니 더욱 아름답다. 辛未 운은 丙辛 합거(合去)하였고 未土가 희신(喜神)이 되었으므로 벼슬이 상서(尙書)에 오르게 되었다.

```
乙 丙 壬 壬
未 子 寅 申
```

```
己 戊 丁 丙 乙 甲 癸
酉 申 未 午 巳 辰 卯
```

鐵制軍造 殺呈財勢 嫩木逢金 最喜寅木 眞神當令 時干透出乙木元神
철제군조 살정재세 눈목봉금 최희인목 진신당령 시간투출을목원신

寅申之冲 謂之有病 運至南方火地 去申金之病 仕至封疆 聲名赫赫 有
인신지충 위지유병 운지남방화지 거신금지병 사지봉강 성명혁혁 유

潤澤生民之德 懷任重致遠之才也.
윤택생민지덕 회임중치원지재야

이것은 철제군(鐵制軍: 총독)의 명조(命造)이다.

재(財)의 세력(勢力)을 얻은 살(殺)은 방자(放恣)하게 날뛰고 어린 木은 金을 만났다.

가장 기쁜 것은 寅木 진신(眞神)이 당령(當令)하였고 시간(時干)에 乙木 원신(元神)이 득용(得用)하였으나 寅申이 충(冲)하여 병(病)이다. 그러나 운(運)이 남방화지(南方火地)에 이르러 병(病)인 申金을 제거(除去)하여 벼슬이 봉강(封疆)에 이르렀고 명성(名聲)을 혁혁(赫赫)하게 떨치었으며 백성을 윤택(潤澤)하게 한 덕(德)이 있었고 중임

(重任)을 맡아서 멀리 내다보는 재능(才能)를 갖추었다.

丙火 일주가 寅月에 태어나서 득령(得令)하였으나 재관(財官)인 金水가 태중(太重)하니 식신제살격(食神制殺格)이 되었다. 희신(喜神)은 인비식(印比食)인 木火土이고 기신(忌神)은 재관(財官)인 金水이다. 운행(運行)이 동남지지(東南之地)인 木火로 행(行)하니 기쁘다. 초년(初年)인 癸卯, 甲辰 운은 癸水가 생목(生木)하여 일주(日主)를 생조(生助)하여 희신(喜神)이 되었고, 乙巳, 丙午 운은 일주(日主)를 방조(幇助)하여 벼슬이 봉후(封侯)에 이르렀다.

주의(注意)해야 할 것은 원국(原局)에 寅申이 충(冲)하여 어린 寅木이 손상(損傷)될 것으로 보이나 왕성(旺盛)한 관성(官星)이 생조(生助)하여 당령(當令)하게 되었다. 그러므로 戊申 운은 申金이 기신(忌神)인데 오히려 왕(旺)한 寅木에 의하여 충거(冲去)되었으니 대발(大發)한 것이다. 이것을 쇠자충왕왕신발(衰者冲旺旺神發)이라고 한다.

任註

```
甲 壬 戊 庚
辰 子 寅 申
```

```
乙甲癸壬辛庚己
酉申未午巳辰卯
```

此造 日臨旺地 會局幇神 不當弱論 喜其時干甲木 眞神發露 所嫌者
차조 일임왕지 회국방신 부당약론 희기시간갑목 진신발로 소혐자

年過庚申 冲剋甲寅 又逢戊土之助 謂假亂眞 雖然早采芹香 屢困秋闈
년과경신 충극갑인 우봉무토지조 위가란진 수연조채근향 누곤추위

至壬午運 制化庚金 秋桂高攀 加損縣令 申運冲寅 假神得助 不祿.
지임오운 제화경금 추계고반 가손현령 신운충인 가신득조 불록

이 명조(命造)는 일주(日主)가 왕지(旺地)에 임하였고 申子辰 회국(會局)이 일주(日主)를 돕고 있으니 약(弱)하다고 논(論)할 수는 없다. 기쁜 것은 시간(時干)에 甲木 진신(眞神)이 투출(透出)하였는데 꺼리는 것은 년(年)에 庚申이 甲寅을 충극(冲剋)하고 또 戊土가 金을 돕고 있으니 이것이 바로 가신(假神)이 진신(眞神)을 어지럽히는 것이다. 비록 일찍 반궁(泮宮)에 들어갔으나 누차 추위(秋闈)에서 낙방하였다. 壬午 운에 이르러 庚金을 제화(制化)하니 추위(秋闈)에서 급제(及第)하고 재물(財物)을 주고 현령(縣令)이 되었다. 申 운에는 寅을 충(冲)하고 기신(忌神)이 득조(得助)하니 불록지객(不祿之客)이 되었다.

壬水 일주(日主)가 寅월에 태어나서 실령(失令)하였으나 지지(地支)가 申子辰 삼합수국(三合水局)이 되었으며 庚金이 투출(透出)하였으니 신왕(身旺)하다. 희신(喜神)은 식재관(食財官)인 木火土이고 기신(忌神)은 인비(印比)인 金水이다. 원국(原局)에서 식신(食神)은 寅木에 녹근(祿根)하였고 관성(官星)인 戊土는 절각(截脚)하고 재성(財星)인 丙火는 寅 중에 암장(暗藏)되어 약(弱)하지만 운행(運行)에서 들어오니 기쁘다. 己卯 운은 甲己 합토(合土)되고 寅卯辰 방합목국(方合木局)이 되어 희신(喜神)이 되었다.

庚辰 운은 甲庚 충(冲), 寅申 충(冲)으로 甲木 희신(喜神)이 손상되었고 지지는 申子辰 암합수국(暗合水局)이 되어 기신이 되었다. 辛巳 운은 寅巳申 삼형살(三刑殺)이 되어 과거시험에 누차 실패하였을 것이고 壬午 운에는 비록 壬水가 기신(忌神)이지만 寅午 화국(火局)으로 희신(喜神)이 되니 과거시험에 급제하였다. 그러나 甲申 운은 甲庚 충(冲)으로 천충지충(天冲地冲)되었으니 불록지객(不祿之客)이 되었다.

주의(注意)해야 할 것은 전조(前造)는 원국이 관살태왕(官殺太旺)으로 신약(身弱)하지만 운행(運行)이 木火로 상하유정(上下有情)하여 천부지재(天覆地載)가 되었으니 벼슬이 봉강(封疆)에 이른 점이다.

그러나 이 명조(命造)는 인비(印比)가 태왕(太旺)하여 신왕(身旺)하지만 운행(運行)이 상하순역(上下順逆)으로 개두절각(蓋頭截脚)으로 들어오니 재물(財物)을 바쳤음에도

불구하고 현령(縣令)에 머물었다. 운행(運行)에 따라 천연지차(天淵之差)가 되니 자세히 살펴야 한다.

原文

眞假參差難辨論　不明不暗受迍邅　提綱不與眞神照暗　處尋眞也有眞
진가참치난변론　　불명불암수둔전　　제강불여진신조암　　처심진야유진

　　진신(眞神)과 가신(假神)이 일정(一定)하게 가지런하지 않으므로 분별(分別)하여 논
(論)하기가 어려우며 명암이 분명하지 않으므로 취용(取用)하는 데 머뭇거리게 된
다. 제강(提綱)에서 진신(眞神)을 비추지 않으면 어두운 곳에서 진신(眞神)을 찾아도
역시 진신(眞神)은 있다.

原註

眞神得令　假神得局而黨多　假神得令　眞神得局而黨多　不見眞假之迹
진신득령　가신득국이당다　　가신득령　진신득국이당다　　불견진가지적

或眞假皆得令助　不能辨其勝負而參差者　欺人雖無大禍　一生迍否而
혹진가개득령조　불능변기승부이참치자　　기인수무대화　일생둔부이

小安樂.
소안락

寅月生人　不透木火　而透金爲用神　是爲提綱不照也　得己土暗邀　戊土
인월생인　부투목화　이투금위용신　시위제강부조야　득기토암요　무토

轉生 地支卯多酉冲 乙庚暗化 運轉西方 亦爲有眞 亦或發福.
전생　지지묘다유충　을경암화　운전서방　역위유진　역혹발복

以上特擧眞假一端言耳 其會局合神從化用神衰旺情勢象格 心迹才德
이상특거진가일단언이　　　기회국합신종화용신쇠왕정세상격　　심역재덕

邪正緩急 生死 進退之例 莫不有眞假 最宜詳辨之.
사정완급　생사　진퇴지례　막불유진가　최의상변지

진신(眞神)이 득령하였는데 가신(假神)이 득국(得局)하여 무리가 많거나 가신(假神)이 득령하였는데 진신(眞神)이 득국하여 무리가 많거나 하면 진가(眞假)를 분별(分別)할 자취(自取)가 나타나지 않는다. 혹은 진가(眞假)가 모두 득령득조(得令得助)하여 그 승부를 분별할 수가 없고 배합이 가지런하지 않으면 그 사람은 큰 재앙이 없다고 할지라도 일생 동안 머뭇거리고 막힘이 많아 안락함이 적을 것이다.

寅월생이 木火가 투출하지 않고 金이 투출하여 용신이 되었다면 제강(提綱)이 비춰주지 않는 것이다. 그러나 己土가 남모르게 맞이하거나 戊土가 생조(生助)를 얻거나 지지(地支)에 卯木이 많아서 酉金을 충(冲)하거나 乙庚이 합(合)하여 암화(暗化)하거나 운이 서방(西方)으로 행(行)하면 역시 진신(眞神)이 되므로 발복하는 것이다.

이상은 특별히 진가(眞假)의 한 부분을 들어서 말한 것인데 회국(會局), 합신(合神), 종화(縱化), 용신(用神), 쇠왕(衰旺), 정세(情勢), 상격(象格), 심적(心迹), 재덕(才德), 사정(邪正), 완급(緩急), 생사(生死), 진퇴(進退)의 예(例)에서 진가(眞假)가 없는 것이 없으니 마땅히 상세하게 분별하여야 한다.

任註

任氏曰 氣有眞假 眞神失勢 假神得局 法當以眞爲假 以假爲眞 氣有先
임씨왈　기유진가　진신실세　가신득국　법당이진위가　이가위진　기유선

後 眞氣未到 假氣先到 法當以眞作假 以假作眞.
후　진기미도　가기선도　법당이진작가　이가작진

如寅月生人 不透甲木 而透戊土 以年日時支 有辰戌丑未支類 亦可作
여인월생인　불투갑목　이투무토　이년일시지　유진술축미지류　역가작

用 如不 透戊土 透之以金 卽使木火司令 而年日時支 或得申字冲寅
용　여불　투무토　투지이금　즉사목화사령　이년일시지　혹득신자충인

或得酉丑拱金 或天干又有戊己生金 此謂眞神失勢 假神得局 亦可取用.
혹득유축공금　혹천간우유무기생금　차위진신실세　가신득국　역가취용

弱四柱眞神不足 假氣亦虛 而日主愛假憎眞 必須歲運扶眞抑假 亦可
약사주진신부족　가기역허　이일주애가증진　필수세운부진억가　역가

發福 弱歲 運助眞損假 凶禍立至 此謂以實投虛 以虛乘實.
발복　약세　운조진손가　흉화립지　차위이실투허　이허승실

是猶醫者 知參芪之能生人 而不知參芪之能害人也 知砒虻之能殺人而
시유의자　지참기지능생인　이부지참기지능해인야　지비맹지능살인이

不 知砒虻之能救人也 有是病而服是藥則生 無是病而服是藥則死.
부　지비맹지능구인야　유시병이복시약즉생　무시병이복시약즉사

且命之貴賤不一 邪正無常 動靜之間 莫不有眞假之迹 格局尚有眞假
차명지귀천불일　사정무상　동정지간　막불유진가지적　격국상유진가

用神 豈無眞假乎.
용신　기무진가호

大凡安享蔭庇 現成之福者 眞神得用居多 剏業興家 勞碌而少安逸者
대범안향음비　현성지복자　진신득용거다　창업흥가　노록이소안일자

假神得局者居多 或眞神受傷者有之 薄承厚剏 多駁雜者 眞神不足居
가신득국자거다　혹진신수상자유지　박승후창　다박잡자　진신부족거

多 一生起倒 世事崎嶇者 假神不足居多 細究之 無不驗也.
다　일생기도　세사기구자　가신부족거다　세구지　무불험야

　임씨(任氏)가 말하길, 기(氣)에는 진가(眞假)가 있으니 진신(眞神)이 세(勢)를 잃고 가신(假神)이 득국(得局)하면 법(法)으로는 마땅히 진(眞)을 가(假)로 하고 가(假)를 진(眞)으로 한다.

　기(氣)에는 선후(先後)가 있으니 진기(眞氣)는 아직 도달(到達)하지 않고 가기(假氣)가 먼저 도달(到達)하면 법(法)은 마땅히 진(眞)을 가(假)로 삼고 가(假)를 진(眞)으로 삼는다. 가령 寅월 생(生)이 甲木이 투출(透出)하지 않고 戊土가 투출(透出)하였는데 년일시지(年日時支)에 辰戌丑未가 있으면 용신(用神)으로 작용(作用)할 수 있다.

　만약 戊土가 투출(透出)하지 않고 金이 투출(透出)한 경우에는 설령 木火가 사령(司令)하는 때라고 할지라도 년일시지(年日時支)에 申金이 있어 寅木을 충(冲)하거나 혹은 酉丑으로 금국(金局)이루거나 혹은 천간에 戊己土가 있어 생금(生金)하게 되면

이것이 이른바 "진신실세(眞神失勢)하고 가신득근(假神得根)이 되었다"라는 것이므로 역시 취용(取用)할 수 있다.

　만약 사주(四柱)에서 진신(眞神)이 부족(不足)하고 가신(假神)이 또한 허약(虛弱)한데 일주(日主)가 가신(假神)을 미워하는 경우에는, 세운(歲運)에서 진신(眞神)을 돕고 가신(假神)을 극제(剋制)하면 역시 발복(發福)할 수 있다.

　만약 세운(歲運)에서 진신(眞神)을 돕고 가신(假神)을 손상(損傷)하면 흉화(凶禍)가 빠르게 일어날 것이다. 이것을 "이실투허(以實投虛)[234]하고 이허승실(以虛乘實)"이라고 한다. 이것은 마치 의사가 인삼이나 황기가 사람을 살릴 수 있다는 것만 알고 사람을 해칠 수도 있다는 것을 모르며, 비소(砒素)나 등에가 사람을 죽일 수 있다는 것만 알고 비소(砒素)나 등에가 사람을 구(求)할 수도 있다는 것을 모르는 것과 같은 것이다.

　이는 병(病)이 있는데 약(藥)을 먹으면 살아나나 병(病)이 없는데 약(藥)을 먹으면 죽는 것과 같은 이치(理致)이다. 그러므로 명(命)의 귀천(貴賤)은 일정(一定)하지 않고 간사(奸邪)함과 정직(正直)함도 무상(無常)한 것이니, 동정지간(動靜之間)에는 진가(眞假)의 자취(自取)가 없는 것이다. 격국(格局)에는 항상 진가(眞假)가 있는데 용신(用神)에는 어찌 진가(眞假)가 없겠는가?

　무릇 부모(父母)의 음덕(蔭德)으로 편안(便安)함을 누리고 앉아서 복(福)을 얻는 자(者)는 진신득용(眞神得用)한 경우가 많으며 창업흥가(刱業興家)하고 바쁘게 노력(努力)하면서 편안(便安)함이 적은 사람은 가신득용(假神得用)한 경우가 많고 혹은 진신(眞神)이 손상(損傷)을 받은 경우이다.

　박승후창(薄承後刱)하지만 자수성가(自手成家)하고 복잡(複雜)한 것이 많은 사람은 진신(眞神)이 부족(不足)한 경우가 많다. 일생 동안 기복(起伏)이 많고 기구하게 사는 사람들은 가신(假神)이 부족(不足)한 경우가 많다. 그러므로 자세하게 추구(推究)하면 응험(應驗)하지 않음이 없다.

234　이실투허(以實投虛): 실(實)이 허(虛)로 뛰어든다는 뜻인데, 반대로 이어승실(以虛乘實)이라는 것은 허(虛)가 실(實)을 올라탄다는 뜻이다.

```
庚 壬 戊 乙
戌 午 寅 酉
```

```
辛壬癸甲乙丙丁
未申酉戌亥子丑
```

壬水生於立春二十二日　正當甲木眞神司令　而天干土金並透　地支通根
임수생어입춘이십이일　　정당갑목진신사령　　이천간토금병투　　지지통근

戌酉　此謂眞神失勢　假神得局　用以庚金化殺　法當以假作眞　純粹可觀
술유　차위진신실세　가신득국　용이경금화살　법당이가작진　순수가관

雖嫌　支全火局　剋金灼水　喜其火不透干　又得戊土生化　更妙運走西北
수혐　지전화국　극금작수　희기화불투간　우득무토생화　경묘운주서북

所以　早登雲路　甲第蜚聲　仕至封疆　有利民濟物之志　稟秀德眞儒之器
소이　조등운로　갑제비성　사지봉강　유리민제물지지　　품수덕진유지기

總嫌　火局爲病　仕路未免起倒耳.
총혐　화국위병　사로미면기도이

　　壬水가 입춘(立春) 후 22일에 생(生)하니 바로 甲木이 진신사령(眞神司令)하였다. 그러나 천간(天干)에 土金이 병투(並透)하고 지지(地支)의 戌酉에 통근(通根)하였으니 이것이 바로 진신(眞神)이 실세(失勢)하고 가신(假神)이 득국(得局)한 것이다.

　　庚金을 용신(用神)으로 하여 살(殺)을 인화(引化)하니 법(法)은 마땅히 가신(假神)을 진신(眞神)으로 하는 것이 순수(純粹)한 것으로 보고 있다. 비록 지지(地支)에 寅午戌 화국(火局)이 전부(全部) 있어서 金을 극제(剋制)하여 水를 말리는 것을 꺼리나 기쁜 것은 천간(天干)에 투출(透出)하지 않았고 戊土가 인화(引化)하여 金을 생조(生助)하니 더욱 묘(妙)하다.

　　운행(運行)이 서북(西北)으로 행(行)하여 더욱 묘(妙)하니 일찍 벼슬길에 올라 과거시험(科擧試驗)에 급제(及第)하여 명성(名聲)을 얻었고 벼슬이 봉강(封疆)에 이르렀다. 백성을 이롭게 하고 만물(萬物)을 구제(救濟)하고자 하는 뜻을 세우고 빼어난 덕(德)

이 있는 선비로서의 그릇을 가지고 태어났다. 결국 꺼리는 것은 화국(火局)이 병(病)이니 벼슬길에서 기복(起伏)을 면(免)하지 못하였다.

壬水 일주가 寅월에 태어나서 실령(失令)하였고 지지에 寅午戌 삼합(三合)으로 화국(火局)이 되어 戊土를 생조(生助)하였으니 재관(財官)이 태중(太重)하게 되었다. 용신정법(用神定法)으로는 식신제살격에 인비식(印比食)인 金水木이 희신(喜神)이고 기신은 재관(財官)인 火土이다. 원국에서 庚金은 지지의 원합(遠合)이지만 酉戌 금국(金局)에 통근되어 있으니 기쁜데 더욱 묘(妙)한 것은 운행이 서북지지(西北之地)인 水金으로 행(行)하니 일찍 과거시험에 급제하여 명성을 얻었다.

대운(大運)이 丁丑, 丙子, 甲戌에서는 천간(天干)이 木火로 기신(忌神)이 되었으며 개두절각(蓋頭截脚)으로 기복(起伏)이 있었을 것이다. 癸酉, 壬申 운에는 희신(喜神)인 金水가 상하유정(上下有情)으로 들어오니 대발(大發)하여 벼슬이 봉후(封侯)에 오르게 된 것이다. 辛未 운은 乙辛 충(沖), 戌未 운은 형(刑)으로 천충지충(天冲地冲)이 되었으니 불록지객(不祿之客)이 되었을 것이다.

주의(注意)해야 할 것은 재다신약(財多身弱)으로도 볼 수 있다.

일반적(一般的)으로는 재성(財星)에 관한 것, 가령 부친(父親), 처궁(妻宮), 재산(財産) 등에 손상(損傷)이 있었을 것이다. 결과적으로 원국(原局)에서 金水와 木火의 세력이 대동소이(大同小異)하다. 운행이 金水로 행(行)하여 대발한 것이다.

癸	癸	戊	庚
丑	未	寅	戌

乙甲癸壬辛庚己
酉申未午巳辰卯

癸未生於立春二十六日　正當甲木眞神司令　而天干土金並透　地支丑戌
계미생어입춘이십육일　　정당갑목진신사령　　이천간토금병투　　지지축술

通根　傷官雖當令　而官殺之勢從橫　卽使傷敵殺　而日主反洩　況未能敵
통근　상관수당령　　이관살지세종횡　즉사상적살　이일주반설　황미능적

乎庚金　雖是假神　無如日主愛假憎眞　用以庚金　有兩岐支妙　一則化殺
호경금　수시가신　무여일주애가증진　용이경금　유양기지묘　일즉화살

官之强暴　二則生我之日元　時干比肩幇身　又能潤土養金　第中運南方
관지강폭　이즉생아지일원　시간비견방신　우능윤토양금　제중운남방

生殺壞印奔馳不遇　至甲申運轉西方　用神得地　得軍功　飛升知縣　乙酉
생살괴인분치불우　　지갑신운전서방　용신득지　득군공　비승지현　을유

更佳仕至州牧　一交丙　壞庚不祿.
경가사지주목　일교병　괴경불록

癸水 일주(日主)가 입춘(立春) 후 26일에 생(生)하여 바로 甲木이 진신사령(眞神司令)하고 있으나 천간(天干)에 土金이 병투(並透)하여 지지(地支)의 丑戌에 통근(通根)하고 있다. 상관(傷官)이 당령(當令)하였으나 관살지세(官殺之勢)가 거리낌 없이 방자(放恣)하게 행동(行動)하므로 설령 상관적살(傷官敵殺)한다고 할지라도 일주(日主)가 도리어 설기(洩氣)되므로 어찌 대적할 수 있겠는가?

庚金은 비록 기신(忌神)이지만 일주(日主)는 가신(假神)을 좋아하고 진신(眞神)을 미워하므로 庚金을 용신(用神)으로 하는데 두 가지의 묘한 것이 있다. 첫째는 庚金이 강폭(强暴)한 관살(官殺)을 인화(引化)하는 것이고 둘째는 쇠약(衰弱)한 일주(日主)를 생조(生助)하는 것이다.

시간(時干)의 癸水는 일주(日主)를 방신(幇身)하고 또는 능히 土를 적시어 윤토생금(潤土生金)한다. 그러나 중년(中年)의 운(運)이 남방(南方)으로 행(行)하여 생살괴인(生殺壞印)하니 분주하게 노력은 하였으나 기회를 만나지 못하였다.

甲申 운에 이르러 서방(西方)으로 바뀌어 용신(用神)이 득지하여 군공(軍功)을 세워 일약 지현(知縣)에 올랐고, 乙酉 운은 더욱 아름다워 벼슬이 주목(州牧)에 이르렀으나 마침내 丙운으로 바뀌어서는 庚金을 파괴(破壞)하므로 불록(不祿)하였다.

癸水 일주가 寅월에 태어나서 실령(失令)하였고 지지에 丑戌未 관살(官殺)이 태중(太重)한데 천간에 戊土가 투출하였으니 일주(日主)는 더욱 쇠약(衰弱)하다. 용신정법(用神定法)으로는 식신제살격(食神制殺格)이 되어 희신(喜神)은 인비식(印比食)인 金水木이고 기신(忌神)은 재관(財官)인 土金이다. 원국에 庚金 인수(印綬)가 왕토(旺土)인 관살(官殺)을 인화하여 살인상생(殺印相生)이 되었으니 기쁘다.

己卯 운에는 己土가 기신(忌神)이지만 己癸 충극(冲剋)하여 己土가 오히려 충거(冲去)되었고 지지는 寅卯 목국(木局)과 卯未 합목(合木)으로 식상(食傷)이 왕(旺)하여 극관(剋官)할 수 있어 기쁘다. 庚辰 운은 년간 庚金을 생조(生助)하니 기쁘고 辛巳 운은 寅이다.

壬午 운은 개두절각(蓋頭截脚)되어 기복이 있었다. 甲申 운은 甲庚 충(冲)으로 甲木이 손상(損傷)을 당했으나 지지(地支)는 寅申 충(冲)이 되었지만 庚金의 녹근(祿根)이 되고 왕토설기(旺土洩氣)하여 일주를 생조(生助)하니 공(功)을 세워 벼슬을 한 것이다. 乙酉 운은 乙庚 합금(合金)이 되었고 지지는 酉丑 합금(合金), 酉戌 합금(合金)으로 일주(日主)를 생조(生助)하니 더욱 아름답다. 丙戌 운은 丙庚 충(冲), 戌未 형(刑)으로 천충지형(天冲地刑)이 되었으니 불록지객(不祿之客)이 된 것이다.

己	辛	己	丙
亥	酉	亥	子

丙乙甲癸壬辛庚
午巳辰卯寅丑子

此造 以俗論之寒金喜火　金水傷官喜見官　且日主專祿　必用丙火無疑
차조　이속론지한금희화　　금수상관희견관　　차일주전록　필용병화무의

不知水勢猖狂 病在竊去命主元神 不但不能用官 卽或用官 而丙火全無
부지수세창광　　병재절거명주원신　　부단불능용관　즉혹용관　이병화전무

根氣 必須用己土之卯 使其止水 生金衛火 丙入害宮臨絶 欲使丙火生
근기　필수용기토지묘　　사기지수　생금위화　병입해궁임절　욕사병화생

土 而丙 火先受水剋 焉能生土 所以己土反被水傷 眞神無情 假神虛脫
토　이병　화선수수극　언능생토　　소이기토반피수상　진신무정　가신허탈

初運庚子 辛丑 此刧幇身 叨蔭之福 衣食頗豊 壬運丁艱 一交寅運 東
초운경자　신축　차겁방신　도음지복　의식파풍　임운정간　일교인운　동

方木地虛土水傷 破蕩祖業 刑妻剋子 出外不知所終.
방목지허토수상　　파탕조업　형처극자　　출외부지소종

　이 명조(命造)는 속론(俗論)으로 하면 한금(寒金)이 희화(喜火)라 하여 금수상관희
견관(金水傷官喜見官)이라 또한 일주(日主)가 전록(專錄)에 앉아 있으니 丙火를 용신(用
神)으로 하는 것이 의심(疑心)할 바가 없다. 그러나 수세(水勢)가 창광(猖狂)하니 일주
(日主)의 원신을 설기(洩氣)하고 절취해 가는 병(病)을 모르고 하는 말이다. 그러므로
관(官)을 용신으로 하는 것이 불가능할 뿐만 아니라 설령 용신(用神)으로 한다고 하
더라도 丙火의 근기(根氣)가 전혀 없으니 반드시 己土로 하여금 水를 멈추게 하고
金을 생조(生助)하면서 火를 호위하여야 한다.

　丙火가 亥水를 만나 절지(絶地)에 있으니 丙火로 하여금 생토(生土)하고자 하나
먼저 水의 극제(剋制)를 받게 되므로 어찌 생(生)할 수 있겠는가? 己土가 도리어 水
에 의하여 손상을 당하게 된 것이니 진신(眞神)은 무정하고 가신(假神)은 허탈하다.

　초년(初年)의 庚子, 辛丑에는 비겁(比劫)이 방신(幇身)하니 부모(父母)의 음덕(蔭德)
을 받아 의식(衣食)이 풍족(豊足)하였다. 壬운에는 부모(父母)의 상(喪)을 당하였고 寅
운으로 바뀌자 동방목지(東方木地)로 행(行)하니 허약(虛弱)한 土가 극제(剋制)를 당하
니 조업(祖業)을 탕진(蕩盡)하고 형처극자(刑妻剋子)하여 고향(故鄕)을 등지고 아무도
종적(蹤迹)을 알지 못하였다.

辛金 일주가 亥월에 태어나서 실령(失令)하였고 지지(地支)가 亥子 합수(合水)로 식상(食傷)이 태왕(太旺)하니 제살태과격(制殺太過格)이 되었다. 희신(喜神)은 인비관(印比官)인 土金火이고 기신(忌神)은 식재(食財)인 水木인데 운행(運行)이 북동지지(北東之地)로 행(行)하니 기쁘다.

壬午 운은 丙壬 충(冲)하여 丙火 관(官)이 충발(冲拔)되었고 지지(地支)는 寅亥 합목(合木)이 되었으니 부모(父母)의 상(喪)을 당하였으며 동방목지(東方木地)가 허토(虛土)를 손상(損傷)시켜 조업(祖業)을 탕진(蕩盡)하였고 형처극자(刑妻剋子)하였다.

주의(注意)해야 할 것은 寅 중의 甲丙과 酉 중의 庚辛이 丙庚 충(冲)이 되었으니 丙火 관성(官星)인 자식(子息)에 해당하고 甲庚 충(冲)으로 甲木 재성(財星)이 처궁(妻宮)에 해당하였으니 암장(暗藏)까지도 세밀(細密)하게 관찰(觀察)하여야 한다. 癸卯 운에는 己癸 극충(剋冲)하여 천충지충(天冲地冲)이 되었으니 불록지객(不祿之客)이 되었을 것이다.

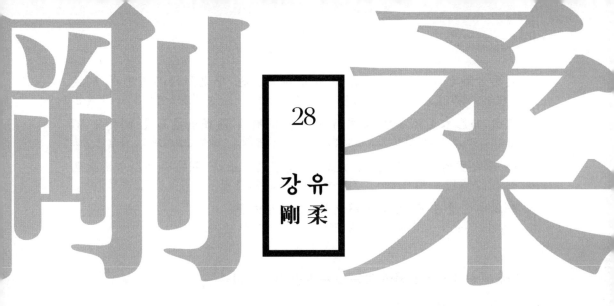

28

강유

剛柔

剛柔不一也 不可制者 引其性情而已矣
강유불일야　　불가제자　　인기성정이이의

　강유(剛柔)는 일정(一定)하지 않으니 억제(抑制)할 수 없는 것은 그 성정(性情)을 인

통(引通)하여야 한다.

剛柔相濟 不必言也.
강유상제　　불필언야

太剛者濟之以柔 而不得其情 而反助其剛矣 譬之武士而得士卒 則成
태강자제지이유　　이부득기정　　이반조기강의　　비지무사이득사졸　　즉성

殺伐 如庚金生於七月 又丁火而激其威 遇乙木而助其暴 遇己土而成
살벌　여경금생어칠월　　우정화이격기위　　우을목이조기폭　　우기토이성

其志 遇癸水而益其銳 不如柔之剛者 濟之可也 壬水是也 蓋壬水有正
기지　우계수이익기예　　불여유지강자　　제지가야　　임수시야　　개임수유정

性 而能引通 庚之情故也 若以剛之剛者激之 其禍曷勝言哉.
성　이능인통　경지정고야　　약이강지강자격지　　기화갈승언재

太柔者濟之以剛 而不馭其情 而反益其柔也 譬之烈婦而遇恩威 則成
태유자제지이강　　이불어기정　　이반익기유야　　비지열부이우은위　　즉성

淫賤 如乙木生於八月 遇甲丙壬而喜 則輸情 遇戊庚盛而畏 則失身 不
음천　　여을목생어팔월　　우갑병임이희　　즉수정　　우무경성이외　　즉실신　불

如 剛之柔者 濟之可也 丁火是也 蓋丁火有正情 則能引勤乙木情故也
여　강지유자　　제지가야　　정화시야　　개정화유정정　　즉능인근을목정고야

若以柔之柔者 合之 其弊將何如哉. 餘皆例推.
약이유지유자　　합지　기폐장하여재　　여개예추

강유(剛柔)가 서로 도와야 하는 것은 말할 필요가 없다.

태강(太剛)한 것은 유(柔)로 도와야 하나 그 정(情)을 얻지 못하면 도리어 그 강(剛)을 돕게 된다. 비유하면 무사가 사졸을 얻으면 살벌(殺伐)하게 되는 것과 같은 이치(理致)이다.

가령 庚金이 7월에 생(生)하면 丁火를 만나게 되면 그 위세(威勢)를 격발(激發)시키게 되고 乙木을 만나면 그 사나움을 도우며, 己土를 만나면 강강(剛強)한 의지를 이루고, 癸水를 만나면 그 예리함을 더하게 된다. 그러므로 유(柔)하면서도 강(剛)한 것으로 돕는 것이 좋은 것이니 바로 壬水가 되는 것이다. 壬水는 바른 정성을 가지고 있어서 능히 庚金의 정(情)을 인통할 수 있기 때문이다.

만약 강(剛)한 것이 강(剛)한 것을 격발(激發)시키면 그 재앙(災殃)을 어찌 다 말할 수 있겠는가? 태유(太柔)한 것은 강(剛)한 것으로 조화(助火)시켜야 하는데 그 정(情)을 제어(制御)하지 못 하면 도리어 유약(柔弱)하게 되는데 비유(比喩)하면 열부(烈婦)라도 위엄(威嚴)으로 은위(恩威)를 만나면 음란(淫亂)하고 빈천(貧賤)하게 되는 것과 같은 이치(理致)이다.

가령 乙木이 8월에 생(生)하여 甲木과 丙火를 만나면 기뻐하여 정(情)을 주지만 왕성(旺盛)한 戊土와 庚金을 만나면 두려워서 몸을 잃게 되는 이치(理致)와 같으니 강(剛)하면서도 유(柔)한 것으로 돕는 것이 좋으니 바로 丁火가 되는 것이다. 丁火는 성정(性情)이 있어서 능히 乙木의 정(情)을 인통(引通)할 수 있기 때문이다. 만약 유(柔)한 것으로 합(合)하게 되면 그 폐단은 장차 어찌 하겠는가? 나머지도 이 예(例)에 따라 유추(類推)하면 될 것이다.

任氏曰 剛柔之道 陰陽健順而已矣.
임씨왈 강유지도　음양건순이이의

然剛地中未嘗無柔 所以陽喩乾 乾生三女 是柔取乎剛 柔之中未嘗無
연강지중미상무유　소이양유건　건생삼녀　시유취호강　유지중미상무

剛 所以陰喩坤 坤生三男 是剛取乎柔.
강　소이음유곤　곤생삼남　시강취호유

夫春木夏火秋金冬水季土 得時當令 原局無剋制之神 其勢雄壯 其性
부춘목하화추금동수계토　득시당령　원국무극제지신　기세웅장　기성

剛健 不洩 則不淸 不淸則不秀 不秀則爲頑物矣 若以剛斷其柔 謂寡不
강건　불설　즉불청　불청즉불수　불수즉위완물의　약이강착기유　위과부

敵衆反激其怒 而更剛矣.
적중반격기노　이경강의

春金夏水秋木冬火仲土 失時無氣 原局無生助之神 其勢柔軟 其性至
춘금하수추목동화중토　실시무기　원국무생조지신　기세유연　기성지

弱 不剋則不關 不關則不化 不化則爲朽物矣 略以柔引其剛 謂虛不受
약　즉불부겁벽　불벽즉불화　불화즉위후물의　약이유인기강　위허불수

輔 反益 其弱而更柔矣.
보　반익　기약이경유의

是以洩者 有生生之妙 剋者有成就之功 引者有和悅之情 從者有變化
시이설자　유생생지묘　극자유성취지공　인자유화열지정　종자유변화

之妙 剋洩 引從四字 宜詳審之 不可槪定 必須以無人有 向實尋虛 斯
지묘　극설　인종사자　의상심지　불가개정　필수이무인유　향실심허　사

爲元妙之旨 若庚金生於七月 必要壬水 乙木生於八月 必要丁火 雖得
위원묘지지　약경금생어칠월　필요임수　을목생어팔월　필요정화　수득

制化之義 亦死法也.
제화지의　역사법야

設使庚金生於七月 原局先有木火 而壬水不見 又當何如 莫非棄明 現
설사경금생어칠월　원국선유목화　이임수불견　우당하여　막비기명　현

之木火 反用暗藏之壬水乎 乙木生於八月 四柱先有剋印 而丁火不現
지목화　반용암장지임수호　을목생어팔월　사주선유겁인　이정화불현

莫非棄現在之剋印 反求無形之丁火乎.
막비기현재지겁인　반구무형지정화호

大凡得時當令 四柱無剋制之神 用食順其氣勢 洩其菁英 暗處生財爲
대범득시당령　사주무극제지신　용식순기기세　설기청영　암처생재위

以 無入有 失時休囚 原局無剋印幇身 用食神制殺 殺得制則生印爲向
이 무입유　실시휴수　원국무겁인방신　용식신제살　살득제즉생인위향

實尋虛.
실심허

宜活用 切物執一而論也.
의활용　체물집일이론야

　　강유지도(剛柔之道)는 양(陽)은 강건(剛健)하고 음(陰)은 유순(柔順)하다는 것이다. 그러나 강(剛)한 가운데 유(柔)가 없을 수 없으니 양(陽)은 건괘(乾卦)에 비유하면 건(乾)이 삼녀(三女)를 생(生)하므로 이것이 강(剛)에서 유(柔)를 얻은 것이다. 또한 유(柔)한 가운데 강(剛)이 없을 수 없으니 음(陰)은 곤괘(坤卦)에 비유하면 곤(坤)이 삼남(三男)[235]을 생(生)하므로 이것이 유(柔)에서 강(剛)을 얻은 것이다.

　　그러므로 춘목(春木), 하화(夏火), 추금(秋金), 동수(冬水), 계토(季土)는 득시득령(得時得令)한 것인데 원국(原局)에 극제지신(剋制之神)이 없으면 기세(氣勢)가 웅장(雄壯)하고 그 성(性)은 강건(剛健)하니 설(洩)하지 않으면 청(淸)하지 않으며, 청(淸)하지 않으면 빼어난 수기(秀氣)가 없으며, 빼어나지 못하면 완고한 물질이 될 것이다. 만약 유(柔)한 것이 강(剛)을 극제(剋制)하면 과불적중(寡不敵衆)[236]이라고 하는데 도리어 격노(激怒)하게 하므로 더욱 강(剛)하게 된다.

　　춘금(春金), 하수(夏水), 추목(秋木), 동화(冬火), 중토(中土)는 실시무기(失時無氣)하므로 원국(原局)에 생조지신(生助之神)이 없으면 그 기세(氣勢)가 유연(柔軟)하고 그 성(性)은 극약(極弱)하니 강(剛)의 위제(威制)가 없고 겁박(劫迫)하지 않으면, 생기(生氣)가

235　삼녀삼남(三女三男): 강유(剛柔)의 도(道)는 양(陽)은 강건(剛健)하고, 음(陰)은 유순(柔順)하다. 즉 음양(陰陽)의 성정을 말하는 것인데 양간(陽干)은 그 성정이 강강(剛强)하고 음간(陰干)은 그 성정이 유순(柔順)하다는 뜻.

236　과불적중(寡不敵衆): 작은 것은 많은 무리와 대적이 안 된다는 뜻이다. 유(柔)한 것이 강(剛)을 극제(剋制)하면 도리어 강(剛)한 것이 격노(激怒)하여 더욱 강(剛)하게 된다는 것이다.

열리지 않으면 변화(變化)하지 않고 변화(變化)하지 않으면 썩은 후물(朽物)이 되는 것이다.

만약 유(柔)한 것이 강(剛)을 인화(引化)하려 하면 허불수보(虛不受補)[237]라고 하는데 도리어 그 약(弱)한 것을 더욱 유(柔)하게 하는 것이다. 이러한 이유 때문에 설(洩)에는 생생지묘(生生之妙)가 있고 극(剋)에는 성취지공(成就之功)이 있으며 인(引)에는 화열지정(和悅之情)이 있고 종(從)에는 변화지묘(變化之妙)가 있다. 극설인종(剋洩引從)[238]이라는 네 글자는 마땅히 자세하게 살펴야 하는 것이니 개괄적(槪括的)으로 단정(斷定)하여서는 아니 된다. 반드시 무(無)에서 유(有)로 들어가고 실(實)에서 허(虛)를 찾아야 하는 것이니 이것이 원묘지지(元妙之旨)란 뜻이다.

원주(原註)에서 논(論)하는 바에 의하면 "7월에 생(生)하면 壬水가 필요하고 乙木이 8월에 생(生)하면 丁火가 필요하다"라는 것은 비록 제화(制化)의 뜻이 있기는 하지만 역시 사법(死法)이다. 비록 7월에 생(生)하였다고 할지라도 원국(原局)에서 먼저 木火가 있고 壬水가 투출(透出)하지 않았다면 어떻게 할 것인가?

투출(透出)한 木火를 버리고 도리어 암장(暗藏)된 壬水를 쓸 수 없지 않겠는가? 乙木이 8월에 생(生)하여 원국(原局)에 겁인(劫印)이 있고 丁火가 나타나지 않았다면 나타나 있는 겁인(劫印)을 버리고 도리어 없는 丁火를 구(求)할 수는 없지 않겠는가?

대체로 득시당령(得時當令)에 극제지신(剋制之神)이 없으면 식신(食神)으로 그 기세(氣勢)에 순응하고 그 청영(菁英)을 설(洩)하고 암처(暗處)의 재(財)를 생재(生財)하는 것이 "무(無)에서 유(有)로 들어가다"라는 것이다.

실시휴수(失時休囚)하고 원국(原局)에서 겁인(劫印)의 방신(幫身)이 없는데 식신제살

---

237 허불수보(虛不受補): 허약한 것은 강건(剛健)한 것을 받아들이지 못한다는 뜻이다. 상대적으로 너무 약(弱)하면 너무 강(剛)한 것을 인화(引化)할 수 없게 되므로 도리어 유(柔)한 것이 무력하여 더욱 유(柔)하게 되는 것이다.

238 극설인종(剋洩引從): 강강(剛强)한 것은 설(洩)해야 생생지묘(生生之妙)가 있고, 극제(剋制)해야 성취지공(成就之功)이 있으며, 상대적(相對的)인 세력(勢力)을 인화(引化)하여 소통(疏通)시킴으로써 화열지정(和悅之情)이 있으며, 편중(偏重)되어 태극(太極)이 되었을 때는 강세(强勢)에 종(從)할 수밖에 없다는 것이다.

(食神制殺)하여 살(殺)이 극제(剋制)를 받게 되면 인수(印綬)를 생인(生印)하므로 "실(實)에서 허(虛)를 찾아내다"라는 것이다. 마땅히 융통성(融通性) 있게 응용하되 한 가지만을 고집하여 논(論)하여서는 안 된다.

評註

강유(剛柔)의 도(道)는 양(陽)은 강건(剛健)하고 음(陰)은 유순(柔順)하다. 즉 음양(陰陽)의 성정(性情)을 말하는 것인데 양간(陽干)은 그 성정(性情)이 강강(剛强)하고 음간(陰干)은 그 성정(性情)이 유순(柔順)하다는 뜻이다. 그러므로 강(剛)한 가운데 유(柔)가 있고 유(柔)한 가운데 강(剛)이 있으므로 양(陽)을 건(乾)에 비유하고 음(陰)을 곤(坤)에 비유(比喩)한 것이다.

주역(周易)의 『설괘전(說卦傳)』에 건곤(乾坤)은 순양순음(純陽純陰)이지만 건(乾)이 생(生)한 삼녀(三女)는 양중지음(陽中之陰)이고 곤(坤)이 생(生)한 삼남(三男)은 음중지양(陰中之陽)으로 팔괘(八卦)의 생성(生成) 원리(原理)를 설명하였다. 그러므로 삼녀(三女)는 건(乾)이 변(變)하여 손(巽), 이(離), 태(兌)가 나오고, 삼남(三男)은 곤(坤)이 변(變)하여 진(震), 감(坎), 간(艮)이 나온 것으로 역(易)에는 양강음유(陽剛陰柔)와 양건음순(陽乾陰順)의 이치(理致)가 있으므로 음양간(陰陽干)의 성정(性情)을 논(論)한 것으로 명리학(命理學)이 역(易)의 바탕에서 나온 것임을 알 수 있다.

또한 극설인종(剋洩引從)은 강강(剛强)한 것은 설(洩)해야 생생지묘(生生之妙)가 있고 극제(剋制)해야 성취지공(成就之功)이 있으며 상대적(相對的)인 세력(勢力)을 인화(引化)하여 소통(疏通)을 시킴으로써 화열지정(和悅之情)이 있으며 편중(偏重)되어 태극(太極)이 되었을 때에는 강세(强勢)에 종(從)할 수밖에 없는 것이다.

임주(任註)에서 원묘지지(元妙之旨)은 '이무입유(以無入有), 향실심허(向實尋虛)'라고 하여 반드시 무(無)에서 유(有)로 들어가고 실(實)에서 허(虛)를 찾아야 한다는 뜻으로 근원적 묘리(根源的妙理)의 심오(深奧)한 이치(理致)를 말했다.

가령 당령(當令)하여 강(剛)할 때에는 극제(剋制)해야 하는데 관살(官殺)이 없으면 식신(食神)으로 설(洩)해야 한다. 암장(暗藏)에서도 재성(財星)을 찾아 식신생재(食神生

財)하므로 무(無)에서 유(有)로 들어가는 것이고 실령(失令)하여 약(弱)할 때는 인비 (印比)가 있어야 하는데 없는 경우에는 식신(食神)으로 제살(制殺)하고 생인(生印)하는 것이 실(實)에서 허(虛)를 찾는 것이다.

任註

```
甲 庚 戊 壬
申 辰 申 申
```

```
乙甲癸壬辛庚己
卯寅丑子亥戌酉
```

庚金生於七月 地支三申 旺之極矣 時干甲木無根 用年干壬水 洩其 剛
경금생어칠월　지지삼신　왕지극의　시간갑목무근　용년간임수　설기 강

殺之氣 所嫌者 月干梟神奪食 初年運走土金 刑喪早見 祖業無恒 一交
살지기　소혐자　월간효신탈식　초년운주토금　형상조견　조업무항　일교

辛亥 運轉北方 經營得意 及壬子癸丑 三十年 財發十餘萬 其幼年未嘗
신해　운전북방　경영득의　급임자계축　삼십년　재발십여만　기유년미상

讀書 後竟知文墨 此亦運行水地 發洩菁華之意也.
독서　후경지문묵　차역운행수지　발설청화지의야

庚金이 7월에 생(生)하여 지지(地支)에 삼(三) 申金을 얻어 왕(旺)함이 극(極)에 이르렀다. 시간(時干)에 甲木이 투출(透出)하였으나 무근(無根)하므로 년간(年干)의 壬水를 용신(用神)으로 하여 강살(剛殺)한 금기(金氣)를 설(洩)하는데 꺼리는 것은 월간(月干)의 효신(梟神)이 탈식(奪食)하는 것이다.

초년(初年)에는 土金을 만나 일찍 형상(刑傷)을 만나고 조업(祖業)도 오래가지 못하였으나 辛亥 운으로 바뀌어 운행(運行)이 북방(北方)으로 되었으니 경영(經營)하는 일이 뜻대로 되어 壬子, 癸丑까지 30년간 10여만의 재물(財物)이 대발(大發)하였다.

유년(幼年)에는 독서(讀書)한 바가 없었으나 마침내 문묵(文墨)을 알게 되었으니 이는 역시 운이 수지(水地)로 행(行)하여 청화(菁華)를 발설(發洩)하였기 때문이다.

庚金 일주가 申월에 태어나서 전지지(全地支)가 土金이 되었고 천간(天干)에 戊土 인수(印綬)가 투출(透出)하였으니 왕(旺)함이 극(極)에 달하여 종왕격(從旺格)이 되었다. 희신(喜神)은 인비식(印比食)인 土金水이고 기신(忌神)은 재관(財官)인 木火이다.

초중년(初中年)운이 서북(西北) 방향인 金水로 행(行)하니 기쁘다.

원국(原局)에서도 '왕자의설(旺者宜洩)'인 壬水까지 있으니 더욱 아름답다. 己酉 운은 土金으로 희신(喜神)이지만 甲己 합거(合去)되었고 辰酉 합금(合金)으로 기복(起伏)이 있었고 庚戌 운은 甲庚 충(冲), 辰戌 충(冲)으로 천충지충(天冲地冲)이 되었으니 형액(刑厄)을 면(免)하기 어려웠다.

辛亥, 壬子, 癸丑 운은 土金水가 희신(喜神)이므로 30년간 대발하였으나 甲寅 운에는 甲庚 충(冲), 寅申 충(冲)으로 천충지충(天冲地冲)이 되었으니 재성(財星)이 파괴(破壞)되어 불록지객(不祿之客)이 되었다.

주의(注意)해야 할 것은 임주(任註)에서 "꺼리는 것은 월간(月干)의 효신(梟神)인 戊土가 壬水를 탈식(奪食)하고 있다"라고 하였다. 그러나 戊土는 좌하(坐下)의 申金을 생조(生助)하고 壬水 역시 좌하(坐下)의 申金으로부터 생조(生助)를 얻고 있으니 戊土는 인통(引通)하여 오히려 壬水에게 화열지정(和悅之情)이 있는 것이다.

任註

丙	庚	戊	壬
戌	寅	申	戌

乙甲癸壬辛庚己
卯寅丑子亥戌酉

庚金生於七月　支類土金　旺之極矣　壬水坐戌逢戊　梟神奪盡　時透丙火
경금생어칠월　지류토금　왕지극의　임수좌술봉무　효신탈진　시투병화

支拱寅戌 必以丙火爲用 惜運走四十載土金水地 所以五旬之前 一事
지공인술　필이병화위용　석운주사십재토금수지　소이오순지전　일사

無成 至甲寅運 剋制梟神 生起丙火 及乙卯二十年 財發巨萬 所謂蒲柳
무성　지갑인운　극제효신　생기병화　급을묘이십년　재발거만　소위포류

望 秋而凋 松柏經冬而茂也.
망　추이조　송백경동이무야

　庚金이 7월에 생(生)하였고 지지(地支)에 土金이 모였으니 왕(旺)함이 극(極)에 이르렀다. 壬水는 戌土에 앉아 있고 戌土를 만나 효신(梟神)에 탈진(脫盡)당하고 있으며 시간(時干)에 투출(透出)한 丙火를 지지(地支)에서 寅戌이 공합(拱合)하니 丙火를 필히 용신(用神)으로 한다. 애석(哀惜)한 것은 운이 40년 동안 土金水로 행(行)하니 50세 이전에는 하나도 이룬 것이 없다.

　甲寅 운에 이르러서 효신(梟神)을 극제(剋制)하고 丙火를 생조(生助)하여 일으키니 乙卯 운까지 20년 동안 수많은 재물(財物)을 일으켰다. 소위 '포류망추이조(蒲柳望秋而凋), 송백경동이무(松柏經冬而茂)'이라, 즉 창포나무는 가을을 바라보지만 시들어 버리고 송백(松柏)은 겨울을 지나서야 무성(茂盛)하다는 것이다.

評註

　庚金이 申월에 태어나서 녹근(祿根)으로 득령(得令)하였고 년시지(年時支)의 戌土에 득근(得根)하고 천간(天干)에 戊土가 투출(透出)하였으니 신왕(身旺)하다. 희신(喜神)은 식재관(食財官)인 水木火이고 기신(忌神)은 인비(印比)인 土金이다.

　초중년(初中年)이 서북(西北) 방향인 金水로 행(行)하니 서운하다.

　원국(原局)에서 壬水는 인수(印綬)의 극제(剋制)로 약(弱)하고 寅木은 寅申 충(冲)으로 손상(損傷)되었으나 寅戌이 공합(拱合)으로 화국(火局)이 되었으니 시상(時上)의 丙火가 유력(有力)한 희신(喜神)이다. 이것을 용신정법(用神定法)에서는 시상일귀격(時上一位貴格)이라고 한다.

　己酉, 庚戌 운은 土金으로 기신(忌神)이 되었고 辛亥, 壬子 운은 丙辛 합거(合去)

되었고, 丙壬 충거(冲去)되었으니 기복(起伏)이 많았을 것이다. 癸丑 운은 戊癸 합(合)
으로 癸水 희신(喜神)이 합거(合去)되었으며 지지(地支)는 丑戌 형(刑)이 되었으니 형
액을 면하기 어려웠을 것이다. 그러나 甲寅, 乙卯 운은 희신(喜神)인 왕목(旺木)이 들
어와 재성(財星)이 관성(官星)을 생조(生助)하여 대발하였다.

주의(注意)해야 할 것은 전조(前造)는 종격(從格)으로 희신(喜神)이 인비식(印比食)인
土金水이지만 이 명조(命造)는 신왕(身旺)으로 식재관(食財官)인 水木火이다. 그러므
로 전조(前造)는 甲寅, 乙卯 운에 포류이조(蒲柳而凋)가 되었고 이 명조(命造)는 송백
이무(松栢而茂)가 되었다.

任註

```
甲 乙 己 戊
申 亥 酉 辰
```

```
丙乙甲癸壬辛庚
辰卯寅丑子亥戌
```

乙木生於八月 財生官殺 弱之極矣 所喜者 坐下印綬 引通官殺之氣 更
을목생어팔월　재생관살　약지극의　소희자　좌하인수　인통관살지기　경

妙甲木透時 謂藤蘿繫甲 出身雖寒微 至亥運入泮 壬子聯登甲第 及癸
묘갑목투시　위등라계갑　출신수한미　지해운입반　임자연등갑제　급계

運 早遂仕路之光 丑運丁艱 甲寅尅土扶身 不次升遷 乙卯仕至侍郎 此
운　조수사로지광　축운정간　갑인극토부신　불차승천　을묘사지시랑　차

造 之所喜者 亥水也 若無亥水 不過庸人耳 然亥水必要坐下 如在別支
조　지소희자　해수야　약무해수　불과용인이　연해수필요좌하　여재별지

不得生化之情 功名不過小就耳.
부득생화지정　공명불과소취이

乙木이 8월에 생(生)하여 재(財)가 관살(官殺)을 생(生)하므로 일주(日主)는 약(弱)함
이 극(極)에 이르렀다. 기뻐하는 것은 좌하인수(坐下印綬)가 관살지기(官殺之氣)를 인

통(引通)하는 것이며 더욱 묘(妙)한 것은 甲木이 시간(時干)에 투출(透出)하였으니 소위 등라계갑(藤蘿繫甲)[239]이라고 한다.

이 사람은 출신(出身)이 비록 한미(寒微)하였으나 亥운에 반궁(泮宮)에 들어가 학문(學問)을 익혔고 壬子 운에는 과갑(科甲)에 연달아 급제(及第)하였으며 癸운에 일찍 벼슬길에 오르는 영광(榮光)을 누렸다.

그러나 丑운에는 부모(父母)의 상(喪)을 당하였으나 甲寅 운에 이르러 土를 극제(剋制)하고 일주(日主)를 도우니 순차를 뛰어넘어 승진하였고 乙卯 운에는 벼슬이 시랑(侍郞)에 이르렀다.

이 명조(命造)에서 기뻐하는 것은 亥水인데 만약 亥水가 없었다면 평범한 용인(庸人)에 불과하였을 것이다. 그러나 亥水는 반드시 좌하(坐下)에 있어야 하는데 만약 별지(別支)에 있었으면 생화지정(生化之情)을 얻지 못하니 공명(功名)을 조금 성취(成就)하는 정도에 불과하였을 것이다.

評註

이 명조(命造)의 사주(四柱) 구성은 년주(年柱)가 壬辰으로 되어 있으나 만약 戊辰이라면 월주(月柱)는 辛酉가 되므로 대운(大運)의 배열(配列)이 다르게 되었을 것이다.

임주(任註)에서 '임자연등갑제(壬子聯登甲第)'라고 하였으니 壬子 운에 과갑(科甲)에 연달아 올랐다는 것으로 보아 월주(月柱)는 己酉가 되는 것이므로 자연히 년간(年干)은 戊土가 아니라 壬水가 되는 것이다.

乙木 일주(日主)가 酉월에 태어나서 실령(失令)하였고 지지(地支)는 辰酉 합금(合金)이 되었으니 관살(官殺)이 태왕(太旺)하여 식신제살격(食神制殺格)이 되었다. 희신(喜神)은 인비식(印比食)인 水木火이고 기신(忌神)은 재관(財官)인 土金인데 대운(大運)이 북동(北東) 방향인 水木으로 행(行)하니 기쁘다.

---

239 등라계갑(藤蘿繫甲): 등나무 넝쿨이 甲木에 의지(依持)한다는 뜻으로, 乙木이 甲木에 의지(依支)하여 존재(存在)한다는 것.

다행하게도 亥水가 있어 관살(官殺)을 인화(引化)하여 일주(日主)를 생조(生助)하니 살인상생(殺印相生)도 성립(成立)된다. 더욱 기쁜 것은 시간(時干)에 甲木이 투출(透出)하여 방신(幇身)하는데 이것이 등라계갑(藤蘿繫甲)이라는 것이다.

운행(運行)이 희신(喜神)인 水木으로 행(行)하는데 상하유정(上下有情)하여 천부지재(天覆地載)가 되었으니 순차(順次)를 뛰어넘어 승진(昇進)하였다. 그러나 癸丑 운에는 己癸 충극(冲剋)이 되었고 酉丑 합금(合金)이 되어 기신(忌神)이 되었으며 丑辰이 파(破)가 되었으니 곤고(困苦)하였을 것이다. 주의(注意)하여 살펴야 할 것은 丑 중에 辛己와 辰 중에 乙癸가 乙辛 충(冲), 己癸 극(剋)하여 水木이 손상(損傷)되었기 때문이다.

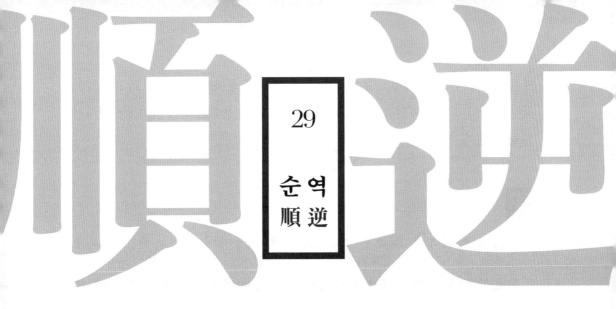

29

순 역
順 逆

原文

順逆不齊 可亦者 順其氣勢而已矣
순역부재   가역자   순기기세이이의

순역(順逆)은 그 쓰임이 한결 같지 않은 것이다. 그러므로 거슬러서는 아니 되는
것은 그 기세(氣勢)에 순응(順應)하여 할 따름이다.

原註

剛柔之道 可順而不可逆 崑崙之水 可順而不可逆也 其勢巳成 可順而
강유지도   가순이불가역   곤륜지수   가순이불가역야   기세사성   가순이

不可逆也 權在一人 可順而不可逆也 二人同心 可順而不可逆也.
불가역야   권재일인   가순이불가역야   이인동심   가순이불가역야

강유지도(剛柔之道)는 마땅히 순응(順應)하고 거역(拒逆)하여서는 아니 되며 곤륜
지수(崑崙之水)는 역시 그 흐름에 순응하고 거역하여서는 아니 되는 것이다.
명국(命局)의 세력(勢力)이 이미 이루어졌으면 마땅히 순응(順應)하고 거역(拒逆)하

29 순역(順逆)

535

여서는 아니 된다. 권재일인(權在一人)²⁴⁰은 마땅히 순응(順應)하여야 하고 거역(拒逆)
하여서는 아니 되고 이인동인(二人同心)²⁴¹도 마땅히 순응(順應)하되 거역(拒逆)하여서
는 아니 된다.

任註

任氏曰 順逆之機 進退不悖而已矣 不可逆者 當令得勢之神 宜從其意
임씨왈   순역지기   진퇴불패이이의   불가역자   당령득세지신   의종기의

向也 故四柱有順逆 其氣自當有辨 五行有顚倒 作用各自有法 是故 氣
향야   고사주유순역   기기자당유변   오행유전도   작용각자유법   시고 기

有乘本勢而不顧他雜者 氣有借他神而可以成局者 無有從旺神而不可
유승본세이불고타잡자   기유차타신이가이성국자   무유종왕신이불가

剋制者 無有依弱資扶者 所以制殺莫如乘旺 化殺正以扶身 從殺乃依
극제자   무유의약자부자   소이제살막여승왕   화살정이부신   종살내의

權勢 留殺正爾迎官.
권세   유살정이영관

其勢有陰有陽 陽含陰生之兆 陰含陽化之妙 其勢有淸有獨 獨中淸 貴
기세유음유양   양함음생지조   음함양화지묘   기세유청유독   독중청 귀

之機 淸中濁 賤之根 逆來順去富之基 順來逆去貧之意 此卽順逆之微
지기 청중탁 천지근   역래순거부지기   순래역거빈지의   차즉순역지미

妙 學者當深思之.
묘   학자당심사지

書云 去其有餘 補其不足 雖是正理 然亦不究深淺之機 只是泛論耳 不
서운   거기유여   보기부족   수시정리   연역불구심천지기   지시범론이 부

知 四柱之神 不拘財官殺印食傷之類 乘權得勢 局中之神 又去助其强
지   사주지신   불구재관살인식상지류   승권득세   국중지신   우거조기강

---

240 권재일인(權在一人): 원국(原局)의 모든 기(氣)가 일주(日主)에 귀속되어 있는 것으로 종강격
(從强格)이나 종왕격(從旺格)을 말한다. 일주(日主)가 득시득령(得時得令)하고 원국(原局)의
모든 신(神)이 그 기세(氣勢)에 공합(拱合)하는 것을 말한다.

241 이인동심(二人同心): 2개의 기(氣)가 상생(相生)하여 양기성상(兩氣成象)을 이룬 것으로 재관
(財官)이나, 살인(殺印)이나, 식상(食傷)에 관계없이 승권득세(乘權得勢)한 신(神)과 합신(合
神)하여 그 세력(勢力)을 돕는 것을 말한다.

暴 謂二人 同心 或日主得時秉令 四柱皆拱合之神 謂權在一人 只可順
폭 위이인 동심 혹일주득시병령　사주개공합지신　위권재일인 지가순

其氣勢 以引通之 則其流行而爲福矣 若勉强得制 激怒其性必罹凶咎
기기세 이인통지　즉기류행이위복의　약면강득제　격노기성필리흉구

須詳察之.
수상찰지

임씨(任氏)가 말하길, 순역지기(順逆之機)는 진퇴(進退)가 어긋나지 않음에 있을 뿐이다.

거역(拒逆)하는 것이 불가(不可)하다는 것은 당령(當令)하여 득세(得勢)한 신(神)의 의향(意向)을 따르는 것이 마땅하다는 것이다.

그런데 사주(四柱)에는 순역(順逆)이 있는 것이니 그 기(氣)의 의향(意向)을 분별(分別)하여야 하는 것이 마땅하며 오행(五行)에는 전도(順倒)의 이치가 있으니 그 작용(作用)에는 각자의 법(法)이 있다. 이러한 까닭으로 기(氣)에는 근본(根本)인 월령(月令)의 세력(勢力)에 올라타서 다른 기(氣)를 돌보지 않는 것이 있고, 또는 다른 신(神)을 빌려서 가히 국(局)을 이루는 것이 있으며, 또는 왕신(旺神)에 종(從)하여 극제(剋制)가 불가(不可)한 경우도 있으며 혹은 약(弱)한 것에 의지(依支)하면서도 도와주어야 하는 것이 있다.

그러므로 제살(制殺)은 승왕(乘旺)한 것만 못하고, 화살(化殺)하는 것은 바로 자신(自身)을 돕기 위함이고, 종살(從殺)은 권세(權勢)를 따르는 것이고, 유살(留殺)은 살(殺)을 머물게 하여 관(官)을 맞이하기 위함이다.

그 기(氣)에는 음(陰)도 있고 양(陽)도 있으나, 양(陽)은 음(陰)을 생(生)하는 조짐을 함축(含蓄)하고 있고, 음(陰)은 양(陽)으로 변(變)하는 묘(妙)를 함축(含蓄)하고 있다. 그 세(勢)에는 청(淸)도 있고 탁(濁)도 있으나, 탁(濁)한 가운데서 청(淸)이 있으면 귀(貴)하게 될 기틀이고, 청(淸)한 가운데 탁(濁)이 있으면 천(賤)하게 될 기틀이다.

또한 역(逆)으로 와서 순(順)으로 가면 부(富)의 기반(基盤)이고, 순(順)으로 와서 역(逆)으로 가면 빈(貧)의 뜻이 있으니, 이것이 순역(順逆)의 미묘(微妙)한 이치(理致)이니 이 학문(學問)을 하는 사람은 반드시 깊이 생각하여야 한다.

서(書)에서 이르기를 '거기유여(去其有餘), 보기부족(補其不足)'이라는 것은 그 남은 것을 제거(除去)하고 부족(不足)한 것을 도와주어야 한다고 하였는데 이것이 바로 정리(正理)라고 하지만 심천지기(深淺之氣)를 탐구(探究)하지 않으면 단지 범론(汎論)일 뿐이다.

사주지신(四柱之神)이 재관(財官)이나, 살인(殺印)이나, 식상(食傷) 등의 종류(種類)에 관계(關係)없이 승권득세(乘權得勢)한 명국(命局)에 합심(合心)하여 그 강폭(强暴)함을 도우면 이인동심(二人同心)이라고 말한다.

일주(日主)가 득시병령(得時秉令)하고 그 기세(氣勢)에 모두 공합(拱合)하면 권재일인(權在一人)이라고 한다. 이런 경우에는 그 기세(氣勢)에 순응(順應)하여 인통(引通)하게 되면 유행(流行)하게 되므로 복(福)이 되는데 만약 억지로 극제(剋制)하면 그 성정(性情)을 격노(激怒)하게 하므로 반드시 재앙(災殃)을 만나게 되니 자세하게 살펴야 한다.

任註

```
庚 庚 庚 庚
辰 申 辰 辰
```

```
丁丙乙甲癸壬辛
亥戌酉申未午巳
```

天干皆庚 又坐祿旺 印星當令 剛之極矣 謂權一人 行伍出身 壬午癸未
천간개경　우좌록왕　인성당령　강지극의　위권일인　행오출신　임오계미

運 水蓋天干 地支之火 難以剋金 故無害 一交甲申 西方金地 及乙酉
운　수개천간　지지지화　난이극금　고무해　일교갑신　서방금지　급을유

合化皆金 仕至總兵 丙運犯其旺神 死於軍中.
합화개금　사지총병　병운범기왕신　사어군중

천간(天干)은 모두 庚金이고 일주(日主)는 좌하(坐下)의 녹(祿)을 얻어 왕(旺)하고 인

수(印綬)가 당령(當令)하여 강(剛)함이 극(極)에 이르렀으니 소위 권재일인(權在一人)이다. 행오(行伍) 즉 군졸(軍卒) 출신으로서 壬午, 癸未 운은 水가 천간(天干)에서 개두(蓋頭)하여 지지(地支)의 火가 金을 극(剋)하기 어려우므로 해로움이 없었다. 庚申 운은 서방금지(西方金地)이고 乙酉 운은 간지(干支)가 합화(合化)하여 모두 金이 되었으니 벼슬이 총병(總兵)에 이르렀다. 丙운에는 왕신(旺神)을 범(犯)하여 군중(軍中)에서 세상을 떠났다.

評註

庚金 일주가 인수(印綬)와 비견(比肩)으로만 형성(形成)되어 있으니 권재일인(權在一人)이 되어 종왕격(從旺格)이 되었다. 희신(喜神)은 인비식(印比食)인 土金水이고 기신(忌神)은 재관(財官)인 木火이다.

초년(初年)인 辛巳 운은 辛巳 합수(合水)로 희신(喜神)이 되었으며 壬午, 癸未 운은 午未 화지(火地)가 壬癸水에 의해 개두(蓋頭)되었으니 해(害)로움이 없었다.

甲申 운은 甲木 기신(忌神)이 절지(絶地)에 있는데 甲庚 충(沖)으로 甲木이 충발(沖拔)되어 기신충발(忌神沖拔)로 대발(大發)하였고 乙酉 운은 乙庚 합금(合金), 辰酉 합금(合金)으로 모두 희신(喜神)이 되었으니 직상(直上)으로 승진(昇進)한 것이다. 丙戌 운은 丙庚 충(沖), 辰戌 충(沖)으로 천충지충(天沖地沖)이 되어 불록지객(不祿之客)이 된 것이다.

주의(注意)해야 할 것은 甲申, 乙酉 운의 경우에 甲乙木이 기신(忌神)이지만 甲木은 충거(沖去)되었고 乙木은 합화(合化)로 합거(合去)되었으니 유병위약(有病爲藥)이 된 경우이다. 그러나 丙戌 운은 丙火가 기신(忌神)이지만 戌 중에 丁火가 암장(暗藏)되어 뿌리가 왕(旺)하여 丙庚 충(沖)이 되어도 충거(沖去)되지 않고 火金 상쟁(相爭)으로 오히려 庚金이 격노(激怒)하게 되었으니 자세(仔細)하게 살펴야 한다.

```
甲 庚 甲 癸
申 辰 子 酉
```

```
丁 戊 己 庚 辛 壬 癸
巳 午 未 申 酉 戌 亥
```

庚辰日元 支逢祿旺 水木當權 又會水局 天干枯木無根 置之不論 謂金
경진일원　지봉록왕　수목당권　우회수국　천간고목무근　치지불론　위금

水 二人同心 必須順氣金水之性 故癸亥壬運 蔭庇有餘 戌運制水 還喜
수　이인동심　필수순기금수지성　고계해임운　음비유여　술운제수　환희

申 酉戌全 雖見刑喪而無大患 辛運入泮 酉運補廩 庚運登科 申運大旺
신　유술전　수견형상이무대환　신운입반　서운보름　경운등과　신운대왕

財源 一交己未 運轉南方 刑妻剋子 家業漸消 戊午觸水之性 家業破盡
재원　일교기미　운전남방　형처극자　가업점소　무오촉수지성　가업파진

而亡.
이망

　　庚辰 일주가 지지(地支)에서 녹왕(祿旺)을 만났으니 水가 본래 당권(當權)하고 있
는데 申子辰 수국(水局)을 이루었다. 천간(天干)의 고목(枯木)은 무근(無根)이니 버리
고 논(論)하지 아니하니 금수이인동심(金水二人同心)이라고 말한다. 반드시 金水의
성정(性情)에 순응(順應)하여야 하니 癸亥壬 운은 부모의 음덕(蔭德)이 넉넉하였으나
戌운에는 제수(制水)하지만 도리어 기쁜 것은 申酉戌이 온전(穩全)하게 이루었으니
형상(刑喪)은 있었으나 큰 재앙(災殃)은 없었다.

　　辛운에 입반(入泮)하였고 酉운에 보름(補廩)에 올랐으며 庚운에 등과(登科)하였고
申운에 재물(財物)이 크게 왕성(旺盛)하였다. 乙未 운으로 바뀌어서는 운이 남방(南
方)으로 행(行)하니 형처극자(刑妻剋子)하고 가업(家業)도 점차 줄어들었다. 戊午 운에
왕(旺)한 水를 건드리어 가업(家業)을 탕진(蕩盡)하는 동시(同時)에 세상을 떠났다.

庚金 일주가 子월에 태어나서 한랭(寒冷)하고 지지가 申子辰 삼합수국(三合水局)을 이루고 년간(年干)에 癸水가 투출(透出)하여 종아격(從兒格)이 되었다. 희신(喜神)은 비식재(比食財)인 金水木이고 기신(忌神)은 관인(官印)인 火土이다.

癸亥, 壬戌 운은 戌土가 申酉戌 금국(金局)이 되므로 金水가 모두 희신(喜神)이 되었으니 부모(父母)의 음덕(蔭德)을 받았을 것이다. 辛酉 운에는 반궁(泮宮)에 들어가 보름(補廩)에 올랐고 庚申 운에는 등과(登科)하였고 재물(財物)도 왕성(旺盛)하였다.

그러나 己土 운에는 甲도 합거(合去)하여 처궁(妻宮)인 甲木 손상(損傷)을 당하였고 己癸 충극(冲剋)으로 癸水가 손상(損傷)을 당하여 형처(刑妻)하게 된 것이고 未土 운에는 未 중 丁火가 왕수(旺水)에 화몰(火沒)되었으니 극자(剋子)하게 된 것이다. 戊戌 운은 火土가 희신(喜神)이고 천충지충(天冲地冲)이 되어 세상을 떠났다.

주의(注意)해야 할 것은 辛金 운에 크게 재물(財物)이 왕성(旺盛)하게 된 것은 申子辰 삼합수국(三合水局)이 되어 재성(財星)인 甲木를 생조(生助)하였기 때문이다.

일설(一說)에는 子월에 동목(冬木)은 납수(納水)할 수 없다고 하였으니 연구(研究) 검토(檢討)해야 할 과제(課題)이다. 또한 임씨(任氏)도 '천간고목 무근(天干枯木 無根), 치지불론(置之不論)'이라고 하여 "천간(天干)의 고목(枯木)은 뿌리가 없으니 버리고 논(論)하지 않는다"라고 하였는데 시간(時干)의 甲木은 절지(絶地)에 있지만 申子辰 합화수국(合化水局)이 되었기 때문에 충분하게 납수(納水)할 수 있다.

任註

丙 乙 辛 壬
子 亥 亥 子

戊 丁 丙 乙 甲 癸 壬
午 巳 辰 卯 寅 丑 子

壬水乘權 坐亥子 所謂崑崙止水 冲奔無情 丙火剋絶 置之不論 遺業
임수승권　좌해자　소위곤륜지수　충분무정　병화극절　치지불론　유업

頗豊 乙卯甲寅 順其流 納其氣 入學補廩 丁財並益 家道日隆 一交丙
파풍　을묘갑인　순기류　납기기　입학보름　정재병익　가도일융　일교병

運 水火交戰 刑妻剋子 破耗異常 辰運蓄水無咎 丁巳運 連遭回祿兩次
운　수화교전　형처극자　파모이상　진운축수무구　정사운　연조회록양차

家破 身亡.
가파　신망

　壬水가 승권(乘權)하고 亥子를 깔고 앉았으니 소위 곤륜지수(崑崙之水)이니 그 충분함이 무정(無情)하다. 丙火는 극절(剋絶)되었으니 버리고 논(論)하지 않는다. 乙木이 왕세(旺勢)에 순응(順應)하므로 초년(初年)에 유업(遺業)이 제법 풍성(豊盛)하였고 甲寅, 乙卯 운은 그 흐름에 순응(順應)하여 그 기(氣)를 받아들이므로 반궁(泮宮)에 들어가 보름(補廩)에 올랐고 재물(財物)도 늘어나 가도(家道)가 날로 융성(隆盛)하였다.

　丙운으로 바뀌어서는 水火가 교전(交戰)하니 형처극자(刑妻剋子)하고 파모이상(破耗異常)하였다. 辰 운에는 水가 축장(蓄藏)하고 있으므로 재앙(災殃)이 없었으나 丁巳 운에는 연달아 두 번이나 화재(火災)를 당하여 가산(家産)을 탕진(蕩盡)하고 세상을 떠났다.

評註

　乙木 일주가 亥월에 태어나서 전지지(全地支)가 亥子 합수(合水)가 되었고 년간(年干)에 壬水가 투출(透出)하였으니 종강격(從强格)이 되었다. 희신(喜神)은 인비식(印比食)인 水木火이고 기신(忌神)은 재관(財官)인 土金이다.

　초년(初年)인 壬子, 癸丑 운은 丑土가 기신(忌神)이지만 亥子丑 회국(會局)이 되어 희신(喜神)이 되었다. 甲寅, 乙卯 운은 20년 동안 그 흐름에 종세(從勢)하여 가도(家道)가 번영(繁榮)하였다. 丙운은 丙辛 합거(合去)하고, 丙壬 충거(冲去)하였으니 형처극자(刑妻剋子)하게 된 것이다. 丁巳 운은 丁壬 합거(合去)하고 巳亥 상충(相冲)하므로 왕충쇠발(旺冲衰拔)이 된 것이다.

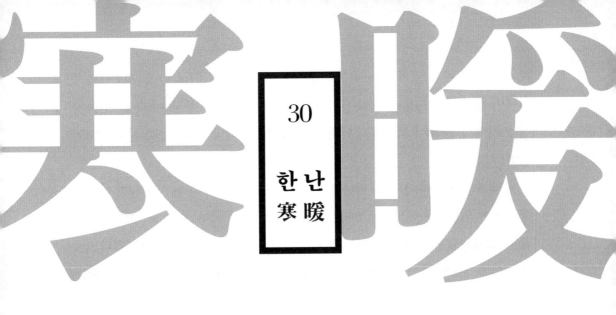

30 한난 寒暖

原文

天道有寒暖 發育萬物 人道得之 不可過也
천도유한난　발육만물　인도득지　불가과야

천도(天道)에는 한난(寒暖)이 있어서 만물(萬物)을 발육(發育)하는데 인도(人道)는 그
것을 얻어 지나쳐서는 아니 된다.

原註

陰支爲寒 陽支爲暖 西北爲寒 東南爲暖 金水爲寒 木火爲暖 得氣之寒
음지위한　양지위난　서북위한　동남위난　금수위한　목화위난　득기지한

過暖而發 得氣之暖 逢寒而成 寒之甚 暖之至 內有一二成象 必無好處.
우난이발　득기지난　봉한이성　한지심　난지지　내유일이성상　필무호처

若五陽逢子月 則一陽之候 萬物懷胎 陽乘兩位 可東可西 五陰逢午月
약오양봉자월　즉일양지후　만물회태　양승양위　가동가서　오음봉오월

則一 陰之候 萬物收藏 陰乘陰位 可南可北.
즉일 음지후　만물수장　음승음위　가남가북

음지(陰地)가 한(寒)이고 양지(陽地)가 난(暖)이며, 서북(西北)이 한(寒)이고, 동남(東

南)이 난(暖)이며, 金水가 한(寒)이고 木火가 난(暖)인데, 한기(寒氣)를 얻으면 난(暖)을 얻어야 발생(發生)하고, 난기(暖氣)를 얻으면 한(寒)을 만나야 완성(完成)된다. 한(寒)이 심(甚)하거나 난(暖)이 지극하고 안에서 한두 개를 성상(成象)하면 반드시 좋은 곳이 없다.

만약 오양(五陽)이 子월을 만나면 일양(一陽)이 시생(始生)하는 절후(節候)이니 만물(萬物)이 회태(懷胎)하므로 양(陽)이 양위(陽位)를 타게 되어 동(東)도 좋고 서(西)도 좋다. 오음(五陰)이 午월을 만나면 일음(一陰)이 시생(始生)하는 절후(節候)이니 만물(萬物)이 수장(收藏)하게 되므로 음(陰)이 음위(陰位)를 타게 되어 남(南)도 좋고 북(北)도 좋다.

任註

任氏曰 寒暖者 生成萬物之理也 不可專執西北金水爲寒 東南木火 爲
임씨왈　한난자　생성만물지리야　　불가전집서북금수위한　　동남목화　위

暖 考機之所由變 上升必變下降 收闔必變開闢 然質之成 由於形之機
난　고기지소유변　　상승필변하강　　수합필변개벽　　연질지성　유어형지기

陽之生 必有陰之位 陽主生物 非陰無以成 形不成 亦虛生 陰主成物
양지생　필유음지위　양주생물　비음무이성　형불성　역허생　음주성물

非陽 無以生 質不生 何由成.
비양　무이생　질불생　하유성

惟陰陽中和變化 乃能發育萬物 若有一陽而無 陰以成之 有一陰而無
유음양중화변화　　내능발육만물　약유일양이무　음이성지　유일음이무

陽而生之 是謂鰥寡 無生成之意也.
양이생지　시위환과　무생성지의야

如此推詳 不但陰陽配合 而寒暖亦不過矣 況四時之序 相生而成豈可
여차추상　부단음양배합　이한난역불과의　황사시지서　상생이성기가

執定 子月陽生 午月陰生以論哉.
집정　자월양생　오월음생이론재

本文末句 不可過也 適中而已矣 寒雖甚 要暖有氣 暖雖至 要寒有限
본문말구　불가과야　적중이이의　한수심　요난유기　난수지　요한유한

則能 生成萬物.
즉능　생성만물

若寒甚而暖無氣 暖至而寒無根 必無生成之妙也 是以過於寒者 反以
약한심이난무기　　난지이한무근　　필무생성지묘야　　시이과어한자　　반이

無暖 爲美 過於暖者 反以無寒爲宜也 蓋寒極暖之機 暖極寒之兆也 所
무난　위미　과어난자　반이무한위의야　　개한극난지기　　난극한지조야　소

謂陰極 則陽生 陽極則陰生 此天地自然之理也.
위음극　즉양생　양극즉음생　　차천지자연지리야

　임씨(任氏)가 말하길, 한난(寒暖)이라는 것은 만물(萬物)을 생성(生成)하는 이치(理致)인데 서북(西北)은 金水이므로 한(寒)이고 동남(東南)은 木火이므로 난(暖)이라고 고집(固執)하여서는 아니 된다.

　기(氣)가 변화하는 기틀을 살펴보면 상승(上昇)하면 반드시 변하여 하강(下降)하고, 만물을 가두어서 닫으면 반드시 변하여 열린다. 그러나 질(質)이 이루어지는 것은 형(形)의 기틀에서 유래하는데 양(陽)은 반드시 음(陰)의 자리에 있을 때에 생(生)하므로 양(陽)은 만물(萬物)을 생(生)하나 음(陰)이 없으면 이룰 수 없으므로 형(形)이 이루어지지 않으니 헛된 생(生)이 될 것이다.

　음(陰)이 만물(萬物)을 이루어지게 하나 양(陽)의 생(生)함이 없으면 질(質)이 생성(生成)되지 않으므로 어디에 연유(緣由)하여 성물(成物)할 수 있겠는가? 오직 음양(陰陽)이 중화(中和)하고 변화(變化)하여야 만물(萬物)을 발육(發育)할 수 있을 것이다. 만일 하나의 음(陰)이 없이 이루어지거나 하나의 음(陰)이 양(陽)이 없이 생(生)하려고 하면 환과(鰥寡)²⁴²라고 하는 것이니 생성(生成)의 뜻이 없는 것이다. 이와 같이 미루어 살펴보면 음양(陰陽)뿐만 아니라 한난(寒暖)도 이것을 벗어날 수가 없다. "午월에 음(陰)이 생(生)한다"라고 고집(固執)하여 논(論)할 수 있겠는가?

　이와 같이 미루어 살펴보면 음양(陰陽)뿐만 아니라 한난(寒暖)도 이것을 벗어날 수가 없다.

　하물며 사시(四時)의 순서(循序)는 그 순환(循環)이 상생(相生)하여 상성(相成)하는데

---

242 환과(鰥寡): 홀아비와 과부(寡婦). 늙어서 아내가 없는 사람을 환(鰥), 늙어서 남편(男便)이 없는 여자를 과(寡)라 부른다.

어찌 "子월에 양(陽)이 생(生)하고 午월에 음(陰)이 생(生)한다"라고 고집(固執)하여 논(論)할 수 있겠는가?

본문말구(本文末句)의 끝 구절(句節)의 '불가과야(不可過也)'는 "지나침은 불가하다"라는 의미로 과부족(過不足)이 없어 적중(適中)을 뜻하는 표현(表現)일 따름이다. 한(寒)이 비록 심하여도 난(暖)이 유기(有氣)하거나 난(暖)이 비록 지극하여도 한(寒)이 유근(有根)하면 능(能)히 만물(萬物)을 생성(生成)할 수 있다.

만약 한(寒)이 심한데 난(暖)이 무기(無氣)하거나 난(暖)이 지극한데 한(寒)이 무근(無根)하거나 하면 반드시 생성지묘(生成之妙)가 없다. 그러므로 지나치게 한(寒)한 것은 도리어 난(暖)이 없어야 아름다우며 지나치게 난(暖)한 것은 도리어 한(寒)이 없어야 마땅하다.

한(寒)이 극(極)에 이르면 난(暖)이 나타날 기미(機微)가 되고 난(暖)이 극(極)에 이르면 한(寒)이 나타날 조짐(兆朕)이 되는 것이다. 소위 "음(陰)이 극(極)에 이르면 양(陽)이 생(生)하고 양(陽)이 극(極)에 이르면 음(陰)이 생(生)한다"라고 하는 것이니 이것은 천지자연(天地自然)의 이치(理致)이다.

戊	庚	丙	甲
寅	辰	子	申

癸壬辛庚己戊丁
未午巳辰卯寅丑

此寒金冷水 木凋土寒 若非寅時 則年月木火無根 不能作用矣 所謂 寒
차한금냉수 목조토한 약비인시 즉년월목화무근 불능작용의 소위 한

雖甚 要暖有氣也 由此論之 所重者寅也 地氣上升 木火絶處逢生 一陽
수심 요난유기야 유차론지 소중자인야 지기상승 목화절처봉생 일양

解凍 然不動丙火亦不發 妙在寅甲遙冲 謂之動 動則生化矣 凡四柱 緊
해동 연부동병화역불발 묘재인갑요충 위지동 동즉생화의 범사주 긴

冲爲尅 遙冲爲動 更喜運走東南 科甲出身 仕至黃堂 所謂得氣之寒 遇
충위극 요충위동 경희운주동남 과갑출신 사지황당 소위득기지한 우

暖而發 此之謂也.
난이발 차지위야

이 명조(命造)는 金水가 한랭(寒冷)하고 木은 시들고 土는 차가운데 만약 寅시가
아니면 년월(年月)의 木火가 무근(無根)하니 작용이 불가능(不可能)할 것이다. 소위
"한(寒)이 비록 심하여도 난(暖)이 유기(有氣)함을 요(要)한다"라는 것이다.

그러므로 중요한 것은 寅이므로 지기(地氣)가 상승(上昇)하여 木火가 절처봉생(絶
處逢生)하니 일양(一陽)으로 해동(解凍)하고 있다. 그러나 丙火를 동(動)하지 않으면
발(發)하지 않는 것이다. 오묘(奧妙)하게도 寅申이 요충(遙冲)하므로 동(動)한다고 할
수 있으며 동(動)하면 생화(生火)한다.

무릇 사주(四柱)에서 가까이에서 긴충(緊冲)하면 극(尅)이 되고 멀리서 요충(遙冲)
하면 동(動)하게 된다. 더욱 기쁜 것은 운(運)이 동남(東南)으로 행(行)하니 과갑출신
(科甲出身)에 벼슬이 황당(黃堂)에 이르렀다. 소위 "한기(寒氣)를 만나면 난(暖)을 만나
야 발(發)한다"라고 하는 것은 이를 말하는 것이다.

評註

庚金 일주가 子월에 태어나서 한랭(寒冷)하니 조후(調候)로 火가 필요한데 월간
(月干)에 丙火가 투출(透出)하여 기쁘다. 지지(地支)에서 申子辰 삼합수국(三合水局)을
이루어 식상(食傷)이 태왕(太旺)하니 신약(身弱)할 것 같다.

시지(時支)의 寅 중에 戊丙甲이 천간(天干)에 투출(透出)되어 있으니 천부지재(天覆
地載)가 되어 丙申이 절처봉생(絶處逢生)하였고 좌하(坐下)의 辰土에 생조(生助)를 받
고 있으며 년지(年支)의 申金에 녹근(祿根)]하였으니 신왕(身旺)하다. 그러므로 운행
(運行)이 동남지지(東南之地)로 행하니 과갑출신(科甲出身)으로 황당(黃當)까지 오르게
된 것이다.

주의(注意)해야 할 것은 조후(調候)는 한랭(寒冷)하거나 조열(燥熱)한 경우에 원국

(原局)의 강약(强弱)에 관계없이 희신(喜神)으로 작용(作用)하므로 용신(用神)을 보조(補助)하는 것이다.

　　원국(原局)에서 긴충위극(緊沖爲剋)이면 가까이에서 서로가 손상(損傷)을 당할 수 있으나 요충위동(遙沖爲動)이면 멀리서 원충(遠沖)하니 오히려 개고(開庫)가 되므로 암장(暗藏)되어 있는 희신(喜神)을 쓸 수 있다는 뜻이다. 가령 寅申이 긴충(緊沖)한다면 寅 중의 甲丙과 申 중의 甲庚 충(沖), 丙壬 충(沖)으로 木火가 손상(損傷)을 당하였다는 뜻이고 요충(遙沖)을 하면 火가 멀리 있으니까 오히려 동(動)하여 발생(發生)하게 되는 것이다. 그러므로 시지(時支)의 寅木이 년월간(年月干)의 甲丙을 생조(生助)할 수 있는 것이다.

```
甲 庚 丙 己
申 辰 子 酉
```

```
己庚辛壬癸甲乙
巳午未申酉戌亥
```

此亦寒金冷水　土凍木凋　與前大同小異　前則有寅木　火有根　此則無寅
차역한금냉수　토동목조　여전대동소이　전즉유인목　화유근　차즉무인

木　火臨絶　所謂寒甚而暖無氣　反以無暖爲美　所以初運乙亥　北方水地
목　화임절　소위한심이난무기　반이무난위미　소이초운을해　북방수지

有喜　無憂　甲戌暗藏丁火　爲丙火之根　刑喪破耗　壬運剋去丙火　入申運
유희　무우　갑술암장정화　위병화지근　형상파모　임운극거병화　입신운

食廩　癸酉財業日增　辛未運轉南方　丙火得地生根　破耗多端　庚午運　逢
식름　계유재업일증　신미운전남방　병화득지생근　파모다단　경오운　봉

寅年　木火齊來　不祿之客.
인년　목화재래　불록지객

　　이 명조(命造)는 역시 金水가 한랭(寒冷)하고 土는 얼어붙고 木은 시들었으니 전

조(前造)와 대동소이(大同小異)하다. 그러나 전조(前造)는 寅木이 있어 火가 유근(有根)하였으나 차조(他造)는 寅木이 없으며 火가 절지(絶地)에 있다.

소위 "한(寒)이 심하면 난(暖)이 무기(無氣)한 것이니 도리어 난(暖)이 없는 것이 아름답다"라는 것이다. 그러므로 초년(初年)의 乙亥 운에는 북방수지(北方水地)이니 기쁨만 있고 고심은 없었으나 甲戌 운에는 丙火는 뿌리가 丁火가 암장(暗藏)하였으니 형상파모(刑傷破耗)를 겪었다.

壬운에는 丙火를 극거(剋去)하였고 申운에는 식름(食凜)하였으며 癸酉 운에는 재업(財業)이 날로 증가(增加)하였다. 그러나 辛未 운에는 남방(南方)으로 바뀌어서 丙火가 득지(得地)하여 뿌리를 내리니 파모다단(破耗多端)하였고 庚午 운에는 寅년을 만나서 木火가 함께 오니 불록지객(不祿之客)이 되었다.

庚金 일주가 좌하(坐下) 辰土에 득지(得地)하였고 년시지(年時支)에 녹인(祿刃)으로 종왕격(從旺格)이다. 희신(喜神)은 인비식(印比食)인 土金水이고 기신(忌神)은 재관(財官)인 木火이다. 초년인 己亥 운은 乙庚 합금(合金)으로 乙木 기신(忌神)이 합화(合化)되었고 亥子 합수(合水)로 희신(喜神)이 되었으니 편안하게 지냈다.

甲戌 운에는 천간에 甲庚 충(沖), 甲己 합(合)이 되었고 지지는 申酉戌 합금(合金), 辰戌 상충(相沖)이 되었으니 충충봉합(沖中逢合)으로 辰 중의 乙癸와 戌 중의 辛丁이 乙辛 충(沖), 丁癸 충(沖)이 되었으니 재관(財官)이 손상을 입었다.

癸酉 운에는 己癸로 己土가 극거(剋去)되었으나 辰酉 합금(合金)으로 희신(喜神)이 되었으니 재산(財産)이 번창(繁昌)하였고 壬申 운은 丙壬 충(沖)으로 丙火가 충거(沖去)되었으니 반궁(泮宮)에 들어가 식름(食廩)에 올랐다. 그러나 辛未 운에는 丙辛으로 辛金이 합거(合去)되었고 未土는 암장(暗藏)되어 丙火가 득지(得地)하니 파모(破耗)가 다단(多端)하였다. 庚午 운은 丙庚 충(沖), 甲庚 충(沖), 子午 충(沖)으로 천충지충(天沖地沖)하였으니 불록지객(不祿之客)이 되었다.

주의(注意)해야 할 것은 전조(前造)는 천간(天干)의 木火土가 뿌리를 내리고 있으나 차조(此造)는 木火土의 뿌리가 없으니 종격(從格)이다. 金水 상관(傷官)은 관성(官星)을 기뻐한다고 하였으나 때에 따라서는 버린다.

```
壬 丙 丙 丁
辰 午 午 丑
```

```
己庚辛壬癸甲乙
亥子丑寅卯辰巳
```

此火焰南離 重逢刦刃 暖之至矣 一點壬水 本不足以制猛熱之火 喜其
차화염남리 중봉겁인 난지지의 일점임수 본부족이제맹렬지화 희기

坐辰 通根身庫 更可愛者 年支丑土 丑乃北方濕土 能生金晦火而畜水
좌진 통근신고 경가애자 년지축토 축내북방습토 능생금회화이축수

所謂暖雖至而寒有根也 科甲出身 仕至封疆 微嫌運途欠醇 多於起伏也.
소위난수지이한유근야 과갑출신 사지봉강 미혐운도흠순 다어기복야

이 명조(命造)는 남방(南方)의 화염(火焰)이 겁인(刦刃)을 거듭 만났으니 난(暖)이 극(極)에 이르렀다. 일점(一點)의 壬水는 본래 맹렬(猛烈)한 火를 극제(剋制)하기에는 부족(不足)하나 기쁘게도 辰土 위에 앉아서 묘고(墓庫)에 통근(通根)하였다.

더욱 좋은 것은 년지(年支)의 丑土인데 丑土는 북방습토(北方濕土)이니 능히 火를 설(洩)하여 金을 생(生)하고 水를 축장(蓄藏)하고 있다. 소위 "난(暖)이 비록 지극하더라도 한(寒)이 유근(有根)이다"라는 것이다. 과갑출신(科甲出身)으로 벼슬이 봉강(封疆)에 이르렀으나 기복(起伏)이 많았다.

丙火 일주가 午月에 태어나 양인(陽刃)으로 득령(得令)하였고 좌하(坐下)의 午火에

양인(陽刃)으로 득지(得地)하였고 丙丁이 투출(透出)하였다. 난(暖)이 극(極)에 이르러 염상격(炎上格)이 될 것 같으나 시간(時干)의 壬水가 辰 중의 癸水에 통근(通根)되었고 기쁘게도 년지(年支)의 丑土가 회화(晦火)할 수 있으니 시상일위귀격(時上一位貴格)이 되었으나 중년(中年) 이후 북방수지(北方水地)로 행(行)하여 대발(大發)하였다.

이 명조(命造)는 신왕(身旺)하고 양인(陽刃)이 중중하니 양인격(陽刃格)이라고도 하는데 지지(地支)에 자형(自刑)이 있으니 생살지권(生殺之權)을 다루는 위치에 있으면서 시상편관(時上偏官)이 희신(喜神)이니 부(富)의 명조(命造)임에는 틀림없다. 희신(喜神)은 식재관(食財官)인 土金水이고 기신(忌神)은 인비(印比)인 木火이다.

任註

癸	丙	丁	癸
巳	午	巳	未

庚辛壬癸甲乙丙
戌亥子丑寅卯辰

此支類南方　又生巳時　暖之至矣　天干兩癸　地支全無根氣　所謂暖至而
차지류남방　우생사시　난지지의　천간양계　지지전무근기　소위난지이

寒無根　反以無寒爲美　所以初運丙辰　叨蔭庇之福　乙卯甲寅　洩水生火
한무근　반이무한위미　소이초운병진　도음비지복　을묘갑인　설수생화

家業增新　癸丑寒氣通根　嘆椿萱之並逝　嗟蘭桂之摧殘　壬子運　祝融之
가업증신　계축한기통근　탄춘훤지병서　차란계지최잔　임자운　축융지

變　家破而亡.
변　가파이망

이 명조(命造)는 巳午未 남방을 이루고 또한 巳시에 생(生)하였으니 난(暖)이 지극하다. 천간에 두 癸水가 투출(透出)하였으니 근기(根氣)가 전무(全無)하므로 소위 '난(暖)이 지극한데 한(寒)이 없는 것이 아름답다'라고 하는 것이다.

그러므로 초년운 丙辰에는 부모의 음덕으로 복(福)이 있었으나 乙卯, 甲寅에는

水를 설(洩)하여 생화(生火)하니 가업이 날로 일어났다. 그러나 癸丑 운은 한기(寒氣)가 통근(通根)하니 부모가 세상을 떠나서 탄식하였고 슬하의 자손이 손상을 당하는 슬픔을 겪었다. 壬子 운에는 융성하였던 가업이 파산되었다.

丙火 일주가 전지지(全地支)에 巳午未 회국(會局)이 되었으며 천간의 두 癸水가 지지(地支)에 뿌리가 없으니 염상격(炎上格)이 되었다. 희신(喜神)은 인비식(印比食)인 木火土이고 기신(忌神)은 재관인 金水인데 초년운인 丙辰은 음비지복(蔭庇之福)이 있었고 乙卯, 甲寅 운은 일주를 생조(生助)하여 가업이 번창하였다.

그러나 癸丑 운은 丁癸 충(冲), 丑未 충(冲)으로 천충지충(天冲地冲)이 되었으니 형액(刑厄)을 면(免)할 수가 없었다. 壬子 운은 역시 丙壬 충(冲), 子午 충(冲)으로 천충지충(天冲地冲)이 되었으니 불록지객(不祿之客)이 되었다.

주의(注意)해야 할 것은 전조(前造)는 천간(天干)에 壬水가 지지(地支)에 辰 중 癸水가 암장(暗藏)되어 있고 丑 중 癸辛이 암장(暗藏)되어 있으니 충분하게 왕화(旺火)를 설(洩)할 수 있으나 차조(此造)는 천간(天干)에 癸水가 지지(地支)의 巳 중 庚金이 암장(暗藏)되어 있으나 전지지(全地支)가 온전하게 巳午未로 방합(方合)이 되어 있으니 통근(通根)이 되지 않는다. 그러므로 화세(火勢)로 종(從)하지 않을 수 없는 것이다.

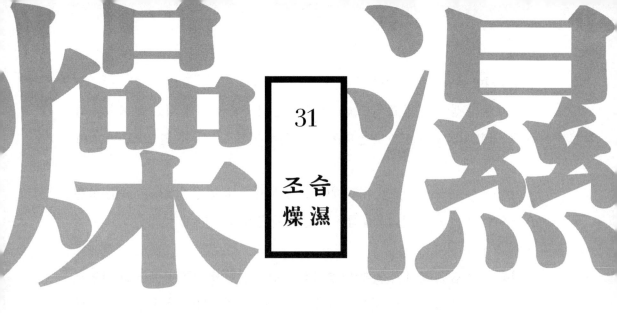

原文

地道有燥濕 生成品彙 人道得之 不可偏也
지도유조습　　생성품휘　　인도득지　　불가편야

지도(地道)에서 조습(燥濕)은 품휘(品彙)를 생성(生成)한다.

인도(人道)에서 그것을 얻으면 어느 한쪽으로 치우쳐서는 아니 된다.

原註

過於濕者 滯而無成 過於燥者 烈而有禍 水有金生 遇寒土而愈濕 火有
과어습자　　체이무성　　과어조자　　열이유화　　수유금생　　우한토이유습　　화유

木生 遇暖土而愈烏 皆偏枯也.
목생　　우난토이유조　　개편고야

如水火而成其燥者吉 木火傷官要濕也 土水而成其濕者吉 金水傷官要
여수화이성기조자길　　목화상관요습야　　토수이성기습자길　　금수상관요

燥也 間有土濕而宜燥者 用土而後用火 金燥而宜濕者 用金而 後用水.
조야　　간유토습이의조자　　용토이후용화　　금조이의습자　　용금이　후용수

지나치게 습(濕)한 것은 정체(停滯)되어 이루지 못하고 지나치게 조(燥)한 것은 치

열(熾熱)되어 재앙(災殃)이 있다.

水가 金의 생(生)을 받고 한토(寒土)를 만나면 더욱 습(濕)하게 되고 火가 木의 생(生)을 받고 난토(暖土)를 만나면 더욱 조(燥)하게 되므로 모두가 편고(偏枯)한 것이다.

가령 水는 조열(燥熱)함을 이룰 때에 길(吉)하지만 木火 상관(傷官)은 습(濕)함을 요(要)하며 火는 水가 한습(寒濕)함을 이룰 때에 길(吉)하지만 金水 상관(傷官)은 조(燥)함을 요(要)한다.

간혹 土가 습(濕)하여 조(燥)함을 좋아하는 경우는 먼저 土를 용(用)하고 이후에 火를 용(用)하며 金이 조(燥)하여 습(濕)함을 좋아하는 경우에는 먼저 金을 용(用)하고 이후(以後)에 水를 용(用)한다.

任註

任氏曰 燥濕者 水火相成之謂也 故主有主氣 內不祕乎五行 局有局氣
임씨왈 조습자 수화상성지위야 고주유주기 내불비호오행 국유국기

外必貫乎四柱. 濕爲陰氣 當逢燥而成 燥爲陽氣 當過濕而生.
외필관호사주 습위음기 당봉조이성 조위양기 당우습이생

是以木生夏令 精華發洩 外有餘而內實虛脫 必藉壬癸以生之 丑辰濕
시이목생하령 정화발설 외유여이내실허탈 필자임계이생지 축진습

土 以培之 則火不烈 木不枯 土不燥 水不涸 而有生成之義矣 若見未
토 이배지 즉화불열 목불고 토부조 수불학 이유생성지의의 약견미

戌 燥土 反助火而不能晦火 縱有水 亦不能爲力也.
술 조토 반조화이불능회화 종유수 역불능위력야

惟金百煉 不易其色 故金生冬令 雖然洩氣休囚 竟可用丙丁火以敵寒
유금백련 불이기색 고금생동령 수연설기휴수 경가용병정화이적한

未戌 燥土以除濕 則火不晦 水不狂 金不寒 土不凍 而有生發之氣機矣.
미술 조토이제습 즉화불회 수불광 금불한 토부동 이유생발지기기의

若見丑辰濕土 反助水而不能制水 從有火 亦不能爲力也.
약견축진습토 반조수이불능제수 종유화 역불능위력야

此地道生成之妙理也.
차지도생성지묘리야

임씨(任氏)가 말하길, 조습(燥濕)이라는 것은 水火가 서로 상성(相成)한다는 것을 말하는 것이다. 그러므로 원주에는 주기(主氣)가 있고 그 안에 오행(五行)을 감추지 아니하며 국(局)에는 국기(局氣)가 있고 반드시 사주(四柱)를 관통(貫通)하여 밖으로 이어진다.

습(濕)은 음기(陰氣)이므로 마땅히 조(燥)를 만나야 만물(萬物)을 이루고 조(燥)는 양기(陽氣)이므로 마땅히 습(濕)을 만나야 만물(萬物)을 생(生)한다. 그러므로 木이 하령(夏令)에 생(生)하면 정화(精華)를 발설(發洩)하게 되는데, 밖으로는 유여(有餘)하지만 안에는 허탈(虛脫)하므로 반드시 壬癸水의 생조(生助)를 얻고 丑辰 습토(濕土)가 배양(培養)하여야 火가 치열(熾烈)하지 않고 木은 마르지 않으며 土는 건조(乾燥)하지 않고 水가 마르지 않을 것이므로 생성지의(生成之意)가 있게 된다. 만약 未戌 조토(燥土)가 나타나면 도리어 火를 돕게 되어 회화(晦火)할 수 없으니 설령 水가 있어도 힘을 쓸 수가 없다.

오직 金은 백 번 달구어도 그 본색(本色)이 바뀌지 않으므로 金이 동령(冬令)에 생(生)하여 비록 설기(洩氣)가 되고 휴수(休囚)한다고 할지라도 마침내는 丙丁火를 사용하여 한기(寒氣)를 대적(對敵)하고 戌未 조토(燥土)로 습기(濕氣)를 제거(除去)하면 火가 시들지 않고 水가 날뛰지 않으며 金이 차가워지지 않고 土는 얼지 않을 것이므로 생발(生發)의 기기(氣機)가 있는 것이다.

만약 辰丑 습토(濕土)를 보게 되면 도리어 水를 돕게 되어 왕수(旺水)의 억제(抑制)가 불능(不能)하니 설령 火가 있어도 역시 힘을 쓸 수가 없다. 이것은 지도(地道)의 생성(生成)하는 묘리(妙理)이다.

```
丙 庚 辛 丙
子 辰 丑 辰
```

```
戊丁丙乙甲癸壬
申未午巳辰卯寅
```

此造 以俗論之 以爲寒金喜火 干透兩丙 獨殺留淸 推其木火運中 名利
차조 이속론지 이위한금희화 간투양병 독살유청 추기목화운중 명리

雙全 不知支中重重濕土 年干丙火 合辛化水 時干丙火無根 只有寒濕
쌍전 부지지중중중습토 년간병화 합신화수 시간병화무근 지유한습

之氣 並無生發之意 只得用水 不能用火矣 所以初運壬寅癸卯 制土衛
지기 병무생발지의 지득용수 불능용화의 소이초운임인계묘 제토위

水 衣食頗豊 至丙午丁未二十年 妻子皆傷 家業破盡 削髮爲僧.
수 의식파풍 지병오정미이십년 처자개상 가업파진 삭발위승

이 명조(命造)를 속론(俗論)으로 하면 한금(寒金)은 火를 기뻐하는데 천간(天干) 丙火 둘이 투출(透出)하여 독살(獨殺)이 유청(留淸)하므로 木火 운 중에 명리(名利)가 쌍전(雙全)한다고 추리(推理)할 것이다.

그러나 지지(地支)에 습토(濕土)가 중중(重重)하고 년간(年干)의 丙火는 辛金과 합(合)하여 합수(合水)가 되어 있고 시간(時干)의 丙火는 무근(無根)이니 한습지기(寒濕之氣)만 있고 생발지의(生發之意)는 전혀 없으므로 水를 용(用)할 수 있고 火를 용(用)할 수 없다는 것을 모르는 소치이다.

그러므로 초년(初年)인 壬寅, 癸卯 운은 제토(制土)하고 水를 호위(護衛)하므로 의식(衣食)이 자못 풍부(豊富)하였으나, 丙午, 丁未 운에 이르러 20년 동안에 처자(妻子)를 모두 잃고 가업(家業)도 파산하였으니 머리를 깎고 중이 되었다.

評註

　庚金 일주가 丑월에 태어나 한습(寒濕)하여 조후(調候)로 火가 필요한데 년시간 (年時干)에 丙火가 투출(透出)하여 기쁘지만 지지(地支)에 무근(無根)이니 무용지물(無 用之物)이 되었다.

　오히려 지지(地支)의 습토(濕土)가 생조(生助)하고 辛金이 방조(幇助)하니 종강격(從 强格)이 되므로 희신(喜神)은 인비식(印比食)인 土金水이고 기신(忌神)은 재관(財官)인 木火이다. 서운하게도 운행(運行)이 동남지지(東南之地)로 행(行)하니 丙午, 丁未 운에 형처극자(刑妻剋子)하게 된 것이다.

　주의(注意)해야 할 것은 丙午 운은 丙庚 충(沖), 子午 충(沖)으로 천충지충(天沖地沖) 이 되었으니 쇠왕충발(衰旺冲拔)하여 왕금(旺金)을 격노(激怒)하게 하였고 丑未 상충 (相沖)으로 丑 중의 癸辛과 未 중의 丁乙이 丁癸 충(沖), 乙辛 충(沖) 되어 乙木 재성 처궁(財星妻宮)과 丁火 관성(官星)인 자식(子息)이 형처극자(刑妻剋子)가 된 것이다.

　속론(俗論)으로는 합살유관(合殺留官)으로 丙辛 합수(合水)가 되고 시간(時干)의 丙 火가 유청(留清)하니 아름답다고 하여 귀격(貴格)으로 볼 수 있으나 오히려 丙火가 충거(冲去)되어 기신(忌神)을 제거(除去)한 것이니 종격(從格)을 모르는 소치이다.

任註

```
庚 甲 丁 癸
午 午 巳 未
```

```
庚辛壬癸甲乙丙
戌亥子丑寅卯辰
```

甲午日元 支全巳午未 燥烈極矣 天干金水無根 反激火之烈 只可順 火
갑오일원 지전사오미 조열극의 천간금수무근 반격화지열 지가순 화

之氣也 初運木火 順其氣勢 財喜頻增 至癸丑 歎刑喪 遭挫折 破耗 多
지기야 초운목화 순기기세 재희빈증 지계축 탄형상 조좌절 파모 다

端 壬子冲激更甚 犯人命 遭回祿 破家而亡.
단　임자충격경심　범인명　조회록　파가이망

甲午 일주가 지지(地支)에 巳午未가 전부(全部) 있으니 조열(燥熱)함이 극(極)에 이르렀다. 천간(天干)의 金水는 무근(無根)이고 도리어 火의 조열(燥熱)함을 격발(激發)시키므로 火의 기세(氣勢)에 순응(順應)해야 한다.

초년(初年)인 木火 운은 그 기세(氣勢)에 순응(順應)하므로 재물(財物)이 날로 늘어났으나 癸丑 운은 金水에 뿌리를 내리고 火의 기세(氣勢)를 거역(拒逆)하므로 형상(刑喪)을 탄식(歎息)하고 좌절(挫折)하였으며 파모(破耗)가 다단(多端)하였다. 壬子 운에는 충격(冲激)이 더욱 심하여 타인의 생명(生命)을 손상(損傷)시키고 화재(火災)까지 당하여 가산(家産)을 탕진(蕩盡)하고 세상을 떠났다.

評註

甲木 일주가 巳월에 태어나서 실령하였고 전지지가 巳午未 남방화국(南方火局)으로 되어 있고 천간에 丁火가 투출하였으니 종아격(從兒格)이 되었다. 희신(喜神)은 비식재(比食財)인 木火土이고 기신(忌神)은 관인(官印)인 金水이다.

운행(運行)이 동방지지(東方之地)에서 서북지지(西北之地)로 행(行)하니 서운하다. 그러므로 초년(初年)인 木火 운은 재물(財物)이 번창(繁昌)하였으나 癸丑 운은 丁癸 충(冲), 丑未 충(冲)으로 천충지충(天冲地冲)이 되었으니 파모다단(破耗多端)하였고 壬子 운은 子午 충(冲)으로 쇠자충왕(衰者冲旺)하니 왕화(旺火)를 격발(激發)시켜 불록지객(不祿之客)이 되었다.

```
庚 甲 丁 癸
午 辰 巳 丑
```

```
庚辛壬癸甲乙丙
戌亥子丑寅卯辰
```

此與前造 只換辰丑二字 丑乃北方濕土 晦火蓄水 癸水通根而載丑 辰
차여전조　　지환진축이자　　축내북방습토　　회화축수　　계수통근이재축　진

亦濕土 又是木之餘氣 日元足以盤根 庚金雖不能生水輔用 而癸水 坐
역습토　우시목지여기　일원족이반근　경금수불능생수보용　이계수 좌

下餘氣 竟可作用 初運木旺 幫身護用 和平迪吉 至癸丑 北方水地 及
하여기　경가작용　초운목왕　방신호용　화평적길　지계축　북방수지 급

壬子辛亥三十年 經營得意 事業稱心.
임자신해삼십년　경영득의　사업칭심

이 명조(命造)는 전조(前造)와 비교했을 때 '辰丑'이라는 두 글자만 바뀌었다.

丑은 북방습토(北方濕土)이니 火를 설(洩)하고 水를 축장(蓄藏)하고 있으며 癸水가 丑에 실려서 통근(通根)하고 있다. 辰도 역시 습토(濕土)이고 또한 木의 여기(餘氣)이므로 일주(日主)는 족히 뿌리를 내릴 수 있다. 庚金은 비록 水를 생조(生助)하고 용신(用神)을 돕기는 어려우나 癸水는 좌하(坐下)의 丑 중에 뿌리를 내려 마침내는 火를 억제(抑制)하고 일주(日主)를 생조(生助)하는 작용을 한다.

초운에는 木이 왕(旺)하여 일주(日主)를 돕고 용신(用神)을 보호(保護)하므로 화평(和平)하고 길(吉)하였다. 癸丑 운에는 북방수지가 되니 용신(用神)이 득지하였고 壬子, 辛亥 운에 30년 동안 경영한 일이 뜻대로 되어 사업이 만족스러웠다.

전조(前造)와 같이 甲木 일주(日主)가 巳월에 태어나서 조열(燥熱)하다.

　전조(前造)는 午未로 조토(燥土)이지만 차조(此造)는 丑辰으로 습토(濕土)이니 회화(晦火)할 수 있어서 金을 생조(生助)할 수 있으며 丑水가 되어 癸水와 甲木이 뿌리를 내릴 수 있으니 아름답다.

　甲木 일주(日主)는 식상(食傷)이 태왕(太旺)하여 제살태과격(制殺太過格)이 되었다. 희신(喜神)은 인비관(印比官)인 水木金이고 기신(忌神)은 식재(食財)인 火土이다. 운행(運行)이 동방지지(東方之地)로 행(行)하니 더욱 기쁘다.

　주의(注意)해야 할 것은 원국(原局)에서 격국(格局)과 용신(用神)을 분석(分析)하고, 대운(大運)과 세운(歲運)을 보고 원국(原局)의 용신(用神)을 생조(生助)하였는가, 아니면 형충파합(刑沖破合)의 작용(作用)에 따라 용신(用神)이 손상(損傷)을 당하였는가를 세밀하게 관찰하여야 한다.

　가령 똑같은 癸丑 운에서 전조(前造)는 丁癸 충(沖), 丑未 충(沖)시켜 형상파모(刑傷破耗)가 되었고 차조(此造)는 丁癸 충(沖)으로 丁火 기신(忌神)을 충거(沖去)시켰으며 巳丑 암합(暗合)으로 금국(金局)이 희신(喜神)이 되었으므로 경영득의(經營得意)하게 된 것이다.

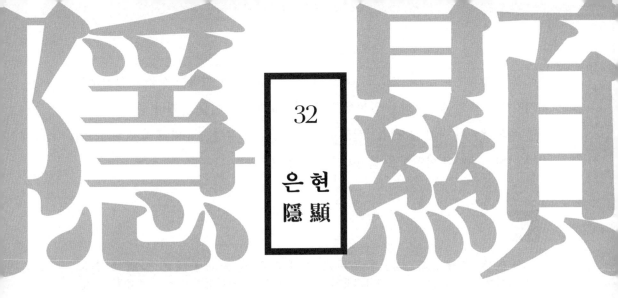

原文

吉神太露 起爭奪之風 凶物深藏 成養虎之患
길신태로   기쟁탈지풍   흉물심장   성양호지환

길신(吉神)이 지나치게 투출(透出)하면 쟁탈지풍(爭奪之風)이 일어나고,
흉물(凶物)이 깊게 암장(暗藏)하면 양호지환(養虎之患)을 이룬다.

原註

局中所喜之神 透於天干 歲運不能不遇忌神 必至爭奪 所以有暗用 吉
국중소희지신   투어천간   세운불능불우기신   필지쟁탈   소이유암용   길

神爲妙 局中所忌之神 伏藏於地之者 歲運扶之冲之 則其爲患不小 所
신위묘   국중소기지신   복장어지지자   세운부지충지   즉기위환불소   소

以忌神明透 制化得意者吉.
이기신명투   제화득의자길

명국(命局) 중에 기뻐하는 희신(喜神)이 천간(天干)에 투출(透出)하면 세운(歲運)에서
기신(忌神)을 만나지 않을 수 없으니 반드시 쟁탈(爭奪)이 일어나게 되므로 길신(吉

神)은 암용(暗用)하는 것이 오묘(五妙)하다. 명국(命局) 중에 꺼리는 것은 기신(忌神)이 지지(地支)에 암복(暗伏)하고 있는 경우에 세운(歲運)에서 이를 돕거나 충(冲)하게 되면 우환(憂患)이 적지 않으니 기신(忌神)을 천간(天干)에 투출(透出)되어 억제(抑制)하거나 인화(引化)하여 마땅함을 얻어야만 길(吉)한 것이다.

任氏曰 吉神太露 起爭奪之風者 天干氣專 易於劫奪故也 如財物 無關
임씨왈 길신태로 기쟁탈지풍자 천간기전 역어겁탈고야 여재물 무관

鎖 人人得而用.
쇄 인인득이용

假如天干以甲乙爲財 歲運遇庚辛 則起爭奪之風 必須天干先有丙丁官
가여천간이갑을위재 세운우경신 즉기쟁탈지풍 필수천간선유병정관

星 回剋 方無害 如無丙丁之官 或得壬癸之食傷合化亦可 故吉神宜深
성 회극 방무해 여무병정지관 혹득임계지식상합화역가 고길신의심

藏地 支者吉.
장지 지자길

凶物深藏 成養虎之患者 地支氣雜 難於制化故也 如家賊之難防養成
흉물심장 성양호지환자 지지기잡 난어제화고야 여가적지난방양성

禍患.
화환

假如地支以寅中丙火爲劫財 歲運逢申冲 申中庚金 雖能剋木 從不能
가여지지이인중병화위겁재 세운봉신충 신중경금 수능극목 종불능

去其丙火 歲運遇亥子 仍生合寅木 反滋火之根苗 故凶物明透天干 易
거기병화 세운우해자 잉생합인목 반자화지근묘 고흉물명투천간 역

於制化.
어제화

所以吉神深藏 終身之福 凶物深藏 始終爲禍.
소이길신심장 종신지복 흉물심장 시종위화

總之 吉神顯露 通根當令者 露亦無害 凶物深藏 失時休囚者 藏亦無妨.
총지 길신현로 통근당령자 로역무해 흉물심장 실시휴수자 장역무방

鬼谷子曰 陰陽之道與日月合其明 如天地合其德 與四時合其序 三命
귀곡자왈 음양지도여일월합기명 여천지합기덕 여사시합기서 삼명

之理 誠本 於此 若不愼思明辨 孰能得其要領乎.
지리 성봉 어차 약불신사명변 숙능득기요령호

임씨(任氏)가 말하길, "길신(吉神)이 크게 노출(露出)되면 쟁탈(爭奪)하는 기풍(氣風)이 일어난다"라는 것은 천간(天干)의 기(氣)는 전일(專一)하므로 쉽게 겁탈(劫奪)을 당할 수 있다는 뜻이다.

가령 재물을 감추어 두지 않고 방치한다면 사람마다 이를 취득(取得)하여 쓰려고 할 것이니, 천간(天干)에 투출한 甲乙木이 재성(財星)인데 세운(歲運)에서 庚辛金을 만나면 쟁탈하는 기풍이 일어나게 될 것이므로 반드시 천간(天干)에 관성(官星)인 丙丁火가 있어 먼저 회국(回剋)하여야 비로소 해(害)가 없는 것이다.

만약 관성(官星)인 丙丁火가 없으면 식상(食傷)인 壬癸水가 庚辛金을 인화하여도 무방하다. 그러므로 길신(吉神)이 지지(地支)에 깊이 감추어져 있는 것이 길(吉)한 것이다. "흉신(凶神)이 깊이 감추어져 있으면, 범을 기르는 근심을 이룬다"라는 것은 지지(地支)는 기(氣)가 복잡(複雜)하므로 제화(制化)하기가 어렵기 때문이다. 가령 집안의 도적은 막아내기가 어려우므로, 화환(禍患)을 기르는 것과 같다는 뜻이다.

지지(地支)의 寅 중의 丙火가 겁재(劫財)일 경우에 세운(歲運)에서 申金을 만나면 申 중의 庚金을 능히 극(剋)하나 寅 중의 丙火는 제거(除去)할 수 없으며, 세운(歲運)에서 亥子水를 만나도 寅木을 생조(生助)하거나 합(合)하여 오히려 丙火의 뿌리를 돕게 되는 것이다. 그러므로 길신(吉神)이 깊이 소장(所藏)되어 있으면 일생 동안 복(福)이 되고 흉신(凶神)이 깊이 소장(所藏)되어 있으면 시종(始終)토록 재앙(災殃)이 있다.

종합(綜合)하여 논(論)하면 길신(吉神)이 투출(透出)하여 나타나 있어도 시령(時令)을 얻고 통근(通根)이 되면 해(害)가 없으며, 흉신(凶神)이 깊이 감추어져 있어도 실령(失令)하고 휴수(休囚)가 되는 경우에는 역시 무방(無妨)한 것이다.

귀곡자(鬼谷子)는 "음양지도(陰陽之道)는 일월(日月)과 더불어 그 밝음을 합(合)하고 천지(天地)와 더불어 그 덕(德)을 합(合)하여 사시(四時)와 더불어 그 차례가 부합(符合)하다"라고 말하였다. 삼명지리(三明之理)는 진실(眞實)로 이것을 근본(根本)으로 삼는다. 만약 신중하게 생각하고 밝게 분별(分別)하지 않는다면 누가 그 요령(要領)을 얻을 수 있겠는가?

```
辛 丙 辛 己
卯 子 未 卯
```

```
甲乙丙丁戊己庚
子丑寅卯辰巳午
```

丙火生於未月　火氣正盛　坐下官星　被未土傷盡　只得用天干辛金　所嫌
병화생어미월　화기정성　좌하관성　피미토상진　지득용천간신금　소혐

者　未爲燥土　不能生金　又暗藏劫刃　年干己土　本可生金　又坐下印地
자　미위조토　불능생금　우암장겁인　년간기토　본가생금　우좌하인지

所謂　吉神顯露　凶物深藏者也　初運己巳戊辰　土旺之地　財喜輻輳　交丁
소위　길신현로　흉물심장자야　초운기사무진　토왕지지　재희폭주　교정

卯　土金兩傷　連遭回祿三次　又傷丁七人　丙寅妻子皆剋　出外不知所終.
묘　토금양상　연조회록삼차　우상정칠인　병인처자개극　출외부지소종

丙火가 未月에 생(生)하여 화기(火氣)가 왕성(旺盛)하다. 좌하(坐下)의 관성(官星)은 未土에 의하여 상진(傷盡)되었으니 다만 천간(天干)의 辛金이 용신(用神)이다.

꺼리는 것은 未土가 조토(燥土)이므로 생금(生金)할 수 없으며 겁인(劫刃)이 丁火가 암장(暗藏)하고 있으며 년간(年干)의 己土는 본래(本來) 생금(生金)할 수 있으나 좌하(坐下)의 卯木 위에 앉아 있으니 소위 길신(吉神)은 현로(顯露)하고 흉신(凶神)은 깊이 감추어져 있다.

초년(初年)인 己巳, 戊辰 운은 토왕지지(土旺地支)이니 재물이 늘어나고 일이 내 뜻대로 되었으나 丁卯 운으로 바뀌자 土金이 손상(損傷)되어 화재(火災)가 세 번이나 일어났으며 장성(長成)한 사람이 일곱이나 상(傷)하였으며 丙寅 운에는 처자(妻子)를 모두 잃었고 외지(外地)로 나가 소식을 알지 못하였다.

丙火 일주가 未月에 태어나서 未 중 丁火에 통근(通根)하여 득령(得令)하였고 년월지지(年月地支)가 卯未 합목(合木)이 되었고 시지(時支)의 卯木이 인수(印綬)이니 신왕(身旺)하다. 희신(喜神)은 식재관(食財官)인 土金水이고 기신(忌神)은 인비(印比)인 木火이다.

土는 丙火를 설(洩)해야 하므로 반드시 습토인 辰丑이어야 하며 조토(燥土)인 戌未는 오히려 기신(忌神)이다. 未 중 丁乙이 흉신(凶神)이나 감추어져 있다. 金은 월시간(月時干)의 辛金인데 丙辛 합거(合去)되어 희신(喜神)이 약(弱)하다.

水는 왕화(旺火)를 극제(剋制)해야 하는데 子水는 절각(截脚)되어 있으며 辛金으로부터 생조(生助)를 얻어야 되는데 합거(合去)되어 있으며 역시 약(弱)하다. 그러므로 길신(吉神)은 현로(顯露)하고 흉신은 심장(深藏)되어 있는 것이다.

초년(初年)인 己巳, 戊辰 운은 설(洩)하는 土가 왕(旺)하므로 재물(財物)이 일어났고 丁卯 운은 木火가 기신(忌神)이므로 土金이 손상(損傷)되어 손재(損財)를 당하였으며 丙寅 운은 역시 木火가 기신(忌神)이므로 재관(財官)인 金水가 손상(損傷)되었으므로 형처극자(刑妻剋子)가 된 것이다. 그 이후(以後)에 乙丑 운은 乙辛 충(冲), 丑未 충(冲)으로 천충지충(天冲地冲)되었으니 불록지객(不祿之客)이 되었을 것이다.

주의(注意)해야 할 것은 길신태로(吉神太露)하면 쟁탈지풍(爭奪之風)이 반드시 일어나는 것은 아니다. 쟁탈(爭奪)을 받을 수 있고 희신(喜神)이 투출(透出)되어 있다면 더욱 아름다운 것이다.

33

중과
衆寡

强衆而敵寡者 勢在去其寡 强寡而敵衆者 勢在成乎衆
강중이적과자　　세재거기과　　강과이적중자　　세재성호중

　강(强)한 무리를 이루어 적은 것과 대적(對敵)하는 경우에 그 형세(形勢)는 적은 것을 제거(除去)하는 데 있으며, 강(强)한 것이 적으나 많은 무리를 대적(對敵)하는 경우에 그 형세(形勢)는 무리를 이루는 데 있다.

原註

强寡而敵衆者 喜强而助强者吉 强衆而敵寡者 惡敵而敵衆者滯
강중이적과자　　희강이조강자길　　강과이적중자　　악적이적중자체

　강(强)한 것이 적으나 많은 무리를 대적(對敵)하는 것은, 강(强)을 좋아하니 강(强)을 돕는 것이 길(吉)하고, 강(强)한 무리를 이루어 적은 것과 대적(對敵)하는 경우에는 적(敵)을 싫어하니 무리와 대적(對敵)하여 체(滯)함에 있다.

衆寡之設 强弱之意也 須分日主四柱兩端而論也.
중과지설　　강약지의야　　수분일주사주양단이논야

如以日主分衆寡 如日主是火 生於寅卯巳午月 官星是水 四柱無財 反
여이일주분중과　　여일주시화　　생어인묘오월　　관성시수　　사주무재　반

有土之食傷 卽使有財 財無根氣 不能生官 此日主之黨衆 敵官星之寡
유토지식상　　즉사유재　　재무근기　　불능생관　　차일주지당중　　적관성지과

勢在盡去其官 歲運宜扶衆抑寡則吉.
세재진거기관　　세운의부중억과즉길

如以四柱分衆寡 則分四柱之强弱 然又要與日主符合 弗反背爲妙 假
여이사주분중과　　즉분사주지강약　　연우요여일주부합　　불반배위묘　여

如 水是官星 休囚無氣 土是傷官 當令得時 其勢足以去其官星 歲運亦
가　수시관성　　휴수무기　　토시상관　　당령득시　　기세족이거기관성　　세운역

宜制官 爲美 日主是火 亦要通根得氣 則能生土 或有木而剋土 則日主
의제관　위미　　일주시화　　역요통근득기　　즉능생토　　혹유목이극토　　즉일주

自能化木 輾轉 相生 所謂日主符合者也 强衆而敵寡者.
자능화목　전전　상생　　소위일주부합자야　　강중이적과자

如日主是火 雖不當令 卻有根坐旺 官星是水 雖不及時 卻有財生助
여일주시화　　수부당령　　각유근좌왕　　관성시수　　수불급시　　각유재생조

或財星當令 或成財局 此官星雖寡 得財星 扶則强星 歲運宜扶寡而抑
혹재성당령　혹성　재국　　차관성수과　　득재성　　부즉강성　　세운의부과이억

衆者吉.
중자길

雖擧財官而論 其餘皆同此論.
수거재관이론　　기여개동차론

　중과지설(衆寡之設)은 강약(强弱)의 뜻인데 반드시 일주(日主)와 사주(四柱)를 나누
어서 두 가지로 논(論)하여야 한다.
　만약 일주(日主)를 중과(衆寡)로 나누는 것은 가령 丙丁火 일주(日主)가 寅卯, 巳午
월에 생(生)하였으면 관성(官星)이 水인데 재성(財星)인 金이 없고 식상(食傷)인 土가
있는 경우에는 설령 재성(財星)이 있어도 무근(無根)이면 관성(官星)을 생(生)할 수 없

으므로 이는 일주(日主)의 무리는 많고 대적(對敵)할 관성(官星)은 적은 것이므로 그 형세(形勢)는 관성(官星)을 모두 제거(除去)하는 데 있으며 세운(歲運)에서도 마땅히 많은 무리를 돕고 적은 것을 억제(抑制)하여야만 길(吉)한 것이다.

사주(四柱)를 중과(衆寡)로 나누는 것은 사주(四柱)의 강약(强弱)을 구분(區分)하는 것이니 일주(日主)와 부합(符合)함을 요하고 반배(反背)하지 않아야 묘(妙)한 것이다.

가령 水가 관성(官星)인데 휴수(休囚)되어 무기(無氣)하고 상관(傷官)인 土는 시령(時令)을 얻어 당령(當令)하면 그 기세(氣勢)는 족히 관성(官星)을 제거(除去)할 수 있고 세운(歲運)에서도 역시 관성(官星)을 억제(抑制)함이 아름다운 것이다.

일주(日主)는 火인데 통근(通根)되어 유기(有氣)하면 능히 土를 생(生)하고 혹시 木이 있어 土를 극(剋)하는 경우에는 일주(日主)가 스스로 木을 인화(引化)하여 전전상생(轉轉相生)하게 되면 이것이 일주(日主)와 식상(食傷)이 부합(符合)하는 것이다.

강(强)한 것이 적으나 많은 무리를 대적(對敵)하는 것은, 가령 일주(日主)는 丙丁火인데 비록 시령(時令)을 얻지 못하였으나 뿌리가 있고 왕(旺)한 지지(地支)에 앉아 유기(有氣)하며 관성(官星)은 水로서 시령(時令)을 미치지 못하였으나 재성(財星)인 金이 생조(生助)하고 혹 재성(財星)이 국(局)을 이루거나 하였을 경우에 이 관성(官星)은 비록 적으나 재성(財星)의 도움을 얻으면 강(强)하게 되는 것이니 세운(歲運)에서도 마땅히 적은 것을 돕고 많은 무리를 억제(抑制)하면 길(吉)한 것이다.

재관(財官)을 예(例)로 들어 논(論)하였으나 나머지도 모두 이와 같이 논(論)하면 될 것이다.

任註

辛	戊	乙	戊
酉	戌	丑	辰

壬辛庚己戊丁丙
申未午巳辰卯寅

此造 重重厚土 乙木無根 傷官又旺 其勢足以敵官星之寡 故初交丙 寅
차조 중중후토 을목무근 상관우왕 기세족이적관성지과 고초교병 인

丁卯 官星得地 刑耗多端 戊辰得際遇 捐納出仕 及己巳二十年 土生
정묘 관성득지 형모다단 무진득제우 연납출사 급기사이십년 토생

金旺 從佐貳而履琴堂 至未運破金 不祿.
금왕 종좌이이이금당 지미운파금 불록

이 명조(命造)는 土가 중중(重重)하여 두터운데 乙木 관성(官星)은 무근(無根)이고 상관(傷官)인 金이 왕(旺)하므로 그 세(勢)는 족히 과(寡)한 관성(官星)을 대적(對敵)한다. 그러므로 초년(初年)인 丙寅 운에는 관성(官星)이 득지(得地)하였으므로 형상파모(刑傷破耗)가 다단(多端)하였으나 戊辰 운으로 바뀌자 연납출사(捐納出仕)하였고 己巳 운까지 20년 동안 좌이(佐貳)를 거쳐 금당(琴堂)에 올랐다. 未운에 이르러 金을 파(破)하여 불록(不祿)하였다.

評註

戊土 일주가 丑월에 태어나 한랭(寒冷)하니 조후(調候)로 火가 필요하다. 사주(四柱)를 중과(衆寡)로 나누는 것은 강약(强弱)을 구분(丘墳)하는 것이다. 그러므로 이 명조는 득령(得令) 득지(得地) 득세(得勢)하였으므로 신왕(身旺)하다. 희신(喜神)은 식재관(食財官)인 金水木이고 기신(忌神)은 인비(印比)인 火土이다.

丙寅, 丁卯 운은 지지(地支)의 寅卯木이 丙丁火를 생조(生助)하였으니 관성(官星)인 희신(喜神)이 인수(印綬)인 기신(忌神)으로 변(變)하였으니 형모다단(刑耗多端)하였던 것이다. 그러나 戊辰. 己巳 운은 본래(本來)가 火土로 기신(忌神)이지만 辰酉 합금(合金), 巳酉丑 회국(會局)으로 희신(喜神)이 되었으니 기묘(奇妙)한 명조(命造)이다.

오히려 천간(天干)의 戊己土는 지지(地支)를 생조(生助)하니 더욱 아름답다. 庚午 운은 乙庚이 합금(合金)되었으니 乙木 관성(官星)이 庚金 식신(食神)을 부조(扶助)하게 되었고 지지(地支)의 午火는 午戌 합화(合火)로 기신(忌神)이 되었으니 행운(行運)이 쇠퇴(衰退)하고 있다.

辛未 운은 乙辛 충(冲), 丑未 충(冲)으로 천충지충(天冲地冲)이 되었는데 설상가상(雪上加霜)으로 丑戌未 삼형살(三刑殺)이 되었으니 지지(地支)가 초토화(焦土化)되어 세상을 떠났다.

주의(注意)해야 할 것은 임주(任註)는 원국(原局)에서 乙木 관성(官星)을 기신(忌神)으로 보아 丙寅, 丁卯 운에 관성(官星)이 득지(得地)하여 불길(不吉)한 것으로 보았으나 乙木 관성(官星)은 분명(分明)히 희신(喜神)이므로 寅卯에 뿌리를 얻었으나 상하유정(上下有情)으로 丙丁火를 생조(生助)하여 인수(印綬)되었으니 기신(忌神)으로 변화(變化)된 것이다.

또한 戊辰, 己巳 운은 기회(機會)를 얻었다는 것은 희신(喜神)으로 보았지만 분명(分明)히 기신(忌神)이다. 그러나 사주(四柱) 원국(原局)과 지지(地支)의 부합(符合)에 의하여 육합(六合)과 삼합(三合)으로 희신(喜神)이 되었으니 전화위복(轉禍爲福)이 된 것이다.

임주(任註)에서 처음으로 파(破)를 언급(言及)하였는데 未酉 파(破)를 논(論)한 것인지 아니면 丑戌未 삼형살(三刑殺)에 의한 암충(暗冲)으로 乙辛 충(冲)을 논(論)한 것인지는 자세(仔細)하게 살펴보아야 한다.

任註

```
癸 丁 壬 戊
卯 卯 戌 午
```

```
己戊丁丙乙甲癸
巳辰卯寅丑子亥
```

此傷官當令 印星並見 官殺雖透無根 勢在去官 初年運走北方 官星得
차상관당령　인성병견　관살수투무근　세재거관　초년운주북방　　관성득

勢 一事無成 丙寅丁卯 生助火土 經營發財巨萬 戊辰己巳 去盡官殺
세　일사무성　병인정묘　생조화토　경영발재거만　무진기사　거진관살

一子登科 晚景崢嶸 此造戌午拱火 日時逢印 日主旺極 莫作用印而推
일자등과　만경쟁영　차조술오공화　일시봉인　일주왕극　막작용인이추

亦不可作去官 留殺論也.
역불가작거관   유살론야

이 명조(命造)는 상관(傷官)이 당령(當令)하였고 인성(印星)이 나란히 나타나 있으니 관살(官殺)은 비록 투출(透出)하였으나 무근(無根)하므로 형세(形勢)는 관성(官星)을 제거(除去)하는 것에 있다.

초년(初年)에는 운(運)이 북방(北方)으로 달려 관성(官星)이 득세(得勢)하니 일사무성(一事無成)하였다. 丙寅, 丁卯 운은 火土를 생조(生助)하니 경영(經營)을 하여 수만(數萬)의 재물(財物)을 일으켰다. 戊辰, 己巳 운은 관살(官殺)을 모두 제거(除去)하니 한 자손(子孫)이 등과(登科)하였고 노년(老年)에 부귀(富貴)가 왕성(旺盛)하였다.

이 명조(命造)는 午戌이 화국(火局)을 이루었고 일시(日時)에 인수(印綬)를 만나서 일주(日主)가 왕극(旺極)하니 용인(用印)을 한다고 추리(推理)하여서는 안 되고 거관유살(去官留殺)로 논(論)하여서도 역시 아니 된다.

評註

丁火 일주가 戌월에 태어나 상관(傷官)으로 실령(失令)하였으나 午戌 합화(合火)하니 전지지(全地支)가 비겁(比劫)이 되었고 천간(天干)의 壬癸水는 뿌리가 없게 되었으니 종왕격(從旺格)이 되었다.

희신(喜神)은 인비식(印比食)인 木火土이고 기신(忌神)은 재관(財官)인 金水이다. 초년(初年)인 亥子丑 북방수지(北方水地)운에서는 기신(忌神)으로 일사무성(一事無成)이 당연한 것이다.

丙寅, 丁卯 운은 木火 운이 상하유정(上下有情)으로 들어와 戊土를 생조(生助)하니 경영발재(經營發財)하여 수만(數萬)의 재물(財物)을 일으킨 것이다. 더욱 묘(妙)한 것은 丙壬 충(冲)으로 기신(忌神)인 관살(官殺)을 제거(除去)시켰으니 아름다운 것이다.

戊辰, 己巳 운은 火土 운이 역시 상하유정(上下有情)으로 들어와 戊癸 합화(合火), 丁壬 합목(合木)이 되었으니 역시 관살(官殺)을 제거(除去)하여 자식(子息)이 등과(登科)

한 것이다.

주의(注意)해야 할 것은 임주(任註)에서 용인(用印)할 수 없다는 것인데 일주(日主)는 왕극(旺剋)하여 종격(從格)으로 보아 인수(印綬)를 용신(用神)으로 해야 한다는 것이 옳다.

거관유살(去官留殺)로 논(論)하지 말라고 하였으나 丁壬 합거(合去)하니 壬水 관성(官星)이 합관(合官)되고 癸水 살(殺)이 남아 있으니 논리(論理)로는 옳은 것이다.

그러나 거관유살(去官留殺)은 관살(官殺)이 용희신(用喜神)으로 작용(作用)할 경우에 적용(適用)되는 논리(論理)이므로 이 명조(命造)에서는 당연히 꺼리는 것이다.

任註

```
庚 丙 壬 癸
寅 午 戌 丑
```

```
乙丙丁戊己庚辛
卯辰巳午未申酉
```

丙火生於九月 日主本不及時 第坐陽刃會火局 謂之强寡 年月壬癸 進
병화생어구월　일주본불급시　제좌양인회화국　위지강과　년월임계　진

氣 癸水通根 餘氣丑土 洩其火局 庚金生助 壬癸爲衆也 勢在成乎衆
기　계수통근　여기축토　설기화국　경금생조　임계위중야　세재성호중

故交辛酉庚辛 金生水旺 遺業豊盈 其樂自如 一交己未 火土並旺 父母
고교신유경신　금생수왕　유업풍영　기락자여　일교기미　화토병왕　부모

雙亡 及戊午二十年 破敗家業 妻子皆傷 至丙辰 流落外方而亡.
쌍망　급무오이십년　파패가업　처자개상　지병진　유락외방이망

丙火가 戌월에 생(生)하여 일주(日主)가 본래(本來)는 시령(時令)에 미치지 못하나 양인(陽刃)에 앉아 있고 寅午戌 화국(火局)을 이루었으니 강과(强寡)라고 할 수 있다.

년월(年月)의 壬癸水가 진기(進氣)이고 癸水는 통근(通根)하였고 丑土는 화국(火局)을 설(洩)하고 경금(庚金)을 생조(生助)하니 壬癸가 중(衆)이다. 그 세(勢)가 중(衆)을 이

루는 데 있으니 庚申, 辛酉에는 금생수왕(金生水旺)하여 유업(遺業)이 풍영(豊盈)하였고 그 즐거움이 자연히 따랐다.

己未 운으로 바뀌어서는 火土가 병왕(並旺)하니 부모(父母)를 모두 잃고 戊午 운까지 20년 동안 가업(家業)을 파패(破敗)하였으며 처자(妻子)도 모두 잃었다. 丙辰 운에 이르러서는 타향(他鄕)을 떠돌다가 세상을 떠났다.

丙火 일주가 戌월에 태어나 실령(失令)하였으나 지지(地支)에 寅午戌 삼합화국(三合火局)이 되었으니 신왕(身旺)하다. 희신(喜神)은 식재관(食財官)인 土金水이고 기신(忌神)은 인비(印比)인 木火이다.

초년(初年)인 庚申 辛酉 운에는 재성(財星)이 들어와 관성(官星)을 생조(生助)하니 유업이 풍영(豊盈)하였다. 己未 운은 己癸 충극(冲剋)이 되었고 丑戌未 삼형살(三刑殺)이 되었으니 형액(刑厄)을 면(免)할 수가 없는 것이다. 이것은 천충지충(天冲地冲)으로 큰 변화(變化)를 가져오는 것이다.

丑 중의 癸辛과 未 중의 丁乙이 암충(暗冲)되어 있고 또한 戌 중의 辛金과 未 중의 乙木이 乙辛 충(冲)으로 암충(暗冲)이 되어 있으니 재성(財星)인 辛金과 인수(印綬)인 乙木이 손상(損傷)을 당하여 부모(父母)가 모두 사망한 것이다.

戊午 운에는 戊癸 합거(合去)로 癸水 관성(官星)이 기신(忌神)이니 자식에 해당되는 육친(六親)이며 午戌 합화(合火)로 午 중의 丙火와 戌 중의 辛金이 丙辛 합거(合去)되었으니 辛金이 재성(財星)과 처궁(妻宮)에 해당되어 처자(妻子)가 모두 손상(損傷)되었다. 丙辰 운에 이르러서는 丙壬 충(冲), 辰戌 충(冲)으로 천충지충(天冲地冲)이 되어 세상을 떠난 것이다.

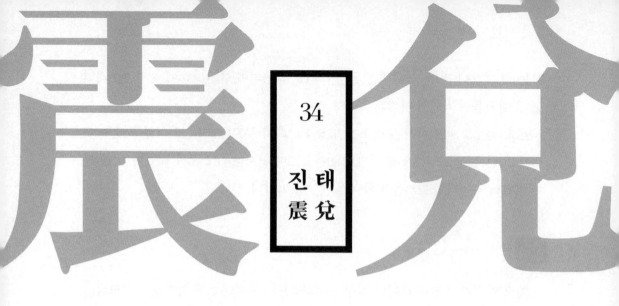

原文

震兌 主仁義之眞機 勢不兩立 而有相成者存
진태　주인의지진기　세불양립　이유상성자존

진태(震兌)는 인의(仁義)를 주관하는 참된 기틀이다.

그 세(勢)는 양립(兩立)할 수 없다. 그러나 두 기(氣)가 서로 배합(配合)을 이루게 되
면 함께 존립(存立)할 수 있다.

原註

震在內 兌在外 月卯日亥或未 年丑或巳時西是也 主之所喜者在震 以
진재내　태재외　월묘일해혹미　　년축혹사시서시야　　주지소희자재진　이

兌爲敵國必用火攻 主之所喜者在兌 以震爲奸宄 備禦之而已 不必 盡
태위적국필용화공　주지소희자재태　이진위간구　비어지이이　불필　진

去 不必與兵也.
거　불필여병야

兌在內 震在外 月酉日丑或巳 年未或亥時卯者是也 主之所喜者在兌
태재내　진재외　월유일축혹사　년미혹해시묘자시야　주지소희자재태

以震 爲游兵 易於滅而不可黨震也 主之所喜者在震 以兌爲內寇難於
이진　위유병　역어멸이불가당진야　주지소희자재진　이태위내구난어

滅而 不可助兌也 以水爲說客 相間於上下.
멸이　부가조태야　이수위설객　　상간어상하

或年酉月卯日丑時亥 年甲月庚日甲時辛之例 亦論主之所喜所忌者何
혹년유월묘일축시해　　년갑월경일갑시신지예　　　역논주지소희소기자하

如 而論 攻備之法.
여　이론　공비지법

然金忌木 木不帶火 木不傷土者 不必去木也 若木忌金 而金强者不可戰.
연금기목　목부대화　목불상토자　불필거목야　약목기금　이금강자불가전

惟秋金而木茂 木終不能爲金之害 反以成金之仁 春木而金盛 金實足
유추금이목무　　목종불능위금지해　　반이성금지인　　춘목이금성　금실족

以 制木之性 反以全木之義.
이　제목지성　반이전목지의

其月是木 年日時皆金者 不必問主之所喜所忌 而亦宜順木之性 凡月
기월시목　년일시개금자　　불필문주지소희소기　　이역의순목지성　범월

是金 年日時皆是木者 不必問主之所喜所忌 而亦宜成金之性.
시금　년일시개시목자　　불필문주지소희소기　　이역의성금지성

진(震)은 안에 있고 태(兌)는 밖에 있다는 것은 월(月)이 卯이고 일(日)이 亥이거나 未이고 년(年)이 丑이거나 巳이고 시(時)가 酉인 것이다.

일주(日主)가 기뻐하는 것이 진(震)에 있으면 태(兌)는 적국(敵國)이 되므로 반드시 火로 공격(攻擊)하여야 한다.

일주(日主)가 기뻐하는 것이 태(兌)에 있으면 진(震)은 간사한 도둑이니 미리 준비하여 막을 뿐이고 모두 제거(除去)할 필요(必要)는 없고 군사까지 일으킬 필요(必要)는 없다.

태(兌)는 안에 있고 진(震)은 밖에 있다는 것은 월(月)이 酉이고 일(日)이 丑이고 혹은 巳이고 년미(年未) 혹은 亥에 시묘(時卯)를 얻는 것을 말한다.

일주(日主)가 기뻐하는 것은 태(兌)에 있으면 진(震)은 유병(游兵)이니 멸(滅)하기는 쉬우나 진(震)이 무리를 짓는 것은 불가(不可)하다.

일주(日主)가 기뻐하는 것이 진(震)에 있으면 태(兌)는 집안의 도적이니 멸(滅)하기가 어려우므로 태(兌)를 돕는 것이 불가하며 水가 있으면 水로서 설객(說客)을 삼아

진태(震兌)의 사이에서 상하(上下)를 화해(和解)시키는 것이 바람직하다.

혹은 酉년 卯월 丑일 亥시, 또는 甲년 庚월 辛시의 경우도 역시 일주(日主)의 기쁨함과 꺼림이 어떠한가를 살핀 다음에 공격(攻擊)하고 방어(防禦)하는 방법(方法)을 논(論)하여야 한다.

金이 木을 꺼리는 경우에 木이 火를 끼고 있지 않거나 또는 土를 손상(損傷)하지 않으면 반드시 木을 제거(除去)할 필요는 없다. 만약 木이 金을 꺼리는 경우에는 金이 강(强)하면 싸우는 것은 불가(不可)하며 비록 가을의 金이라도 木이 무성(茂盛)하면 木은 마침내 金의 해(害)를 입지 않고 도리어 金에 의하여 인(仁)을 이루게 된다.

봄의 木일이어도 金이 성(盛)하고 실(實)하면 족(足)히 木의 성(性)을 억제(抑制)하니 도리어 木의 의(義)를 온전(穩全)하게 하는 것이다.

월(月)이 木이고 년일시(年日時)가 모두 金이면 일주(日主)의 희기(喜忌)를 물을 필요 없이 木의 성(性)을 이루어야 마땅하다.

월(月)이 金이고 년일시(年日時)가 모두 木인 것은 일주(日主)의 희기(喜忌)를 물을 필요 없이 역시 金의 성(性)을 이루어야 마땅하다.

任註

任氏曰　疹恙也　先天之位在八白　陰固陰而陽亦陰矣　兌陰也　先天之位
임씨왈　진양야　선천지위재팔백　음고음이양역음의　태음야　선천지위

在四綠　陽固陽而陰亦陽矣.
재사록　양고양이음역양의

震爲長男　震從地起　一陽生於坤之初　兌爲少女　山澤通氣　故三陰生於
진위장남　진종지기　일양생어곤지초　태위소녀　산택통기　고삼음생어

乾 之終.
건 지종

長男配少女　天地生成之妙用　若長女配少男　陽雖生而陰不能成矣　是
장남배소녀　천지생성지묘용　약장녀배소남　양수생이음불능성의　시

故兌爲萬物之所兌　至哉言乎　是以震兌雖不兩立　亦有相成之義也.
고태위만물지소태　지재언호　시이진태수불양립　역유상성지의야

余細究之　震兌之理有五　攻成潤從暖也　春初之木　木嫩金堅　火以攻之
여세구지　진태지리유오　공성윤종난야　춘초지목　목눈금견　화이공지

仲春之木　木旺金衰　土以成之　夏令之木　木洩金燥　水以潤之　秋令之木
중춘지목　목왕금쇠　토이성지　하령지목　목설금조　수이윤지　추령지목

木凋金銳　土以從之　冬令之木　木衰金寒　火以暖之則無兩立之勢　而有
목조금예　토이종지　동령지목　목쇠금한　화이난지즉무양립지세　이유

相成仁義之勢矣.
상성인의지세의

若內外之設　不過衰旺相敵之意也　當洩則洩　當制　則制　須觀其金木之
약내외지설　불과쇠왕상적지의야　당설즉설　당제　즉제　수관기금목지

意向　不必拘執而分內外也.
의향　불필구집이분내외야

임씨(任氏)가 말하길, 진(震☳)은 양(陽)이니 선천지위(先天之位) 팔백(八白)이다.

음(陰)은 오로지 음(陰)이지만 양(陽)에도 역시 음(陰)이 있다.

태(兌)는 음(陰)이니 선천지위(先天之位)는 사록(四綠)이다.

양(陽)은 오로지 양(陽)이지만 음(陰)에도 역시 양(陽)이 있다.

진(震☳)은 장남(長男)이니, 우레(雨雷)는 땅에서 일어나므로 일양(一陽)은 곤(坤)의 초효(初爻)에서 생(生)하며 태(兌☱)는 소녀(少女), 산(山☶)과 택(澤☱)은 기(氣)가 통(通)하므로 삼음(三陰)은 건(乾)의 종효(終爻)에서 생(生)하는 것이다.

장남(長男, 震☳)과 소녀(少女, 兌☱)를 배합(配合)하는 것은 천지생성(天地生成)의 묘용(妙用)이나, 만약 장녀(長女, 巽☴)와 소남(少南, 艮☶)을 배합한다면 양(陽)은 생(生)하나 음(陰)이 이룰 수 없다. 이러한 까닭으로 만물(萬物)이 기뻐하는 것은 태(兌)라고 하였으니 지극히 당연한 말씀이다. 그러므로 진태(震兌)는 비록 양립(兩立)할 수 없다고 할지라도 역시 배합(配合)하여 상성(相成)하는 뜻이 있는 것이다.

내가 자세하게 연구(研究)한 바에 의하면 진태지리(震兌之理)는 다섯 가지의 이치(理致)가 있으니, 즉 공(攻), 성(成), 윤(潤), 종(從), 난(暖)이다.

초춘(初春)의 木은 木이 여리고 金은 견고(堅固)하므로 火로 金을 공격(攻擊)하여야 하므로 공(攻)이다.

중춘(仲春)의 木은 木이 왕(旺)하고 金은 쇠약(衰弱)하므로 土로 金을 도와서 완성(完成)되어야 하므로 성(成)이다.

하령(夏令)의 木은 木이 설기(洩氣)되고 金은 건조(乾燥)하므로 水로 촉촉하게 적서 윤택(潤澤)하게 하여야 하므로 윤(潤)이다.

추령(秋令)의 木은 木이 시들고 金은 예리(銳利)하므로 土로 金의 왕세(旺勢)를 따라야 하므로 종(從)이다.

동령(冬令)의 木은 木이 쇠(衰)하고 金은 한랭(寒冷)하니 火로 온난(溫暖)하게 하여야 하므로 난(暖)이다.

이렇게 하면 金木이 양립지세(兩立之勢)는 없고 상성지세(相成之勢)와 인의지세(仁義之勢)를 이루게 될 것이다.

원주(原註)에서 내외지설(內外之說)은 쇠왕(衰旺)이 서로 대적(對敵)한다는 의미(意味)에 불과한 것이다.

마땅히 설(洩)할 것은 설(洩)하고 마땅히 제(制)할 것은 제(制)하여 반드시 金木의 의향(意向)을 살펴보아야 하고 내외(內外)의 분별(分別)에 구애(拘碍)되거나 고집(固執)할 필요는 없다.

評註

주역(周易)의 선천팔괘(先天八卦)[243]와 후천팔괘(後天八卦)[244]의 金木 상성(相成)의 이치(理致)를 논(論)하는 것이다. 주역(周易)의 설괘전(說卦傳)에서 '만물출호진(萬物出乎震), 진동방야(震東方也), 태정추야(兌正秋也), 만물지소설야(萬物之所說也)'라, 즉 만물(萬物)은 진(震)에서 나오니 진(震)은 동방(東方)이다. 태(兌)는 바로 가을이니 만물(萬物)이 기뻐하는 것이다'라고 하였다.

---

243 선천팔괘(先天八卦)
복희씨(伏羲氏)는 처음으로 천지인(天地人) 삼 획(三劃)으로 이루어진 팔괘(八卦)를 작(作)하였다. 팔괘(八卦)를 통하여 신명(神明)의 덕(德)이 통하게 되고 만물(萬物)의 실정(實定)을 분류(分流)할 수 있게 됨으로써 인류(人類)는 원시사회(原始社會)로부터 새로운 문명(文明)의 지평(地平)이 열리게 되었다.

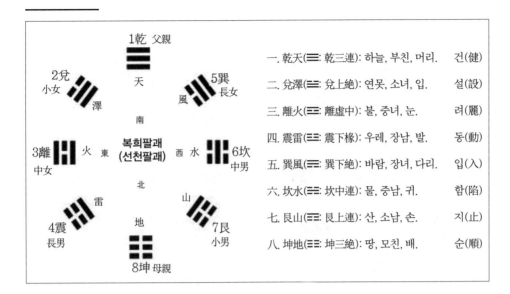

一. 乾天(☰ : 乾三連): 하늘, 부친, 머리.	건(健)
二. 兌澤(☱ : 兌上絶): 연못, 소녀, 입.	설(設)
三. 離火(☲ : 離虛中): 불, 중녀, 눈.	려(麗)
四. 震雷(☳ : 震下橡): 우레, 장남, 발.	동(動)
五. 巽風(☴ : 巽下絶): 바람, 장녀, 다리.	입(入)
六. 坎水(☵ : 坎中連): 물, 중남, 귀.	함(陷)
七. 艮山(☶ : 艮上連): 산, 소남, 손.	지(止)
八. 坤地(☷ : 坤三絶): 땅, 모친, 배.	순(順)

복희씨(伏羲氏)의 '차서도(此序圖)'에 의하면 태극(太極)이 세 차례 변하여 팔괘(八卦)를 생하므로 시간적(時間的)으로는 삼변(三變), 공간적으로는 팔괘(八卦)가 베풀어지는 태극(太極)의 도(道)를 삼팔목도(三八木道)로 표현할 수 있다. 즉 뿌리에서 두 줄기의 가지가 잎사귀를 생장(生長)하는 木에서 팔괘(八卦)가 이루어지는 상생과정(相生過程)을 나타내고 있는 것이다.

공자(孔子)의 『계사전(繫辭傳)』 第11章에 "역유태극(易柔太極)하니 양의(兩儀)가 사상(四象)을 낳고 사상(四象)은 팔괘(八卦)를 낳는다. 팔괘(八卦)는 정길흉(定吉凶)하고 吉凶에 의하여 대업(大業)을 낳게 되는 것이다"라고 하였다.

『설괘전(設卦傳)』에 의하면 "천지정위(天地定位)에 산택(山澤)이 통기(通氣)하며 뇌풍(雷風)이 상박(相薄)하며 木火가 불상사(不相射)하야 팔괘상착(八卦相錯)이니라" 하였다. 그러므로 선천팔괘 (先天八卦)는 상대적인 배합(配合)으로 괘서(卦序), 괘명(卦名), 괘상(卦象)을 하나로 엮어 일건천(一乾天), 이태택(二兌澤), 삼리화(三離火), 사진뢰(四震雷), 오손풍(五巽風), 육감수(六坎水), 칠간산(七艮山), 팔곤지(八坤地)라고 읽는다. 그리고 선천팔괘(先天八卦)의 획상(劃象)은 건상련(乾上連: ☰), 태상절(兌上絶: ☱), 이허중(離虛中: ☲), 진하련(震下蓮: ☳), 손하절(巽下絶: ☴), 감중련(坎中蓮: ☵), 간상련(艮上連: ☶), 곤삼절(坤三絶: ☷)로 표현한다.

선천팔괘(先天八卦)의 오행지리(五行之理)는 건곤천지대대(乾坤天地對待)로 일육합수(一六合水)하고, 진손뢰풍대대(震巽雷風對待)로 이칠합화(二七合火)하고. 감리수화대대(坎離水火對待)로 삼팔합목(三八合木)하고, 간태산택대대(艮兌山澤對待)로 사구합금(四九合金)하고, 음양일월대대(陰陽日月對待)로 오십합토(五十合土)하여 마주보는 상대가 남녀로서 음양상착(陰陽相錯)의 관계를 나타내고 있다. 선천팔괘(先天八卦)는 태극(太極)에서 천지(天地)가 나와 상하(上下)로 정위(定位)한 상태에서 음양교역(陰陽交易)을 합(合)으로써 뇌풍수화산택(雷風水火山澤)의 여섯 자녀를 생성(生成)한 상태이다. 인사적(人事的)으로는 부모가 삼남(三男)과 삼녀(三女)를 낳는 것이고 서로 마주 볼 뿐 교배(交配)를 이룬 상(象)이 아니므로 자식(子息)이 부모(父母) 품에 있는 선천(先天) 시기이다.

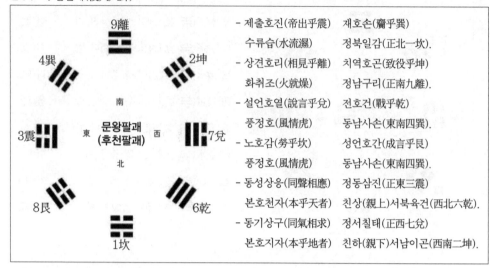

- 제출호진(帝出乎震)	재호손(齋乎巽)
수류습(水流濕)	정북일감(正北一坎).
- 상견호리(相見乎離)	치역호곤(致役乎坤)
화취조(火就燥)	정남구리(正南九離).
- 설언호열(說言乎兌)	전호건(戰乎乾)
풍정호(風情虎)	동남사손(東南四巽).
- 노호감(勞乎坎)	성언호간(成言乎艮)
풍정호(風情虎)	동남사손(東南四巽).
- 동성상응(同聲相應)	정동삼진(正東三震)
본호천자(本乎天者)	친상(親上)서북육건(西北六乾).
- 동기상구(同氣相求)	정서칠태(正西七兌)
본호지자(本乎地者)	친하(親下)서남이곤(西南二坤).

후천팔괘(後天八卦)는 복희씨가 시서(始書)한 선천괘(先天卦)를 체(體)로 하여 문왕(文王)이 계좌(繼作)한 것이다. 후천팔괘(後天八卦)의 차서(此序)는 낙서(洛書)의 구(九) 궁수에 따라 일감(一坎), 이곤(二坤), 삼진(三震), 사손(四巽), 오중(五中), 육건(六乾), 칠태(七兌), 팔간(八艮), 구리(九離)이다.

공자(孔子)께서는 『설패전(設卦傳)』에서 "임금이 정동 진(正東, 震)에서 나와, 동남 손(東南, 巽)에서 가지런하고, 정남 리(正南, 離)에서 서로 보고, 서남 곤(西南, 坤)에서 일을 이루고, 정서 태(征西, 兌)에서 기뻐하고, 서북 건(西北, 乾)에서 교전(交戰)하고, 정북 감(正北, 坎)에서 위로하고, 동북 간(東北, 艮)에서 이룬다"라고 하였다.

후천팔괘(後天八卦)를 정리하면 제출호진(帝出乎震)은 장남(長男)이며 일출 방위인 정동(正東)에 위치하며 봄에 해당하므로 절기(節氣)는 춘분(春分)이고 오행(五行)상으로는 양목(陽木)이다.

제호손(齊乎巽)은 장녀(長女)이고 동남(東南)에 위치하며 절기(切己)로는 여름의 문턱에 들어서는 입하(立夏)이고 오행(五行)상으로는 음목(陰木)이다.

상견호리(相見乎離)는 중녀(中女)이고 정남(正南)에 위치하며 한여름에 해당하므로 절기(節氣)로는 하지(夏至)이고 오행(五行)상으로는 화(火)이다.

치역호곤(致役乎坤)은 모친(母親)이며 서남(西南)에 위치하며 절기(節氣)로는 가을의 문턱에 들어서는 입추(立秋)이고 오행(五行)상으로는 음토(陰土)이다.

열언호태(說言乎兌)는 소녀(少女)이고 정서(正西)에 위치하며 한가을에 해당하므로 절기(節氣)로는 추분(秋分)이고 오행(五行)상으로는 음금(陰金)이다.

전호건(戰乎乾)은 부친(父親)이고 서북(西北)에 위치하며 절기(節氣)로는 겨울의 문턱에 들어가는 입동(立冬)이고 오행(五行)상으로는 양금(陽金)이다.

```
乙 甲 庚 丙
丑 申 寅 寅
```

```
丁丙乙甲癸壬辛
酉申未午巳辰卯
```

甲木生於立春後四日 春初木嫩 天氣寒凝 日主坐申 月透庚金 丑土 貼
갑목생어입춘후사일　춘초목눈　천기한응　일주좌신　월투경금　축토　첩

生申金 木嫩金堅 用火以攻之 喜得年干透丙 三陽開泰 萬象回春 何其
생신금　목눈금견　용화이공지　희득년간투병　삼양개태　만상회춘　하기

妙也 初運辛卯壬辰 有傷丙火 蹭蹬藝牕 癸巳運轉南方 丙火祿旺 納栗
묘야　초운신묘임진　유상병화　층등예창　계사운전남방　병화록왕　납율

入監 連捷南宮 甲午乙未 宦海無波 申運不祿.
입감　연첩남궁　갑오을미　환해무파　신운불록

　　甲木이 입춘(立春) 후 4일에 태어나 이른 봄에 木은 어리고 천기(天氣)는 한랭하다. 일주(日主)는 申金을 깔고 앉아 있고 庚金이 투출하고 丑土가 申金을 첩생(貼生)하니 木은 어리고 金은 견고(堅固)하므로 火를 용(用)으로 하여 金을 공격(攻擊)해야한다. 기쁜 것은 년간(年干)에 丙火가 투출(透出)하여 삼양(三陽)[245]이 개태(開泰)하여 만상(萬象)이 회춘(回春)하였으니 어찌 오묘(奧妙)하지 않겠는가?

　　초년의 辛卯, 壬辰 운은 丙火를 손상(損傷)하므로 학문이 여의치 못하였으나 癸巳 운에는 남방(南方)으로 바뀌어 丙火가 녹왕(祿旺)을 얻었으니 재물(財物)을 바치

　　노호감(勞乎坎)은 중남(中男)이고 정북(正北)에 위치하며 절기(節氣)로는 한겨울에 해당하므로 동지(冬至)이고 오행(五行)상으로는 수(水)이다.
　　성언호간(成言乎艮)은 소남(少男)이고 동북(東北)에 위치하며 절기(節氣)로는 봄의 문턱에 들어서는 입춘(立春)이고 오행(五行)상으로는 양토(陽土)이다.

245 삼양(三陽): 寅월을 말함. 子월부터 시작하여 일양(一陽), 丑월이 이양(二陽), 寅월이 삼양(三陽)이 되는 것이다.

고 벼슬길에 올랐고 연달아 과거에 급제하였다. 甲午, 乙未 운은 벼슬길이 순탄하여 풍파(風波)가 없었고 申金 운에 金이 득지(得地)하여 불록(不祿)하였다.

評註

甲木 일주가 초춘(初春)에 태어나서 천한지동(天寒地凍)하니 조후(調候)로 火가 필요한데 년간에 丙火가 투출하였으니 기쁘다. 원국에서 비겁이 태왕(太旺)하니 신왕할 것 같으나 甲木이 절각(截脚)되었고 寅木이 개두(蓋頭)되어 寅申 충(冲)을 하니 오히려 木이 더 약(弱)하고 金이 왕(旺)하게 되었으니 식신제살격(食神制殺格)이 되었다.

희신(喜神)은 인비식(印比食)인 水木火이고 기신(忌神)은 재관(財官)인 土金이다. 辛卯, 庚辰 운은 乙辛 충(冲), 丙壬 충(冲)으로 희신(喜神)인 木火가 손상을 당하였고, 癸巳 운은 寅巳 형(刑)으로 丙火가 개고(開庫)되었으니 불록지객이 되었다. 주의(注意)해야 할 것은 寅월의 괘(卦)를 지천태(地天泰)[246]라고 한다.

---

246 지천태(地天泰): 지천태(地天泰)란 위에는 세 획(劃)이 끊어져 곤삼절(坤三絶)이고 아래는 세 획(劃)이 모두 이어져 건삼연(乾三連)이다. 위의 지괘(地卦)와 아래의 천괘(天卦)가 서로 통(通)한다고 하여 지천태(地天泰)라고 하는 것이다.

원래 하늘은 위에 있고 땅은 아래에 있는 것인데 하늘이 늘 위에만 있고 땅이 늘 아래에만 있으면 천지(天地)가 사귀지 못한다. 천지(天地)가 사귀지 못하면 만물(萬物)이 나오지 못하므로 아래에 있는 땅 괘(卦)가 위로 올라가고 위에 있는 하늘 괘(掛)가 아래로 내려오니 하늘 기운(氣運)은 아래로 내려오고 땅 기운(氣運)은 위로 올라가 천지(天地)가 사귀어 통(通)하게 되었으니 통(通)한다는 태괘(泰卦)가 된 것이다. 이러한 세상은 태평(太平)한 세상이니 아래의 뜻이 위로 올라가고 위의 뜻이 아래로 내려와 상하(上下)가 서로 잘 통(通)하여 정치(政治)도 잘 이루어진다.

음(陰)이 소인(小人)이고 양(陽)이 대인(大人)인 군자(君子)가 되는데 외 괘(卦)는 모두 음효(陰爻)로 이루어져 있으니 모든 소인(小人)이 밖으로 물러나고, 내 괘(卦)는 모두 양효(陽爻)로 이루어져 있으니 군자(君子)가 안에서 실권(實權)을 쥐고 세상을 잘 다스리니 태(泰)가 되는 것이다.

태(泰)의 글자를 보면 물 수(水)자가 들어 있으니 천지(天地)가 사귀어 만물(萬物)이 나오고 사람이 나오는데 모두 물로 인하여 나오는 것이다. 그러므로 사람도 수승하강(水升下降)되어야 정신(精神)과 육체(肉體)가 건강(健康)하다.

사람에 비유하면 태괘(泰卦)는 눈, 귀, 콧구멍이 둘씩 있는 것이 인간(人間)의 제 모습 그대로를 가지고 있어서 모두 정상적(正常的)인 상태(常態)가 되는 것이니 사회적(社會的)으로 말하면 태평(太平)한 세상이라고 할 수 있다.

```
丁 甲 己 庚
卯 寅 卯 戌
```

```
丙乙甲癸壬辛庚
戌酉申未午巳辰
```

甲木生於仲春 坐祿逢刃 木旺金衰 用土以成之 方能化土生金 斲削 以
갑목생어중춘　　좌록봉인　목왕금쇠　용토이성지　방능화토생금　착삭　이

成眞 初遊幕 獲利納捐 至癸未運出仕 甲申乙酉 木無根 金得地 從 佐
성진　초유막　획리납연　지계미운출사　갑신을유　목무근　금득지　종　좌

貳升知縣而遷州牧.
이승지현이천주목

　　甲木이 중춘(仲春)에 생(生)하여 녹(祿)을 깔고 앉았으며 양인(陽刃)을 만나서 木은
왕(旺)하고 金은 쇠약하다. 土를 용(用)으로 하여 상성(相成)을 이루어 능히 火를 인
화(引化)하여 金을 생조하고 木을 착삭(斲削)함으로써 상성(相成)이 이루어졌다. 甲木
이 중춘(仲春)에 생(生)하여 녹(祿)을 깔고 앉았으며 양인(陽刃)을 만나서 木은 왕(旺)
하고 金은 쇠약하다.

　　초년에는 군영(軍營)에서 막부(幕府)로 종사(從事)하다가 재물을 얻었고 癸未 운에
는 재물을 헌납하고 출사(出仕)하였다. 甲申, 乙酉 운에 이르러 木은 무근이고 金이
득지하니 좌이(佐貳)에서 지현(知縣)에 오르고 벼슬이 주목(州牧)에 이르렀다.

評註

　　甲木 일주가 卯월에 태어나서 지지(地支)가 녹인(祿刃)으로 득령, 득지하니 신왕
하다. 희신(喜神)은 식재관(食財官)인 火土金이고 기신은 인비(印比)인 水木이다. 기쁘
게도 원국(原局)에 火土金이 있으니 더욱 아름답다. 원국(原局)에 편관(偏官)과 양인

(陽刃)이 있으니 무관(武官)으로서의 기질(氣質)이 있는 것이다.

초년인 庚金, 辛巳 운은 庚金의 뿌리가 되어 희신(喜神)이 되었고 癸未 운은 丁癸 충(冲), 己癸 극(魁)으로 기신인 癸水가 충거(冲去)되었으며 甲申, 乙酉 운은 甲己 합토(合土), 乙庚 합금(合金)으로 甲木이 합거(合去)되어 대발하였다.

```
丁 甲 壬 庚
卯 辰 午 辰
```

```
己 戊 丁 丙 乙 甲 癸
丑 子 亥 戌 酉 申 未
```

甲木生於仲夏　時干丁火透出　用水以潤之　然水亦賴金生　金亦賴水養
갑목생어중하　시간정화투출　용수이윤지　연수역뢰금생　금역뢰수양

更妙支逢兩辰　洩火生金蓄水　一氣相生　五行俱足　是以早遊泮水　科甲
경묘지봉양진　설화생금축수　일기상생　오행구족　시이조유반수　과갑

聯登　仕至觀察　一生惟丙戌運　金水兩傷不利　其餘皆順境.
연등　사지관찰　일생유병술운　금수양상불리　기여개순경

甲木이 중하(仲夏)에 생(生)하였고 시간(時干)에 丁火가 왕(旺)하므로 水를 용(用)하여 윤택(潤澤)하게 하여야 한다. 그러나 水 역시 생조(生助)에 의지하고 金도 역시 水의 자양(滋養)에 의지하고 있는데 더욱 오묘(奧妙)한 것은 지지에 양진(兩辰)이 설화(洩火)하여 생금(生金)하고 축수(蓄水)하니 일기상생(一氣相生)하여 오행(五行)이 모두 갖추어져 있으므로, 일찍 반궁(泮宮)에 들어가 과갑연등(科甲聯登)하였으며 벼슬이 관찰사(觀察使)에 이르렀다. 일생 동안 오직 丙戌 운만이 金水가 모두 손상을 당하여 불리(不利)하였고 그 외(外)에는 모두 순탄하였다.

評註

丙戌 운은 丙壬 충(冲)하고 丙庚 극(剋)하니 천간(天干)에서 水火 상전(相戰)과 火金 상전(相戰)하였고 지지(地支)는 午戌 합화(合火), 卯戌 합화(合火)하고 辰戌 충(冲)하였으니 천충지충(天冲地冲), 충중봉합(冲中逢合)으로 형모(刑耗)가 있었을 것이다.

任註

丙	甲	庚	辛
寅	子	子	酉

癸甲乙丙丁戊己
巳午未申酉戌亥

甲木生於仲冬 木衰金寒 用火以暖之 金亦得其制矣 況乎時逢祿旺 一
갑목생어중동   목쇠금한   용화이난지   금역득기제의   황호시봉록왕   일

陽解凍 所謂得氣之寒 遇暖而發 故寒木必得火以生之也 所以甲科 聯
양해동   소위득기지한   우난이발   고한목필득화이생지야   소이갑과 연

登 仕至侍郎.
등   사지시랑

甲木이 중동(仲冬)인 子월에 생하여 木은 쇠(衰)하고 金은 한랭(寒冷)하므로 火를 용(用)하여 온난(溫暖)하게 하면 金도 역시 극제(剋制)를 얻을 것이다. 생시(生時)에 녹왕(祿旺)을 만났고 일양(一陽)이 해동(解凍)하니 소위 "한기(寒氣)를 얻었으면 온난(溫暖)을 만나야 생발(生發)한다"라고 하는 것이므로 한목(寒木)은 반드시 火를 얻어서 생발(生發)하여야 한다. 그러므로 과갑(科甲)에 연달아 오르고 벼슬이 시랑(侍郎)에 이르렀다.

甲木이 子월에 태어나서 한랭(寒冷)하니 조후(調候)로 火가 필요하다.

지지(地支)는 녹왕(祿旺)으로 신왕(身旺)하다. 희신(喜神)은 식재관(食財官)인 火土金이고 기신(忌神)은 인비(印比)인 水木이다.

원국(原局)에서 시간(時干)에 丙火가 투출(透出)하였고 庚辛金이 년지(年支)의 酉金에 득근(得根)하고 있으니 아름답다. 행운(行運)이 서남지지(西南之地)로 행(行)하니 더욱 기쁘다. 주의(注意)해야 할 것은 인수(印綬)가 태왕(太旺)하면 관성(官星)은 용신(用神)이 어렵다.

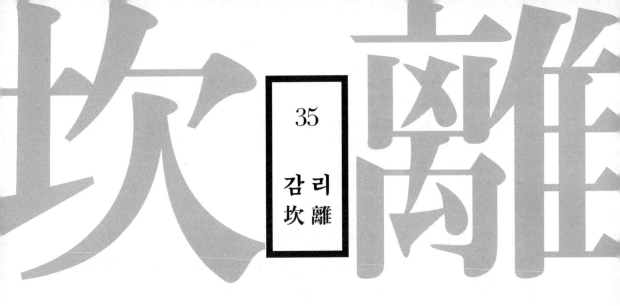

35

감 리
坎 離

原文

坎離 帝天地之中氣 成不獨成 而有相持者在
감리　제천지지중기　성불독성　이유상지자재

　　감리(坎離: ☵ ☲)는 하늘과 땅 사이의 만물(萬物)을 주제(主帝)하고 있으며 만물(萬物)을 홀로 이루지 못하므로 서로 의지(依支)함이 있으면 존재(存在)한다.

原註

天干透壬癸 地支屬離者 乃爲旣濟 要天氣下降 天干透丙丁 地支屬 坎
천간투임계　지지속리자　내위기제　요천기하강　천간투병정　지지속 감

者 乃爲未濟 要地氣上升 天干皆水 地支皆火 屬交媾 交媾身强則 富
자　내위미제　요지기상승　천간개수　지지개화　위교구　교구신강즉 부

貴 天干皆火 地支皆水 屬交戰 交戰身弱 豈能富貴.
귀　천간개화　지지개수　위교전　교전신약　기능부귀

坎外離內 謂之未濟 主之所喜在離 要水竭 主之所喜在坎 則不祥 離外
감외리내　위지미제　주지소희재리　요수갈　주지소희재감　즉불상 이외

坎內 謂之旣濟 主之所喜在坎 要離降 主之所喜在離 要木和 水火相間
감내　위지기제　주지소희재감　요리강　주지소희재리　요목화　수화상간

於天干 以火爲主 而水盛者存 坎離相見於地支 喜坎而坎旺者昌.
어천간　이화위주　이수성자존　감리상견어지지　희감이감왕자창

夫子午卯酉專氣也　其相制相持之勢　宜悉辨之　若四生四庫之神　皆所
부자오묘유전기야　기상제상지지세　의실변지　약사생사고지신　개소

以 黨助子午卯酉者 其理亦可推詳.
이　당조자오묘유자　기리역가추상

천간(天干)에 壬癸가 투출(透出)하고 지지(地支)는 이화(離火: ☲)에 속하는 것은 水火의 기제(旣濟)이니 마땅히 천기(天氣)가 하강(下降)하여야 하고, 천간(天干)에 丙丁이 투출(透出)하고 지지(地支)는 감수(坎水: ☵)에 속한 것은 水火의 미제(未濟)이니 지기(地氣)가 상승(上升)하여야 한다.

천간(天干)이 모두 水이고 지지(地支)는 모두 火이면 水火가 음양(陰陽)이 교합(交合)하게 되는데 일주(日主)가 신강(身强)하면 부귀(富貴)하고 천간(天干)이 모두 火이고 지지(地支)는 모두 水이면 火水가 서로 교전(交戰)하게 되는데 일주(日主)가 신약(身弱)하면 어찌 능히 부귀(富貴)할 수 있겠는가?

감(坎)이 밖에 있고 이(離)가 안에 있으면 火水의 미제(未濟)라고 하고 일주(日主)의 희신(喜神)이 이(離)에 있으면 응당 水가 말라야 하고 일주(日主)의 희신(喜神)이 감(坎)에 있으면 상서(祥瑞)롭지 못하다.

이(離)가 밖에 있고 감(坎)이 안에 있으면 水火가 기제(旣濟)라고 하는데 일주(日主)의 희신(喜神)이 감(坎)에 있으면 응당 이(離)가 하강(下降)하여야 하고 일주(日主)의 희신(喜神)이 이(離)에 있으면 木과 화합(和合)하여야 한다.

천간(天干)에 水火가 섞여 있는데 火가 일주(日主)이고 水가 왕성(旺盛)하면 생존(生存)하고 감리(坎離)가 지지(地支)에서 서로 보고 있는 경우에 감(坎)이 왕(旺)하여야 창성(昌盛)한다. 그런데 子午卯酉는 전기(專氣)이니 서로 억제(抑制)하고 서로 의지(依持)하는 세(勢)을 보아 마땅히 분별(分別)하여야 한다.

만약 사생(四生)이나 사고(四庫)의 신(神)은 모두 子午卯酉와 같이 무리가 되어 도와주는 것이므로 그 이치(理致)도 역시 감리(坎離)를 바탕으로 자세(仔細)히 추구(推究)하여야 한다.

任氏曰 坎陽也 先天位右七支數 故爲陽也 離陰也 先天位左三之數 故
임씨왈 감양야 선천위우칠지수 고위양야 이음야 선천위좌삼지수 고

爲 陰也 敢爲中男 天道下濟 故一陽生於北 離爲中女 地道上行 故二
위 음야 감위중남 천도하제 고일양생어북 이위중녀 지도상행 고이

陰生於南 離爲日體 坎爲月體 一潤一暄 水火相濟 男女媾精 萬物化生矣.
음생어남 이위일체 감위월체 일윤일훤 수화상제 남녀구정 만물화생의

夫坎離爲日月之正體 無消無滅 而帝天地之中氣 是以不可獨成 必要
부감이위일월지정체 무소무멸 이제천지지중기 시이불가독성 필요

相持爲妙也.
상지위묘야

相持之理有五 升降和解制也 升者 天干離衰 地支坎旺 必得地支有木
상지지리유오 승강화해제야 승자 천간이쇠 지지감왕 필득지지유목

則地氣上升 降者 天干坎衰 地支離旺 必得天干有金 則天氣下降和者
즉지기상승 강자 천간감쇠 지지이왕 필득천간유금 즉천기하강화자

天干皆火 地支皆水 必須有木運以和之 解者 天干皆水 地支皆火 必須
천간개화 지지개수 필수유목운이화지 해자 천간개수 지지개화 필수

有金 運以解之 制者 水火交戰於干支 必須歲運視其强者而制之此五
유금 운이해지 제자 수화교전어간지 필수세운시기강자이제지차오

者 坎離 之作用如此 則無獨成之勢 而有相持禮智之性矣.
자 감리 지작용여차 즉무독성지세 이유상지예지지성의

임씨(任氏)가 말하길, 감(坎: ☵)은 양(陽)인데, 선천(先天)에서의 위치(位置)는 우측(右側)이고 수는 7이므로 양(陽)이다.

이(離: ☲)는 음(陰)인데 선천(先天)에서의 위치(位置)는 좌측(左側)이고 수는 3이므로 음(陰)이다.

감(坎)은 중남(中男)이고 천도(天道)는 아래로 내려와 화육(化育)하는 것으로 일양(一陽)이 북(北)에서 생(生)하고, 이(離)는 중녀(中女)이고 지도(地道)는 위로 올라가 행(行)하여 하늘과 사귀니 이음(二陰)은 남(南)에서 생(生)한다.

이(離)는 일(日)의 체(體)이고 감(坎)은 월(月)의 체(體)이니, 하나가 촉촉이 적셔주

고 하나가 따뜻하게 하니 水火가 상제(相濟)하면 남녀가 교합(交合)함으로써 만물(萬物)이 화생(化生)되는 것이다.

감리(坎離)는 일월(日月)의 정체(正體)로서 소멸(消滅)함이 없이 하늘과 땅 사이의 중기(中氣)를 주제하므로 홀로 이룰 수 없으며 반드시 서로 의지하여야 묘(妙)하다. 감리(坎離)가 상지(相持)하는 이치(理致)가 다섯 가지가 있는데, 승(升), 강(降), 화(和), 해(解), 제(制)이다.

승(升)이라는 것은 천간(天干)의 이화(離火)가 쇠(衰)하고 지지(地支)의 감수(坎水)가 왕(旺)한 경우에 반드시 지지(地支)에 木이 있어서 지기(地氣)가 상승(上升)하여야 한다는 것이다.

강(降)이라는 것은 천간(天干)의 감수(坎水)가 쇠(衰)하고 지지(地支)의 이화(離火)는 왕(旺)한 경우에 반드시 천간(天干)에 金이 있어서 천기(天氣)가 하강(下降)하여야 한다는 것이다.

화(和)라는 것은 천간(天干)은 모두 火이고 지지(地支)는 모두 水인 경우에 반드시 목운(木運)을 만나 水火가 화해(和解)시켜야 한다는 것이다.

해(解)라는 것은 천간(天干)은 모두 水이고 지지(地支)는 모두 火인 경우에 반드시 금운(金運)을 만나 水火가 화해(和解)시켜야 한다는 것이다.

제(制)라고 하는 것은 水火가 간지(干支)에서 교전(交戰)하는 경우에 반드시 세운(歲運)에서 강자(强者)를 극제(剋制)하여야 한다는 것이다. 이 다섯 가지가 감리(坎離)의 작용(作用)이므로 홀로 세(勢)를 이룰 수 없는 것이니 상지지성(相持之性)이 있어야만 예지지성(禮智之性)이 있게 되는 것이다.

評註

水火의 원리(原理)를 감리(坎離)라고 한 것은 역(易)의 원리(原理)를 논(論)한 것이다. 주역(周易)의 상경(上經)이 건곤(乾坤)인 천지(天地)를 논(論)한 것이고, 하경(下經)이 감리(坎離)인 水火를 논(論)한 것이다. 적천수(滴天髓)도 역시 천도(天道)와 지도(地道)를 상권(上卷)의 수장(首章)으로 하고 감리(坎離)를 상권(上卷)의 종장(終章)으로 하였다. 하늘과 땅 사이에 있는 모든 만물(萬物)의 생성(生成)과 변화(變化)는 水火가 주제(主帝)하고 있으므로 원문(原文)에서 "재천지중기(宰天地中氣)하고 성불독성(成不獨成)하니 이유상지자재(而有相持者在)이니라"라고 한 것이다.

任註

```
戊 丙 己 丙
子 寅 亥 子
```

```
丙乙甲癸壬辛庚
午巳辰卯寅丑子
```

丙火生於孟冬 又逢兩子 天干離衰 地支坎旺 用寅木以升之也 至壬寅
병화생어맹동　　우봉양자　천간리쇠　지지감왕　용인목이승지야　지임인

東方木也 采芹折桂 卯運出仕 一路運走東南 仕至觀察.
동방목야　채근절계　묘운출사　일로운주동남　사지관찰

　　丙火가 맹동(孟冬)에 생하여 또한 양자(兩子)를 만나서 천간(天干)의 이화(離火)는 쇠(衰)하고 지지(地支)의 감수(坎水)는 왕(旺)하므로 寅木을 용(用)하여 지기(地氣)가 상승(上升)한다.

　　壬寅에 이르러 동방목지(東方木地)를 만나서 채근(采芹)하고 과거(科擧)에 급제(及第)하였다. 卯운에 출사(出仕)하여 행운(行運)이 동남(東南)으로 달리므로 벼슬이 관찰사(觀察使)에 이르렀다.

評註

　　丙火 일주가 亥월에 태어나 한랭(寒冷)하여 조후(調候)로 火가 필요하다. 지지(地支)에 亥子 합수(合水)가 되었으니 관살(官殺) 태왕(太旺)하여 식신제살격(食神制殺格)이 되었다. 희신(喜神)은 인비식(印比食)인 木火土이고 기신(忌神)은 재관(財官)인 金水

이다. 초년(初年)인 庚子, 辛丑 운은 金水 운으로 기신(忌神)으로 곤고(困苦)하였을 것이고 壬寅 운 이후부터는 동남지지(東南之地)인 木火 운으로 행(行)하여 대발(大發)한 것이다.

주의(注意)할 것은 지지(地支)에 寅亥 합목(合木)이 되는 경우에는 木火가 왕(旺)하여 신왕(身旺)으로도 볼 수 있겠으나 亥월이 맹동(孟冬)이고 양자(兩子)가 왕지(旺之)이므로 亥子 합수(合水)가 되는 것이다. 그러므로 관살(官殺)이 태왕(太旺)하여 신약(身弱)하게 된 것이다.

```
庚 壬 壬 壬
戌 戌 寅 午
```

```
己戊丁丙乙甲癸
酉申未午巳辰卯
```

壬水生於孟春支全火局 雖年月兩透比肩 皆屬無根 天干坎衰 地支離
임수생어맹춘지전화국　수년월양투비견　개속무근　천간감쇠　지지리

旺 用庚金以降之也 惜乎運途東南 在外奔馳四十年 一無成就 至五旬
왕　용경금이강지야　석호운도동남　재외분치사십년　일무성취　지오순

外 交戊申 庚逢生旺 得際遇 發財巨萬 娶妻三 年已六旬矣 連生三子
외　교무신　경봉생왕　득제우　발재거만　취처삼　년이육순의　연생삼자

至戌運而終.
지술운이종

壬水가 맹춘(孟春)에 생하였고 지지(地支)에 寅午戌 화국(火局)이 되었으므로 비록 년월(年月)에 비견(比肩)이 투출(透出)하였으나 모두 무근(無根)이다. 천간(天干)의 감수(坎水)는 쇠(衰)하고 지지(地支)의 이화(離火)는 왕(旺)하므로 庚金을 용(用)으로 하여 하강(下降)하여야 한다.

외지(外地)로 나가 분주(奔走)하게 노력(努力)하였으나 하나도 성취(成就)하지 못하

였다. 50이 넘어서 戊申 운으로 바뀌어 庚金이 생왕(生旺)을 만나니 좋은 기회(機會)를 얻어 수만(數萬)의 재물(財物)을 일으켰고 세 명의 처첩(妻妾)을 얻었으며 나이가 60을 넘어서 아들 셋을 낳고 戌운에 이르러 세상을 떠났다.

壬水 일주가 지지(地支)에 寅午戌 삼합화국(三合火局)이 되었고 壬水의 뿌리가 없으니 신약(身弱)하다. 희신(喜神)은 인비(印比)인 金水이고 기신(忌神)은 식재(食財)인 木火이고 관살(官殺)인 土는 살인상생(殺印相生)이 되어 희신(喜神)이 되었다.

초년(初年)과 중년(中年)은 동남지지(東南之地)인 木火로 행(行)하여 곤고(困苦)하였으나 戊申, 己酉 운은 土金 희신(喜神)으로 대발(大發)하였으나 庚戌 운에 이르러서는 지지(地支)가 寅午戌 삼합화국(三合火局)을 만나 庚金이 손상(損傷)되었으니 불록(不祿)하게 된 것이다.

任註

壬	壬	壬	癸
寅	午	戌	巳

乙丙丁戊己庚辛
卯辰巳午未申酉

壬午日元 生於戌月 支會火局 年支坐巳 天干皆坎 地支皆離 必須 金
임오일원　생어술월　지회화국　년지좌사　천간개감　지지개이　필수 금

運以解之也 初交辛酉庚申 正得成其旣濟 解其財殺之勢 叨化日之光
운이해지야　초교신유경신　정득성기기제　해기재살지세　도화일지광

豊衣足食 一交己未 刑耗異常 戊午財發丙旺 出外遇盜喪身.
풍의족식　일교기미　형모이상　무오재발병왕　출외우도상신

壬午 일주가 戌월에 생(生)하여 지지(地支)에 寅午戌 화국(火局)을 이루고 년지(年支)에 巳를 얻으니 천간(天干)은 모두 감수(坎水)이고 지지(地支)는 모두 이화(離火)이므로 반드시 金운으로 화해(和解)시켜야 한다.

초년(初年)의 辛酉, 庚申 운은 水火가 기제(旣濟)를 이루었고 재살(財殺)의 세(勢)를 화해(和解)시키니 돈화(敦化)하게 키워지고 의식(衣食)이 풍족(豊足)하였다. 己未 운으로 바뀌어서는 형상파모(刑傷破耗)를 남다르게 겪었으며 戊午 운에는 재살(財殺)이 병왕(並旺)하므로 외지(外地)에 나가서 도적을 만나 세상을 떠났다.

評註

壬水 일주가 천간(天干)에는 모두 수국(水局)을 이루고 지지(地支)는 모두 寅午戌 화국(火局)을 이루니 壬水는 뿌리가 없어 신약(身弱)하다. 그러므로 희신(喜神)은 인비(印比)인 金水이고 기신(忌神)은 식재관(食財官)인 木火土이다.

辛酉, 庚申 운은 희신(喜神)으로 의식(衣食)이 풍족(豊足)하였으나 己未 운부터 남동지지(南東之地)인 火木으로 행(行)하니 애석(哀惜)하다. 己未 운은 己癸 충국(冲局), 戌未 상형(相刑)으로 형모(刑耗)가 다단(多端)하였고 戊午 운은 戊癸 합화(合火), 寅午戌 화국(火局)이 되었으니 모두가 기신(忌神)되었기 때문에 불록(不祿)하게 된 것이다.

任註

丙	壬	丙	壬
午	子	午	子

癸壬辛庚己戊丁
丑子亥戌酉申未

此造	水火交戰於干支	火當令	水休囚	喜其無土	日主不剋	初交丁未
차조	수화교전어간지	화당령	수휴수	희기무토	일주불극	초교정미

年逢戊午 天剋地沖 財殺兩旺 父母雙亡 流爲乞丐交申運 逢際遇 己酉
년봉무오　천극지충　재살양왕　부모쌍망　유위걸개교신운　봉제우　기유

運 發財數萬 娶妻生子成家.
운　발재수만　취처생자성가

이 명조(命造)는 水火가 간지(干支)에서 교전(交戰)하고 있는데 火는 당령(當令)하였고 水는 휴수(休囚)되어 있다. 그러나 土가 없으므로 일주(日主)를 극(剋)하지 않으니 기쁘다. 초년(初年)의 丁未, 戊午 년에 천극지충(天剋地沖)이 되고 재살(財殺)이 양왕(兩旺)하므로 부모(父母)가 모두 세상을 뜨고 의지할 곳 없이 유리걸식(流離乞食)하였으나 申운으로 바꾸어서는 좋은 기회를 얻어 수만(數萬)의 재물(財物)을 일으켰으며 처(妻)를 얻어 자식(子息)을 낳고 가정(家庭)을 이루었다.

評註

壬水가 午월에 태어나서 실령(失令)하였고 水火가 천부지재(天覆地載)는 잘 되어 있으나 좌우상충(左右相沖)으로 일생 동안(一生同安) 기복(起伏)이 있을 것으로 예시(豫示)하고 있다. 원국(原局)에서 水火의 세력(勢力)이 대등(對等)하지만 午월에 火가 당령(當令)하였으니 오히려 신약(身弱)하여 인비(印比)인 金水가 희신(喜神)이고 기신(忌神)은 식재관(食財官)인 木火土이다.

丁未 운은 丁壬 합목(合木), 午未 합화(合火)로 기신(忌神)이 되었으니 형모파모(刑耗破耗)를 남다르게 겪었다. 戊申, 己酉 운은 戊己土가 火를 설(洩)하여 생금(生金)하였으므로 대발(大發)한 것이며 득비이재(得比理財)가 된 것이다.

| 저자소개 |

著者 鄭昌根

학력
충북 증평 출생(1948)
청주고등학교 졸업(1966)
건국대학교 졸업(1980)
한양대학교 행정대학원 의료행정학 석사(1996)
한양대학교 의과대학원 의학박사(2003)

경력
육군 3사관학교 임관(1970, 육군 중령 예편)
한국명리학회 회장(2001~현재)
한글 디지털과학 육친작명학 연구원 원장
    (2014~현재)
한국 명리육신성명학 연구원 원장(2015~현재)
(사)한국동양철학연구원 원장(2016~현재)

출강
한양대학교 사회교육원 교수(1997~현재)
서울과학대학교 평생교육원 겸임교수(2005~2006)
대전대학교 대학원 철학과 겸임교수(2008~2010)
동방대학원 대학교 겸임교수(2006~2014)

저서
명리학 통감

연구논문
주역을 통한 인체 질병 예측 연구(1996 석사학위)
장기별 중증질환 증상의 발현과 명리학적 연구
    (2003 박사학위)
질병 예측에 대한 명리학적 분석(2002 한국정신과학학회)
명리학의 현대적 이해(2004 한국 군사지)

언론소개
월간역학「역학의 학위 인정 교육기관 절실하다」
    (1996)
보건신문「명리학으로 질병 예측」(1968)
KBS-TV VJ특공대(2002)
SBS-TV 생방송 투데이(2003)
KBS-TV 뉴스라인(2008)

연락처
전화: 02) 2294 - 5558(연구실)
       010 - 8966 - 5436
E-mail: jcg0121@hanmail.net